Recht und Gerechtigkeit?

Krieg in der Geschichte (KRiG)

BAND 124

RECHT UND GERECHTIGKEIT?

BRILL | SCHÖNINGH

Sabina Ferhadbegović

Recht und Gerechtigkeit?

Ahndung von Menschheitsverbrechen in Jugoslawien
zwischen Völkerrecht und Partisanenjustiz (1941–1948)

BRILL | SCHÖNINGH

Gefördert durch die Deutsche Forschungsgemeinschaft (DFG) - Projektnummern FE 950/2-1; FE 950/2-2, 512648189 und den Open Access Fonds der Thüringer Universitäts- und Landesbibliothek Jena.

DOI: https://doi.org/10.30965/9783657796649

Bibliografische Information der Deutschen Nationalbibliothek

Die Deutsche Nationalbibliothek verzeichnet diese Publikation in der Deutschen Nationalbibliografie; detaillierte bibliografische Daten sind im Internet über http://dnb.d-nb.de abrufbar.

Umschlagabbildung: Muzej Jugoslavije /Museum Jugoslawiens, Prozess gegen Ustascha-Generäle, Nr. VIS 448/14, Fotograf Branko Savić
Einbandgestaltung: Evelyn Ziegler, München
Herstellung: Brill Deutschland GmbH, Paderborn

ISSN 2629-7418
ISBN 978-3-506-79664-6 (hardback)
ISBN 978-3-657-79664-9 (e-book)

Inhalt

Abbildungsverzeichnis

Abkürzungsverzeichnis

ABiH	Archiv Bosnien-Herzegowinas
AJ	Archiv Jugoslawiens
AS	Archiv Serbiens
AVNOJ	Antifašističko Vijeće Narodnog Oslobođenja Jugoslavije (Antifaschistischer Rat der Nationalen Befreiung Jugoslawiens)
CROWCASS	Central Registry of War Criminals and Security Suspects
ČSP	Časopis za suvremenu povijest (Zeitschrift für Zeitgeschichte)
FO	Foreign Office
HDA	Hrvatski Državni Arhiv (Kroatisches Staatsarchiv)
HM	Historisches Museum
HPM	Hrvatski Povijesni Muzej (Kroatisches Historisches Museum)
HSS	Hrvatska Seljačka Stranka (Kroatische Bauernpartei)
IMT	International Military Tribunal
k. u. k.	kaiserlich und königlich
KPJ	Kommunistische Partei Jugoslawiens
LIA	The London International Assembly
NDH	Nezavisna Država Hrvatska (Unabhängiger Staat Kroatien)
NOB	Narodnooslobodilačka borba (Volksbefreiungskampf)
NOO	Narodnooslobodilački odbor (Volksbefreiungsrat)
NS	Nationalsozialismus
NSDAP	Nationalsozialistische Deutsche Arbeiterpartei
OCCPAC	Office of the US Chief of Counsel for the Prosecution of Axis Criminality
OF	Oslobodilna Fronta (Befreiungsfront)
Oflag	Offizierslager
PNS	Privremena Narodna Skupština (Vorläufige Volksversammlung)
SHAEF	Supreme Headquarters, Allied Expeditionary Force
SS	Schutzstaffel der Nationalsozialistischen Deutschen Arbeiterpartei
UNWCC	United Nations War Crimes Commission
USHMM	United States Holocaust Memorial Museum
USK	Unabhängiger Staat Kroatien
VOS	Varnostnoobveščevalna služba (Militärischer Nachrichtendienst)
VŠ NOP I OV	Vrhovni štab Narodnooslobdilačke partizanske i dobrovoljačke vojske (Oberkommando der Volksbefreiungsarmee)
VŠ	Vrhovni Štab (Oberkommando der Volksbefreiungsarmee)

ZAVNOBiH   Zemaljsko Antifašističko Vijeće Narodnog Oslobođenja Bosne i Her-
              cegovine (Antifaschistischer Rat der Nationalen Befreiung des Lan-
              des Bosnien-Herzegowina)
ZKUZOP   Zemaljska komisija za BiH za utvrđivanje zločina okupatora i njiho-
              vih pomagača (Bosnisch-herzegowinische Landeskommission zur
              Feststellung von Verbrechen der Besatzer und ihrer Helfer)

Vorwort

Im Januar 1940 beauftragte die tschechoslowakische Exilregierung aus London den geflüchteten Juristen Bohuslav Ečer und das Tschechoslowakische Nationalkomitee in Paris (1939–1940) mit der Vorbereitung einer künftigen Friedenskonferenz.[1] Zu diesem Zeitpunkt war die Tschechoslowakei bereits zerschlagen, Polen überfallen, Warschau lag in Trümmern und zahlreiche Massaker an polnischen Juden und Intellektuellen waren verübt worden. Weitere schlimme Kriegsjahre folgten, begleitet von Hiobsbotschaften über Menschheitsverbrechen. Aus heutiger Sicht ist die tschechoslowakische Initiative, Vorbereitungen für eine neue Friedensordnung nach dem Krieg zu treffen, bemerkenswert. Laut Ečer war dies die logische Folge der Überzeugung, dass Deutschland die Fehler des Ersten Weltkriegs wiederhole und den Krieg verlieren müsse.[2] Bis zum Ende des Zweiten Weltkriegs beteiligte er sich an verschiedenen Initiativen, die den Weg für die juristische Ahndung von NS-Verbrechen und eine neue internationale Sicherheitsarchitektur ebneten. Insbesondere sein Engagement für die United Nations War Crimes Commission (UNWCC) trug dazu bei, die Tatbestände „crimes against humanity" und „crimes against peace" in das internationale Staatsrecht aufzunehmen. 1945 leitete er in Nürnberg die tschechoslowakische Delegation vor dem Internationalen Militärgerichtshof (IMT). Dort traf er auf Albert Vajs, der die gleiche Aufgabe für Jugoslawien übernahm. Während Ečer nach der NS-Besatzung der Tschechoslowakei fliehen konnte, kam Vajs nach Überfall der Achsenmächte auf Jugoslawien als jüdischer Offizier der jugoslawischen königlichen Armee in deutsche Kriegsgefangenschaft und überlebte den Zweiten Weltkrieg in Deutschland, während in Jugoslawien seine gesamte Familie im Holocaust ermordet wurde. Dass Ečer und Vajs in Nürnberg als Delegierte die Interessen ihrer Länder vertreten konnten, war im Statut für den Internationalen Militärgerichtshof (IMT) nicht vorgesehen. Es war die polnische Regierung, die den Vertretern von kleineren Staaten die Tür nach Nürnberg öffnete. Ihre Delegierte waren Holocaust-Überlebende, ehemalige Widerstandskämpfer und in der Regel auch (ehemalige) Mitarbeiter nationaler Kriegsverbrecherkommissionen, die bereits während des Kriegs gegründet wurden.

Als ich meine Forschungen zur Ahndung von NS-Verbrechen in Osteuropa begann, ging ich davon aus, dass der Schwerpunkt meiner Arbeit auf konkreten Kriegsverbrecherprozessen liegen würde. Bald wurde mir klar, wie

---

1 Bohuslav Ečer, Jak jsem je stíhal (Prag: Naše Vojsko 1946), 55.
2 Ečer, Jak jsem, 55.

wichtig diese einzelnen nationalen Kriegsverbrecherkommissionen für die späteren Prozesse waren. Die Kommissionen entstanden – mit Ausnahme der sowjetischen – nach dem Vorbild und unter dem starken Einfluss der United Nations War Crimes Commission, einer Institution, die bis heute als „best kept secret in the field"[3] gilt. In meinem Buch analysiere ich ihre Bedeutung als gemeinsame alliierte Wissensplattform zur Dokumentation von Verbrechen der Achsenmächte und zur Erarbeitung von Verfahrensfragen für spätere Kriegsverbrecherprozesse. Nicht weniger wichtig war jedoch ihr Einfluss auf den Aufbau der internationalen Nachkriegsordnung durch die Empfehlung der Aufnahme von „crimes against humanity" und „crimes against peace" in die Tatbestände des internationalen Strafrechts. Männer wie Bohuslav Ečer trugen dazu bei. Sie beeinflussten mit ihrem Wirken das internationale Strafrecht und die Historiografie des Zweiten Weltkriegs, denn die gesammelten Ermittlungsergebnisse und Zeugenaussagen dienten nicht nur als Beweise vor Gerichten. Sie wurden veröffentlicht, übermittelt und medial verbreitet. Sie bilden bis heute die Grundlage unseres Wissens über den Zweiten Weltkrieg. Für meine Arbeit wollte ich analysieren, wie die UNWCC und das IMT, diese zwei internationalen Institutionen, die ich als Wissensplattformen definiere, den juristischen und den narrativen Umgang mit den Menschheitsverbrechen und dem Genozid beeinflusst haben. Das jugoslawische Beispiel hilft, über das Besondere hinaus allgemeine Regeln der alliierten Ahndung von Verbrechen der Achsenmächte zu erkennen. Am jugoslawischen Beispiel wird skizziert, wie der Prozess der Rechtsentwicklung und Rechtsprechung vom Wissenstransfer zwischen verschiedenen internationalen und nationalen Institutionen und Akteuren beeinflusst wurde. Das jugoslawische Beispiel verdeutlicht auch, wie kompliziert die Auseinandersetzung mit Genozid, mit Verbrechen gegen die Menschlichkeit in einem von Besatzung, Bürgerkrieg und Regimewechsel erschüttertem Land war.

Genozid, Kriegsverbrechen und Verbrechen gegen die Menschlichkeit sind schreckliche Taten. Eine lange Beschäftigung mit menschenverachtenden und widerwärtigen Ausprägungen der menschlichen Bosheit war nur möglich, weil mich so viele Menschen auf diesem Weg unterstützt haben. Ich danke ganz herzlich meinem akademischen Betreuer Prof. Dr. Joachim von Puttkamer für seine Unterstützung, für seine kritischen Fragen und das Wissen, das er so großzügig teilt. Das vorliegende Buch entstand als Habilitationsschrift an der Friedrich-Schiller-Universität Jena. Mein herzlicher Dank für ihre wertvollen

---

3   Schabas, William, Carsten Stahn, Joseph Powderly, Dan Plesch and Shanti Sattler, The United Nations War Crimes Commission and the Origins of International Criminal Justice, *Criminal Law Forum* 25(1–2) (2014), 1–7.

Kommentare gilt auch Prof. Dr. Annette Weinke, Prof. Dr. Jörg Ganzenmül-ler, Prof Dr. Klaus Gestwa und Prof. Dr. Hannes Grandits, die meine Arbeit im Habilitationsverfahren begutachtet haben. Ganz herzlich bedanke ich mich auch bei Prof. Dr. Kerstin von Lingen für ihre Unterstützung und zusammen mit Prof. Dr. Isabelle Deflers, Prof. Dr. Horst Carl und Prof. Dr. Christian Koller für die Empfehlung, mein Buch in die Reihe „Krieg in der Geschichte" aufzu-nehmen. Dr. Diethard Sawicki und Julia Siedhoff vom Schöningh Verlag sowie Dr. Simone Bruckreus danke ich herzlich für die professionelle Betreuung der Veröffentlichung.

Zahlreiche Forschungs- und Archivaufenthalte liegen diesem Buch zugrunde. Archiv- und Bibliotheksmitarbeiterinnen und -mitarbeiter in Banja Luka, Belgrad, Düsseldorf, Frankfurt, Freiburg, London, Prag, Sarajevo, Washington und Zagreb haben für mich vergessene Akten in verstaubten Win-keln gefunden, alte Zeitschriften und Bücher aus Kellern geholt. Ihnen allen gilt mein aufrichtiger Dank. Viele Menschen, bekannte und unbekannte, Kol-leginnen und Kollegen, Freundinnen und Freunde, Studierende in Stuttgart, Tübingen und Jena, meine Familie, meine Eltern und meine Schwestern haben geholfen, dieses Buch besser zu machen. Sie haben meine Fragen beantwortet und die richtigen Fragen gestellt. Sie haben mir Türen geöffnet und offen gehalten. Ich kann sie hier nicht alle nennen. Aber allen möchte ich ausdrück-lich danken.

Widmen möchte ich dieses Buch meinen Kindern Emil, Selma und Isak und meinem Mann Bojan.

Einleitung: „Wie und wann fing alles an?"

Sein Blick vereist Feuer,
verdampft Wasser,
verkrüppelt Mädchen,
wenn er aus seinem Turm
schlüpft
und auf die Jagd geht, um Köpfe zu reißen
und Knochen zu raspeln, Herzen zu mampfen
und Gedärme zu schlürfen[1]

Den 27. März 1941 verbrachte Josip Broz Tito in seiner illegalen Wohnung in Zagreb. Während in Belgrad die Massen protestierten, wartete er auf Nachrichten. An diesem Tag hatten die Offiziere der Königlich-Jugoslawischen Armee mit Unterstützung Großbritanniens die Regierung Cvetković-Maček und die Regentschaft des Fürsten Pavle Karađorđević gestürzt, um gegen den Beitritt ihres Landes zum Dreimächtepakt zu protestieren. Der noch minderjährige Prinz Petar II. Karađorđević übernahm die Macht von seinem Onkel und ernannte einen der Putschführer, General Dušan Simović, zum Ministerpräsidenten. Auf den Straßen Belgrads verbreitete sich die Nachricht vom Umsturz wie ein Lauffeuer. Die Menschen besetzten Plätze und Denkmäler, schwenkten die jugoslawische Trikolore und lachten. Die seit den 1920er Jahren in die Illegalität gedrängten Kommunistinnen und Kommunisten kamen aus ihren Verstecken, zeigten sich vor der Polizei, hielten sogar Reden. Und als die Kommunistin Mitra Mitrović am Ende des Tages erschöpft und euphorisch ihrem Parteivorsitzenden in Zagreb von der Stimmung dieser großen Kundgebungen berichtete und um Anweisungen für die Genossen in Belgrad bat, hatte Tito seine Entscheidung bereits getroffen. Er verließ Zagreb und fuhr nach Belgrad, um seine Partei auf den Krieg vorzubereiten.[2]

Tito sollte Recht behalten. Die Nachricht vom Staatsstreich erzürnte Adolf Hitler und die nationalsozialistische Führung Deutschlands. Bereits eine Woche später, am 6. April 1941, griff die deutsche Wehrmacht im Verbund mit

---

* Mitra Mitrović, Ratno putovanje (Beograd: Prosveta 1962), 9.

1 Oskar Davičo, Basch Tschelik, übersetzt aus dem Serbokroatischen von Miodrag Vukić und Franz Mon, in: *Die Zeit* vom 27.8.1965, hier aus: https://www.zeit.de/1965/35/basch-tschelik/komplettansicht (überprüft am 2.6.2019). Alle folgenden Zitate von Basch-Tschelik sind dieser Quelle entnommen.

2 Mitrović, Ratno putovanje, 11.

italienischen, ungarischen und bulgarischen Truppen ohne vorherige Kriegserklärung das Königreich Jugoslawien an. Das „Unternehmen Strafgericht" leitete die Besatzung Jugoslawiens ein und führte zur Auflösung des ersten jugoslawischen Staats. Das brutale Besatzungsregime entfachte einen erbarmungslosen Bürgerkrieg, der das Land von innen heraus zersetzte. Verschiedene Bürgerkriegsparteien versuchten, durch massive Gewaltanwendung gegen die Zivilbevölkerung die Kontrolle zu erlangen und ihre Macht zu sichern.[3] Die Folge waren massive Kriegsverbrechen, die nicht nur von den Besatzungsmächten, sondern auch von lokalen militärischen und paramilitärischen Einheiten sowie von Kräften der Jugoslawischen Volksbefreiungsarmee begangen wurden.[4] Auch wenn die Frage nach genauen Zahlen lange umstritten war, weil jugoslawische Ermittler überhöhte Angaben gemacht hatten, gehört Jugoslawien auch nach heutigen Schätzungen zu den am stärksten betroffenen Ländern.

Obwohl in den vergangenen Jahrzehnten zahlreiche innovative Studien zur Ahndung von Kriegsverbrechen nach dem Zweiten Weltkrieg entstanden sind,[5] wird die Frage des rechtlichen und narrativen Umgangs mit Kriegsverbrechen in Jugoslawien, wenn überhaupt, vorwiegend aus der Perspektive der kommunistischen Machtübernahme beleuchtet.[6] Und obwohl Jugoslawien zu den am stärksten vom Zweiten Weltkrieg betroffenen Ländern gehörte,[7] und obwohl sich Jugoslawien nach 1941 an internationalen Diskussionen über den strafrechtlichen Umgang mit den Verbrechen der Achsenmächte beteiligte,[8] und obwohl vor jugoslawischen Gerichten in der Nachkriegszeit Tausende Kriegsverbrecherprozesse stattfanden,[9] existiert bis heute, fast 80 Jahre nach

---

3 Sabina Ferhadbegović, Vor Gericht. Die Soldaten der Handschar-Division im Nachkriegsjugoslawien, *Südost-Forschungen* 69/70 (2010/11), 228.

4 Zur lokalen Dimension des Zweiten Weltkriegs in Jugoslawien siehe Xavier Bougarel / Hannes Grandits / Marija Vulesica (Hg.), Local dimensions of the Second World War in Southeastern Europe (Abingdon / New York: Routledge 2019).

5 Für einen guten Überblick siehe Nadège Ragaru, Viewing, Reading, and Listening to the Trials in Eastern Europe. Charting a New Historiography, *Cahiers du monde russe* 61 (2020) 3, 297–316.

6 Für eine Studie, die für diesen Zugang beispielhaft ist, siehe Jerca Vodušek Starič, Kako su komunisti osvojili vlast. 1944–1946 (Zagreb: Pavičić 2006).

7 Holm Sundhaussen, Jugoslawien und seine Nachfolgestaaten 1943–2011. Eine ungewöhnliche Geschichte des Gewöhnlichen (Köln: Böhlau 2012), 89.

8 Sabina Ferhadbegović, The Impact of the United Nations War Crimes Commission on the Yugoslav Crimes Policy, JHIL 24 (2022), 373–390.

9 Siehe z.B. Albert Vajs, Rad komisije za utvrđivanje zločina okupatora i njihovih pomagača, *Anali pravnog fakulteta u Beogradu* 9 (1961) 1, 387–400; Oder das *Special issue*: 30 godina od Uredbe o vojnim sudovima, *Bilten pravne službe* JNA 3 (1974).

Kriegsende, keine Monografie, die einen genauen und detaillierten Überblick über alle im sozialistischen Jugoslawien organisierten Kriegsverbrecherprozesse nach dem Zweiten Weltkrieg bietet. Das hat verschiedene Ursachen:
Bis in die 1990er Jahre unterlagen die jugoslawischen Akten strenger Geheimhaltung. Auch das Archiv international involvierter Organisationen wie der
UNWCC war bis 2014 schwer zugänglich.[10] Alte jugoslawisch-sozialistische
Studien beschränken sich in der Regel auf idealisierende Beschreibungen des
revolutionären Befreiungskampfes und reproduzieren das Narrativ von der
Teleologie des Sieges der Guten und der Gerechten.[11] Und nach dem Zerfall
Jugoslawiens setzten sich in den Nachfolgestaaten revisionistische Geschichts-
deutungen fest, die sich nach parteipolitischen Interessen orientierten und
stärker auf Verbrechen der Kommunistischen Partei fokussierten.[12]

Nach dieser Sichtweise übernahm die Kommunistische Partei Jugoslawiens
die Macht nur mit Einsatz massiver Repression und Gewalt.[13] Kriegsverbrecherprozesse werden als Instrument kommunistischer Machtübernahme gedeutet,
die gleichzeitig durch Enteignungen die Verstaatlichung von Eigentum vorbereiteten. Auch nicht institutionalisierte Vergeltungsmaßnahmen sind ein
Thema, das in den jugoslawischen Nachfolgestaaten momentan intensiv

---

10   Insbesondere Dan Plesch hat durch sein Engagement stark dazu beigetragen, dass das
      Archiv der UNWCC einfacher zugänglich und zum Teil digitalisiert wurde. In einer Serie
      von Veröffentlichungen hat er die Ergebnisse seiner Forschungsarbeit zum Einfluss der
      UNWCC auf die Entwicklung des internationalen Strafrechts zusammengefasst. Siehe
      beispielhaft: Dan Plesch, Human Rights After Hitler: The Lost History of Prosecuting Axis
      War Crimes (Washington DC: Georgetown University Press 2017).
11   Siehe dazu beispielhaft Ferdo Čulinović, Državnopravni razvitak Jugoslavije (Zagreb: Škol-
      ska knjiga 1963); Dušan Živković, Postanak i razvitak narodne vlasti u Jugoslaviji 1941–1942
      (Beograd: Institut za savremenu istoriju 1969); Branko Petranović, AVNOJ. Revolucionarna
      smena vlasti (Beograd: Nolit 1976); Slobodan Nešović, Stvaranje nove Jugoslavije 1941–
      1945 (Beograd: Mladost 1981).
12   Einen guten Überblick bieten Beiträge im Sammelband: Milo Petrović (Hg.), Preispiti-
      vanje prošlosti i istorijski revizionizam. (Zlo)upotrebe istorije Španskog građanskog rata i
      Drugog svetskog rata na prostoru Jugoslavije (Beograd: Španski borci 2014).
13   Kosta Nikolić / Bojan Dimitrijević, Formiranje OZN-e u Srbiji i Beogradu i likvidacija
      „narodnih neprijatelja"1944. Istorija 20. veka 2 (2010), 9–28; Srđan Cvetković, Između
      srpa i čekića. Represija u Srbiji 1944–1953 (Beograd: Institut za savremenu istoriju 2005);
      Vodušek Starič, Kako su komunisti osvojili vlast; Josip Jurčević / Katica Ivanda, Ustro-
      javanje sustava jugoslovenskih komunističkih vojnih sudova tijekom Drugog svjetskog
      rata i poraća. Društvena istraživanja 15 (2006) 4/5,891–915; dies., Djelovanje jugoslavens-
      kih komunističkih vojnih sudova u Hrvatskoj potkraj Drugog svjetskog rata i u poraću,
      Društvena istraživanja 15 (2006) 4/5, 1063–1086; Jura, Ana, Komunistička represija u
      Hrvatskoj prema pisanju lista Vjesnik, svibanj – kolovoz 1945. godine. ČSP (2012) 1, 53–76;
      Dieser Argumentation folgt auch Tony Judt in: Die Geschichte Europas seit dem Zweiten
      Weltkrieg (Bonn: bpb 2006), 68.

erforscht wird.[14] Aktuelle Veröffentlichungen differenzieren jedoch selten zwischen gerichtlichen Prozessen zur Ahndung von Kriegsverbrechen und der irregulären Gewaltanwendung und analysieren die Entwicklungen in der Nachkriegszeit in erster Linie aus dem Blickwinkel der staatlichen Repression sowie der Beseitigung politischer Gegner.[15] Nach diesem Interpretationsmuster war die Kehrseite des jugoslawischen Mythos von „Brüderlichkeit und Einigkeit" das angebliche Schweigen über die Verbrechen jugoslawischer faschistischer Gruppierungen.[16]

Demnach dienten die Kriegsverbrecherprozesse in erster Linie der gnadenlosen Abrechnung mit ehemaligen und potenziellen Gegnern und waren nichts anderes als ideologisch inszenierte Schauprozesse, die eklatantes Unrecht produzierten.[17] Wie jedoch von Nadège Ragaru betont, greift diese Argumentation zu kurz und reproduziert damit die „normativen Kategorien und die Geopolitik des Kalten Kriegs".[18] Der jugoslawische Staatsbildungsprozess war weit komplexer als bisher angenommen. Dem Recht und der Erfahrung des Bürgerkriegs kam zentrale Bedeutung zu. Der Zweite Weltkrieg und der jugoslawische Bürgerkrieg öffneten ungeachtet massiver Zerstörung ehemals geschlossene Handlungssphären und ermöglichten überhaupt die kommunistische Machtübernahme. Die Prozesse vor lokalen Militärgerichten waren in diesem Kontext die ersten Handlungen eines sich neu formierenden Staats, bei

---

14   Häufig sind diese Studien im Zuge eines Geschichtsrevisionismus entstanden, der zum Teil eine Rehabilitation der faschistischen jugoslawischen Verbände wie der kroatischen Ustascha zum Ziel hatte. Siehe dazu für eine kritische Auseinandersetzung mit dieser Art der Geschichtsschreibung bei Ulf Brunnbauer (Hg.), (Re)Writing History. Historiography in Southeast Europe after Socialism (Münster u.a.: Lit. 2004).

15   Vladimir Geiger, Partizanska i komunistička represija i zločini u Lici 1945, *Hereticus* 1–2 (2012), 54–71; Blanka Matković, Poslijeratni komunistički zličini i grobišta u istočnoj Hercegovini, *Hum* 9 (2012), 197–212; Martina Grahek Ravančić, Mađari kao neprijatelji: rad Zemaljske komisije za utvrđivanje zločina okupatora i njihovih pomagača Primjer: kotar Bjelovar, *ČSP* 1 (2012), 37–52; Momčilo Pavlović / Srđan Cvetković, Istraživanja državne komisije za tajne grobnice ubijenih posle 12. Septembra 1944, *Istorija 20. veka* 3 (2012), 9–17.

16   Miodrag Zečević / Jovan Popović, Dokumenti iz istorije Jugoslavije. Državna komisija za utvrđivanje zločina okupatora i njegovih pomagača iz Drugog svetskog rata, Bd. 1 (Beograd: Arhiv Jugoslavije 1996), 12.

17   Vera Kržišnik-Bukić, Legal Trials in Yugoslavia, particularly in Slovenia, in the Aftermath of the Second World War, Treatises and documents 32 (1997), 133; Cvetković, Između srpa i čekića. Slowenische, kroatische und serbische Gerichte untermauern diese Argumentation, indem sie Urteile aus der Nachkriegszeit annulieren. Siehe dazu Srđan Milošević, Twice Before the Court: The Judicial Rehabilitation of General Dragoljub Mihailović, *Cultures of History Forum* (30.10.2017), DOI: 10.25626/0077.

18   Ragaru, Viewing, Reading, and Listening to the Trials in Eastern Europe, 298.

denen es nicht nur um eine Beseitigung von ideologischen und militärischen Gegnern ging.[19] Eine pauschale Gleichsetzung der jugoslawischen Kriegsverbrecherprozesse der Nachkriegszeit mit den stalinistischen Schauprozessen suggeriert, dass vor jugoslawischen Gerichten vermeintlich Unschuldige wegen konstruierter Anklagen standen. Die neuere Forschung ist hier weiter und zeigt, dass die Kriegsverbrecherprozesse in Osteuropa mit den Prozessen vor den Gerichten der westlichen Alliierten vergleichbar sind.[20] Ohne die politische Dimension jugoslawischer Kriegsverbrecherprozesse zu bestreiten, will diese Studie analysieren, in welcher Beziehung die Politik und das Recht zueinanderstanden, wer die Angeklagten waren und welchen Einfluss die politischen Entwicklungen auf ihre Prozesse hatten.

Dušan Nećak vertrat die Meinung, dass sich das jugoslawische Recht am Ende des Zweiten Weltkriegs in erster Linie aus materiellen Rechtsquellen speiste.[21] Doch gerade darüber, wie sich diese Auffassungen entwickelten und wie sie begründet wurden, finden sich kaum Studien. Bewusst setzte sich die Kommunistische Partei vom Ersten Jugoslawien ab. Das zentrale exekutive und legislative Organ des sich formierenden Zweiten Jugoslawiens (AVNOJ) (Antifašističko Vijeće Narodnog oslobodjenja Jugoslavije, Antifaschistischer Rat der Nationalen Befreiung Jugoslawiens) erklärte noch während des Kriegs 1943 alle rechtlichen Vorschriften der Besatzer und der Vorgängerregime

---

19   Sabina Ferhadbegović / Brigitte Weiffen, Zum Phänomen der Bürgerkriege, in: dies. (Hg.), Bürgerkriege erzählen. Zum Verlauf unziviler Konflikte (Konstanz: KUP 2011), 23.

20   Insbesondere die Forschung von Nadège Ragaru und Vanessa Voisin ist in diesem Zusammenhang hervorzuheben. So z.B. auf das aktuelle *Special Issue* der *Revue d'Histoire de la Shoah*, an dem sich die Autorin auch beteiligt hat: Sabina Ferhadbegović, Les actions en justice contre les crimes de la Shoah en Yugoslavie: Évolutions locales et impacts internationeaux, in: Audrey Kichelewski / Vanessa Voisin (Hg.), Juger des criminels de guerre à l' est de l'Europe (1943–1991), *Revue d'Histoire de la Shoah* 214 (2021), 97–120. Ein anderes *Special Issue* beleuchtet die kulturwissenschaftliche Dimension der Kriegsverbrecherprozesse im östlichen Europa. Nadège Ragaru (Hg.), Justice in Image, Sound, and Text. An alternative History of Eastern European Trials, *Cahiers du monde russe* 61 (2020) 3–4; Für Vorgängerstudien siehe auch Penter, Local Collaborators; dies., „Das Urteil des Volks"; Prusin, „Fascist Criminals to the Gallows!". Ilya Bourtman, „Blood for Blood, Death for Death": The Soviet Military Tribunal in Krasnodar, 1943, *Holocaust and Genocide Studies* 22 (2008), 246–265.

21   Dušan Nećak, Politische Prozesse – Prozesse gegen Kriegsverbrecher in Slowenien 1945–1947, in: Heimo Halbrainer / Claudia Kuretsidis-Haider (Hg.), Kriegsverbrechen, NS-Gewaltverbrechen und die europäische Strafjustiz von Nürnberg bis Den Haag (Graz: CLIO 2007), 212–217.

für nichtig.[22] Damit stellte AVNOJ eine neue, auf Gewalt gegründete und durch Gewalt autorisierte Rechtsordnung her. Spätestens von diesem Moment an wäre nach Grundlagen dieser neuen Rechtsordnung und nach Begründungen ihrer Durchsetzung zu fragen.

Dabei existiert mit der jugoslawischen Staatlichen Kommission zur Feststellung von Kriegsverbrechen der Besatzer und ihrer Helfer eine Institution, deren Analyse uns viel über die moralischen, politischen und ideologischen Grundlagen des Zweiten Jugoslawiens sagen kann. Sie wurde am 29. November 1943 bei der konstituierenden Sitzung des zweiten jugoslawischen Staats gegründet als eine Reaktion auf die Entstehung der UNWCC. Nach Bildung dieser gemeinsamen Staatlichen Kommission rief jede jugoslawische Teilrepublik ihre eigene Landeskommission aus. In den vergangenen Jahren sind zu diesen jugoslawischen Landeskommissionen einzelne Studien entstanden.[23] Ihre Ergebnisse deuten darauf hin, welche herausragende Rolle dieser Institution in der Übergangszeit vom (Bürger-)Krieg zum Frieden zukam. Die Landeskommissionen sammelten Beweise für begangene Kriegsverbrechen und produzierten während ihrer fünfjährigen Tätigkeit Berge von Akten. Sie nahmen mehr als 550.000 Zeugenaussagen und 900.000 Meldungen über begangene Kriegsverbrechen auf, konfiszierten um die 20.000 Dokumente und 5.000 Fotografien und konnten auf dieser Grundlage 120.000 Anklageerhebungen verfassen.[24] Dabei identifizierten sie 65.000 mutmaßliche Kriegsverbrecher.[25] Die Quellen befinden sich in den jeweiligen Hauptarchiven der jugoslawischen Nachfolgerepubliken, im ehemaligen Staatsarchiv, dem Archiv Jugoslawiens sowie im USHMM. Teile sind veröffentlicht in der Quellensammlung des Archivs Jugoslawiens bzw. digitalisiert im Archiv der UNWCC.[26] Leider beschränken sich aktuelle Untersuchungen

---

22   Odluka o ukidanju i nevažnosti svih pravnih propisa donetih od strane okupatora i njihovih pomagača za vreme okupacije, in: *Službeni list Demokratske Federativne Jugoslavije* 4 (1945), 1.

23   Cvetković, Između srpa i čekića; Vodušek Starič, Kako su komunisti osvojili vlast; Zlatko Begonja, Okružna komisija za utvrđivanje zločina okupatora i njihovih pomagača Zadar (1944–1946), in: Tado Oršolić, (Hg.), Zadar i okolica od Drugog svjetskog rata do Domovinskog rata (Zadar: HAZU 2009), 222–239; Martina Grahek Ravančić, Narod će im suditi. Zemaljska komisija za utvrđivanje zločina okupatora i njihovih pomagača za Zagreb 1944.-1947 (Zagreb: Hrvatski institut za povijest 2013).

24   Vajs, Rad komisije za utvrđivanje zločina, 394.

25   Rad državne komisije, in: Zečević / Popović, Dokumenti iz istorije Jugoslavije. Državna komisija, Bd. 1, 44.

26   Zečević, / Popović, Dokumenti iz istorije Jugoslavije. Državna komisija, 4 Bde.; UNWCC Archive, online unter: https://search.archives.un.org/united-nations-war-crimes-commission-unwcc-1943-1949 (überprüft am 25.1.2022).

auf die Institutionengeschichte, wie die Arbeit Martina Grahek Ravančićs, oder sie betrachten die Kommissionen einzig als repressives Instrument des kommunistischen Regimes, was ihre Bedeutung und ihren Einfluss einseitig wiedergibt.[27]

Eine Untersuchung und Einordnung der Staatlichen Kommission und ihrer Tätigkeiten bildet die Grundlage dieses Vorhabens. Insbesondere internationale Verflechtungen stehen im Fokus, die Beteiligung Jugoslawiens an internationalen Diskussionen über die Entwicklung des internationalen Strafrechts und der Transfer von Wissen. Dabei betrachte ich den Umgang mit Kriegsverbrechen aus verschiedenen zeitgenössischen Perspektiven: Was bedeutete das Erleben massiver Menschheitsverbrechen für die Opfer vor Ort, wie reagierte die jugoslawische Widerstandsbewegung auf die verbrecherische Kriegsführung der Besatzer, welche Bedeutung hatte die Exilregierung in London und welche die Alliierten?

Der erste Teil der Untersuchung befasst sich mit den rechtlichen Grundlagen für die Ahndung von Kriegsverbrechen. In London beteiligte sich die königlich-jugoslawische Exilregierung seit 1941 an verschiedenen Initiativen und Institutionen zur Vorbereitung der Strafverfolgung von Kriegsverbrechern. An dieser Stelle kann an die Vorarbeiten von Julia Eichenberg angeknüpft werden, um die Position der jugoslawischen Exilregierung zu kontextualisieren.[28] Doch welche Positionen vertraten in diesem Kontext jugoslawische Kommunisten? Dass die Rezeption und Aneignung des sowjetischen Strafrechts bereits während des Kriegs stattfanden, ist belegt.[29] Die spezifisch jugoslawische Situation des Bürgerkriegs war für diese Frage aber ebenso wichtig. In diesem Buch wird davon ausgegangen, dass Tito spätestens ab 1943 wusste, dass er den Krieg gegen die Besatzer und die jugoslawischen Bürgerkriegsgegner gewinnen würde und dass er ein Instrument suchte, um die jugoslawische Bevölkerung hinter sich zu vereinen. Das Versprechen der Partisanenführung, das neue

---

27 So leider auch in der sonst exzellenten Arbeit Alexander Korbs über die Ustascha wiedergegeben. Siehe Alexander Korb, Im Schatten des Weltkrieges. Massengewalt der Ustaša gegen Serben, Juden und Roma in Kroatien 1941–1945 (Hamburg: Hamburger Ed. 2013), 41.

28 Julia Eichenberg, Macht auf der Flucht. Europäische Regierungen in London (1940–1944), *Zeithistorische Forschungen/Studies in Contemporary History*, Online-Ausgabe, 15 (2018) 3, 452–473; dies., Legal Legwork: How Exiled Jurists Negotiated Recognition and Legitimacy in Wartime London, 1939–1945, in: Marcus Payk / Kim Christian Priemel (Hg.), Crafting the International Order: Practitioners and Practices of International Law Since c.1800 (Oxford: Oxford University Press 2021), 162–190; dies., Crossroads in London on the Road to Nuremberg: The London International Assembly, Exile Governments and War Crimes, *JHIL* (2002) 3, 334–353.

29 Ferhadbegović, Vor Gericht.

Recht werde auf der Grundlage des einzigartigen Rechts- und Gerechtigkeits-
empfindens der jugoslawischen Bevölkerung entstehen, sollte diese für die
Idee des revolutionären Rechts gewinnen. Schließlich war der Glaube an ein
„angeborenes gesundes Rechtsempfinden" des jugoslawischen „Volks", das in
Verbindung mit kontinuierlicher Aufklärungsarbeit zum Aufbau eines wahrhaft demokratischen Systems führen sollte, nicht neu: Ähnlich argumentierten
die serbischen konservativen Reformer aus dem 19. Jahrhundert, die sich von
Rechtsvorstellungen des wilhelminischen Deutschland inspirieren ließen.[30]
Ähnlichkeiten mit dem NS-Konzept des „gesunden Volksempfinden" sind
unübersehbar, insbesondere wenn es um Versuche geht, vorhandene Rechtsnormen umzuformen und das Recht zu ethnisieren.[31] Hier liegt das besondere
Augenmerk allerdings darauf, wie und warum die kommunistischen Juristen
(es waren ausschließlich Männer) ihre Rechtsvorstellungen anpassten sowie
sowjetische und internationale Vorgaben übernahmen und adaptierten. Dabei
wird die jugoslawische Perspektive in die Diskussion um die Humanisierung
des Kriegsrechts integriert und insbesondere seit der Entstehung der UNWCC
der Beitrag jugoslawischer Juristen an der Ausformulierung rechtlicher Normen bei der Ahndung von Kriegsverbrechen analysiert. Die relevanten
Akten der UNWCC liegen zum Teil digitalisiert vor. Über die Protokolle entsprechender Ausschüsse werden die wichtigsten Diskussionen beleuchtet und
so der Wissenstransfer von der UNWCC nach Jugoslawien eingeordnet. An
dieser Stelle kann zu den Untersuchungen von Dan Plesch[32] und Arieh Kochavi[33] auch an die Arbeiten von Kerstin von Lingen angeknüpft werden, die den
Beitrag osteuropäischer Juristen und Kommissionsmitglieder der UNWCC bei
der Entwicklung des humanitären Rechts erforscht hat.[34] Daniel Marc Segesser,

---

30   Dušan Bataković, Slobodan Jovanović i Crna ruka, in: Miodrag Jovičić (Hg.), Slobodan
      Jovanović: ličnost i delo (Belgrad: SANU 1998), 225–231.
31   Zum Vergleich siehe: Herlinde Pauer-Studer / Julian Fink (Hg.), Rechtfertigungen
      des Unrechts. Das Rechtsdenken des Nationalsozialismus in Originaltexten (Berlin:
      Suhrkamp 2014).
32   Dan Plesch, Dan. America, Hitler and the UN: How the Allies Won World War II and
      Forged a Peace (London: Tauris, 2011); Dan Plesch, Dan / Shanti Sattler. Changing the
      Paradigm of International Criminal Law: Considering the Work of the United Nations
      War Crimes Commission of 1943–1948, *The International Community Law Review* 15 (2012),
      203–223; dies., A New Paradigm of Customary International Criminal Law: The UN War
      Crimes Commission of 1943–1948 and its Associated Courts and Tribunals, *Criminal Law
      Forum* 25 (2014) 1, 17–43.
33   Arieh Kochavi, Prelude to Nuremberg: Allied War Crimes Policy and the Question of
      Punishment (Chapel Hill: University of North Carolina Press, 1988).
34   Kerstin von Lingen, Setting the Path for the UNWCC: The Representation of European
      Exile Governments on the London International Assembly and the Commission for
      Penal Reconstruction and Development, 1941–1944 *International Criminal Law Forum* 25

Mark Lewis und Annette Weinke haben in ihren ideengeschichtlichen Studien dargelegt, welche wissenschaftlichen Debatten den Weg zu einer institutionalisierten internationalen Ahndung von Kriegsverbrechen geebnet haben.[35] Guillaume Mouralis hat bereits auf das Wirken von „Outsiders" hingewiesen, das die Entstehung vom IMT maßgeblich beeinflusst hatte.[36] Inwieweit die jugoslawischen Mitglieder der UNWCC an der Formulierung strafrechtlicher Normen zur Ahndung von Kriegsverbrechen beteiligt waren, inwieweit internationale Diskussionen und Entwicklungen das neu formulierte jugoslawische Recht beeinflussten, ist bisher nicht untersucht worden. Ebenso wenig ist bekannt, wie die jugoslawischen Erfahrungen des Zweiten Weltkriegs und des jugoslawischen Bürgerkriegs die Vorstellungen führender Kommunisten wie Edvard Kardelj und Moša Pijade über legales und legitimes Verhalten im Krieg geprägt haben, wann auf das sowjetische Vorbild und in welchem Maße auf international vereinbarte Normen zur Ahndung von Kriegsverbrechen zurückgegriffen wurde. Zugleich geht es darum, wie aus der Erfahrung von Besatzung und Bürgerkrieg, aus der Erfahrung des Holocaust und der systematischen Vertreibung und Ausbeutung auch bei jugoslawischen Akteuren die Einsicht wuchs, dass die Weiterentwicklung des humanitären Völkerrechts und die internationale Zusammenarbeit der eigenen Sicherheit dienen.

Der zweite Teil der Arbeit fokussiert auf die Ermittlungsarbeit der jugoslawischen Staatlichen Kommission und darauf, wie mündliche Zeugenaussagen zu Akten wurden, nach welchen Mustern sie entstanden und welchen Einfluss sie auf den sich neu formierenden Staat und die Formulierung neuer Rechtsnormen hatten. Wie ambivalent solche Quellen sein können, bedarf keiner besonderen Erläuterung. Lutz Niethammer hat auf die Chancen und Schwierigkeiten des Umgangs mit solchen und ähnlichen

---

(2014) 1, 45–76; dies., Defining Crimes Against Humanity: The Contribution of the United Nations War Crimes Commission to International Criminal Law, 1944–1947, in: Morten Bergsmo u.a. (Hg.), Historical Origins of International Criminal Law (Brussels: Torkel 2014), 475–506.

35 Daniel Marc Segesser, Recht statt Rache oder Rache durch Recht. Die Ahndung von Kriegsverbrechen in der internationalen wissenschaftlichen Debatte 1872–1945 (Paderborn: Schöningh 2010); Mark Lewis, The Birth of New Justice. The Internationalization of Crime & Punishment, 1919–1950 (Oxford: Oxford University Press 2014); Annette Weinke, Gewalt, Geschichte, Gerechtigkeit. Transnationale Debatten über deutsche Staatsverbrechen im 20. Jahrhundert (Göttingen: Wallstein 2016).

36 Guillaume Mouralis, Outsiders du droit international: Trajectoires professionnelles et innovation juridique à Londres, Washington et Nuremberg, 1943–1945, Monde (s) 7 (2015) 1, 113–134.

Überlieferungsformen hinreichend hingewiesen.[37] Hier geht es nicht darum, ihren Wahrheitsgehalt zu überprüfen. Ziel ist zu hinterfragen, wie Zeugenaussagen zu Akten wurden, wie der Prozess der Übertragung ablief und wann aus der Übertragung eine Überlieferung wurde. Den theoretischen Rahmen bieten die Arbeiten Cornelia Vismanns zu Akten und zur Medialität des Rechts[38] sowie aktuelle Diskussionen zur Zeugenschaft.[39] Angeknüpft wird auch an die Überlegungen von Thomas Scheffer über Akten als „Materialität im Rechtsdiskurs".[40] Wenn wir davon ausgehen, dass Akten aufgrund ihrer Struktur Wirklichkeiten konstituieren und nicht nur repräsentieren,[41] stellt sich die Frage, welche Wirklichkeiten die Akten der Staatlichen Kommission zur Feststellung von Kriegsverbrechen konstituierten und warum? Welche Erzählungen verschriftlichten die Landeskommissionen und wie beeinflussten diese Erzählungen das, was Recht war und wurde? Oder in Abwandlung von Cornelia Vismann: Es geht um Anteile, die Akten der Staatlichen Kommission und ihrer Untereinheiten daran hatten, Wahrheitsformen und Rechtskonzepte aufzudecken[42] – und in Anlehnung an Niethammer und Assmann um deren Einfluss auf das Kollektivgedächtnis.[43] Denn anders als im westlichen Europa, wo die Prozesse häufig auf Akten der Besatzer basierten, spielten Zeugenaussagen vor jugoslawischen Gerichten von Anfang an eine große Rolle. Um zu überprüfen, wie sich dieser Zugang auf die Rechtswerdung und Rechtsprechung auswirkte,

---

37 Lutz Niethammer, Einführung, in: ders. (Hg.), Lebenserfahrung und kollektives Gedächtnis. Die Praxis der „Oral history" (Frankfurt: Syndikat 1985).

38 Cornelia Vismann, Akten: Medientechnik und Recht (Frankfurt a.M.: Fischer 2000); dies., Medien der Rechtsprechung (Frankfurt a.M.: Fischer 2011); dies. Das Recht und seine Mittel (Frankfurt a.M.: Fischer 2012).

39 Anna Hájaková, What Kind of Narrative is Legal Testimony? Terezín Witness before Czechoslovak, Austrian, and German Courts, in: Norman J.W. Goda (Hg.), Rethinking Holocaust Justice: Essays across Disciplines (New York: Berghahn Books 2018), 71–99; Emmanuel Alloa, Umkämpfte Zeugenschaft. Der Fall Serena N. im Brennpunkt von Holocaust-Forschung, Psychoanalyse und Philosophie, DZPhil 67 (2019) 6, 1008–1023; sowie das grundlegende Werk von Dori Laub, Bearing Witness, or the Vicissitudes of Listening, in: Shoshana Felman / Dori Laub (Hg.), Testimony: Crises of Witnessing in Literature, Psychoanalysis and History (London: Routledge, 1992), 57–74.

40 Thomas Scheffer, Materialitäten im Rechtsdiskurs: Von Gerichtssälen, Akten und Fallgeschichten, in: Kent Lerch (Hg.), Recht vermitteln: Strukturen, Formen und Medien der Kommunikation im Recht (Berlin: BBAW 2005), 349–376.

41 Vismann, Akten, 87.

42 Vismann, Akten, 9.

43 Lutz Niethammer, Gedächtnis und Geschichte. Erinnernde Historie und die Macht des kollektiven Gedächtnisses, WerkstattGeschichte 30 (2001), 32; Aleida Assmann, Erinnerungsräume. Formen und Wandlungen des kulturellen Gedächtnisses (München: Beck 2018).

werden exemplarisch die Bestände des Fonds der Staatlichen Kommission
aus Belgrad und der Landeskommission Bosnien-Herzegowinas untersucht
und mit den Veröffentlichungen der Staatlichen Kommission und den an die
UNWCC weitergeleiteten Akten verglichen. 1945 und 1946 gab die Kommission mehrere Hundert Mitteilungen heraus, in denen sie Kriegsverbrechen
benannte, Zeugenaussagen zusammenfasste, Opfer aufzählte und vorbereitete
Anklageschriften verkündete.[44] Sie organisierte mehrere Ausstellungen
und Wanderausstellungen, bei denen sie die jugoslawische Bevölkerung mit
begangenen Kriegsverbrechen konfrontierte. Und schließlich bereitete sie
4.800 Anklageschriften für die UNWCC vor, um Auslieferungen mutmaßlicher
Kriegsverbrecher zu erwirken.[45] Wie und wo finden sich Zeugenerzählungen
in diesen Dokumenten wieder? Gefragt wird, welche Bedeutung die Akten
der Staatlichen Kommission als erste Generatoren einer „juridischen Wahrheit"[46] über den Zweiten Weltkrieg und Bürgerkrieg in Jugoslawien hatten, die
sich von Gerichten validiert hegemonial ausbreitete. Und welche Wahrheit
war das?

Im dritten Teil geht es um die Prozesse. Nicht institutionalisierte Vergeltungsmaßnahmen sind ein Thema, das in den jugoslawischen Nachfolgestaaten momentan intensiv erforscht wird, häufig aus nationalpolitischen
Gründen.[47] Aktuelle Veröffentlichungen differenzieren daher selten zwischen gerichtlichen Prozessen zur Ahndung von Kriegsverbrechen und der
irregulären Gewaltanwendung und analysieren die Entwicklungen in der Nachkriegszeit in erster Linie aus dem Blickwinkel der staatlichen Repression.[48]
Die Nachkriegszeit sehen sie im Allgemeinen als eine Zeit des Terrors, in
der die Kommunisten ihrem ideologischen Vorbild, der Sowjetunion, nacheiferten. Dabei wird die internationale Literatur zu sowjetischen Prozessen oder anderen osteuropäischen Prozessen selten rezipiert.[49] Und es wird

---

44   Vajs, Rad komisije, 394.
45   Grahek, Narod, 107.
46   Michael Foucault, Die Wahrheit und die juristischen Formen (Frankfurt a.M.: Suhrkamp
      2003), 13.
47   Siehe Anm. 17.
48   Für einen Überblick siehe Vladimir Geiger / Suzana Leček, Politika retribucije u Evropi
      nakon Drugog svjetskog rata, ČSP 34 (2018) 1, 7–34.
49   Zu den sowjetischen Prozessen siehe Tanja Penter, Local Collaborators on Trial. Soviet
      War Crimes Trials under Stalin (1943–1953), in: Cahiers du monde russe 49 (2008), 341–
      364; dies., „Das Urteil des Volkes". Der Kriegsverbrecherprozess von Krasnodar 1943,
      Osteuropa 60 (2010), 117–131; Alexander Prusin, „Fascist Criminals to the Gallows!". The
      Holocaust and Soviet War Crimes Trials, December 1945 – February 1946, Holocaust and
      Genocide Studies 17 (2003), 1–30. Aktuell insbesondere die Arbeiten von Vanessa Voisin
      und Nadège Ragaru. Siehe Fußnote 20.

nicht analysiert, wer die Richter, die Staatsanwälte und die Ermittler waren, die sich an der Verfolgung von Kriegsverbrechern und ihrer Verurteilung beteiligten. Was aus den Gerichtssälen nach draußen drang, interessiert ebenfalls nur im Zusammenhang mit der Propaganda. War alles nur simuliert, reinem Machtkalkül geschuldet? Nach Vladimir Geiger verurteilten die Militärgerichte und das Gericht der nationalen Ehre in Zagreb Angeklagte ohne irgendeine Beweisführung.[50] Die Arbeiten von Grahek Ravančić sowie von Milan Radanović ergeben da ein differenziertes Bild.[51] Die vorliegende Arbeit geht von der These aus, dass die jugoslawischen Kommunisten eine Regulierung und Institutionalisierung von Gewalt anstrebten und ein starkes Interesse daran hatten, die Nach-Bürgerkriegsgesellschaft zu stabilisieren.[52] Die Gerichte übernahmen daher eine besonders wichtige Rolle. Es geht hier nicht nur um ihre juristischen Aufgaben. Ohne Prozesse, die nach Cornelia Vismann notwendig sind, um Taten in Worte zu konvertieren und zu verschriftlichen, wäre als Folge von Kriegsverbrechen nur Schweigen geblieben.[53] Dem Gericht kommt nach dieser Auffassung eine fast therapeutische Funktion zu: In der Verhandlung werden Traumata durch Versachlichung zur Sprache gebracht und aktenkundig gemacht. Durch ihre Rezeption werden Gerichtsverfahren nicht nur Orte der Rechtsprechung und Wahrheitsfindung, sondern

---

50 Geiger, Vladimir, Smrtna presuda Vojnog suda Komande grada Zagreba poglavaru Hrvatske pravoslavne crkve u Nezavisnoj Državi Hrvatskoj mitropolitu Germogenu 1945. godine, in: Hans-Georg Fleck / Igor Graovac (Hg.), Dijalog povjesničara, Bd. 2 (Zagreb: Friedrich Naumann Stiftung 2000), 581.

51 Grahek Ravančić, Narod će im suditi; dies., Izvještaji Zemaljske komisije za utvrđivanje zločina okupatora i njihovih pomagača na području Bjelovara od 1944. do 1947. godine, in: Nada Kisić Kolanović u.a. (Hg.), 1945. – Razdjelnica hrvatske povijesti (Zagreb: Hrvatski institut za povijest 2005), 339–355; dies., Mađari kao neprijatelji; Milan Radanović. Kazna i zločin. Snage kolaboracije u Srbiji: odgovornost za ratne zločine (1941–1945) i vojni gubici (1944–1945) (Belgrad: Rosa Luxemburg Stiftung: 2015).

52 Leon Geršković (Hg.), Dokumenti o razvoju narodne vlasti: priručnik za izučavanje istorije narodne vlasti na fakultetima, školama i kursevima (Beograd: Prosveta 1948); Zdravko Dizdar (Hg.), Partizanska i komunistička represija i zločini u Hrvatskoj: dokumenti, 4 Bde. (Slavonski Brod 2005–2008). Diesen Eindruck teilt auch Ludwig Steindorff, wie er allerdings nur im Nebensatz einer Rezension erwähnt. Ludwig Steindorff, Rezension zu: Ingrid Böhler / Lisa Rettl (Hg.), Geschichtspolitik in Kroatien (= zeitgeschichte 5/08), Innsbruck 2008, H-Soz-Kult, 14.04.2009, <http://www.hsozkult.de/publicationreview/id/rezbuecher-12475> (überprüft am 8.10.2015).

53 Cornelia Vismann, Sprachbrüche im Nürnberger Kriegsverbrecherprozess, in: Stephan Braese (Hg.), Juristischer und literarischer Diskurs im Umgang mit den NS-Massenverbrechen (Göttingen: Wallstein 2004), 47.

auch Orte der Geschichtsschreibung.[54] Lawrence Douglas spricht in diesem Kontext von „didactic trials".[55] Vorliegende Studie möchte an diese Konzepte anknüpfen, aber auch analysieren, wie weit sich der jugoslawische Prozess der juristischen Bestrafung von Kriegsverbrechern an internationalen Entwicklungen orientierte. Schließlich nahm auch das Erste Jugoslawien regen Anteil an Bemühungen um ein neues, internationales Recht nach dem Ersten Weltkrieg.[56] Eine zentrale Bedeutung nimmt daher der Internationale Militärgerichtshof in Nürnberg ein.[57] Hier werden in erster Linie Arbeiten berücksichtigt, die auf die Wirkung des Verfahrens fokussieren und auf die unterschiedlichen Entwicklungen, die zu Nürnberg geführt haben.[58] Auch zum narrativen und strafrechtlichen Umgang anderer alliierten Staaten mit Kriegsverbrechen existieren bereits mehrere Studien, an die angeknüpft werden kann.[59] Es ist auffällig, wie rar die internationalen Studien zu jugoslawischen

---

54   Anette Wieviorka, Observations sur des porcès nazis: de Nuremberg à Klaus Barbie, in: Werner Gephart u.a. (Hg.), Tribunale. Literarische Darstellung und juridische Aufarbeitung von Kriegsverbrechen im globalen Kontext (Frankfurt a.M.: Klostermann 2014), 29–38.

55   Lawrence Douglas, The Memory of the Judgment: Making of Law and History in the Trials of the Holocaust (New Haven: CT 2001), 65–94.

56   Lewis, The Birth of New Justice, 42–66; 123–143.

57   An dieser Stelle kann auf die gute Zusammenfassung des Forschungsstandes bei Annette Weinke verwiesen werden, Annette Weinke, Die Nürnberger Prozesse (München²: Beck 2015). Aktuell siehe Guillaume Mouralis, Le moment Nuremberg (Paris: Presses de Sciences Po, 2019).

58   So z.B. die sowjetische Seite bei Francine Hirsch, Michelle Penn, Valentyna Polunina und Irina Schulmeister-André siehe: Francine Hirsch, The Soviet Judgment at Nuremberg: A New History of the International Military Tribunal after World War II (Oxford: Oxford University Press 2020); Michelle Jean Penn, The Extermination of Peaceful Soviet Citizens: Aron Trainin and International Law, Ph.D. University of Colorado Boulder 2017 https://scholar.colorado.edu/concern/graduate_thesis_or_dissertations/df65v79it (überprüft am 22.3.2021); Valentyna Polunina, The Human Face of Soviet Justice? Aron Trainin and the Origins of the Soviet Doctrine of International Criminal Law, in: David Crowe (Hg.), Stalin's Soviet Justice: ‚Show' Trials, War Crimes Trials, and Nuremberg (London: Bloomsbury 2019), 127–144; Irina Schulmeister-André, Internationale Strafgerichtsbarkeit unter sowjetischem Einfluss: der Beitrag der UdSSR zum Nürnberger Hauptkriegsverbrecherprozess (Berlin: Duncker & Humblot 2016).

59   So z.B. Kim C. Priemel / Alexa Stiller (Hg.), Reassessing the Nuremberg Military Trials: Transitional Justice, Trial Narratives, and Historiography (New York / Oxford: Berghahn Books 2014); Annette Weinke / Klaus Marxen, Inszenierung des Rechts. Schauprozesse, Medienprozesse und Prozessfilme in der DDR (Berlin: Berliner Wissenschafts-Verlag 2006); Zum narrativen Umgang siehe auch z.B. Gephart, Tribunale; Goda, Rethinking Holocaust Justice; Georg Wamhof (Hg.), Das Gericht als Tribunal oder: Wie der NS-Vergangenheit der Prozess gemacht wurde (Göttingen: Wallstein 2009); István Deák

Kriegsverbrecherprozessen sind. Auch in aktuellen Überblicksdarstellungen
wie von István Deák nimmt Jugoslawien sehr geringen Platz ein.[60] Im Sammelband von Norbert Frei zu der Ahndung von NS-Verbrechen im europäischen
Kontext ist ein Aufsatz zu Jugoslawien gar nicht vorhanden.[61] Dafür kann
aber auf mehrere aktuelle Studien zur Ahndung von Kriegsverbrechen im
östlichen Europa zurückgegriffen werden, um auf die Gemeinsamkeiten und
Unterschiede zwischen diesen Ländern und Jugoslawien hinzuweisen.[62]
Argumentiert wird, dass sich der jugoslawische Ahndungsprozess stark an
internationalen Vorgaben orientierte, auch um die Implementation neuer
Rechtskonzepte in Jugoslawien zu legitimieren. Gleichzeitig verstehen sich
jugoslawische Akteure als Teil eines internationalen Ahndungsprozesses, so
wie er durch die Moskauer Deklaration vorformuliert wurde.

Zusammenfassend ist hervorzuheben, dass der internationale Forschungs-
stand zu Bürgerkriegen, zur Entwicklung des internationalen Strafrechts
und die Diskussionen zu Jugoslawien nach dem Zweiten Weltkrieg stark aus-
einanderklaffen. Zugleich fällt bei internationalen Studien das Fehlen einer
jugoslawischen Perspektive auf. Die vorliegende Untersuchung möchte diese
Lücke schließen und in einem vielschichtigen Verfahren nicht nur die jugoslawische Perspektive in die gesamteuropäische integrieren, sondern auch die
Frage nach Besonderheiten jugoslawischer Erfahrungen im europäischen Kontext beantworten.

In die Studie flossen unterschiedliche veröffentlichte und unveröffentlichte
Quellen ein. Die Grundlage bilden, wie bereits betont, die Akten der Staatlichen
Kommission, die sich im Fonds des USHMM befinden. Ergänzt werden sie the-
matisch durch verschiedene andere Quellen: im ersten Teil, der eine Analyse
der jugoslawischen Diskussionen um das internationale und nationale Strafrecht zur Ahndung von Kriegsverbrechen bietet, durch Akten aus dem Archiv

---

u.a. (Hg.), The Politics of Retribution in Europe – World War II and Its Aftermath (Prince-
ton / New Jersey: PUP 2000); A. T. Williams, A Passing Fury. Searching for Justice at the
End of World War II (London: Vintage 2016); Georgina Fitzpatrick u.a. (Hg.), Australia's
War Crimes Trials 1945–51 (Leiden: Brill 2016). Für eine Auswahl insbesondere zu den
Prozessen im östlichen Europa siehe u.a. David M. Crowe (Hg.), Stalin's Soviet Justice.;
Gabriel Finder / Alexander Prusin, Justice behind the Iron Curtain: Nazis on Trial in Com-
munist Poland (Toronto: University of Toronto Press, 2018).

60   István Deák, Europe on trial. Story of Collaboration, Resistance and Retribution during
      World War II (Boulder: Westview Press 2015).

61   Norbert Frei (Hg.), Transnationale Vergangenheitspolitik. Der Umgang mit deutschen
      Kriegsverbrechen in Europa nach dem Zweiten Weltkrieg (Göttingen: Wallstein 2006).

62   Siehe Fußnote 20.

der UNWCC, Akten der königlichen Exilregierung, Akten des Obersten Stabs der Volksbefreiungsarmee, alle stenografischen Protokolle unterschiedlicher Rechtsausschüsse und stenografische Protokolle der vorläufigen Versammlung.[63] Im zweiten Teil liegt der Fokus auf dem Wissenstransfer von London über Belgrad in die jugoslawische Provinz. Dafür werden auch die Akten der bosnisch-herzegowinischen Landeskommission zur Feststellung von Verbrechen gesichtet, die sich im Archiv Bosnien-Herzegowinas (ABiH) befinden.[64] Um zu überprüfen, wie die Implementation von neuem Recht vonstattenging, werden die ersten großen Kriegsverbrecherprozesse analysiert – der Prozess gegen die Angehörigen der Regierung des Unabhängigen Staats Kroatien (USK) in Zagreb sowie der Prozess gegen die sogenannten Ustascha-Generäle in Belgrad. Die Akten aus diesen Prozessen befinden sich im Kroatischen Staatsarchiv (HDA) sowie teils im Archiv des Kroatischen Historischen Museums (HPM) und teils im Militärarchiv in Belgrad (VA). Hier wird die These vertreten, dass die großen Prozesse als Muster für die zahlreichen kleinen Prozesse dienten, die in der jugoslawischen Provinz stattgefunden haben. Dafür werden Prozessakten des Bezirksgerichts von Sarajevo aus dem Archiv Bosnien-Herzegowinas (ABiH) analysiert. Die institutionelle Perspektive wird durch andere Quellen ergänzt, z.B. durch die Erinnerungen von Zeitzeugen, die entweder aus dem

---

63   Hier nur eine Auswahl: Slobodan Nešović (Hg.), Zakonodavni rad pretsedništva Antifašističkog veća narodnog oslobođenja Jugoslavije i Pretsedništva privremene vlade Narodne skupštne DFJ (Beograd: Prezidium Narodne skupštine 1946); Službeni list DFJ und FNRJ 1945–1948; Radomir Vujošević (Hg.), Dokumenti centralnih organa KPJ, NOR i revolucija (1941–1945) (Beograd: Centar Komunist 1985–1989); Fabijan Trgo (Hg.), Zbornik dokumenata i podataka o Narodnooslobodilačkom ratu jugoslovenskih Naroda, Bd. 2, Dokumenta Vrhovnog štaba Narodnooslobodilačke vojske Jugoslavije 1941–1942 (Beograd: Vojnoistorijski institut JNA 1954); Ustavotvorni odbori Savezne skupštine i Skupštine naroda. Stenografske beleške (Beograd: Narodna skupština 1946); Treće zasedanje AVNOJ-a i zasedanje PNS. Stenografske beleške (Beograd:Savezna skupština 1945); Slobodan Nešović (Hg.), Prvo i drugo zasedanje AVNOJ-a: 26. i 27. novembra 1942,29. i 30. novembra 1943 (Beograd: Prosveta 1983); Branko Petranović / Miodrag Zečević (Hg.), Jugoslavija 1918–1988. Tematska zbirka dokumenata (Beograd²: Rad 1988); Slobodan Nešović /Branko Petranović (Hg.), AVNOJ i revolucija: tematska zbirka dokumenata 1941–1945 (Beograd: Narodna knjiga 1983); Moše Pijade, Izabrani govori i članci 1941–1947 (Beograd: Kultura 1948); Milovan Đilas, Članci 1941–1946 (Beograd: Kultura 1947); Milovan Đilas, Der Krieg der Partisanen. Memoiren 1941–1945 (Klagenfurt: Sisyphus 2016); Milovan Đilas, Tito: eine kritische Biographie (Wien: Molden 1980); Milovan Đilas, Der junge Revolutionär. Memoiren 1929–1941 (Wien / München: Molden 1976).

64   Der Fonds wurde analytisch sortiert, siehe Krunoslava Lovrenović-Zeba, Zemaljska komisija za BiH za utvrđivanje zločina okupatora i njihovih pomagača, *Glasnik arhiva i društva arhivskih radnika* 8/9 (1968–1969), 51–61.

Archiv der Shoah Foundation, dem Staatlichen Archiv Kroatiens, den Hoover
Institution Library and Archives oder Quellensammlungen mit Erfahrungen
jugoslawischer Widerstandskämpferinnen und Kämpfer sowie involvierter
Juristen stammen.[65]

---

65   Rodoljub Čolaković, Zapisi iz oslobodilačkog rata, Bd. 3 (Zagreb: Naprijed 1961); Nisim
     Albahari (Hg.), Sarajevo u revoluciji, 4. Bde. (Sarajevo: Istorijski arhiv 1976–1981); Mira
     Šuvar (Hg.), Vladimir Velebit. Svjedok historije (Zagreb: Razlog 2001); Vladimir Vele-
     bit, Moj život (Zagreb: Fraktira 2017); Jakov Blažević, Tražio sam crvenu nit (Zagreb:
     Zagreb 1976); Josip Hrnčević, Svjedočanstva (Zagreb: Globus 1984); Mitrović, Ratno puto-
     vanje. Die persönlichen Nachlässe von Jakov Blažević und Josip Hrnčević befinden sich
     im HDA. Einige Nachlässe von Vertretern der jugoslawischen königlichen Exilregierung
     werden in Hoover Institution Library and Archives aufbewahrt.

KAPITEL 1

Recht

> Dann stochert er mit Kinderrippen
> in den Zähnen,
> harkt sie mit Rechen
> und schärft sie mit einer Feile,
> damit sie besser
> die Köpfe abschlagen,
> wenn er morgen
> neue
> Siedlungen knackt.[1]

Im November 1945, nur ein halbes Jahr nach seiner Rettung, reiste Dr. Albert Vajs[2] nach Nürnberg. Dieses Mal freiwillig. Als Mitglied der jugoslawischen Delegation vor dem Internationalen Militärgerichtshof. Dass er den Zweiten Weltkrieg überlebt hatte, glich einem Wunder. Albert Vajs war 1905 in Zemun (Semlin) in einer wohlhabenden Familie jüdischer Herkunft zur Welt gekommen.[3] Seine Mutter Mari, seine Ehefrau Piroška und sein Sohn Jovan wurden im Lager Sajmište bei Belgrad ermordet.[4] Vajs rettete die Tatsache, dass er als Offizier der jugoslawischen königlichen Armee am 17. April 1941 in deutsche Gefangenschaft geriet und als Kriegsgefangener zuerst nach Offenburg und dann nach Nürnberg-Oflag XIII-B transportiert wurde.[5] Nürnberg überlebte er sowie Osnabrück Oflag VI-C, Straßburg und Barkenbrügge. Nach Kriegsende kehrte er nach Belgrad zurück und fing als studierter Jurist sofort an, für die Jugoslawische Staatliche Kommission zur Feststellung von Verbrechen

---

* Teile dieses Kapitels basieren auf überarbeiteten Versionen bereits veröffentlichter Aufsätze, siehe Ferhadbegović, The Impact of the United Nations War Crimes Commission; Ferhadbegović, Les actions en justice.

1 Davičo, Basch Tschelik.

2 Manchmal auch als Albert Weiss bezeichnet.

3 Leider ist Vajs' Originaltagebuch verschollen. Informationen über seine Biografie und Zitate aus seinem Tagebuch, sind der Denkschrift entnommen, die nach seinem Tod veröffentlicht wurde. Lavoslav Kadelburg (Hg.), Albert Vajs. Spomenica (Beograd: Savez jevrejskih opština 1965).

4 Weiter Angaben zu Vajs bei Jelena Lopičić Jančić (Hg.), Albert Vajs. (1905–1964): život i delo (Beograd: Altera 2014), 8.

5 Sima Karaoglanović, U ratnom zarobljeništvu, in:Kadelburg, Spomenica, 39–66.

der Besatzer und ihrer Helfer zu arbeiten. Dem Präsidenten der Kommission, Dušan Nedeljković, sagte Vajs, ihn treibe die Suche nach Gerechtigkeit. Für sich, für seine Familie, für die Menschheit. Und zugleich wolle er sich daran beteiligen, eine Wiederholung der schrecklichen Verbrechen gegen die Menschlichkeit zu verhindern.[6] Vajs teilte das vielen Überlebenden der Shoah eigene Schuldgefühl, dass er übrig geblieben war. Während des Nürnberger Prozesses 1946 schrieb er in sein Tagebuch:

> ... ja, heute ist der 5. Mai. Mamas Geburtstag. Früher bedeutete mir dieser Tag viel, heute hätte ich ihn fast vergessen. Sie wäre 75 geworden, würde sie noch leben. Meine gute, unglückliche Mama. Sie war schon alt und gebrechlich, als ich sie verlassen habe. Aber die Faschisten haben sie getötet, während ich in der Gefangenschaft dahindarb. Irgendwann Anfang 1942 in Sajmište. Sie liebte mich sehr und war stolz auf mich. Das ist alles vorbei. Und ich bin übriggeblieben. Ich nehme teil am Hauptkriegsverbrecherprozess, der in Nürnberg den nationalsozialistischen Tätern gemacht wird. Im Gerichtssaal habe ich häufig das Gefühl, dass sie neben mir sitzen, Mama und so viele andere mir liebe Menschen, die verschwunden sind. Ich vertrete sie hier alle. Vielleicht habe ich deswegen überlebt.[7]

Vajs überlebte, weil sich das NS-Deutschland in Jugoslawien nach der Kapitulation zunächst an die Haager Landkriegsordnung hielt und die serbischen Offiziere jüdischer Abstammung nicht anders als ihre nicht-jüdischen Kameraden behandelte.[8] Während er also in Gefangenschaft geschützt war, löschten Angehörige der NS-Besatzung in Serbien seine Familie aus zusammen mit dem Großteil der knapp 17.000 jüdischen Serben.[9] „Ich habe niemanden mehr aus meiner Familie"[10], sagte er zu Nedeljković. „Die Faschisten haben sie alle getötet auf schrecklichste Weise. Und es ist nachvollziehbar, dass mich die Gerechtigkeit heute mehr denn je interessiert aus diesen subjektiven Beweggründen. Allerdings sind meine Beweggründe nicht nur subjektiv, sondern universal menschlich, da vielen Völkern, wie meinem jüdischen und unsrem

---

6   Dušan Nedeljković, Humanizam dra Alberta Vajsa, in: Kadelburg, Spomenica, 69.

7   Dnevnik Alberta Vajsa, abgelichtet in: Kadelburg, Spomenica, 15f.

8   Erst 1942 im Oflag VII-B wurden die jugoslawischen jüdischen Offiziere zunächst besonders gekennzeichnet und anschließend nach ihrer Überstellung in das Oflag VI-C in Osnabrück in gesonderten Baracken untergebracht. Über die Behandlung jüdischer Kriegsgefangenen mit Hinweis auf die entsprechenden Befehle Stefan Geck, Das deutsche Kriegsgefangenenwesen 1939–1945 (Mainz: Universitätsbibliothek 2009), 45–47. Zu Erfahrungen von Vajs während seiner Gefangenschaft siehe Karaoglanović, U ratnom zarobljeništvu, in: Spomenica, 39–66.

9   Holm Sundhaussen, Serbien, in: Wolfgang Benz / Barbara Distel (Hg.), Der Ort des Terrors, Bd. 9 (München: Beck 2009), 344.

10   Nedeljković, Humanizam dra Alberta Vajsa, in: Kladenburg, Spomenica, 69.

jugoslawischen, unter Faschismus die Gefahr drohte, bis zu letztem Menschen hinterhältig ausgelöscht zu werden."[11] Vajs überlebte, um zu bezeugen. Er überlebte und fühlte sich verpflichtet, für seine Angehörigen, aber auch für alle Opfer nach Gerechtigkeit zu verlangen. Er fühlte sich verpflichtet, die Täter einer gerechten Strafe zuzuführen. Doch er hatte auch Zweifel. Trieb ihn in seinem Wunsch nach Bestrafung von Kriegsverbrechern der Wunsch nach Gerechtigkeit an oder der Wunsch nach Rache? Ähnliche Fragen und ähnliche Zweifel beschäftigten während des Zweiten Weltkriegs zahlreiche Menschen, die von nationalsozialistischen Verbrechen gelitten haben.[12]

In den vergangenen Jahren sind einige Studien insbesondere zur Bedeutung Londons als „epistemic hub" zur Entwicklung des internationalen Strafrechts entstanden.[13] In den folgenden Kapiteln werden entlang der Vorarbeiten von Kerstin von Lingen und Julia Eichenberg unterschiedliche Initiativen und Institutionen vorgestellt, die während des Zweiten Weltkriegs den Weg für eine rechtliche Ahndung von NS-Kriegsverbrechen vorbereiteten.[14] Jugoslawien war von Anfang des Kriegs an Teil dieser Initiativen. In London beteiligte sich die Exilregierung an unterschiedlichen internationalen Gremien. In Jugoslawien gingen die Partisanen ihren Weg bei der Ahndung von Kriegsverbrechen. Aufgrund der besonderen jugoslawischen Situation ging es bei der *war crimes policy* nie nur um eine rechtliche Antwort auf die Verbrechen. Es ging um die Fragen der Legitimität: Wer ist der legale Vertreter der jugoslawischen Bevölkerung? Es ging um die Frage der internationalen Anerkennung: Wer sind die legitimen Partner der Alliierten? Und es ging um die Weichenstellung für die Zeit nach dem Krieg: Wer wird die Macht im jugoslawischen Raum übernehmen?

In den folgenden Kapiteln werden daher zweigleisig verschiedene Entwicklungen in London und in Jugoslawien analysiert vor dem Hintergrund der Frage, welche Bedeutung der Umgang mit Kriegsverbrechen für die jeweiligen politischen und militärischen Akteure hatte. Welche Wege ging die

---

11   Nedeljković, Humanizam dra Alberta Vajsa, in: Kladenburg, Spomenica, 69.

12   Siehe dazu die Arbeiten von Segesser und von Lingen, Segesser, Recht statt Rache oder Rache durch Recht. Lingen, „Crimes against Humanity".

13   Siehe dazu die Arbeiten von Kerstin von Lingen zur UNWCC sowie die Veröffentlichungen von Julia Eichenberg und ihrem Team, die im Rahmen des Forschungsprojekt „The London Moment. European Governments-in-Exile during the Second World War" entstehen und entstanden sind https://exilegov.hypotheses.org/ (überprüft am 14.1.2021); Lingen, Epistemic Communities of Exile Lawyers at the UNWCC, JHIL 24 (2022), 315–333.

14   Julia Eichenberg, Crossroads in London on the Road to Nuremberg. The London International Assembly, Exiled Governments and War Crimes, JHIL 24 (2022), 334–353; Kerstin von Lingen, Setting the Path for the UNWCC; dies, Defining Crimes against Humanity.

Exilregierung in London und was passierte im Land, wo die kommunistisch
dominierte Partisanenbewegung auf befreiten Gebieten die Kontrolle übernahm? Zudem wird dargestellt, wie die unterschiedlichen Akteure ihre *war
crimes policy* entwickelten, und beleuchtet, wie die Entwicklung des rechtlichen Rahmens für die Ahndung von Kriegsverbrechen vonstattenging.
Kehren wir wieder zurück zum 27. März 1941.

1.1   London und die Exilregierung

Zehn Tage nach dem Putsch griff Deutschland ohne vorherige Kriegserklärung
Jugoslawien an. Am Morgen des 6. April befahl der General Alexander Löhr im
Rahmen einer selbsterklärend „Strafgericht" genannten Aktion die Zerstörung
Belgrads. Deutsche Stukas und Bomber warfen über 380 Tonnen Spreng-
stoff und über 400 Brand- und Splitterbomben ab, verwüsteten die Stadt und
töteten Tausende von Menschen.[15] Überstürzt flohen der junge König und
die meisten Minister aus Belgrad nach Bosnien, nicht ohne davor einen Teil
der Goldreserven der Nationalbank mitzunehmen, die in Užice lagerten.[16]
Unter ihnen auch Momčilo Ninčić, ein Politveteran der Radikalen Partei,
den der junge König nach dem Putsch erneut zum Außenminister ernannt
hatte. Ninčić hatte in Bosnien auch ein persönliches Anliegen. Er wollte seine
22-jährige Tochter Olga davon überzeugen, sich mit ihrem kommunistischen
Ehemann Avdo Humo der Königsentourage anzuschließen und im Ausland
Schutz zu suchen.[17] Doch Olga lehnte ab. Avdo und sie bereiteten sich schon
auf den bewaffneten Widerstand vor.

Das Königreich Jugoslawien war 1941 kein militärisch gut ausgerüstetes
Land. Abgesehen davon, dass die Armee größtenteils über veraltete Waffen
und wenig Munition verfügte, reichten deren Spritreserven nur für wenige
Monate.[18] Unter dem Angriff deutscher, italienischer und ungarischer Truppen zerbrach die Verteidigung vollkommen. Bereits am 17. April 1941 unterzeichneten der ehemalige Außenminister Aleksandar Cincar-Marković und
General Radivoje Janković als Bevollmächtige der jugoslawischen Regierung
die bedingungslose Kapitulation im Beisein des Generaloberst Maximilian von

---

15   Detlef Vogel, Operation „Strafgericht". Die rücksichtslose Bombardierung Belgrads durch
      die deutsche Luftwaffe am 6. April 1941, in: Gerd R. Ueberschär / Wolfram Wette (Hg.),
      Kriegsverbrechen im 20. Jahrhundert (Darmstadt: Primus 2001), 303–308.

16   Milan Grol, Londonski dnevnik (Beograd: Nolit 1990), 114.

17   Olga Humo, Sve to bilo je naivno i dirljivo, *Nin* vom 15.2.2007, 83.

18   Branko Petranović, Istorija Jugoslavije. Kraljevina Jugoslavija, Bd. 1 (Beograd: Nolit
      1988), 393.

Weichs. Über 300.000 jugoslawische Offiziere und Unteroffiziere, unter ihnen auch Albert Vajs, gingen in deutsche Kriegsgefangenschaft. Der König und die Regierung hatten zu diesem Zeitpunkt das Land schon Richtung Griechenland verlassen. Daraufhin wurde Jugoslawien zerstückelt.[19] Bulgarien besetzte den Großteil Mazedoniens, Ungarn die Südbaranja, die Batschka und die Murinsel. Italien nahm sich den westlichen Teil Sloweniens und große Teile Dalmatiens und schloss große Teile Kosovos, Mazedoniens und die Stadt Ulcinj seiner Kolonie Albanien an. Der östliche Teil Sloweniens wurde von Deutschland annektiert. Kernserbien und Teile der Vojvodina kamen unter deutsche Militärverwaltung. Noch am 10. April 1941, gleich nach dem deutschen Einmarsch in Zagreb, proklamierte Oberst Slavko Kvaternik im Namen der faschistisch-nationalistischen Ustascha-Bewegung den Unabhängigen Staat Kroatien, der Teile Kroatiens und Bosnien-Herzegowina umschloss.

Während das Land zerfiel, verließen es der König, die Regierung und andere politische Würdenträger über Griechenland und flohen weiter nach Jerusalem, nach Kairo, nach London oder nach Kapstadt. In seinen Erinnerungen beschrieb der Diplomat und spätere Büroleiter von fünf jugoslawischen Regierungschefs Kosta St. Pavlović seine Ankunft nach Jerusalem aus Bukarest, wo er als jugoslawischer Botschafter tätig war.

> Dienstag, 3. Juni 1941. [...] Ich war am Hof. Eine schöne Villa mitten in Jerusalem. [...] Im Eingangsbereich sitzen einige junge Offiziere [...], Verschwörer vom 27. März. Aus dem Gespräch mit ihnen sehe ich, sie glauben, dass sie im Land zu herrschen haben, wenn wir zurückkehren. Sie schimpfen aus vollem Mund über die Kroaten [...] Beim Rausgehen traf ich am Eingang auf den jungen König. [...] Die Offiziere sprachen mit ihm so, als würden sie nicht mit dem Herrscher reden.[20]

Pavlović benennt hier drei wichtige Erzählstränge, die bereits im Krieg als konstituierende Bestandteile des Narrativs vom Scheitern der jugoslawischen politischen und militärischen Führung kolportiert wurden: 1. Die jungen Offiziere hätten Eigeninteressen der Staatsräson übergeordnet; 2. Der junge König besitze keine Autorität und sei überfordert; 3. Die Kroaten respektive die Serben seien an allem schuld. Ein vierter Erzählstrang ergänzt das Narrativ und Pavlović greift ihn auch auf, als er beschreibt, welchen Eindruck bei ihm die Regierungsmitglieder hinterlassen haben, als er sie am gleichen Tag im nahe gelegenen Kloster Deir Tantur besuchte:

---

19   Grundzüge der Geschichte des WWII in Jugoslawien bei Marie-Janine Calic, Geschichte Jugoslawiens im 20. Jahrhundert (München: Beck 2010), 137–178.
20   Kosta St. Pavlović, Ratni dnevnik 1941–1945 (Beograd: Službeni glasnik 2011), 18–19.

Dort fand ich im Hof alle Minister vor, während sie in khakifarbenen Anzügen aus englischem Stoff im Kreis liefen. Sie tragen Kolonialhüte. Alle schimpfen über die Kroaten und werfen alle Schuld für das Scheitern auf sie ... Alle leben getrennt voneinander, hier die Serben, dort die Kroaten und da die Slowenen. Sie essen an getrennten Tischen. Sie halten ununterbrochen Regierungssitzungen ab und lösen nichts, beziehungsweise sie ändern nur einige Beschlüsse, die keiner ausführt.[21]

Dieses Bild von einer kopflosen, sich in einer Schockstarre befindlichen politischen Elite, die in jeder Hinsicht von der Situation überfordert ist, passiv bleibt, sich im Kreis dreht, nur innerhalb der jeweiligen nationalen Grenzen denkt, das Bild von einer politischen Elite, die sich im Klein-Klein verliert, dominiert bis heute die Vorstellungen von der Exilregierung.[22] Nach Milan Grol, seit 1940 der Vorsitzende der Demokratischen Partei und in unterschiedlichen Zuständigkeiten Mitglied der jugoslawischen Exilregierung, war die Exilregierung selbst dafür verantwortlich, verspielte sie zu leichtfertig das symbolische Kapital, das sie insbesondere bei den Briten nach dem 27. März 1941 besaß.[23] Sie verstrickte sich, so Grol, intern in Diskussionen über Schuld und Verantwortung, zersplitterte in eine serbische und kroatische Fraktion. Die Serben erwarteten eine offene und offensive Verurteilung des Ustascha-Regimes, die nach ihrer Meinung nicht erfolgt war. Die Kroaten beharrten auf ihrer Banschaft Kroatien und umgingen Jugoslawien. Sie hatten nicht verstanden, dass ihre Legalität und ihre Legitimität eng mit der Existenz eines jugoslawischen Staats verknüpft waren. In der Tat war es so, dass die jugoslawische Exilregierung und der König von den Alliierten als legale und legitime Vertreter des aufgelösten jugoslawischen Staats anerkannt wurden. Sie besaßen die Macht vor der Okkupation und rechneten sich beste Chancen aus, nach Kriegsende wieder an die Macht zu gelangen. Nur war es auch so, dass der König und die Regierung vor den Besatzern geflüchtet waren und das Land verlassen hatten. Diese Flucht verurteilten nicht nur die Briten, deren Einfluss auf die jugoslawische Politik nach dem Umsturz immens zunahm. Selbst bei den königstreuen Teilen der jugoslawischen Bevölkerung hat diese Entscheidung zu Missfallen und Legitimitätsverlust geführt. Daher beeilte sich König Petar II. gleich nach seiner Ankunft in London über den Rundfunk eine Rede zu halten, in der er zu Beginn Legitimitätszweifel ausräumte. Er verwies nämlich auf dynastische Kontinuitäten und

---

21   Pavlović, Ratni dnevnik, 19.
22   Ljubodrag Dimić, Predgovor, in: Zapisnici sa sednica Ministarskog saveta Kraljevine
        Jugoslavije 1941–1945 (Beograd: Službeni list 2004), VIII.
23   Grol, Londonski dnevnik, 124–125.

die Flucht seines Vaters vor den österreichischen Truppen während des Ersten
Weltkriegs:

> Wie bei König Aleksandar, meinem Vater, so will es auch mein Schicksal, dass
> ich nach feindlicher Besatzung den Kampf außerhalb der Vaterlandsgrenzen
> fortsetze. Frohen und ungebrochenen Mutes glaube ich zuversichtlich an die
> Auferstehung seiner [des Vaterlands, SF] Freiheit und seiner Unabhängigkeit, so
> wie mein Vater vor fünfundzwanzig Jahren daran glaubte, als er nach dem alba-
> nischen Golgota, ohne durchzuatmen, Vorbereitungen für den neuen Kampf
> einleitete.[24]

Der Tag war mit Bedacht gewählt. Der junge König sprach am 28. Juni 1941, dem
Veitstag oder Vidovdan, dem in der serbischen Nationalgeschichte symbolisch
überhöhten Tag der Schlacht auf dem Kosovo Polje gegen die Osmanen. Der
Kosovo-Mythos verbindet unterschiedliche Erzählstränge, die um den Verlust
des mittelalterlichen serbischen Königreichs kreisen und deren wichtigste Elemente Opfer und Märtyrertum, Rache, Heldentum und Einigkeit sind. In zahlreichen Volksliedern besungen, war der Kosovo-Mythos Teil der traditionellen
Alltagskultur in Südosteuropa und erst im Zuge der serbischen Nationalbewegung Teil des serbischen Nationalmythos. Allerding wandelte sich der
Kosovo-Mythos im Übergang zum 20. Jahrhundert zum integrierenden Teil
der jugoslawisch-unitaristischen Ideologie.[25] Gavrilo Prinzip ermordete am
28. Juni 1914 den österreichisch-ungarischen Thronfolger Franz Ferdinand und
seine Frau Sophie, am 28. Juni 1921 wurde die erste gemeinsame Verfassung
des Königreichs der Serben, Kroaten und Slowenen verkündet. Wenn also
Petar II. am Vidovdan zu seinen „lieben Jugoslawen" sprach, verstärkte die
Wahl des Tages seine Botschaft, dass „das Volk" gegen die Fremdherrschaft
kämpfen werde, dass die Zeit der Rache kommen werde, dass die Einigkeit
der Jugoslawen und ihr Heldentum über alle Opfer hinweg bestehen würden.
Immer wieder spannte er den Bogen zu den Heldentaten des Ersten Weltkriegs
und den Helden vom Kosovo, auch um seine Flucht aus dem Land zu rechtfertigen, und suggerierte, so wie Serbien nach dem albanischen Golgota, dem
berühmten Rückzug vor den deutsch-österreichisch-bulgarischen Truppen
durch Albanien, wieder zu Kraft fand und den Ersten Weltkrieg gewann, werde
auch Jugoslawien auferstehen.
    Am 28. Juni 1941 sah es nicht danach aus. Trotzdem hielten es sowohl
der König als auch der Ministerpräsident Simović für nötig, nicht nur eine

---

24   Govor njegovog Veličanstva Kralja 28. juna 1941, in: *Službene Novine* vom 19.8.1941, 8.
25   Aleksandar Ignjatović, Images of the Nation Foreseen: Ivan Meštrović's Vidovdan Temple
      and Primordial Yugoslavism, *Slavic Review* 73 (2014) 4, 854.

Zukunftsvision von einem Jugoslawien, das nach dem Krieg wieder existieren werde, anzubieten. Sie betonten, warnten gar alle, die aktuell in ehemals jugoslawischen Gebieten Macht hatten, vor Machtmissbrauch. So meinte Petar II. schon im Mai 1941 in einem frühen Interview für Reuters:

> Ich möchte es jetzt schon laut sagen, damit ich von allen gehört werde: Unsere heutigen Feinde sollten gut aufpassen, wie sie mein Volk behandeln, damit sie die verbindlichen Regeln der Menschlichkeit nicht verletzen, weil wir das Gesetz der Vergeltung anwenden werden. Und jedes Verschulden innen, im Land, an nationalen Interessen und an der Menschlichkeit, wird nach meiner Rückkehr erbarmungslos bestraft.[26]

Die massive Bombardierung Belgrads vom 6. April 1941 und die schreckliche Erfahrung des Ersten Weltkriegs, als die österreichischen, deutschen und bulgarischen Truppen zahlreiche Kriegsverbrechen an der serbischen Bevölkerung verübt hatten, ließ Petar II. das Schlimmste erwarten. Er fühlte sich verpflichtet, die Einhaltung der verbindlichen Regeln bei der Kriegsführung zu fordern. Gleichzeitig drohte er mit Vergeltung, falls die „Feinde" „sein Volk" unmenschlich behandeln sollten. Was verstand er aber unter dem Gesetz der Vergeltung? Sein Ministerpräsident griff seine Worte auf und erwähnte besonders „die Missgeburten und Verräter unseres Blutes".[27] Dieselben Begrifflichkeiten benutzten später auch die Partisanen, als es ihnen darum ging, die vermeintlichen Kriegsverbrecher und die „Feinde des Volks" verbal auszuschließen. Übernahmen sie nur die Vorgaben aus London und passten sie entsprechend an?

Jugoslawien ist erst 1941 besetzt worden. Petar II. und seine Regierung waren nicht die einzige Exilregierung, die sich in London befand. Acht weitere Staaten organisierten dort ihre Vertretungen und beteiligten sich rege an politischen und militärischen Diskussionen: Belgien, Griechenland, Luxemburg, Niederlande, Norwegen, Polen, Tschechoslowakei und Frankreich. Julia Eichenberg hat in zahlreichen Veröffentlichungen diesen „London Moment" beschrieben und argumentiert, dass sich in London während des Zweiten Weltkriegs ein funktionierendes Netzwerk von Juristen ausgebildet hatte, das in trans- und internationalen Zusammenhängen juristisch zusammenarbeitete.[28] Die Frage des Umgangs mit den nationalsozialistischen Verbrechen, die Frage, auf welcher Grundlage die Welt nach dem Krieg wiederaufgebaut wird, spielte bei dieser

---

26   Izjava njegovog Veličanstva Kralja vom 15.5.1941, in: *Službene Novine* vom 19.8.1941, S. 9.
27   Govor pretsednika kraljevske vlade vom 27.6.1941, in: *Službene Novine* vom 19.8.1941, S. 15.
28   Julia Eichenberg, London Calling. Adressbücher des britischen Exils im Zweiten Weltkrieg, *Zeithistorische Forschungen* 2 (2019), 363–374, hier nach https://zeithistorische-forschungen.de/2-2019/5734#footnote-022 (überprüft am 12.11.2020).

Zusammenarbeit und in gemeinsamen Diskussionen eine wichtige Rolle. Wie von Kerstin von Lingen dargelegt, übten insbesondere osteuropäische Exilregierungen starken Druck auf die drei Hauptalliierten Großbritannien und nach deren Kriegseintritt USA und die Sowjetunion aus, die Frage des Umgangs mit Kriegsverbrechen getrennt von der militärischen Frage zu diskutieren.[29] Bereits Arieh Kochavi hat gezeigt, dass es die polnische Exilregierung war, die anfangs 1940 die britische und die französische Regierung aufforderte, die nationalsozialistischen Verbrechen zu verurteilen und Verbrechern mit Strafen zu drohen.[30] In einer gemeinsamen Erklärung vom 18. April 1940 ließen die drei Regierungen eine Deklaration verlauten. Nach Aufzählung einzelner Verbrechen, die der deutschen Regierung vorgeworfen wurden, hieß es dann:

> This conduct of the German authorities and forces of occupation is in flagrant violation of the laws of war, and, in particular, of the Hague Convention concerning the laws and customs of war on land; and His Majesty's Government in the United Kingdom, the French Government and the Polish Government, desire to make a formal and public protest to the conscience of the World against the action of the German Government and of its agents. They reaffirm the responsibility of Germany for these crimes and their determination to right the wrongs thus inflicted on the Polish people.[31]

Konkreter wollten die Briten nicht werden, denn sie hatten kein Interesse, weitere Diskussionen über das Thema zu provozieren. Die Vertreter osteuropäischer Exilregierungen ließen sich aber nicht beirren. Am 12. Juni 1941 unterzeichneten sie zusammen mit Vertretern aus Australien, Kanada, Neuseeland, der Südafrikanischen Union und des Vereinigten Königreiches die St.-James-Deklaration, in der sie ihre Absicht zur Zusammenarbeit bekräftigten. In seiner Rede vor alliierten Delegierten betonte Winston Churchill:

> What tragedies, what horrors, what crimes has Hitler and all that Hitler stands for brought upon Europe and the world! The ruins of Warsaw, of Rotterdam, of Belgrade are monuments which will long recall to future generations the outrage of unopposed air bombing applied with calculated scientific cruelty to helpless populations. Here in London and throughout the cities of our island and in Ireland there may also be seen marks of devastation. They are being repaid and presently they will be more than repaid.[32]

---

29   Lingen, „Crimes against Humanity", 195–200.

30   Kochavi, Prelude to Nuremberg, 7.

31   Der Text der Deklaration wurde in zahlreichen Tageszeitungen veröffentlicht. Siehe *Foreign Press Review*, hier nach https://repositories.lib.utexas.edu/bitstream/handle/2152/35634/ txu-oclc-35776857-1940-04-17.txt?sequence=2&isAllowed=y (überprüft am 12.3.2018).

32   Winston Churchill, Prime Minister Winston Churchill's Speech to the Allied Delegates, St. James's Place, London, June 12, 1941, in: Winston Churchill, The Unrelenting Struggle (London: Cassell 1942), 161.

In Churchills Wortwahl finden wir einige Vorlagen, die sowohl König Petar II. als auch die jugoslawische Exilregierung in ihre Diktion übernahmen und ihrerseits bei ihren öffentlichen Auftritten benutzten. Die Verbrechen werden vergolten, Mussolini ist Hitlers Lakai, nach Aufopferung erfolgen Heldentum und Wiederauferstehung.

Was das aber konkret bedeutete, wie sie sich die Vergeltung vorstellten, darüber waren sich weder die britischen noch die jugoslawischen oder insgesamt die alliierten Politiker einig. In den Monaten nach der Verkündung der St.-James-Deklaration verdichteten aber sowohl die Exilregierungen als auch die späteren Hauptalliierten ihre Aktivitäten hinsichtlich des Umgangs mit Kriegsverbrechen. Viele Entwicklungen liefen parallel. Die Frage des Umgangs mit NS-Verbrechen wurde auf unterschiedlichen Ebenen unterschiedlich diskutiert und viele Entwicklungen liefen nicht über staatliche Institutionen.[33] Ähnlich wie von Mark Lewis für die Zeit nach dem Ersten Weltkrieg festgestellt, beteiligten sich unterschiedliche Akteure aus unterschiedlichen Motiven an diesen Diskussionen und versuchten, Einfluss zu nehmen.[34] Lewis spricht von „four strands of international legal movements"[35], die sich teilweise überlagern und gegenseitig beeinflussen: dem pazifistischen Strang, dem Rechte-Strang, die rechtlichen Organisationen und einzelne Strafrechtler. Mit der UNWCC steht die Entstehung einer übernationalen Organisation, geschaffen teilweise nach dem Vorbild der *Commission on the Responsibility of the Authors of the War and on Enforcement of Penalties*, die während der Pariser Friedenskonferenz Empfehlungen für die Ahndung von Verantwortlichen von Kriegsverbrechen ausarbeiten sollte, im Fokus dieser Arbeit.[36] Daher beschränkt sich die Schilderung in erster Linie auf offizielle Regierungsinitiativen.

Roosevelt und Churchill verurteilten die NS-Verbrechen aufs Schärfste, blieben aber vage bezüglich konkreter Schritte. Churchill verkündete zwar: „Retribution for these crimes must henceforward take its place among the

---

33   Siehe dazu Eichenberg, Crossroads in London; Lingen, Epistemic Communities of exile lawyers at the UNWCC.

34   Lewis, The Birth of the New Justice, 5. Über den Einfluss jüdischer Juristen siehe James Loeffler / Moria Paz (Hg.), The Law of Strangers: Jewish Lawyers and International Law in the Twentieth Century (Cambridge: Cambridge University Press 2019) sowie Leora Bilsky / Annette Weinke (Hg.), Jewish-European Émigré Lawyers: Twentieth Century International Humanitarian Law as Idea and Profession (Göttingen: Wallstein 2021).

35   Lewis, The Birth of the New Justice, 5.

36   Der Abschlussbericht kann unter: Commission on the Responsibility of the Authors of the War and on Enforcement of Penalties. Report Presented to the Preliminary Peace Conference on March 29, 1919, in: https://www.legal-tools.org/doc/63159c/pdf/ (überprüft am 20.1.2024).

major purposes of the war."[37] Und Roosevelt äußerte wiederholt, dass auf
Verbrechen Retribution folgen werde.[38] Insbesondere in den Vereinigten
Staaten entwickelte sich eine vielschichtige Debatte über den Umgang mit
NS-Verbrechen und den Umgang mit Deutschland nach Kriegsende. Als eine
der treibenden Kräfte wirkte dort der amerikanische Kriminologe Sheldon
Glueck in Richtung Weiterentwicklung des internationalen Strafrechts.[39] Auf
der höchsten Regierungsebene preschten jedoch die sowjetischen Vertreter
vor. Der sowjetische Außenminister Molotow verschickte innerhalb von zwei
Monaten zwei Schreiben an alle Staaten, die zur Sowjetunion diplomatische
Beziehungen unterhielten, in denen er NS-Verbrechen gegen sowjetische
Kriegsgefangene und Zivilisten anprangerte.[40] Nach Molotow verübten die
deutschen Truppen Kriegsverbrechen systematisch und vorsätzlich als Instrument der Kriegsführung: „Irrefutable facts prove that the regime of plunder
and bloody terror against the non-combatant population of occupied towns
and villages constitutes not merely the excess of individual German officers and
soldiers, but a definite system previously planned and encouraged by the German Government and the German High Command, which deliberately foster
the most brutal instincts among soldiers and officers in their army."[41] Die Exilregierungen bemühten sich daraufhin, eine gemeinsame alliierte Deklaration zu
Kriegsverbrechen vorzubereiten, doch die Zeit war dafür noch nicht reif.

Am 13 Januar 1942 setzte dann die jugoslawische königliche Exilregierung
ihre Unterschrift unter die St.-James-Deklaration, in der sie zusammen mit
Vertretern acht weiterer europäischer Exilregierungen ihre Absicht erklärte,
NS-Verbrechen in besetzten Ländern juristisch zu ahnden. Die St.-James-
Deklaration war ein Versuch der neun europäischen alliierten und besetzten
Länder, durch eine gemeinsame Erklärung Aufmerksamkeit für ihr Anliegen
zu gewinnen, dass die massiven Kriegsverbrechen der Achsenmächte nicht
nur einer politischen und militärischen Reaktion bedürfen. Für die Exil-
regierungen war es klar, dass die rechtliche Bestrafung derjenigen, die für
Kriegsverbrechen verantwortlich waren, eines der grundsätzlichen Kriegsziele

---

37 Punishment for War Crimes – the Inter-Allied Declaration signed at St. James's Palace
    London on 13th January and relative documents (London: H.M. Stationery Office for the
    Inter-Allied Information Committee 1942), 15.

38 Franklin D. Roosevelt, Statement Denouncing the Nazi Murder of French Hostages, in:
    The American Presidency Project https://www.presidency.ucsb.edu/node/210161 (über-
    prüft am 21.3.2021).

39 Jonathan A. Bush, „The Supreme Crime" and its Origins: The Lost Legislative History of
    the Crime of Aggressive War, Columbia Law Review 102 (2002) 8, 2324–2424.

40 The Molotov Notes on German Atrocities, in: History of the UNWCC, 89.

41 The Molotov Notes on German Atrocities, in: History of the UNWCC, 89.

sein musste. Während aber insbesondere die polnische und die tschechische Regierung die Diskussionen um den rechtlichen Rahmen einer juristischen Ahndung von Kriegsverbrechen offensiv angingen und inhaltlich mitgestalteten, schien die jugoslawische Exilregierung wie gelähmt von ihren internen Schwierigkeiten. Eine ganze Reihe bekannter jugoslawischer Politiker aus der Zwischenkriegszeit, ehemalige Minister und renommierte Wissenschaftler bemühten sich zwar, Jugoslawien fest mit den alliierten Mächten zu vernetzen. Mit Slobodan Jovanović war auch einer der bekanntesten jugoslawischen Rechtswissenschaftler in London. Am 12. Januar 1942 aber hatte er die Aufgabe des unpolitischen Regierungspräsidenten übernommen und war mit anderen Themen befasst. Die Kommunikation insbesondere zu den Briten, die einen starken Einfluss auf die jugoslawische Exilregierung und den König hatten, lief über unterschiedliche Kanäle. Und nicht immer hatten die Personen auch den nötigen Rückhalt, der ihrer Position auch eine Bedeutung verliehen hätte. So konnten sich die Regierungsmitglieder lange nicht darauf einigen, wer die wichtige Aufgabe des Botschafters in London übernehmen sollte. Außenminister Ninčić und die serbischen Minister wollten Vladimir Milanović[42] und die kroatischen Minister Ilija Jukić.[43] In der Folge führte Milanović die Geschäfte, war aber nicht offiziell zum Botschafter ernannt worden.

Milanović vermittelte die Haltung der jugoslawischen Exilregierung regelmäßig an das Foreign Office. Kochavi hat ausgearbeitet, dass die jugoslawische Regierung darauf bestand, Bulgarien und bulgarische Verbrechen konkret zu erwähnen sowie die Verbrechen von „Satellitenstaaten", was konkret der Kriegsentwicklung auf jugoslawischem Boden geschuldet war.[44] Ebenso machte sich die jugoslawische Exilregierung dafür stark, Geiselerschießungen, Bombardieren im Sturzflug und Brandstiftung von Dörfern und ihren Bewohnern als Kriegsverbrechen zu ächten.[45] In den offiziellen „Collective Notes" der

---

42   Vladimir Milanović (1896–1972) kam in Smederevo zur Welt. Er beendete sein Jurastudium mit einer Doktorarbeit in Paris und ging in den diplomatischen Dienst über. 1935 wurde er zum jugoslawischen Botschafter in Sofia ernannt, wo er 1940, nach einem Jahr in der Schweiz, zurückkehrte. Bis Ende 1943 und der Regierung Purić führte er die Geschäfte in der jugoslawischen Botschaft in London. 1944 vertrat er Jugoslawien in der UNWCC, übernahm aber bald die Aufgabe des Botschafters für Belgien und Luxemburg. Nach Kriegsende blieb er im Exil. Seine Unterlagen, Tagebücher und Korrespondenzen werden im Hoover Institution Archives aufbewahrt: siehe http://pdf.oac.cdlib.org/pdf/hoover/70078.pdf (überprüft am 21.1.2022).

43   Ilija Jukić (1901–1977) war ein Politiker der Kroatischen Bauernpartei und Diplomat. Kurz vor der Besatzung Jugoslawiens war er Staatssekretär im Auswärtigen Amt. 1941 floht er nach London, wo er im Rahmen der Exilregierung verschiedene Aufgaben übernahm. Grol, Londonski dnevnik, 23–13; 43.

44   Kochavi, Prelude to Nuremberg, 17.

45   Kochavi, Prelude to Nuremberg, 17.

Exilregierungen zur Bestrafung von Kriegsverbrechen klagte die jugoslawische
Regierung „the pitiless and barbarous bombardement of Belgrade", „arbitrary
arrests, [...] mass murders and the complete destruction of whole towns and
villages" an und nannte als Beispiele die Massaker von Serčin, Mačva und Kragujevac.[46] Sie betonte aber, dass die „allies, satellites and accomplices of the
German Reich, namely, Italy, Bulgaria and the so-called independent Croat
State stand accused equally with Germany before the conscience of the civi-
zed world."[47] Die Exilregierung negierte die Legalität des Unabhängigen Staats
Kroatien, indem sie ihn als „sogenannten" unabhängigen Staat bezeichnete
und die Verbrechen vom Ustascha-Regime anklagte. In der Erklärung der Exilregierung ist Jugoslawien als Opfer der deutschen Aggression dargestellt, die
sich in erster Linie gegen die serbische Bevölkerung mit dem Ziel ihrer Vernichtung richtete. Damit wiederholte die jugoslawische Exilregierung eine
Deutung des Kriegsgeschehens, die bereits von der polnischen Exilregierung
formuliert war: dass die deutschen Besatzer Verbrechen systematisch und
planmäßig durchführten, um ganze Bevölkerungsgruppen physisch auszu-
löschen.[48] Die Wortwahl war kein Zufall. Exilregierungen sprachen sich untereinander ab und die polnische Exilregierung bestimmte die Agenda.[49] Das
überrascht nicht: Nach dem Überfall auf Polen 1939 häuften sich Meldungen
über die verbrecherische Art der nationalsozialistischen Kriegsführung.[50]
Die polnische Exilregierung reagierte bereits im Dezember 1939 und drohte
mit Retorsionsmaßnahmen nach Kriegsende, „insbesondere gegenüber
den Leitungsschichten".[51] Eines der proklamierten Ziele der polnischen
Exilregierung war es, die alliierten Regierungen hinsichtlich des Umgangs mit
NS-Verbrechen auf seine Seite zu bringen. Und das Ziel war, Verbrechen zu
dokumentieren, eine strafrechtliche Verfolgung zu initiieren sowie rechtliche

---

46   Punishment for war crimes. Collective Notes Presented to the Governments of Great Bri-
     tain, the US.S.S.R. and the U.S.A. and relative correspondence (London: His Majesty's
     Stationery Office 1942), 26.

47   Punishment for war crimes. Collective Notes Presented to the Governments of Great Bri-
     tain, the US.S.S.R. and the U.S.A. and relative correspondence (London: His Majesty's
     Stationery Office 1942), 27.

48   Raphael Utz, Die Sprache der Shoah: Verschleierung, Pragmatismus, Euphemismus, in:
     Jörg Ganzenmüller / Raphael Utz (Hg.), Orte der Shoah in Polen: Gedenkstätten zwischen
     Mahnmal und Museum (Köln u.a.: Böhlau 2016), 33.

49   Dominika Uczkiewicz, Verfolgung außerhalb des Vaterlandes. Die Politik der polnischen
     Exilregierung bei Problemen der strafrechtlichen Verfolgung von NS-Kriegsverbrechen
     1939–1943, in: Enrico Heitzer u.a. (Hg.), Im Schatten von Nürnberg. Transnationale
     Ahndung von NS-Verbrechen (Berlin: Metropol 2019), 223–242.

50   Mehr über den Zweiten Weltkrieg in Polen bei Jochen Böhler, Auftakt zum Vernichtungs-
     krieg. Die Wehrmacht in Polen 1939 (Frankfurt a.M.: Fischer 2006).

51   Uczkiewicz, Verfolgung, 224.

Grundlagen für künftige Prozesse zu erarbeiten. Einige der beschriebenen Verbrechen brachen eindeutig die Regeln der Haager Landkriegsordnung und waren strafrechtlich nach internationalem Recht zu verfolgen. Andere waren von einem solchen verbrecherischen Ausmaß, dass die internationale Gemeinschaft sich genötigt sah, neue Normen zu deren Ahndung zu formulieren. Diese Strategie der kleineren Staaten verdeutlichte, dass sie nicht nur durch „Bandwagoning"[52] Politik machten, sondern auch durch gemeinsame Allianzen versuchten, Einfluss auf die internationale Politik zu nehmen.

Die jugoslawische Exilregierung beteiligte sich an mehreren offiziellen und halb-offiziellen Kommissionen, die die Frage des rechtlichen Umgangs mit Kriegsverbrechen diskutierten.[53] Eine einheitliche Haltung der jugoslawischen Exilregierung zu dieser Problematik ist jedoch schwer auszumachen. Es scheint, dass die Arbeit in den jeweiligen Gremien und die Schwerpunktsetzung von der persönlichen Einstellung der Delegierten abhing. Diese wurden in der Regel vom zuständigen Minister bestimmt. Es kam jedoch häufig vor, dass die Ernennung aufgrund von verwandtschaftlichen Beziehungen oder politischer oder nationaler Parität erfolgte. Von den drei serbischen Delegierten, die 1919 der *Commission on Responsibilities* in Paris angehörten, befand sich nur Slobodan Jovanović in London. Mileta Novaković war bereits 1940 verstorben, während Kosta Kumandi in dem besetzten Belgrad geblieben war. Jovanović hatte als Ministerpräsident und Minister zahlreiche andere Aufgaben. Daher übernahmen keine Völkerrechtsexperten die jugoslawische Vertretung in verschiedenen Kommissionen. Die Exilregierung entsandte Božidar Vlajić in die *Cambridge Commission* (International Commission for Penal Reconstruction and Development), eine halb-offizielle Institution von Juristen aus dem Vereinigten Königreich und anderen alliierten Ländern.[54] Vlajić war zwar einer der führenden Politiker der Demokratischen Partei, hatte aber keine Funktion innerhalb der Regierung selbst. Viele spätere Delegierte der United Nations War Crimes Commission wie Prof. Cassin aus Frankreich, Marcel de Baer aus Belgien oder Dr. Stefan Glaser aus Polen waren Mitglieder des Komitees und diskutierten im Mai und Juni 1942 über eine Definition von Kriegsverbrechen, über Gerichte, die sich mit deren Bestrafung befassen

---

52   Unter Bandwagoning versteht man in der internationalen Politik den Anschluss an einen
      Staat mit größerem Machtpotenzial. Das erste Mal erwähnt wurde der Begriff 1942. In
      die wissenschaftliche Debatte hat ihn der amerikanische Politikwissenschaftler Kenneth Waltz. Siehe Kenneth Waltz, Theory of International Politics (New York: McGraw-
      Hill 1979).

53   Siehe dazu Julia Eichenberg, Crossroads in London on the Road to Nuremberg; Kerstin
      von Lingen, Epistemic Communities.

54   History of the UNWCC, 95.

sollten, sowie über das anzuwendende Recht.[55] Unter ihnen befanden sich auch bekannte Wissenschaftler wie Hersch Lauterpacht. Philippe Sands hat in einer umfassenden Studie bereits herausgearbeitet, welchen großen Einfluss engagierte Juristen wie Lauterpacht oder Raphael Lemkin bei der Entwicklung des internationalen Völkerrechts hatten.[56] Doch der Fokus auf herausragende Individuen lässt gelegentlich andere ebenso engagierte Menschen im Schatten. Kerstin von Lingen hat bereits betont, dass die Kodifizierung neuer Normen wie „crimes against humanity" ohne die Netzwerke emigrierter Juristen schwer möglich gewesen wäre.[57] Sie und Julia Eichenberg haben aufgezeigt, wie die wissenschaftlichen Diskussionen innerhalb der *Cambridge Commission* sowie der *London International Assembly* (LIA) den Weg zur Gründung der UNWCC ebneten und Grundlagen für die spätere Ahndung von Kriegsverbrechen bildeten.[58] Wie ist die Rolle Jugoslawiens in diesen Gremien zu verorten?

Die *Cambridge Commission* untersuchte die geltenden Regelungen zur Ahndung von Kriegsverbrechen in den Teilnehmerstaaten und der Sowjetunion. Sie suchte nach einer verbindlichen Definition von Kriegsverbrechen und nach Möglichkeiten der Auslieferung. Hersch Lauterpachts Überlegungen flossen größtenteils in die von allen Mitgliedern akzeptierte Definition von Kriegsverbrechen, die sich über drei Kategorien erstreckte:

(1) Acts connected with warfare and contrary to the laws of war, e.g. use of poison gas, attacks on hospital ships, etc.
(2) Acts not connected with warfare committed:
(a) without authority, e.g. rape, murder, etc.
(b) with the approval of or at the order of authority, e.g. mass murder, murder of hostages, deportation, etc.
(3) Serious crimes committed against property: —
(a) without authority, e.g. looting.
(b) with the approval of or at the order of authority, e.g. wanton destruction, plundering of art treasures, etc.[59]

---

55   Mehr dazu bei Mohamed M. El Zeidy, The Principle of Complementarity in International Criminal Law (Leiden / Boston: Martinus Nijhoff Publishers 2008), 64–70; Lingen, Setting the Path for the UNWCC, Die Akten aus dem Fond sind digitalisiert veröffentlicht unter United Nations Archives: https://search.archives.un.org/unwcc-international-commission-for-penal-reconstruction-and-development-and-its-committees-and-sub-committees-committee-and-sub-committee-reports-and-notes, künftig unter UN Archives, UNWCC, ICPRD, Reel 37, 15867-00001 bis 15867-00010.

56   Philippe Sands, East-West Street. On the Origins of Genocide and Crimes against Humanity (London: Weidenfeld & Nicolson 2016).

57   Kerstin von Lingen, Epistemic Communities.

58   Lingen, Setting the Path for the UNWCC, 45–76; Eichenberg, Crossroads in London.

59   History of UNWCC, 97.

Allerdings waren diese Tatbestände schon 1919 vorformuliert als Ergebnis der *Commission on the Responsibility of the Authors of the War and on Enforcement of Penalties*, die bei der Pariser Friedenskonferenz nach dem Ersten Weltkrieg gegründet worden war.[60] Ihr gehörten Vertreter der Siegermächte an und Slobodan Jovanović vertrat damals bereits das Königreich der Serben, Kroaten und Slowenen.

Obwohl es eigentlich vorgesehen war, dass Vlajić zusammen mit dem tschechoslowakischen Delegierten Vaclav Beneš eine Analyse der unterschiedlichen Verfahren zur Auslieferung vorlegte, hat Beneš den Bericht allein verfasst.[61] Und obwohl Gavrilović an den Beratungen hätte teilnehmen sollen, deuten die Sitzungsprotokolle darauf hin, dass jugoslawische Vertreter nur selten anwesend waren.[62] Daher überrascht es auch nicht, dass von der jugoslawischen Seite kaum relevante inhaltliche Anregungen kamen. In den Antworten zum Fragebogenkatalog finden sich in der Regel Ein-Satz-Antworten wie „In my opinion the proposed statement would be particularly helpful, and that it should be made as soon as possible."[63]

Es überrascht daher auch nicht, dass Jugoslawien keinen Vertreter in der London International Assembly hatte, der zweiten Vorgängerinstitution der UNWCC.[64] Es ist leider nicht bekannt, ob Vlajić gerne mitgewirkt hätte, aber nicht durfte. Alle Exilminister überwachten eifersüchtig ihre Ressorts und achteten darauf, dass kein Mitarbeiter eines anderen Ministeriums oder Mitglied einer anderen Partei Aufgaben im eigenen Kompetenzbereich übernahm, nur weil er oder sie die Fähigkeiten dafür besaß. Der jugoslawische Außenminister Momčilo Ninčić war sichtlich verärgert über die Rolle von Gavrilović bei den Verhandlungen mit Polen. Diese Verhandlungen hatten das Ziel, ein Abkommen zwischen allen von Deutschen besetzten Ländern auszuhandeln, in dem sie sich für eine enge politische, wirtschaftliche und militärische

---

60   History of the UNWCC, 170. Für die Namen der Teilnehmer siehe den Bericht der Kommission in: Commission on the Responsibility, The 1919 Paris Peace Conference and the Allied Commission, hier nach: https://www.legal-tools.org/doc/63159c/pdf/ (überprüft am 21.3.2021).
61   UN Archives, UNWCC, ICPRD, Reel 37, 15867-00001, 6.
62   UN Archives, UNWCC, ICPRD, Reel 37, 15867-00007.
63   UN Archives, UNWCC, ICPRD, Reel 37, 15867-00001, 61.
64   Die Akten der London International Assembly sind ebenfalls online digitalisiert verfügbar unter https://search.archives.un.org/london-international-assembly-commission-1-box-6-miscellaneous hier im Folgenden LiA, Box-1–6.

Zusammenarbeit nach dem Krieg aussprechen sollten.[65] Ninčić wusste nichts davon und war überhaupt nicht involviert.

In seinem Tagebuch schrieb Milan Grol, Gavrilović werde von Amts wegen an der Arbeit der alliierten Kommission über die Kriegsverbrechen teilnehmen, da er Justizminister sei und nicht umgangen werden könne.[66] In diesem Falle wünschte sich Grol nicht, dass der jugoslawische Vertreter seine Haltung durchsetzt. Ganz im Gegenteil. Vielmehr hoffte Grol, dass die alliierten Delegierten den jugoslawischen Justizminister von seinen Ideen abbrächten, schließlich sei dieser „gegen jede rechtliche Lösung der Frage von Kriegsverbrechen und ein Befürworter der Vergeltung".[67] Zwei Aspekte fallen auf: Grol nahm an, dass Gavrilović in der Kommission nicht den gemeinsamen Standpunkt der Exilregierung vertreten würde, sondern seinen eigenen. Er erhoffte sich, dass die jugoslawischen Befürworter der Vergeltung durch eine Mitwirkung an der alliierten Kommission gezwungen würden, sich an internationalen Normen zu orientieren. Zum ersten Punkt muss betont werden, dass es keinen gemeinsamen jugoslawischen Standpunkt zum Thema Kriegsverbrechen gab. Die vorhandenen Quellen geben keine Auskunft darüber, wie sich die Exilregierung rechtlich oder politisch mit Kriegsverbrechen auseinandersetzen wollte.[68] Da Slobodan Jovanović als Ministerpräsident die Regierung leitete, ist anzunehmen, dass die Exilregierung die jugoslawische Haltung aus der Zwischenkriegszeit weiterverfolgt hat. Auch an dem Tag, als Gavrilović zum jugoslawischen Delegierten bestimmt wurde, diskutierte der Ministerrat nicht darüber, welche konkreten Ziele er bezüglich der Ahndung von Kriegsverbrechen in diesem internationalen Gremium verfolgen sollte.[69] Der Ministerrat diskutierte, ob ein Serbe als jugoslawischer Vertreter zu entsenden sei, denn Juraj Krnjević bestand darauf, dass ein Kroate die Rechte der Banschaft Kroatien vertrete. Alle serbischen Minister lehnten den Vorstoß ab, und Slobodan Jovanović appellierte an Krnjavićs Moral und sagte, „dass in Belgrad nicht verstanden werden könne, dass ein Kroate die Aktion zur Bestrafung der

65   Detlef Brandes, Großbritannien und seine osteuropäischen Alliierten 1939–1943. Die Regierungen Polens, der Tschechoslowakei und Jugoslawiens im Londoner Exil vom Kriegsausbruch bis zur Konferenz von Teheran (München: Oldenbourg 1988), 295.

66   Grol, Londonski dnevnik, 285.

67   Grol, Londonski dnevnik, 285.

68   Weder die Protokolle des Ministerrats enthalten Hinweise darauf noch der Fonds der Exilregierung im Archiv Jugoslawiens. Vgl. Komnen Pijevac / Dušan Jončić (Hg.), Zapisnici sa sednica Ministarskog saveta Kraljevine Jugoslavije 1941–1945 (Beograd: Službeni list 2004).

69   Grol, Londonski dnevnik, 286.

Schuldigen leite, die Serben ausgerottet haben."[70] Der Ministerrat suchte, wie bei anderen Fragen auch, nicht den fachlich besten Vertreter. Viel wichtiger war seine nationale Zugehörigkeit. Der Ministerrat gab auch keine Weisungen und formulierte nicht seinen Standpunkt. Er einigte sich aber darauf, dass neben Gavrilović auch der Kroate Ilija Jukić Mitglied in der Kommission werden sollte. Wenn also die kleineren Staaten untereinander Bündnisse schlossen, waren jugoslawische Vertreter Teil dieser Bemühungen. Allerdings ging die Initiative selten von den Jugoslawen aus. Vielmehr liefen sie mit den anderen, sei es mit dem Vereinigten Königreich, sei es mit den kleineren Mächten.

1.2   Die UNWCC und die Königliche Kommission

Nach langem Zögern, das politischen und militärischen Gründen geschuldet war, übernahm Großbritannien die Führungsrolle bei der offiziellen Organisation einer internationalen Institution, deren Aufgabe es sein sollte, rechtliche Normen zur Ahndung von Kriegsverbrechen auszuarbeiten. Die Moskauer Deklaration und die Gründung der UNWCC sind dabei als einander bedingende Entscheidungen einzuordnen, die Ahndung und die Bestrafung von Kriegsverbrechen nach Kriegsende zu organisieren. Das *Statement on Atrocities* der Moskauer Deklaration, das Churchill, Roosevelt und Stalin unterzeichneten, definierte die Grundlage für die Arbeit der UNWCC:

> At the time of granting of any armistice to any government which may be set up in Germany, those German officers and men and members of the Nazi party who have been responsible for or have taken a consenting part in the above atrocities, massacres and executions will be sent back to the countries in which their abominable deeds were done in order that they may be judged and punished according to the laws of these liberated countries and of free governments which will be erected therein. Lists will be compiled in all possible detail from all these countries having regard especially to invaded parts of the Soviet Union, to Poland and Czechoslovakia, to Yugoslavia and Greece including Crete and other islands, to Norway, Denmark, Netherlands, Belgium, Luxembourg, France and Italy.
>
> Thus, Germans who take part in wholesale shooting of Polish officers or in the execution of French, Dutch, Belgian or Norwegian hostages of Cretan peasants, or who have shared in slaughters inflicted on the people of Poland or in territories of the Soviet Union which are now being swept clear of the enemy, will know they will be brought back to the scene of their crimes and judged on the spot by the peoples whom they have outraged.
>
> Let those who have hitherto not imbued their hands with innocent blood beware lest they join the ranks of the guilty, for most assuredly the three Allied

---

70   Grol, Londonski dnevinik, 286.

powers will pursue them to the uttermost ends of the earth and will deliver them to their accusors in order that justice may be done.

The above declaration is without prejudice to the case of German criminals whose offenses have no particular geographical localization and who will be punished by joint decision of the government of the Allies.[71]

Konkret finden sich im *Statement on Atrocities* Vorschläge, die bereits von der LIA ausformuliert wurden: dass die Kriegsverbrecher festgenommen und in dem Land vor Gericht gestellt werden, wo sie ihre Verbrechen begangen haben; dass die besetzten Länder detaillierte Listen mit vermeintlichen Verbrechern erstellen werden; dass für die Verbrechen, bei denen eine konkrete geografische Lokalisierung nicht möglich ist, die Verbrecher nach einer gemeinsamen Entscheidung bestraft werden.

Damit war bereits der Rahmen für die angedachte Arbeit der UNWCC vorgegeben. Die Kommission wurde offiziell am 23. Oktober 1943 gegründet, und ihr gehörten Vertreter 17 alliierter Staaten an. Die Sowjetunion war kein Mitglied der Kommission, konnten sich ihre Vertreter doch mit den britischen Organisatoren aus dem Foreign Office nicht darauf einigen, ob sowjetische Teilrepubliken bzw. britische Dominions stimmberechtigte Mitglieder der Kommission sein könnten.[72]

Mit der jugoslawischen Exilregierung rechnete Foreign Office. Am 30 August 1943 wurde Vladimir Milanović eingeladen, als deren diplomatischer Vertreter beim Gründungsakt der UNWCC teilzunehmen.[73] Er wurde von Milan Jevtić begleitet.[74] Die Exilregierung versuchte zu dieser Zeit, ihre Position bei der britischen Regierung zu stärken, und war nach längeren Konflikten nach Kairo umgesiedelt. Abgesehen von anderen politischen und strategischen Gründen war diese Entscheidung durch das Erstarken der Partisanenbewegung sowie den Versuch beeinflusst, geografisch und symbolisch näher an die besetzte und die zerstückelte Heimat zu kommen, als das Kriegsende nahte. Im Land war nach der Kapitulation nämlich Dragutin „Draža" Mihailović geblieben, ein königlicher Oberst, der andere Offiziere um sich organisiert und mit Tschetniks eine Armee aufgebaut hatte, die unmittelbar nach Kriegsbeginn gegen

---

71 The Moscow Conference; October 1943: Joint Four-Nation Declaration, in: A Decade of American Foreign Policy: Basic Documents, 1941–49 (Washington DC: Government Printing Office 1950), hier nach: http://avalon.law.yale.edu/wwii/moscow.asp (überprüft am 22.1.2022).

72 Kochavi, Prelude to Nuremberg, 45–47.

73 USHMM, RG-49.004, Government in exile (Fond 103), Reel 1: box 5, file 51–56.

74 USHMM, RG-67.041, Reel 33, Minutes of a Meeting at the Foreign Office on October 20th, 1943, RG-67.041M.0033.00000405.

die deutschen Besatzer kämpfte.[75] Anders als die Partisanen mied Mihailović direkte Kämpfe gegen die Besatzungstruppen und verfolgte eine Abwarte-taktik, was sich mit den Anweisungen der Exilregierung an die Widerstands-kämpfer in Jugoslawien deckte.[76] Nach Kontaktaufnahme zu den britischen und königlich-jugoslawischen Offizieren erkannten diese Mihailović und seine Truppen als legale Vertreter der Exilregierung und Widerstandskämpfer an und sicherten ihnen Hilfen zu. Mihailović stieg im Januar 1942 zum Kriegs-minister und Oberkommandierenden der „Jugoslawischen Armee in der Hei-mat" auf und bekam im Juni 1942 den Rang eines Generals zugesprochen.[77] Der Machtkampf mit Tito und seinen Partisanen war damit vorprogrammiert. Die Tschetniks hatten zum Kriegsbeginn noch mit Partisanen kooperiert: Im November 1941 befahl Mihalović einen Angriff auf das Hauptquartier der Par-tisanen, das sich damals in der serbischen Stadt Užice befand. „Der Verrat von Užice", wie der Kampf mit Tschetniks von den Partisanen gewertet wurde, legte die Grundlagen für den künftigen Umgang mit Mihailović und seiner Armee. Von da an hatten sie die Rolle der Verräter inne. Wobei „der Verrat" zunächst tatsächlich im militärischen Sinne gemeint war. Eine militärische Verabredung, ein Vertrag, wurde gebrochen, die Partisanen hintergangen.

Und obwohl bis 1943 auch nach London verstärkt Informationen über die problematische Kriegsführung Mihailovićs durchdrangen – seine Truppen begingen zahlreiche Verbrechen an der muslimischen Bevölkerung Jugo-slawiens, er diente sich Besatzungstruppen an und arbeitete mit der serbi-schen Kollaborationsregierung zusammen –, wollte die Exilregierung nichts davon wissen. Sie rechnete damit, bei einer Rückkehr nach Jugoslawien nach dem Zusammenbruch des NS-Regimes mithilfe der Tschetniks das alte, könig-liche Jugoslawien restaurieren zu können. Der Umzug nach Kairo sollte dies vorbereiten.

---

75   Bis heute ist Draža Mihailović in ex-jugoslawischen Regionen eine hoch umstrittene
      Persönlichkeit. Studien über sein Leben und sein Wirken sind nicht rar, allerdings fokus-
      sieren sie häufig darauf, ihn und seine Tschetnik-Bewegung für die Zusammenarbeit mit
      den Besatzern zu entlasten oder zu belasten. Für eine Studie, die Mihailović entlastet,
      siehe Bojan Dimitrijević, Đeneral Mihailović: Biografija (Beograd: Institut za savremenu
      istoriju 2004). Eine Standardstudie zu den Tschetniks ist weiterhin Jozo Tomasevich,
      War and Revolution in Yugoslavia. Bd. 1 The Chetniks (Stanford: Stanford University
      Press 1975). Siehe auch Mario Jareb, Allies or Foes? Mihailović's Chetniks during the
      Second World War, in: Sabrina P. Ramet (Hg.), Serbia and the Serbs in World War Two
      (Palgrave: Macmillan 2011), 155–174.

76   Tomasevich, The Chetniks, 146.

77   Calic, Geschichte Jugoslawiens, 145.

Die Regierung führte Božidar Purić an, ein Diplomat, der als Minister keine Politiker berief, sondern einer Expertenregierung vorstand. In London ernannte er Bogoljub Jevtić zum geschäftsführenden Botschafter und beauftragte ihn damit, auf die britische Einladung zur Mitwirkung an der späteren UNWCC zu reagieren. In seinem Bericht über die konstituierende Sitzung der UNWCC schreibt Jevtić, dass Jugoslawien von Vladimir Milanović und Milan Ristić vertreten wurde.[78] Jugoslawien besitze in London keinen Experten für diese Fragen, so Jevtić. Bis sich nicht eine geeignete Person finde, übernehme Ristić diese Aufgabe. Nach der kommissionseigenen Veröffentlichung zur Geschichte der UNWCC ist der Slowene Alojzij Kuhar ebenfalls als anwesender jugoslawischer Vertreter bei der ersten Arbeitssitzung genannt.[79] Damit vertraten drei Diplomaten die Exilregierung, die zwar Juristen waren, sich aber bis dahin weder durch Veröffentlichungen noch durch Mitwirkungen an der Thematik hervorgetan hatten. Die Nennung einer geeigneten Person dauerte so lange, dass sich der britische Botschafter für Jugoslawien, Sir George Rendel, genötigt sah, mehrfach sowohl bei Jovanović als auch bei Milanović selbst danach zu fragen.[80]

In seinem Bericht fasste Jevtić die Ergebnisse der konstituierenden Sitzung zusammen. Vereinbart sei es, eine alliierte Kommission zu gründen. Diese sollte begangene Kriegsverbrechen dokumentieren und untersuchen, insbesondere die individuelle Verantwortung feststellen. Ebenfalls sollte sie betroffenen Regierungen Fälle vermitteln, bei denen weitere Beweise erforderlich seien.[81] Hinsichtlich der Prozesse, so Jevtić, habe der Vorsitzende, Lord Simon, betont, dass diese Frage sowie die Frage der Hauptverbrecher die Regierungen selbst zu lösen hätten. Das bedeutete, dass Jugoslawien auf die Unterstützung der geplanten Kommission bei der Ahndung von Kriegsverbrechen rechnen konnte, allerdings auch freie Hand hatte, die Verdächtigen und Angeklagten nach eigenem nationalen Recht anzuklagen und gegebenenfalls zu verurteilen.

In seiner Analyse der konstituierenden Sitzung betont Jevtić, dass es zwischen der sowjetischen Regierung einerseits und der britischen und amerikanischen Regierung andererseits unterschiedliche Auffassungen zum Umgang mit der Bestrafung von Kriegsverbrechern gebe. Seiner Meinung nach wollte

---

78 USHMM, RG-49.004M, Government in exile (Fond 103), Reel 1: box 5, file 51–56, Pov. Br. 703.
79 History of UNWCC, 118.
80 USHMM, RG-49.004M, Government in exile (Fond 103), Reel 1: box 5, file 51–56.
81 USHMM, RG-49.004M, Government in exile (Fond 103), Reel 1: box 5, file 51–56, Pov. Br. 703.

die sowjetische Regierung nicht, dass sich andere in die Fragen des Umgangs mit Kriegsverbrechen einmischten, die auf ihrem Territorium begangen wurden. Sollte aber ein alliiertes Organ gebildet werden, sollte es nicht von Großbritannien oder von den Vereinigten Staaten angeführt werden. Jevtić glaubte auch zu erkennen, dass die britische Regierung, unterstützt durch die USA, dazu neigte, hinsichtlich der Bestrafung von Kriegsverbrechen eine gemäßigte Haltung einzunehmen. Jevtić meinte, dass die Bemühungen, ein sogenanntes Technisches Komitee zu gründen, das die Kommission hinsichtlich der rechtlichen Fragen beraten sollte, darauf hindeuteten, und sah im Technischen Komitee „eine Art Bremse gegen alle Übertreibungen bei den Handlungen bestimmter Regierungen hinsichtlich der Frage der Bestrafung von Kriegsverbrechern."[82] Es ist inzwischen in zahlreichen Veröffentlichungen dargelegt worden, dass diese Einschätzung Jevtićs richtig war. Francine Hirsch und Dirk Moses haben unterschiedliche Gründe dargelegt, weshalb Großbritannien und die USA innovative Ansätze, die insbesondere von Vertretern kleinerer Staaten vorgebracht wurden, gebremst haben: Die Angst um Retribution an eigenen Soldaten, aber auch Rassismus und Kolonialismus spielten eine Rolle.[83]

Gleichzeitig fanden in den befreiten Gebieten der Sowjetunion schon die ersten Kriegsverbrecherprozesse in Krasnodar, Charkow und in Kiew statt. Bereits vor Gericht in Krasnodar, wo sowjetische Bürger als ehemalige Mitglieder der Waffen-SS angeklagt waren, ließ sich erahnen, dass es der sowjetischen Regierung nicht um die Feststellung der Schuld von Angeklagten ging, sondern dass sie mit den Kriegsverbrecherprozessen eine eigene innenpolitische und außenpolitische Agenda verfolgte.[84] Wie Cadiot und Penter richtig betonten, erkannte das stalinistische Regime die große Bedeutung von Recht und Rechtsprechung für die eigene Symbolpolitik und die eigene Legitimation nach innen sowie den eigenen Machtanspruch nach außen.[85] Die Prozesse wurden medial stark begleitet, auch von ausländischen Korrespondenten. Ob Jevtić mit „Übertreibungen bei den Handlungen bestimmter Regierungen" auf die Sowjetunion deutete – die Angeklagten wurden alle mit harten Strafen verurteilt und zum Teil öffentlich hingerichtet –, sei dahingestellt. Viel

---

82   USHMM, RG-49.004M, Government in exile (Fond 103), Reel 1: box 5, file 51–56, Pov. Br. 703.

83   Hirsch, Soviet Judgment at Nuremberg; Dirk A. Moses, Conceptual Blockages and Definition Dilemmas in the ‚Racial Century': Genocides of Indigenous People and the Holocaust, in: Dirk A. Moses/ Dan Stone (Hg.), Colonial Genocide (Routledge: Abingdon, 2007), 148–180.

84   Juliette Cadiot / Tanja Penter, Law and Justice in Wartime and Postwar Stalinism, *Jahrbücher für Geschichte Osteuropas* 61 (2013) 2, 162.

85   Cadiot / Penter, Law and Justice, 163.

wichtiger ist es, dass die jugoslawische Exilregierung keine eigene Agenda
verfolgte und keine eigenen Experten in die Kommission entsandte, sondern
Diplomaten. Andere Regierungen waren engagierter: Die tschechoslowakische
z.B. verfügte mit Dr. Bohuslav Ečer über einen ausgezeichneten und engagierten Juristen, den sie in die UNWCC abgeordnete. Sein Wirken verdeutlicht,
wie viel einzelne Persönlichkeiten durch eigenes beherztes Engagement unter
bestimmten Voraussetzungen verändern können bzw. wie sie Veränderungen
bewirken, die unser Leben bis heute beeinflussen.[86] In zahlreichen politikwissenschaftlichen Arbeiten ist diese anfängliche Offenheit beim Aufbau von
staatlichen und internationalen Institutionen hinreichend belegt worden.[87]
Neue Ideen können sich durchsetzen und institutionell verankern, wenn
sie verschiedene Bedingungen erfüllen, u.a. institutionellen Interessen und
Machtverhältnissen reale Bedeutung verleihen und den Beziehungen und den
jeweiligen Motiven der Akteure Erfüllungsmöglichkeiten und Gestaltungs-
optionen eröffnen. Die Entstehung der UNWCC, ihr Aufbau und ihr Wirken
eignen sich dafür, einen solchen Fall der Institutionenbildung exemplarisch
zu untersuchen. Insbesondere weil entlang der Diskussionen in der UNWCC
gezeigt werden kann, zu welchem Maß die „kleineren alliierten Staaten",
die sich nicht im Mittelpunkt des Interesses befanden, zur Entwicklung von
neuen, globalen Normen beigetragen haben.[88]

   Ečer war einer der aktivsten Delegierten und seine Vorarbeit, seine Me-
moranden und seine Ausführungen vor der Kommission, aber auch sein
Netzwerken innerhalb der kleinen Staaten und Schmieden verschiedener
Allianzen haben entscheidend zur Ausweitung von rechtlichen Normen zur
Ahndung von Kriegsverbrechen beigetragen. So setzte er sich vehement dafür
ein, auf die Gründung des vorgesehenen rein dokumentierenden Technischen
Komitees zu verzichten und die Kompetenzen der Kommission zu erweitern,
was die anderen Regierungen auch akzeptierten.[89] Ečer kannte die Fehler, die
nach 1919 passiert waren. Gleich zu Beginn der offiziellen Arbeit der UNWCC
erläuterte er seinen Standpunkt: „... lists of alleged criminals without judical

---

86   Darüber und insbesondere, wie Ečer den Nürnberger Hauptkriegsverbrechertribunal
      beeinflusst hat, siehe Mouralis, Outsiders du droit international, 115–122.
87   Stefanie Reulen, Staatliche Institutionenbildung in Ostdeutschland. Aufgaben, Interes-
      sen, Ideen (Wiesbaden: VS Verlag für Sozialwissenschaften 2004), 19–24; Wolfgang Seibel,
      Verwaltung verstehen. Eine theoriegeschichtliche Einführung (Frankfurt a.M: suhrkamp
      taschenbuch 2016).
88   Siehe dazu Sabina Ferhadbegović / Kerstin von Lingen / Julia Eichenberg, Introduction:
      The United Nations War Crimes Commission (UNWCC) between Europe and Asia, 1943–
      1948, and the Codification of International Criminal Law, *JHIL* 34 (2022).
89   UN Archives, UNWCC, Reel 33, Minutes of Sixth Meeting held on January 26th 1944, 3.

and administrative machinery are useless. We remember that in 1919 the Allies had well-constructed lists of war criminals, perhaps better constructed than would be possible today. But the Allies, in spite of the recommendations of our predecessor, the Commission on War Responsibilities, and even in spite of the provisions of the Pence Treaties, did not establish their own judicial and executive machinery in order to arrest and try the criminals."[90]

Dieses Zitat verdeutlicht, wie er die UNWCC verstand. Als Nachfolgerin der alliierten Commission on War Responsibilities, die bereits nach dem Ersten Weltkrieg die Gründung eines Internationalen Tribunals zur Ahndung von Kriegsverbrechen vorgeschlagen hatte.[91] Nur ein Weg sei möglich, falls Gerechtigkeit gewollt sei und nicht Rache, so Ečer, und zwar die Gründung eines internationalen Strafgerichtshofes der Vereinten Nationen. Und die Kommission solle seine Entstehung vorbereiten und als rechtliche Beratungskörperschaft für die alliierten Regierungen agieren. Es dauerte aber noch eine Weile, bis er die anderen Delegierten von seinen Ideen überzeugen konnte. Am 26. Oktober 1943 und am 2. Dezember 1943 fanden die ersten nicht offiziellen Treffen der UNWCC-Kommission statt, die dazu dienten, Regeln für die Kommissionsarbeit und das Prozedere auszuarbeiten.[92] Eine der ersten offiziellen Entscheidungen war, nach Vorschlag von Ečer, die Bildung von drei Unterkomitees:

1.   Komitee I, Sammeln von Beweismitteln und generellen Informationen zu den Verfahren und Angeklagten
2.   Komitee II, Juristische Voraussetzungen für die Anklage
3.   Komitee III, Juristische Fragen.

In der Folge empfahl die Kommission die Gründung von nationalen Kommissionen, deren Aufgabe es sein sollte, Berichte über Kriegsverbrechen zu untersuchen und diese Informationen an das Komitee I weiterzuleiten.[93]

Die jugoslawischen Delegierten, zu dieser Zeit noch Alojzij Kuhar und Milan Ristić, beide Mitarbeiter der Londoner Botschaft, agierten schnell und setzten die Gründung einer jugoslawischen Kommission zur Untersuchung von Kriegsverbrechen im Ministerrat durch.[94] In seinem Bericht an den Außenminister beklagte Jevtić, dass Jugoslawien trotz zahlreicher Verbrechen, die an seiner Bevölkerung begangen wurden, anders als andere Alliierten keinen

---

90   UN Archives, UNWCC, Reel 33, Minutes of Sixth Meeting held on January 26th 1944, 3.
91   Lewis, The Birth of the New Justice, 43.
92   History of the UNWCC, 121. Zu den Regeln siehe auch: UN Archives, UNWCC, Reel 33, Minutes of Fifth Meeting held on January 18th 1944.
93   UN Archives, UNWCC, Reel 33, Minutes of Sixth Meeting held on January 26th 1944.
94   Uredba o komisiji za istraživanje ratnih zločina, in: *Službene novine* vom 30.1.1944, Nr. 15.

einzigen vorbereiteten Fall habe, und befürchtete massive Gesichtsverluste für seine Vertreter in der UNWCC.[95]

Die internationale Entwicklung beschleunigte jugoslawische Entwicklungen: Bereits am 27. Januar 1944 wurde im offiziellen Amtsblatt *Službene novine* ein entsprechender Erlass verkündet. In zehn Artikeln definierte der Erlass die Gründung, die Aufgaben und die Zuständigkeiten der Kommission zur Untersuchung von Kriegsverbrechen.[96] Die Kommission unterstand direkt der Präsidentschaft des Ministerrats, konkret also dem Premierminister. Ihre Aufgabe, nach Art. 2 des Erlasses, war es, das gesamte Material, das im Zusammenhang mit Kriegsverbrechen steht, die während des Kriegs in Jugoslawien sowie an jugoslawischen Staatsbürgern im Ausland begangen wurden, zu sammeln, zu studieren und zu sortieren. Die Kommission bekam auch das Recht, Ermittlungen einzuleiten. Alle Institutionen und Individuen wurden verpflichtet, der Kommission Informationen über Kriegsverbrechen zu vermitteln. Damit entstand eine neue Einheit, die sich konkret dem Thema widmete und künftig für alle Fragen im Zusammenhang mit Kriegsverbrechen zuständig war. Als Vorsitzenden der Kommission zur Untersuchung von Kriegsverbrechen ernannte der Premierminister Purić Mihailo Konstantinović.[97] Konstantinović gehörte zu den bekanntesten serbischen Juristen der Zwischenkriegszeit. Sein Fachgebiet war zwar das Schuldrecht, das er an der Belgrader Universität als Professor unterrichtete. Er gehörte aber auch als damaliger Justizminister zu den Schöpfern des Cvetković-Maček Abkommens.[98] Konstantinović flüchtete nach der Kapitulation nach Ägypten, wurde aber dann von der Exilregierung in die Türkei geschickt, wo er bereits Unterlagen über Kriegsverbrechen sammelte. Zum Mitglied der Kommission ernannte Purić Radomir Živković.[99] Živković war ebenfalls Jurist und vor dem Krieg Dozent an der Belgrader Universität. Der Kommission wurden zwei Mitarbeiter aus dem Informationsbüro zugeteilt: Ivan Marković und Milan Vasić.[100] Zusammen mit einer Daktylografin, Bosiljka Marić, bildeten sie ein kleines Team, das umgehend begann,

---

95 USHMM, RG-49.004M, Government in exile (Fond 103), Reel 1: box 5, Pov. Br. 1303.

96 Uredba o komisiji za istraživanje ratnih zločina, in: *Službene novine* vom 30.1.1944, Nr. 15.

97 USHMM, RG-49.004M, Government in exile (Fond 103), Reel 1: box 5, file 51–56, Pov. Br. 153.

98 Mehr über seine Rolle in seinen Erinnerungen Mihailo Konstantinović, Politika sporazuma: knjiga dnevničkih beležaka 1939–1941. i londonskih beležaka 1944–1945 (Novi Sad: Mir 1998).

99 USHMM, RG-49.004M, Government in exile (Fond 103), Reel 1: box 5, file 51–56, Pov. Br. 153.

100 USHMM, RG-49.004M, Government in exile (Fond 103), Reel 1: box 5, file 51–56, Pov. Br. 154.

Informationen über Kriegsverbrechen zu sammeln. So forderten sie zunächst alle möglichen Zeitungen an, die sie anschließend sichteten, sowie Akten aus allen staatlichen Institutionen, die Kriegsverbrechen thematisieren.[101] Damit alle Behörden auch verstanden, welche Unterlagen sie an die Kommission weiterleiten sollten, bereitete Konstantinović einen Umlauf vor, den er über Purić verbreiten ließ.[102] Dem Anschreiben waren vier Anhänge beigelegt: ein Fragenkatalog, eine Auflistung von Kriegsverbrechen sowie zwei Beispiele, aus denen ersichtlich war, wie Einzelheiten über Kriegsverbrechen dargelegt werden sollten. Konstantinović betonte, diese Frage sei für Jugoslawien von besonderer Bedeutung, denn obwohl im Land viele Verbrechen begangen würden, besitze die Regierung wenige Informationen darüber, was dem Ansehen des Landes schade.[103] Auch hier war der Einfluss der UNWCC sichtbar: Die Liste von 33 definierten Kriegsverbrechen übernahmen die Jugoslawen von ihr. Neben bereits bekannten Tatbeständen aus der Haager Landkriegsordnung wie Mord und Raub, Töten von Geiseln oder Zwangsrekrutierung standen auf der Liste auch neue Tatbestände wie bewusstes Aushungern der Bevölkerung, Vergewaltigung, Verschleppen von Mädchen und Frauen zwecks Zwangsprostitution.[104] Bereits Ende August formulierte Jaša Davičo, Bruder des berühmten jugoslawischen Dichters und Kommunisten Oskar Davičo, ein Schreiben über die Bedeutung des richtigen rechtlichen Rahmens bei der Bestrafung von Kriegsverbrechern.[105] Darin plädierte Davičo für die Übernahme der alliierten Vorgaben, weil die Anwendung des jugoslawischen Strafrechts aus der Zwischenkriegszeit die Bestrafung jugoslawischer Staatsbürger wegen Kriegsverbrechen verhindern würde, wenn sie nationalen Minderheiten wie Deutsche oder Ungarn angehörten.

Diese detaillierten Erklärungen waren nötig, denn wie bereits im August 1943 von Milan Ristić bemängelt, stand in den seit Kriegsbeginn erhaltenen Berichten über Kriegsverbrechen viel über die Verbrechen an sich, aber wenig über die Täter. Auf Anweisung des damaligen Außenministers Milan Grol wurden die jugoslawischen Botschaften in Ankara, Stockholm, Lissabon, Madrid, Bern, Kairo und Vatikan sowie der Oberste Stab gebeten, ihr Augenmerk darauf zu legen, dass die Berichte den Standards der UNWCC entsprachen, die sie als Kommission zur Bestrafung von Kriegsverbrechen bezeichneten.[106]

---

101   USHMM, RG-49.004M, Government in exile (Fond 103), Reel 1: box 5.
102   USHMM, RG-49.004M, Government in exile (Fond 103), Reel 1: box 5, Br. 14.
103   USHMM, RG-49.004M, Government in exile (Fond 103), Reel 1: box 5, Br. 14, Nacrt raspisa.
104   USHMM, RG-49.004M, Government in exile (Fond 103), Reel 1: box 5, Br. 14/44, Prilog 2.
105   USHMM, RG-49.004M, Government in exile (Fond 103), Reel 1: box 5.
106   USHMM, RG-49.004M, Government in exile (Fond 103), Reel 1: box 5, Br. 17/44.

Besonders wichtig erschien es Grol, Informationen über Kriegsverbrechen
der Besatzer zu erhalten sowie konkrete Namen von vermeintlichen Kriegsverbrechern der Besatzungsmächte. Dies war der Tatsache geschuldet, dass
sein Ministerium bereits an die Zeit nach dem Krieg dachte und vermutete,
dass die ausländischen Soldaten Jugoslawien verlassen würden. Die Frage ihrer
Auslieferung, so Ristić, werde wichtiger Teil von Friedensverträgen, schließlich sei eines der Kriegsziele die Bestrafung von Schuldigen für begangene
Kriegsverbrechen.[107]

Die UNWCC hatte bei ihrem zweiten Treffen einen Fragenkatalog für nationale Kommissionen ausgearbeitet, um eine Übermittlung von Angaben über
Kriegsverbrechen besser organisieren zu können sowie die Ermittlungsarbeit
zu erleichtern. Die nationalen Berichte sollten sich an acht Fragen orientieren:

1. What is the offence alleged ‚see sur-paragraph 4 below‘?
2. Can the offender be identified?
3. What was the degree of responsibility of the offender, having regard to his
   position?
4. Was the offence committed on the offender's own initiative, or in obedience
   to orders, or in carrying out a system or a legal disposition?
5. What evidence is available in support of the charge?
6. What will be the probable defense?
7. Can the offender be put on trial with a reasonable probability of conviction?[108]

Zusätzlich sollten Zeugen im Bericht zuerst mit ihrem Akronym und dann
namentlich mit ihren Adressen in einer separaten Liste aufgeführt werden, um
ihre Sicherheit zu gewährleisten. Die UNWCC bot in jeder Hinsicht ihre Hilfe
an und versuchte, den Druck von den nationalen Kommissionen zu nehmen.
Dabei wies sie darauf hin, dass diese für viele Prozesse Neuland betreten und
davon ausgehen müssten, dass manches lückenhaft oder erst im Laufe der Zeit
optimal laufen werde.[109]

Das Problem der jugoslawischen königlichen Kommission war, dass sie
auf Informationen aus dem Land angewiesen war, die sie selbst nicht direkt
überprüfen konnte. Mihailović schickte ab 1942 regelmäßig Lageberichte und
zählte auch regelmäßig die Verbrechen der deutschen Besatzungstruppen
und der Ustascha. Für konkrete und detaillierte Anklagen reichte das nicht.
Allerdings flüchteten nach der Kapitulation Italiens zahlreiche jugoslawische

---

107 USHMM, RG-49.004M, Government in exile (Fond 103), Reel 1: box 5, Br. 17/44.
108 Transmission of particulars of War Crimes to The Secretariat of the UNWCC, USHMM,
     RG-49.004M, Government in exile (Fond 103), Reel 1: box 5, Pov. Br. 1303, Prilog 1.
109 Transmission of particulars of War Crimes to The Secretariat of the UNWCC, USHMM,
     RG-49.004M, Government in exile (Fond 103), Reel 1: box 5, Pov. Br. 1303, Prilog 1.

Staatsbürger vor der deutschen Eroberung Dalmatiens nach Ägypten, wo sie in
Flüchtlingslagern El Shatt, El Khataba und Tolumbat untergebracht wurden.[110]
Da die Kommission nur wenig Personal besaß, bat sie den Obersten Stab, die
Flüchtlinge umgehend zu vernehmen und deren Aussagen an die Kommission
weiterzuleiten.[111]

Obwohl viele Zeugen vor Ort waren, erwies sich Kairo als ungeeigneter
Dienstort. Die Regierung zog wieder nach London und alle internationalen
Diskussionen und Veranstaltungen fanden dort statt. Am 11. September 1944
wurde beschlossen, Živković offiziell als jugoslawischen Delegierten in der
UNWCC zu nominieren und nach London zu versetzen, wo sich auch der Sitz
der Kommission befand.[112]

Die doppelte Tätigkeit von Živković als Mitglied der königlichen nationalen Kommission sowie als jugoslawischer Delegierter in der UNWCC führte
dazu, dass die Jugoslawen ihre Arbeit noch enger an der UNWCC orientierten.
Als eine der ersten Tätigkeiten erstellte Živković zwei Formulare, nach denen
künftig Anklagen gegen Kriegsverbrecher erhoben werden sollten.[113]

Neben klassischen Angaben zur Person waren auf dem Formular folgende
Punkte vermerkt: der militärische Rang und die Einheit der angeklagten Person, ihre Nationalität, der Zeitpunkt und der Ort des Verbrechens, die Kategorie
des Verbrechens nach Liste der UNWCC sowie die Beschreibung und die Einordnung des Verbrechens nach nationaler Gesetzgebung. Diese Angaben sollten später die Arbeit mit den Listen und mit der Katalogisierung erleichtern,
denn es war klar, dass die Anzahl der Fälle mehrere Tausend übersteigen würde.
Živković beantragte vorsorglich eine dreitausendfache Vervielfältigung.[114]

Diese ersten Akten der königlichen Kommission belegen, dass sie ihre
Tätigkeiten an den Vorgaben der UNWCC orientierte, die in erster Linie
administrativen Zwecken folgten. Die Frage nach Bestrafung von Verbrechen
war für die königliche Kommission keine Frage von Legalität oder Legitimität. Es war eine Frage der Einordnung Jugoslawiens in die Reihe mit alliierten
internationalen Partnern und eine Frage der Partizipation an internationalen
Diskussionen. Die innere Zerrissenheit der Exilregierung und das Fehlen von
geeignetem Personal wirkten sich sicherlich auf die Leistung der königlichen

---

110   Ante Palavršić, Jugoslavenski zbjeg u Italiji, *Grada i prilozi za povijest Dalmacije* 9 (1977),
      259–282.
111   USHMM, RG-49.004M, Government in exile (Fond 103), Reel 1: box 5, file 51–56, Br. Reg.
      226.
112   USHMM, RG-49.004M, Government in exile (Fond 103), Reel 1: box 5, file 51–56, Br. Reg.
      220; Pov. Br. 2958.
113   USHMM, RG-49.004M, Government in exile (Fond 103), Reel 1: box 5, file 51–56, Br. 220.
114   USHMM, RG-49.004M, Government in exile (Fond 103), Reel 1: box 5, file 51–56, Br. 353.

Kommission aus. Deren Anspruch war es aber auch nicht, die internationalen Diskussionen zu beeinflussen. Die Ziele waren die Beteiligung an wichtigen internationalen Gremien und die Sichtbarkeit. Jugoslawische Vertreter akzeptierten die Macht der Großalliierten und insbesondere die Großbritanniens und setzten selten eigene Akzente. Sie dachten, die Partizipation und die Anerkennung würden Fragen nach deren eigener Legalität und Legitimität nicht aufkommen lassen. Aber sie hatten die Macht, weil sie mit den Alliierten am gleichen Tisch saßen, und sie saßen mit den Alliierten am Tisch, weil die Alliierten ihre Legitimität akzeptierten. Nach außen wollte sich die Exilregierung als eine funktionierende Einheit inszenieren – daher die Befürchtung, sie würde in der internationalen Runde ihr Gesicht verlieren, wenn sie keine oder schlechten Anklagen formulierte. Damit begründete sie dann nach innen die Übernahme von Vorgaben aus anderen Rechtskulturen. Die Exilregierung akzeptierte die Autorität der internationalen Kommission und Živković begriff, dass wenn die jugoslawische Kommission erfolgreich agieren wollte, sie die internationalen Normen adaptieren musste. Daher übertrug er alle Vorstöße und Entscheidungen der UNWCC an die königliche Kommission, wobei er die Exilregierung generell über die Entwicklungen informierte, von ihr aber grundsätzlich wenig Substanzielles zurückkam.

Die UNWCC war als eine internationale Körperschaft mit administrativen Zuständigkeiten und institutionellem Aufbau organisiert. Wie jede Institution erfüllte sie multiple Bedürfnisse und bediente unterschiedliche Interessen. Auch wenn sie als offenes Forum organisiert war, hatte Großbritannien eine herausragende Position: Der Vorsitzende, Sir Cecil Hurst, war Brite ebenso wie der Generalsekretär, Colonel G.A. Ledingham, der im Sekretariat britische und amerikanische Offiziere als Unterstützung hatte.[115] Nach Bohuslav Ečer bremsten insbesondere die Briten aus formaljuristischen Gründen anfangs bei der Suche nach neuen geeigneten Wegen, Kriegsverbrechen zu ahnden.[116] Das überrascht nicht, verstanden sie die Aufgabe der UNWCC doch zunächst so:

> 1. It should investigate and record the evidence of war crimes, identifying where possible the individuals responsible.
> 2. It should report to the Governments concerned cases in which it appeared that adequate evidence might be expected to be forthcoming.[117]

---

115 History of the UNWCC, 505.
116 Mouralis, Outsiders, 117.
117 USHMM, RG.67.041, UNWCC, Minutes of a Meeting at the Foreign Office on October 20th, 1943, RG.67.041M.0033.00000406.

Als essenzielle Aufgabe der UNWCC sahen sie die Ermittlung und die Dokumentation von Beweisen für Kriegsverbrechen. Ein unabhängiges Technisches
Komitee sollte die rechtlichen Fragen klären und die Regierungen in eben
diesen Fragen beraten.[118] Sehr schnell aber konnten insbesondere die Exilregierungen diese Schwächung der UNWCC verhindern. Denn das Techni-
sche Komitee hätte gerade die gestalterischen Aufgaben übernommen und
die Aufgabe der UNWCC auf das Ermitteln reduziert. Die teilnehmenden
Juristen, insbesondere aus besetzten Ländern, waren jedoch viel stärker
daran interessiert, Wege zu finden, gerade die Kodifizierung von Verbrechen
voranzutreiben, die bis dahin völkerrechtlich noch nicht festgelegt war. Die
Institutionalisierung der UNWCC war daher prozessorientiert und folgte den
spezifischen Aufgabenstellungen. Sie gewann an Bedeutung und vergrößerte
ihren Einfluss aus unterschiedlichen Gründen: Sie konnte die Ergebnisse ihrer
Diskussionen und ihre Vorstellungen mit den Versprechungen und Überzeugungen der Großalliierten verknüpfen und sie konnte die Öffentlichkeit
von ihren Ideen überzeugen. Ihr Einfluss reichte daher viel weiter als bisher
in Diskussionen über die Entwicklung des Völkerrechts dargelegt, wie von
Kerstin von Lingen nachgewiesen.[119] Damit ist aber nicht nur die Entwicklung
des Konzepts „crimes against humanity" gemeint. Es geht um den rechtlichen,
aber auch den gesellschaftlichen Umgang mit Kriegsverbrechen während des
Zweiten Weltkriegs und in der Nachkriegszeit grundsätzlich. Die UNWCC, ihr
spezifischer Auftrag, ihre organisatorische Ausgestaltung, die Machtverhält-
nisse zwischen den teilnehmenden Staaten und deren unterschiedliche Interessen beeinflussten nicht nur die internationalen Beziehungen. Das Wirken
der UNWCC hatte großen Einfluss auf den jeweils nationalen Umgang mit
Kriegsverbrechen. Aus politikwissenschaftlichen Studien wissen wir, dass der
Ideentransfer aufgrund unterschiedlicher institutioneller Strukturierungs-
prozesse und unterschiedlich gewählter organisatorischer Lösungen trotz
einheitlich gewählter Übertragungsmuster in unterschiedlichen Ergebnissen
enden kann.[120] Welche Muster gab also die UNWCC vor und was bedeutete
das beim jugoslawischen Beispiel konkret?
    Die UNWCC sollte ermitteln, Beweise sammeln und Listen erstellen.[121]
Dieses Vorgehen barg mehrere Schwierigkeiten in sich. Cornelia Vismann

---

118   USHMM, RG.67.041, UNWCC, Minutes of a Meeting at the Foreign Office on October 20th,
       1943, RG.67.041M.0033.00000408.
119   Lingen, „Crimes against Humanity".
120   Reulen, Staatliche Institutionenbildung, 12–13.
121   USHMM, RG.67.041, UNWCC, Minutes of a Meeting at the Foreign Office on October 20th,
       RG.67.041M.0033.00000408 bis RG.67.041M.00033.00000410.

hat bereits den administrativen Charakter von Listen betont, die sich nicht in das Raster von Mündlichkeit und Schriftlichkeit fügen, denn sie „kommunizieren nicht, sie kontrollieren Übertragungsvorgänge.“[122] Die Entscheidung, eine UNWCC zu gründen, war eine Entscheidung für den Dialog zwischen den Alliierten. Die Entscheidung für die Erstellung und den Austausch von Listen war eine Entscheidung für die Verwaltung und gegen die Kommunikation. Denn, so Vismann, die Listen verwalten und sortieren, aber sie verkürzen die Erinnerung. Sie suggerieren eine Ordnung, erleichtern die Übertragung, stehen aber in keinem Verhältnis zur gesprochenen Sprache. Das zeigt auch das Formular von Živković, dem eine Liste von 32 Kriegsverbrechen beigefügt wurde, die als Chiffre einzutragen waren. Nach UNWCC waren folgende Taten als Verbrechen definiert:

(1) Murders and massacres; systematic terrorism.
(2) Putting hostages to death.
(3) Torture of civilians.
(4) Deliberate starvation of civilians.
(5) Rape.
(6) Abduction of girls and women for the purpose of enforced prostitution.
(7) Deportation of civilians.
(8) Internment of civilians under inhuman conditions.
(9) Forced labour of civilians in connection with the military operations of the enemy.
(10) Usurpation of sovereignty during military occupation.
(11) Compulsory enlistment of soldiers among the inhabitants of occupied territory.
(12) Attempts to denationalise the inhabitants of occupied territory.
(13) Pillage.
(14) Confiscation of property.
(15) Exaction of illegitimate or of exorbitant contributions and requisitions.
(16) Debasement of currency, and issue of spurious currency.
(17) Imposition of collective penalties.
(18) Wanton devastation and destruction of property.
(19) Deliberate bombardment of undefended places.
(20) Wanton destruction of religious, charitable, educational and historic buildings and monuments.
(21) Destruction of merchant ships and passenger vessels without warning and without provision for the safety of passengers and crew.
(22) Destruction of fishing boats and of relief ships.
(23) Deliberate bombardment of hospitals.
(24) Attack on and destruction of hospital ships.
(25) Breach of other rules relating to the Red Cross.
(26) Use of deleterious and asphyxiating gases.

---

122 Vismann, Akten, 20.

(27) Use of explosive or expanding bullets, and other inhuman appliances.
(28) Directions to give no quarter.
(29) Ill-treatment of wounded and prisoners of war.
(30) Employment of prisoners of war on unauthorised works.
(31) Misuse of flags of truce.
(32) Poisoning of wells.[123]

Auf diese Tatbestände haben sich die Delegierten der UNWCC unmittelbar nach ihrer Gründung geeinigt und sie orientierten sich an der bereits erwähnten Liste von Kriegsverbrechen, die nach dem Ersten Weltkrieg 1919 seitens der *Commission on Responsibilities of the Authors of the War and on Enforcement of Penalities* erstellt worden war. Allerdings betonten die UNWCC-Delegierten, die Liste solle zur generellen Orientierung dienen und könne noch ergänzt werden, was 1944 auf Antrag der polnischen Delegierten auch geschah. Diese argumentierten, dass die NS-Praxis der Geiselnahme sowie andere Taten, die das Zeil verfolgten, die Bewohner der besetzten Gebiete zu erniedrigen und herabzusetzen, als separate Kriegsverbrechen zu betrachten seien.[124] Am 9. Mai 1944 empfahl das Legal Committee eine Übernahme folgender Tatbestände in die Liste von Kriegsverbrechen:

(a) Indiscriminate mass arrests for the purpose of terrorizing the population, whether described as taking of hostages or not;
(b) Acts violating family honour and rights, the lives of individuals, religious convictions and liberty of worship, as provided for in Art. 46 of the Hague Regulations.[125]

Die Kommission akzeptierte die Empfehlung bezüglich der Geiselnahmen und verwies im zweiten Punkt auf die Präambel der Haager Konvention, die den rechtlichen Rahmen gewährleistete, für das Prozedere in allen generellen Fällen.

Was bedeutete das im konkreten jugoslawischen Fall? Obwohl Konstantinović seit Kriegsbeginn Informationen über Kriegsverbrechen gesammelt hatte, besaß die königliche Kommission wenige konkrete Informationen, die sich in das Raster der UNWCC fügten. Daher erstellten ihre Mitarbeiter zunächst Exposés zu konkreten Ereignissen und Verantwortlichen. Die wichtigsten Fragen waren:

---

123   History of the UNWCC, 34–35. Für den Originalbericht siehe: Commission on the Responsibility of the Authors of the War and on Enforcement of Penalties, Report presented to the preliminary peace conference, in https://www.legal-tools.org/doc/63159c/pdf/ (überprüft am 21.3.2021).
124   History of the UNWCC, 171.
125   History of the UNWCC, 171.

Wann und von welchem Besatzer (Deutschland, Italien, Ungarn, Bulgarien, Albanien) wurden welche Teile des Königreichs Jugoslawien besetzt; nach welchen Gesetzen haben die Besatzungsmächte die jugoslawischen Territorien annektiert bzw. ob die Besatzungsmächte in den besetzten Gebieten ihre Gesetzgebung eingeführt haben; wer stand den Regierungen in Ungarn, Bulgarien und Albanien im Moment der Besatzung bzw. der Annexion vor.[126] Dabei ließen sie sich von unterschiedlichen Regierungsstellen helfen, aber auch von der UNWCC selbst. Živković kontaktierte häufig den Research Officer, den britischen Oberstleutnant H. H. Wade, und bat ihn um Informationen.[127] Bemerkenswert ist, wie wenige Informationen die Vertreter der Exilregierung über die Besatzung hatten. Živković wusste z.B. nicht, wer den kommandierenden General und Befehlshaber in Serbien Paul Bader 1943 ersetzt bzw. wer nach Bader diese Funktion ausgeübt hatte. Auch wusste er nicht, wer vonseiten der SS und der Gestapo als Befehlshaber der Polizei in Serbien seit 1941 tätig war. Und er bat Wade schließlich um die Namen von allen zivilen und militärischen Offiziellen in den italienischen, ungarischen, bulgarischen und deutschen besetzten Gebieten Jugoslawiens.[128] Wade vermittelte ihm auch andere Informationen über deutsche, italienische und bulgarische Kriegsverbrechen, aber bis Ende September 1944 war die königliche Kommission nicht in der Lage, Fälle an die UNWCC zu übermitteln. Das wichtigste Problem blieb die Beschaffung verifizierter Informationen, denn vor Ort, in Jugoslawien, hatten nicht die Tschetniks von Draža Mihailović die Mehrheit des Widerstands um sich geschart, sondern die Partisanenbewegung unter Josip Broz Tito.

1.3   Jajce und AVNOJ: Partisanenjustiz

Bis in den Herbst 1941 kooperierten die Tschetniks und die Partisanen noch: Der Kampf um die serbische Stadt Užice brachte die Wende. Der Partisanen-Aufstand resultierte in Serbien aus der Befreiung vieler größerer Städte im Westen des Landes und der Gründung der Užice-Republik auf dem befreiten Territorium. Daraufhin reagierten die deutschen Besatzungstruppen mit einer Offensive, die als erste Offensive in die sozialistische Geschichtsschreibung einging. Zuerst griffen die Tschetniks das Hauptquartier der Partisanen an, die anschließend so geschwächt von der Wehrmacht vernichtend geschlagen wurden. Der Aufstand in Serbien und Montenegro war damit niedergeschlagen,

---

126   USHMM, RG-49.004M, Government in exile (Fond 103), Reel 1: box 5, file 51–56, Br. 358.
127   USHMM, RG-49.004M, Government in exile (Fond 103), Reel 1: box 5, Br. 359.
128   USHMM, RG-49.004M, Government in exile (Fond 103), Reel 1: box 5, Br. 359.

die Partisanenbewegung wurde stark geschwächt nach Bosnien in die Berge vertrieben und die Tschetniks, spätestens von da an, von den Partisanen als „Verräter" stigmatisiert.

Die jugoslawischen Kommunisten erkannten schnell, dass sie sich mit der Partisanenbewegung auf einen Bürgerkrieg hinbewegten. Schließlich kämpften sie während des Zweiten Weltkriegs nicht nur gegen die Besatzer. Abhängig von regionalen Gegebenheiten waren ihre Kriegsgegner kroatische Ustascha, serbische Tschetniks, bosnisch-muslimische Legionäre und andere lokale militärische Einheiten. Wie Mitra Mitrović geschrieben hat, fing deren Kampf viel früher an, den Weltkrieg fassten sie sehr schnell, spätestens am 27. März 1941, als Möglichkeit zum Machtwechsel und zum Umsturz etablierter Parteien auf.[129] Ebenfalls ist es wichtig zu betonen, dass die Kommunistische Partei in der Partisanenbewegung die Grundlage für einen erfolgreichen Machtwechsel sah. Es ist bereits in unterschiedlichen Studien mehrfach nachgewiesen worden, dass gerade in der Situation eines Bürgerkriegs den Fragen von Legalität und Legitimität eine immense Bedeutung zukommt.[130] Nicht-staatliche bewaffnete Gruppen wie die Partisanen sind nur dann erfolgreich, wenn von der Bevölkerung „ihre Ziele, ihre Handlungen und ihre Strukturen als legitim wahrgenommen werden."[131] Der König und die Regierung hatten das Land nach dem deutschen Angriff fluchtartig verlassen. Tito und die Führung der Kommunistischen Partei Jugoslawiens verlagerten ihren Sitz sofort von Zagreb nach Belgrad. Die deutschen, die italienischen, die ungarischen, die bulgarischen und die albanischen Besatzer überquerten die Grenzen. Tito und die Kommunistische Partei Jugoslawiens riefen die Bevölkerung zur Verteidigung und zum starken Widerstand auf.[132] Die Besatzer zerstückelten das Land und teilten es untereinander auf. Tito und die Kommunistische Partei Jugoslawiens riefen zur Brüderlichkeit und Eintracht auf. Die erste Proklamation an die Nationen Jugoslawiens vom 15. April 1941 bot mit der ersten Interpretation des Aprilkriegs einen Referenzrahmen, auf den sich die Kommunistische Partei während des Zweiten Weltkriegs immer wieder bezog: die Deutung des Kriegs als eine schrecklichen Katastrophe; das Bild von Besatzern als „Einbrechern", „fremden Eindringlingen", und „Eroberern", die eine Spur der Zerstörung hinterlassen; das Bild von reaktionären alten Eliten und einer Fünften

---

129   Mitrović, Ratno putovanje, 9–11.
130   Eine gute Einführung bieten Alex Veit / Klaus Schlichte, Gewalt und Erzählung. Zur Legitimierung bewaffneter Gruppen, in: Sabina Ferhadbegović / Brigitte Weiffen (Hg.), Bürgerkriege erzählen. Zum Verlauf unziviler Konflikte (Konstanz: KUP 2011), 153–160.
131   Veit / Schlichte, Gewalt und Erzählung, 153.
132   Ivo Goldstein / Slavko Goldstein, Tito (Zagreb: Profil 2015), 197.

Kolonne, die ihre Heimat und ihr Volk verraten; und einen Aufruf an das kroatische „Volk", die „Schande" seiner Eliten nicht zu unterstützen und zusammen mit seinen „Blutsbrüdern" Serben und Slowenen für seine „wahre Freiheit" zu kämpfen.[133] Das Bild des „Verräters" war vom Motiv seiner Ent-Fremdung vom „eigenen Volk" geprägt. Wie Eva Horn bereits gezeigt hat, gehört auch die „Ent-Ortung" des „Verräters" zur Phänomenologie des Verrats.[134] Für die jugoslawischen Kommunisten stand die angeblich zerrissene Bindung zum „Volk" im Vordergrund, wenn auch insbesondere den nicht-slawischen Minderheiten ein gestörtes Verhältnis zum jugoslawischen Vaterland unterstellt wurde.

> Kroatisches Volk! Diese Herren erzählen dir, dass sie dir die Freiheit und Unabhängigkeit dank Hitler und Mussolini erkämpft haben. Glaubst du an das? Kannst du dich erinnern, dass der deutsche, ungarische, italienische oder irgendein anderer Eroberer, jemals während deiner tausendjährigen, mühsamen Geschichte, in deinen schweren Stunden, dein Freund und Beschützer war? Nie und Nimmer. Im Gegenteil. [...] Kroatische Herren zwingen dich, deine Hand deinem alten Feind und Unterjocher auszustrecken, und verbreiten den widerwärtigsten Hass und Hetze gegen das brüderliche serbische Volk, das heroisch kämpft und lieber stirbt, als der Sklave der Fremden zu sein. [...] Du sollst es wissen, kroatisches Volk, dass die Geschichte mit Verachtung diejenigen strafen wird, die ihre angebliche Unabhängigkeit mit Judas Talern und Versklavung ihrer Blutsbrüder bezahlen. ...[135]

Dieser Aufruf ist ein gutes Beispiel für die erfolgreiche Etablierung eines Gegennarrativs: der Widerspruch gegen die dominierende Deutung der neuen Machthaber in Kroatien, wonach die Achsenmächte das Land befreit haben; die Begründung eines neuen Narrativs mit Verknüpfung identitätsstiftender und normativer Topoi; Einbettung in ein bereits erfolgreiches Narrativ, nämlich das von ausbeutenden Fremdherrschern und freiheitsliebenden Südslawen sowie antikapitalistischer und antibürgerlicher Kritik an den verlogenen Eliten und die moralische Legitimation durch Verweis auf das biblische Narrativ vom Verrat.

Zentral in dieser Argumentation ist die Bedeutung von Gewalt. Die königliche Exilregierung hatte die Herrschaft bereits institutionalisiert – wegen des Kriegs verlor sie die Macht. Ihre Legitimität beruhte aber noch auf dem König und auf ihrer Vorkriegsstellung. Mihailović und seine Tschetniks zehrten

---

133   Prvi ratni proglas CKKPJ narodima Jugoslavije, Zagreb 15. aprila 1941, in: Petranović / Zečević, Jugoslavija 1918–1988, 490–493.

134   Eva Horn, Der geheime Krieg: Verrat, Spionage und moderne Fiktion (Frankfurt a.M.: Fischer 2007), 89.

135   Prvi ratni proglas CKKPJ narodima Jugoslavije, Zagreb 15. aprila 1941, in: Petranović / Zečević, Jugoslavija 1918–1988, 491.

davon. Der Unabhängige Staat Kroatien, so argumentierten die Partisanen von Anfang an, sei illegitim nicht nur, weil er von der Gnade der Besatzer abhing, sondern weil er auf Verbrechen gründete. In diesem Kontext bekommt die Frage des narrativen und rechtlichen Umgangs mit Kriegsverbrechen für die Partisanen eine zentrale Bedeutung. Aber auch andere Gruppen im jugoslawischen Bürgerkrieg erzählten von ihrer eigenen Legalität und der Illegitimität des Gegners. Unmittelbar nachdem er das Land verlassen hatte und sich in Athen befand, bot König Petar II. seine erste offizielle Erklärung für den verlorenen Krieg. In der Proklamation an „sein liebes Volk" verkündete er, der Feind habe es dank falscher Nachrichten und falscher Versprechen geschafft, einen Teil der Kroaten zu verführen, aber wahre Vertreter des kroatischen Volks seien Jugoslawien treu geblieben.[136] Die Proklamation war nicht nur eine Schuldzuweisung für den verlorenen Krieg – denn wie hätte er gewonnen werden können, wenn der Feind die Kroaten „verführt" hatte. Es war auch ein Zeichen, dass Petar II. sich als einziger legitimer König des kroatischen Volks sah, schließlich seien „wahre Vertreter des kroatischen Volks Jugoslawien treu geblieben." „Die Unwahren" waren demnach die Gründer des Unabhängigen Staats Kroatien.

In der Gründungserzählung jugoslawischer Kommunisten erhob sich das jugoslawische Volk während des Zweiten Weltkriegs nicht nur gegen die Besatzer. Es stürzte das bourgeoise System und vollzog eine Revolution. Bewusst setzte sich die Kommunistische Partei vom Ersten Jugoslawien und von Besatzungsregimen ab. Das zentrale exekutive und legislative Organ des sich formierenden Zweiten Jugoslawiens AVNOJ (Antifašističko Vijeće Narodnog oslobodjenja Jugoslavije, Antifaschistischer Rat der Nationalen Befreiung Jugoslawiens) erklärte noch während des Kriegs 1943 alle rechtlichen Vorschriften des Okkupationsregimes und der Vorgängerregime für nichtig.[137] AVNOJ stellte damit eine neue mit Gewalt autorisierte Rechtsordnung her.[138] Den Staat, der vor AVNOJ existierte, wollten die jugoslawischen Kommunisten auch beseitigen. Ihr Konzept des Verrats griff daher nicht auf das politische Bild des „Vaterlandsverräters" wie in der Sowjetunion, sondern auf den Verrat am Souverän, am jugoslawischen „Volk", wie später detaillierter ausgeführt wird.

---

136   Proklamacija Njegovig veličanstva kralja, *Službene Novine* vom 19.8.1941, 2.

137   Odluka o ukidanju i nevažnosti svih pravnih propisa donetih od strane okupatora i njihovih pomagača za vreme okupacije; o nevažnosti odluka koje su za to vreme donete; o ukidanju pravnih propisa koji su bili na snazi u času neprijateljske okupacije, 3. februar 1945, in: Nešović / Petranović, AVNOJ, 696.

138   Nach Vismanns Anpassung von Derrida, siehe Vismann, Das Recht und seine Mittel, 321.

Gerade die Erfahrung des Bürgerkriegs hat die Legitimierungsdiskurse und die Inszenierung der Volksbefreiungsarmee zur Volksbewegung entscheidend mitgeprägt.[139] Welche Konzepte von Recht und Gerechtigkeit entwickelten die Kommunisten und in welchem Bezug standen sie zu Erzählungen von „Gewalt", „Krieg" und „Bürgerkrieg"? Ausgangspunkt ist die Erkenntnis von der grundlegenden Bedeutung des Prinzips der Reziprozität für Gesellschaften.[140] Auf Reziprozität beriefen sich auch die jugoslawischen Kommunisten, als sie in ihren Beschlüssen zum Kriegsbeginn betonten: „Imperialistische Verbrecher haben dem kroatischen Volk ihre Diener als Herren aufgedrängt, Menschen, die vor Verbrechen und Gewalt nicht zurückschrecken. Seitdem diese Unmenschen die Macht erobert haben, haben sie bereits unerhörte Verbrechen begangen. Gegenüber Serben, Juden und anderen veranstalten sie eine wilde Hetzjagd im ganzen Land, soweit ihre Macht reicht. [...] Sie tun so, als würden sie für immer an der Macht bleiben. Sie vergessen anscheinend, welches Schicksal diejenigen ereilt, die das unschuldige Blut des Volkes vergießen."[141]

In diesen Beschlüssen begegnet uns wieder das April-Krieg-Narrativ über die Schuld der korrupten kapitalistischen Eliten, deren „Verrat" am jugoslawischen „Volk", die Vorstellung von Besatzern als „imperialistische Verbrecher", die den Krieg und die Gewalt nach Jugoslawien gebracht haben. Die Drohung aber, dass diejenigen, die unerhörte Verbrechen begingen, sich vor ihrem Schicksal hüten sollten, war nicht explizit ausgesprochen worden. Sie war aber deutlich zu verstehen. Was konkret meinten die Kommunisten damit? Dass die Besatzer, die Ustascha und andere mit den Besatzern zusammenarbeitende militärische Einheiten und zivile Institutionen Verbrechen begingen und an Verbrechen beteiligt waren, das wussten die Menschen in den jugoslawischen Gebieten aus eigener Anschauung und Leidenserfahrung. Nachrichten über Lager, Massenmorde, Vertreibungen und Plünderungen verbreiteten sich schnell. Wie gingen die Kommunisten in dieser Situation mit denjenigen um, von denen sie wussten, dass sie Verbrechen begangen hatten? In den ersten Proklamationen appellierte die KPJ noch an die Soldaten der Besatzungsarmeen.[142] Sie sprach sie an als Klassenangehörige an, als Proletarier, die von den eigenen Eliten in den Krieg getrieben und als Kanonenfutter missbraucht würden. Sie redete ihnen ins Gewissen und versuchte, sie vom Kämpfen für

---

139   Ferhadbegović, Vor Gericht.

140   Günther Schlee (Hg.), Vergeltung: eine interdisziplinäre Betrachtung der Rechtfertigung und Regulation von Gewalt (Frankfurt a. M.: Campus 2008), 7f.; Georg Jánoska, Vergeltung und Schuld (Graz: Droschl 1987).

141   Zaključci sa aprilskog savjetovanja KPJ održanog u Zagrebu 1941 godine, in: Trgo, Dokumenta Vrhovnog štaba, Bd. II/2, 14.

142   Proglas Centralnog komiteta KPJ od maja 1941 god. nemačkim i italijanskim vojnicima povodom okupacije Jugoslavije, in: Trgo, Dokumenta Vrhovnog štaba, Bd. II/2, 23.

verbrecherische Ziele abzuhalten. Sie lud sie ein, sich der Bevölkerung Jugoslawiens im Kampf gegen die kapitalistischen Besatzer anzuschließen. Schuld
an den Verbrechen, die Verantwortung für den Krieg, das war der KPJ klar,
waren und hatten die kapitalistischen Eliten, die Imperialisten, die macht-
habenden Nationalsozialisten, „die sich am Schwei' und Blut deutscher Arbeiter bereicherten". Daher streckte sie den feindlichen Soldaten die „brüderliche
Hand" aus und rief zum Widerstand auf. Diese ersten Aufrufe waren eindeutig
in einer kommunistischen Diktion im Geiste des Internationalismus verfasst,
formuliert um die Begriffe des „Klassenkampfes", des „Imperialismus" und der
„Solidarität". Sie hielten nicht lange.

Tito, Eduard Kardelj und andere Mitglieder des Zentralkomitees wussten,
dass sie, wollten sie erfolgreich agieren, die gesamte Bevölkerung für den
Widerstand mobilisieren mussten. Sonst wäre die Partei isoliert und schnell
beseitigt worden. Daher riet Kardelj Tito auch zu schnellen und entschiedenen
militärischen Aktionen gegen die Besatzer, ohne Angst vor Repressionen mit
dem Hinweis, dass gerade Terror die Bevölkerung zu den Partisanen führen
würde.[143] Stathis Kalyvas hat in seiner Studie über die Logik der Gewalt in
Bürgerkriegen einleuchtend dargelegt, welche immense Bedeutung massive
Gewaltanwendung für die Entscheidungen von Nicht-Kombattanten hat.[144]
Kalyvas hat nachvollziehbar erklärt, dass Zivilisten aus Angst vor Terror alle
ideologischen, kulturellen oder politischen Präferenzen vernachlässigen und
selbst mit dem Feind kooperieren. Wenn ihnen der Feind aber keine Chance
auf das Überleben bietet, und darauf spekulierte Kardelj, weil das Ziel nicht
die Kontrolle war, sondern das Eliminieren, war Widerstand die logische Folge.
Und weil die Kommunisten eine Vergrößerung der Widerstandsbewegung
zum Ziel hatten, nahmen sie in ihre „Firma" oder ihre „Familie", wie sie die
Partei intern nannten, alle auf, die sich gegen die Besatzer auflehnten und die
Autorität der „Firma" akzeptierten. Gegen Feinde zeigten sie keine Gnade. Kurz
nach der Formierung der Ersten Proletarischen Brigade im Dezember 1941 verkündete der Oberste Stab: „Tschetniks gibt es nicht und es darf sie auf dem vom
Obersten Stab kontrollierten Territorium nicht geben. Wo immer diese Banden auftauchen, sollen ihre Führer und die wichtigsten Organisatoren getötet
werden, und die verführten Massen sind zu entwaffnen oder unter [unser, SF]
Kommando als Freiwillige zu stellen."[145] Akten und Erinnerungen aus dem

---

143   Izveštaj člana Politbiroa CKKPJ Edvarda Kardelja od 2.8.1941 [...] drugu Titu, in Trgo,
      Dokumenta Vrhovnog štaba, Bd. II/2, 28.
144   Kalyvas, Logic of violence, 145.
145   Odluka Vrhovnog komandanta NOP I DV Jugoslavije druga Tita od januara 1942 god. o
      formiranju operativnog štaba NOP odreda za Hercegovinu, in: Trgo, Dokumenta Vrhov-
      nog štaba, Bd. II/2, 233.

Volksbefreiungskrieg zeigen, dass die Partisanen die „blinde"[146] Gewaltausübung mieden und „selektive Gewalt" einsetzten, um Territorien, die unter
ihrer Kontrolle standen, auch tatsächlich zu kontrollieren. Das war auch der
Unterschied zwischen ihnen und anderen Kriegs- und Bürgerkriegsparteien,
wie Kardelj es richtig erkannt hatte. Das Ziel war es nicht, alle Tschetniks zu
vernichten, sondern ihre Führer. Die Zivilbevölkerung musste aber glauben,
dass bei Gewaltanwendung eine Selektion stattfand. „Disziplin", „Ordnung"
und „Aufopferung" waren daher die zentralen Begriffe, die sich durch alle
Verkündungen des Obersten Stabs zogen. Sie suggerierten, die Partisanen
wendeten die Gewalt nach Regeln und nicht willkürlich an. Der Aufbau hie-
rarchischer Strukturen und die Durchsetzung von Disziplin waren nicht nur
der Kriegssituation geschuldet. Die Partisanen wollten als Arme, als Kombattanten erkannt werden. Das hätte einen gewissen Schutz nach Normen der
Haager Landkriegsordnung bedeutet und z.B. Möglichkeiten des Gefangenen-
austausches eröffnet. Die Besatzer behandelten sie als Banditen.

Während des Kriegs verlief der institutionelle Neubeginn äußerst schlep-
pend, uneinheitlich und unsystematisch. Moše Pijade betonte, dass während
des Kriegs das Gewohnheitsrecht galt.[147] Er bezeichnete es als „das Kriegsrecht
des Volks" oder „das aufständische Recht", das sich nach einem einfachen Prinzip richtete: Alles, was dem Interesse des Volksbefreiungskampfes nutze, sei
legal, und alles, was dem Volksbefreiungskampf schade, sei illegal. Und trotzdem bemühten sich die Partisanen um das geschriebene Recht und formulierten bald erste Paragrafen.

Erste Regeln für die Organisation und die Aufgaben von Militärgerichten
waren in Slowenien in *Partizanski zakon* [Partisanengesetz] definiert.[148] Nach
Art. 15 sollte das Partisanengericht aus einem Vorsitzenden, vier Geschworen
und einem Partisanenankläger bestehen. Der Vorsitzende war vom Bataillons-
kommandanten von Fall zu Fall aus den Reihen der Kommandanten oder politischer Kommissare zu bestimmen, während die Partisanen der betroffenen
Einheit die Geschworen selbst wählten. Den Partisanenankläger ernannte
der Oberste Stab. Die Kommandanten konnten kleinere disziplinarische Vergehen selbst ahnden. Für größere Vergehen war das Gericht zuständig. Sollte
das Gericht bei Fällen der Fahnenflucht nicht tagen können, war die Einheit
berechtigt, unter Vorsitz des politischen Kommissars selbst eine Todesstrafe
auszusprechen. Konkrete Vergehen beschrieb das Partisanengesetz nicht.
Das Partisanengericht sollte die Strafgerichtsbarkeit über Partisanen selbst

---

146   Kalyvas, Logic of violence. 115.
147   Pijade vor der AVNOJ-Präsidentschaft, in: Zakonodavni rad pretsedništva, 397. Die fol-
        genden Zitate Pijades sind dieser Quelle entnommen.
148   Partizanski zakon, in Trgo, Zbornik dokumenata o NOR, Bd. VI/1, 22–31.

ausüben. Das Gesetz definierte daher den Verhaltenskodex und verbindliche
Regeln für die Organisation von Partisaneneinheiten. Damit waren ethische
Erwartungen und ideologische Normen gemeint, die Partisanen einen Rahmen für moralisches Handeln im Volksbefreiungskrieg boten. Den Umgang
mit dem Feind regelten Direktiven des Obersten Stabs und diese waren eindeutig: Zerstörung des Feindes, seiner Armee und seines Materials, Auge um
Auge, Zahn um Zahn.[149]

> Der Feind versucht mit bestialischem Terror den Kampfgeist des slowenischen
> Volkes zu demoralisieren. Die schrecklichste und unmenschlichste Waffe zu
> diesem Zweck ist das Geiselsystem. Bei solchen Verbrechen muss jeder ehrliche
> Mensch erschaudern. Und trotzdem sind die einzige Antwort darauf und der
> einzige Schutz: Das Feuer mit dem Feuer bekämpfen, Blut für Blut, Geisel für
> die Geisel.[150]

Zur Kriegsführung der Besatzer in Jugoslawien während des Zweiten Weltkriegs
existiert nicht nur umfangreiche Sekundärliteratur.[151] Auch die Erinnerungen
der Überlebenden, aber auch die Akten des Kriegsverbrechertribunals in
Nürnberg zeugen von deren verbrecherischem Charakter: Die Partisanen hielten sich auch nicht immer an die Haager Kriegsordnung. Die Diskussionen
darüber entfachten nach der Auflösung Jugoslawiens und halten bis heute
an.[152] Das bedeutete jedoch nicht, dass sie angehalten waren, die feindlichen
Soldaten immer zu töten. Die Appelle an die deutschen und italienischen Soldaten waren zumindest in dem Moment, als sie veröffentlicht waren, ernst
gemeint: Auch Kardelj betonte, dass die Partisanen im Kampf zwar keine
Rücksicht zeigen sollten, bei Gefangenen aber sei menschliches Verhalten und
insbesondere bei italienischen Soldaten sogar politische Erziehungsarbeit an
den Tag zu legen.[153] Versagte die „politische Erziehungsarbeit", halfen bei der
Mobilisierung von Partisanen klare Feindbilder. Über ihre Wirkungskraft ist

---

149   Edvard Kardelj, Direktiva Vrhovnog štaba, in: Zbornik dokumenata i podataka o NOR
        Bd. VI/1, 67–70.
150   Kardelj, Direktive, 69.
151   Das Standardwerk bleibt weiterhin Tomasevich, Jozo, War and Revolution in Yugoslavia.
        Einen guten Überblick bietet Calic, Geschichte Jugoslawiens, 137–170.
152   Dies gilt insbesondere im Zusammenhang mit Verbrechen, die kurz vor oder unmittelbar
        nach Kriegsende seitens der Partisanenverbände an Soldaten der Besatzungsmächte, der
        Ustascha und Domobrani, aber auch an Zivilisten begangen wurden. Siehe darüber Jože
        Pirjevec u.a., Fojbe (Zagreb: Sradnja Europa 2020); Vladimir Gajger, Josip Broz Tito i ratni
        zločini: Bleiburg, Folksdojčeri (Zagreb HIP 2013).
153   Kardelj, Direktive, 69.

bereits viel geschrieben worden.[154] Klar definierte Feindbilder halfen auch der Partisanenbewegung, interne Differenzen zu überwinden, und wirkten integrierend. Auf der einen Seite standen die als „verbrecherische Feinde" definierten Besatzer und auf der anderen Seite die als „edle Kämpfer" für die Freiheit ideologisierten Partisanen.

Die Partisanenjustiz entstand in Jugoslawien unter extremen Bedingungen und wurde, wie auch von Tullio Omezolli für Italien nachgewiesen, überwiegend von juristischen Laien ausgeübt.[155] Anders als in Italien bildete sie sich in Jugoslawien aber auf der Grundlage unterschiedlicher Rechtsquellen: Die wichtigste war zunächst das Partisanengesetz. Noch vor seiner Veröffentlichung organisierte die Kommunistische Partei Sloweniens einen Nachrichtendienst (Varnostnoobveščevalna služba – VOS OF), der erste Widerstandsaktionen in Slowenien initiierte.[156] Ihr stand ein Kollegium von drei Mitgliedern vor. Der Nachrichtendienst war berechtigt, nach Informationen aus der Bevölkerung vermeintliche Verräter, Feinde und „Kollaborateure" zur Todesstrafe zu verurteilen.[157] Im September 1941 legte dann der slowenische Volksbefreiungsausschuss in vier Artikeln Maßnahmen für den „Schutz des slowenischen Volks und seiner Befreiungsbewegung" fest, die detailliert definierten, wer als „Volksverräter" galt, wer zur Todesstrafe zu verurteilen und wer für diese Straftatbestände zuständig sei.[158] Der Volksbefreiungsausschuss begründete die Maßnahme mit der Verhinderung von Willkür „in der jetzigen Ausnahmesituation".[159] Es ging also darum, die Anwendung von Gewalt zu legitimieren, zu legalisieren und damit klar definierte Institutionen zu beauftragen. Als Verräter galten:

---

154   Günther Schlee, Wie Feindbilder entstehen: eine Theorie religiöser und ethnischer Konflikte (München: Beck 2006).

155   Tullio Omezzoli, Giustizia partigiana. Alcune direzioni di ricercar, *Geschichte und Region / Storia e regione* 24 (2015) 2, 19–30.

156   Izveštaj „Slovenskog Pročevalca" od 16 avgusta 1941 o diverzantskim akcijama i likvidacijama okupatorskih agenata i gestapovaca u Gorenjskoj u prvoj polovini meseca avgusta, in: Trgo, Zbornik dokumenata i podataka o NOR, BD. VI/1, 45.

157   Izveštaj „Slovenskog Pročevalca" od 16 avgusta 1941, in: Trgo, Zbornik dokumenata i podataka o NOR, Bd. VI/1, 45.

158   Odluka slovenačkog Narodnooslobodilačkog odbora o zaštiti slovenačkog naroda i njegovog pokreta za islobodjenje i ujedinjenje, in: Trgo, Zbornik dokumenata i podataka o NOR, Bd. VI/1, 99.

159   Odluka slovenačkog Narodnooslobodilačkog odbora, in: Trgo, Zbornik dokumenata i podataka o NOR, Bd. VI/1, 99.

1. Denunzianten.

2. Wer direkt oder indirekt mit den Besatzungsmächten oder anderen Feinden der Freiheit des slowenischen Volkes oder ihren mit Vertretern in den Kontakt tritt mit dem Zweck der Zerstörung oder dauerhafter Beeinträchtigung der politischen Freiheit und Unabhängigkeit des slowenischen Volkes.

3. Wer aus Eigennutz oder eigennützigen Gruppeninteressen die Bevölkerung in den Kampf gegen die Befreiung des slowenischen Volkes sammelt oder abzieht oder auf irgendwelcher Weise diesen Kampf unterstützt.[160]

Verrat ist nicht nur ein kulturhistorischer Begriff mit unterschiedlichen Deutungsmustern und Zuschreibungen.[161] Verrat ist auch in modernen Staaten bis heute ein rechtlicher Tatbestand. Hier aber definierte eine Widerstandsbewegung den Verrat nicht als einen Loyalitätsbruch mit ihr selbst, sondern als einen Bruch mit dem „slowenischen Volk". Der slowenische Volksbefreiungsausschuss ging von einer vorgegebenen Treupflicht der slowenischen Bevölkerung, seiner vorgegebenen Loyalität zu seiner politischen Freiheit und seiner Loyalität zum Volksbefreiungskampf aus. „Verräter" verrieten durch ihre Handlungen die Gemeinschaft. Sie verrieten aber insbesondere den Volksbefreiungskampf. Denn vor allem Punkt drei definierte, dass als „Verräter" alle galten, die andere (militärische, SF) Einheiten um sich scharten und damit dem Volksbefreiungskampf Kräfte abzogen oder sich gar mit solchen Einheiten für den Kampf gegen die Volksbefreiung einsetzten. Diese Maßnahme galt zum „Schutz des Volks", während Todesstrafen zum „Schutz der Volksbefreiungsbewegung" in folgenden vier Tatbeständen galten:

1. Wer indirekt oder direkt den Besatzungsmächten Geheimnisse über die Organisation und die Arbeit der Volksbefreiungsbewegung verrät oder mit verräterischer Absicht veröffentlicht oder verbreitet.

2. Wer Besatzungsmächten die Personen verrät oder anzeigt, die die Volksbefreiungsbewegung führen, mit ihr zusammenarbeiten oder sie unterstützen.

3. Wer den Besatzungsmächten oder anderen Feinden Mittel für den Kampf gegen die Volksbefreiung sichert.

4. Wer aus der Volksbefreiungsbewegung austritt oder sie verlässt und eine der Handlungen von Artikel I–IV tätigt.

---

160   Odluka slovenačkog Narodnooslobodilačkog odbora, in: Trgo, Zbornik dokumenata i podataka o NOR, Bd. VI/1, 99.

161   Zum Begriff des Verrats und seiner kulturhistorischen und rechtlichen Entwicklung siehe André Kirscher, Von Judas zum Unwort des Jahres 2016: Verrat als Deutungsmuster und seine Deutungsrahmen im Wandel. Eine Einleitung, in: ders. (Hg.), Verräter. Geschichte eines Deutungsmusters (Köln / Weimar: Böhlau 2019), 7–44.

Auch wenn der slowenische Volksbefreiungsausschuss zwischen Maßnahmen zum Schutz des Volks und denen zum Schutz der Volksbefreiungsbewegung differenzierte, waren die Übergänge fließend. „Das Volk" sollte vor „Verrätern" geschützt werden, und die „Verräter" waren alle, die das „Volk" und die Volksbefreiungsbewegung verrieten. Avishai Margalit hat in seiner Studie über den Verrat betont, dass Menschen mit Treuebruch in erster Linie Untreue in Ehe verbinden, während wir, wie im Deutschen präziser bezeichnet, mit politischem Verrat, dem Landesverrat, Hilfe für den Feind assoziieren.[162] Nach Margalit ist Verrat die Kehrseite von „fraternité", wobei er die „Brüderlichkeit" als „thick human relations, modeled on family and friendship"[163] definierte. „Fraternité" ist dabei wie „Verrat" ein Begriff, der in seinen Deutungsmustern ähnliche Vielfältigkeit aufweist.[164] In der Formel von *bratstvo i jedinstvo* „Brüderlichkeit und Einheit", die eines der konstituierenden Narrative des Zweiten Jugoslawiens war, schwankte die Deutung von *bratstvo* zwischen zwei Polen einer ethnonationalen, auf Biopolitik basierenden „Bruderschaft" und einer auf Solidarität und Klassengemeinschaft verstandenem „Brüderlichkeit".[165] Das Konzept des Verrats jedoch, das hier im Beschluss des Volksbefreiungsausschusses vorliegt, ist eins, das an das Konzept der Schuld anknüpft, von der Roberto Esposito ausgeht, dass sie den Kern kommunitärer Gemeinschaften bildet.[166] Alle Mitglieder der Gemeinschaft, „das Volk", hatten die Pflicht, für die Freiheit der Gemeinschaft zu kämpfen. Wer diese Schuld nicht erbrachte, war aus der Gemeinschaft ausgeschlossen. Das Gericht urteilte nach den Prinzipien revolutionärer Gerichte. Eine persönliche Anhörung der Angeklagten war nicht notwendig. Gegen das Urteil konnte kein Einspruch erhoben werden. Für die Durchführung von Strafen – abgesehen von der Todesstrafe waren nur noch „Volksboykott" bzw. Zerstörung oder Konfiszierung des Eigentums von Abtrünnigen vorgesehen – war der Geheimdienst zuständig. Nicolas Chamfort, der die Schreckensherrschaft Robespierre nicht überlebt hatte, beschrieb

---

162   Avishai Margalit, On betrayal (Cambridge / London: Harvard University Press 2017), Position 92.

163   Margalit, On betrayal, Position 157.

164   Horn, Der geheime Krieg, 32.; Tanja Zimmermann, Einleitung, in: dies. (Hg.), Brüderlichkeit und Bruderzwist: mediale Inszenierung des Aufbaus und des Niedergangs politischer Gemeinschaften in Ost- und Südosteuropa (Göttingen: V&R unipress 2014), 11–15.

165   Jan Dutoit, Boris Previšić, Zwischen Stammesdenken und internationaler Solidarität, in: Zimmermann, Brüderlichkeit und Bruderzwist, 75.

166   Roberto Esposito, Communitas. Ursprung und Wege der Gemeinschaft (Berlin: Diaphanes 2004).

die revolutionäre Methode in einem prägnanten Spruch: „Fraternité ou la mort, par celle-ci: Sois mon frère ou je te tue."[167]

Eine der bekannteren Verurteilungen nach dieser Anordnung betraf Dr. Lovro Hancin, auf den am 21. Oktober 1941 ein Attentat verübt wurde, das er allerdings überlebte.[168] Hancin war in der Zwischenkriegszeit Polizeichef von Ljubljana und hoher Verwaltungsbeamte. Nach dem Krieg verurteilte ihn das Militärgericht der IV. Armee wegen Landesverrats und Kriegsverbrechen zum Tod durch Erhängen, über die Prozesse wird im dritten Kapitel ausführlicher berichtet. Avgust Praprotnik, der Vertreter des Hohen Kommissars für die Provinz Laibach (Ljubljanska pokrajina), Marko Natlačen, der ehemalige Banus der Banschaft Drava und Mitglied im Rat der Provinz Laibach, sind nur einige Namen von Personen, die der slowenische Geheimdienst der Volksbefreiungsfront aufgrund des Beschlusses wegen ihrer Zusammenarbeit mit den Besatzungsmächten zu Todesstrafen verurteilt hatte.

Die königliche Regierung hatte am 29. Dezember 1920 die Kommunistische Partei Jugoslawiens mit der *Obznana* (Proklamation), einem Vorläufer des Gesetzes zum Schutz des Staats, in die Illegalität gedrängt.[169] Seitdem agierte die Partei wie eine revolutionäre Sekte aus dem Untergrund und ihre Führung häufig aus dem Gefängnis. Der stalinistische Terror und die Ermordung zahlreicher jugoslawischer Kommunisten in der Sowjetunion vertieften das Misstrauen, das innerhalb der Partei herrschte.[170] Im Krieg zog sie daraus einen Vorteil, als es darum ging, den Partisanenkrieg zu organisieren. Gleichzeitig stand sie vor einem Drahtseilakt: die strengen Regeln der Konspiration einer bündischen Organisation bei gleichzeitiger Ausdehnung ihrer Basis einzuhalten. Die Partisanenbewegung übernahm dafür die Schlüsselrolle. Aleš Bebler, der bereits als Freiwilliger im Spanischen Bürgerkrieg gekämpft hatte,

---

167   Pierre René Auguis, Notice historique sur la vie et les écrits de Chamfort, in: Nicolas Chamfort, Œuvres completes de Chamfort (Paris: Chez Chaumerot Jeune 1824), IX.

168   Radoje Pajović u.a., Pavle Đurišić, Lovro Hancin, Juraj Špiler (Zagreb: CP 1987), 133.

169   Siehe auch Sabina Ferhadbegović, Das königliche Jugoslawien. Zwischen Gewalt, Auflösung und Integration, in: Jörg Ganzenmüller / Franz-Josef Schlichting (Hg.), Das lange Ende des Ersten Weltkrieges. Europa zwischen Gewaltsamer Neuordnung und Nationalstaatsbildung (Weimar: Stiftung Ettersberg 2020), 83–87. Detaillierter zur *Obznana* und ihren Folgen für die Kommunistische Partei Sloweniens und für den Text der *Obznana* siehe France Klopčić, Komunistična stranka v Sloveniji po Obznani, *Prispevki zazgodovino delavskega gibanja* 2 (1960) 1, 17–67.

170   Stefan Gužvica, Kamilo Horvatin: zaboravljeni kandidat za generalnog sekretara Komunističke partije Jugoslavije, *Historijski zbornik* 72 (2019) 1, 139f; ders. Before Tito. The Communist Party of Yugoslavia during the Great Purge (1936–1940) (Tallinn: TLU Press 2020).

veröffentlichte in „Slovenski partizan" (Slowenischer Partisan) Ansichten des
Obersten Stabs zur Rolle der Partisanenverbände bei der Umformung des slowenischen Volks:

> Partisanenverbände sind nicht nur eine Armee mit ausschließlich militärischen
> Aufgaben, sondern auch Träger und Propagandisten des Volksbewusstseins und
> der Idee der Volksbefreiung. Als Schöpfungsmacht dieser Befreiung, sind die
> Partisanen der wirkungsvollste Faktor der Mobilisierung des gesamten slowe-
> nischen Volks.[171]

Einerseits also waren die führenden Kräfte der Kommunistischen Partei
angewiesen, die „Kader zu schonen", um „Opfer zu vermeiden", und andererseits sollten sie ihre Mitgliedschaft vergrößern, die Bevölkerung für den Widerstand mobilisieren und über die Partisanenverbände für die Machtübernahme
„umformen".[172]

Zu Kriegsbeginn waren die Partisanen keine organisierte Armee. Sie waren
von Region zu Region unterschiedlich formierte Guerillatruppen, zusammengesetzt aus Menschen in unterschiedlichem Alter, mit unterschiedlichen
sozialen, kulturellen, wirtschaftlichen Hintergründen. Zahlreiche politik-
wissenschaftliche Studien zu asymmetrischen Kriegen haben bestätigt, dass
für den Erfolg der Guerillatruppen der politische Kampf dem militärischen
Kampf gleichwertig ist.[173] Die Führung der Kommunistischen Partei mobilisierte in ihren Proklamationen mit dezidiert moralischem und ideologischem
Duktus. Erste normative Anweisungen vom Obersten Stab orientierten sich
daher daran, der Partisanenbewegung nach innen moralische, ideologische
und politische Richtlinien zu geben. Die ersten Partisanengerichte waren
daher als Disziplinierungsmaßnahme nach innen konzipiert. Deserteure,
insbesondere wenn sie Parteimitglieder waren, sollten strengstens bestraft
und sogar erschossen werden, um „die Partisanenreihen zu stärken".[174] Hier
spiegelte sich auch die Erfahrung der ehemaligen Spanienkämpfer wider, aber
auch die Prägung durch die Sowjetunion und Stalin, der meinte, dass die repu-
blikanischen Niederlagen von Saboteuren in den eigenen Reihen verursacht

---

171 Partizani – čelična pesnica slovenačkog naroda, in: Trgo, Zbornik dokumenata i podataka
     o NOR, Bd. VI/1, 102.
172 Goldstein, Tito, 200.
173 Christopher Daase, Kleine Kriege – große Wirkung. Wie unkonventionelle Kriegsführung
     die internationale Politik verändert (Baden-Baden: Nomos Verlagsgesellschaft 1999).
174 Pismo člana Vrhovnog štaba Narodnooslobodilačkih partizanskih odreda Jugoslavije
     druga Edvarda Kardelja glavnom štabu slovenačkih partizanskih oslobodilačkih odreda
     od početka decembra 1941 god. O izdajstvu Draže Mihailovića, in: Trgo, Zbornik dokume-
     nata i podataka o NOR, Bd. VI/1, 136.

worden seien.[175] Die Warnungen vor der „Fünften Kolonne" und der strenge Partisanenkodex sind auch vor diesem Hintergrund als militärische Taktik einer Bürgerkriegspartei zu verstehen.

Den Umgang mit dem militärischen Gegner regelte zunächst ein Befehl des Obersten Stabs vom 8. November 1941.[176] Nach den Kämpfen von Užice folterten und mordeten Tschetniks die gefangenen Partisanen. Um Racheakte zu vermeiden, wies der Oberste Stab die Partisanenarmee strengstens darauf hin, dass:

> Es unter der Androhung der Todesstrafe verboten ist, auf diese Verbrechen mit ähnlichen Gegenmaßnahmen zu antworten, die in Partisanenreihen nicht erlaubt sind: a) Malträtieren, Verprügeln oder Zeigen von persönlichem Hass unseren Gefangenen gegenüber; b) es ist absolut verboten, die zivile Bevölkerung innerhalb der Kampfgebiete zu malträtieren oder zu foltern, auch wenn diese uns nicht positiv gesonnen ist.

Ebenfalls wies der Oberste Stab in dem Befehl an, dass gefangene feindliche Offiziere und Soldaten zum nächsten Kommando zu bringen seien, wo untersucht werde, ob sie Verbrechen begangen hätten. Die Partisanenstäbe vor Ort sollten jedoch alle Fälle des Folterns von Partisanen oder Bauern seitens der Tschetniks ermitteln, von Zeugen abzeichnen lassen und an den Obersten Stab weiterleiten. Dieser Befehl war einerseits ein Teil der Selbststilisierung der Partisanen als „Edle Kämpfer" und wirkte integrativ nach innen, weil er der Partisanenarmee einen strengen moralischen Kodex gab. Andererseits ist für eine Guerillaarmee die Unterstützung seitens der Nicht-Kombattanten von enormer Bedeutung. Ohne die Hilfe der bäuerlichen Bevölkerung, die Partisanen Essen und Verstecke bot, ihre Verletzten pflegte und ihnen Informationen über die feindlichen militärischen Einheiten vermittelte, wären die Partisanen kaum zur dominierenden militärischen Macht in Jugoslawien geworden. In der Erzählung der Partisanenarmee dominieren drei Begriffe: „Disziplin", „Entschiedenheit" und „gerechte Strafe". Auf die Gerechtigkeit berief sich die Führung der KPJ viel häufiger als auf die Rache, als sie für die Partisanenarmee mobilisierte.

Ende 1941 schritt ihre Professionalisierung voran und formal sollten innerhalb der Volksbefreiungsarmee bereits mit der Gründung der Ersten Brigade

---

175   Oleg Chlewnjuk, Stalin. Eine Biographie (München: Siedler 2015), 250.
176   Naređenje Vrhovnog Štaba NOP odreda Jugoslavije od 8. Novembra 1941 god. O postupku prema ratnim zarobljenicima, in: Trgo, Zbornik dokumenata i podataka o NOR, Bd. I/2, 223–224. Alle folgenden Zitate des Befehls sind dieser Quelle entnommen.

im Dezember 1941 nach sowjetischem Vorbild Militärgerichte formiert werden.[177] Nach einem entsprechenden Befehl waren die Militärgerichte, die aus
drei Personen bestanden, sowohl für Zivilisten als auch Soldaten zuständig,
denen folgende Vergehen zur Last gelegt wurden:

a) Spionage;
b) Verrat des Volkskampfes;
v) Desertieren;
g) Raub und Mord;
d) Behindern von militärischen Einheiten bei der Ausführung ihrer Aufgaben.[178]

In erster Linie ging es erneut um Disziplinierungsmaßnahmen gegenüber
Militärangehörigen, jedoch aber auch um Straftaten gegen das Militär.

In den veröffentlichten Akten des Obersten Stabs und des Zentralkomitees
der KPJ finden sich aus den ersten Kriegsjahren nur wenige Quellen zu
abgehaltenen Prozessen. Vielmehr stehen in den Berichten an den Obersten
Stab kurze Einträge aus den Militärtagebüchern der einzelnen Einheiten nach
diesem Vorbild: „18.11. Zum Tode verurteilt und erschossen der Denunziant
Andrej Male aus Unec bei Rakek."[179]

Die Durchsetzung einer einheitlichen Rechtsprechung war schwer möglich,
und der Umgang mit tatsächlichen oder vermeintlichen Kriegsverbrechern
hing stärker von der lokalen Situation ab als vom Einfluss der zentralen
Führungsorgane der Volksbefreiungsarmee.[180] Der Guerillakampf zwang die
Brigaden zur Bewegung. Erst in Foča, als die Partisanen ein größeres Territorium befreit hatten und die Stadt vom 20. Januar 1942 bis zum 10. Mai 1942 Sitz
der sogenannten Republik von Foča (Fočanska republika) war, formulierte der
Oberste Stab Richtlinien über die Aufgaben und die Organisation von Volksbefreiungsausschüssen, die eine Keimzelle der neuen „Volksgewalt" bilden
sollten.[181]

Der zentrale Begriff der „Volksgewalt" suggerierte eine direkte Demokratie
und entsprach der kommunistischen Diktion, wonach erst mit der Etablierung einer kommunistischen Herrschaft die „wahre Demokratie" eingeführt

---

177   Naređenje Vrhovnog Štaba NOP odreda Jugoslavije, in: Gršković, 26.
178   Naređenje Vrhovnog Štaba NOP odreda Jugoslavije, in: Gršković, 26.
179   Izvještaj „Slovenskog Pročevalca" vom 9. decembra 1941 o akcijama Brežičke čete na
      raseljenoj teritoriji Brežice-Krško, in: Trgo, Zbornik dokumenata i podataka o NOR,
      BD.VI/1, 165.
180   Vgl. Jurčević/Ivanda: Ustrojavanje, 891–915; Ferhadbegović: Vor Gericht, 246; Cvetković:
      Između srpa i čekića.
181   Gršković, Dokumenti, 8. Zu den Richtlinien von Foča siehe Ivan Čizmić, Fočanski propis
      (analiza dokumenata), *Zbornik Radova Pravnog Fakulteta u Splitu* 2 (1964), 167–196.

werde. So wie die Exilregierung ihre Legitimität und Legalität mit Hinweisen auf den König und das Erste Jugoslawien begründete, bezogen sich die Kommunisten und die Partisanen auf die Macht des Volks. Nach ihrem Verständnis sollte in dem befreiten Territorium „das Volk" die Macht übernehmen und alle Gewalten in den Volksbefreiungsausschüssen bündeln. Eine Debatte über das Prinzip des *nullum crimen sine lege* führten die Kommunisten nicht, anders als die Alliierten in London oder in ihren jeweiligen nationalen Staaten. Als revolutionäre Bewegung legitimierten sie sich durch den Bruch mit dem Vorgängerregime. Die Richtlinien verdeutlichen Prinzipien, nach welchen die „Volksgewalt" zu organisieren war, die alle Gewalten bündelte und in sich die Judikative und Exekutive vereinte. Das Prinzip der Wählbarkeit, die Selbstverwaltung, die Verantwortlichkeit vor dem Volk, die Gleichberechtigung von Frauen und das Wahlrecht für Jugendliche über 18 waren ihre wichtigsten Elemente.[182] Abgesehen von der Einführung des Frauenwahlrechts entsprachen sie dem Leitbild einer traditionellen Demokratie. Das Vorbild war die dörfliche Selbstverwaltung: Die Bevölkerung sollte in freier und direkter Wahl „ehrliche Patrioten" und „gute Söhne", unabhängig von ihrem politischen, ethnischen oder religiösen Hintergrund in die Volksausschüsse wählen.[183] Es wurde zwar betont, dass die gesamte Bevölkerung das Wahlrecht habe und dass Frauen auch das indirekte Wahlrecht besitzen würden. Die Richtlinien waren jedoch in einer mit Kriegspathos beladenen Diktion formuliert und richteten sich an Männer. Für diese Studie ist es von Bedeutung, dass nach Richtlinien die „Verfolgung von Spionen, Verrätern und feindlichen Agenten, der Kampf gegen Saboteure und Panikmacher"[184] dem Militär oblagen.

Mit der Verkündung der Richtlinien von Foča (Fočanski propisi) wurde die ideologische Phrase von den „Volksfeinden" zu einer rechtlichen Kategorie, wie bereits in der Sowjetunion nach dem Bürgerkrieg oder im nationalsozialistischen Deutschland oder im revolutionären Frankreich nach 1789.[185] Denn die Volksausschüsse sollten das konfiszierte Eigentum von verurteilten

---

182   Geršković, Dokumenti, 31–37.
183   Geršković, Dokumenti, 31.
184   Geršković, Dokumenti, 32.
185   Gesetz vom 22. Prairal II (10.6.1794), Art. 6. Hier nach http://republique.de/prairialgesetz/ prairialgesetz.html (überprüft am 1.10.2018); Dekret des Rates der Volkskommissare (SNK) von der Verhaftung der Führer des Bürgerkriegs gegen die Revolution, 28. November (11. Dezember) 1917 Hier nach: https://www.1000dokumente.de/index.html?c=dokument_ru&dokument=0003_kad&object=translation&st=&l=de (überprüft am 1.10.2018); Gesetz über die Einziehung volks- und staatsfeindlichen Vermögens vom 14. Juli 1933, Hier nach: http://www.documentarchiv.de/ns/parteivermgn.html (überprüft am 1.10.2018).

„Volksfeinden" verwalten. Unter „Konfiskation des Eigentums von Volksfeinden" stand in der Erklärung, was damit gemeint war:

> Die Volksbefreiungsausschüsse konfiszieren als Organe der Volksgewalt das Eigentum aller Volksfeinde: der Ustascha, Spione, Verräter usw., wenn die Militärverwaltung oder Militärgerichte darüber einen Beschluss nach Vorschlag der Volksbefreiungsausschüsse oder nach eigener Zuständigkeit gefasst haben.[186]

Im Folgenden definierten die Richtlinien, wer als „Volksfeind" galt:

> a) alle aktiven Ustascha und deren Organisatoren und Helfer;
> b) alle, die den Besatzern in irgendeiner Weise als Spione, Zulieferer, Kuriere, Agitatoren gedient haben; diejenigen, die das Volk dazu gezwungen haben, den Besatzern die Waffen abzugeben; alle, die den Volkskampf verraten haben und mit den Besatzern zusammengearbeitet haben; alle, die der Volksgewalt abtrünnig werden und gegen sie arbeiten. Genauso werden als Volksfeinde diejenigen erachtet werden, die die Volksbefreiungsarmee unterminieren oder desertieren. Volksfeinde sind auch diejenigen, die auf dem Territorium, auf dem sich die Macht in den Händen des Volkes befindet, Morde und Raub verüben.
> Dabei ist zu berücksichtigen, dass als Volksfeinde nicht diejenigen Bauern oder Bürger zu betrachten sind, die von den Besatzern oder Ustascha oder von den Verräter-Offizieren der Tschetniks verführt worden waren und die sich der Volksbefreiungsarmee anschließen.[187]

Alle Gegner des Volksbefreiungskampfes galten damit als „Verräter" und „Volksfeinde". Indem sich die Partisanen zur Verkörperung des „Volks" stilisierten, stigmatisierten sie alle ihre Gegner als Gegner des „Volks" ergo zu „Volksfeinden".[188] Wie Von Michael Wildt betont, besteht „die entscheidende Differenz zum Putsch und Staatsstreich"[189] und einer erfolgreichen Revolution darin, dass den Menschen, die den revolutionären Bruch herbeigeführt hatten, geglaubt wurde, für das „Volk" zu handeln. Denn die Mitglieder der Exilregierung beriefen sich ebenfalls auf das „Volk" sowie die Ustascha und die Tschetniks auch.[190] Während aber die Ustascha und die Tschetniks eine

---

186 Geršković, Dokumenti, 36.
187 Osnovni principi organizacije Narodnooslobodilačkih odbora i uputstva za njihov rad na oslobođenoj teritoriji propisani od Vrhovnog štaba, Trgo, Zbornik dokumenta o NORu, Bd. II/1, 418.
188 Sabina Ferhadbegović, „Enemies of the People" and „War Criminals" – War Crimes Tribunals in Yugoslavia after 1945, in: Jochen Böhler / Robert Gerwarth, (Hg.), The Waffen SS: A European History, Oxford/New York 2016, 306.
189 Michael Wildt, Volk, Volksgemeinschaft, AfD (Hamburg: Hamburger Edition 2017), Position 1783.
190 Juraj Krnjević, Na dobrom smo putu, *Službene novine* 3 (1941), 5.

exklusiv nationalistische und teils rassistische Definition des Volksbegriffes verfolgten, gehörten für die Partisanen alle Unterstützer des Widerstands zum „Volk". In dieser Definition der Zugehörigkeit liegt die Bedeutung der Kriegsverbrecherprozesse für das sozialistische Jugoslawien. Direktiven, Verordnungen, Erlasse und Gesetze zum Umgang mit Kriegsverbrechern und „Volksfeinden" grenzten ab, wer zum Volk gehörte, und legten fest, wie mit anderen, den Ausgeschlossenen, in der Diktion offizieller Verkündungen gar „Entarteten", umgegangen wird. Die Verrechtlichung der Phrase von „Volksfeinden" zog für Betroffene Konsequenzen nach sich. Sie hatten Strafen zu befürchten und ihr Eigentum war zu konfiszieren. Das wiederum legte den Grundstein für die sozialistisch-kommunistische Umgestaltung des Wirtschaftssystems. Allerdings waren die führenden Kommunisten während des Kriegs sehr vorsichtig, wenn es um die Konfiskation ging. So differenzierte z.B. der Hauptstab der Volksbefreiungsarmee Kroatiens in seinen Richtlinien für die Volksausschüsse stark zwischen Requisition und Konfiskation und betonte, dass die Requisition durchgeführt werde, um wirtschaftliche Bedürfnisse des Volksbefreiungskampfes zu decken, während die Konfiskation eine Strafmaßnahme sei.[191] Dabei ging es ihnen um das Ansehen der Volksbefreiungsausschüsse und um das Ansehen der Partisanen. Von diesem Ansehen hing auch der Erfolg ihrer Machtübernahme ab.

Nicht alle Gegner der Partisanen galten automatisch als „Volksfeinde". Die einfachen Bauern und Bürger, die „verführt/irregeführt worden waren", hatten eine Chance zum Übertritt auf die richtige Seite. Der Begriff *„zavedeni"* hat in südslawischen Sprachen verschiedene Bedeutungen: Damit sind alle gemeint, die verführt worden sind, aber auch die Irregeführten oder die Irregeleiteten. Jede Bedeutung suggeriert eine Passivität bzw. ein unwillentliches Handeln. Das Konzept von den „Verführten" oder „Irregeführten" bedeutete, dass die Genannten nicht im vollen Bewusstsein handelten und dass sie von anderen, wie wir später sehen werden, in erster Linie von ihren nationalen oder religiösen Eliten, zur Zusammenarbeit mit den Besatzern verleitet worden waren.[192] Mit dem Verführten-Narrativ erklärte der Oberste Stab, warum große Teile der jugoslawischen Bevölkerung mit den Besatzern kooperierten oder in anderen militärischen Einheiten kämpften. Sie machten das nicht absichtlich oder aus Überzeugung. Sie vertrauten ihren Anführern und diese hätten sie auf die falsche Seite gelockt. Dieses Entschuldungsparadigma weist starke Parallelen mit der Schulddebatte auf, die im Nachkriegsdeutschland

---

191   HDA, Fonds Hrnčević, Upute o postupku prilikom rekvizicije viškova te konfiskacije imovine narodnih neprijatelja, 3.
192   Sabina Ferhadbegović, Vor Gericht, 250f.

geführt wurde. Nach Norbert Frei ermöglichte das Narrativ von „politisch Verführten" auch in Deutschland die Etablierung eines Geschichtsbildes, das die Verantwortung für die Verbrechen des NS-Regimes nur Hitler und den Hauptkriegsverbrecher zuschrieb.[193] Sowohl in Deutschland als auch in Jugoslawien waren das Verführten-Narrativ und der Kollektivschuldvorwurf untrennbar miteinander verbunden. Jugoslawische Politiker, die mit der These von italienischer Kollektivschuld Territorialansprüche begründeten, hatten kein Interesse daran, sich mit innerjugoslawischem Faschismus auseinanderzusetzen. Noch deutlicher äußerte sich das in späteren jugoslawischen Amnestiegesetzen.

Das Narrativ von der Verführung innerjugoslawischer Gegner der Partisanen fügte sich nahtlos an das Narrativ von unmündigen, unaufgeklärten Bauern, die von der kommunistischen Partei zu politischen Menschen erzogen und befreit werden. Dieser paternalistische Zugang war keine kommunistische Besonderheit. In ihrer Begründung der *Obznana* argumentierte die königliche Regierung des Ersten Jugoslawiens ähnlich. Sie stellte die Führung der kommunistischen Bewegung als „störende und reaktionäre Elemente" dar, als „offene und verdeckte Feinde unseres Landes und Volkes", „Agenten des Auslandes", als „Söldner, die aus geheimen Fonds bezahlt werden und nichts anderes tun, als von Ort zu Ort, von Versammlung zur Versammlung, vom Zug zum Zug, von der Kneipe zur Kneipe zu wandern, um öffentliche Ordnung zu stören und bei den Bürgern das Vertrauen in den Staat und seine Zukunft zu zerstören."[194] Diese „von Ausländern bezahlten Intriganten", häufig selbst „Ausländer", maskiert als Arbeiter, hätten es, nach Interpretation der königlichen Regierung, geschafft, „gute Bürger und Beamte" zu Opfern ihrer Propaganda zu machen. Insbesondere Jüngere und weniger Gebildete hätten sich *irreführen* lassen, ohne sich der Konsequenzen bewusst zu sein. Das Argument der königlichen Regierung wies damit die gleichen Muster auf wie das kommunistische Verführten-Narrativ. Das „Volk", wurde suggeriert, sei gut, aber wenig gebildet und insbesondere die Jüngeren würden sich irreführen, bzw. (ver-)führen lassen. Dadurch würden sie zu „Opfern" böser, ausländischer, fremder Mächte und hätten „unbewusst" gegen das eigene Land und gegen das eigene „Volk" gehandelt. In diesem Zusammenhang ist es wichtig zu betonen, dass Begriffe wie „Volksfeinde", die „Verführten" oder die „Verräter" vom Beginn des Volksbefreiungskampfes an eigenständige rechtliche Kategorien bildeten und dazu

---

193   Norbert Frei, Vergangenheitspolitik. Die Anfänge der Bundesrepublik Deutschland und die NS-Vergangenheit (München: Beck 1996), 405.

194   Obznana, in: Klopčič, Komunistična stranka, 63–65.

dienten, die „blinde Gewaltausübung"[195] nach Kalyvas in selektive Gewalt zu überführen.

Die Durchsetzung einer einheitlichen Rechtsprechung während des Kriegs war schwer möglich und der Umgang mit vermeintlichen Kriegsverbrechern und „Volksfeinden" hing stärker von der lokalen Situation ab als vom Einfluss der zentralen Führungsorgane der Volksbefreiungsarmee. Der Guerillakampf zwang die Brigaden zur Bewegung. Lange Prozesse hätten sie ausgebremst. Die Verhandlungen fanden daher unmittelbar nach Verhaftungen statt. Sie wurden mündlich und öffentlich geführt und in der Regel waren alle Angehörigen des betreffenden Bataillons in den Gerichtsprozess involviert. Damit sind bereits die wichtigsten Prinzipien genannt, die das Bemühen der Partisanen um die Rechtmäßigkeit andeuten: Dem Urteil musste ein öffentliches Verfahren vorausgehen. Nach Erinnerung des späteren kroatischen Staatsanwalts Jakov Blažević sollten Prozesse „staatsrechtlich die revolutionären Entscheidungen bestätigen, [...] zeigen, von welchen ideologischen Standpunkten der Feind tätig war und seine Methoden aufdecken."[196] Er hob dabei das Konzept vom Vertreter öffentlicher Interessen als einer besonderen Institution hervor, der Anklagen erheben und vertreten konnte: „Die Vertreter öffentlicher Interesses traten hervor als ein besonderer Typus gesellschaftlicher Ankläger. Das waren herausragende und angesehene Revolutionäre und sie wurden von Fall zu Fall gewählt. Diese Form des Gerichthaltens entwickelte sich vordergründig in Fällen, denen man an konkreten Beispielen politische Publizität geben wollte. [...] Prozesse mit Beteiligung von Vertretern des öffentlichen Interesses verwandelten sich in Volksversammlungen, bei denen am besten die Tiefe und die Bedeutung unserer Revolution zu spüren war. Bereits da entwickelten sich die Öffentlichkeit, das Politische und die Legalität."[197]

Für Blažević war klar, dass die politische Dimension beim Gerichthalten unbedingt dazugehörte, gleichberechtig vertreten neben den beiden anderen Säulen: der Öffentlichkeit und den Gesetzen. Nach seinem Verständnis bildeten insbesondere solche Prozesse, bei denen die Bevölkerung politisch und anschaulich belehrt und in denen nach „Volkswillen" abgeurteilt wurde, die Grundlage der sozialistischen Gesetzlichkeit. Die Betonung der besonderen Verbindung zwischen dem „Volk" und den „revolutionären Institutionen" gehörte zum Vokabular der jugoslawischen kommunistischen Eliten. Auch wenn es ihnen in der Regel, wie auch Blažević in der zitierten Passage, um die Legitimität der Partisanenbewegung ging, wird dadurch auch klar, wie sie

---

195   Kalyvas, The logic of violence, 115.
196   Blažević, Tražio sam crvenu nit, 120.
197   Blažević, Tražio sam crvenu nit, 116.

die Kriegsverbrecherprozesse verstanden und welche Rechtvorstellung ihnen zugrunde lag. Blažević führte klar aus, dass obwohl die Grundprinzipien der Straftat nicht formuliert waren, die Legalität aus dem Empfinden des Volks hergeleitet wurde. Diese Argumentation weist einige Ähnlichkeiten mit der nationalsozialistischen Rechtspraxis auf.[198] Nach Blažević sollte das „Volk", versammelt am vorläufigen Ort des Gerichthaltens (es gab keine festgelegten Gerichtsorte), nach seinem Gefühl einschätzen, ob die Taten der Angeklagten zu bestrafen seien oder nicht, und es entschied in der Versammlung gemeinschaftlich darüber. Blažević pries diese traditionelle, vormoderne Form des Gerichthaltens als Modell für die demokratische und antibürokratische kommunistische Revolution und als Vorbild für die neue Staatsmacht.

Diese traditionelle, vormoderne Form hatte jedoch große Gemeinsamkeiten mit einem anderen Rechtskonzept, dem die jugoslawischen Kommunisten nacheiferten. Sie kannten und rezipierten sowjetische Vorgaben. Sie kannten die „Leitenden Grundsätze zum Strafrecht der Russischen Sozialistischen Föderativen Sowjetrepublik" und sie übernahmen sowjetische revolutionären Ideen über die Entstehung eines sozialistischen Strafrechts.[199] Auch nach dem Verständnis jugoslawischer Kommunisten sollte das Recht zur Neugestaltung der gesellschaftlichen Beziehungen beitragen und sollten die Laien, „das Volk", die Rechtsprechung übernehmen. In der Situation des Kriegs und Bürgerkriegs war es ohnehin schwer möglich, auf traditionelle strafrechtliche Institutionen zu setzen. Doch zunächst richteten sich die Partisanengesetze und die Partisanengerichte auf die Disziplinierung der eigenen Bewegung. Die jugoslawischen Kommunisten verstanden schnell, dass sie sich zur Verwirklichung ihrer revolutionären Bestrebungen des Rechts und der staatlichen Institutionen werden bedienen müssen: Die klare Unterscheidung zwischen „Freund und Feind" der Partisanenbewegung, die Einführung einer verbindlichen Strafrechtsordnung, das waren alles Maßnahmen zur Gewaltregulierung und zur Machtbündelung, um über ein verlässliches Normensystem Ordnung wiederherzustellen. Es waren aber auch Maßnahmen, die eine Machtübernahme vorbereiteten.

---

198 Hubert Rottleuthner, Volksgeist, gesundes Volksempfinden und Demoskopie, *Kritische Vierteljahresschrift für Gesetzgebung und Rechtswissenschaft* 70 (1987) 2, 20–38.

199 Ralf Willer, Von der Entstehung eines sozialistischen Strafrechts: Die „Leitenden Grundsätze zum Strafrecht der RSFSR" des Jahres 1919, *Zeitschrift der Savigny-Stiftung für Rechtsgeschichte* 128 (2011) 1, 426–439.

1.3.1 *Befehl über die Militärgerichte*

Während die Alliierten in London darüber diskutierten, wie ein gemeinsames Vorgehen gegen die NS-Verbrecher rechtlich zu gestalten sei, schufen die Partisanen in Jugoslawien auf dem von ihnen kontrollierten Territorium Fakten. Bereits Ende 1942 verkündete der Oberste Stab einen Befehl über die Formierung von ständigen Militärgerichten.[200] Moša Pijade übernahm die Verantwortung für die Organisation aller Verwaltungsaufgaben in befreiten Gebieten. Pijade war einer der wenigen Kommunisten aus dem inneren Zirkel von Tito und einer der bekanntesten Parteiaktivisten in der Zwischenkriegszeit. Als er am 18. März 1957 beerdigt wurde, trug Tito zusammen mit der kommunistischen Führungsriege, Aleksandar Ranković, Ivan Gošnjak, Edvard Kardelj, Franc Leskošek und Đuro Salaj, seinen Sarg aus dem Parlament.[201] Über 200.000 Belgrader erwiesen ihm letzte Ehre. Die New York Times berichtete.[202] Pijade war 1890 in Belgrad in einer jüdischen Kaufmannsfamilie zur Welt gekommen. Er verließ das Gymnasium mit 15 Jahren, um Kunst zu studieren, und schaffte es 1907 an die Kunstakademie in München.[203] Die Kunst vernachlässigte er für die Politik. Seine Deutschkenntnisse kamen ihm zugute, als er im Gefängnis von Lepoglava Karl Marx ins Serbische übertrug.[204] Pijade war langjähriger Redakteur unterschiedlicher kommunistischer Zeitungen. Da im Ersten Jugoslawien durch *Obznana* nicht nur die Kommunistische Partei, sondern auch alle ihre Blätter verboten wurden, veröffentlichten die Kommunisten illegal.[205] Pijade wurde 1925 verhaftet und zunächst zu zwanzig Jahren Haft verurteilt, als herauskam, dass er eine illegale kommunistische Druckerei organisiert hatte. Das Kassationsgericht reduzierte die Strafe auf zwölf Jahre. Pijade bekam 1934 weitere zwei Jahre, weil er sich an Protesten politischer Gefangenen beteiligt hatte, und saß seine Strafe komplett ab.[206] In Lepoglava traf er 1930 Josip Broz Tito und nahm sich seiner an.[207] Tito war von Pijade beeindruckt und die Zeitgenossen bestätigen, dass dies auf Gegenseitigkeit

---

200 Naredba o obrazovanju pozadinskih vojnih vlasti, in: Geršković, Dokumenti, 75–77.

201 Sahrana, *Šibenski list* vom 20.3.1957, 1.

202 Pijade eulogized by Tito at grave, *The New York Times* vom 19.03.1957, 2.

203 Siehe seine Angaben im Martikelbuch aus dem Jahr 1907, http://daten.digitale-sammlungen.de/~db/bsb00004662/images/index.html?id=00004662&fip=217.237.113.238&no=&seite=334 (überprüft am 13.2.2019).

204 Oproštaj druga Tita, *Šibenski list* vom 20.3.1957, 1–2.

205 Konkret befahl die Regierung, dass „bis zur Verfassungsverkündung jede kommunistische und andere staatsfeindliche Propaganda verboten wird, deren Organisationen und Versammlungsorte geschlossen werden, deren Zeitungen und alle anderen Veröffentlichungen verboten werden". Siehe: Obznana, in Petranović / Zečević, Jugoslavija 1918–1988, 156.

206 Život ispunjen borbom I radom, *Šibenski list* vom 20.3.1957, 1–2.

207 Goldstein, Tito, 70.

beruhte.[208] Obwohl nur zwei Jahre jünger wurde Tito Pijades Schüler. Und nicht nur er: Zahlreiche verurteilte Kommunisten, die ihre Strafe in Lepoglava verbüßten, lernten von Pijade im Gefängnis, das zur Parteihochschule wurde. Ugo Vlaisavljević hat argumentiert, dass die Erfahrung der Gefangenschaft in der Zwischenkriegszeit und die Erfahrung des Gefängnisses als praktische Universität das Verhältnis der jugoslawischen Kommunisten zu Wissenssystemen grundlegend geprägt haben.[209] Die Erfahrung war insoweit auch wichtig, weil sie noch vor dem Krieg die Grundlagen für die Entmenschlichung ihrer Feinde bzw. deren Ausschluss aus dem „Volk" gelegt hatte. Wie handelte Moša Pijade, ein ehemaliger politischer Gefangener und nun Widerstandskämpfer, als er die Gelegenheit bekam, die Kernstruktur des künftigen Gemeinwesens zu entwerfen? Pijade wusste, dass die Partisanen nicht nur für die Befreiung von faschistischen Besatzern kämpften. Sie kämpften auch für die Befreiung einer Klasse. Welche Rechtsnormen und welche politischen Institutionen entwarf Pijade? Welches Verständnis von Strafe und Gerechtigkeit hatte er? Und welche Politik verfolgte er, um das Ziel der Machtübernahme zu erreichen?

Am 23. Oktober informierte der Oberste Stab über die Gründung der Verwaltungsabteilung. Bereits am 25. Oktober 1942 befahl Pijade allen Kommandobehörden, dass sie sofort über die untergeordneten Organe mit der Erstellung von Listen der „Volksfeinde", Ustascha und Tschetniks beginnen sollten.[210] Dabei war zu differenzieren nach Listen für Deutsche, für die Ustascha und für die Tschetniks. Ebenfalls sollte eine besondere Liste über „kontrollierte Personen" erstellt werden, um „verdächtige" bzw. „zweifelhafte" Personen [sumnjiva lica] zu erfassen.[211] Das Erstellen von Listen mit Namen von Verdächtigen war keine jugoslawische Besonderheit. Wie Cornelia Vismann bereits betont hat, waren die Listen dafür da, Übertragungsvorgänge zu kontrollieren.[212] Sie verwalteten Personen, Güter oder wie in diesem Fall die „Volksfeinde". Sie vereinfachten die Kommunikation und reduzierten den Informationsgehalt. Indem sie dokumentierten, schufen sie eine Ordnung.[213] Im Kontext der kommunistischen Machtübernahme stellt sich die Frage, welche Funktion die von Pijade in Auftrag gegebenen Listen erfüllen sollten?

Die Deutung des Begriffes *sumnjiva lica* sowie seine Übersetzung ins Deutsche fallen aufgrund seiner Vielschichtigkeit schwer. Verbreitung fand

---

208 So erzählte es zumindest ein anderer Veteran, Milovan Djilas, siehe: Goldstein, Tito, 70.

209 Ugo Vlaisavljević, Lepoglava I univerzitet: ogledi iz političke epistemologije (Sarajevo: Centar za interdisciplinarne postdiplomske studije 2003).

210 Svim komandama područja, in: Geršković, Dokumenti, 87.

211 Svim komandama područja, in: Geršković, Dokumenti, 88.

212 Vismann, Akten, 20.

213 Zur kulturwissenschaftlichen *Bedeutung* von Listen siehe Susanne Deicher / Erik Maroko (Hg.), Die Liste. Ordnungen von Dingen und Menschen in Ägypten (Berlin: Kadmos 2015).

die Bezeichnung in den südslawischen Regionen über das Theaterstück des berühmten serbischen Dramatikers Branislav Nušić (1864–1938). In seinem Drama *Sumnjivo lice*, das er in den Jahren 1887 und 1888 verfasste, als Serbien unter der Dynastie Obrenović stand, thematisierte er das korrupte und schlecht ausgebildete Beamtentum in Serbien.[214] Es überrascht nicht, dass Nušić, nachdem er für seine bereits veröffentlichten Dramen wegen „Majestätsbeleidigung" im Gefängnis saß, das Stück erst 1923 veröffentlichte. Umso häufiger wurde es in der Zwischenzeit auf die Bühnen gebracht. Nušić selbst nannte Gogols Revisor als Inspiration für *Sumnjivo lice*[215] und es ist zu vermuten, dass Pijade sowohl an „verdächtige" als auch an „zweifelhafte" Personen dachte, als er den Begriff bei seinem Befehl benutzte. Denn in die Liste waren grundsätzlich alle Offiziere und Reserveoffiziere aufzunehmen sowie alle Gendarmen, Polizisten, Unteroffiziere, Steuerbeamten, Professoren und Lehrer zusammen mit allen Beschäftigten im öffentlichen Dienst, die sich auf dem befreiten Territorium befanden und nicht am Volksbefreiungskampf teilnahmen. A priori waren damit alle früheren Staatsdiener dem Verdacht ausgesetzt, potenzielle „verdächtige" oder „zweifelhafte Personen" zu sein. An dieser Stelle zeigt sich nochmals der Anspruch der Kommunistischen Partei, die Partisanen als das „Volk" zu interpretieren und diejenigen auszuschließen, die keine Mitglieder der Volksbefreiungsbewegung waren. Wer nicht ausdrücklich auf der Seite der Partisanen war, dem wurde eine Loyalitätsverletzung unterstellt, ergo war er „verdächtig" oder von „zweifelhafter" Moral. Wie bereits bei der normativen Umschreibung des „Verrats" geht es hier einerseits um die rechtliche Festlegung eines regelwidrigen Verhaltens, aber auch zugleich um seine Deutungsmuster. Anders als bei den „Verrätern", die öffentlich und offen als solche bezeichnet wurden, war der Befehl von Pijade streng geheim. In seiner Erklärung der Akte wies er darauf hin, dass die Listen nicht aus statistischen oder bürokratischen Gründen erforderlich seien, sondern aus Sicherheitsgründen.[216] Daher, so Pijade, stünden die Namen im Vordergrund. Weniger wichtige Informationen könnten ergänzt werden. Letztlich ging es auch darum, Macht und Kontrolle über das befreite Territorium zu übernehmen und vorab zu klären, von wem die Gefahr für die neuen Institutionen ausgehen könnte. In der Situation des Bürgerkriegs und vor dem Hintergrund der geplanten

---

214   Branislav Nušić, Sumnjivo lice, in: Sabrana dela Branislava Nušića (Beograd: Geca Kon 1936).

215   Strahinja K. Kostić, Branislav Nušić, Der Bühnendichter und sein Publikum, *Maske und Kothurn* 30 (1984) 1–2, 146.

216   Svim komandama područja, in: Geršković, Dokumenti, 89.

Machtübernahme war es für die Kommunistische Partei von zentraler Bedeutung, die Volksbefreiungsbewegung zu übernehmen bzw. für die Verbreitung ihrer Basis zu nutzen. Schließlich hatte die KPJ vor dem Krieg nur ca. 6.500 Mitglieder und ihre Jugendorganisation 17.800.[217] Genauso wichtig war es, die Vertreter des Vorgängerregimes entweder in die Volksbefreiungsbewegung zu integrieren oder sicherzustellen, dass sie den Regimewechsel nicht stören würden. Dabei hatte Tito nicht nur die Oktoberrevolution und die Erfahrungen der Sowjetunion während des Bürgerkriegs vor Augen. Viel lebendiger waren die Erfahrung des Spanischen Bürgerkriegs und die Fehler, die nach Titos Meinung zum Scheitern der Spanischen Republik geführt hatten. Sein Vorgänger als Generalsekretär der Kommunistischen Partei, Milan Gorkić, schrieb 1936 in *Proleter*: „Feinde des Volkes sollen komplett geschlagen werden. (Man) sollte nicht nach ersten Erfolgen im politischen Kampf gegen sie aufhören. Hätte die spanische Regierung, die 1935 das Vertrauen bei den Wahlen bekam, alle faschistischen Banden aufgelöst und alle Faschisten und Reaktionäre aus der Armee, der Marine und dem Staatsapparat entlassen, hätte es keinen faschistischen Aufstand und keinen Bürgerkrieg gegeben."[218]

Tito glaubte, dass die Revolution gelingen könne, wenn der neue Staat unter „proletarischer Hegemonie" entstehe, d.h. der alte Staatsapparat zerstört werde und ein neuer Staatsapparat nach Interessen der arbeitenden Klasse aufgebaut sei.[219] Nur wenn die Partisanen es schafften, den Volksbefreiungskampf in die kommunistische Revolution zu verwandeln, dass wusste Tito, würden sie die Macht übernehmen können. In diesem Kontext ist der schnelle Aufbau der Volksbefreiungsausschüsse auf befreitem Territorium als revolutionäre Maßnahme und Machtanker der Kommunistischen Partei zu sehen. In diesem Kontext ist die Liste von „verdächtigen" oder „zweifelhaften" Personen zu verstehen. Pijade sah in ihnen eine potenzielle Gefahr.

Der nächste Schritt zum Aufbau neuer Institutionen wurde im November 1942 vollzogen, als sich in der westbosnischen Stadt Bihać 34 Delegierte trafen, die den Antifaschistischen Rat der nationalen Befreiung Jugoslawiens (Antifašističko v[ij]eće narodnog oslobođenja Jugoslavije, AVNOJ) gründeten. AVNOJ war als legislatives und exekutives Führungsgremium der Volksbefreiungsbewegung konzipiert und sollte Titos Wunsch nach Bildung einer

---

217 Pirjavec, Tito, 58.

218 Milan Gorkić, Čemu nas uči Španija, in *Proleter* 12 (1936) 8, 1.

219 G.R. Swain, Tito and the Twilight of the Comintern, in: Tim Rees / Andrew Thrope (Hg.), International Communism and the Communist International 1919–1943 (Manchester: Manchester University Press 1998), 214.

Parallelregierung zur Exilregierung in London verwirklichen.[220] Vladimir Velebit (1907–2004), Sprössling einer serbischen k. u. k. Offiziersfamilie und Jurist,
erinnerte sich:

> Das war ein großes Ereignis, weil unsere politische Führung ein Gegengewicht
> zur Londoner Exilregierung gründen wollte, einen neuen verwaltungspolitischen
> Körper, welcher die Legislative und die Exekutive vereinen sollte. Nach mar-
> xistischen Theorien war die Gewaltteilung nach Montesquieu [...] generell
> abzulehnen als ein bourgeoises Modell, das den Bedürfnissen der direkten prole-
> tarischen Demokratie widerspricht. [...] Ich würde lügen, wenn ich behauptete,
> dass ich mich vor der ersten AVNOJ-Sitzung mit Analysen von Machttheorien
> befasst habe. Im Gegenteil, ich habe die Initiative mit Freude akzeptiert, die u.a.
> das Ziel hatte, der verhassten Londoner Regierung durch die Schaffung einer
> Regierung im besetzten Jugoslawien ernsthaft zu bedenken zu geben.[221]

Velebit beschreibt die Atmosphäre im befreiten Bihać als eine freudige, aber
ernste und von Kriegsentwicklungen und Handlungen stark beeinflusste. Er
selbst, Richter und Anwalt im Ersten Jugoslawien und erst seit 1939 Partei-
mitglied, bekam von Ranković zusammen mit Pavle Pekić (1910–1990) und
Slavko Odić (1916–2006) die Aufgabe zugetragen, ein Standgericht zu organisieren.[222] Pekić, der beim Obersten Stab den Kampf gegen die „Fünfte Kolonne"
leitete, war später Leiter der Abteilung für Gegenspionage beim Geheimdienst,
während Odić, da er aus Bihać kam, wegen seiner Kenntnisse der lokalen
Gegebenheiten in das Team übernommen wurde. Nach Velebit organisierten
sie Prozesse für über hundert gefangene Ustascha und fällten 20 bis 30 Todesstrafen.[223] Es war dann Velebit selbst, der als Leiter der militärgerichtlichen
Abteilung beim Obersten Stab Empfehlungen für die Gründung von Militärgerichten bei Brigaden und Divisionen formulierte.[224] Velebit glaubte, diese
Aufgabe von Tito zugetragen bekommen zu haben, weil er vor dem Krieg als
Richter und als Anwalt gearbeitet hatte. Allerdings waren seine Erfahrungen
aus der Zwischenkriegszeit, wo er in der südserbischen Provinz und in Kosovo
über Familienstreitigkeiten urteilte, ganz anderer Natur. Doch Experten beim
Obersten Stab waren rar und Velebit fungierte als Titos Wunderwaffe für alles
aufgrund seiner ausgezeichneten Vorbildung und noch besseren Sprachkenntnisse. Sein Ziel, so Velebit, sei die Gleichförmigkeit der Militärgerichte
gewesen, was angesichts der Kriegshandlungen, schlechter Verbindungen und

220   Pirjavec, Tito, 91.
221   Velebit, Moj život, 314.
222   Velebit, Moj život, 312.
223   Velebit, Moj život, 312.
224   Interview mit Vladimir Velebit in: Šuvar, Vladimir Velebit, 276.

einer starken Heterogenität innerhalb der Partisanenbewegung fast unmöglich erschien. Sein zweites Anliegen war der sorgsame Umgang mit Verkündungen von Todesstrafen:

> Es ist bekannt, dass im Guerillakrieg, wie unser Partisanenkrieg einer war, die Kriegsgefangenen das größte Problem darstellen. Guerilla kann keine Gefangenenlager gründen. Solche Lager müssen bestimmte Bedingungen erfüllen. [...] Selbstverständlich kann die Guerilla diese Bedingungen nicht erfüllen, weil sie sich ständig in Bewegung befindet. Deswegen hat sie drei Möglichkeiten: entweder keine Gefangenen zu nehmen, oder alle zu erschießen, oder Gefangenenaustausch zu organisieren. Wir waren der Meinung, in dem wir uns soweit es ging an die Haager- und Genfer Konvention gehalten haben, dass wir Gefangene nicht töten sollen.[225]

Was beinhaltete der von ihm vorbereitete Befehl über die Gründung von Militärgerichten, der damit das Statut über die Gründung von proletarischen Brigaden ergänzte und am 29. Dezember 1942 vom Obersten Stab verkündet wurde?[226] Fortan waren bei allen proletarischen Brigaden ständige Militärgerichte zu organisieren, gebildet aus drei Mitgliedern: dem politischen Kommissar, dem Kommandanten eines Bataillons und einem Kämpfer. Die Militärgerichte waren zuständig für alle Verbrechen, begangen von Mitgliedern der Brigade, sowie für alle Verbrechen, begangen von Zivilisten oder Feinden, auf dem Territorium, auf dem sich die Brigade befand. Gleichzeitig sollten auf dem befreiten Territorium Militärgerichte gegründet werden, ebenfalls aus drei Mitgliedern zusammengesetzt: dem stellvertretenden Gebietskommandanten, dem Kommandanten der Ortschaft, in der das Verbrechen begangen wurde, sowie eines Kämpfers vom Kommando dieser Ortschaft. Mit diesem Befehl wies der Oberste Stab die Schaffung einer neuen Institution, des Ermittlungsrichters, an, der häufig auch die Rolle des Staatsanwalts übernahm. Zum Ermittlungsrichter sollte „ein barscher und entschiedener Kamerad" ernannt werden, der durch seinen beherzten Kampfeinsatz und seine Teilnahme am Volksbefreiungskampf seine Loyalität bewiesen habe.[227] Das Hauptkriterium für die Auswahl des Ermittlungsrichters war damit seine Unerschrockenheit. Ein Krieger sollte die Ermittlungen leiten. Juristische Vorkenntnisse spielten zumindest nominell keine Rolle. In der Praxis übernahmen, wenn möglich, Partisanen mit juristischer Ausbildung diese Aufgabe. In seinem Interview für die USC Shoah Foundation erinnerte sich Vojdrag

---

225 Interview mit Vladimir Velebit, in: Šuvar, Vladimir Velebit, 277.
226 Geršković, Dokumenti, 135–138.
227 Geršković, Dokumenti, 136.

Berčić, der am Militärgericht des 8. Dalmatinischen Korps als Ermittlungsrichter tätig war, an zahlreiche Kameraden, die wie er Absolventen juristischer
Fakultäten waren und im Krieg die Aufgabe des Ermittlungsrichters übernommen haben.[228] Berčić selbst hatte sein Jurastudium 1937 aufgenommen
und war an verschiedenen Militärgerichten tätig u.a. mit Zvonimir Ostrić, dem
späteren stellvertretenden Militärstaatsanwalt Jugoslawiens, der die Anklage
im Prozess gegen General Alexander Löhr vertrat und danach noch Vorsitzender des Höchsten Militärgerichts Jugoslawiens wurde.[229] Ostrić leitete
auch die jugoslawische Delegation beim Office of Chief of Counsel for War
Crimes (OCCWC) während der Nürnberger Prozesse.[230]

Der Ermittlungsrichter bekam durch den Befehl viele Kompetenzen: Er
konnte ein Ermittlungsverfahren einleiten, und seine Aufgabe war es, möglichst viel an „glaubwürdigem Material und Informationen über gemeldete
Verbrechen und Verbrecher"[231] zu sammeln. Seine Pflicht war es, unverzüglich
nach eingegangener Anzeige Ermittlungen anzustellen, um das gemeldete Verbrechen zu untersuchen. Die Ermittlungsrichter entschieden mit einem weiteren Mitglied des Militärgerichts, ob die beschuldigte Person inhaftiert wurde
oder nicht, und waren angehalten, die Verfahren zügig zu beenden. In Spionage-
fällen war der Nachrichtendienst oder die Kommission zur Bekämpfung der
Fünften Kolonne (von Pavle Pekić) unverzüglich zu informieren und auf deren
Anweisungen zu warten. Bereits in den Anfängen der Militärgerichtsbarkeit
vermischten sich die Zuständigkeiten bzw. war die Zusammenarbeit mit dem
Nachrichtendienst vorgegeben. Und der Nachrichtendienst hatte die Oberho-
heit. Es überrascht nicht, dass Velebit den von ihm geleiteten Prozess in Bihać als
den ersten öffentlichen Auftritt des späteren jugoslawischen Geheimdienstes,
der OZN-a [Odjeljenje za zaštitu naroda] charakterisiert.[232] Konkret sollten die
Ermittlungsrichter bei Untersuchungen von Verbrechen, „die im Zusammenhang mit dem Abschlachten der orthodoxen Bevölkerung standen oder bei
Verbrechen der Besatzer, Ustascha und Tschetniks gegen die Volksbefreiungsarmee oder Zivilisten" möglichst vollständige Angaben sammeln (Zeit, Ort,
Namen von Personen, die Verbrechen begangen haben, Namen und die Anzahl
von Opfern), weil diese Informationen „wertvolles Propagandamaterial für

---

228 Videointerview Vojdrag Bečić, USC Shoah Foundation Visual History Archive, United
       States Holocaust Memorial Museum Collection (USHMM), VHA Interview Code: 44279.
229 CIA, RDP82-00457R010800270010-6, hier in der Online-Bibliothek der CIA nach https://
       www.cia.gov/library/readingroom/docs/CIA-RDP82-00457R010800270010-6.pdf (über-
       prüft am 2.3.2019). Hrnčević, Svjedočanstva, 95; 107.
230 Siehe dazu die Akten des USHMM, State Commission (Fond 110), RG-49005M.0891.
231 Blažević: Tražio sam crvenu nit, 116.
232 Velebit, Moj život, 213.

den Volksbefreiungskampf sei[en] und gleichzeitig historisches Material, das dazu dienen werde, faschistische Täter, Auslöser dieser Bestialitäten und Verbrechen, zu bestrafen, nach der Erklärung der Sowjetregierung."[233] Aus dieser Aufgabenbeschreibung geht nicht nur hervor, wo der Ermittlungsarbeit die Grenzen gesetzt waren, dort nämlich, wo der Nachrichtendienst übernahm, sondern auch, was damit bezweckt wurde. An erster Stelle, und zu diesem Zeitpunkt des Volksbefreiungskampfes überrascht das nicht, stand nicht die juristische Vergeltung. Schließlich befanden sich die meisten vermeintlichen Täter nicht in den Händen der Partisanen. Im Jahr 1942 waren die Partisanen in den Augen der Alliierten noch keine Partner. Die Hilfen und die Anerkennung bekamen die Tschetniks von Draža Mihailović. Informationen über die Verbrechen sollten daher, die „Wahrheit" über die Kriegsgeschehnisse in Jugoslawien an den Tag bringen. Die Partisanenbewegung hatte im Dezember 1942 in Jugoslawien nicht so viele Mitglieder wie ein Jahr später. Daher galt es auch, nach innen mit Informationen über die Verbrechen der Besatzer und ihrer Helfer, Unterstützer und Soldaten für den Volksbefreiungskampf zu mobilisieren sowie in der Bevölkerung, um Sympathien für die Partisanen zu werben. Und letztlich ging es auch darum, über die Zustimmung für die Erklärung der sowjetischen Regierung vom 14. Oktober 1942 zu signalisieren, dass die Partisanen als relevante Kriegspartei an internationalen Diskussionen partizipieren. In der Erklärung, die der sowjetische Außenminister Molotow an die Exilregierungen in London geschickt hatte, schlug die sowjetische Regierung die Errichtung eines internationalen Tribunals zur Bestrafung von deutschen Hauptkriegsverbrechern vor und betonte aber, „the Soviet Government declared in addition, that its organs would make a detailed record of these crimes and atrocities of the Hitlerite Army, for which the outraged Soviet people justly demand and will obtain retribution".[234] In Folge verkündete die sowjetische Regierung die Gründung einer Außerordentlichen Staatlichen Kommission für die Feststellung und Untersuchung der Gräueltaten der deutsch-faschistischen Aggressoren und ihrer Komplizen und des Schadens, den sie den Bürgern, Kolchosen, öffentlichen Organisationen, staatlichen Betrieben und Einrichtungen der UdSSR zugefügt hatten [Чрезвычайная государственная комиссия по установлению и расследованию злодеяний немецко-фашистских захватчиков и их сообщников и причинённого ими ущерба гражданам, колхозам, общественным организациям, государственным предприятиям и

---

233 Geršković, Dokumenti, 136f.
234 Replay the Soviet Government, in: avalon.law.yale.edu/imt/jack01.asp (überprüft am 26.3.2019).

учреждениям СССР (ЧГК)].[235] Ihre Aufgabe war in erster Linie das Sammeln von Beweisen für NS-Verbrechen.

Die Partisanen reagierten schnell auf die sowjetische Erklärung: Bereits am 20. Oktober 1942 verschickte Moša Pijade einen Befehl an alle Gebietskommandos mit dem Verweis auf die sowjetische Erklärung und mit der Anweisung, wie und warum Informationen über die Verbrechen von Besatzern und ihren „Dienern" zu sammeln seien.[236] Wer die Diener waren, stand im Befehl auch: die Ustascha und die Tschetnik-Banden von „Verrätern": Nedić, Draža Mihailović, Baja Stanišić, die Weißgardisten in Slowenien. Diese hätten in allen Ländern Jugoslawiens schreckliche, brutale Verbrechen begangen. Es sei von großer politischer Bedeutung für alle Nationen Jugoslawiens, die unter der sadistischen Wut der Besatzer und ihrer Diener litten, dass dringend eine möglichst ausführliche Liste aller Verbrechen erstellt werde. Es folgte eine Aufzählung von konkreten Verbrechen: „Mord, Massenmord und Abschlachten, Massenerschießungen, Werfen in die Gruben, Inhaftieren, Quälen und Töten in Lagern und Gefängnissen, Verwüsten, Vergewaltigungen und Plündern von Dörfern und Städten."[237] Grundsätzlich orientierten sich die aufgezählten Verbrechen an der Liste der LIA, aber auch an den in Jugoslawien bereits bekannten Verbrechen von Besatzern sowie kollaborierenden Einheiten. Abgesehen von der „großen politischen Bedeutung", die das Sammeln und Verbreiten von Informationen über den „blutigen faschistischen Terror" und die „unerhörten Verbrechen", die in Jugoslawien die Besatzer und ihre „Diener" begingen, hatte, war das Ziel einer solchen Liste das Bestrafen von Verbrechern. Die Aufteilung der Tätergruppen in die Besatzer und ihre „Diener" entsprach aber auch der internationalen Debatte zum Umgang mit Kriegsverbrechen, wenn auch nicht in der gleichen Diktion. Sowohl in der LIA als auch später in der UNWCC herrschte Einigkeit darüber, dass für die Verbrechen der „quislings, traitors, fifth columnists, and other collaborators of the enemy"[238] nationale Gerichte verantwortlich seien sowie deren Taten dem Tatbestand des Staatsverrats entsprächen.

---

235   Die Akten der Sowjetischen Kommission befinden sich auch im USHMM, Extraordinary State Commission to Investigate German-Fascist Crimes Committed on Soviet Territory from the USSR RG Number RG-22.002M.

236   Naređenje šefa privremenog upravnog otseka Vrhovnog štaba NOP I DV Jugoslavije od 20 oktobra 1942 god. o načinu prikupljanja podataka o zločinima okupatora I njihovih slugu, in: Hrgo, Zbornik dokumenata i podataka Bd. VI/1, 248.

237   Naređenje šefa privremenog upravnog otseka, in: Trgo, Zbornik, Dokumenta Vrhovnog štaba, Bd.6, 249. Alle folgenden Zitate des Befehls sind dieser Quelle entnommen.

238   Anonymous (M. de Baer), The Treatment of War Crimes. III. Punishment of Quislings and Traitors, *Bulletin of International News* 22 (1945) 6, 251.

Jugoslawische Kommunisten vertraten auch diesen Standpunkt und übernahmen ihn in ihr Normensystem. Sosehr es im Befehl über die Militärgerichte um die Errichtung einer Militärjustiz ging, stand ein anderes Motiv im Fokus. Velebit rückte die Volksbefreiungsarmee in den Mittelpunkt und proklamierte sie zur mächtigsten Waffe der „Volksrache" an den „blutrünstigen Verbrechern", weil sie noch während des Kriegs die Rolle der „Volksrächerin" ausübte und die Schuldigen und Verräter mit dem Tod bestrafte. Von Recht war im Befehl keine Rede. Gefordert wurde militärische Rache, ausgeübt wurde die Rache und Rache und Strafe wurden jedem angedroht, der Verbrechen begangen hatte.

Semantisch schuf der Befehl die Verbindung zwischen den Besatzern und ihren „verräterischen Dienern" mit den „Agenten der verräterischen Exilregierung". Damit waren in erster Linie die Tschetniks von Mihailović sowie Mihailović selbst gemeint, der zu diesem Zeitpunkt weiterhin als Minister in der Exilregierung fungierte.

Verglichen also mit den Diskussionen in London fällt auf, dass die Partisanen aus unterschiedlichen Gründen das Thema der Kriegsverbrechen aufgriffen. Sie signalisierten, dass sie die Position der Sowjetunion unterstützten, sie forderten Anerkennung für ihren Kampf gegen die Besatzer als einzige Widerstandsbewegung, sie reklamierten die Ächtung von Mihailović und anderen einheimischen Gruppierungen, die mit Besatzern zusammenarbeiteten, sie forderten Rache für die Verbrechen und sie mobilisierten weitere Kämpferinnen und Kämpfer. Der Umgang mit Kriegsverbrechen war zu diesem Zeitpunkt keine rechtliche Frage der Ahndung. Für die Partisanen war klar, dass sie kämpfend auf die Verbrechen reagierten. „Die Volksarmee" werde der höchste Richter sein, so Pijade in dem Befehl, der an der Spitze des „Volks" nach dem Krieg alle faschistischen „Banditen" und ihre „Diener" bestrafen werde, die den Krieg überleben sollten. „Die gerechte Volksstrafe" als Rache stand damit im Mittelpunkt, keine gesellschaftlich institutionalisierte oder gerechte Vergeltung, die dazu diente, Gewalt zu regulieren.[239] Hier übernahm Pijade die sowjetische Diktion. Schließlich erklärte die sowjetische Regierung, sie rühme insbesondere jugoslawische Widerstandskämpfer, die wie andere Guerillaeinheiten in besetzten Ländern „practical aid to operations by the Allied air forces over occupied Hitlerite territory [leisteten]. They sabotage the measures of military and civil occupation authorities. They punish with death these guilty of organizing and carrying out Hitlerite violence and terror, as well as those traitors who give aid to the invaders."[240]

---

239   Schlee, Vergeltung, 7.
240   Reply the Soviet Government, in: http://avalon.law.yale.edu/imt/jack01.asp (überprüft am 2.4.2019).

Zu diesem Zeitpunkt taten sich auch andere Großalliierte schwer, eine gemeinsame Linie hinsichtlich der Bestrafung von Kriegsverbrechern zu finden.
Auch Vertreter der britischen und amerikanischen politischen und militärischen Führung setzten auf militärische Erfolge und mieden aus verschiedenen
Gründen Diskussionen über eine juristische Ahndung von Kriegsverbrechen.[241]
Und inzwischen ist auch bekannt und wiederholt betont worden, dass Churchill sich für eine summarische Exekution von Hauptverantwortlichen
aussprach.[242] Unterschiedliche Erwägungen spielten dabei eine Rolle: die
Befürchtung, dass die deutsche militärische und politische Führung auf Prozesse mit Repressalien reagieren könnten, aber auch innenpolitische Konsequenzen einer Ausweitung des internationalen und humanitären Strafrechts.

Pijade forderte alle Kommandostellen der Volksbefreiungsarmee, die Volksbefreiungsausschüsse mit dem Sammeln von allen erforderlichen Informationen über die Verbrechen der Besatzer, Ustascha und Tschetniks zu beauftragen.
Konkret sollten sie eine Liste erstellen mit genauen und detaillierten Angaben
zu Verbrechen und mit Namen der Täter. Ebenfalls sollte vermerkt werden, ob
jemand von den Verbrechern bestraft wurde, und falls nicht, wo sich der Verbrecher befindet. Dieser Befehl war ernst zu nehmen, denn Pijade warnte zum
Schluss, dass jeder verpflichtet sei, Informationen über Verbrechen an den
Obersten Stab weiterzuleiten. Zuwiderhandlungen sollten strengstens bestraft
werden.

Velebit betonte jedoch, dass Informationen eher spärlich eintrafen, obwohl
am gleichen Tag alle Brigaden und Partisaneneinheiten ebenfalls aufgefordert
wurden, Druckerzeugnisse und Dokumente über den Befreiungskampf sowie
Akten und Dokumente über die Verbrechen der Besatzer und ihre „Diener"
an die Verwaltungsabteilung weiterzuleiten.[243] Die Partisanen wurden aufgefordert, alles, was sie über ermordete oder getötete Kameraden sowie über
ihnen bekannte Verbrechen wussten, aufzuschreiben. Pijade gab auch eine
Anweisung zur Form:

> Diese Fakten müssen trocken sein, einfache Darstellungen faschistischer
> Untaten, möglichst detailliert, richtig und vollständig, nach Kreisen, Gemeinden
> und einzelnen Ortschaften (Stadt, Dorf) sowie nach Möglichkeit mit konkre-
> ten Namen und Vornamen nach Familien und einzelnen Häusern und keine

---

241   Mehr dazu bei Segesser, Recht statt Rache, 313–316, sowie Moses und Hirsch.
242   Segesser, Recht statt Rache, 318; Lingen, „Crimes against humanity".
243   Naređenje šefa privremenog upravnog otseka Vrhovnog štaba NOP I DV Jugoslavije od
      20 oktobra 1942 god. Štabovima brigade I partizanskih odreda da dostavljaju primerke
      partizanske štampe I dokumentarni material o oslobodilačkoj borbi I o zločinima okupa-
      tora I njegovih slugu, in: Trgo, Zbornik, Dokumenta Vrhovnog štaba, Bd.6, 251–256.

summarischen Zahlangaben. Zudem [ist zu nennen, SF] wer die Bestialität begangen hat, nach Möglichkeit mit der Angabe konkreter Namen und Einheiten sowie Kommandierenden und einzelnen Tätern. Selbstverständlich auch [ist zu nennen, SF], ob der Täter bestraft wurde, wann und von wem, und falls nicht, sollte eingetragen werden, wo dieser sich jetzt befindet.[244]

Damit definierte Pijade den ersten Rahmen für das Sammeln von Informationen über die Kriegsverbrechen und Velebit ergänzte mit Angaben zu Militärgerichten. Diese sollten auch bei Partisanenabteilungen gegründet werden und ebenfalls aus drei Mitgliedern bestehen: dem politischen Kommissar der Abteilung, dem Kommandanten eines Bataillons und einem Kämpfer. Ernannt wurden die zwei letztgenannten vom nächsthöheren Gericht nach Vorschlag des Abteilungsstabs. Welches Prozedere war vorgesehen? Nachdem die Ermittlungen abgeschlossen waren, sollte das Militärgericht den Tagungstermin bestimmen und erforderliche Personen vorladen. Alle Mitglieder des Gerichts hatten eine Anwesenheitspflicht. Der Prozess verlief mündlich – ein kurzes Protokoll über die Ergebnisse war vorgesehen. Der Ermittlungsrichter legte nur Bericht ab und war nicht stimmberechtigt. Das Gericht konnte die erneute Anhörung von allen im Bericht vorkommenden Zeugen vor Gericht anweisen und den Prozess öffentlich machen. Auch Kollektivprozesse waren möglich, falls mehrere Personen wegen der gleichen Tat beschuldigt wurden bzw. ihre Taten in Verbindung zueinander standen.

Der politische Kommissar leitete die Verhandlung bei Prozessen vor Einheiten im Feld. Auf dem befreiten Territorium übernahm der stellvertretende Gebietskommandant diese Aufgabe. Nach abgeschlossener Verhandlung entschied das Gericht darüber, ob ein Urteil gefällt werden konnte oder ob weitere Verhandlungstage nötig waren, um zu einer Entscheidung zu kommen. Die Entscheidungen wurden mehrheitlich getroffen: Abweichende Meinungen waren an das nächsthöhere Militärgericht zu übermitteln. Konkrete Strafen für unterschiedliche Vergehen bzw. eine Definition von Verbrechen waren nicht gegeben. Es war allerdings definiert, dass bei Todesstrafen das Urteil mit der Begründung und dem Ermittlungsmaterial an das nächsthöhere Militärgericht weiterzuleiten war, das die Todesstrafe bestätigen musste. Von dieser Regelung waren nur dann Abweichungen möglich, wenn die Militärgerichte keine Verbindung zum höheren Militärgericht hatten und der Verurteilte kein Mitglied der Partisanen war. Die Todesstrafe sollte durch Erschießen und nur in besonders schweren Fällen durch Erhängen nach Bestätigung vom höheren

---

244 Naređenje šefa privremenog upravnog otseka Vrhovnog štaba NOP I DV, in: Trgo, Zbornik, Dokumenta Vrhovnog štaba, Bd.6, 255.

Militärgericht vollzogen werden. Alle Militärgerichte waren verpflichtet, jeden
Monat einen Bericht über ihre Arbeit und unterbrochene Ermittlungen an
die militärgerichtliche Abteilung zu schicken. In der Praxis sah es so aus, dass
Velebit zunächst keine Berichte bekam, weil die Nachrichten per Kurier zum
Obersten Stab verschickt wurden und die neu geschaffenen Brigaden mit der
nächsten deutschen Offensive andere Prioritäten hatten.[245] Oder weil die
Kriegserfahrungen, das Überleben unter enormer Gewalteinwirkung, die Ent-
scheidungsträger schon dermaßen beeinflusst hatten, dass sie ohne Gerichte
richteten. In Erinnerungen von Partisaninnen und Partisanen sind immer wieder Tötungen von Inhaftierten oder Beschuldigten beschrieben, die sofort und
ohne einen Prozess vollzogen wurden.[246]

Velebit betonte allerdings, dass die häufigsten Prozesse Partisanen gemacht
wurden:

> Allgemein herrschte ein großer Mangel an Lebensmittel und häufig, unter gro-
> ßem Hunger, verließ manche Partisanen die Disziplin und sie nahmen von den
> Bauern etwas zum Essen oder zum Anziehen (um sich vor Kälte zu schützen).
> Wenn dies entdeckt wurde, oder wenn die Bauern solche Fälle gemeldet haben,
> wurde [den Partisanen, SF] ein Prozess gemacht, um zu zeigen, dass ein Unter-
> schied existiert zwischen dem Verhalten der Partisanenarmee und dem Ver-
> halten anderer Bandengruppierungen oder paramilitärischen Einheiten, da die
> Partisanenarmee die Angehörigen von ihr bestraft, die gegen die strenge Diszi-
> plin verstießen.[247]

Pijade seinerseits verfolgte unterschiedliche Ziele. Die internationale Anerkennung des Partisanenkampfes spielte eine mindestens genauso wichtige Rolle
wie die Mobilisierung für den Volksbefreiungskampf im Inneren des Landes.
Die Partisanen verstanden, dass sie die Deutungshoheit über die Geschehnisse
im besetzten Jugoslawien übernehmen konnten, wenn sie sich auf das Thema
der Kriegsverbrechen konzentrierten. Ihnen war nach einem Jahr klar, dass
die Briten kein genaues Bild der Entwicklungen in Jugoslawien hatten und
die Sowjets sie nicht ausreichend unterstützen würden, weil sie ein Überein-
kommen mit der königlichen Exilregierung hatten.[248] Es war daher im starken
politischen, aber auch militärischen Interesse der jugoslawischen Kommunisten, der Öffentlichkeit sowohl Beweise für die Zusammenarbeit von Mihailović
mit den Besatzungsmächten als auch Beweise für Kriegsverbrechen, die seine
Einheiten begangen hatten, zu präsentieren.

---

245   Velebit, Moj život, 313.
246   Auch Velebit selbst hat sie beschrieben, siehe: Velebit, Moj život, 309; 342.
247   Interview mit Vladimir Velebit in: Mira Šuvar, Vladimir Velebit, 277.
248   Jože Pirjavec, Tito and his comrades (Madison: University of Wisconsin Press 2018), 84.

Im Mittelpunkt des neuen Befehls über die Militärgerichte stand jedoch mit der Person des Ermittlungsrichters eine neue Institution, die mit Untersuchungen von Sachverhalten beauftragt wurde. Der Befehl legte fest, dass für den Prozess weder ein Staatsanwalt noch ein Verteidiger zwingend vorgegeben waren. Die Aufgaben der Staatsanwälte übernahmen die Ermittlungsrichter. Verteidiger waren nur dann vorgesehen, wenn der Beschuldigte nicht in der Lage war, sich selbst zu verteidigen. In einem Interview für die USC Shoah Foundation erinnerte sich Vojdrag Berčić (1918–2004), der am Militärgericht des 8. Dalmatinischen Korps als Ermittlungsrichter tätig war, erst bei den Nachkriegsprozessen an involvierte Staatsanwälte.[249]

Die Partisanenjustiz hatte starke Züge einer Revolutionsjustiz. Diese hat Omezzoli für Italien wie folgt zusammengefasst: „Verfahrensbeschleunigung, Ungleichgewicht zwischen Verteidigung und Anklage, Mißbrauch des Geständnisses, drakonische Urteile, sofortige und öffentliche Hinrichtungen."[250] Auch in Jugoslawien zeigten die Kodifizierung des Militärrechts sowie die Ahndung von Kriegsverbrechen diese Merkmale. Nach Verkündung des Militärerlasses war das Einschalten einer Berufungsinstanz jedoch möglich. Ging es zu Beginn des Kriegs noch in erster Linie darum, die jungen Partisanen zu disziplinieren und nach den Prinzipien der Kommunistischen Partei zu „erziehen", war es ebenfalls wichtig, die Feindschaft zwischen den Partisanen und „den anderen" (Besatzern, feindlichen Militärverbänden, allen Nicht-Unterstützern) klar zu definieren. Während also die Partisanen und die Partisaninnen wegen ihrer individuellen Taten zur Verantwortung gezogen wurden, geschah das bei „den anderen" aufgrund ihrer Zugehörigkeit zu einer bestimmten Gruppe.

1.3.2   *Staatliche Kommission zur Feststellung von Verbrechen der Besatzer und ihrer Helfer*

Es dauerte bis Mai 1944, bevor der Oberste Stab konkrete Vorgaben machte, wie die Militärgerichte und Volksgerichte die Ahndung von Kriegsverbrechen handhaben sollten. Davor aber, bei der konstituierenden Sitzung des Zweiten Jugoslawiens in der bosnischen Königsstadt Jajce, wurde die Staatliche Kommission zur Feststellung von Verbrechen der Besatzer und ihrer Helfer gegründet.

Jajce und der 29. November 1943 symbolisieren den Beginn, den institutionalisierten Anfang der jugoslawischen Republik. Was die Partisanen wollten, hat Milovan Djilas, Mitglied des Obersten Stabs und des Zentralkomitees der

---

249   Videointerview Vojdrag Bečić, USC Shoah Foundation Visual History Archive, United States Holocaust Memorial Museum Collection (USHMM), VHA Interview Code: 44279.
250   Omezzoli, Guistizia partigiana, 30.

Kommunistischen Partei in seinen Erinnerungen festgehalten: „Wir hatten
[…] ein Bedürfnis nach Legalität, standen vor der Notwendigkeit einer legalen Mobilisierung von Soldaten und wollten die internationale Anerkennung
erreichen."[251] In Bihać, bei der Gründungssitzung des AVNOJs, betonte Tito
noch, dass sie wegen der internationalen Lage keine Möglichkeit hätten, eine
legale Regierung zu bilden.[252] Ein Jahr später veränderte sich die Situation in
ihrem Sinne. Winston Churchill hatte eine offizielle alliierte militärische Mission zu den Partisanen entsandt unter der Leitung von Fitzroy Maclean.[253]
Nach dem Aprilkrieg und der Flucht des Königs nach London unterstützte
die britische Regierung Petar II. Karađorđević und seine Exilregierung. Auch
ging sie davon aus, dass die einzige legitime Widerstandsbewegung auf dem
jugoslawischen Territorium unter der Führung von Draža Mihailović, als Vertreter und Minister dieser Regierung, operierte. 1943 wuchs bei den Briten die
Unzufriedenheit mit der jugoslawischen Exilregierung und London erreichten
Informationen über die Zusammenarbeit der Tschetniks mit den Besatzern.
Maclean fasste das folgendermaßen zusammen:

> Once I reached London, I was soon put in the picture. Information reaching the
> British Government from a variety of sources had caused them to doubt whether
> the resistance of General Mihajlović and his Četniks to the enemy was all that
> it was made out to be. There were indications that at least as much was being
> done by armed bands bearing the name of Partisans and led by a shadowy figure
> known as Tito. Hitherto such support as we had been able to give had gone exclu-
> sively to Mihajlović. Now doubts as to the wisdom of this policy were beginning
> to creep in, and the task which I had been allotted was to form an estimate on the
> spot of the relative value of the Partisans* contribution to the Allied cause and
> the best means of helping them to increase it.[254]

Dass die Partisanen von der Kommunistischen Partei gelenkt wurden, schien
Churchill nicht zu stören. Nach Maclean betonte dieser, solange die Nazis die
gesamte westliche Zivilisation gefährdeten, solle Maclean nicht über die langfristigen politischen Entwicklungen urteilen, sondern herausfinden „who was
killing the most Germans and suggest means by which we could help them to
kill more."[255]

Die Partisanen töteten mehr Deutsche. So legitimierten sie sich auch nach
außen. In der Deklaration von AVNOJ begründeten sie ihren Anspruch auf die

---

251   Đilas, Der Krieg, 460.
252   Josip Broz Tito, Govor na Svečanoj sednici, in: Nešović, Prvo I drugo zasedanje AVNOJa, 14.
253   Fitzroy Maclean, Eastern Approaches (London: Cape 1949), 279.
254   Maclean, Eastern Approaches, 279.
255   Maclean, Eastern Approaches, 281.

Herrschaft mit der Tatsache, dass sie als Widerstandsbewegung aus dem Volk hervorgegangen seien und in sich Befreiungsbewegungen aller jugoslawischen Nationen vereinten.[256] Ihr Recht, das jugoslawische Volk zu vertreten, hätten sich die Mitglieder AVNOJs im Krieg erkämpft. Oder wie Mitra Mitrović es formulierte: „Drei Jahre kämpfen wir legal, und das ganze Volk kämpft legal, aber für [die Gründung, SF] seiner Regierung – der legalen – ist eine Zustimmung nötig."[257] Gleichzeitig desavouierte die Deklaration die Gegner des Volksbefreiungskampfes wie Draža Mihailović als Helfer der Besatzer und Kriegsverbrecher. Im Zusammenhang mit den vorangegangenen Entwicklungen, der Entsendung von militärischen Missionen zu den Partisanen, ihrer materiellen Unterstützung seitens der Alliierten, war es für die Exilregierung und den König klar, dass ihr Anspruch auf die Macht in einem wie auch immer gestalteten Jugoslawien schwand. Momčilo Ninčić war zu diesem Zeitpunkt kein Mitglied der Exilregierung mehr. In den bosnischen Bergen traf MacLean jedoch auf dessen Tochter Olga, die eine wichtige Aufgabe übernahm.

> Olga, tall and well-built, in her black breeches and boots, with a pistol hanging at her belt, speaking perfect English, for before the war she had been sent to a smart finishing school in London by her father, a Minister in the Royal Jugoslav Government, in the hope of keeping her out of trouble. A hope which was doomed to disappointment, for no sooner was she back in her own country than, despite her background and upbringing, she joined the Communist Party, pledged to overthrow the Government of which her father was a member, and for her part in Communist disturbances was promptly thrown into prison by that same Government's police. Now, for two years, she had hidden in the woods and tramped the hills, had been bombed and machine-gunned, an outlaw, a rebel, a revolutionary, a Partisan. But when she spoke English, it was like talking to a young girl at home before the war; the same words and expressions, the same way of talking, the same youthful tastes and enthusiasms – all pleasantly refreshing in these grim surroundings.[258]

Obwohl sie Kommunistin war, stand Olga Maclean näher als ihr Vater. Während sich die Exilregierung in London stritt und der Teenager-König wegen seiner Hochzeit den Bruch mit seiner Regierung vollzog, taten die Partisanen das, was Churchill gefordert hatte. Sie kämpften in den Bergen, sie kämpften auf den Wiesen, auf den Stränden und in den Städten. Sie kämpften gegen die Besatzer und bekämpften das Regime, das auch Großbritannien bedrohte. Sie erfüllten die Versprechen Churchills. Und Olga Humo war das angenehme Gesicht

---

256   Proglas AVNOJ-a narodima Jugoslavije, in: Nešović, Prvo I drugo zasedanje AVNOJ-a, 253.
257   Mitrović, Ratno putovanje, 181.
258   Maclean, Eastern Approaches, 328.

dieser Partisaninnen und Partisanen. Eine junge, kluge, gut ausgebildete Frau, die auch nach London hätte fliehen können. Sie zog es vor, in Jugoslawien zu bleiben. Sie zog es vor zu kämpfen. Sie hatte dafür ihre Familie verlassen und Tito statt ihres Vaters gewählt. Sie hatte dafür ihr Kleinkind verlassen, um ihm ein Leben in Freiheit zu erkämpfen. Es war aber keine romantische Verklärung eines britischen Offiziers, die dazu führte, dass die Partisanen nach 1943 offiziell alliierte Unterstützung bekamen. Sie machten den Besatzern einfach größere Schwierigkeiten.

Die Entscheidung bei der konstituierenden Sitzung des zweiten jugoslawischen Staats, eine Staatliche Kommission zur Feststellung von Verbrechen der Besatzer und ihrer Helfer zu gründen, war nicht nur eine Reaktion auf die Etablierung der UNWCC in London[259] oder eine Nachahmung der sowjetischen Außerordentlichen Staatlichen Kommission.[260] Sie unterstrich zwar den Anspruch der Partisanen, am internationalen Prozess der strafrechtlichen Ahndung begangener Kriegsverbrechen zu partizipieren, und zeigte erneut, welchem Vorbild sie nacheiferten. Doch es ging dem AVNOJ um mehr.

Das Ziel der Kommission war „die Feststellung der Verantwortlichkeit aller Personen, verantwortlich für Verbrechen, die in Jugoslawien seitens der Okkupanten und ihrer Helfer begangen worden sind"[261] sowie die Identifikation und Bestrafung von Kriegsverbrechern. Die jugoslawische Kommission sollte konkret alle Informationen über Morde, Körperverletzungen, Raub, Bombardierung von Zivilisten, Beschaffung von Mitteln zur Durchführung von Verbrechen, Vertreibung und Aussiedlung von Zivilisten sammeln und Zeugenaussagen von Tätern und ihren Opfern aufnehmen. Aber das ist nur eine Seite, denn zugleich – auch wenn das nicht offiziell ausgesprochen wurde – sollte die Kommission der Volksbefreiungsbewegung Legitimität verleihen. Es ging um die Abgrenzung zwischen den Guten und den „Helfern der Okkupanten" und um die moralische Ächtung sowie die machtpolitische Ausgrenzung der letzteren. Spätestens nach der Landung der alliierten Delegation und der Etablierung einer Beziehung zwischen den Alliierten und den Partisanen war

---

259 Jugoslawien war eines der Gründungsmitglieder, allerdings noch vertreten durch die Exilregierung. Siehe dazu Izveštaj koji je podneo predsednik komisije Prof. Dr. Dušan Nedeljković o radu Državne komisije za period 1943–1948, in: Zečević / Popović (Hg): Dokumenti iu istorije, Bd. 1, 25.

260 Katrin Boeckh, Zur Religionsverfolgung in Jugoslawien 1944–1953. Stalinistische Anleihen unter Tito, in: Konrad Clewing / Oliver Jens Schmitt (Hg.), Südosteuropa. Von vormoderner Vielfalt und nationalstaatlicher Vereinheitlichung (München: Oldenbourg 2005), 440.

261 *Službeni list* vom 1.2.1945, 5. Die Texte aller relevanten Beschlüsse und Richtlinien zur Staatlichen Kommission und zu dem Umgang mit Kriegsverbrechern sind zu finden bei Zečević / Popović, Dokumenti iz istorije, Bd. 1, 445–477.

dem Obersten Stab klar, dass die Machtübernahme in Jugoslawien eine reale
Option darstellte. Die Beschlüsse der Moskauer Konferenz offenbarten die
Notwendigkeit, eine jugoslawische Regierung zu bilden, die die Interessen
der Partisanenbewegung international vertreten sollte. Gleichzeitig musste
die Legitimität der königlichen Exilregierung und ihrer Vertreter in den internationalen Gremien untergraben werden. Die Staatliche Kommission spielte
dabei eine große Rolle.

Während der zweiten Sitzung von AVNOJ hielten zahlreiche Delegierte
aus verschiedenen jugoslawischen Regionen ihre Reden und erzählten von
ihren Erfahrungen. Wie ein roter Faden durchzogen vier Begriffe alle Reden:
„Freiheit", „Brüderlichkeit", „Einheit" und „Verrat".[262] Über das Narrativ von
der „Brüderlichkeit und Einheit" der jugoslawischen Nationen ist bereits viel
geschrieben worden.[263] Es zählte zu den Gründungsnarrativen des Zweiten
Jugoslawiens. Die „Freiheit" bezog sich nicht nur auf die „Freiheit" von den
Besatzern. Sie war spätestens seit der Französischen Revolution das Ideal der
Revolutionäre und meinte immer auch die Forderung nach der Souveränität
des Volks, welches gerade erst geschaffen wurde.[264] So behaupteten die jugoslawischen AVNOJ-Vertreter auch, für das jugoslawische „Volk" und im Namen
des jugoslawischen „Volks" zu handeln, und rangen um Legitimität. Und der
„Verrat" ist, wie bereits einleitend thematisiert, bis heute ein kulturgeschicht-
lich mit Symbolik überladener Begriff, sodass es sich lohnt zu fragen, wer nach
Meinung der Delegierten zum jugoslawischen Volk gehörte, was sie unter „Verrat" verstanden, wem sie „Verrat" vorwarfen und welche Konsequenzen sie daraus forderten.

Bereits in seiner Eröffnungsrede über die Arbeit des AVNOJ charakteri-
sierte Dr. Ivan Ribar, Rechtsanwalt und einer der Gründer der Demokratischen
Partei, Milan Nedić, Dimitrije Ljotić, Draža Mihailović und Leon Rupnik als
Verräter, weil sie mit der italienischen und deutschen Besatzungsmacht

---

262 Nešović, Prvo I drugo zasedanje AVNOJ-a, 142–219.
263 Siehe u.a. Emil Kerenji, Jewish Citizens of Socialist Yugoslavia: Politics of Jewish Identity
       in a Socialist State, 1944–1974 (PhD dissertation, University of Michigan, 2008); Wolfgang
       Höpken, Kriegserinnerung und Kriegsverarbeitung auf dem Balkan. Zum kulturellen
       Umgang mit Kriegserfahrung in Südosteuropa im 19. und 20. Jahrhundert, *Südosteuropa
       Mitteilungen* 41 (2001) 4, 384; ders., Von der Mythologisierung zur Stigmatisierung. „Krieg
       und Revolution" in Jugoslawien 1941–1948 im Spiegel von Geschichtswissenschaft und
       historischer Publizistik, in: Eva Schmidt-Hartmann (Hg.), Kommunismus und Osteuropa.
       Konzepte, Perspektiven und Interpretationen im Wandel (München: Oldenbourg 1994),
       165–202.
264 Wildt, Volk, Pos. 1761.

zusammenarbeiteten.[265] Schlimmer noch: Die Partisanen haben den „Verrat"
von Užice nie vergessen und betonten, dass die Tschetniks nicht nur das jugoslawische „Volk" verraten hätten, sondern auch in einer konkreten Aktion die
Volksbefreiungsarmee. Dieser „Verrat" wog besonders schwer, weil damit die
Tschetniks das ihnen entgegengebrachte Vertrauen missbraucht hatten. Da
die Exilregierung Mihailović unterstütze, so Ribar, identifiziere sie sich vollkommen mit seinem Verrat.[266]

In den pathosbeladenen Reden fehlte es nicht an Hinweisen auf die Verbrechen der Besatzer und ihrer einheimischen „Diener". Unisono forderten
die Delegierten in ihren Aussagen die Reziprozität. Das deckt sich auch mit
den Aussagen Titos aus den Gesprächen mit kroatischen AVNOJ-Delegierten.
Bezüglich der „bestialischen Taten, die Besatzer verüben"[267] sagte Tito, dass die
Volksbefreiungsarmee ihrerseits mit Repressalien reagieren werde, und „falls
die Besatzer weiterhin unschuldige Leute an den Masten aufhängen, werden
auch deutsche Offiziere hängen."[268]

Anders als die UNWCC sollte die Jugoslawische Staatliche Kommission
nicht einen rechtlichen Rahmen zur Ahndung von Kriegsverbrechen ausarbeiten. Diese Problematik war für die kriegsführenden Partisanen mit dem
Hinweis auf die Reziprozität erledigt. Gleiches sollte mit Gleichem vergolten
werden. Außerdem existierte eine sowjetische Vorlage, die adaptiert werden
konnte, doch dazu später mehr. An dieser Stelle ist es wichtig zu betonen, dass
die Jugoslawische Staatliche Kommission nur Kriegsverbrechen und vermeintliche Täter aufdecken sollte. Konkret meinte Moše Pijade, der den Vorschlag
vor die Präsidentschaft von AVNOJ brachte:

> Genossen, euch allen ist es bekannt, dass wir in den heute Abend verabschie-
> deten Deklarationen festgestellt haben, dass die Besatzer – Faschisten und
> einheimische Verräter allen Colours (Tschetniks, Ustascha, Weißgardisten)
> unermessliche Verbrechen begangen haben. Deswegen ist es notwendig, dass
> wir im Einklang mit den Beschlüssen der Großalliierten und der Atlantik-Charta
> die Staatliche Kommission zur Feststellung von Verbrechen der Besatzer und
> ihrer Helfer gründen. Diese Kommission wird sich mit der Aufklärung vieler Ver-
> brechen befassen und Verantwortliche und Täter aufdecken.[269]

---

265   Dr. Ivan Ribar, in: Nešović, Prvo I drugo zasedanje AVNOJ-a, 143.
266   Dr. Ivan Ribar, in: Nešović, Prvo I drugo zasedanje AVNOJ-a, 143.
267   Konferencija delegata članova AVNOJ-s iz Hrvatske za drugom Titom, in: Nešović, Prvo I
      drugo zasedanje AVNOJ-a, 258.
268   Konferencija delegata članova AVNOJ-s iz Hrvatske za drugom Titom, in: Nešović, Prvo I
      drugo zasedanje AVNOJ-a, 258.
269   Moša Pijade, Prva sednica pretsedništva AVNOJ-a (30. November 1943), in: Nešović, Prvo
      i drugo zasedanje AVNOJ-a, 249.

Mit dem Bezug auf die Beschlüsse der Großalliierten meinte Pijade in erster Linie die Entscheidung aus der Moskauer Deklaration, dass die deutschen Kriegsverbrecher in die Länder ausgeliefert würden, in denen sie ihre Verbrechen begangen haben. Die Prinzipien der Atlantik-Charta zitierte Pijade, um darauf hinzuweisen, dass sich der Präsident der USA und der Regierungschef Großbritanniens zum Selbstbestimmungsrecht der Nationen bekannt haben und AVNOJ seine Legitimität aus dem Selbstbestimmungsrecht des jugoslawischen Volks speiste.

Im März 1944 befand sich der Oberste Stab noch in Drvar. Von dort schrieb Moša Pijade einen Brief an Edvard Kardelj, um ihn über seine Arbeit an den grundlegenden Gesetzen des neu verkündeten Staats zu informieren.[270] Pijade schickte Kardelj den Entwurf der Geschäftsordnung der in Jajce neu gegründeten Staatlichen Kommission zusammen mit drei Vordrucken zur Aufnahme von Kriegsverbrechen und betonte, dass er damit ganz zufrieden sei. Zudem schlug er vor, dass das Nationalkomitee der Volksbefreiung den Vorsitzenden, seinen Stellvertreter und den Sekretär benenne, während die Vorsitzenden der Landeskommissionen per Amt Mitglieder der Staatskommission werden sollten. Pijade schwebte eine schlanke Organisation der Staatlichen Kommission vor mit wenig Personal und unbedingt einem Serben an der Spitze. Daher schlug er Aleksandar Ranković vor, der zu diesem Zeitpunkt bereits den Geheimdienst organisierte. Einerseits wird daraus die Bedeutung ersichtlich, die Pijade der Kommission beimaß – Ranković war einer der führenden Persönlichkeiten innerhalb der KPJ –, aber auch sein Verständnis von der Kommission als einer Institution, die er damit in die Nähe des Geheimdienstes rückte. Bis April 1944 veränderte sich wenig. Kardelj schrieb zurück und machte seine Anmerkungen, die Pijade mit einem dringenden Appell an Tito weiterleitete.[271] Er informierte ihn, dass überall auf dem befreiten Territorium der Bedarf bestehe, mit dem Sammeln von Informationen über die Verbrechen der Besatzer und deren Helfer zu beginnen. Da aber die Staatliche Kommission nicht formiert sei, herrsche Ungewissheit, wie zu verfahren sei. Pijade mahnte zum einheitlichen Vorgehen, sonst drohe Chaos, wie man aus

270 Obaveštenje predsednika Zakonodavne komisije Predsedništva AVNOJ-a Moše Pijade od 21. marta 1944. Potpredsedniku NKOJ-a članu te komisije Edvardu Kardelju o radu na projektima osnovnih zakona vrhovne vlasti nove Jugoslavije i predlog da se oni što pre rasprave, sankcionišu i objave, in: Trgo, Zbornik dokumenata I podataka, Bd. XXII/2, 227.

271 Predlog predsednika Zakonodavne komisije Predsedništva AVNOJ-a Moše Pijade od 12. aprila 1944. predsedniku NKOJ-a maršalu Jugoslavije Josipu Brozu Titu da se što pre obrazuje Državna komisija za utvrđivanje zločina okupatora i njihovih pomoćnika i da se donese pravilnik o njenim kompetencijama i, načinu rada, in: Trgo, Zbornik dokumenata I podataka, Bd. XXII/2, 485.

der Geschäftsordnung der slowenischen Kommission sehe, die sich weder an
der Alliierten Kommission, gemeint ist wahrscheinlich die UNWCC, noch
an der Staatlichen Kommission orientiere. Als Beispiele führte Pijade an,
dass die slowenische Kommission die Tatbestände der Kriegsverbrechen mit
dem Tatbestand des Verrats vermische, was nicht unter die Kompetenzen
der Kommission falle, sowie dass sie sich das Recht gebe, über die Strafen zu
entscheiden.

Die enge Verknüpfung zwischen Institutionen zur Dokumentation von
Kriegsverbrechen und dem Geheimdienst war bei vielen neu gegründeten
Kommissionen gegeben. Auch in Frankreich, wo im Herbst 1944 das *Service
de recherche des crimes de guerre ennemis* (SRCGE) die Aufgabe übernahm,
arbeiteten seine Ermittler eng mit dem Geheimdienst zusammen.[272] Die
Zusammenarbeit hatten André Gros und René Cassin angeregt, die auch französische Delegierte bei der UNWCC waren. Das überrascht in vielen Fällen
nicht. In Frankreich und in Jugoslawien bildete sich der Geheimdienst neu,
in Frankreich mithilfe der Briten, in Jugoslawien bauten die Kommunisten
an ihren Parallelinstitutionen. Polizeibehörden, die in der Regel solche Aufgaben hätten übernehmen können, waren unter Kontrolle der Besatzer oder
kompromittiert.

Es dauerte dann bis zum 6. Mai 1944, als sich das Nationale Komitee traf,
um die Geschäftsordnung der Staatlichen Kommission zu beschließen.[273]
Sie wurde direkt dem Nationalen Komitee unterstellt, das ihre Mitglieder
bestimmte und ihre Geschäftsordnung formulierte, und am 8. Mai 1944 ver-
abschiedet.[274] Nach Art. 1 hatte die Staatliche Kommission die Aufgabe, alle
Informationen und das gesamte erforderliche Beweismaterial zu sammeln,
das dazu diente, die Art des Verbrechens und seiner Durchführung sowie die
beteiligten Täter festzustellen, mit dem Ziel, die Täter seitens der zuständigen
Gerichte zu bestrafen. Der Art. 2 definierte Tatbestände, zu denen Kommissionen konkrete Informationen sammeln sollten. Diese orientierten sich
an der UNWCC-Kriegsverbrechenliste und beinhalteten Mord, Körperverletzung, Folter, Internierung, Vergewaltigung, Umsiedlung und Vertreibung,
aber auch konkrete, für Jugoslawen wichtige Tatbestände wie Bombardements
zwecks Auslöschung der Zivilbevölkerung, wie in Belgrad 1941 geschehen,

---

272   Claudia Moisel, Frankreich und die deutschen Kriegsverbrecher. Politik und Praxis der
       Strafverfolgung nach dem Zweiten Weltkrieg (Göttingen: Wallstein 2004), 72.

273   Nacrt odluke o obrazovanju komisije za utvrđivanje zločina okupatora i njihovih
       pomagača, Prva sednica pretsedništva AVNOJ-a (30. November 1943), in: Nešović, Prvo i
       drugo zasedanje AVNOJ-a, 249.

274   USHMM, State Commission (AJ 110), RG-49.005M, Reel 1, Nr. 1/2. Alle folgenden Zitate
       der Geschäftsordnung sind der genannten Quelle entnommen.

oder Verhaftungen und Verurteilungen. Ziel war es, nicht nur Informationen über die Vollstrecker von Kriegsverbrechen zu sammeln, sondern auch die Organisatoren, die Auftraggeber, die Hetzer und geistigen Vorbereiter von Verbrechen zu ermitteln (Art. 3). Alle öffentlichen Institutionen, alle militärischen Verbände und alle Bürger waren verpflichtet, die Staatliche Kommission bei ihrer Arbeit zu unterstützen (Art 10). Die Kommission ihrerseits sollte Statistiken über die Opfer des Terrors nach Orten und Kreisen erstellen und veröffentlichen sowie den Kriegsschaden schätzen (Art. 6 und 7). Zudem war vorgesehen, dass die Staatliche Kommission die Ergebnisse ihrer Arbeit nach Bedarf veröffentlichte. Damit diese enormen Aufgaben erledigt werden konnten, sollte die Staatliche Kommission ein enges Netz von Unterkommissionen bilden. Gemäß der geplanten föderalen Gliederung des künftigen Staats wurden umgehend Landeskommissionen zur Feststellung von Verbrechen für die jeweiligen Republiken gegründet.[275] Die Landeskommissionen übernahmen die operative Führung in den jeweiligen Republiken. Die Staatliche Kommission koordinierte und kontrollierte ihre Arbeit.

Verglichen mit den Befugnissen der königlichen Kommission zur Untersuchung von Kriegsverbrechen gab es keine großen Unterschiede. Beide Kommissionen konnten eigenständig ermitteln und von öffentlichen Institutionen Informationen einfordern. Es fällt auf, dass der Kompetenzrahmen der Staatlichen Kommission, ihre Rechte und Aufgaben, detaillierter definiert waren und sich über das reine Sammeln von Informationen über die Kriegsverbrechen erstreckten. Zum Vorsitzenden der Staatlichen Kommission wurde Dr. Dušan Nedeljković ernannt und zum Sekretär Dr. Vladan Jokanović. Dušan Nedeljković arbeitete vor dem Krieg in Skopje als außerplanmäßiger Professor an der Philosophischen Fakultät und veröffentlichte gelegentlich philosophische Artikel in *Pravda*.[276] Er beteiligte sich am Volksbefreiungskampf und wurde nach dem Krieg neben seiner Tätigkeit als Vorsitzender der Kommission Philosophieprofessor an der Universität Belgrad. Vladan Jokanović war promovierter Jurist und vor dem Krieg als Anwalt in Sarajevo tätig. Bereits als Student wurde er Mitglied der Kommunistischen Partei und beteiligte sich später an Versuchen, eine einheitliche linke Arbeiterpartei zu formieren.[277] In der Zwischenkriegszeit verteidigte er zahlreiche Kommunisten bei Prozessen, die auf Grundlage von *Obznana* vor königlichen Gerichten geführt

---

275 Zečević / Popović, Predgovor, in: dies., Dokumenti iz istorije, Bd. 1, 10; Lovrenović, Zemaljska komisija, 52.

276 Dušan Nedeljković, Za jedan pogled iznutra, *Pravda* vom 6.1.1931, 72.

277 Josip Cazi, Na političkoj liniji Komunističke partije Jugoslavije. Ujedinjeni radnički sindikalni savez i rad komunista u njemu 1935–1940 (Zagreb: Radničke novine 1978), 90.

wurden.[278] 1941 schloss er sich der Widerstandsbewegung an und wurde Mitglied des Antifaschistischen Rats der Volksbefreiung Bosnien-Herzegowinas, wo er den gesetzgebenden Ausschuss leitete.[279] Seine Tätigkeit für die Kommission endete schnell: Er sollte bereits am 9. Oktober 1944 wegen seiner vermeintlichen Verbindungen zum italienischen Geheimdienst verhaftet werden.[280] Er kehrte jedoch zurück nach Sarajevo, wo er im Oktober 1945 Vorsitzender Richter am Höchsten Gericht Bosnien-Herzegowinas wurde.[281] An seine Stelle wurde zunächst der Anwalt Ivan Grgić berufen, der bereits für die Staatliche Kommission tätig war.[282] Nach kurzer Zeit übernahm jedoch Prof. Milan Bartoš. Bartoš war bereits vor dem Krieg ein angesehener Jurist und Professor an der Belgrader juristischen Fakultät.[283] Den Zweiten Weltkrieg hat er als Kriegsgefangener in italienischen und deutschen Gefangenenlagern überlebt, eine Erfahrung, die er mit Albert Vajs sowie Radomir Živković, dem jugoslawischen Delegierten bei der UNWCC, teilte.[284] Die Staatliche Kommission wird im zweiten Kapitel näher beleuchtet. In diesem Zusammenhang ist es wichtig zu betonen, dass sich im besetzten Jugoslawien ein institutionelles Netzwerk ausbildete, dass noch vor Kriegsende intensiv Informationen, Unterlagen und Berichte über Kriegsverbrechen sammelte und parallel zur königlichen Kommission seine Arbeit aufnahm.

---

278   Redžić, Enver, Hasan Brkić u svome vremenu, *Prilozi* 4 (1968), 623.

279   Mustafa Kamarić, Dr. Vlado Jokanović [In Memoriam], *Godišnjak pravnog fakulteta u Sarajevu* 16/17(1968/69), 1–4.

280   Naređenje Vrhovnog komandanta NOV i POJ od 9. oktobra 1944. Vrhovnom štabu za prebacivanje Nacionalnog komiteta u Valjevo, slanje američke misije, isporuku materijala za Glavni štab NOV i PO Makedonije, hapšenje sekretara Državne komisije za utvrđivanje zločina okupatora i njegovih pomagača i način kontrole luka od saveznika, in: Trgo, Zbornik dokumenata i podataka o NOR, Bd. XIV/2, 242.

281   Kamarić, Jokanović, 2.

282   Martina Grahek Ravančić, Ustrojavanje organa nove vlasti: Državna/Zemaljska komisija za utvrđivanje zločina okupatora i njihovih pomagača – organizacija, ustroj, djelovanje, *Historijski zbornik* 66 (2013) 1, 151.

283   Zu Bartoš siehe Vladimir Kapor, Dr. Milan Bartoš – In Memorian, *Zbornik za društvene nauke* 59 (1974), 147–148.

284   Poruka potpredsednika predsedništva AVNOJ-a Moše Pijade od 27. februara 1944. Vrhovnom štabu NOV i POJ da se Ivan Božić, Dr. Stevan Jakovljević, Dr. Milan Bartoš i još četiri zarobljenika razmene za zarobljene nemačke oficire, in: Trgo, Dokumenti Vrhovnog štaba, Bd. XII/2, 167. Die Information zu Živković verdankt die Autorin Prof. Dr. Momir Milojević, der nach dem Zweiten Weltkrieg Internationales Recht an der Juristischen Fakultät der Universität Belgrad unterrichtete.

1.3.3   *Erlass über die Militärgerichte 1944*

Mit der Institutionalisierung der Volksbefreiungsbewegung und ihrer Anerkennung seitens der Alliierten entstanden auch erste detailliert aus-
gearbeitete Erlasse und Anweisungen im Zusammenhang mit der Ahndung
von Kriegsverbrechen. Unter welchen Bedingungen die Juristen der Volksbefreiungsbewegung arbeiteten, schilderte Hrnčević in seinen Erinnerungen
eindrücklich. Zusammen mit Starčević und Divjanović hatte er den Erlass über
Militärgerichte in Drvar ausgearbeitet, wo sich im Mai 1944 der Oberste Stab
befand. Keiner von ihnen hatte vorher Gesetze kodifiziert. Tito hatte das Dokument bereits unterzeichnet und es sollte abgetippt, vervielfältigt und an die
Stäbe der Volksbefreiungsarmee verschickt werden: „Nach dem Abzeichnen
habe ich den Erlass auf den 24. Mai 1944 datiert und mit einem Genossen, der
aus Zagreb gekommen war und der tippen konnte, ausgemacht, dass wir ihn
am nächsten Tag vervielfältigen. Aber am nächsten Tag begann früh morgens
die [deutsche, SF] Operation Rösselsprung. Die Kämpfe dauerten in Drvar den
ganzen Tag und die ganze Nacht an. Bei den Kämpfen kam auch der Genosse
aus Zagreb um, der den Erlass hätte abtippen sollen."[285]

Die Volksbefreiungsarmee gewann insbesondere nach der Kapitulation Ita-
liens und nach britischer Unterstützung an Stärke. Während die ersten Jahre
von Entbehrungen jeglicher Art geprägt waren – es mangelte an Essen, an
Ausrüstung, an Kleidung, an Waffen –, wandelte sich die Situation zum Vor-
teil der Partisanen. Das bedeutete aber nicht, dass ihnen die grundlegenden
Kriegserfahrungen erspart blieben. Sterben und Tod, Angst und Verlust waren
Teile einer gemeinsamen Kriegserfahrung sowohl in London als auch in Drvar.
Mitglieder der Exilregierung in London waren jedoch keine Kämpfer. Sie diskutierten in der UNWCC über einen juristischen Rahmen für die Ahndung von
Kriegsverbrechen, von denen sie gelesen und gehört hatten. Velebit, Hrnčević,
Starčević und Divjanović sahen die Folgen von Ausplünderung, Verwüstung
und Vernichtung täglich. Ihre soldatischen Kriegserfahrungen beeinflussten
von Kriegsbeginn an das Normensystem, das die Volksbefreiungsbewegung
schuf.

Während im von Velebit ausgearbeiteten Befehl über die Gründung von
Militärgerichten weder Verstöße noch Rechtsfolgen klar definiert waren, wurde
der Erlass über die Einrichtung ständiger Militärgerichte vom 24. Mai 1944

---

285   Hrnčević, Svjedočanstva, 92.

konkreter.[286] Zu dieser Zeit hatte bereits Josip Hrnčević die Leitung der militärgerichtlichen Abteilung übernommen, da Velebit in die militärdiplomatische
Mission befördert wurde.[287] Hrnčević war ebenfalls Jurist und in der Zwischenkriegszeit als Richter tätig. Mitglied der Kommunistischen Partei wurde er
deutlich früher als Velebit, nämlich bereits 1933, und er war, anders als Velebit,
überzeugter Kommunist.[288] Vom Militärrecht wusste er nach eigenen Angaben
nichts. Eine große Unterstützung waren ihm daher Dr. Gabrijel Divjanović
(1913–1991), ebenfalls Jurist, mit großem Interesse für Astronomie und Ante
Starčević, ein weiterer Jurist und Oberstleutnant der Volksbefreiungsarmee.[289]

In 35 Artikeln definierte der Erlass über die Militärgerichte deren Einrichtung und die Zuständigkeit (Art. 1–11), die Straftaten und die Strafen (Art.
12–17), das Prozedere (Art. 18–30) und die Schlussbestimmungen (Art. 31–35).
Militärgerichte waren für alle Vergehen zuständig, die sich gegen den Volksbefreiungskampf, gegen seine Errungenschaften und Interessen richteten
sowie für alle Straftaten des militärischen Personals und der Kriegsgefangenen,
außer bei Straftaten, die in die Zuständigkeit des Höheren Militärgerichts
fielen.

Der erste Teil definierte die Regeln zur Einrichtung von Militärgerichten. Bei
jedem Korps und jeder Division waren Militärgerichte zu bilden, die weiterhin aus drei Mitgliedern bestanden: dem Vorsitzenden und zwei Beisitzern.
Den Vorsitzenden bestimmte der Oberste Stab. Als Beisitzer waren ein Offizier aus dem Stab des Korps bzw. der Division sowie ein Unteroffizier oder ein
Soldat ebenfalls aus dem Korps oder der Division zu bestimmen. Das Höchste
Militärgericht wurde beim Obersten Stab gebildet. Dessen Vorsitzender war
gleichzeitig Leiter der militärgerichtlichen Abteilung beim Obersten Stab – zu
diesem Zeitpunkt also Hrnčević selbst. Das Höchste Militärgericht bestand aus
mehreren Ausschüssen (v[ij]eće, SF), die ebenfalls aus drei und in Einzelfällen
auch aus mehreren Mitgliedern zusammengesetzt waren. Art. 10 bestimmte,
dass die Militärgerichtsausschüsse über jeden Fall selbstständig urteilten.
Während bei den Mitgliedern der Militärgerichte keine besonderen Vorgaben
hinsichtlich ihrer juristischen Vorbildung gemacht wurden, regelte Art. 11, dass
zu jedem Ausschuss ein Sekretär gehörte, nach Möglichkeit ein ausgebildeter
Richter oder Jurist. Der Sekretär sollte vom Militärgericht ernannt werden,
„aus Reihen von Personen, die im Befreiungskampf geprüft worden sind".

---

286   Uredba o vojnim sudovima, in: Dizdar, Partizanska i komunistička represija, Bd. 1, 35–41.
       Alle weiteren Zitate des Erlasses sind dieser Quelle entnommen.
287   Hrnčević, Svjedočanstva, 91.
288   Hrnčević, Svjedočanstva, 29.
289   Hrnčević, Svjedočanstva, 93.

Seine Aufgaben waren administrativer Natur und er hatte im Ausschuss eine beratende Stimme.

Nach sowjetischem Vorbild des Ukaz 43, der bei der Verfolgung von Kriegsverbrechen zwischen Taten der „deutschen faschistischen Übeltäter" und Taten der „Vaterlandsverräter" differenzierte,[290] unterschied der jugoslawische Erlass über Militärgerichte nach Art. 12 hinsichtlich des Tatbestandes zwischen Kriegsverbrechen, Taten der „Volksfeinde" sowie Straftaten der Militärangehörigen und Kriegsgefangenen. Während also das sowjetische Recht „den Vaterlandsverrat" hervorhob, waren die jugoslawischen Kommunisten in einer anderen Situation und betonten, wie bereits dargelegt, den „Verrat" am jugoslawischen Volk.

Als Kriegsverbrecher galten nach Art. 13 entweder Staatsbürger Jugoslawiens oder der Besatzungsmächte oder anderer Staaten, die sich folgender Tatbestände schuldig gemacht hatten: „Initiatoren, Organisatoren, Befehlgeber sowie Beihelfer und unmittelbare Vollzieher von Massentötungen, Folter, Zwangsaussiedlung, Zwangsverschleppung in die Lager und zur Zwangsarbeit, Verwüstung und Raub vom Volks- und Staatseigentum; alle einzelnen Eigentümer von Land und Unternehmen in Jugoslawien und den Besatzungsstaaten und anderen Ländern, die unmenschlich die Arbeitskraft der zur Zwangsarbeit abgeführten Menschen exploitiert haben; Funktionäre des Terrorapparats und der terroristischen bewaffneten Formationen der Besatzer sowie Einheimische im Dienst der Besatzer; Einheimische, die unser Volk für die feindliche Armee mobilisiert haben."

Im Mai 1944 hatten Hrnčević und seine Helfer bereits einiges an Grundlagenmaterial gesammelt, um den Erlass sowohl an jugoslawische Bedürfnisse, aber auch an internationale Diskussionen und sowjetische Vorbilder anzupassen.[291] Abgesehen von Massentötungen, Folter sowie Zwangsverschleppung und Zwangsarbeit war, wie später auch nach dem Londoner Statut, Zugehörigkeit zu gewissen Kategorien von Verbrechervereinigungen oder

---

290 Verkündet am 19. April 1943 „Über Maßnahmen zur Bestrafung deutsch-faschistischer Verbrecher, schuldig der Tötung und Mißhandlung der sowjetischen Zivilbevölkerung und gefangener Rotarmisten, sowie von Spionen und Vaterlandsverrätern aus den Reihen der Sowjetbevölkerung und deren Unterstützer", siehe Schulmeister-André, Internationale Strafgerichtsbarkeit unter sowjetischem Einfluss, 134–135; Zur Anwendung siehe auch Manfred Zeidler, Stalinjustiz contra NS-Verbrechen Die Kriegsverbrecherprozesse gegen deutsche Kriegsgefangene in der UdSSR in den Jahren 1943–1952. Kenntnisstand und Forschungsprobleme (Dresden: Hannah-Arendt-Institut für Totalitarismusforschung 1996), 17–18.

291 HDA, Fonds Josip Hrnčević, Ohne Nummer. In Hrnčevićs Fonds finden sich die Übersetzungen der Atlantik-Charta, der Beschlüsse der Moskau-Konferenz sowie der Konferenz von Teheran, der Alliierten (Londoner) Erklärung vom 5. Januar 1943 sowie der Sowjetischen Verfassung vom 16. Juli 1938.

Organisationen strafbar. Eine jugoslawische Besonderheit war eine konkrete
Nennung von Einheimischen, die für die Besatzungsmächte Soldaten mobilisierten, sowie von Profiteuren der Zwangsarbeit. Auf der anderen Seite fehlte,
wie von Hrnčević selbst betont, der Tatbestand der Zwangskonversion, der in
Jugoslawien eine wichtige Rolle spielte.[292]

Als „Volksfeinde" galten nach Art. 14 „alle aktiven Ustascha, Tschetniks und
Angehörige anderer militärischer Einheiten, die im Dienst des Feindes stehen,
sowie deren Organisatoren und Beihelfer; alle die auf irgendeiner Weise dem
Feind dienen – als Spione, Zusteller, Kuriere, Agitatoren und ähnlich; diejenigen, die das Volk gezwungen haben, seine Waffen an den Besatzer zu übergeben; alle, die sich gegen die Volksgewalt wenden und gegen sie arbeiten; alle,
die Volksarmee bekämpfen oder auf eine andere Weise dem Besatzer helfen
oder geholfen haben; alle die schweren Mord verüben oder schweren Raub
und ähnliches." Auch hier war der Erlass, nach Hrnčević, „elastisch genug",
einerseits um dem Gericht die Möglichkeit zu lassen, auch andere Formen der
Zusammenarbeit mit dem Besatzer zu ahnden, aber auch alle Gegner der neu
begründeten Ordnung zu bestrafen.[293] Wie bereits betont, beruhte die Unterscheidung zwischen Kriegsverbrechern und „Volksfeinden" auf der Vorstellung
von fremden Besatzern und ihren einheimischen „Lakaien"; auf der Vorstellung von Ideengebern und den „Verführten". Die ersteren waren als Kriegsverbrecher anzuklagen, als aktive Anstifter und Urheber, als Organisatoren
und Befehlsgeber von Verbrechen. Tschetniks, Ustascha und Mitglieder anderer kollaborierender militärischer Einheiten galten als „Volksfeinde", da sie im
Dienst des Feindes standen und das „Volk" verrieten. Diese Interpretation des
Zweiten Weltkriegs und des jugoslawischen Bürgerkriegs setzte sich sehr früh
fest. Sie war auf unterschiedlichen Ebenen wirksam. Nach dieser Sicht trugen
die deutschen Besatzer die Gewalt nach Jugoslawien hinein und ließen sie dort
von ihren barbarischen „Dienern", den Mitgliedern der Ustascha, Tschetniks
und Weißgardisten, ausüben, die aus krankhaften Trieben handelten. Wie sehr
damit die Auseinandersetzung mit der Verantwortung lokaler Gesellschaften
für den Massenmord ausblieb, wie Alexander Korb im Kontext des Narrativs
vom archaischen Ustascha-Täter überzeugend dargelegt hat, wird noch in den
nächsten Kapiteln analysiert.[294]

Der Art. 15 definierte Straftaten für das militärische Personal wie die Ver-
weigerung des Militärdienstes, Fahnenflucht, Geheimnisverrat, unterlassene

---

292   Josip Hrnčević, Uredba o vojnim sudovima iz 1944. godine – jedan dokument iz Drvara,
      Bilten pravne službe JNA (1974) 3, 9.
293   Hrnčević, Uredba, 9.
294   Korb, Im Schatten des Weltkriegs, 261.

Hilfeleistung sowie brutaler Umgang mit der Bevölkerung. Das waren Maßnahmen zur Disziplinierung der Volksbefreiungsarmee, wobei solche Fälle nach Hrnčević sehr selten waren.

Wie stark die Erfahrung des Kriegs und Bürgerkriegs die Väter des Erlasses prägte, ist sichtbar aus dem vorgeschriebenen Strafenkatalog. Strafen sollten zwar einen vorbeugenden Charakter haben und zu einer Resozialisierung beitragen,[295] doch wie sollte das unter Kriegsbedingungen möglich sein? Es erscheint daher konsequent, dass nach Art. 16 auf relativ milde Strafen wie strenge Verwarnung, Geldstrafen oder Degradierung über strengere Strafen wie Entlassung, Vertreibung aus dem Wohnort oder bis zu 24 Monate Zwangsarbeit direkt die Todesstrafe folgte. Der Krieg war noch nicht zu Ende. Gefängnisse, die langfristig unter der Kontrolle der Partisanen standen, gab es nicht. Die Häufung von Todesstrafen überrascht in diesem Zusammenhang nicht. Allerdings sollte jedes Todesurteil vom Höchsten Militärgericht bestätigt werden. Mit einer Todesstrafe ging nach Art. 17 auch der Verlust militärischer bzw. bürgerlicher Ehre sowie die Konfiskation des Eigentums der verurteilten Person in den Volksbefreiungsfonds einher. Strengere Strafen konnten auf Bewährung ausgesetzt werden.

Besondere Aufmerksamkeit widmete der Erlass der Aufgabe des Ermittlungsrichters. Dieser sollte die beschuldigte Person und die Zeugen vernehmen sowie entlastende und belastende Beweise sammeln. Ein Schriftführer war vorgesehen, nicht nur, um die Vernehmung aufzuzeichnen, sondern auch, um Zeugenschaft über ihre Rechtmäßigkeit zu belegen. Wie Velebit wies auch Hrnčević auf die enge Verzahnung der militärrechtlichen Strukturen und dem Geheimdienst hin. Gerade die Ermittlungsrichter waren häufig Leute des Geheimdienstes, der ein besonderes Interesse an Tatbeständen der Spionage oder der „fünften Kolonne" hatte.[296] Die Ermittlungsrichter bekamen auch das Recht, Anklagen zu erheben, und fungierten als Ankläger, falls beim Militärgericht keine existierten. Die Angeklagten hatten das Recht auf einen Verteidiger. Die Verhandlung war öffentlich, konnte aus besonderen Gründen jedoch geschlossen ablaufen.

Ein Recht auf Revision war nicht vorgesehen: Dadurch jedoch, dass schwere Strafen sowie die Todesstrafe vom Höchsten Gericht bestätig werden mussten, war ein Korrektiv eingebaut. Der oberste Befehlshaber der Volksbefreiungsarmee konnte nach Art. 31 auf Vorschlag des Höchsten Gerichts verurteilte Personen amnestieren, den bereits begonnenen Prozess aufheben oder noch vor der Eröffnung einstellen. Damit bekam Tito durch seine Gnadenbefugnis

295   HDA, Fonds Hrnčević, Upute za organizaciju i rad sudova, 2.
296   Hrnčević, Uredba, 11.

weitreichende Eingriffsmöglichkeiten in die Militärgerichtsbarkeit. Seine herausragende Stellung wurde damit ausgebaut, denn traditionell ist das Begnadigungsrecht ein Privileg des Staatsoberhauptes. Sowohl Djilas als auch Velebit beschrieben in ihren Erinnerungen den Wandel von Tito nach der zweiten Sitzung von AVNOJ vom Guerillaführer zum Staatschef.[297] Der Erlass über Militärgerichte verdeutlicht, wie dieser Wandel institutionalisiert wurde. In der Praxis zeigte sich, und darüber wird detaillierter im dritten Kapitel geschrieben, dass er seine Prärogative häufig genug nutzte.

Die deutsche Operation Rösselsprung, die Flucht des Obersten Stabs und Titos aus Drvar sowie das Beziehen des neuen Hauptquartiers aus Vis führten dazu, dass der Erlass erst in der zweiten Junihälfte 1944 an die Korps verschickt wurde.[298] Er behielt seine Gültigkeit bis August 1945, als die Vorläufige Versammlung das Gesetz über den Staatsschutz verkündete. Hrnčević verschickte den Erlass zusammen mit den Richtlinien an die Korps erst im Juli 1944.[299] Er definierte nicht nur die Rechtsnormen, sondern auch administrative Vorgänge, bestimmte die Wappen, die Formulare für die Ermittlungsrichter, alles mit dem Ziel der Gleichförmigkeit und der Nachverfolgung. Das Formular sollte folgende Informationen enthalten: „a.) Vorgangsnummer, b) Tag der Verhaftung, c) Tag der Inhaftierung, d) Vorname, Name, Spitzname, Beruf und Wohnort des Inhaftierten, e) Straftat, f) Tag der Entlassung, g) wie ist er entlassen und h) Anmerkung." Diese Formulare bezogen sich in erster Linie auf die Disziplinarstrafen, die bei Vergehen der Partisanen zum Tragen kamen. Bei Todesstrafen wies Hrnčević darauf hin, dass dem Urteil eine Einschätzung der Tatsache beizufügen sei, wie die Bevölkerung auf das Verbrechen respektive auf die Strafe reagiert habe, bevor alle Unterlagen an die nächste Instanz weitergeleitet würden. Da Hrnčević qua Amt Vorsitzender des Höheren Militärgerichts war, wollte er mehr über die Stimmung erfahren, in welcher Prozesse geführt wurden, bevor sein Gericht Urteile bestätigte oder nicht. An dieser Stelle zeigt sich, dass die Kommunisten das von ihnen gern zitierte „angeborene Rechtsgefühl unseres Volks"[300] bei ihrer Rechtsprechung zumindest berücksichtigen wollten. In seinen Erinnerungen führte Hrnčević

---

297   Siehe z.B. Velebit, Moj život, 359–362; 434–437; Đilas, Der Krieg der Partisanen, 467. Über Titos charismatische Herrschaft siehe auch Marc Halder, Josip-Broz Tito (1892–1980). Die charismatische Herrschaft des sozialistischen Monarchen in Jugoslawien, in: Martin Sabrow / Susanne Schattenberg (Hg.), Die letzten Generalsekretäre: kommunistische Herrschaft im Spätsozialismus (Berlin: Ch. Links Verlag 2018), 15–36.

298   Hrnčević, Uredba, 6.

299   Uputstvo Vojnosudskog odeljenja Vrhovnog štaba NOV i POJ od jula 1944. o poslovanju vojnih sudova NOVJ, in: Trgo, Zbornik dokumenata i podataka o NOR, Bd. XIII/2, 422.

300   Blažević, Tražio sam crvenu nit, 117.

den Fall einer Achtzehnjährigen auf, die nach der Befreiung Belgrads exemplarisch wegen Diebstahls zum Tode verurteilt wurde. Hrnčevićs Höheres Militärgericht wandelte die Strafe um, weswegen er mitten in der Nacht bei Aleksandar Ranković vorgeladen wurde.

Er hat mich sofort in scharfem Ton gefragt, warum wir das Urteil dieses Mädchens umgewandelt haben, wenn man durch exemplarische Strafen Diebstähle und Raub in der Stadt verhindern solle – und er fügte hinzu, dass er mich absetzen werde. Ich habe ihm den Fall geschildert und gesagt, dass wir im Gericht meinen, dass wir dieses Mädchen, fast ein Kind, das sich vor dem Abschlachten seitens der Ustascha gerettet hatte, nicht zum Tode verurteilen können, sowie dass sich ihr Fall nicht zum Statuieren eines Exempels eigne.[301]

So sehr, wie Hrnčević die Stimmungen und Gefühle „des Volks" bei seiner Urteilsfindung berücksichtigen wollte, geht aus seinen Erinnerungen auch hervor, welche Macht-Kompetenzen und Überschneidungen die Militärgerichtsbarkeit von Anfang an begleiteten. Wie Velebit das für seine ersten Prozesse auch schilderte, war der Geheimdienst immer eine zu berücksichtigende Instanz. So konnte der Geheimdienstchef Ranković mitten in der Nacht den Vorsitzenden des Höheren Militärgerichts zu sich bestellen und die Korrektur eines Urteils verlangen. Im oben geschilderten Fall ging Ranković auf die Argumente Hrnčevićs ein. Das Beispiel zeigt nur, dass die Normen und Gesetze situationsbedingt weniger Wert waren als das Papier, auf dem sie geschrieben waren. Und dass die Jurisdiktion während des Kriegs viel stärker davon abhing, ob die Kommunikation mit dem Obersten Stab überhaupt gegeben war, zeigen die Entwicklungen in Slowenien. Hrnčević wollte die Partisanen-Justiz unbedingt von der Justiz des Ersten Jugoslawiens sowie der Gerichtsbarkeit der Besatzer und ihrer jugoslawischen Unterstützer abheben. Daher sah er in seinem Erlass von der Gründung außerordentlicher Gerichte oder Standgerichte ab. Da sich in slowenischen Regionen eine eigene Militärgerichtsbarkeit formiert hatte, in der Standgerichte vorgesehen waren, empfahl er dringend ihre Auslösung.[302] Auch hinsichtlich der slowenischen Entscheidungen über die Befugnisse der Staatsanwälte war z.B. Kardelj unzufrieden und wies die slowenischen Genossen an, ihre Entscheidungen zu ändern.[303]

---

301   Hrnčević, Svjedočanstva, 96.
302   HAD, Fonds Hrnčević, Izvještaj, 1.
303   Pismo člana politbiroa CKKPJ i člana Vrhovnog štaba NOV i PO Jugoslavije Edvarda Kardelja Krištofa od 6. maja 1944 sekretaru Ceralnog komiteta KP Slovenije Francu Leskošeku Luki, in: Trgo, Dokumenti Vrhovnog štaba, Bd. II/2, 49.

1.4   Gemeinsame Kommission

Der Kriegsverlauf und die Entscheidung Churchills, die Partisanenbewegung mit Waffen und anderen Hilfen zu unterstützen, brachten die Exilregierung und den König in Bedrängnis. Fitzroy Maclean erinnerte sich:

> Meanwhile, the Foreign Office was doing what it could to bridge the gap between Tito and the Royal Jugoslav Government in London. It was no easy task. The gap was one not only of space, but of time, a difference not only of outlook, but of experience. King Peter, it is true, had, as a gesture, publicly broken with Mihajlović and called upon his people to support Tito. But, coining when it did, this volteface only served to antagonize one faction without impressing the other.[304]

Wie Maclean schreibt, entzog Petar II. am 29. August 1944 Mihailović das Kommando über die „Jugoslawische Armee in der Heimat", wie der offizielle Titel seiner Einheiten war. Am 12. September 1944 wandte er sich über BBC an die jugoslawische Bevölkerung und rief alle Serben, Kroaten und Slowenen auf, sich zu vereinigen und der Volksbefreiungsbewegung beizutreten. Mit Pathos betonte er: „Alle die sich an den Feind anlehnen, gegen die Interessen des eigenen Volkes, werden es nicht schaffen, das Brandmal der Verräter von sich zu entfernen, weder vor dem Volk noch vor der Geschichte."[305]

Die Entscheidung des jungen Königs, sich von Mihailović abzuwenden, hatte weitreichende Konsequenzen: Die Frage nach Legalität und Legitimität der Partisanenbewegung war nun vom Tisch, doch die Vorwürfe über den Verrat der Exilregierung und des Königs, das gegenseitige Misstrauen, saßen tief. Zudem war der öffentliche Bruch mit Mihailović aufgrund des britischen Drucks entstanden und eine Folge der Verhandlungen zwischen dem Regierungspräsidenten im Exil, Šubašić und Tito. Tito setzte sich mit seinen Vorstellungen durch: Eine gemeinsame Übergangsregierung aus königlichen und Ministern des Nationalen Komitees wurde gebildet und die Frage der staatlichen Einrichtung auf die Nachkriegszeit verschoben.

Für die königliche Kommission bedeutete das in der Praxis die Eingliederung in die Staatliche Kommission. Organisatorisch wurde sie zur Delegation in London. Vladimir Milanović vertrat die jugoslawische Regierung weiterhin

---

304   Maclean, Eastern Approaches, 447f.

305   Govor kralja Jugoslavije Petra II u londonskoj emisiji B. B. C. na srpskohrvatskom jeziku 12. septembra 1944. sa pozivom na ujedinjenje Srba, Hrvata i Slovenaca pod rukovodstvom komandanta Narodnooslobodilačke vojske Jugoslavije maršala Tita, in: Trgo, Zbornik dokumenata i podataka o NOR, Bd. XIV/4, 1041.

in der UNWCC und beteiligte sich insbesondere an Diskussionen, deren Entscheidungen die Ahndung von Verbrechen im zerstückelten und besetzten
Jugoslawien erleichtern sollten. Ganz vehement setzte er sich dafür ein, dass
die NS-Satellitenstaaten in den Memoranden und Resolutionen der UNWCC
im gleichen Zug mit den Achsenmächten genannt wurden, z.B. in Vorschlägen
für den Waffenstillstand.[306] Er argumentierte, dass deren Verbände in Jugoslawien die gleichen Verbrechen wie die SS und die Gestapo begangen hätten
und die Bevölkerung unter gleichen Folgen leide. Milanović ging es darum,
dass nicht nur die Mitglieder der SS und der Gestapo und anderer vor der
UNWCC als verbrecherisch diskutierten Organisationen pauschal nach dem
Waffenstillstand in Gewahrsam genommen werden konnten, sondern auch
leitende Mitglieder der entsprechenden militärischen und politischen Organisationen der Satellitenstaaten.

Milanović wurde zum jugoslawischen Botschafter in Belgien ernannt,
sodass Radomir Živković seine Aufgabe übernahm. Bereits am 22. August 1944
begleitete er ihn zur 28. Sitzung der UNWCC und ab dem 26. September war
er dann allein als jugoslawischer Delegierte bei der UNWCC.[307]

In der zweiten Hälfte 1944 leistete die UNWCC außerordentliche Arbeit und
ihre Unterkomitees legten mit ihren Resolutionen und Empfehlungen Grundlagen für die internationale Ahndung von Kriegsverbrechen. Zahlreiche Themen bestimmten ihre Agenda: von der Gründung besonderer United Nations
Mixed Military Tribunals for the Trial of War Criminals über den Transfer von
Kriegsverbrechern, deren Auslieferung bis zu der Frage, was eigentlich Kriegsverbrechen seien. Nach Akten der UNWCC zu urteilen, war es insbesondere
Bohuslav Ečer, der mit seiner Vorarbeit vor der UNECC stark für die Imple-
mentierung der Konzepte „crimes against humanity" sowie „aggressive war"
plädierte.[308] Inzwischen liegen einige Studien darüber vor, die Ečers Engagement mit Ideen Hersch Lauterpachts und Aron Trainins verbinden.[309] Vieles
deutet darauf hin, dass ihn insbesondere Trainins Ideen inspirierten, vor der
UNWCC für die Kodifizierung des „aggressive war" als Kriegsverbrechen zu
plädieren.

In seiner Erklärung des „aggressive war" bezog Ečer sich in erster Linie
darauf, dass es ihm nicht um die Frage gehe, ob jeder Angriffskrieg ein

---

306   UNWCC, Minutes of twenty-fourth Meeting held on 11 July 1944, USHMM, UNWCC,
       RG-67.041M.0033.00000564.
307   UNWCC, Minutes of thirty-third Meeting held on 26 September 1944, USHMM, UNWCC,
       RG-67.041M.0033.00000641.
308   UN Archive, UNWCC, Reel 36 Committee III, http://www.unwcc.org/unwcc-archives/
       (überprüft am 14.4.2019). Siehe auch Kerstin von Lingen, Setting Path.
309   Polunina, The Human Face of Soviet Justice?; Hirsch, Soviets at Nuremberg, 36.

Kriegsverbrechen sei, sondern, dass der Zweite Weltkrieg dies auf jeden Fall
gewesen sei:

> The Second World War was planned, prepared and launched by the Axis rulers
> and military loaders not only as an aggressive war but as a total one. And this
> is, from the criminological point of view, a very important fact. A total war as
> conceived, planned, prepared and launched by the Axis rulers and military lead-
> ers in accordance with their gangster- and pirate philosophy is a criminal war
> because of its criminal aims and of its criminal means.[310]

Zunächst schien es, als würde seine Einstufung des Angriffskriegs als Kriegsverbrechen an der Ablehnung seitens Großbritannien scheitern. In den folgenden Diskussionen spielten Milanović und sein Nachfolger Živković eine
wichtige Rolle.[311] Die Delegierten aus Frankreich (Gros) und Griechenland
(Stavropoulos) stärkten die britische Position, während sich der norwegische
(Colban) und der belgische (de Bear) Delegat enthielten. Živković versuchte
zu vermitteln und betonte, dass alle Delegierten damit einverstanden gewesen
seien, dass „launching and waging a war of aggression" illegal seien."[312] Er
schloss sich Ečer an und regte an, dass die Kommission diese Problematik an
die alliierten Regierungen übermittele und von der Kommission die Empfehlung ausgesprochen werde, dass der Angriffskrieg nicht nur künftig als Kriegsverbrechen zu deklarieren sei, sondern dieser Grundsatz auch retroaktiv
bezogen auf den Zweiten Weltkrieg zu gelten habe. Živković stimmte sein
Handeln eng mit der Tito-Šubašić-Regierung ab und holte sich regelmäßig
die Erlaubnis, bestimmte Haltungen zu vertreten und Meinungen zu äußern.
Nach Ečer habe ihm Živković mitgeteilt, dass die Haltung seiner Regierung
bezüglich des Angriffskriegs mit dem sowjetischen Standpunkt abgestimmt
wurde, auch wenn die Sowjetunion kein Mitglied der UNWCC sei.[313] Daher
hatte sich Jugoslawien seinem Antrag nach „minority report" angeschlossen.
Auch andere Kommissionsmitglieder und in erster Linie Herbert Pell als Präsident interessierten sich für die Position der Sowjetunion und baten Ečer, vor
der Kommission die Thesen von Trainin vorzustellen.[314]

---

310 Scope of the retributive action of the United Nations according to their official decla-
     rations, UN Archive, UNWCC, Reel 36 Committee III, 3, http://www.unwcc.org/unwcc-
     archives/ (überprüft am 14.4.2019).

311 USHMM, Government in exile (Fond 103), RG-49.004M, Reel 4, box 114, File 449.

312 Michael S. Blayney / Herbert Pell, War Crimes, and the Jews, *American Jewish Historical
     Quarterly* 65 (1976), 335.

313 Národní archiv (Nationalarchiv), Fonds 615, Úřad československého delegáta v komisi pro
     stíhání válečných zločinců, 1942–1949, Nr. 1621.

314 NA, Fonds 615, Nr. 1621.

Sicherlich waren die Vorstöße der Sowjetunion von Bedeutung. Das haben Francine Hirsch und Valentyna Polunina in ihren Arbeiten mehrfach belegt.[315] Der Prozess von Kharkov, der Grundlagen des sowjetischen Umgangs mit Kriegsverbrechen öffentlich machte, fand den Weg ins Memorandum des Komitees III als Beweis dafür, dass der Zweite Weltkrieg als totaler Krieg geplant worden war.[316] Am stärksten scheint aber eine andere Entwicklung die Stimmung in der Kommission beeinflusst zu haben, Ečers „minority report" zu akzeptieren. Viele Delegierte waren mit der institutionellen Fehlkonstruktion der UNWCC und den eher wenigen konkreten Ergebnissen ihrer Arbeit unzufrieden. Und einige wandten sich an die Presse oder ließen ihre persönlichen Verbindungen spielen, um die Haltung der Großalliierten zu beeinflussen, allen voran der amerikanische Delegierte Herbert Pell, aber auch der australische Vertreter Lord Wright of Durley. Pell hatte seine Position seiner Freundschaft mit dem amerikanischen Präsidenten Roosevelt zu verdanken und versuchte, trotz aller Konflikte und Hinderungen seitens des State Departments, unterschiedliche Anliegen der UNWCC durchzusetzen. Im September 1944 veröffentlichte die Washington Post einen Artikel des amerikanischen Reporters Friedrich Kuh darüber, dass weder eine Anklage gegen Hitler noch andere führende NS-Verantwortliche vorbereitet sei.[317] Es war vermutlich Pell selbst, der die Informationen an die Presse weitergeleitet hatte, wobei Kuh grundsätzlich sehr gut vernetzt war.[318] Der norwegische Delegierte Colban beschwerte sich jedenfalls während der Sitzung vom 26. September 1944 über den Artikel und sagte, „that Mr. Kuh in conversation with a Norwegian official in London had claimed to have obtained his information from two members of the Commission."[319] Kuh ließ durchblicken, dass es norwegische und britische Delegierte seien, die kein Interesse daran zeigten, Verbrechen an Juden zu ermitteln, die keine Staatsbürger der Vereinten Nationen seien. Colban war empört und betonte, dass die Treffen der Geheimhaltungspflicht unterlägen sowie keine nicht autorisierten

---

315   Hirsch, Soviets at Nuremberg; Polunina, The Human Face of Soviet Justice?

316   Scope of the retributive action of the United Nations according to their official declarations, UN Archive, UNWCC, Reel 36 Committee III, 11, http://www.unwcc.org/unwcc-archives/ (überprüft am 14.4.2019).

317   Frederick Kuh, War Crimes Group Lists But 350 Names: Hitler, Himmler, Other Nazi Bigwigs Omitted by Commission in London, *Washington Post*, September 17, 1944.

318   Christopher Simpson, The Splendid Blond Beast: Money, Law, and Genocide in the Twentieth Century (New York: Grove Press 1993), 178.

319   UNWCC, Minutes of thirty-third Meeting held on 26th September 1944, USHMM, UNWCC, RG-67.041M.0033.00000641.

Personen Einblick in die Dokumente der UNWCC bekommen sollten.[320]
Auch der amtierende Vorsitzende Cecil Hurst bezeichnete die Enthüllungen
als bedauerlich, insbesondere weil ihm selbst vorgeworfen wurde, dass er eine
Aufnahme Hitlers auf die Liste verhindere. Der australische Delegierte Lord
Wright of Durley reagierte gleich und regte an, die Definition der Kriegsverbrechen zu erweitern. Seiner Meinung nach war die Verfolgung von Juden in
Deutschland ein offensichtliches Kriegsverbrechen, das die Kommission bei
ihrer Arbeit an den rechtlichen Normen der Ahndung berücksichtigen solle.
Das war auch im Artikel von Kuh als Lösung des Problems vorgeschlagen worden: eine Änderung der Definition von Kriegsverbrechen und ihre Erweiterung
um alle Verstöße, die sich gegen Menschen aufgrund ihrer Rasse, Religion oder
politischen Einstellungen richten, unabhängig davon, welcher Nationalität die
Opfer sind oder auf wessen Territorium sich die Verstöße ereignen.[321] In Ečers
Worten bedeutete das, „the crimes began long before the war, in preparation
for this war, with the physical extermination of whole classes of their own citizens because of race, religion or political beliefs; and thereby the Axis rulers
and especially the Fascists in Italy and the Nazis' in Germany, prepared for the
second world war."[322] Deswegen sei eine neue Kategorie einzuführen und zwar
„crimes against humanity", die er mit der Präambel der Haager Konvention
gedeckt sah, die Martens'sche Klausel. Diese Klausel, nach dem russischem
Juristen Friedrich Martens genannt, definierte, dass nach Fällen, „die von den
geschriebenen Regeln des internationalen Rechts nicht erfasst sind, [...] Zivil-
personen und Kombattanten unter Schutz und der Herrschaft der Grundsätze
des Völkerrechts [verbleiben], wie sie sich aus den feststehenden Gebräuchen,
aus den Grundsätzen der Menschlichkeit und aus den Forderungen des öffentlichen Gewissens ergeben."[323]

In der anschließenden Diskussion plädierte der holländische Delegierte
de Moor dafür, dass die Kommission die gesamte deutsche Regierung als verantwortlich für die Kriegsverbrechen erkläre. Die meisten Delegierten waren
dafür: Živković betonte, dass nur so die Bombardements von Städten oder die

---

320 UNWCC, Minutes of thirty-third Meeting held on 26th September 1944, USHMM,
     UNWCC, RG-67.041M.0033.00000641.

321 Kuh, War Crimes.

322 Scope of the retributive action of the United Nations according to their official declara-
     tions, UN Archive, UNWCC, Reel 36 Committee III, 12, http://www.unwcc.org/unwcc-
     archives/ (überprüft am 14.4.2019).

323 Abkommen, betreffend die Gesetze und Gebräuche des Landkrieges vom 18. Oktober
     1907, Haager Landkriegsordnung, https://archive.org/stream/HaagerLandkriegsord-
     nungHLKOUnbekannt/Haager%20Landkriegsordnung%20%28HLKO%29%20-%20
     Unbekannt_djvu.txt (überprüft am 14.4.2019).

Einziehung von Zwangsarbeitern geahndet werden könnten. Dirk Moses hat bereits betont, dass insbesondere die britische und die amerikanische Regierung die Diskussionen um die Neuausrichtung des internationalen Strafrechts gebremst hatten.[324] Einiges deutet darauf hin, dass die Delegierten daraufhin versuchten, die öffentliche Meinung für ihr Anliegen zu gewinnen. In amerikanischen und in britischen Zeitungen mehrten sich Artikel über die Frage der Ahndung von Kriegsverbrechen sowie das „Scheitern" der UNWCC, und vor der UNWCC mehrten sich Diskussionen über angebliche „Leaks" aus dem Kreis der Delegierten, während Delegierte gleichzeitig versuchten, über persönliche Kontakte, Fürsprecher in Parlamenten zu finden.[325]

Es dauerte aber noch einige Monate, bis sich Ečer mit seiner Ansicht, dass „the preparation and launching of the present total war are crimes because the whole policy which is the background of the present war is a criminal one"[326] durchsetzen konnte. In einer emotionalen Rede appellierte er an die anderen Delegierten und meinte:

> I remember that at the time when I was studying at the University of Vienna in 1911, one of my teachers in criminal law (I don't know if it was Lammasch or Stoos), warned us of danger of becoming prisoners of narrow legalistic rules and conceptions. He told us ‚do not admit in your practice as judges, barristers or officials that law kills justice'. I remember again and again this warning, because the old law, which did not foresee the Nazi criminality, might be an instrument of injustice towards the victims of the Nazis. This law could really kill justice if it were interpreted in a narrow sense. On the other hand, if we take the courageous decision, I can imagine the tremendous impression on public opinion at the time when this decision would be allowed to be published.[327]

Zu diesem Zeitpunkt war Ečer bereits mehrfach gegen Ablehnung seitens der Briten gelaufen. Mit seinem Appell forderte er seine Kollegen auf, mutig zu sein, an die Gerechtigkeit zu denken und an die Opfer von Verbrechen. Er erklärte auch, welche Konsequenzen für die Ahndung von Kriegsverbrechen es hätte, wenn sie den Angriffskrieg nicht als ein solches definierten, wenn die

---

324   Moses, The problems of genocide, 176; 197; 200.

325   War criminals: commission to bring them to justice, in: *The Manchester Guardian* vom 1.2.1945, 1. Siehe auch z.B.: „Indiscretions in the Press", UNWCC, Minutes of the seventh Meeting held on 1st February 1944, USHMM, UNWCC, RG-67041M.033.00000.

326   UNWCC, Minutes of thirty-fifth Meeting held on 10th October 1944, USHMM, UNWCC, RG-67.041M.0033.00000667.

327   UNWCC, Minutes of thirty-fifth Meeting held on 10th October 1944, USHMM, UNWCC, RG-67.041M.0033.00000673.

Invasion sowie deren Folgehandlungen nicht als illegal geächtet wären.[328] Ečer
spürte, dass ihn insbesondere seine britischen und holländischen Kollegen
nicht verstanden, die darauf beharrten, dass man nicht neue Gesetze schaffen und diese dann rückwirkend anwenden könne. In diesem Zusammenhang
hielt auch Živković eine bemerkenswerte Rede, in der er betonte, dass das
geltende internationale Recht den Angriffskrieg nicht eindeutig als Kriegsverbrechen deklariere.[329] Es sei aber auch nicht so, dass es auf diese Weise nicht
interpretiert werden könne. Er forderte seine Kollegen auf, Verantwortung zu
übernehmen und visionär zu sein: „we have to go back to the political aims we
have in view for the future. In other words, as to whether we really do want, or
to not want, to make war a crime."[330]

Der australische Delegierte Lord Wright of Durley teilte seine Ansichten
und stärkte ihm den Rücken. Nach und nach schlossen sich Delegierte Ečers
Meinung, aber es dauerte dennoch Monate, bevor sich etwas tat. Zunächst zog
sich der britische Vorsitzende Hurst zurück. Ab Januar 1945 übernahm Lord
Wright den Vorsitz, regte einige Veränderungen an und beschleunigte die Entwicklung der UNWCC.[331] Wie Narrelle Morris dargelegt hat, war Wright ein
begnadeter Netzwerker.[332] Er verstärkte aber auch die Zusammenarbeit mit
der Presse und warb nun öffentlich für die Anliegen der UNWCC.[333] Die Stimmung innerhalb der Großalliierten änderte sich allmählich, so empfahl die
UNWCC letztlich Aufnahme vom Angriffskrieg und „crimes against humanity" auf die Liste der Kriegsverbrechen.

Die persönlichen Kriegserfahrungen osteuropäischer Delegierter sowie das
Gefühl der Machtlosigkeit in Diskussionen mit ihren westeuropäischen Alliierten wirkten sich stark auf ihr Engagement für die Weiterentwicklung des
internationalen Strafrechts aus. Die Solidarität äußerte sich nicht nur bei der
gegenseitigen Unterstützung im Plenum, sondern auch in anderen Belangen.

---

328 UNWCC, Minutes of thirty-sixth Meeting held on 17th October 1944, USHMM, UNWCC,
      RG-67.041M.0033.00000699.
329 UNWCC, Minutes of thirty-sixth Meeting held on 17th October 1944, UGHMM, UNWCC,
      RG-67.041M.0033.00000683.
330 UNWCC, Minutes of thirty-sixth Meeting held on 17th October 1944, UGHMM, UNWCC,
      RG-67.041M.0033.00000685.
331 Narrelle Morris / Aden Knaap, When Institutional Design Is Flawed: Problems of
      Cooperation at the United Nations War Crimes Commission, 1943–1948, *European Jour-
      nal of International Law* 28 (2017) 2, 513–534, hier nach https://academic.oup.com/ejil/
      article/28/2/513/3933335 (überprüft am 14.4.2019).
332 Narrelle Morris, Australian Representatives to the UNWCC, 1943–1948, *JHIL* 24 (2022),
      425–442.
333 Policy on War Crimes: Lord Wright Chairman of Commission, in: *The Times* (London)
      vom 1.2.1945, 4.

So lobbyierte Ečer bei Vladimir Ribarž, der inzwischen die Aufgabe des jugoslawischen Botschafters in London übernommen und in dieser Funktion Živković einige Male vertreten hatte, dafür, die Bewerbung Egon Schwelbs als „legal officer" bei der UNWCC zu unterstützen.[334] Diese Lobbyarbeit zeigt erneut, wie strategisch die Vertreter kleiner Staaten vorgingen. Es ging auch darum, ihre Leute an die strategischen Stellen zu positionieren. Mit Schwelb teilte Ečer einige Gemeinsamkeiten: Schwelb war auch promovierter Jurist und Sozialdemokrat. Wegen seines politischen Engagements und seiner jüdischen Herkunft hatte ihn die Waffen-SS einen Tag nach Einmarsch der NS-Truppen in Prag festgenommen.[335] Dank britischer Intervention wurde er freigelassen und konnte mit seiner Familie nach London fliehen. Schwelb arbeitete als Sekretär des Komitees III und legte mit seinen Gutachten und seinen Schriften Grundlagen für die Implementation des Konzepts „crimes against humanity" in die UN-Charta.

Eine für Jugoslawien wichtige Frage war der Umgang mit Kriegsverbrechern, die mit Besatzungsmächten ihre ethnische Zugehörigkeit teilten, jedoch jugoslawische Staatsbürger waren. Innerhalb der UNWCC wurden diese als „politische Quislinge" bezeichnet. Noch Ende Oktober schrieb Živković Sir Cecil Hurst an und bat um das Memorandum „On the Treatment of Quislings", da gerade dieses Problem Jugoslawien stark betreffe.[336] Das UNWCC-Memorandum besagte, dass eine Unterscheidung zu machen sei zwischen „politischen Quislingen" und „Kriegsverbrechern", dass die an der UNWCC beteiligten Regierungen die Hilfe der Kommission hinsichtlich der Bestrafung von „politischen Quislingen" anfordern sollten sowie dass Staatsangehörige von Teilnehmerländern der UNWCC unter die Kompetenzen der Kommission fielen.[337]

Auch andere Delegierte brachten Anliegen aus eigenen Ländern vor die Kommission: So wie Ečer sich einsetzte, dass nicht nur Kriegsverbrechen geahndet werden können, die nach Kriegsbeginn begangen wurden, lag es z.B. im Interesse Frankreichs, die Gestapo und die Waffen-SS als kriminelle Vereinigungen zu deklarieren und deren Mitglieder unter das Strafrecht zu stellen. Der französische Delegierte André Gros, ein Jurist und Politikprofessor, schlug vor, die Gestapo und die Waffen-SS nicht als normale militärische

334   USHMM, Government in exile (Fond 103), RG-49.004M, Reel 4, box 114, 566.

335   Egon Schwelb, Ex-Aide of U.N. Rights Division, *The New York Times* vom 22.3.1979, hier nach https://www.nytimes.com/1979/03/22/archives/egon-schwelb-exaide-of-un-rights-division.html (überprüft am 19.4.2019).

336   USHMM, Government in exile (Fond 103), RG-49.004M, Reel 4, box 114, File 447.

337   USHMM, Government in exile (Fond 103), RG-49.004M, Reel 4, box 114, File 447.

Formationen zu betrachten, sondern als „associations de malfaiteurs".[338] Die
Kommission akzeptierte seinen Vorschlag, der später ebenfalls Eingang in das
Londoner Statut fand. Allerdings konnte Gros als französischer Delegierte bei
der Londoner Konferenz selbst für sein Anliegen werben, anders als die anderen UNWCC-Vertreter.[339]

Am 18. Dezember 1944 erreichte ein Brief aus dem bereits von Besatzern
befreiten Belgrad Radomir Živković, unterzeichnet von Dušan Nedeljković
und Milan Bartoš, die ihn im Namen der Staatlichen Kommission aufforderten,
alle Informationen über die UNWCC an sie zu übermitteln, damit sie sich mit
deren Arbeit „genau vertraut machen" konnten.[340] Živković sollte nicht nur
alle offiziellen Akten der UNWCC nach Belgrad übersenden, sondern auch
Angaben über die Mitglieder der UNWCC machen, konkret auch darüber, wer
sie ernannt hatte. Grundsätzlich betonten sie im Brief, den sie mit dem Par-
tisanenspruch „Tod dem Faschismus – Freiheit dem Volke" in Kapitallettern
abschlossen, dass sie „alles über die Problematik der Kriegsverbrecher" wissen
wollen. Konkret forderten sie auch Medienberichte und die Literatur über die
Londoner Konferenz ein, die im Bericht von Bohuslav Ečer erwähnt wurden.
Titos Gefolgsleute sicherten sich die Macht im Land und drängten auch auf die
internationale Bühne. Živković wurde jugoslawischer Delegierter, möglicherweise, weil er Bartoš aus Belgrad kannte, wo sie an der juristischen Fakultät
arbeiteten und im Kreis des damals sehr bekannten serbischen Juristen Živojin Perić (1868–1952) verkehrten.[341] Perić war von 1898 bis 1938 Professor an
der juristischen Fakultät in Belgrad, ein überzeugter Legalist, Pazifist und Verfechter der europäischen Idee, der dann während der Besatzung die Regierung
Nedić beriet.[342] Andererseits hatte Živković bereits ein großes Wissen über
die Vorgänge und Nedeljković hatte als Vorsitzender der Staatlichen Kommission keinen offensichtlichen Grund, um ihn zu ersetzen. Mit der Aufforderung
wurde Živković aber deutlich gemacht, was nun seine Aufgabe war, wo und
wem er künftig zu berichten hatte. Und das war in Belgrad.

---

338 UNWCC, Minutes of forty-second Meeting held on 13th December 1944, USHMM,
     UNWCC, RG-67.041M.0033.00000759.
339 Die Protokolle der Londoner Konferenz geben einen sehr guten Einblick in die unter-
     schiedlichen Vorstellungen, aber auch in die Gemeinsamkeiten der Großalliierten hin-
     sichtlich der Bestrafung von Kriegsverbrechern. Siehe: Report of Robert H. Jackson,
     United States Representative to the International Conference on Military Trials (London:
     Department of State 1945), hier nach https://avalon.law.yale.edu/subject_menus/jackson.
     asp (überprüft am 13.1.2021).
340 USHMM, Government in exile (Fond 103), RG-49.004M, Reel 4, box 114, 541/45.
341 Arhiv Srbije (AS), Fonds Živojin Perić 1925–1944, Fasc. 24, Nr. 260 10/10.
342 Mehr über Perić bei Branka Prpa, Srpski intelektualci i Jugoslavija (Beograd: Clio 2018).

Interessant war Živkovićs Versuch, das Sammeln von Informationen über deutsche Kriegsverbrechen in Italien zu verhindern.[343] Živković äußerte Bedenken, dass Italien nach seiner Kapitulation nicht länger als Achsenmacht betrachtet werde, und betonte dass, „die UNWCC selbst mit der Annahme von italienischen Anzeigen einer dieser Mächte, die diesen Krieg verursacht haben, moralische Unterstützung leiste, [...] noch bevor sie zur Verantwortung gezogen wurde, wegen der Verbrechen, die der Grund für die Etablierung der UNWCC waren."[344] Seine Haltung schlug diplomatische Wellen innerhalb der UNWCC und der britischen Regierung, die mit dem Sammeln und Anzeigen angefangen hatte. Auch Belgrad zeigte sich alarmiert, spielte die Frage der italienischen Kriegsverbrechen für Jugoslawien eine ganz wichtige Rolle. Dabei ging es erneut nicht nur um die Bestrafung von Verantwortlichen, sondern um das diplomatische Ringen um Territorien und künftige Reparationszahlungen. Tito hatte bereits mehrfach betont, dass Jugoslawien die Grenzen von 1918 zu Italien und Österreich nicht akzeptieren werde.[345] Nachweise von italienischen Verbrechen in Jugoslawien sollten nicht vom Tisch verschwinden, nur weil Italien selbst unter deutscher Besatzung litt. Der Kompromiss, vom späteren britischen Botschafter in Italien, Sir Charles Noel, vorgetragen, sah dann so aus, dass die Informationen über NS-Verbrechen in Italien von der Alliierten Kontrollkommission gesammelt werden sollten, die sie dann an die UNWCC übermitteln würde. Gleichzeitig war vorgesehen, dass die Alliierte Kontrollkommission von der italienischen Regierung das Militärarchiv und andere Dokumente einforderte, die im Zusammenhang mit Kriegsverbrechen italienischer Staatsangehörigen an Bürgern der UN standen.[346] Der Art. 29 des Waffenstillstands mit Italien regelte Folgendes: „Benito Mussolini, his Chief Fascist associates and all persons suspected of having committed war crimes or analogous offenses whose names appear on lists to be communicated by the United Nations will forthwith be apprehended and surrendered into the hands of the United Nations. Any instructions given by the United Nations for this purpose will be complied with."[347] Und Živković erwartete von den britischen und amerikanischen Verantwortlichen, dass sie dafür sorgten, jugoslawische Listen zu berücksichtigen. In dieser Frage argumentierte er ganz im Sinne der neuen Tito-Šubašić-Regierung. Tito machte keinen Unterschied zwischen

---

343 USHMM, Government in exile (Fond 103), RG-49.004M, Reel 4, box 114, File 500.

344 USHMM, Government in exile (Fond 103), RG-49.004M, Reel 4, box 114, File 500.

345 Pirjavec, Tito and his Comrades, 131.

346 USHMM, Government in exile (Fond 103), RG-49.004M, Reel 4, box 114, File 500.

347 Armistice with Italy, Instrument of Surrender; September 29, 1943, in: http://avalon.law.
     yale.edu/wwii/italy03.asp#art29 (überprüft am 9.4.2019).

deutschen oder italienischen Verbrechern oder „Quislings". Und während die alliierten Truppen Richtung Norditalien eilten, machten die Jugoslawen aus dem befreiten Belgrad Druck, über die UNWCC bereits erste italienische Kriegsverbrecher nach Jugoslawien auszuliefern.[348]

Tito und die Kommunisten agierten aber vorsichtig. Sie waren auf die Unterstützung seitens der Alliierten angewiesen, so betonten sie ihr rechtmäßiges Vorgehen bei der Bestrafung von Kriegsverbrechern. Am 13. Mai 1944 hatte der Oberste Stab ausdrücklich einen Befehl erteilt, dass Kriegsgefangene nicht erschossen werden dürfen.[349] Dem britischen Offizier Vivian Street sagte Tito, er behalte sich angesichts der schlimmen Verbrechen das Recht vor, den Kriegsgefangenen unmittelbar nach ihrer Inhaftierung auf Grundlage internationaler Gesetze einen Prozess zu machen. Wie Trifković aber richtig betonte, den sowjetischen Pfad der unmittelbaren großen Kriegsverbrecherprozesse betraten die Jugoslawen dann aber doch nicht.[350]

1.5   Amnestie

> Vraćamo se iz rata i nismo zlopamtila [Wir kehren aus dem Krieg zurück und sind nicht
> nachtragend][351]

Nach öffentlichem Bruch zwischen der königlichen Regierung und Draža Mihailović sowie dem Aufruf Petars II. an die jugoslawische Bevölkerung, sich der Volksbefreiungsarmee anzuschließen, bekamen die Partisanen größeren Zulauf. Umgehend nach der Rede des Königs verkündete der Oberste Stab der Partisanen einen „letzten Aufruf" Titos, wonach alle militärischen Einheiten und alle Personen, die bis zum 15. September 1944 auf der feindlichen Seite gekämpft hatten, in die Volksbefreiungsarmee aufgenommen würden, falls sie freiwillig die Seiten wechselten.[352] Konkret bezeichnete er sie als „verführte

---

348   Effie G.H. Pedaliu, Britain and the ‚Hand-over' of Italian War Criminals to Yugoslavia, *Journal of Contemporary History* 39 (2004) 4, 509.

349   Naređenje vrhovnog komandanta NOV i POJ maršala Jugoslavije Josipa Broza Tita od 13. maja 1944 štabu 26. NO divizije da se ni jedan zarobljenik ne sme streljati, a otkrivene zločince sprovesti u Drvar na islešenje, in: Trgo, Zbornik dokumenata o NOR, Bd. 13, 95.

350   Gaj Trifković, Parleying with the Devil. Prisoner Exchange in Yugoslavia, 1941–1945 (Lexington: Kentucky University Press 2020), 293.

351   Meša Selimović, Tišine (Sarajevo: Svjetlost 1972), 14.

352   Poslednji poziv predsednika NKOJ-a i vrhovnog komandanta NOV i POJ maršala Jugoslavije Josipa Broza Tita od 30. avgusta 1944. svim zavedenim slugama okupatora da iz kvislinških i kolaboracionističkih formacija do 15. septembra 1944. pređu na stranu

Diener der Besatzer", die aus Einheiten der „Quislings und Kollaborateure" auf
die Seite der Partisanen wechseln oder ihnen die Waffen übergeben sollten.
Mag der „letzte Aufruf" zunächst barsch klingen, war das vermutlich den eigenen Kämpferinnen und Kämpfern gegenüber nötig. Schließlich konnte die
Rhetorik der vergangenen Jahre nicht im sofortigen Wendemanöver beendet
werden.

Im November 1944 beschloss dann die Präsidentschaft des AVNOJ auf Titos
Vorschlag hin eine allgemeine Amnestie für jeden, „der seine Hände nicht mit
unschuldigem Blut des Volkes"[353] besudelt habe. Dieses Amnestieangebot war
eine Einladung und zugleich eine Warnung an die inneren Gegner. Die Partisanen zeigten sich bereit, Tschetniks, Ustascha und Domobrani in ihre Reihen
aufzunehmen, jedoch nur, wenn diese sich nicht am jugoslawischen Volk ver-
gangen hatten. Das suggeriert, die Partisanen hätten reine Hände; ein Narrativ,
welches ihre Rolle als Verteidiger und Anwälte der jugoslawischen Bevölkerung
moralisch legitimierte.

Um sich als legitime Autorität präsentieren zu können, suchten die jugosla-
wischen Kommunisten nach Zuspruch und Unterstützung in der Bevölkerung.
Ihre Amnestie ist innenpolitisch als Integrationsangebot an die ehemaligen
Gegner zu verstehen, aber auch als ein Versuch, die gespaltene jugoslawische
Bürgerkriegsgesellschaft zu einen. Für wen die Amnestie gedacht war, erklärte
Tito selbst vor der AVNOJ-Präsidentschaft.[354] Gleich zu Beginn seiner Rede
betonte er, dass die Amnestie verständlicherweise nicht für die Organisatoren
und Vollstrecker von Kriegsverbrechen am „Volk" gelte.

> Warum nehmen wir an, dass es nötig ist, eine Amnestie zu verkünden?", fragte
> Tito und setzte gleich fort, „um allen Verführten, die sich in den oben genannten
> Formationen befinden oder diese unterstützen, die Möglichkeit zu geben, ihre
> Fehler vor den Völkern zu korrigieren und ihren Beitrag zu leisten – wenn auch
> spät – an diesen letzten Kämpfen für die Befreiung unseres Landes, die naht;
> damit sie beitragen am künftigen Aufbau unseres neuen demokratischen föde-
> rativen Jugoslawiens.

Wer die „Verführten" sind, das erläuterte Tito auch: die „verführten [oder
irregeführten, SF] serbischen" Bauern, die Draža Mihailović fest in seinen
Klauen halte, die kroatischen Domobrani, Legionari und Ustascha und die

---

NOVJ ili joj predaju oružje i opremu, in: Trgo, Zbornik dokumenata i podataka o NOR,
Bd. XIII/2, 876.

353 *Politika* vom 22.11.1944, 1.

354 Tito vor der Präsidentschaft AVNOJs bei der Verteidigung des Vorschlages nach einer allgemeinen Amnestie. Hier in: Nešović, Zakonodavni rad pretsedništva, 13–15. Alle folgenden Zitate Titos sind dieser Quelle entnommen.

slowenischen Domobranci. Auch wenn der Begriff „*zavedeni*" mehrdeutig und mit unterschiedlichen, auch sexuellen, Konnotationen beladen ist und die Unterwerfung unter den übermächtigen Besatzer suggeriert, verknüpfte Tito den Begriff mit anderen Assoziationen. In seiner Rede suggerierte er, sich „verführen zu lassen" sei eine zutiefst menschliche Eigenschaft und es gehe bei den „Verführten" um die schwachen, jedoch einfachsten und gutwilligen Menschen. Um zu erklären, wie es dazu kommen konnte, dass „sich diese Bürger Jugoslawiens in den schlimmsten Zeiten der Geschichte unserer Völker auf der Seite der langjährigen Feinde ihres Landes wiederfanden", verband er den Akt der Verführung mit dem Begriff der „einheimischen Verräter". Die Verführten seien, so Tito, von ihnen, von „einheimischen Verrätern", denen sie vertraut hatten, verführt worden und wurden „unabsichtlich" selbst „Verräter" ihrer Heimat. Schuld trugen in Titos Augen andere: reaktionäre Politiker aus der Zwischenkriegszeit, Religionsführer, königliche Offiziere. In einem Land, in dem viele durch die Zusammenarbeit mit den Besatzern kompromittiert waren und das sich in einem Bürgerkrieg befand, versprach sich Tito keinen Nutzen davon, den Bürgerkrieg zu verlängern. Er setzte auf die Integration und sprach die „Quislings" frei, indem er ihnen keinen Vorsatz unterstellte und sie auch zu Opfern machte. Andere Mitglieder der AVNOJ-Präsidentschaft schlossen sich Titos Meinung an und betonten, dass die Kriegsverbrecher damit nicht amnestiert würden, sondern allein die Teilnahme an genannten militärischen Formationen entkriminalisiert werde.[355] Aus ihren Beiträgen wird deutlich, dass es ihnen darum ging, die Volksbefreiungsbewegung zu öffnen, aber auch den Bürgerkrieg zu beenden.

Das biblische Motiv vom „Volk", das von seinen Führern verführt und irregeführt wird, gehört zum Standardrepertoire populistischer Bewegungen.[356] Für die jugoslawischen Kommunisten war eine solche Deutung der Zusammenarbeit mit den Besatzern vom Vorteil. Sie lasteten Kriegsverbrechen und „Verrat" einem bestimmten definierten Kreis von Personen an und sprachen die Mitläufer frei. Wer auch für kürzeste Zeit Partisan war oder mit der kommunistischen Partei zusammenarbeitete, hatte große Chancen, einer Strafe zu entgehen. Durch die Ethnisierung und die Ideologisierung der Schuldfrage waren die Täter klar definiert: Die deutschen, italienischen, bulgarischen und albanischen Besatzer trugen nach dieser Auffassung die Gewalt nach Jugoslawien

---

355   Siehe Beiträge von Frane Frol, Moša Pijade, Rade Pribićević und Đuro Pucar in: Nešović, Zakonodavni rad pretsedništva, 16–17.

356   Oliver Marchart, Liberaler Antipopulismus, *Aus Politik und Zeitgeschichte* 44/45 (2017), 11–16, hier nach https://www.bpb.de/apuz/258497/liberaler-antipopulismus-ein-ausdruck-von-postpolitik (überprüft am 13.1.2021).

hinein und waren zusammen mit den fehlgeleiteten politischen Eliten aus der Zwischenkriegszeit schuld am Krieg und an den begangenen Verbrechen. Die ethnische Definition der Schuldfrage führte dazu, dass die nichtsüdslawischen Bevölkerungsteile des jugoslawischen Staats per Abstammung als Täter und Feinde galten. Insbesondere traf das für die Deutschen zu. Als vermeintliche „Volksfeinde" mussten sie aktiv beweisen, dass sie nicht gegen die Volksbefreiungsbewegung waren. Damit kehrte AVNOJ in ihrem Falle die Unschuldsvermutung um.[357] Am gleichen Tag, dem 21. November 1944, als die AVNOJ-Präsidentschaft über die Amnestieverordnung diskutierte, stand ein anderes Thema auf der Tagesordnung, nämlich der Übergang des Feindvermögens in das Eigentum des Staats. Die Redebeiträge sind nicht erhalten, aber der Vorschlag wurde einstimmig angenommen.[358] Mit Art. 2 ging in das Eigentum des Staats „sämtliches Vermögen von Personen deutscher Volkszugehörigkeit außer derjenigen Deutschen, die in den Reihen der Volksbefreiungsarmee und der Partisaneneinheiten Jugoslawiens gekämpft haben" über. Art. 3 regelte, dass das gesamte Eigentum von Kriegsverbrechern und ihren Helfern, unabhängig von ihrer Staatsangehörigkeit, ebenfalls in das Staatseigentum überführt wurde.

Die Kommunisten rangen in dieser Phase um die Zustimmung in der Bevölkerung, und da eine klare Konfrontation mit dem Phänomen der „Verführten" einen Großteil der Bevölkerung Jugoslawiens kompromittiert hätte, verzichteten sie darauf. Zudem beschleunigten die Amnestien den Zufluss von vormals gegnerischen Soldaten in die Reihen der Volksbefreiungsarmee. Es schien daher viel einfacher, die Schuldfrage durch die kollektive Bestrafung der Deutschen zu lösen. Die Entlastungserzählung erleichterte die Integration ehemaliger innerjugoslawischer Gegner, sie führte aber auch zur Legitimierung konformistischer Verhaltensweisen und zur Verfestigung von Opfernarrativen. Schließlich galten nun auch große Teile der jugoslawischen Bevölkerung als Opfer, die nationalistischen und faschistischen Einheiten angehörten und als „Verführte" entlastet wurden, weil sie „unpolitisch" und „nicht aufgeklärt" gewesen waren.

---

357 Die Umkehr der Unschuldsvermutung war keine jugoslawische Besonderheit. Auch nach französischen Strafgesetzen nahm der Gesetzgeber an, dass die Angehörigen von als verbrecherisch definierten Organisationen wie der Waffen-SS freiwillig diesen Organisationen beigetreten waren bzw. von ihren Verbrechen wussten. Siehe dazu Frédéric Mégret, The Bordeaux Trial. Prosecuting the Oradour-sur-Glane massacre, in: Kevin Jon Heller / Gerry Simpson (Hg.), The Hidden Histories of War Crimes Trials (Oxford: Oxford University Press), 148.

358 Službeni list DFJ, Nr. 2 vom 6.2.1945, 13–14. Sie auch Predlog odluke, in: Nešović, Zakonodavni rad pretsedništva, 17–18.

Nach der Befreiung fingen die Volksbefreiungsausschüsse in der Vojvo-
dina und in Slawonien damit an, Personen, die ihrer Meinung nach deutscher
Nationalität waren, Bürgerrechte zu entziehen, was Unruhen provozierte.[359]
Die Präsidentschaft AVNOJs verschickte daraufhin ein Schreiben über die
Deutung der Vorschriften über die Konfiskation des feindlichen Eigentums,
das verdeutlichte, welche Vorstellungen von nationaler Zugehörigkeit in der
AVNOJ-Führung herrschten.[360] Demnach galten als Nicht-Deutsche Menschen mit einem deutschen Namen, einer deutschen Herkunft oder deutscher
Nationalität, wenn sie sich assimiliert hatten und als Slowenen, Serben oder
Kroaten fühlten. Die AVNOJ-Präsidentschaft betrachtete die Nationalität als
etwas, was Menschen sich aussuchten, und nicht als etwas, in das sie hinein-
geboren wurden. Um als „assimiliert" zu gelten, reichte es beispielweise aus,
während des Kriegs nicht dem Kulturbund beigetreten zu sein oder sich in
deutschen Volksvereinen hervorgetan zu haben.

Ein folgendes Gesetz über Amnestie und Begnadigung, das am 29. Juni und
am 5. Juli 1945 verhandelt wurde, sollte zur weiteren Stabilisierung und Normalisierung der innenpolitischen Situation beitragen. Im Rechtsausschuss des
AVNOJ diskutierten die neuen Machthaber über die Verängstigung, die sich in
der Bevölkerung nach Kriegsende ausgebreitet hatte. Sie nahmen auch wahr,
dass in der Übergangsphase vom Krieg zum Frieden „Fehler" passiert waren,
und reagierten, indem sie Justizorgane aufbauten und die Herausbildung
des staatlichen Gewaltmonopols forcierten. Über diese „Fehler", gemeint
sind Verbrechen der Partisanen sowie Schnellurteile und Exekutionen von
vermeintlichen Regimegegnern, sind bereits zahlreiche Veröffentlichungen
entstanden.[361] Der neuen politischen Führung ging es darum, in der Übergangszeit, noch vor den ersten Wahlen, die innenpolitische Lage zu stabilisieren und ihre Macht zu stärken, ohne ungeordnete Gewaltanwendung. Moša
Pijade brachte es auf den Punkt als er sagte, es gehe beim Amnestieerlass um
eine Beschleunigung der Normalisierung.[362]

Gleichzeitig inszenierte die neue politische Führung die Amnestien und
die Begnadigungen als Demonstrationen eigener Stärke und als eine noble
Geste der Vergebung. Auch wenn das Gesetz heute von einigen als taktische
Täuschung und kommunistische List interpretiert wird,[363] ist es im Kontext

---

359   Über Missverständnisse und unterschiedlichen Einordnungen der AVNOJ-Beschlüsse
      siehe Portmann, Die kommunistische Revolution in der Vojvodina 1944–1952, 149–154.
360   HDA, Fonds Hrnčević, Tumačenje propisa o oduzimanju neprijateljske imovine, 1.
361   Einen guten Überblick bietet Martina Grehek Ravančić, Bleiburg i križni put (Zagreb: HIP
      2009); Vodušek Starič, Kako su komunisti osvojili vlast.
362   Pijade vor der AVNOJ-Präsidentschaft, in: Nešović, Zakonodavni rad, 397–400.
363   Mehr dazu siehe bei Kuljić, Kritička kultura.

der Entwicklungen nach dem Ende des Zweiten Weltkriegs eher als ein Versuch zu deuten, die Nach-Bürgerkriegsgesellschaft zu befrieden. Aus der kurzen Debatte vor der AVNOJ-Präsidentschaft ist der Wunsch zu vernehmen, den Krieg auch symbolisch zu beenden, indem die Sieger den Besiegten verziehen und sie aufforderten, den gemeinsamen Staat auch gemeinsam aufzubauen.[364] Für Kriegsverbrecher, „Volksfeinde", Mitglieder des Kulturbundes und der Gestapo, Ustascha (wenn sie freiwillig beigetreten waren), Ljotićevci und Mitglieder der russischen freiwilligen Korps galt die Amnestie nicht. Die Frage von Schuld und Verantwortung war noch einmal mehr als eindeutig beantwortet worden.

1.6   Londoner Statut

Während in den befreiten Gebieten Jugoslawiens die Kommunisten über die Volksbefreiungsarmee die Macht übernahmen und nach Partisanengesetzen richteten, überschlugen sich die Entwicklungen in London. Dort tagten seit Juli 1945 Delegierte der vier Hauptalliierten darüber, ob und wie sie mit juristischen Mitteln die Hauptverantwortlichen für die NS-Kriegsverbrechen vor ein internationales Tribunal stellen konnten.[365]

Bis zum letzten Moment war es nicht sicher, dass sie sich einigen würden.[366] Am 8. August 1945 unterzeichneten Robert H. Jackson für die USA-Regierung, Robert Falco für die Provisorische Regierung der Französischen Republik, Lord Jowitt für Großbritannien und Iona Nikitschenko und Aron Trainin für die Sowjetunion das Londoner Viermächte-Abkommen und legten damit die Rechtsgrundlagen und die Prozessordnung des Internationalen Militärgerichtshofs fest.[367] Viele Diskussionen der UNWCC wiederholten sich während der Londoner Konferenz, so auch die Fragen, ob ein Angriffskrieg illegal sei, ob der Tatbestand der Verschwörung, wie von den Amerikanern konzipiert, so zu interpretieren sei, was die „crimes against humanity" seien und wie

---

364   Siehe dazu die Wortmeldungen von Sreten Vukosavljević, Milan Grol und Vlada Žečević in: Rad zakonodavnih odbora, 137–138.

365   Zum Verlauf der Diskussionen siehe Report of Robert H. Jackson, International Conference on Military Trials: London 1945, hier nach https://avalon.law.yale.edu/imt/jack_titlep.asp (überprüft am 13.1.2021).

366   Hirsch betont in diesem Kontext insbesondere die Bedeutung der Potsdamer Konferenz, siehe Hirsch, Soviets at Nuremberg, 72.

367   Das Abkommen sowie weitere Folgedokumente sind online einsehbar unter https://www.legal-tools.org/doc/844f64/pdf (überprüft am 16.1.2021).

ein internationales Tribunal überhaupt zu organisieren sei.[368] Die Charta des Internationalen Militärtribunals definierte und regelte anschließend viele dieser offenen Fragen. Sie besagte, dass vor dem Tribunal Verbrechen der Achsenmächte geahndet werden. Sie definierte das Prozedere und die Jurisdiktion. Art. 6 legte fest:

> The following acts, or any of them, are crimes coming within the jurisdiction of the Tribunal for which there shall be individual responsibility:
> (a) Crimes against peace: namely, planning, preparation, initiation or waging of a war of aggression, or a war in violation of international treaties, agreements or assurances, or participation in a common plan or conspiracy for the accomplishment of any of the foregoing;
> (b) War crimes: namely, violations of the laws or customs of war. Such violations shall include, but not be limited to, murder, ill-treatment or deportation to Wave labour or for any other purpose of civilian population of or in occupied territory, murder or ill-treatment of prisoners of war or persons on the seas, killing of hostages, plunder of public or private property, wanton destruction of cities, towns or villages, or devastation not justified by military necessity;
> (c) Crimes against humanity: namely, murder, extermination, enslavement, deportation, and other inhumane acts committed against any civilian population, before or during the war, or persecutions on political, racial or religious grounds in execution of or in connection with any crime within the jurisdiction of the Tribunal, whether or not in violation of the domestic law of the country where perpetrated.
> Leaders, organizers, instigators and accomplices participating in the formulation or execution of a common plan or conspiracy to commit any of the foregoing crimes are responsible for all acts performed by any persons in execution of such plan.[369]

Zahlreiche Empfehlungen der UNWCC fanden damit Eingang in das Londoner Statut, so z.B. die Empfehlung, den Tatbestand „crimes against humanity" als Verbrechen zu definieren und zwar, wie auch in der History of UNWCC betont, „against any civilian population", „before and during the war", „whether or not in violation of the domestic law of the country where perpetrated".[370] Genau diese Absicht verfolgte Ečer bei seinen Argumenten für das Konzept der „crimes against humanity". Es ging ihm darum, Verbrechen ahnden zu

---

368   Elizabeth Borgwardt, Re-examining Nuremberg as a New Deal Institution. Politics, Culture and the Limits of Law in Generating Human Rights Norms, *Berkeley Journal of International Law* 23 (2005), 401–462; Lingen, „Crimes against humanity", Hirsch, Soviets at Nuremberg.

369   Charter of the International Military Tribunal – Annex to the Agreement for the prosecution and punishment of the major war criminals of the European Axis („London Agreement"), nach: https://www.legal-tools.org/en/doc/3c6e23/ (überprüft am 19.4.2019).

370   History of the UNWCC, 192.

können, die vor dem Kriegsbeginn geschahen, an Zivilisten, die gleicher Staatsangehörigkeit waren wie die Täter, und selbst, wenn dies nicht gegen die in dem Gebiet herrschende Rechtsordnung verstieß. Die Verbrechen im besetzten Sudetenland fielen in das Muster. Die Verbrechen an jüdischen Deutschen auch.

Das Gleiche galt für den Tatbestand des Angriffskriegs, der als „crimes against peace" unter Art. 6a definiert war. Strafbar war damit das Planen, Vorbereiten, Einleiten oder Durchführung eines Angriffskriegs oder die Beteiligung an einer Verschwörung zur Ausführung einer der vorgenannten Handlungen. Damit differenzierte das Statut zwischen dem Planen eines Angriffskriegs und einer Verschwörung zur Durchführung desselben. Auch hier waren die Ideen und Vorarbeiten Ečers sichtbar, dem es darum ging, den Angriffskrieg strafrechtlich zu ächten, aber auch die politische und militärische Führung des Angriffsstaats verantwortlich zu machen, wie er bei den ersten Treffen der London International Assembly formulierte.[371] Francine Hirsch und Valentyna Polunina haben detailliert ausgearbeitet, welchen Beitrag sowjetische Juristen und insbesondere Aron Trainin an der Ausformulierung des Statuts für den Internationalen Militärgerichtshof hatten.[372] Im Juli und August 1945 war Trainin persönlich anwesend. Seine Ideen hat jedoch Ečer in die internationalen juristischen Zirkel und Institutionen nach London transferiert. Für die politische Führung in Jugoslawien spielte diese Entwicklung eine große Rolle, konnte sie ihre Gesetzgebung an die internationalen Entwicklungen anpassen. Schließlich waren die internationalen Vorgaben durch sowjetische Juristen stark beeinflusst.

Noch vor der Londoner Konferenz besuchten Nedeljković und Bartoš London auf Einladung vom UNWCC-Vorsitzenden Lord Wright.[373] Vom 31. Mai bis zum 2. Juni 1945 organisierte er im Royal Courts of Justice eine Konferenz der Nationalen Kriegsverbrecherkommissionen, bei der alle Delegierten der UNWCC sowie Vertreter ihrer nationalen Kommissionen anwesend waren.[374] Auf die Konferenz bzw. ihre konkreten Auswirkungen auf die Praxis der jugoslawischen Staatlichen Kommission wird im zweiten Kapitel detaillierter eingegangen. Die Auswirkungen auf die Jurisdiktion waren allerdings auch immens. Nedeljković und Bartoš lernten aus erster Hand über das geplante simultane Vorgehen zwischen der UNWCC und den nationalen

---

371 Reports of Commission I (formerly Commission II) on the Trial and Punishment of War Criminals (London: London International Assembly 1943), 172.
372 Hirsch, Soviets at Nuremberg; Polunina, Aron Trainin.
373 Mehr darüber bei Ferhadbegović, The Impact of the UNWCC.
374 UNWCC Archive, Reel 33, NOC Minutes.

Kriegsverbrecherkommissionen bei der Ahndung von Kriegsverbrechen.[375] Sie verstanden schnell, dass sie sich innerhalb des internationalen UNWCC-Rahmens werden bewegen müssen, um Auslieferungen von sogenannten „minor war criminals" nach Jugoslawien zu veranlassen. Sie verstanden aber auch, welche Vorteile eine Übernahme internationaler Vorgaben und Normen für den neuen jugoslawischen Staat bedeuten würde. Nach außen konnte das neue Jugoslawien demonstrieren, dass es internationale Werte teilte und ein verlässlicher Alliierter war. Nach innen konnte die neue Jurisdiktion mit internationalen Vorgaben begründet werden.

1.7   „Crimes against people": Straftaten gegen das Volk und den Staat

Auch in Jugoslawien beschleunigte das Kriegsende die Entwicklungen. Nur einige Wochen nach der Verkündigung des Londoner Statuts verabschiedete die jugoslawische Vorläufige Versammlung am 25. August 1945 noch vor den Wahlen das Gesetz über die Straftaten gegen das Volk und den Staat (Zakon o krivičnim d[j]elima protiv naroda i države).[376] Wertende Begriffe wie „Volksfeinde" verschwanden aus dem Gesetzestext, auch wenn er weiterhin einzelne Formulierungen aus dem Erlass über Militärgerichte enthielt. Die Ahndung von Kriegsverbrechen definierte fortan ein Gesetz, das vorgab, welches Handeln eine Gefahr für „das Volk" und „den Staat" bedeutete. Ein Gesetz, das nicht nur auf militärischer Ebene verdeutlichte, wer Feind und wer Freund war, sondern den Anspruch erhob, gesamtgesellschaftlich zu gelten. Was konkret bestimmte das Gesetz? Nach Art. 2 galt:

> 1. As a criminal act against the people and the State is considered an act aimed at the forcible overthrow of or threat to the existing State system of Democratic Federal Yugoslavia, or any menace to its foreign security, or to the basic democratic, political, national and economic achievements of the liberation war, e.g., the Federal structure of the State, the equality and fraternity of the Yugoslav peoples, and the system of the people's authorities.
> 2. As a criminal act under this Law any act outlined in the preceding paragraph directed against the security of other States with which Democratic Federal Yugoslavia has a treaty of alliance, friendship or co-operation, is punishable with due regard to the principle of reciprocity.[377]

---

375 Ferhadbegović, The impact of the UNWCC.

376 Zakon o krivičnim d(j)elima protiv naroda i države, *Službeni list* vom 1.9.1945, Nr. 66.

377 Jurisdiction of Yugoslav courts over war crimes and treasonable activities, *Law reports of Trials of War criminals* 15 (1949), 207–208. Alle folgenden Zitate des Gesetzes sind dieser Übersetzung entnommen.

Die Kommunisten erlangten über den Volksbefreiungskampf die Macht. Sie
siegten im jugoslawischen Bürgerkrieg. Im November standen noch die ersten allgemeinen Wahlen an, die diesen Sieg legitimieren sollten. Das Gesetz
über die Straftaten gegen das Volk und den Staat erfüllte in diesem Kontext
unterschiedliche Funktionen: Es regelte eindeutig die Frage nach Loyalität,
nach Bindung der Staatsbürger an ihren Staat, nach staatlicher Einrichtung,
nach Herrschaft und nach Zugehörigkeit. Insbesondere die Frage der Zugehörigkeit bewegte die Nachkriegsgesellschaften und wurde zur Aporie.[378]
Wen sonderte das Gesetz aus der politischen Ordnung aus? Mit Churchill war
verhandelt worden, dass die Bevölkerung Jugoslawiens bei den Wahlen über
die künftige Staatsform abstimmte. Das Gesetz machte jeden Versuch strafbar, mit Gewalt die Errungenschaften des Volksbefreiungskampfes rückgängig
zu machen. Wer einen Umsturz plante, machte sich strafbar. Wer gegen die
geltende, von AVNOJ vorgegebene Herrschaftsordnung in umstürzlerischer
Absicht agierte, machte sich strafbar. Wer gegen die föderale Staatseinrichtung
in umstürzlerischer Absicht agierte, machte sich strafbar. Wer gegen die Volksausschüsse in umstürzlerischer Absicht agierte, machte sich strafbar. Wer
gegen die Sicherheit eines Staats agierte, mit dem das Demokratische Föde-
rative Jugoslawien alliiert war, machte sich strafbar. Nach Eva Horn kreiste
die Frage nach dem Verrat nach dem Zweiten Weltkrieg um drei Sphären: „im
Hinblick auf das Verhältnis von Souverän oder nationaler Gemeinschaft und
Staatsbürger, im Hinblick auf Freund-Feind-Verhältnisse und schließlich im
Hinblick auf die Macht, deren Bestand von bestimmten Wissensformen (oder
besser: Geheimnisformen) abhängig zu sein scheint.“[379] Der Souverän war
nach dem Gesetz über die Straftaten gegen das Volk und den Staat der von
AVNOJ proklamierte jugoslawische Staat, der von nationalen Gemeinschaften
und den Staatsbürgern Loyalität forderte. Loyalität bedeutete in diesem Kontext Verzicht auf gewalttätigen Systemumsturz. Welche Vergehen sonderten
jemanden aus der Gemeinschaft aus?

Abs. 3 des Art. 3 definierte Tatbestände, nach welchen jemand wegen
Kriegsverbrechen anzuklagen war: Viele orientierten sich an Art. 6 des Londoner Statuts, besonders an den Definitionen der Kriegsverbrechen und „crimes
against humanity".

> 3. Any person who commits a war crime, i.e. who during the war or the enemy
> occupation acted as instigator or organiser, or who ordered, assisted or other-
> wise was the direct executor of murders, of condemnations to the punishment

---

378   Horn, Der geheime Krieg, 81.
379   Horn, Der geheime Krieg, 82.

> of death and the execution of such, or of arrests, torture, forced deportation or removal to concentration camps, or interning, of forced labour of the population of Yugoslavia; any person who caused the intentional starvation of the population, compulsory loss of nationality, compulsory mobilization; abduction for prostitution, or raping, or forced conversion to any other faith: any person who under these circumstances was responsible for any denunciation resulting in any of the measures of terror or terrorisation outlined in this paragraph, or any person who in these circumstances ordered or committed arson, destruction or loot of private or public property; any person who entered the service of the terroristic or police organisations of the occupying forces, or the service of any prison or concentration or labour camp, or who treated Yugoslav subjects and prisoners-of-war in an inhumane manner.

Strafbar war danach sowohl die Organisation oder Anweisung als auch die direkte Ausübung von Tötungen, Zwangsarbeit, Zwangsmobilisation, Verschleppung in die Konzentrationslager, Freiheitsberaubung, Vergewaltigung wie nach dem Londoner Statut auch. Zugleich beschrieb das jugoslawische Gesetz einige Tatbestände noch genauer, z.B. Verurteilung und Vollstreckung von Todesstrafen, Zwangstaufen, Zwangsassimilation oder Zwangsprostitution, was dem Verlauf des Zweiten Weltkriegs und des jugoslawischen Bürgerkriegs geschuldet war. Konkret strafbar waren auch die Zugehörigkeit zum Terrorapparat und zu den Polizeiformationen der Besatzer, eine Tätigkeit in Gefängnissen, Arbeits- und Konzentrationslagern sowie unmenschliche Handlungen an jugoslawischen Staatsbürgern oder Kriegsgefangenen.[380]

Art. 3, Abs. 4–6 definierten weitere Strafbestände, die konkrete den Dienst in den militärischen Verbänden der Besatzer behandelten:

> 4. Any person who during the war organised or recruited others to enter, or himself entered any armed military or police organization composed of Yugoslav subjects, for the purpose of assisting the enemy and fighting with the enemy against his own Fatherland, accepting from the enemy arms and submitting to the orders of the enemy;
> 5. Any person who during the war against Yugoslavia or against the allies of Yugoslavia, accepted service in the enemy army, or took part in the war as a fighter against his Fatherland or its allies;
> 6. Any person who during the war and enemy occupation entered the police service or accepted service in any organ of enemy authority. or assisted these in the execution of requisition orders for the taking of food and other goods, or in the pursuance of any other measures of force against the population of Yugoslavia.

Damit war die Frage der Zusammenarbeit mit den Besatzern und die Frage des bewaffneten Kampfes gegen den Volksbefreiungskampf strafrechtlich als

---

380   Zakon o krivičnim d(j)elima protiv naroda i države, *Službeni list* vom 1.9.1945, Nr. 66.

„Verrat am Vaterland" gedeutet, oder nach Hans Magnus Enzensberger, eine „Ausbreitung des Tatbestandes" zwecks der Machterhaltung wurde vollzogen.[381]

Das Gesetz war unscharf formuliert und hatte einen rückwirkenden Charakter, was Interpretationsmöglichkeiten erhöhte. Plastisch erklärte Ðilas die Intention des Gesetzgebers und betonte: „Die Schuldigen [...], sie müssen wegen ihrer Verbrechen zur Verantwortung gezogen werden. Verständlich ist, dass hierbei nicht die Verführten oder unschuldige Menschen gemeint sind, die wir zu Tausenden freigelassen haben. Gemeint sind die Rädelsführer von Verbrechen. Hier stellt sich die Frage, ob ein Mensch dazu verführt werden kann, und ob man es ihm verzeihen könnte, falls es ihm befohlen wurde, eine Frau oder ein Kind abzuschlachten. Ich denke, dass davon keine Rede sein kann. Es kann keine Rede sein vom Zwang und dem Verführt-Sein, weil man sich für derartige Verbrechen irgendwie verantworten muss."[382]

1.8   Zwischenfazit

An dieser Stelle wird wieder das Dilemma deutlich, vor dem die neuen Machthaber standen. Einerseits hatten sie den Anspruch, jeden Verantwortlichen und jede Verantwortliche wegen begangener Kriegsverbrechen vors Gericht zu stellen. Während des Kriegs hoben sie die Kriegsverbrechen der anderen immer hervor, um die Volksbefreiungsarmee als die moralische Alternative hervorzuheben. Sie versprachen, dass die Schuldigen wegen ihrer Taten verurteilt werden. Nach dem Krieg gingen sie als militärische Sieger vom Feld. Die politische Macht hatten sie jedoch noch nicht gesichert und standen sowohl außenpolitisch als auch innenpolitisch vor großen Herausforderungen.

Der jugoslawische rechtliche Umgang mit Kriegsverbrechen kann in diesem Zusammenhang auch als ein Lern- und Anpassungsprozess gedeutet werden. Die Partisanengesetze nach sowjetischem Vorbild entstanden aus der spezifischen Lage der Besatzung und des Bürgerkriegs, während die Exilregierung durch Partizipation an internationalen Gremien ihre Legitimität unterstrich. Diese zweigleisige Entwicklung war eine Folge der besonderen jugoslawischen Situation. So wurde die Frage der Ahndung von Kriegsverbrechen mit unterschiedlichen Bedeutungen aufgeladen: Es ging nicht nur um die Bestrafung für begangene Kriegsverbrechen, sondern darum, nach welchem Recht

381   Hans Magnus Enzensberger, Zur Theorie des Verrates, in: ders. Politik und Verbrechen. Neun Beiträge (Frankfurt a.M.: Suhrkamp 1964), 370.

382   Ministar Milovan Ðilas odgovara u ime poslanika Narodnog fronta, in: Nešović / Petranović, AVNOJ i revolucija, 781.

die Angeklagten bestraft werden und wer befugt war, das Recht zu definieren. Die jugoslawischen Kommunisten setzten sich durch. Ihre *war crimes
policy* war jedoch durch eine flexible Anpassungsfähigkeit und Aneignungen
gekennzeichnet.

Nach 1943 entwickelte sich die UNWCC zur zentralen Plattform, über die
auch kleinere Staaten wie Jugoslawien direkten Einfluss auf die Entwicklung
des Völkerstrafrechts nehmen konnten. Die Einführung des Tatbestandsmerk-
mals „Verbrechen gegen die Menschlichkeit" war ein wichtiges Anliegen. Noch
wichtiger erscheint die Kriminalisierung des Angriffskriegs und die Schaffung
einer Sicherheitsarchitektur nach dem Ende des Zweiten Weltkriegs. Mit der
Einbindung von Exilregierungen kleinerer Staaten in den globalen Friedens-
prozess knüpfte die UNWCC an frühere Erfahrungen des Völkerbundes an.
Die Analyse der Ansichten und Aktivitäten von Repräsentanten wie Ečer
verdeutlichte deren diplomatische und politische Möglichkeiten, Einfluss zu
nehmen und den Prozess durch die Bildung von Allianzen untereinander und
nicht nur durch „Bandwagoning" zu gestalten.

Die Ahndung von Kriegsverbrechen nach Kriegsende orientierte sich
an internationalen Entwicklungen, war aber erneut eine Reaktion auf die
Herausforderungen der Nachkriegszeit. Die jugoslawischen Entscheidungs-
träger übernahmen die Vorgaben der UNWCC und den Plan, die Führung des
nationalsozialistischen Deutschlands und seiner Partner sowie die Organisationen zu verklagen, die für das verbrecherische Regime verantwortlich waren.
Sie übernahmen die Konzepte der „conspiracy" und der „complicity", passten
sie jedoch an die jugoslawische Situation an und definierten präzise Kriegsverbrechen. Als selbsterklärte Revolutionäre hatten sie keine Schwierigkeiten,
existierendes Recht zu annullieren. Eine Übernahme internationaler Normen
schien der sichere Weg zu sein, den Alliierten zu zeigen, dass Jugoslawien sich
an internationalen Werten orientierte.

Die UNWCC wurde aus jugoslawischer Perspektive zur zentralen *agency*
der *war crimes policy*. Sie schuf Wissen, Wissen über die Kriegsverbrechen der
Besatzungsmächte, aber auch Wissen über das rechtliche Prozedere. Dieses
Wissen nutzten jugoslawischen Institutionen, die sich im Aufbau befanden. In
dieser Hinsicht konnte Jugoslawien, das während des Kriegs und in der Nachkriegszeit wenig Fachpersonal und wenige Ressourcen hatte, mit geringem
Aufwand vom Wissenstransfer von London nach Belgrad und von Belgrad in
die jugoslawischen Landesteile profitieren. Wie dieser Wissenstransfer funktionierte, wird im folgenden Kapitel am Beispiel der jugoslawischen Staatlichen Kommission analysiert.

KAPITEL 2

Akten

Schornsteine bricht er dann
und beweihräuchert Glockentürme
mit dem Ruß und dem Knarren
mürrischer Fabriken
und heilige
und sonstige Gespenster treibt er,
Soldaten zu suchen,
welche Soldaten
schlachten.[1]

Der Aktenumfang ist beeindruckend: 100 laufende Meter zählt der Fonds der Staatlichen Kommission, dicht gefolgt vom Fonds der kroatischen Landes-kommission mit 77 laufenden Metern.[2] Auch andere Landeskommissionen schufen Dokumentenberge: 50 laufende Meter die bosnisch-herzegowinische, 28,4 die serbische und 7,5 die slowenische.[3] So wie andere nationale Kriegs-verbrecherkommissionen leisteten die jugoslawische Staatliche Kommission und ihre regionalen Ableger in der Nachkriegszeit einen immensen Beitrag zur Ahndung von Kriegsverbrechen. Ihre Mitarbeiterinnen und Mitarbeiter dokumentierten Verbrechen, identifizierten Opfer, fanden Täterinnen und Täter und bereiteten Prozesse vor. In den vergangenen Jahrzehnten sind diese nationalen Kommissionen, die polnische, die französische, die sowjeti-sche oder die australische, zusammen mit der UNWCC zunehmend in den Mittelpunkt des wissenschaftlichen Interesses gerückt.[4] Dabei stehen nicht

---

1 Davičo, Basch Tschelik.
2 Vladan Vukliš, Završni izvještaj dr. Dušana Nedeljkovića o radu Državne komisije za utvrđivanje zločina okupatora i njihovih pomagača, *Topola – JU CP Donja Gradina* 2 (2016) 2, 167.
3 Vukliš, Završni izvještaj, 167.
4 Siehe dazu exemplarisch die Arbeiten von Polunina, The Soviet Union – an ‚Absent Player‘ at the UNWCC, JHIL 22 (2022), 354–372; Marina Sorokina, People and Procedures. Toward a History of the Investigation of Nazi Crimes in the USSR, *Kritika: Explorations in Russian and Eurasian History* 6 (2005) 4, 1–35; Paulina Gulińska-Jurgiel, Gemeinsame oder getrennte Wege? Kontakte zwischen Polen und Westdeutschland zur justiziellen Aufarbeitung von NS-Verbrechen bis zum Beginn der 1970er-Jahre, *Zeithistorische Forschungen* 16 (2019) 2, 300–320; In Frankreich siehe Moisel, Frankreich und die deutschen Kriegsverbrecher, 71–82; In Austra-lien Konrad Kwiet, Unerwünschte Gäste? The Australian War Crimes Investigations Unit und die eingewanderten Handlanger des NS-Regimes, *Zeitschrift für Geschichtswissenschaft* 4 (2002), 322–329.

© SABINA FERHADBEGOVIĆ, 2025 | DOI:10.30965/9783657796649_004

nur ihr institutionelles und rechtliches Wirken, sondern auch ihr Einfluss auf die jeweilige nationale Erinnerungskultur im Fokus.[5] Und dieser war enorm. Prozesse basieren auf Akten und sie produzieren Akten. In dieser Hinsicht ist das Nürnberger Hauptkriegsverbrechertribunal (das IMT) mit den Akten, die es präsentierte, und Akten, die es schuf, mehrfach in seiner Funktion als ein Gerichtsort, aber auch als ein Erinnerungsort nach Pierre Nora analysiert worden.[6]

Dass die Kommissionen zu riesigen Speichern der Geschichte des Zweiten Weltkriegs und somit zum „Speichergedächtnis"[7] wurden, ist unbestritten. Dušan Nedeljković und Albert Vajs fassten in ihren Berichten die Tätigkeit der jugoslawischen Staatlichen Kommission zusammen: Bis zu ihrer Auflösung im Jahr 1948 nahm sie insgesamt über 900.000 Anzeigen über Kriegsverbrechen seitens der Opfer, ihrer Familien oder anderer Bürger auf.[8] Alle Landeskommissionen zusammen vernahmen 550.000 Zeugen und konnten auf dieser Grundlage 120.000 Entscheidungen über Anklageerhebungen verfassen. Dabei identifizierten ihre Mitarbeiterinnen und Mitarbeiter 66.420 vermeintliche Kriegsverbrecher. 49.245 davon waren jugoslawische Staatsbürger. Unter den Ausländern befanden sich 4.071 Deutsche, 1.223 Österreicher, 3.618 Italiener, 3.325 Ungarn und 1.568 Bulgaren. Die UNWCC nahm auf ihre Kriegsverbrecherliste 2.700 Personen auf.

Diese Zahlen verdeutlichen nur den immensen Aufwand, den die Staatliche Kommission in die Ermittlungsverfahren investiert hatte. Sie sagen uns aber wenig über die Arbeit und den Einfluss der unterschiedlichen Kriegsverbrecherkommissionen auf den Prozess der Kriegsverbrecherpolitik und auf das jugoslawische „Funktionsgedächtnis".[9] Wie Cornelia Vismann betont hat, wirkten die Akten an der Formierung von Wahrheit und dadurch an der Formierung von Staatskonzepten mit und prägten das Recht.[10] Damit meinte sie, dass eine bestimmte Aktentechnik eine bestimmte Form und bestimmte Instanzen des Rechts nach sich zieht.[11] Gerichte verhandeln das, was sich in der Akte

---

5   Beispielhaft dafür Hájková, What kind of narrative is legal testimony?; ebenfalls dazu: Gephart, Tribunale.

6   Siehe in diesem Zusammenhang u.a. Kim Christian Priemel / Alexa Stiller (Hg.), Reassessing the Nuremberg Military Tribunals: Transitional Justice, Trial Narratives, and Historiography (New York u.a.: Berghahn Books 2012); Goda, Rethinking Holocaust Justice.

7   Assmann, Erinnerungsräume, 130–146.

8   Rad državne komisije, in: Zečević, Dokumenti iz istorije Jugoslavije. Državna komisija Bd.1, 44. Alle folgenden Zahlen sind diesem Bericht entnommen.

9   Assmann, Erinnerungsräume, 130–146.

10   Vismann, Akten, 8–9.

11   Vismann, Akten, 9.

befindet, und in Jugoslawien beeinflussten die Kriegsverbrecherkommissionen den Inhalt der Akten. Thomas Scheffer bezeichnete Akten als Komponenten des Rechts, „die selbst nicht während der Verhandlung fabriziert wurden."[12] Er ordnete sie ein als eine „Materialität im Rechtsdiskurs", die im Vorfeld des Verfahrens nicht nur vermittelt, was zur Debatte steht, sondern auch Grundlagen für die Debatte legt.[13] Wie im ersten Kapitel bereits erörtert, wurde die Staatliche Kommission schon mit ihrer Gründung und ihrem AVNOJ-Auftrag zu einer bestimmenden Instanz des Rechts. Sie wirkte beim Prozess der Aktenbildung an der Entstehung eines bestimmten, in diesem Fall kommunistischen, Staatskonzepts mit. Ihr lagen kommunistische Subjektvorstellungen zugrunde und sie generierte kommunistische Subjektvorstellungen. Auch brachte sie mit ihrem Wirken kommunistisch bestimmte Formen der Wahrheit hervor. Darum, welche Wahrheitsformen das waren, was dem Prozess der Aktenbildung zugrunde lag sowie welche internationalen Entwicklungen und internationale Verflechtungen diesen Prozess beeinflussten, wird es im Folgenden gehen.

Unmittelbar nach Einberufung der Staatlichen Kommission wurden Landeskommissionen gegründet, die ihrerseits Untereinheiten bildeten, die vor Ort Zeugen und Opfer befragten oder einfach ihre Aussagen protokollierten. Nach 1943 geschah das in der Regel zeitnah nach den Verbrechen selbst. Hier geht es nicht darum, den Wahrheitsgehalt analysierter Überlieferungen zu überprüfen. Ziel ist zu hinterfragen, wie die Erzählungen von Kriegsverbrechen oder protokollierte Stimmen zu Akten wurden, zu „legalen Narrativen" und wie der Prozess der Übertragung ablief. Welche Wirklichkeiten konstituierten die Akten der Kommissionen zur Feststellung von Kriegsverbrechen und warum?

Studien zum narrativen Charakter von Zeugenaussagen haben in der Tradition von Avishai Margalit und seiner Theorie des moralischen Zeugen[14] im Rahmen der Holocaustforschung betont, wie wichtig es war, die Stimmen der Opfer in den legalen Prozess zu integrieren.[15] In Jugoslawien basierte ein Großteil der Ermittlungen in Zusammenhang mit den Kriegsverbrechen auf Zeugenaussagen. Im folgenden Kapitel wird es daher in erster Linie um die konkrete Ermittlungsarbeit der jugoslawischen Kommissionen zur Feststellung von

---

12 Scheffer, Materialitäten im Rechtsdiskurs, 349–376.
13 Scheffer, Materialität, 360.
14 Avishai Margalit, Ethik der Erinnerung (Frankfurt a.M: Fischer 2000).
15 Sie dazu insbesondere die bahnbrechende Studie von Annette Wieviorka, L' Ère du témoin (Paris: Plon 1998) bzw. ihren Beitrag „Observations sur des proces nazis: de Nuremberg à Klaus Barbie in: Gephard, Tribunale, 29–38.

Verbrechen gehen und um ihren Einfluss auf den Prozess der Ahndung von Kriegsverbrechen. Frage ist, ob und wie die Kommissionen die Stimmen der Überlebenden in den Ermittlungsprozess integrierten, ob sich narrative Muster erkennen lassen und welchen Einfluss sie auf die jugoslawische Kriegsverbrecherpolitik hatten.

Dafür werden exemplarisch die Bestände des Fonds der Staatskommission aus Belgrad und der Landeskommission Kroatiens und Bosnien-Herzegowinas untersucht und mit den Veröffentlichungen der Kommission und den an die UNWCC weitergeleiteten Akten verglichen. 1945 und 1946 gab die Kommission mehrere Hundert Verkündungen heraus, in denen sie Kriegsverbrechen benannte, Zeugenaussagen zusammenfasste, Opfer aufzählte und vorbereitete Anklageschriften veröffentlichte.[16] Sie organisierte mehrere Ausstellungen und Wanderausstellungen, bei denen sie die jugoslawische Bevölkerung mit begangenen Kriegsverbrechen konfrontierte. Und schließlich bereitete sie 4.800 Anklageschriften für die UNWCC vor, um die Auslieferung mutmaßlicher Kriegsverbrecher zu erwirken.[17]

2.1   Drvar und Vis: Vorgaben an die regionalen Kommissionen

Nach Gründung der Staatlichen Kommission dauerte es ein halbes Jahr, bevor das Nationale Komitee am 8. Mai 1944 ihre Mitglieder ernannte und eine Geschäftsordnung verkündete. Angesichts der Kriegslage überrascht das nicht. Pijade und Kardelj wünschten eine national und politisch heterogene Zusammensetzung und forderten Vorschläge aus den Ländern, die jedoch nicht kamen.[18] Letztlich berief das Komitee abgesehen von Nedeljković und Jokanović Dr. Svetozar Rittig (1873–1961), den kroatischen Priester und Politiker, bekannt für seine jugoslawischen und sozialpolitischen Haltungen, Dr. Makso Šnuderl (1895–1979), slowenischer Anwalt und Dichter, Jaka Avšić (1896–1978), ebenfalls Slowene und Offizier, Pero Krstajić, Montenegriner und ehemaligen Richter aus Cetinje, Pavel Šatev (1882–1952), Makedonier und Anwalt aus Skopje, und Pero Mijačević, Anwaltsanwärter aus der Vojvodina, in die Kommission.[19] Bei aller Bemühung um die nationale und regionale

---

16   Vajs, Rad komisije, 394.
17   Grahek, Narod, 107.
18   Pismo člana politbiroa CKKPJ I člana Vrhovnog Štaba NOV [...] Edvarda Kardelja Krištofa od 6. Maja 1944, in: Trgo, Dokumenti Vrhovnog Štaba, Bd. 13, 48–49.
19   Izveštaj koji je podneo predsednik komisije Prof. dr. Dušan Nedeljković o radu Državne komisije za period 1943–1948, in: Zečević / Popović, Dokumenti iz istorije Jugoslavije, Bd. 1, 21.

Ausgewogenheit sowie fachlichen Kompetenzen der Vertreter fällt auf, dass keine Frau Mitglied der Kommission war. Ob Tito, Pijade und Kardelj die Überlegungen Stalins teilten und mit der Berufung von nicht-kommunistischen Mitgliedern in erster Linie symbolische Politik Richtung Ausland betrieben, lässt sich nicht feststellen.[20] Die verschiedenen Mitglieder traten auch nicht stark in Erscheinung. Die eigentlichen Aufgaben erledigten der Vorsitzende und sein Sekretär.

Die Operation Rösselsprung zwang den Obersten Stab, seinen Hauptsitz von Drvar in Bosnien-Herzegowina auf die Insel Vis zu verlagern, wohin sich auch Nedeljković und Jokanović zurückzogen. Sie fingen bei null an. In Vis legten sie die Grundlagen ihrer Arbeit fest, von Vis aus verschickten sie ihre ersten Depeschen und gaben ihre ersten Anweisungen.

In erster Linie ging es der Staatlichen Kommission darum, die Arbeit der bereits kurz danach entstandenen Landeskommissionen für die einzelnen Republiken zu vereinheitlichen: Am 19. Februar 1944 wurde die slowenische Landeskommission gegründet, am 12. Mai 1944 die montenegrinische, am 19. Mai 1944 die kroatische, am 1. Juli 1944 die bosnisch-herzegowinische, am 14. August 1944 die makedonische, am 18. November 1944 die serbische Kommission.[21] Am 18. November 1944 wurde noch eine Provinzkommission für die Vojvodina gegründet. In den ersten Monaten versandten Nedeljković und Jokanović aus Vis Rundschreiben an die Landeskommissionen mit Anweisungen und Regeln beim Sammeln von Informationen und Beweisen. In einem der ersten erhaltenen Dokumente vom 19. Juli 1944 erklärten sie untergeordneten Einheiten grundlegende Begriffe, auf die im Folgenden eingegangen wird: die Ziele der Kommission, den Begriff der Kriegsverbrechen, der Schuldigen, des Kriegsschadens, die Meldung von Kriegsverbrechen, Beweise, das Verfahren beim Sammeln von Informationen und Beweisen, die Teilnahme von Behörden und Bürgern beim Sammeln von Informationen und Beweisen, und Listen.[22]

Wie erklärten Nedeljković und Jokanović den Landeskommissionen die Existenz und die Ziele der Staatlichen Kommission? Wie rahmten sie das Thema der Ahndung von Kriegsverbrechen und welche Begriffe setzten sie ein, um die jugoslawische Bevölkerung darauf aufmerksam zu machen?

20   Polunina, The Soviet Union – an ‚Absent Player‘ at the UNWCC.

21   Izveštaj koji je podneo predsednik komisije, in: Zečević / Popović, Dokumenti iz istorije Jugoslavije, Bd. 1, 27.

22   USHMM, AJ 110, RG-49.005M, Reel 1, Nr. 1/2. Alle folgenden Zitate dieses ersten Zirkulars sind dieser Quelle entnommen.

Den Anfang machten sie mit wenigen Schlagwörtern: „Es ist überflüssig, bei dieser Angelegenheit zu erläutern, dass die Armeen der Besatzer und ihrer Diener die friedliche Bevölkerung unserer Länder auf eine so brutale Art und Weise behandelt haben, wie sie bisher unbekannt war, und dass es nur dank unseres Kampfes und der heroischen Taten unserer Volksbefreiungsarmee möglich war, die [jugoslawischen, SF] Nationen vor kompletter Vernichtung zu retten." Mit wenigen zentralen Begriffen wie die „Brutalität der Besatzer" versus „friedliche Bevölkerung", „unser Kampf" versus „Besatzer und ihre Diener" sowie „Vernichtung" und „retten" knüpften Nedeljković und Jokanović ohne weitere Erläuterungen an die bereits formulierte Erzählung vom Zweiten Weltkrieg an. Ende 1944 gingen sie anscheinend davon aus, dass diese innerhalb der mittlerweile aufgebauten Institutionen des Zweiten Jugoslawiens bekannt war. Nach dieser Deutung waren die Handlungen der Besatzungstruppen nicht militärischen Zwängen geschuldet, sondern dienten allein dem Ziel der Vernichtung (der friedlichen jugoslawischer Bevölkerung). Nedeljković und Jokanović bezeichneten diese Art der Kriegsführung als Terror, an dem alle Mitglieder der feindlichen Armeen und Verbände partizipierten: von oberen Befehlshabern bis zu den einfachen Soldaten, die darum wetteiferten, „jeder nach seinen verbrecherischen Möglichkeiten und seiner Position ihren Beitrag zur Verwirklichung dieses unmenschlichen Ziels zu leisten." Nedeljković und Jokanović differenzierten nicht: Die Besatzung setzten sie dem Terror gleich und erklärten alle Mitglieder der Besatzungsarmeen pauschal zu Verbrechern. „Unser Volk", so hieß es in den Richtlinien, habe das Recht einer materiellen Entschädigung, aber auch einer moralischen Satisfaktion für erlittene Ungerechtigkeiten. Das Recht auf Vergeltung definierten sie dabei als das Recht auf moralische Genugtuung, bei dem es darum geht, das erlittene Unrecht und Leid durch „verdiente Strafen" der Täter zu mindern. Dass die „Diener der Besatzer" ebenfalls bestraft werden sollten, war naheliegend. Nach Nedeljković und Jokanović waren das die „einheimischen Verräter", die im Moment des Existenzkampfes ihre Eigeninteressen den Interessen der Gemeinschaft übergeordnet hatten. Die Zusammenarbeit mit dem Besatzer entideologisierten sie und erklärten sie mit eigennützigem Handeln, das reinem Selbstinteresse geschuldet war. Nach ihrer Meinung sollten solche „Verräter" nicht von den Errungenschaften des schweren Kampfes profitieren – das wäre dem „gepeinigten Volk" gegenüber ungerecht.

Nedeljković und Jokanović waren beide Juristen. Mit ihren Richtlinien erklärten sie untergeordneten Einheiten den Zweck und die Ziele ihrer Institution. Sie begründeten die Angemessenheit und die Verhältnismäßigkeit der Reaktion auf die Verbrechen; sie betonten die Idee eines vernünftig handelnden Akteurs, der Kommission, und sie betonten dessen

Interventionsverpflichtung.[23] Gleichzeitig folgten sie in ihrer Argumentation sowjetischen Mustern: Die Bezeichnung der Opfer als „friedliche Bevölkerung" war so eine Adaptation, die Betonung des verbrecherischen Charakters der Besatzung und des Konzepts der Mittäterschaft eine andere.[24]

Eine zentrale Bedeutung bekam in ihrer Argumentation der Begriff der „wiedergutmachenden Gerechtigkeit", der sich seit den 1990er Jahren im Bereich der *transitional justice* großer Beliebtheit erfreut.[25] *Transitional justice* meint damit allerdings die (Wieder-)Herstellung der sozialen Bindungen zwischen den Konfliktparteien, etwas, was Nedeljković und Jokanović nicht vorschwebte. Unter moralischer Satisfaktion verstanden sie in erster Linie die strafrechtliche Sanktionierung von Tätern und, auch wenn sie das nicht explizit formulierten, deren Entfernung aus den Nachkriegsgesellschaften. Schließlich betonten sie, dass es eine Ungerechtigkeit sei, wenn die „einheimischen Verräter" von den Errungenschaften des schweren Kampfes (gegen die Besatzer) profitieren würden, da sie durch ihr Verhalten diesen Kampf noch schwerer gemacht hätten. Ihre „wiedergutmachende Gerechtigkeit" war daher das, was *transitional justice* unter „ausgleichender Gerechtigkeit" versteht: die Bestrafung von Tätern und Vergeltung.

Das Ziel ihrer Arbeit, so Nedeljković und Jokanović, war es nicht, Informationen und Unterlagen zu sammeln, um Ansprüche aus Kriegsschäden begleichen zu können. Das Ziel war, Verantwortliche für den Krieg zu bestrafen, wie das die Moskauer Deklaration definierte. Was Nedeljković und Jokanović aber auch betonten, und das knüpfte an die Diktion Ečers an, war, dass die Strafe für die Verbrecher der beste Garant dafür sei, dass in der Zukunft niemand seine Macht missbrauchen würde, um Unrecht über andere friedliche Nationen zu bringen.[26] Es ging ihnen daher nicht nur um Kompensation, also darum, geschehenes Unrecht zu vergelten, sondern auch um Vorbeugung künftiger Straftaten und um die Anerkennung von Leidenden. Wie wir aus anderen Studien kennen, war diese Argumentation weit verbreitet unter alliierten Juristen, die an der Ahndung von Kriegsverbrechen partizipierten.[27] Es überrascht daher nicht, dass Nedeljković und Jokanović sie auch verwendeten.

---

23 Bertram Turner, Recht auf Vergeltung? Soziale Konfiguration und die prägende Macht der Gewaltoption, in: Schlee (Hg.), Vergeltung, 73; Vöneky, Reaktionsformen auf abweichendes Verhalten, 158.

24 Penn, The Extermination of Peaceful Soviet Citizens, 115; 123.

25 Susanne Buckley-Zistel, Frieden und Gerechtigkeit nach gewaltsamen Konflikten, *Aus Politik und Zeitgeschichte* 59 (2009) 8, 27.

26 Siehe das Kapitel I, Die gemeinsame Kommission.

27 So z.B. auch von Robert Jackson bei seinem Eröffnungsstatement vorgetragen, aber auch in seiner Einleitung zur Veröffentlichung der Dokumente über die Londoner Konferenz,

Ihre Richtlinien waren eine interne Akte, die für den institutionellen Gebrauch konzipiert war. Wie definierten sie für die Landeskommissionen die Kriegsverbrechen – den zentralen Begriff ihrer künftigen Arbeit? Einleitend formulierten sie: „Kriegsverbrechen sind alle diese Taten, die dem Gefühl der Gerechtigkeit widersprechen, den Gebräuchen der zivilisierten Gesellschaften, den Gesetzen des menschlichen Gewissens, und sie wurden seitens der Besatzer und ihrer Helfer an unserem Volk vollzogen." Damit schlugen Nedeljković und Jokanović eine Brücke zur Martens'schen Klausel, die sowohl Delegierten der UNWCC, Lemkin als auch Trainin als Bezugspunkt diente, „crimes against humanity" und „crimes against peace" juristisch und moralisch zu begründen.[28] Die Begriffe wie das „Gefühl der Gerechtigkeit", die „Gebräuche" und „das Gewissen" überschnitten sich aber auch mit Blaževićs Argumentation von einem intuitiven und angeborenen Gerechtigkeitsempfinden der jugoslawischen Bevölkerung.

An sieben Hauptkriegsverbrechen erläuterten Nedeljković und Jokanović einzelne Tatbestände und kontextualisierten sie, um deutlich zu machen, was sie meinten.

1. Mord ist ein Kriegsverbrechen, egal auf welche Art und Weise das Opfer getötet wurde. Mord ist Mord durch Erschießen, Erhängen, Mord ist Tod nach Folter. Jede bewusste Tötung ist Mord;
2. Körperverletzung ist jede bewusste Verletzung eines Opfers unabhängig davon, ob diese Verletzung sichtbare Spuren hinterlassen hat oder nicht;
3. Misshandlungen sind Taten, mit denen der Verbrecher die Ehre seines Opfers empfindlich verletzt hat, z.B. durch Anspucken oder Schlagen ohne körperliche Verletzungen. Es ist nicht von Bedeutung, ob das Opfer körperliche Schmerzen gespürt hat oder nicht. Wichtig ist es, dass das Opfer in seiner Ehre schwer verletzt wurde;
4. Freiheitsberaubung und insbesondere
   a) Gefängnis oder Verhaftung seitens der Polizei, des Militärs, der Gerichte der Besatzer oder ihrer anderen Institutionen;
   b) Internierung oder Haft;
   c) Vertreibung der Bevölkerung;
   d) Zwangsarbeit unabhängig davon, wofür sie eingesetzt wurde;
   e) Zwangsmobilisierung;

---

in: Report of Robert H. Jackson, United States Representative to the International Conference on Military Trials (London: Department of State 1945), hier zitiert nach https://www.loc.gov/rr/frd/Military_Law/pdf/jackson-rpt-military-trials.pdf (überprüft am 14.2.21). Über die Argumentation des amerikanischen Chefanklägers Joseph B. Keenen beim Tokyo-Prozess siehe Kirsten Sellers, Imperfect Justice at Nuremberg and Tokyo, *The European Journal of International Law* 21 (2011) 4, 1095. Und über das Konzept der Prävention bei Lemkin und Trainin siehe Penn, The Extermination of Peaceful Soviet Citizens, 103.

28 Siehe dazu Lingen, „Crimes against humanity", 288–289; Penn, The extermination, 71.

5. Vergewaltigung;
6. Eigentumsverbrechen:
   a) Brandstiftung bzw. Zerstörung des Eigentums durch Brandstiftung;
   b) Mutwillige Zerstörung des Eigentums ohne Nutzen für den Täter, z.B. das Eingießen von Öl in Wein;
   c) Raub;
   d) Konfiskation auf Grundlage der Besatzer;
   e) Requisition;
7. Unterschiedliche Verbrechen gegen das Volk, insbesondere:
   a) Staatsverrat bzw. jedes Handeln eines jugoslawischen Staatsbürgers, unabhängig von seiner Nationalität, das die Okkupation Jugoslawiens vorbereitet hatte, insbesondere die Aktivitäten der Organisationen der Fünften-Kolonne wie Kulturbund, Lega Culturale oder freiwilliger Dienst in den Besatzungstruppen;
   b) Volksverrat, z.B. Ausspionieren der jugoslawischen Bevölkerung;
   c) Spionage;
   d) Moralische Unterstützung der Besatzer und ihrer Helfer durch öffentliche Reden, Veröffentlichungen, Artikel oder Flugblätter aber auch im Einzelgespräch.

Abgesehen vom Tatbestand der Misshandlung überschnitten sich die ersten sechs beschriebenen Delikte mit den von der UNWCC definierten Kriegsverbrechen. Vergewaltigung war in den jugoslawischen Richtlinien allerdings eindeutig als Gewalt- und nicht als Ehrdelikt definiert – ein Unterschied auch zum Genfer Abkommen von 1949.[29] Ebenfalls war der in den Richtlinien beschriebene Tatbestand der Misshandlungen weiter gefasst und stellte das Opfer in den Mittelpunkt. Nedeljković und Jokanović betonten, dass auch andere Taten als Kriegsverbrechen galten. Grundsätzlich konnten wegen Verbrechen gegen das Volk alle Soldaten der Volksbefreiungsarmee angeklagt werden, die sich dem Feind ergeben hatten, sowie alle Zivilisten, die bei dem Feind Schutz gesucht hatten. An dieser Stelle war der Bezug zum sowjetischen Dekret 43 deutlich. Grundsätzlich entsprachen die unter Punkt 7 zusammengefassten Sachverhalte dem Tatbestand des Hochverrats oder Verrats. Der Hochverrat bezog sich auf die Straftaten gegen den ersten jugoslawischen Staat vor der Besatzung und der Vorwurf des Verrats auf die Taten nach der Besatzung.

Als Verantwortliche definierten Nedeljković und Jokanović in der Richtlinie nicht nur die unmittelbaren Vollstrecker, sondern alle Personen, die Kriegsverbrechen befohlen, verursacht, unterstützt oder von Kriegsverbrechen profitiert hatten. Umfassender noch: Schuldig waren nach Nedeljković und Jokanović

---

29   Anke Biehler, Das Vergewaltigungsverbot im bewaffneten Konflikt: Entwicklung, Definition und Durchsetzung (Berlin: Duncker & Humblot 2017).

alle, die Kriegsverbrechen nicht verhindert hatten, alle, die Vollstrecker von Kriegsverbrechen in einem „Geist des Hasses" erzogen hatten, sowie alle, die Opfern nicht geholfen hatten. Dieses Verständnis von Verantwortlichkeit hat Schnittmengen mit dem Schuldkonzept Karl Jaspers, das allerdings viel später entwickelt wurde.[30] Zum Teil überschneidet es sich auch mit dem Konzept der Vorgesetztenverantwortlichkeit, das in der Haager Landkriegsordnung verbürgt war, wonach an der Spitze des Heeres jemand steht, „der für seine Untergebenen verantwortlich ist". Zudem hat der Besetzende „alle von ihm abhängenden Vorkehrungen zu treffen [...], um nach Möglichkeit die öffentliche Ordnung und das öffentliche Leben wiederherzustellen und aufrechtzuerhalten."[31] Die moralische Ebene scheint jedoch eine größere Rolle gespielt zu haben, wie im nächsten Kapitel gezeigt wird.

Alle von Jaspers definierten Schuldformen fanden in Jugoslawien ihre strafrechtliche Berücksichtigung: die kriminelle, die politische, die moralische und die metaphysische Schuld. Während Jaspers jedoch davor warnte, für die Ahndung der moralischen und metaphysischen Schuld einen „Richterstuhl"[32] zu errichten, war genau das der Ansatz von Nedeljković und Jokanović. Daher betonten sie, dass es die Pflicht jedes Opfers sei, ein Kriegsverbrechen zu melden, unabhängig davon, ob ein finanzieller Schaden entstanden sei oder nicht. Als Stichtag für die Werteinschätzung nannten sie den 6. April 1941.

Nedeljković und Jokanović ging es darum, die untergeordneten Kommissionen dafür zu sensibilisieren, was als Kriegsverbrechen galt. Zu diesem Zweck erklärten sie detailliert verschiedene Tatbestände. Sie machten klare Angaben darüber, was die Dienststellen in das Register aufnehmen sollten: alle relevanten Fakten, konkret wann und wo das Verbrechen begangen wurde, um welches Verbrechen es sich handelte, auf welche Art und Weise und unter welchen Umständen es vollzogen wurde. Sollte das Opfer abwesend sein, hätten „seine Verwandten, Nachbarn und alle Patrioten" die Pflicht, das Verbrechen zu melden, mahnten sie. Die Volksausschüsse waren verpflichtet, Verbrechen zu melden, unabhängig davon, ob das Opfer abwesend war oder nicht. Gefordert

---

30   Karl Jaspers, Die Schuldfrage. Von der politischen Haftung Deutschlands (München: Piper ⁴1987).

31   Abkommen betreffend die Gesetze und Gebräuche des Landkriegs [Haager Landkriegsordnung] 18. Oktober 1907, hier zitiert nach: https://www.1000dokumente.de/index. html?c=dokument_de&dokument=0201_haa&object=pdf&st=&l=de (überprüft am 21.4.2021). Zur Entwicklung der Command Responsibility Doktrin siehe Allison Marston Danner / Jenny S. Martinez, Guilty Associations: Joint Criminal Enterprise, Command Responsibility, and the Development of International Criminal Law, *California Law Review* 93 (2005), 75–169, hier nach https://ssrn.com/abstract=526202, 38.

32   Jaspers, Die Schuldfrage, 28.

waren konkrete Angaben über die Täter mit möglichst detaillierten Informationen. So wiesen sie andere Kommissionen an, dass es nicht reiche zu schreiben, es handle sich um die faschistischen oder Ustascha-Banden sondern, man müsse konkret schreiben, ob es deutsche, italienische oder andere Verbrecher waren, mit möglichst genauen Angaben zu den Einheiten und Personen, unabhängig davon, ob sie selbst Verbrechen begangen hatten. Als Beweise galten Aussagen von Tätern und Mittätern sowie allen Personen, die Angaben über Kriegsverbrechen machen konnten, alle offiziellen Dokumente, Bilder und Sachverständigenmeinungen. Alle neu gebildeten Institutionen wie die Volksausschüsse sowie alle Bürger waren verpflichtet, Kommissionen zur Feststellung von Verbrechen Auskunft zu erteilen und ihnen Beweismaterial auszuhändigen. Zudem waren zwei Listen anzufertigen: eine Liste mit verschwundenen Personen sowie eine Liste aller Personen, die im Dienst der Besatzer standen. Diese Vorgabe überrascht nicht. Die Zusammenarbeit mit den Besatzern galt als Verbrechen. Es ging aber auch darum, welcher Art diese Zusammenarbeit war. Auch in Frankreich oder Polen oder in anderen besetzten Ländern hielten die neuen Machthaber selten diejenigen für vertrauenswürdig, die während der Besatzung eine Funktion in der Verwaltung oder Wirtschaft ausgeübt hatten.[33] Diese waren als Erste zu überprüfen.

Die Richtlinien knüpften daher an die Vorgaben des Erlasses über die Militärgerichte an. Sie richteten den Fokus darauf, wie sich der Einzelne während der Besatzung und des Bürgerkriegs dem jugoslawischen „Volk" gegenüber verhalten hatte und nicht, ob er dem ersten jugoslawischen Staat gegenüber loyal war. Schließlich negierten die Kommunisten diesen Staat auch und erklärten alle seine Gesetze für nichtig. Die neuen Machthaber definierten eine Pflicht zur Loyalität der Volksbefreiungsarmee gegenüber, ergo zum „Volk". Eine Loyalitätspflicht gegenüber der Exilregierung galt nicht – schließlich war sie durch Zusammenarbeit mit den „Quislings" beschädigt. Diese ethnische Deutung der Loyalität war ebenfalls keine jugoslawische Besonderheit. Auch in Polen oder in der Tschechoslowakei erleichterte sie die Anwendung von Ausschlussmechanismen, die auf ethnischer Ebene definiert waren.[34]

Ende September 1944, noch vor der Befreiung Belgrads, verschickte Nedeljković einen Brief an die Landeskommission Sloweniens mit Anweisungen, möglichst schnell die Listen von Kriegsverbrechern vorzubereiten.[35]

---

33   Moisel, Frankreich, 71.

34   Klaus Bachmann, Vergeltung, Strafe, Amnestie: eine vergleichende Studie zu Kollaboration und ihrer Aufarbeitung in Belgien, Polen und den Niederlanden (Frankfurt a.M.: Lang 2011), 242; Frommer, National Cleansing.

35   USHMM, Fonds AJ 110, RG-49.005M, Reel 1, Nr. 1/7.

Insbesondere benötigte die Staatliche Kommission Informationen über die „italienischen faschistischen Verbrecher", so Nedeljković. Dieser Fokus auf italienischen Kriegsverbrechen blieb in der ganzen Phase des Wirkens der jugoslawischen Kommissionen bestehen. Dieses Vorgehen war auch ein gemeinsames Anliegen der Exilregierung und des AVNOJs. Die Grenze mit Italien sollte revidiert werden und Jugoslawien kämpfte um Sympathien und Fürsprecher bei den Großalliierten. Beweise für massive Kriegsverbrechen der italienischen Besatzer sollten jede Legitimität der italienischen Ansprüche in Dalmatien, Istrien und Gorizia untergraben.

Dem Schreiben Nedeljkovićs war ein Aufruf an die Bevölkerung beigefügt, eine erste Vorstellung der Staatlichen Kommission in der breiten Öffentlichkeit, die alle untergeordneten Einheiten verteilen sollten.[36] Der erste Satz erinnert an die Verse aus südslawischen Heldenliedern: „Unser gequältes Heldenland haben die Besatzer und ihre Helfer wegen ihrer blutrünstigen Bestialität in schwarz gekleidet: es ist wegen ihrer Raubtaten und ihrer Gewalt verwüstet und verbrannt."

Eine ähnliche Metapher benutzte aber auch der sowjetische Chefankläger Rudenko während seiner Eröffnungsrede vor dem Hauptkriegsverbrechertribunal in Nürnberg, um den Angriff auf Jugoslawien zu beschreiben:

> Yugoslavia as well as Poland became a victim of the German fascist aggressors who covered this flourishing state with ruins, and its fields, gardens, and ploughed land with corpses of many thousands of Yugoslav patriots who fell in the heroic struggle against the foreign invaders and enslavers, in the struggle for the freedom and independence of their native land.[37]

Allerdings folgte bei Nedeljković auf das Bild der Verwüstung eine mit Selbstermächtigung verknüpfte Metapher: „Wir sind in den Volksbefreiungskampf getreten, um gegen diese Bestien zu kämpfen, um die Volksfreiheit zu schmieden, um Respekt für die Volksgerechtigkeit einzuholen." Die manichäische Bildsprache, die Verweise auf die Freiheit und Gerechtigkeit, sind stark in der südslawischen Volksdichtung verwurzelt. Die stark bildliche Sprache betonte den Kontrast zwischen den Besatzern und ihren Helfern und den Helden des Volksbefreiungskampfes. Die Ersten galten als Bestien, als „Monster in

---

36   USHMM, Fonds AJ 110, RG-49.005M, Reel 1, Nr. 1/1. Alle folgenden Zitate des Aufrufs sind dieser Quelle entnommen.

37   Opening statement, General R.A. Rudenko, in: Nuremberg Trial Proceedings Vol. 7, hier nach https://avalon.law.yale.edu/imt/02-08-46.asp (überprüft am 3.12.21).

menschlicher Gestalt", die ein verwüstetes Land und verbrannte Erde hinterließen. Die Volksbefreiungskämpfer verbreiteten Freiheit.

Die Helfer der Besatzer waren konkret benannt: Ustascha, alle Anhänger
von Nedić, Ljotić und Mihailović, die Weißgardisten, die Blaugardisten und die
Grünen Kader. Im Aufruf wurden sie als „Entartete unserer Nationen" charakterisiert. Der Begriff der „Entartung" ist zutiefst mit der nationalsozialistischen
Ideologie verbunden.[38] Doch er fand auch Verbreitung in allen südslawischen
Sprachen und Gesellschaften und ist bis heute mit negativ konnotiert. Im
Serbokroatischen bedeutet der „Entartete" „izrod". Das Wort ist zusammengesetzt aus der Präposition „iz", was „aus" bedeutet, und dem Nomen „rod",
was „Abstammung", aber auch „Art" oder „Verwandtschaft" meint. Einerseits
breitete sich der Begriff in Jugoslawien wie in der restlichen Welt mit dem
Aufkommen eugenischer Ideen aus.[39] Doch in der Alltagssprache setzten ihn
bereits die illyrischen Bewohner des Balkans ein, um jemanden zu beschreiben,
der sich in der Not von seinen Angehörigen abwendet,[40] oder jemanden, der
seine eigenen Brüder nicht liebt.[41] Diese auf Gemeinschaft zielende Deutung
des Begriffs verstärkte sich seit dem 19. Jahrhundert und der Übernahme
eugenischer Ideen, aber auch durch seine auf *nation-building* abzielende Verwendung in serbischen Heldenliedern sowie in der Dichtung des populären
montenegrinischen Dichterfürsten Petar Petrović Njegoš.[42] Ein „*izrod*", ein
„Entarteter" galt als „Verräter" des eigenen „Stammes". Die Verwendung dieser Sprache seitens Jokanović und Nedeljković in einem ersten öffentlichen
Aufruf der Staatlichen Kommission knüpfte an das *Othering*[43] des Erlasses
über Militärgerichte sowie an die AVNOJ-Proklamationen, die vermeintliche
Kriegsverbrecher als *andere* vom jugoslawischen Volk ausschloss. Der Erlass

---

38   Cornelia Schmitz-Berning, Vokabular des Nationalsozialismus (Berlin / New York: De
     Gruyter ²2010), 178.

39   Dietmar Müller, Statehood in Central, Eastern and Southeastern Europe: The Interwar
     Period, in: Włodzimierz Borodziej u.a. (Hg.), The Routledge History Handbook of Central
     and Eastern Europe in the Twentieth Century, Bd. 2, Statehood (London / New York 2020),
     177–181.

40   Pavao Štoos, Domorodna matica, *Danica Ilirska* 1844–1845–1846 (neue Ausgabe Zagreb:
     Liber 1971), VIII.

41   Ilija Ohrugić, Napitnica, in: Južno-slovjenske narodne popievke: Chansons nationales des
     slaves du sud (Zagreb 1881).

42   Poziv u boj, Južno-slovjenske narodne popievke: Chansons nationales des slaves du sud
     (Zagreb 1881). Petar Petrović Njegoš, Pisma, hier nach https://www.rastko.rs/rastko-cg/
     umjetnost/ppnjegos-pisma.html (überprüft am 26.4.2019).

43   Zum Konzept des *Othering* siehe Lajos Brons, Othering, an Analysis, *Transcience*. 6 (2015)
     1, 69–90.

über Militärgerichte verwendete den Begriff der „Volksfeinde". Jokanović und Nedeljković bedienten sich einer stärker im Funktionsgedächtnis verwurzelten Bildsprache, die Volksepik, Eugenik und Emotionen vermischte.

Die Staatliche Kommission zur Feststellung von Verbrechen sei entstanden, betonten sie, weil AVNOJ das „Gerechtigkeitsgefühl des Volks" als treu deute. Damit begründeten sie die Existenz ihrer Institution an erster Stelle nicht mit juristischen Gründen, sondern mit Gefühlen. In hervorgehobenen, fettgedruckten Buchstaben appellierten sie an die Bevölkerung: „Es ist eine heilige Pflicht eines jeden unserer Menschen", alle Informationen über Kriegsverbrechen an die unmittelbaren Institutionen zu übermitteln. Ziel sei es, eine moralische und materielle Wiedergutmachung für jugoslawische Nationen zu erreichen.

Die emotionale und populistische Sprache des Aufrufs forderte zur Zeugenschaft auf. Allerdings hätte er auch als Aufruf zur Denunziation verstanden werden können. Im unteren Teil des Plakats verwiesen Jokanović und Nedeljković noch auf die Moskauer Konferenz, um ihrem Anliegen eine zusätzliche Legitimation zu verleihen, und betonten, dass Verbrecher in die Hände des Volks übergeben werden, das die „blutrünstigen Henker und Räuber" richten werde, denn „die Stunde der endgültigen Vergeltung schlage bereits".

Beendet wurde der Text mit der Parole: „Tod den bestialischen Mördern und Räubern unseres Volks, den Besatzern und ihren Dienern! Tod dem Faschismus – Freiheit dem Volke!" Auch hier verdeutlichte die Koppelung der Begriffe, wie sie die Besatzer und ihre „Diener" sahen: als bestialische Mörder und Räuber „unseres Volks".

Diese Diktion knüpfte an die Wortwahl propagandistischer Veröffentlichungen der Agitprop-Abteilung an. Nedeljković selbst war seit Kriegsbeginn damit beschäftigt, unterschiedliche Partisanenblätter herauszugeben, und hatte in der Redaktion von *Vesti* und *Borba* gearbeitet.[44] Charakteristisch für ihre Berichte war die Verwendung von stark emotionalisierten Schlagworten, die ständig wiederholt wurden. Auch die Darstellung von Kriegsverbrechen der Besatzer folgte dieser Logik. Ein gutes Beispiel für den ersten medialen Umgang mit dem Thema war die Wandzeitung „Dokumente über die Verbrechen der Okkupanten und seiner Diener".[45] Wegen Papiermangels, aber auch wegen eines großen Anteils von Analphabeten in den Reihen der

---

44   Dušan Nedeljković, Stalno se povećavao tiraž „Vesti", in: Užička republika. Zbornik sećanja (Užice: Narodni muzej – Muzej ustanka 1981), 533–535.

45   Zidne Novine, Dokument 194, Hrvatski povjesni arhiv, Nedostupna baština – tajne čuvaonica Hrvatskog povijesnog muzeja, Zagreb 17.12.2017–30.09.2018. Alle folgenden Zitate der Wandzeitung sind dieser Quelle entnommen.

Volksbefreiungsarmee waren die Wandzeitungen ein beliebtes Mittel der Übertragung von Informationen seitens der Agitprop-Abteilung.

Abbildung 1   Wandzeitung „Dokumente über die Verbrechen der Okkupanten und ihrer Helfer", Kroatisches Historisches Museum

Die Grundlage für die Wandzeitung „Dokumente über die Verbrechen" war ein großes DIN-A0-Plakat aus blauem Indigopapier. Unter dem handgemalten Titel waren unterschiedliche Texte aus der kommunistischen Frauenzeitschrift *Žena danas* (Frau heute), Zitate, Fotografien und die Zeichnung einer bewaffneten Frau platziert. Die Grafik stammt von Hubert Kruljac, der in der Redaktion von *Žena danas* tätig war. Herausgegeben wurde die Zeitschrift von Mitra Mitrović. Mitrović hat in ihren Erinnerungen die Entbehrungen geschildert, unter welchen sie während des Kriegs gelitten hatte. Sie schrieb über die Opfer von Verbrechen, die sie getroffen hatte, über Freundinnen und Mitkämpferinnen, die sie überlebt hatte, und forderte stets Rache.[46] Auch in *Žena danas* hieß es: „Hunderttausende unserer Mütter werden unvermeidbar Richter der Mörder ihrer Söhne und unschuldigen Kinder sein. Volksgerichte werden gerechte Strafen wegen aller Verbrechen an unserem Volk sprechen.

---

46   Mitrović, Ratno putovanje, 143.

Die Stunde der endgültigen Abrechnung schlägt immer näher. Rache und Tod
den Verbrechern und Schuldigen für das Leiden des Volkes."

Links und rechts von der bewaffneten Frau waren in Großbuchstaben zwei
Parolen geschrieben: „Blut für Blut" und „Tod für Tod", eine klare Anpassung
der biblischen Talionsformel, Gleiches mit Gleichem zu vergelten. Zugleich
war das auch ein Zitat des sowjetischen Staatsanwalts Leonid Ivanovič Jačenin
beim Prozess von Krasnodar.[47] Links und rechts von den Parolen waren Fotografien von zerstörten Dörfern und vertriebenen Menschen gruppiert. Der
Begleittext erklärte die Bilder und gab weitere Informationen zu den Verbrechen. Täter wurden als „ustascha-schwäbische Slawenfresser" bezeichnet,
unter deren bestialischem Faschismus bereits über eine Million Serben und
Kroaten gelitten hatten und deren Ziel die Vernichtung „unserer Nationen"
war. Namentlich wurden Opfer von Verbrechen genannt, alles Zivilisten.

Die Wandzeichnung orientierte sich in ihrem Design und ihrer Sprache
eindeutig an sowjetischen Mustern. Zugleich ist aber zu betonen, dass nicht
nur die sowjetischen Medien von Henkern, Schächtern und Monstern sprachen und damit die NS-Verbrecher meinten.[48] Thomas Mann drückte sich
ähnlich aus, als er den Tod Reinhard Heydrichs kommentierte. Als „Bluthund"
und „Mordknecht" bezeichnete er ihn und seinen Chef Heinrich Himmler als
„Metzgermeister".[49] Und Bertolt Brecht schrieb die Vorlage für „Hangmen also
die", einen Film Fritz Langs über das Leben Heydrichs, der 1943 erschien.[50]
Doch waren in den Veröffentlichungen der jugoslawischen Agitprop-Abteilung
größere Parallelen zu der Sprache der Sowjets mit dem obligatorischen Stalin-
Zitat am Ende zu finden. Ein Stalin-Zitat war auch auf der Wandzeitung zu
den „Verbrechen der Okkupanten" zu sehen. Schließlich dienten die Dokumentation und die narrative Einordnung von Verbrechen auch dazu, eine Perspektive aufzuzeigen. Und die Perspektive war die Befreiung und die Zeit nach
Befreiung, in der alle „faschistischen Verbrecher" eine schmerzvolle Strafe und
Rache für ihre Verbrechen erhalten würden. „Gemeinsam mit unseren Ver-
bündeten müssen wir [...] Maßnahmen ergreifen, damit alle faschistischen

---

47   Pender, Das Urteil des Volkes, 125.

48   Bis heute wird diese Vorstellung von NS-Verbrechern als „Monstern" in der Öffentlich-
      keit verbreitet. Über die Folgen einer solchen Darstellung siehe Maartje Abbenhuis / Sara
      Buttsworth (Hg.), Monsters in the Mirror: Representations of Nazism in Post-War Popular
      Culture (Santa Barbara: Praeger, 2010).

49   Mehr über Manns Tätigkeit für die britische Propaganda bei Sonja Valentin, Steine in Hit-
      lers Fenster. Thomas Manns Radiosendungen Deutsche Hörer! (1940–1945) (Göttingen:
      Wallstein Verlag 2015).

50   Reinhold Grimm / Henry J. Schmidt, Bertolt Brecht and „Hangmen also die", Monatshefte 61
      (1969) 3, 232–240.

Verbrecher, die an diesem Krieg und an den Leiden der Völker schuld sind, in welchem Lande sie sich auch verbergen mögen, alle von ihnen begangenen Verbrechen mit harter Strafe sühnen."[51] Wie Barbara Wiesinger betonte, war die Rache während des Kriegs ein legitimes Motiv zur Mobilisierung von neuen Soldatinnen und Soldaten.[52] Die Offenlegung von Verbrechen der Besatzer diente jedoch auch dazu, die Linie zwischen den Anderen, den Verbrechern, den „Bestien", den „Entarteten", den „ustascha-schwäbischen Slawenfressern" und dem jugoslawischen „Volk" zu ziehen.

Wie bereits im ersten Kapitel erläutert, hatten die jugoslawischen Kommunisten die Frage der Kriegsverbrechen direkt nach Kriegsbeginn genutzt, um ihre Legitimität zu begründen. Tito stand seit 1941 über Josip Kopinič (1911–1997), einem Slowenen, ehemaligem Spanienkämpfer und Mitarbeiter der Komintern, über eine illegale Radiostation, die sich in Zagreb befand, mit Moskau in Verbindung.[53] Ab Februar 1942 richtete Kopinič eine direkte Linie vom Obersten Stab nach Moskau ein. Pavle Savić (1909–1994), der serbische Kernphysiker und Chemiker, und seine Ehefrau Branka übernahmen die Verantwortung fürs Codieren und Übermitteln von Nachrichten.[54] Die Partisanenführung bekam Informationen zu den wichtigsten juristischen Entwicklungen hinsichtlich der Ahndung von Kriegsverbrechen. Es überrascht daher nicht, dass sich die Wortwahl des Obersten Stabs und der Agitprop-Abteilung an der Diktion offizieller sowjetischer Veröffentlichungen orientierte: Die Besatzer galten nicht bloß als „Okkupanten". Deutschen Soldaten wurden durchgehend als „hitlerische kriminelle Banden", „Hitlerhorden", „Hitlerische Räuber", „Hitlerbestien", „Ungeheuer", „faschistische deutsche Schurken" bezeichnet. Die mit den Besatzern kooperierenden Einheimischen hießen „hitlerische Handlanger", „Diener der Okkupanten", „faschistische Handlanger und Lakaien", „Entartete" und „Volksfeinde. Viele Aufrufe und Veröffentlichungen der jugoslawischen Volksbefreiungsarmee gleichen den Aufrufen der sowjetischen Führung, die „Vergeltung" und „Rache" forderte, als es darum ging, wie die Rote Armee auf die Verbrechen der deutschen Besatzer reagieren sollte.[55] Gerächt

---

51   Stalins Rede zum 26. Jahrestag der großen sozialistischen Oktoberrevolution, in: J. W. Stalin, Werke, Bd. 14, Februar 1934–April 1945 (Dortmund 1976), 189.

52   Barbara Wiesinger, Partisaninnen: Widerstand in Jugoslawien 1941–1945 (Wien u.a.: Böhlau 2008), 73–74.

53   Pirjevec, Tito, 63.

54   Pirjevec, Tito, 83; 92; Momčilo Stefanović (Hg.), Potpis: Tito. „Bili smo Titovi šifranti". Kazivanja Branke i Pavla Savića (Zagreb: Globus 1980).

55   Siehe dazu Stalins Reden in: Stalin, Werke, Bd. 14, 162; 171; 178; 192; 196; 193; exemplarisch für die Sprache der sowjetischen Staatsanwaltschaften Prusin, „Fascist criminals to the gallows!", 3; 15.

werden sollten nicht nur Opfer, sondern auch „das Blut und die Tränen unserer Frauen und Kinder, Mütter und Väter, Brüder und Schwestern".[56] Verurteilt wurden nicht Kriminelle oder einfach Kriegsverbrecher, sondern „blutrünstige Okkupanten", „Ungeheuer" oder „Banditen". Diese und ähnliche Reden Stalins und seiner Ankläger sind auch nach Foča und Bihać, nach Jajce und Drvar durchgedrungen. Đilas, Veselin Masleša (1906–1943) und Vladimir Dedijer (1914–1990) als Chefredakteure der kommunistischen Zeitung *Borba*, Mitrović als Chefredakteurin von *Žena danas* und Redakteurin von *Borba* übernahmen die Worte aus Moskau, Krasnodar und London, passten sie an und verbreiteten sie innerhalb der Volksbefreiungsarmee.[57] Mit der Forderung nach Vergeltung verdeutlichten sie noch während des Kriegs, dass es im Partisanenkampf darum ging, zu töten oder getötet zu werden. Mitrović schrieb über die von ihr gesehenen zivilen Opfer von Kriegsverbrechen, geschändete Kinder und ihre Mütter, und meinte: „Es macht keinen Sinn, auf dieser Welt zu leben, solange es Menschen gibt, die solche Unmenschlichkeiten tun. Es gibt keine Alternative – entweder wir – oder sie. Es scheint uns immer, dass wir nicht tief genug hassen. Der einzige Maßstab der Liebe für das Volk kann heute die Tiefe des Hasses dem Feind gegenüber sein."[58] Wir oder sie, Blut für Blut und Tod für Tod waren Parolen, die mobilisieren sollten für den Kampf gegen die Besatzer.

Die emotionale Sprache des ersten Aufrufs der Staatlichen Kommission zielte dagegen auf das Pflichtgefühl und das Vergeltungsbedürfnis der jugoslawischen Bevölkerung: Die Zeugenschaft erhoben Jokanović und Nedeljković zur Pflicht gegenüber dem „eigenen misshandelten und heroischen Volk". Mit der Zeugenschaft öffnete sich erneut die Tür zur Zugehörigkeit bzw. sie schloss sich. Daher könnte der Aufruf auch als ein Integrationsangebot gedeutet werden an alle, die sich nicht am Volksbefreiungskrieg beteiligt hatten, ihre „Schuld" „ihrem Volk" gegenüber durch Zeugenschaft zu erfüllen. Wer nicht aussagte, das suggerierte der Aufruf, der besaß kein Pflichtgefühl seinem „eigenen Volk" gegenüber, der hatte kein Gerechtigkeitsempfinden und war kein Volkskämpfer und kein Patriot.

Die Staatliche Kommission entstand zwar nicht als Nebenprodukt militärischer Geheimdienstaktivitäten. Ihre Ermittlungen waren jedoch wie in vielen anderen Ländern eng an die Tätigkeiten des Geheimdienstes gekoppelt. Für Frankreich hat Claudia Moisel gezeigt, wie sich der *Service de recherche des crimes de guerre ennemis* aus dem *Bureau de Centralisation de Renseignements*

---

56   Stalin, Werke, Bd. 14, 193.
57   Mitrović, Ratno putovanje, 119–145.
58   Mitrović, Ratno putovanje, 121.

et d'Actions entwickelt hatte.[59] Es ging Jokanović und Nedeljković darum, eine neue einförmige Struktur zu bilden für eine neue Institution, die auf die Mitarbeit der Bevölkerung angewiesen war. Die Zusammenarbeit mit dem Geheimdienst war jedoch von zentraler Bedeutung für die Staatliche Kommission. Häufig waren es die Mitarbeiter der OZN-a, die der Kommission Beweise lieferten, ihre Berichte oder Fotografien abgaben. Nicht immer konnten die Mitarbeiter der Kommission damit etwas anfangen – häufig fehlten Berichte darüber, wie die Vernehmungen durchgeführt wurden, woher die Fotografien stammten oder konkret, wie die Menschen hießen.[60]

Nach der Befreiung Belgrads residierte die Staatliche Kommission im gleichen Gebäude wie der Geheimdienst und viele wussten sicher nicht, worin sich ihre Aufgaben konkret unterschieden. Der bosnisch-herzegowinische Schriftsteller Meša Selimović beschrieb in seinen Erinnerungen, wie er in der Staatlichen Kommission eingestellt wurde: Djilas hatte ihn aufgefordert, dort zu arbeiten. Selimović weigerte sich zunächst und sagte, er sei weder Politiker noch Jurist oder Geheimdienstagent.[61] Doch als Djilas ihm erklärte, dass er die Publikationsabteilung leiten sollte und die Kommission Dokumente für den Nürnberger Prozess zu sammeln hatte, stimmte er zu. Wahrscheinlicher war es, dass Djilas allgemein von Kriegsverbrecherprozessen sprach, denn im November 1944 war noch lange nicht klar, dass ein internationales Tribunal überhaupt organisiert würde. Die Redaktion von Selimović deutet jedoch darauf hin, dass die Staatliche Kommission in der Übergangszeit vom Krieg zum Frieden als ein politischer Arm des Systems wahrgenommen wurde und nicht als eine neutrale Institution zur Feststellung von Kriegsverbrechen. Erst nach Zusicherung eines „Insiders" der politischen Macht, dass die Kommission ihre Tätigkeit nach außen gegen die Kriegsverbrecher und nicht nach innen richte, willigte Selimović ein.

Die Staatliche Kommission balancierte auf einem schmalen Grat. Sie war auf die Mitarbeit von Bürgerinnen und Bürgern angewiesen, sollte deren Angaben zu Kriegsverbrechen überprüfen und verifizieren, bei enger Zusammenarbeit mit den Volksausschüssen, dem Geheimdienst und den Staatsanwaltschaften und Gerichten. Gleichzeitig waren die meisten dieser Informationen unter strenge Geheimhaltung gestellt, denn ob ein Name sich auf einer Liste befand, konnte Leben oder Tod bedeuten.

---

59   Moisel, Frankreich und die deutschen Kriegsverbrecher, 72.
60   USHMM, Fonds AJ 110, RG-49.005M, Reel 1, Nr. 1/27.
61   Meša Selimović, Sjećanja: memoarska proza (Sarajevo: Svjetlost 1983), 220. Alle folgenden Zitate dieses Gesprächs sind dieser Quelle entnommen.

Am 21. Mai 1945 erreichte ein Brief des Bundesstaatsanwalts Dr. Joža Vilfan (1908–1987) die Staatliche Kommission.[62] Vilfan war in Triest als Sohn des bekannten slowenischen Rechtswissenschaftler Josip Vilfan zur Welt gekommen. Er selbst hatte ebenfalls Jura in Rom, Wien und Ljubljana studiert und anschließend promoviert.[63] Vilfan gehörte wie Velebit zur Gruppe kommunistischer polyglotter k u. k. Sprösslinge, die insbesondere in der jugoslawischen Diplomatie nach 1945 Karriere machten und dem jungen Staat nach außen ein freundliches Gesicht gaben. Als Bundesstaatsanwalt hatte er zunächst andere Aufgaben. Bevor er jedoch die ersten großen Kriegsverbrecherprozesse organisieren konnte, wies er die Staatliche Kommission auf ihre Aufgaben hin, und zwar darauf, dass sie Informationen über die Kriegsverbrechen und nur über die Kriegsverbrechen zu sammeln hatte. Die Ermittlungen über die „politische, propagandistische, kulturelle, künstlerische, wirtschaftliche, rechtliche, administrative und andere Zusammenarbeit mit den Besatzern und einheimischen Verrätern" überstiegen seiner Meinung nach die Kompetenzen der Kommission. Sie sollte sich nur auf die ihr zugewiesenen Aufgaben konzentrieren. Die Tötungen und Verhaftungen, die nach der Befreiung Belgrads einsetzten, als der Geheimdienst nach unbekannten Listen vermeintliche Kriegsverbrecher abholte und ohne Prozesse erschoss, alarmierten die Alliierten.[64] Tito musste sich wegen britischer Nachfragen rechtfertigen und Vilfan forderte ein energisches Einschreiten von Institutionen zur geregelten Konfliktlösung.[65] Diese Janusköpfigkeit der kommunistischen Machthaber zeigte sich häufig in der Übergangszeit. Das Ziel war eindeutig die kommunistische Machtübernahme, die zu diesem Zeitpunkt stark von der alliierten Unterstützung abhing. Der Balanceakt bestand darin, nach außen als verlässlicher

---

62   USHMM, Fonds AJ 110, RG-49.005M, Reel 1, Nr. 1/25. Alle folgenden Zitate des Briefes sind dieser Quelle entnommen.

63   Vilfan, Joža, in: Slovenska biografija, in: https://www.slovenska-biografija.si/oseba/sbi788321/ (überprüft am 28.4.2019).

64   Siehe darüber die Berichte des amerikanischen Botschafters, explizit u.a. das Telegramm vom 9. April 1945 in *Foreign Relations of the United States: Diplomatic Papers*, 1945, Europe, Bd. V, 1218.

65   Über die Tötungen nach Befreiung Belgrads und den Einfluss der Staatlichen Kommission siehe, Srđan Cvetković, „Divlja čišenja" u Beogradu 1944, *Hereticus* 1 (2007), 74–105; Srđan Cvetković, Između srpa i čekića, 250–255. Auch Milan Grol in London schrieb mit Unwohlgefühl über die Befreiung und erwähnte die Zahl von 2.000 getöteten und 2.000 verhafteten Menschen. Grol, Londonski dnevnik, 657. Aktuell hat Milan Radanović detailliert nachgewiesen, dass insbesondere nationalistisch-revisionistische Darstellungen von Tötungen und überhöhte Zahlen von Opfern in erster Linie einer Diffamierung der jugoslawischen Volksbefreiungsarmee dienen. Siehe Radanović, Oslobođenje.

Partner zu agieren bei gleichzeitiger Durchsetzung kommunistischer Ordnung nach innen.

Nachdem sie die Macht übernommen hatten, ging es den neuen Macht-habern in erster Linie um die Stabilisierung der Nachkriegssituation. Das Land war noch nicht ganz befreit, die außenpolitische Stellung der Tito-Šubašić-Regierung nicht gefestigt. Informationen über Kriegsverbrechen sollten der Welt einerseits die enormen Opfer der jugoslawischen Bevölkerung und der Partisanenbewegung verdeutlichen, um die öffentliche Meinung über Jugoslawien zu beeinflussen. Andererseits existierte ein großes Interesse, die Verantwortlichen für die in Jugoslawien begangenen Verbrechen auch in Jugoslawien vor Gericht zu stellen. Die meisten von ihnen befanden sich nach Kriegsende außerhalb jugoslawischer Grenzen. Also nahm die Staat-liche Kommission stärker die Zusammenarbeit mit London auf und drängte nach innen auf schnelle Ermittlungen, weil sie schnelle Ergebnisse präsentie-ren wollte. Welchen Einfluss hatte diese Notwendigkeit einer internationalen Zusammenarbeit auf die Tätigkeiten der Staatlichen Kommission? Und welche Rolle spielte dabei die UNWCC? Um diese Fragen zu beantworten, werden im Folgenden der Informationstransfer und der Transfer von Rechtsnormen von London nach Belgrad beleuchtet.

2.2   London und „legal transfer"

Die UNWCC organisierte vom 31. Mai bis zum 2 Juni 1945 eine *National Offices conference*, um die Arbeit zwischen der UNWCC und den nationalen Kommis-sionen zur Feststellung von Verbrechen besser zu vernetzen.[66] Die Delegierten trafen im ehrwürdigen Royal Courts of Justice zusammen: Ein erhaltener Film zeigt den Vorsitzenden der UNWCC, Lord Cecil Wright, bei seiner Eröffnungs-rede sowie alle Teilnehmer (Teilnehmerinnen waren nicht anwesend): eine bunte Mischung von Männern aus 16 unterschiedlichen Staaten (ein griechi-scher Vertreter fehlte) sowie amerikanischen Vertretern des Generals Eisen-hower und Robert Jackson, manche in Uniform, andere im Anzug, wie sie Wright konzentriert zuhörten.[67]

---

66   UNWCC, National offices conference held at the Royal courts of Justice, London May 31st to June 2nd, 1945, in: UNWCC Archives, Minutes and documents, hier nach: http://www.unwcc.org/unwcc-archives/ (überprüft am 19.4.2019). Alle weiteren Zitate der Konferenz und ihrer Arbeit sind dieser Quelle entnommen.

67   Das Video kann auf der Homepage von Dan Plesch gesichtet werden, siehe http://www.unwcc.org/2017/10/10/national-offices-conference/ (überprüft am 21.2.2021).

Verschiedene Themen standen auf der Agenda: „Exchange of views and consideration of the way in which persons accused of crimes against nationals of several United Nations should be dealt with", „Cooperation between National Offices and the War Crimes Commission with a view to preparing evidence and charges against enemy key-men who have not yet been indicated by National offices" und „The establishment and maintenance of a central recording office, the pooling of information on war crimes, and the establishment of a uniform indexing system and use of uniform machine records". Aus jugoslawischer Perspektive waren das genau die Themen, die Landeskommissionen brauchten, um ihre Arbeit effizienter und erfolgreicher zu gestalten. Schließlich ging es darum, möglichst viele geflüchtete Kriegsverbrecher in Jugoslawien vor Gericht zu bekommen. Aus Belgrad reisten Nedeljković und Bartoš an. Živković und Marković kamen aus London. Živković selbst legte einen Text über „Establishment of closer connections between the United Nations War Crimes Commission and the national Offices and the strengthening and assisting of these Offices" vor.

Das Ziel der Konferenz war es, die Vertreter unterschiedlicher nationaler Kommissionen zusammenkommen zu lassen, damit sie ihre Positionen austauschen und diskutieren würden, wie sie ihre Methoden verbessern könnten. Es ging aber auch darum, die Solidarität und die Zusammenarbeit untereinander zu verstärken. Das war wichtig, weil die UNWCC als zentrale Abwicklungsstelle fungierte. Das bedeutet, dass alle Anklageerhebungen aller nationalen Kommissionen an die UNWCC gingen, die sie abklärte und entschied, ob sie die angeklagte Person in die zentrale Liste der Kriegsverbrecher aufnahm oder ob offene Fragen existierten. Die Verantwortung für die Untersuchungen vor Ort lag damit bei den nationalen Kommissionen. Das Komitee I sichtete das Material nach folgenden Kriterien: „do the charges made disclose the existence of a war crime or crimes; is there sufficient material to identify the alleged offender; and is there good reason to assume that, if put on trial, the alleged offender would be convicted."[68] Die UNWCC übernahm eine Vorprüfung der Anklageerhebungen und damit, wie Plesch und Owen betonten, die Rolle eines „international imprimatur" im Prozess der Ahndung von Kriegsverbrechen.[69] Das bedeutete, dass die Mitgliedstaaten durch die Partizipation am UNWCC-Prozedere auf Legitimation und Zustimmung von anderen Mitgliedstaaten hoffen konnten. Zudem bekamen sie im Prozess der

---

68   UNWCC History, 482.
69   Dan Plesch / Leah Owen, The United Nations War Crimes Commission: A Model for Complementarity today, in: Beth Griech-Polelle / Henry King (Hg.), The Nuremberg War Crimes Trial and its Policy Consequences Today (Baden-Baden: Nomos 2020), 165.

Anklageerhebung Unterstützung seitens der UNWCC, die seit Jahren an Richtlinien und Ermittlungsmanagement feilte.

Das Komitee I (facts and evidence) hatte bereits im Februar 1944 Vorlagen für das Sammeln von Beweisen erstellt. Die Ermittler sollten sich an sieben Punkten orientieren:

– What is the offence alleged?
– Can the offender be identified?
– What was the degree of the responsibility of the offender having regard to his position?
– Was the offence committed on the offender's own initiative or in obedience to orders, or carrying out a system or legal disposition?
– What evidence is available in support of the charge?
– Any indication of the probable defense.
– Whether the case appears to be reasonably complete.[70]

Im Mittelpunkt des Interesses stand nicht nur die angeklagte Person, sondern das Verbrechen, weil die UNWCC zunächst die Erstellung einer maßgeblichen Kriegsverbrecherliste mit dem Hinweis auf die schlechte Erfahrung des Ersten Weltkriegs ablehnte.[71] Ihre Aufgabe war „to record war crimes and report them to the Governments concerned."[72] Die entstandene Kriegsverbrecherliste der UNWCC war daher ein Ergebnis der Zusammenarbeit zwischen nationalen Kommissionen und dem Komitee I der UNWCC. Nationale Kommissionen sammelten die Beweise und meldeten Fälle mit Anschuldigungen bei der UNWCC. Das Komitee I prüfte die Anschuldigungen in Anwesenheit des Delegierten aus dem betreffenden Land und entschied, ob *prima facie* Beweise existierten, die dazu führten, die Person auf die Liste der vermeintlichen Kriegsverbrecher zu setzen.[73] In komplizierten Fällen fertigten die Mitglieder des Komitee I und die Rechtsreferenten der UNWCC Memoranden und Gutachten zu den eingegangenen Fällen an, um ihre Entscheidungen detaillierter zu begründen. In der Regel gaben sie bei strittigen Fällen eine ausführliche Rückmeldung an die antragstellenden Staaten, damit diese ihre Anklagen ergänzen konnten.

Die zentrale Liste der UNWCC ist nicht mit der Liste des Central Registry of War Criminals and Security Suspects (CROWCASS) zu verwechseln. Nach Kriegsende gab der amerikanische General Dwight D. Eisenhower den

---

70   UNWCC, First report of committee I (Facts and evidence) as adopted by the commission, USHMM, Fonds UNWCC, RG-67.041M.0033.00000737.
71   History of the UNWCC, 120.
72   History of the UNWCC, 6.
73   History of the UNWCC, 6; Auch Kochavi, Prelude to Nuremberg, 101.

Anstoß zur Gründung einer neuen Institution, die sich allein um die Listen von Kriegsverbrechern kümmern sollte: CROWCASS unterstand der Viermächteverwaltung – die Sowjetunion nahm dann aber doch nicht am Programm teil.[74]

Während der National-Offices-Konferenz zeigte sich, dass die nationalen Kommissionen bei aller Vielfalt an unterschiedlichen Methoden das gleiche Ziel verfolgten, und zwar die Individualisierung von Schuld und die Verurteilung von verantwortlichen Kriegsverbrechern in den Ländern selbst.[75] Allerdings hatten viele noch Zweifel, ob dieses Ziel zu erreichen sei. Bei seiner Begrüßung betonte Nedeljković: „There must be no repetition of what happened after the previous world war, when lists were drawn up but no criminals brought to justice."[76]

Die Delegierten diskutierten unterschiedliche Schwierigkeiten, die sie bei ihrer Arbeit hatten: angefangen damit, wie im Einzelnen die Verfahren zu organisieren waren bzw. wie die unterschiedlichen Staaten im Prozess der Ahndung vorgingen. Als zentrale Punkte kristallisierten sich die Frage der Auslieferung und die Frage des Informationenaustauschs heraus. Die amerikanischen Delegierten plädierten für die Bündelung von Informationen und die Einführung eines „uniform system of indexing and recording".[77] Die amerikanischen Mitarbeiter der CROWCASS und der SHAEF (Supreme Headquarters, Allied Expeditionary Force), Oberst Howard Brundage und Oberst E.C. Woodall erklärten, wie CROWCASS aufgebaut war.

> CROWCASS devised a central registry on the Hollerith system, divided into two parts, a Wanted section and a Detained section. That central registry was concerned not so much with crimes as with criminals, although naturally the crimes of which the criminals were accused appeared in it. They had had from many sources, and notably from the War Crimes Commission, lists of wanted war criminals, and those lists were put into the Wanted section, being put on cards which were punched to record a large number of things – the description of the wanted man, the description of the crime, the place where it was committed, and so on. The whole German Army had been coded, so that any unit of the Army or any para-military or Nazi Party organization could be punched on the cards[78]

---

74   Plesch, Human Rights after Hitler, 58.
75   History of UNWCC, 156.
76   UNWCC, National Offices Conference held at the Royal Courts of Justice, London May 31st to June 2nd, 1945, 4, in: UNWCC Archives, Minutes and Documents, hier nach http://www.unwcc.org/unwcc-archives/ (überprüft am 19.4.2019). Im Folgenden, UNWCC, National Offices Conference.
77   History of UNWCC, 156.
78   UNWCC, National Offices Conference, 17.

Damit lag der amerikanischen Vorgehensweise ein anderes Verständnis der Listenerstellung zugrunde als z.B. der UNWCC. Im Zentrum des Interesses stand der Gesuchte und nicht seine Verbrechen. Zudem befanden sich auf der Liste alle inhaftierten Mitglieder deutscher Verbände, wie Woodall ausführte:

> In addition to those two sections of card indexing, they had the coopera-
> tion of the War Office and the War Department in documenting every mem-
> ber of the German Army or para-military organization who was held by the
> Anglo-American Forces through the world.[79]

Damit war CROWCASS in der Lage, eine Akte für jeden einzelnen deut-schen Soldaten anzulegen, ein für Delegierte anderer UNWCC-Staaten, die vom Krieg zerstört waren, schier unvorstellbares Unterfangen. Aber auch CROWCASS hatte Schwierigkeiten mit Papierlieferungen und seine Kartei-karten für die Erstellung der Kriegsverbrecherliste kamen nach Kriegsende aus Deutschland.[80]

Die Vertreter unterschiedlicher nationaler Kommissionen zur Feststellung von Verbrechen betonten, dass dieses System zu komplex sei, um es noch in jedem einzelnen Land einzuführen. Sie erbaten sich aber die Möglichkeit, an die CROWCASS-Informationen zu kommen.[81] Woodall schlug vor, dass sich die UNWCC und die nationalen Kommissionen mit ihren Anliegen an das CROWCASS wenden, und versprach Unterstützung. Er betonte aber auch, dass sie keine „evidence-producing agency"[82] seien. Anderseits hatten sie präzise Abbildungen der deutschen militärischen Einheiten, was helfen könnte, Angehörige bestimmter Verbände zu ermitteln. Im jugoslawischen Fall spielte genau diese Frage eine große Rolle. Zu Beginn der Ermittlungen kannten die lokalen Ermittler in der Regel nur den Namen der militärischen Einheit und keine konkreten Namen von Beschuldigten. In seiner Wortmeldung betonte Živković, wie wichtig es sei, den Informationsaustausch zu verbessern, und plä-dierte dafür, auch die Sowjetische Außerordentliche Staatliche Kommission in den Austausch miteinzubeziehen.[83] Die Sowjets lehnten dies jedoch ab.

Die Frage der Auslieferung erhitzte die Gemüter viel stärker. Es ging schließ-lich darum, welches Land nach welchen Kriterien die Kriegsverbrecher vor eigene, nationale Gerichte stellen durfte. Bartoš versuchte, die Diskussion zu versachlichen, in dem er plädierte, rein praktische Gründe in den Vordergrund

---

79   UNWCC, National Offices Conference, 17.
80   UNWCC, National Offices Conference, 17.
81   UNWCC, National Offices Conference, 21–22.
82   UNWCC, National Offices Conference, 19.
83   UNWCC, National Offices Conference, 20.

zu stellen. Der belgische Delegierte de Beer schlug vor, folgenden Vorschlag aufzunehmen: „that when an accused has been placed on the list of war criminals
at the request of several of the United Nations the War Crimes Commission
shall act as arbitrator to decide to which Government he shall be surrendered."[84] Nedeljković mischte sich in die Diskussion ein und betonte, dass ohne
eine Institution innerhalb der UNWCC sowohl der Informationsaustausch
als auch die Auslieferung eine Frage militärischer Entscheidungen bleiben
werde. Er prophezeite, dass sich in diesem Zusammenhang das Fehlen der
sowjetischen Delegation als fatal erweisen würde, besäßen die Sowjets doch
eine große Anzahl an Dokumenten und Beweisen.[85] Živković schlug vor, der
UNWCC die Kompetenz des eigenmächtigen Ermittelns zuzugestehen – eine
Reform, mit der Wright bereits gescheitert war.[86] Und obwohl die Delegierten
Živković zustimmten und seinen Vorschlag in ihre Abschlusserklärung übernahmen, wurde dies nicht verwirklicht.

Hinweise auf das Fehlen einer sowjetischen Delegation machte auch die
tschechoslowakische Delegation. Das überraschte nicht. Ečer hatte wiederholt
eine Zusammenarbeit zwischen der UNWCC und der Sowjetischen Außerordentlichen Kommission vorgeschlagen, was allerdings abgelehnt wurde.[87]
Trotzdem leitete die UNWCC ihr Material an die Sowjetunion weiter, wenn
sie der Meinung war, dass dieses für die Sowjetunion von Interesse war.

Obwohl sie die Vorlagen des Komitee I hatten, waren viele Anklageerhebungen nationaler Kommissionen mangelhaft. In der ersten Phase des Aufbaus, noch während des Kriegs, schätzte es die UNWCC, überhaupt über
Geheimkanäle Informationen aus den besetzten Staaten zu erhalten. Insbesondere der Beitrag der polnischen Kommissionen an der Offenlegung von
NS-Verbrechen war von grundlegender Bedeutung.[88] Doch nach Kriegsende
wollten alle mit Prozessen starten, und hier erwartete die UNWCC Professionalisierung. Daher diente die Konferenz auch dazu, alle relevanten Akteure
zu vernetzen, auf den gleichen Wissensstand zu bringen sowie Grundlagen
für die gemeinsame Zusammenarbeit zu definieren. Nedeljković und Bartoš
lernten wichtige Vertreter anderer Länder wie Wright, Gros oder de Baer kennen. Sie präsentierten sich im Kreis der Alliierten als engagierte Kämpfer für
die Verwirklichung des gemeinsamen Anliegens. Sie bekamen die Möglichkeit,
international vom Widerstandskampf und von den Opfern der jugoslawischen

---

84   UNWCC, National Offices Conference, 28.
85   UNWCC, National Offices Conference, 33.
86   Morris / Knaap, When Institutional Design is Flawed, 532.
87   History of the UNWCC, 158.
88   Uczkiewicz, Verfolgung außerhalb des Vaterlandes.

Bevölkerung zu berichten, die ihrer Meinung nach bedeutend zum Sieg der alliierten Kräfte beigetragen hatten. Sie konnten ihre Anliegen stärker in der internationalen Öffentlichkeit platzieren – insbesondere die Frage der italienischen Kriegsverbrechen. Und auch wenn sie ihre Vorschläge nicht durchsetzen konnten – in erster Linie eine stärkere Zusammenarbeit mit der Sowjetunion –, profitierten sie stark vom Treffen in London. Sie erfuhren aus erster Hand vom Ahndungskonzept der Alliierten, „major" und „minor war criminals" nach präzisem Prozedere vor Gericht zu stellen. Sie erfuhren, dass sie über die UNWCC und den CROWCASS an Informationen und Beweise kommen konnten, die sie sonst nicht gehabt hätten. Sie verstanden, dass die Chancen auf Auslieferungen von Angeklagten davon abhingen, wie gut ihre Kommission die Anklageerhebungen an die internationalen Vorgaben anpasste. Und sie waren bereit, darauf einzugehen.

Nach London übernahm die Staatliche Kommission das internationale Prozedere und leitete ihre Vorlagen und ihre Formulare an die Landeskommissionen weiter, die zusammen mit untergeordneten Einheiten für die Ermittlungsarbeit vor Ort zuständig waren. Im folgenden Unterkapitel wird detaillierter auf den Aufbau, die Struktur und die Vorgehensweise der bosnisch-herzegowinischen Landeskommission eingegangen, um zu untersuchen, wie die Situation vor Ort mit den Erwartungen und Anforderungen der UNWCC und der Staatlichen Kommission in Einklang zu bringen war. Vor welchen Herausforderungen stand die Staatliche Kommission, als es darum ging, einen einheitlichen Organisationsapparat aufzubauen? Auch wird beleuchtet, welche Ergebnisse die bosnisch-herzegowinische Landeskommission erzielte und wie ihre Ermittlungsarbeit funktionierte, dort, wo Kriegsverbrechen stattgefunden hatten.

2.3   Von Sanski Most nach Sarajevo: Verschriftlichen und verzeichnen

In Jajce wurde im November 1943 entschieden, das Zweite Jugoslawien als Föderation aufzubauen, zusammengesetzt aus sechs Republiken. Bosnien-Herzegowina sollte trotz kontroverser Meinungen zu seiner historischen Existenzberechtigung als besondere territoriale Einheit eine Teilrepublik bilden.[89] Rodoljub Čolaković (1900–1983), ehemaliger Spanienkämpfer und einer der führenden bosnisch-herzegowinischen Kommunisten, erinnerte sich, dass auf Kardeljs Vorschlag hin alle Republiken ihre Institutionen nach dem

---

89   Siehe dazu den Überblick bei Marko Attila Hoare, The Bosnian Muslims in the Second World War: a History (London: Hurst 2013), 181.

Vorbild der zentralen Organisation aufbauen sollten.[90] So geschah das auch in
Bosnien-Herzegowina. Bereits 1943 wurde der Antifaschistische Rat der natio-
nalen Befreiung Bosnien-Herzegowinas als oberstes Landesorgan gegründet
(ZAVNOBiH, Zemaljsko antifašističko vijeće narodnog oslobođenja Bosne i
Hercegovine). In Sanski Most, einer kleinen idyllischen bosnischen Stadt, traf
die Vertretung der Republik am 30. Juni 1944 zum zweiten Mal zusammen,
neben Čolaković z.B. der Kommunist Avdo Humo (1914–1983) und Nicht-
Kommunisten wie der Arzt Vojislav Kecmanović (1881–1961) und der Offizier
Sulejman Filipović. Die proklamierten Entscheidungen bereiteten jedoch
Čolaković und Humo vor. Unter anderem beschlossen die Delegierten am
1. Juli 1944 die Gründung der bosnisch-herzegowinische Landeskommission
zur Feststellung von Verbrechen der Besatzer und ihrer Helfer.[91] Eine Diskussion darüber, was die Ziele der Kommission waren, gab es nicht. Auch
Čolaković erwähnte sie in seinen Erinnerungen mit keinem Wort. Viel wichtiger schienen ihm das kurz davor unterschriebene Tito-Šubašić-Abkommen
sowie die Landung der Alliierten in der Normandie.[92] Nach sowjetischem
Vorbild der Außerordentlichen Staatlichen Kommission und dem Vorbild der
Staatlichen Kommission war die Zusammensetzung der bosnischen Landeskommission sehr heterogen: Dr Dragoslav Ljubibratić war Anwalt aus Tre-
binje, Savo Savić ein Priester aus Vlasenica, Husnija Kurt arbeitete vor dem
Krieg als Rektor eines Gymnasiums in Mostar, Dr. Jakov Grgurić war Anwalt
aus Livno und Mitglied der HSS, Dr. Danica Perović leitete ein Kriegskranken-
haus, Asim Alihodžić war Anwalt aus Banja Luka, Novak Mastilović war Priester aus Gacko, Mujo Hodžić Bauer aus Rogatica, Đuro Pucar-Stari Arbeiter aus
Grahovo und Sekretär der Kommunistischen Partei Bosnien-Herzegowinas,
Sulejman Dizdar, Vorkriegsbankdirektor aus Livno, Branko Simić aus Brčko,
Vaso Trikić, Arbeiter aus Drvar, Dušan Grk, Bauer aus Stolac, Jure Mikulić,
Kaufmann aus Bugojno, und Mihailo Bjelaković, der stellvertretende Kom-
mandier der Romanija-Abteilung der Volksbefreiungsarmee.[93] Auch national
war die Kommission sehr heterogen. Ihre Mitglieder waren Serben, Kroaten
und Muslime, Vertreter unterschiedlicher Schichten und sie kamen aus unterschiedlichen Regionen Bosnien-Herzegowinas. Nur die Hälfte verfügte jedoch
über Verwaltungserfahrung. Das deutet darauf hin, dass andere Kompetenzen

90   Čolaković, Zapisi iz oslobodilačkog rata, Bd. 3, 231.
91   Lovrenović, Zemaljska komisija, 52. Siehe auch: Enver Redžić (Hg.), Zemaljsko
      Antifašističko vijeće Narodnog oslobođenja Bosne i Hercegovine. Dokumenti 1943–1944,
      (Sarajevo: Veselin Masleša 1968), 240.
92   Čolaković, Zapisi iz oslobodilačkog rata, Bd. 3, 261.
93   *Oslobodjenje* vom Juli 1944, Nr. 8, 14.

wichtiger schienen. Auffällig ist jedoch das Fehlen jüdischer Vertreter – nicht nur in der Kommission, sondern auch in ZAVNOBiH selbst.

Die Ärztin Danica Perović war die einzige Frau. Wie die meisten Mitglieder hatte sie sich direkt am Volksbefreiungskrieg beteiligt. Wie die meisten Kommissionsmitglieder überlebte sie Schreckliches. Mit ihrem Kriegslazarett kam sie im April 1942 in die Gefangenschaft von Tschetniks. Alle ihre Patienten wurden getötet. Nur Perović gelang zehn Monate später die Flucht.[94] Auch andere nationale Kommissionen hatten Überlebende, Opfer oder Résistance-Mitglieder in ihren Reihen. In Jugoslawien verliehen die Menschen mit ihren Erfahrungen und ihrer Authentizität ihrem Amt eine besondere Legitimität. Dem ideologisch begründeten Vorwurf ausgesetzt, ein Unrechtsystem zu etablieren, wollten die neuen Machthaber mit ihrer Personalwahl demonstrieren, dass sie das Interesse der Opfer in den Mittelpunkt rückten.

Zum Vorsitzenden der bosnischen Landeskommission wurde Ljubibratić ernannt, ein früheres Mitglied der revolutionären Bewegung *Mlada Bosna* und Schulfreund des Attentäters Gavrilo Princip.[95] Asim Alihodžić arbeitete als Sekretär. Beide waren Juristen, was aber auch bedeutete, dass sie schnell andere Aufgaben bekamen. Nach der Befreiung Sarajevos wurde Ljubibratić bosnischer Staatsanwalt und nach der Befreiung Jugoslawiens ging Alihodžić als jugoslawischer Gesandter nach Teheran.[96] Erst zwei Monate später traten Miloš Škorić als Vorsitzender und Rajko Peleš als Sekretär an ihre Stelle. Škorić hatte vor dem Krieg als Beamter gearbeitet: Er kannte Čolaković, weil sie beide aus der gleichen Gegend kamen und sich gleich nach der Kapitulation bei den Partisanen getroffen hatten.[97] Škorić hatte während des Ersten Weltkriegs als Freiwilliger auf der serbischen Seite gekämpft. An diese Beziehungen hatte er 1941 als Kommandeur in Rogatica angeknüpft, als er versuchte, eine Übereinkunft zwischen den Tschetniks und den Partisanen zu erzielen, was nicht gelang. Auch er kannte daher die Kriegssituation als direkt involvierter, ehemaliger Kämpfer. Škorić leitete die Landeskommission bis 1947, während Peleš sie bereits zum 14. Oktober 1945 verließ, weil er zum Richter ernannt wurde.[98] Bosnien-Herzegowina war nach Krieg und Bürgerkrieg ein stark zerstörtes Land. Auch in der Zwischenkriegszeit fehlte es dort an qualifiziertem Personal. Nach 1945 war die Situation noch schlimmer. Die hohe Fluktuation innerhalb

---

94   Über den Konflikt mit den Tschetniks sowie die Ermordung von Verletzten siehe Rade
        Bašić, Doktor Mladen (Beograd: Narodna armija 1969), 144–163.
95   ABiH, Fonds ZKURZ, Kutija: Organizacija i rad komisije, 140.
96   ABiH, Fonds ZKURZ, Kutija: Organizacija i rad komisije, 140.
97   Čolaković, Zapisi iz oslobodilačkog rata, Bd. 1, 276; 320.
98   ABiH, Fonds ZKURZ, Kutija: Organizacija i rad komisije: Povjerljivi spisi, Pov 76/45.

der Landeskommission deutete auch auf ihren Stellenwert innerhalb neu geschaffener oder wiederaufgebauter Institutionen. Ausgebildete Richter oder Juristen im Allgemeinen wurden für die Staatsanwaltschaften und die wiederaufgebauten zivilen Gerichte gebraucht. Auch der dritte Sekretär, Đuro Bosnić, wechselte nach einem Jahr in die bosnische Staatsanwaltschaft.[99] Ilija Krtinić übernahm die Aufgabe für sechs Monate bis zum 1. April 1947. Auf ihn folgte bis zur Auflösung der Landeskommission Jovo Gutalj. Gutalj selbst fand ein tragisches Ende. Als verurteilter Kominformist starb er 1951 auf Goli otok an Dysenterie.[100]

Die Mitglieder sollten der Landeskommission beratend zur Seite stehen und ihre Arbeit beaufsichtigen. In der Praxis erfüllte sich diese Erwartung nicht. In seinem Abschlussbericht für die Staatliche Kommission beklagte Gutalj, dass weder die ersternannten noch die 1946 neu ernannten Mitglieder an Sitzungen der Landeskommission teilgenommen hatten, weil sie in der Regel primär andere Aufgaben wahrnahmen.[101]

Auf dem ganzen Gebiet Bosnien-Herzegowinas sollten nach Vorbild anderer Landeskommissionen Bezirks- und Kreiskommissionen gegründet werden. Dieser Plan war aufgrund des fehlenden Personals nicht zu verwirklichen, sodass in Bosnien-Herzegowina alle Informationen über Kriegsverbrechen von Volksbefreiungsausschüssen gesammelt wurden.[102] Wie schnell ihre Arbeitsbelastung zunahm, verdeutlichte das explosionsartige Wachstum von Verwaltungsakten. Im Jahr 1944 empfing die Landeskommission 103 Akten und gab 98 Akten aus. 1945 waren es bereits 2.789 empfangene und 1.617 ausgegebene Akten sowie 77 empfangene und 73 ausgegebene Geheimakten. Bis zum 30. August 1947 gingen bei der Landeskommission 9.545 Akten ein. 5.584 gab sie aus.[103] Dabei konnte die Landeskommission aufgrund ihrer Unterbesetzung und schlechter Zusammenarbeit mit anderen Institutionen nur einen Teil der ihr zugetragenen Arbeit erledigen. Eine unabhängige Enquete-Kommission, die Verbrechen an jüdischer Bevölkerung aufdecken sollte, wurde aufgelöst, weil sie zu langsam arbeitete. Eine andere Enquete-Kommission für den Bezirk Goražde in Ostbosnien löste sich selbst auf. Die Volksbefreiungsausschüsse hatten in der Nachkriegszeit dringendere Aufgaben zu erledigen, als Überlebende zu interviewen und Fakten über Verbrechen zu sammeln. Selbst

---

99   ABiH, Fonds ZKURZ, Kutija: Organizacija i rad komisije, 141.
100   Momčilo Mitrović, Logoraši umrli na Golom otoku 1948–1958. godine, *Tokovi istorije* 3 (2003), 314.
101   ABiH, Fonds ZKURZ, Kutija: Organizacija i rad komisije, 141.
102   ABiH, Fonds ZKURZ, Kutija: Organizacija i rad komisije, 146.
103   ABiH, Fonds ZKURZ, Kutija: Organizacija i rad komisije, 146.

zivile Gerichte trugen, nach Gutalj, wenig zur Aufklärung von Verbrechen bei, gerade in der Republik, die am stärksten unter dem Bürgerkrieg gelitten und in der sich der Widerstand gegen die Besatzer konzentriert hatte.[104] Werden alle diese Schwierigkeiten berücksichtigt, überrascht es fast, wie viele Informationen die Landeskommission bis Ende Oktober 1946 zusammengetragen hatte. Insgesamt gingen 76.384 Schadensmeldungen ein. Die Landeskommission nahm Aussagen von ca. 150.000 Zeugen entgegen.[105] In Relation zur Bevölkerungszahl und zur Anzahl von ermordeten Zivilisten zeigte sich, was die Landeskommission geleistet hatte. Bei der Volkszählung aus dem Jahr 1931 lebten in Bosnien-Herzegowina ca. 2,3 Millionen Menschen.[106] Nach konservativen Schätzungen hatte das Land 316.000 Kriegsopfer zu beklagen.[107] Die Mitarbeiter der Landeskommission waren zwar angehalten, alle Opfer zu befragen und in jedem Haushalt Interviews zu führen. Diese Vorgabe war bei der Personalgröße nicht zu schaffen. Allein auf der Liste mit Namen von Menschen, die bei Massenerschießungen und bei einzelnen Exekutionen ermordet wurden, befanden sich 174.084 Personen.[108] Auch wenn die jugoslawischen Opferzahlen und Schätzungen bis heute ein hoch kontroverses Thema darstellen, weil es den jugoslawischen Politikern häufig darum ging, mit hohen Opferangaben eine bessere Verhandlungsposition bei der Pariser Friedenskonferenz zu sichern,[109] blieb bei späteren Berechnungen die Zahl der bosnisch-herzegowinischen Opfer beständig. Auch die bosnische Landeskommission hatte eine ähnliche Zahl ermittelt, und zwar 179.582 zivile Opfer.[110] Viele von ihren Familienangehörigen konnten vor der Landeskommission ihre Zeugenschaft über die Verbrechen ablegen, viele leider nicht.

Wie Grehek-Ravančić für die Staatliche Landeskommission festgestellt hat, lässt sich die Arbeit der bosnischen Landeskommission in drei Phasen einteilen.[111] In der ersten Phase vollzog sich der institutionelle Aufbau in der Übergangszeit zum Frieden. Die zweite Phase war durch intensive

---

104 ABiH, Fonds ZKURZ, Kutija: Organizacija i rad komisije, 146.
105 ABiH, Fonds ZKURZ, Kutija: Organizacija i rad komisije, 149.
106 Stanovništvo po veroispovesti i maternjem jeziku po popisu od 31. marta 1931. Pregled po opštinama (Beograd: Državna štamparija 1938), hier nach https://pod2.stat.gov.rs/Objav-ljenePublikacije/G1931/pdf/G19314001.pdf (überprüft am 17.2.2021).
107 Vladimir Žerjavić, Manipulacije žrtvama drugoga svjetskog rata 1941–1945., *Časopis za suvremenu povijest* 24 (1992) 3, 160.
108 Đorđe Pejanović (Hg.), Stanovništvo Bosne i Hercegovine (Beograd: Naučna knjiga 1955), 61.
109 Sundhaussen, Jugoslawien und seine Nachfolgestaaten, 72.
110 ABiH, Fonds ZKURZ, Kutija: Organizacija i rad komisije, 155.
111 Grahek Ravančić, Narod će im suditi, 94.

Ermittlungsarbeit in den Jahren 1945 bis 1947 gekennzeichnet, während in der dritten Phase die Arbeitsintensität abnahm und die Kommission ihre Geschäfte abwickelte. Welche Akten schuf die bosnische Landeskommission und welchen Beitrag hatten sie an der Ahndung von Kriegsverbrechen?

Während ihrer gesamten Laufzeit war die bosnisch-herzegowinische Landeskommission chronisch unterbesetzt und litt sehr stark unter Personalwechsel. Insgesamt verließen die Kommission in den drei Jahren ihrer Existenz 101 Mitarbeiterinnen und Mitarbeiter, häufig bereits nach einigen Monaten.[112] Diese wurden der Landeskommission zugewiesen oder sie bewarben sich um offene Stellen. Nicht immer war die Leitung zufrieden mit den Ergebnissen ihrer Arbeit. Und häufig war die Staatliche Kommission unzufrieden mit der Arbeit der bosnischen Landeskommission. Das hatte mehrere Gründe. Während des Kriegs schickte die Landeskommission ihre Mitarbeiter unmittelbar nach Abbruch der Kriegshandlungen in die Ortschaften und Dörfer, wo Kriegsverbrechen stattgefunden hatten. Sie befragten Überlebende, sammelten Unterlagen der flüchtenden Ustascha, erstellten Protokolle, die sie anschließend in Jajce katalogisierten, wo vor der Befreiung der Sitz der Landeskommission war. In der Regel waren diese ersten Berichte handgeschrieben. Das überrascht nicht, schließlich besaß die Landeskommission zu Beginn ihrer Arbeit nur zwei Schreibmaschinen.[113]

Wegen Mangel an qualifiziertem Personal und Wissen orientierten sich die Mitarbeiter auch an Akten der Regime, die sie als „volksfeindlich" bezeichneten. Die Regierung Nedić hatte bereits seit Ende 1941 Informationen über Verbrechen an Serben im Unabhängigen Staat Kroatien gesammelt. Die Vertriebenen wurden vom Flüchtlingskommissariat vernommen und ihre Aussagen protokolliert.[114] Ihr Leitfaden darüber, wie Informationen über die „Bestialitäten der Ustascha" zu erfassen seien, befand sich in Akten der bosnischen Landeskommission:

> Vom Zeugen/ Flüchtling soll verlangt werden, dass er alles erzählt, was er persönlich gesehen und erlebt hat, und worauf er – bei Bedarf – einen Eid leisten kann, und erst anschließend, dass er alles erzählt, was er von vertrauenswürdigen Menschen gehört hatte. Das bedeutet, dass ‚inhaltsloses Gerede' zu verwerfen sei. Es soll darauf geachtet werde, dass der Zeuge/ Flüchtling die Aussage nicht verallgemeinert, und nichts ‚in etwa' erzählt. Dabei soll vom Zeugen/ Flüchtling verlangt werden, dass er, bei der Beschreibung von Ereignissen, konkret wird, bzw. möglichst viele Details, möglichst viele konkrete und wirkliche

---

112   ABiH, Fonds ZKURZ, Kutija: Organizacija i rad komisije, 143.
113   ABiH, Fonds ZKURZ, Kutija: Organizacija i rad komisije, 138.
114   Korb, Im Schatten des Weltkrieges, Pos. 578.

Einzelheiten benennt. Er soll sich zudem kurzfassen, sowie nur nackte Tatsachen und Informationen benennen, ohne Zusätze, Erklärungen und persönliche Interpretationen.[115]

Die pragmatische Verwendung von Leitfäden eines Regimes, das mit Besatzern zusammengearbeitet hatte, deutet darauf hin, dass die Mitarbeiter der Kommission über jede Hilfestellung erfreut waren. Überwältigt vom Ausmaß der Verbrechen und fachlich unerfahren, waren sie über jedes Rundschreiben und jeden Leitfaden dankbar. Konkrete Fragen sollten den Interviewern die Vernehmung erleichtern und die Zeugen dazu verleiten, möglichst präzise Antworten zu geben. Doch zunächst ging es nicht um die Details. Das Ziel war, schnell Informationen über den Charakter der Besatzung in Jugoslawien zu sammeln, um in erster Linie die italienischen Verbrechen zu dokumentieren. Die Staatliche Kommission in Belgrad und Živković in London waren über die „profaschistische Propaganda" in Italien entrüstet, die über die „korrekte italienische Besatzung" in Jugoslawien berichtete.[116] Nedeljković appellierte an alle Landeskommissionen, unverzüglich Beweise über italienische Massenerschießungen, Morde, Folter, Vergewaltigungen und Raub an die Staatliche Kommission zu übermitteln, um damit an die internationale Öffentlichkeit zu treten.[117] Hier fand sich, wie bereits erwähnt, ein wichtiger Grund für die Tätigkeiten der Landeskommissionen. Der bereits anvisierte Konflikt mit Italien um Territorien beeinflusste stark ihre Ermittlungsarbeit. Schließlich richteten die ohnehin erst im Aufbau befindlichen Institutionen ihren Fokus auf die italienischen Verbrechen und vernachlässigten dadurch andere Ermittlungen.

In Jajce, noch vor der Befreiung, beschäftigte die Landeskommission drei bis vier Mitarbeiter. Sie nahmen Hinweise auf Kriegsverbrechen sowie Schadensmeldungen unsystematisch auf, so, wie es sich ergab. Jeder Zeuge oder jede Zeugin schrieb seine Geschichte einfach auf ein Blatt auf und erinnerte an das, was ihm und seiner Familie geschehen war. Häufig fand sich kein Stück Papier für jeden Anzeigeerstatter und die Mitarbeiter fassten verschiedene Aussagen in kurzen Stichworten zusammen. In seinem ersten Schreiben an die Bezirkskommissionen wies Ljubibratić die Mitarbeiter in Sanski Most an, nicht seitenweise jeden Gegenstand aufzuzählen, den Betroffene nannten.[118] Man dürfe nicht zulassen, dass die Kommission wegen Papiermangels ihre Arbeit anhalte. Fehlendes Papier erschwerte die Arbeit der bosnischen Landeskommission auch

---

115   ABiH, Fonds ZKURZ, Kutija: Organizacija i rad komisije, 125.
116   ABiH, Fonds ZKURZ, Kutija: Organizacija i rad komisije, 138.
117   ABiH, Fonds ZKURZ, Kutija: Organizacija i rad komisije, 139.
118   ABiH, Fonds ZKURZ, Kutija, Zapisnici, Kutija:Okružna komisija Drvar, 55/44.

nach der Befreiung. So schickte die Staatliche Kommission aus Belgrad die ersten 153 Beschlüsse nach Sarajevo zurück, weil den Akten keine Beweise beigefügt wurden.[119] Das Beweismaterial konnte jedoch aus Sarajevo nicht geschickt werden, weil der Landeskommission Papier für die Kopien fehlte. Wie sollte unter diesen Umständen eine moderne Verwaltung aufgebaut werden, wenn ihre Institutionen nicht in der Lage waren, Akten zu erstellen und zu vervielfältigen?

Die Mitarbeiterinnen und Mitarbeiter legten einen pragmatischen Zugang zu ihrer Tätigkeit an den Tag. Wie bei den Leitfäden zur Vernehmung von Zeugen hatten sie keine Skrupel, die leeren Vordrucke des Unabhängigen Staats Kroatiens für ihre Zwecke zu nutzen: Gedanken über mögliche Befindlichkeiten der Zeugen machte sich anscheinend keiner. Dass sich jemand daran hätte stören können, dass er oder sie im nun befreiten Sarajevo mit Vorladungen zur Zeugenaussage aufgefordert wurde, die Ustascha-Behörden vorgedruckt hatten, war unwichtig. Ein Dr. H. Ferić wurde z.B. aufgefordert, am 10. Juli 1945 bei der städtischen Kommission als Zeuge bei einer strafrechtlich relevanten Angelegenheit vorzusprechen.[120] Das im Original gedruckte Wort „Gericht" wurde durchgestrichen und mit dem blauen Füller durch „Kommission" ersetzt. Den restlichen Text aus dem Vordruck änderten die Vorladenden nicht: Selbst der Hinweis darauf, dass im Falle des Nichterscheinens eine Strafe von 1.000 Kuna, der Währung des Unabhängigen Staats Kroatien, fällig werde, blieb unverändert. Ebenso die Mahnung, dass der Vorgeladene mit Gewalt zum Justizpalast, wo die Kommission passenderweise auch ihren Sitz hatte, gebracht würde, falls er oder sie zum angegebenen Zeitpunkt dort nicht erschiene.

Abbildung 2   Vorladung der Landeskommission,
                Archiv Bosnien-Herzegowinas[121]

---

119   ABiH, Fonds ZKURZ, Organizacija i rad komisije, Pov., Kutija 1, 76/45.
120   ABiH, Fonds ZKURZ, Oblasna komisija za ratne zločine, Kutija 15, Nr. 5.
121   ABiH, Fonds ZKURZ, Oblasna komisija za ratne zločine, Kutija 15, Nr. 5.

Zahlreiche Protokolle wurden auf Rückseiten alter Vorkriegsdokumente verfasst. Häufig handelte es sich um alte Gerichtsurteile.[122] Auf der einen Seite befand sich dann ein durchgestrichenes Gerichtsurteil aus der Vorkriegszeit und auf der anderen die neue Akte des neuen Staats als Zeugnis davon, dass die Schriftstücke des alten Regimes nicht mehr wert waren als das Papier, auf dem sie gedruckt waren. Zugleich offenbaren solche Schriftstücke auch, wie der Mangel die Mitarbeiterinnen und Mitarbeiter der Landeskommission zu Improvisation und Pragmatismus zwang.

Dass die Kommission im Justizpalast ihren Sitz hatte, war eine praktische Entscheidung. Sie übernahm nicht nur die Formulare und die Räumlichkeiten des Vorgängerregimes. Viele Mitarbeiter der Behörden des Unabhängigen Staat Kroatiens übernahm sie auch.[123] Das Misstrauen war jedoch groß. Am 18. Oktober 1945 beschwerte sich Škorić bei Đuro Pucar, dem Vorsitzenden der bosnisch-herzegowinischen kommunistischen Partei, der zugleich auch Mitglied der Landeskommission war, und bei der Präsidentschaft der bosnisch-herzegowinischen Regierung über die Praxis der Präsidentschaft, der Landeskommission als Mitarbeiter ehemalige Richter des Unabhängigen Staats Kroatien zuzuweisen.[124] Konkret forderte er vom Vorsitzenden der Personalabteilung, Velimir Milutin, die Dienstentfernung von Božana Šandrk-Kvasnička und dem ehemaligen Richter Ivan pl. Durbešić, der dem Kreisgericht in Sarajevo vorsaß. Škorić betonte:

> Die Tätigkeit in der Kommission ist von solcher Natur, dass jeder Einzelne [Mitarbeiter, SF] und seine Arbeit nicht kontrolliert werden können, weil z.B. in einem Protokoll das Opfer oder ein Zeuge mehrere Menschen benennt, die getötet, geschlachtet und geraubt haben. Und es liegt am Referenten, ob sie alle als Kriegsverbrecher bekanntgegeben werden. Wenn diese Aufgabe Leute durchführen, die der Landeskommission zur Verfügung gestellt wurden, ist es zu befürchten, dass sie als Kriegsverbrecher diejenigen bekanntgeben oder nicht bekanntgeben, die ihnen gefallen bzw. nicht gefallen, und Dokumente bzw. Protokolle gibt es so viele, dass ein Mensch physisch nicht in der Lage ist, Einsicht in die Arbeit aller Rechtsreferenten bzw. der Kommission haben zu können.

Sein Schreiben verdeutlicht, in welcher schwierigen Situation sich die bosnische Landeskommission befand. Aus Belgrad drängte die Staatliche Kommission und forderte Ergebnisse. In Sarajevo erwartete die Präsidentschaft der Republik ebenfalls Ergebnisse. Aus der Bevölkerung kamen Tausende

---

122 ABiH, Fonds ZKURZ, Organizacija i rad komisije, Pov., Kutija 1, 76/45.
123 ABiH, Fonds ZKURZ, Organizacija i rad komisije, Pov., Kutija 1, 2.
124 ABiH, Fonds ZKURZ, Organizacija i rad komisije, Pov., Kutija 1, 2. Alle folgenden Zitate dieses Schreibens sind dieser Quelle entnommen.

von Anzeigen. Škorić wusste, dass er keine Chance hatte, mit nur vier Rechtsreferenten die Aufgaben annähernd zu erledigen. Gleichzeitig machte sein
Schreiben auch klar, dass die kommunistische Machtübernahme mitnichten
präzise koordiniert und ausgeführt war, wie einzelne Veröffentlichungen suggerieren.[125] Vielmehr deuten personelle Kontinuitäten darauf hin, dass der
Aufbau kommunistischer Herrschaft zumindest in Bosnien-Herzegowina
einem Anpassungs- und Lernprozess glich. In der Erinnerung von Velebit war
sich Tito dieser Tatsache auch bewusst. Schließlich hob er im gemeinsamen
Gespräch hervor, dass niemand von ihnen, die den Staat gerade aufbauten,
erfahren sei: Vielmehr lernten sie den Staat zu führen durch das Führen des
Staats.[126] Alle Listen mit „verdächtigen Personen" waren nichts wert, wenn keiner, abgesehen von den „verdächtigen Personen", das Wissen besaß, das nötig
war, um Institutionen und Behörden funktionsfähig zu halten. In dieser Hinsicht zeigten sich die jugoslawischen Kommunisten als Pragmatiker. Außerdem waren viele während der Besatzung an ihren Positionen innerhalb der
Verwaltung geblieben, um von dort die Widerstandsbewegung zu unterstützen.

Oder sie hatten Familie innerhalb der Widerstandsbewegung. Durbešićs
Tochter Ljerka war Mitglied der kommunistischen Jugend.[127] Als ehemalige
Medizinstudentin gehörte sie zu den Ersten, die in den „Wald" zu den Parti-
sanen gegangen waren, um Lazarette aufzubauen.[128] Ihr Ehemann war Rade
Hamović, Generaloberst der Volksbefreiungsarmee und Mitglied des Obersten Stabs. Durbešićs Sohn Neven, ebenfalls Student, wurde im März 1945 vom
Ustascha-Standgericht in Sarajevo zur lebenslänglichen Strafe verurteilt und in
Jasenovac ermordet. Entweder wusste Škorić das nicht oder er hielt Durbešić
trotzdem nicht für ausreichend vertrauenswürdig, um ihm eine Funktion zu
übertragen. Durbešić verließ Sarajevo Richtung Zagreb, weil sein älterer Sohn
dort sein Studium wiederaufnahm. Weder er noch Šandrk-Kvasnička wurden
angeklagt.

Das bedeutete aber nicht, dass die neuen Machthaber grundsätzlich alle diejenigen Personen übernahmen, die sie für den institutionellen Wiederaufbau
gebrauchen konnten. Regelmäßig holte der Präsident der Landeskommission

---

125   Milan Radanović hat die Diskussion um die Neubewertung der kommunistischen Macht-
      übernahme in seinen zwei Veröffentlichungen gut zusammengefasst. Siehe: Radanović,
      Zločin i kazna; ders. Oslobođenje: Beograd, 20. oktobar 1944. (Beograd: Rosa Luxemburg
      Stiftung 2016), 365–375.

126   Šuvar, Vladimir Velebit, 149.

127   Slavica Kujundžić, Rad SKOJ-a na ženskoj gimnaziji, in: Albahari, Sarajevo u revoluciji,
      617.

128   Iso Jovanović, Pokrajinski komitet KPJ za BiH u pružanju pomoći razvoju ustanka u Sara-
      jevskoj oblasti, in: Albahari, Sarajevo u revoluciji, Bd. 3, 82.

Informationen über das Verhalten von Mitarbeiterinnen und Mitarbeitern der Landeskommission während des Kriegs ein.[129] Erst wenn er vom Geheimdienst grünes Licht bekam, stellte er sie ein.

Sein Schreiben verdeutlicht aber auch, wo Škorić das politische Machtzentrum gesehen hat. Der Brief war nicht an den Vorsitzenden der bosnisch-herzegowinischen Regierung und seinen Bekannten Rodoljub Čolaković gerichtet, sondern an den Vorsitzenden der Kommunistischen Partei Bosnien-Herzegowinas. Von ihm erwartete Škorić, dass er Maßnahmen ergriff und auf den Abteilungsleiter der Personalabteilung Velimir Milutin einwirkte, schließlich, so Škorić „habe ich mich darüber mehrfach mit Genossen unterhalten und die Situation hat sich nicht geändert.“[130] Dem Dienstweg traute er nicht. Persönliche Gespräche sollten Veränderungen bewirken. Nachdem das Reden mit Genossen nichts bewirkte, versuchte er es direkt mit einem Gesuch an den obersten Genossen.

Und schließlich verdeutlicht sein Schreiben, wie umfangreich bereits im Oktober 1945 die Aktenbestände der Landeskommission waren und wie stark die Tatsache, ob jemand als Kriegsverbrecher angeklagt wurde, davon abhing, wer in der Landeskommission arbeitete. Die Rechtsreferenten ermittelten nach ihrem Gefühl, nach ihrer Einschätzung, nach ihrem Selbstverständnis, und die Ergebnisse waren höchst individuell.

Wollten die jugoslawischen Kommunisten mit der Annullierung aller Gesetze aller Vorgängerregierungen eine *tabula rasa* schaffen und ihren eigenen Staat mit ihren eigenen Regeln auf ihren eigenen Grundlagen schaffen, zeigte sich das in der Praxis nicht nur während des Kriegs als ein zu ehrgeiziges Unterfangen. Wie Hrnčević in seinen Erinnerungen beschrieb, scheiterten er und seine Genossen jedes Mal beim Versuch, keine Kontinuitäten zwischen dem alten und neuen Jugoslawien zuzulassen.[131] Manchmal waren diese Kontinuitäten symbolisch – wie die Wiederverwertung der alten Akten oder die Adaptation gedruckter Formulare. Häufiger waren es die gleichen Menschen, die vor Kriegsende, überhaupt vor Kriegsbeginn, schon in der Verwaltung tätig waren und anschließend wieder Verwaltungsaufgaben übernahmen.

Nach der Befreiung professionalisierte sich die Arbeit der Landeskommission – sie blieb dennoch von der Zuarbeit der Volksbefreiungsausschüsse in den Bezirken abhängig. Denn trotz eindringlicher Apelle und Mahnungen waren die Ergebnisse der direkten Ermittlungen vor Ort dürftig. Im zerstörten Bosnien-Herzegowina hatten die Volksbefreiungsausschüsse andere,

---

129 ABiH, Fonds ZKURZ, Organizacija i rad komisije, Pov., Kutija 1, 2.
130 ABiH, Fonds ZKURZ, Organizacija i rad komisije, Pov., Kutija 1, 2.
131 Hrnčević, Svjedočanstva, 91–93.

dringendere Aufgaben, als Interviews mit Überlebenden zu führen. Sie sammelten zwar einiges an Informationen, aber die größte Arbeit erledigten am Ende die Mitarbeiter der Landeskommission in Kooperation mit ihren Kollegen aus anderen Landeskommissionen. Im Juni 1946 kamen drei Mitarbeiter der Staatlichen Kommission nach Sarajevo, je zwei Mitarbeiter aus der kroatischen und serbischen Landeskommission, zwei Mitarbeiter der Kommission aus Dubrovnik und zehn Mitarbeiter der Provinzkommission aus Vojvodina, zusammen mit ihrem Leiter, um Ermittlungen über Kriegsverbrechen in Bosnien-Herzegowina durchzuführen. Die Landeskommission nahm nicht nur Schadensmeldungen auf, die sich auf Massenverbrechen oder Mord bezogen, sondern auch Raub, Vergewaltigungen, Zwangstaufen, Mithilfe zu Deportationen, alle Informationen über Lager und Geiselnahmen. Um allgemeine Informationen über den Kriegsverlauf in einzelnen Gemeinden zu bekommen, organisierte sie vor Ortsausschüssen kleine Sitzungen mit fünf bis zehn Zeugen, die kollektiv eine Aussage über die Ereignisse in ihrer Ortschaft machten.[132] So waren 1.617 Protokolle entstanden, die eine legale Grundlage, aber auch einen narrativen Rahmen für die späteren Entscheidungen und die Berichte der Landeskommission bildeten und die alle an die Staatsanwaltschaft weitergeleitet wurden.[133] Zudem erstellte die Landeskommission Berichte über die Verbrechen einzelner deutscher militärischen Einheiten, um Gerichten ihre Entscheidungsfindung zu erleichtern.

Insgesamt erstellte die Landeskommission eine Liste mit Namen von 33.891 vermeintlichen Kriegsverbrechern und „Volksfeinden", die an Kriegsverbrechen auf dem Territorium Bosnien-Herzegowinas partizipiert hatten. Für 2.259 von ihnen hat die Landeskommission Entscheidungen ausgearbeitet, d.h. *prima facie* Beweise gefunden, und führte 305 von ihnen als registrierte Kriegsverbrecher und 1.954 als „Volksfeinde" auf.[134] Zudem führte sie eine weitere Liste mit verurteilten Kriegsverbrechern und „Volksfeinden". Sie beinhaltete 4.837 Namen. Diese Listen waren alle vorläufig, nicht vollständig und nicht gegengeprüft mit anderen Institutionen, konkret Gerichten oder Militärgerichten. Diese waren zwar gehalten, die Landeskommission zu informieren. Sie erfüllten diese Pflicht aber nicht regelmäßig. Deswegen ist es fast unmöglich, eine genaue Zahl von Verurteilten zu ermitteln.

Abgesehen von allen Schwierigkeiten, die sie bei ihrer Arbeit hatte, war ein großes Manko der bosnisch-herzegowinischen Landeskommission die Tatsache, dass sie nicht mit der kroatischen Landeskommission zusammenarbeitete.

---

132   ABiH, Fonds ZKURZ, Kutija: Organizacija i rad komisije, 150.
133   ABiH, Fonds ZKURZ, Kutija: Organizacija i rad komisije, 160.
134   ABiH, Fonds ZKURZ, Kutija: Organizacija i rad komisije, 153.

Bosnien-Herzegowina war Teil des Unabhängigen Staats Kroatien und Zagreb war die Hauptstadt dieses Staats. Mit Jasenovac befand sich das größte Tötungslager der Ustascha in Kroatien. Sehr viele Opfer kamen aber aus Bosnien-Herzegowina. Eine Vernetzung der beiden Kommissionen hätte die Ermittlungsarbeit erleichtert und sicherlich zu besseren Ergebnissen geführt.

Wie ermittelte ein Volksausschuss im Falle von Kriegsverbrechen? Die ersten Informationen über Kriegsverbrechen in Bosnien wurden in Drvar gesammelt. Dort leitete Vojislav Kecman die Bezirkskommission.[135] Kecman war zu dieser Zeit 29 Jahre alt. Seine Studien an der juristischen Fakultät unterbrach der Krieg. An der Volksbefreiungsbewegung beteiligte er sich erst seit dem 31. Juli 1944. Sein Schriftführer Joco Marić war gerade drei Jahre älter und hatte nur vier Grundschulklassen absolviert.[136] Einberufen wurde die Kommission von Vaso Trikić, dem Sekretär der Kommunistischen Partei Drvars.[137] Es war vorgesehen, auf jeder Verwaltungsebene einzelne Mitglieder der Volksbefreiungsausschüsse in Kommissionen zur Feststellung von Verbrechen zu berufen. Die Delegierten sollten aus ihrem Kreis einen Verantwortlichen bestimmen, der die Arbeit der Gemeindekommission leitete. Kecman betonte, dass in seinem Bezirk in die Gemeindekommissionen „die fähigsten und die ehrlichsten" sowie „politisch bewusste Menschen" gewählt würden.[138] War diese Auswahl getroffen, ging es darum, die Position des Schriftführers zu bestimmen, der die Akten verfasste. Ein Vertreter der Landeskommission hob die Bedeutung dieser Aufgabe hervor. An dieser Stelle wird die Wirkmächtigkeit der Kommission deutlich, die Funktionen übernahm in einem Bereich, den Cornelia Vismann als „zweideutige Sphäre vor dem Gesetz" bezeichnete.[139] Der Protokollführer sollte nicht nur schreiben können. Er sollte wissen, wie er zu schreiben hatte. Die Landeskommission erwartete, dass die Person impliziertes Wissen oder ein „Gespür" dafür hatte, wie die Protokolle zu verfassen waren. Explizit bedeutete das „nur wichtige und für die Straftat relevante Fakten. Im Falle einer besonderen Grausamkeit sollte das in zwei Sätzen genannt werden, um die internationale Öffentlichkeit darauf hinzuweisen, dass im Land Räuber und kriminelle Verbrecher gewütet und geplündert haben und keine „höfliche" Armee."[140]

135 ABiH, Fonds ZKURZ, Kutija:Okružna komisija Drvar, 150.
136 ABiH, Fonds ZKURZ, Kutija:Okružna komisija Drvar, 92.
137 Enver Redžić, Bosnia and Herzegovina in The Second World War (London: Routledge 2012), 206.
138 ABiH, Fonds ZKURZ, Kutija:Okružna komisija Drvar, ohne Nummer.
139 Vismann, Akten, 48.
140 ABiH, Fonds ZKURZ, Kutija:Okružna komisija Drvar, ohne Nummer.

Die Aufgabe des Protokollführers war es, die Erzählung zu verkürzen, zu filtern und eine Zusammenfassung zu erstellen, die in keinem Verhältnis zur gesprochenen Sprache stand, sondern das Ziel verfolgte, auf eine bestimmte Weise Verwendung zu finden: a) Verwendung als Beweismittel vor Gericht oder in öffentlichen Auseinandersetzungen um die Wahrheit; b) Verwendung mit dem Ziel, durch Bestrafungen und Normsetzungen künftige Verbrechen zu verhindern oder „gesellschaftliches Gesindel"[141] zu entfernen. Es ging hier daher konkret nicht um die wiedergutmachende, sondern um die ausgleichende Gerechtigkeit und um den Kampf darum, wer seine Wahrheitsversion in der Öffentlichkeit durchsetzte.

Wie ließen sich diese Anforderungen in der Praxis umsetzen? Für die ersten angeforderten Berichte über die Verbrechen der italienischen Armee befragte Kecman die Bewohner seines Bezirkes in Zivil, unbewaffnet und barfuß, weil er keine Schuhe hatte.[142] Dass die Befragten kaum Vertrauen zu ihm fassten und dass er bei Ermittlungen sein Leben riskierte, gehörte zu seiner täglichen Erfahrung. Er schickte seine Erkenntnisse an die Landeskommission, von der er nicht einmal wusste, wo sie sich befand. Seine ersten Berichte waren in folgender Form:

> Bezirk Drvar
> Im September 1941 kam die italienische Armee. Sie war ein Teil der Division „Sassari". Es besteht die Wahrscheinlichkeit, dass sich auf dem Territorium dieses Bezirkes auch ein Teil der Division „Bergamo" befand, weil in der Garnison die Besatzung ausgetauscht wurde. Die Kommandeure dieser Divisionen sind nicht bekannt. Als einziger ist der italienische Hauptmann Vinko Marusic / Vincenco Marussi/ bekannt, Anwalt aus Zadar. Er war der Hauptverantwortliche, also der Befehlshaber aller Verbrechen in diesem Bezirk, und er befand sich die ganze Zeit in Drvar, bis zum Rückzug im Juni 1942. Während der gesamten Zeit seiner Anwesenheit hat dieses Militär geraubt, interniert und gemordet in den Gemeinden: Drvar, M. Cvjetnici und Prekaji. Im Frühling 1942 haben sie ca. 400 Haushalte zerstört in den Dörfern: Stipovljani, Drvar, Kamenici, Bastasi, Vrtovaci, Trninića Breg, Crvljivci.[143]

Kecmans Bericht steht bespielhaft für die ersten Meldungen, die aus Bezirken die Landeskommission erreichten. Es waren in der Regel kurze Zusammenfassungen mit ersten Angaben über die militärischen Einheiten der Besatzer, summarische Aufzählungen von Orten, in denen Verbrechen geschehen waren, ohne konkrete Angaben zu Zeiten, ohne konkrete Angaben zu Namen,

---

141 ABiH, Fonds ZKURZ, Kutija:Okružna komisija Drvar, ohne Nummer.
142 ABiH, Fonds ZKURZ, Kutija:Okružna komisija Drvar, 30.
143 ABiH, Fonds ZKURZ, Kutija:Okružna komisija Drvar, 89/44.

ohne konkrete Angaben von Zeugen. Solche Berichte wiederholten sich für unterschiedliche Ortschaften, immer nach demselben Muster. Die Informationen dienten nicht der Erinnerung. Es ging darum, Ordnung in einer Situation zu bringen, in der sich alles im Umbruch befand. Wie Cornelia Vismann betont hat, erstellen Menschen Listen, um Übertragungsvorgänge zu kontrollieren.[144] Listen verwalten Personen, Güter oder wie im Fall der Kriegsverbrecherkommissionen die Kriegsverbrechen. Auf die Liste der begangenen Verbrechen der Besatzer während der Offensive „Rösselsprung" wurden in Drvar folgende Taten aufgenommen: Tötung, Folter, Vergewaltigung, mutwillige Zerstörung von privatem Eigentum, mutwillige Zerstörung von Kulturgütern. Konkret hieß das: 277 Getötete beim Angriff, 25 Getötete bei Bombardements, keine Gefolterten und keine Vergewaltigten, 734 zerstörte Haushalte, 188 zum Teil zerstörte Haushalte, fünf zerstörte und 17 teilweise zerstörte öffentliche Gebäude. Jemand hat den Wert dieser Zerstörungen auf 2.8435.000, vermutlich Dinar, geschätzt. In den Bericht wurde die Zeugenaussage von Luka Jovičić aufgenommen, der erzählte: „[A]ls die Deutschen während der siebten Offensive Drvar angegriffen haben, bin ich in den Wald geflüchtet. Zu Hause blieben meine Mutter, meine Ehefrau und unsere zwei Kinder. Ich habe sie dort gelassen, weil ich dachte, dass sie Frauen und Kinder nicht anfassen würden. Ich habe mich getäuscht. Als ich zurückgekommen bin, fand ich beim Kamin meine beiden Kinder mit durchgeschnittener Kehle. In einem Zimmer lag meine Mutter mit durchgeschnittener Kehle und im anderen, blutüberströmt, mit einer Spindel im Hals, lag meine Frau."[145]

Die Zeugenaussage von Jovičić diente dazu, die normative Einordnung der Ereignisse zu untermauern: Ein Kriegsverbrechen, ein Massaker an Zivilisten, Frauen und Kindern wurde vom Schriftführer der Kommission nicht nur dokumentiert, sondern vorab bewertet und gedeutet. Das interpretative Muster folgte der narrativen Vorgabe von Nedeljković und Jokanović. Der Protokollführer übersetzte die Tat als eine „blutige Orgie", als „bestialisches Wüten" und „verrücktes Zerstören". In die Akte, die zur Grundlage für Anklageerhebungen wurde, ging daher nicht nur die Zeugenschaft ein, sondern auch ihre narrative Einbettung. In gleicher Diktion wurden die Täter als „blutrünstige Verbrecher" charakterisiert, die „Lust an der Zerstörung" hatten.[146] Die narrative Einbettung war für die Landeskommission jedoch nicht von primärer Bedeutung. Sie war an konkreten Daten und konkreten Angaben interessiert, um die Aussagen juristisch verwerten zu können. Die Landeskommission

---

144 Vismann, Akten, 20.
145 ABiH, Fonds ZKURZ, Kutija:Okružna komisija Drvar, ohne Nummer.
146 ABiH, Fonds ZKURZ, Kutija:Okružna komisija Drvar, ohne Nummer.

reagierte daher in ihrer Antwort mit klaren Anweisungen. Sie forderte die Volksbefreiungsausschüsse auf, bei der Dokumentation von Kriegsverbrechen auf konkrete Angaben zur Tatzeit, zum Tatort sowie zu den vermeintlichen Tätern zu bestehen. Das bedeutete zu ermitteln, welche militärische Einheit sich zu der betreffenden Zeit dort befand, wer die Befehlshaber und wer die konkreten Täter waren.

Zu diesem Zwecke hatte sie Formulare für Vernehmungsprotokolle bei unbekannten sowie bei bekannten Tätern vorbereitet. Ebenfalls waren von den Volksbefreiungsausschüssen Listen zu erstellen mit Tabellen, in die unterschiedliche Kriegsverbrechen unterschiedlicher Tätergruppen einzutragen waren. Als Täter kamen vier Gruppen infrage: „einheimische Verräter (Institutionen des Unabhängigen Staats Kroatien, Ustascha, andere profaschistischen Organisationen, einheimische Bevölkerung, die von der faschistischen Propaganda erfasst war), Deutsche, Italiener und Tschetniks".[147] Der Fokus lag damit eindeutig auf den größten Tätergruppen: Deutsche und Italiener als Besatzer sowie Ustascha und Tschetniks als ihre einheimischen Helfer. Erfasst wurden 18 mögliche Tatbestände. Fünf betrafen körperliche Schäden. Abgefragt wurden: 1) Anzahl der Getöteten, 2) Anzahl der körperlich Geschädigten, 3) Vergewaltigte, 4) Inhaftierte sowie 5) Gefolterte. 13 betrafen unterschiedliche Sachschäden, angefangen bei zerstörten Häusern bis zu den geraubten Hühnern.[148] Diese Auflistungen und Ordnung in Tabellen dienten einerseits der nachträglichen Vermessung von Schäden, um möglichst hohe Reparationsansprüche durchzusetzen.[149] Andererseits ging es auch darum, Ermittlern vor Ort ein enges Gerüst von Anweisungen und Regeln zu geben, damit sie verwertbare Ergebnisse nach Sarajevo und weiter nach Belgrad melden.

Zu diesem Zwecke organisierte die Landeskommission auch lokale Konferenzen für Delegierte der Volksbefreiungsausschüsse. Kecman erklärte ihnen an konkreten Beispielen, wie sie die Formulare auszufüllen und was sie zu priorisieren hatten. Die Herausforderung bestand darin, dass er in einem Bezirk tätig war, in dem zahlreiche Kriegsverbrechen stattgefunden hatten. Das Ausmaß der Kriegszerstörungen war ebenfalls erheblich. Er war auf die Unterstützung der Delegierten angewiesen, diese waren jedoch größtenteils Analphabeten. Kecman schrieb nach Sarajevo, dass zwei bis drei gerade die

---

147   ABiH, Fonds ZKURZ, Organizacija komisije, 199.
148   ABiH, Fonds ZKURZ, Kutija:Okružna komisija Drvar, ohne Nummer.
149   Zur Problematik jugoslawischer Entschädigungsansprüche siehe: Zoran Janjetović, Od Auschwitza do Brijuna: pitanje odštete žrtvama nacizma u jugoslavensko-zapadnonjemačkim odnosima (Zagreb: Srednja Europa 2007), 194.

Grundschule abgeschlossen hatten, während die anderen weder lesen noch schreiben konnten.[150] Die meisten hatten vor ihrem Engagement als Delegierte der Volksbefreiungsausschüsse keine Berührungspunkte mit der Verwaltung. Gleichzeitig kamen von jeder Seite dringende Anforderungen, nicht nur von der Landeskommission. Kecman betonte: „Sie stecken bis zum Hals in der Arbeit; sie drehen sich im Kreis und kratzen sich am Kopf wegen der ganzen Aufgaben – und ich will gar nicht von ihren eigenen familiären Bedürfnissen sprechen. Sie sind noch ungeschickt und unerfahren. Ihr Wille, ihre Arbeit und ihre Ausdauer sowie das korrekte Verständnis von der Aufgabe reichen nicht, um das ihnen zugetragene Material zu bewältigen."[151] Nach Kecmans Meinung lag die Ursache für die schlechten Ermittlungsergebnisse darin, dass die Volksbefreiungsausschüsse ihre Aufgaben nicht verstanden hatten. Ihn überraschte das nicht. Die meisten hatten noch nie eine Aufgabe in der Verwaltung ausgeübt. Nach seiner Aussage hatte keine Gemeindekommission ihre Aufgaben nach Vorgaben erledigt. Dieser Befund deckt sich mit den Quellen der Landeskommission. Die Schwierigkeiten waren zum Teil formal – die Protokolle wurden nicht von den Protokollanten oder von Zeugen unterzeichnet – oder inhaltlich. Als größtes Problem sah Kecman die Verschiebung des Ermittlungsschwerpunktes von Kriegsverbrechen zu den Kriegsschäden an. Das führte dazu, dass die Volksausschüsse andere Informationen in die Protokolle aufnahmen.[152] Die Entscheidung für die Übernahme der Formulare hatte eine Verkürzung des Informationsgehalts über Kriegsverbrechen und seine Reduktion auf eine rein ökonomische, katalogisierende Anwendung zur Folge. Angesichts der Überforderung des ausführenden Personals mit der Dokumentation von Kriegsverbrechen scheint die Entscheidung, Kriegsverbrechen durch Aufzählung der Straftaten und die Schätzung ihrer Schäden zu klassifizieren/beschreiben/aufzulisten, nachvollziehbar. Dieses Vorgehen hatte mehrere Vorteile. Auch Schriftunkundige konnten vereinfachte Listen verfassen. Der geschädigten Bevölkerung war eine Befragung im Zusammenhang mit einer potenziellen Kriegsentschädigung einfacher zu erklären als eine Befragung im Zusammenhang mit einer potenziellen Bestrafung von Kriegsverbrechern, zumal den Kriegsverbrechern in der Regel weit entfernt von den Orten ihrer Verbrechen Prozesse gemacht wurden. Zugleich fügte sich diese Entscheidung in die Politik der neuen Staatsführung, Schäden möglichst breit zu

---

150 ABiH, Fonds ZKURZ, Kutija:Okružna komisija Drvar, ohne Nummer.
151 ABiH, Fonds ZKURZ, Kutija:Okružna komisija Drvar, ohne Nummer.
152 ABiH, Fonds ZKURZ, Kutija:Okružna komisija Drvar, ohne Nummer.

dokumentieren, um Reparationsforderungen zu unterstreichen: ein Vorgehen, das die Sowjetunion bereits praktizierte.[153]

Kecman schrieb, dass die meisten Menschen aus seinem Bezirk die Entscheidungen erst verstünden und glaubten, wenn sie vor ihnen vollzogen würden. Er schlug vor, dass Beschuldigte vor Ort befragt und mit Zeugen konfrontiert werden sollten, und beschwerte sich über die Ermittlungsrichter der Militärgerichte sowie die Mitarbeiter des Geheimdienstes, die ihm keinen Zugang zu Beschuldigten gewährten.[154] Auch diese Entwicklung war nicht nur ein Problem seines Bezirks. Mehrfach erklärte die Landeskommission nach Belgrad, dass sie von anderen Institutionen wie Gerichten oder dem Geheimdienst kaum Informationen bekam.[155] Als größte Schwierigkeit stellte sich das Herausfinden der Namen ausländischer Täter dar. Der Bevölkerung waren weder die militärischen Einheiten noch ihre Befehlshaber bekannt. Die Volksbefreiungsausschüsse waren in dieser Hinsicht auf die Hinweise von Domobrani oder von ehemaligen Tschetniks angewiesen, die nach den Amnestieangeboten noch schnell die Seiten gewechselt hatten.

Es kam aber auch häufig vor, dass die Überlebenden daran gehindert wurden, Aussagen zu machen.[156] Insbesondere in Ortschaften, die während des Kriegs stark von Ustascha oder Tschetniks dominiert waren, trauten sich viele nicht, die ehemaligen Nachbarn anzuzeigen. Eine Rolle spielte sicherlich die Tatsache, dass der Krieg zwar zu Ende war, im Land sich aber noch vereinzelt die Gruppierungen von Ustascha und Tschetniks versteckten und ihre Unterstützer Hoffnung auf einen Umsturz verbreiteten.[157]

Diese erste Phase des Aufbaus einer funktionierenden Institution war somit stark von Mängeln geprägt. In der Übergangszeit ging es in erster Linie um das Festlegen von Grundlagen für die spätere Ermittlungsarbeit. Lokal, in der bosnischen Provinz, war den meisten Mitgliedern der Volksbefreiungsausschüsse nicht klar, welche Informationen sie für die Landeskommission sammeln sollten. Zum Beginn ihrer Tätigkeit hatten sie auch keine Begriffe für die unterschiedlichen Tatbestände. Das Bewusstsein dafür, dass Kriegsverbrechen nicht folgenlos bleiben durften, war jedoch vorhanden. Dieses Bewusstsein führte dazu, dass Überlebende ihre persönlichen Erfahrungen beschrieben. Aus

---

153   Dieter Pohl, Sowjetische und polnische Strafverfahren gegen NS-Verbrechen, Quellen für den Historiker?, in: Jürgen Finger u.a. (Hg.), Vom Recht zur Geschichte: Akten aus NS-Prozessen als Quellen der Zeitgeschichte (Göttingen: Vandenhoeck & Ruprecht 2009), 133.

154   ABiH, Fonds ZKURZ, Kutija:Okružna komisija Drvar, ohne Nummer.

155   ABiH, Fonds ZKURZ, Organizacija komisije, Pov., Kutija 1, ohne Nummer.

156   ABiH, Fonds ZKURZ, Organizacija i rad komisije, Pov., Kutija 1, 76/45–4.

157   ABiH, Fonds ZKURZ, Organizacija i rad komisije, Pov., Kutija 1, 76/45–5.

dieser Beschreibung wuchs dann eine Zeugenschaft im rechtlichen Sinne, die zur Grundlage für die juristische Strafverfolgung wurde. Häufig wird betont, dass vor dem IMT die NS-Akten im Mittelpunkt standen und die Chefankläger die Angeklagten anhand ihrer eigenen Dokumente überführt hatten.[158] Dabei gerät häufig die Tatsache in den Hintergrund, dass vor dem IMT 240 Zeuginnen und Zeugen gehört wurden sowie dass das Gericht 300.000 eidesstattliche Erklärungen gesichtet hat.[159] Das Verfahren gegen die Hauptkriegsverbrecher stützte sich daher auch in großem Umfang auf Aussagen, die verschriftlicht zu den sogenannten Affidavits wurden. Um diese Zeugenschaft vorschriftsgemäß aufzunehmen, war auch in Bosnien eine Anpassung an die internationalen Normen erforderlich. Wie dieser Prozess verlief, lässt sich anhand der Richtlinien und Rundschreiben verfolgen, die von London und Nürnberg über Belgrad in die Provinz versendet wurden.

2.4   Richtlinien und Rundschreiben: Von Belgrad in die Provinz

Nach dem ersten Rundschreiben der Staatlichen Kommission, das der narrativen und juristischen Einrahmung der Problematik diente, folgten von Vis aus noch weitere Anweisungen und Richtlinien. Bereits am 20. August 1944 forderte die Staatliche Kommission die Landeskommissionen auf, dringend Informationen über alle Befehlshaber und die Soldaten der Besatzungsmächte zu sammeln, die Verbrechen an jugoslawischer Bevölkerung begangen hatten.[160] Nedeljković wollte Namen, schließlich waren die ersten „Kriegsverbrecher" von den alliierten Kräften interniert worden. Dabei dachte er nicht in erster Linie an die Rote Armee, sondern an die amerikanischen Internierungslager in Italien.[161] Ziel war es, so die Anweisung, alle „Verbrecher der Besatzer" über die UNWCC nach Jugoslawien zu holen sowie deren Helfer, „Ustascha, Tschetniks und andere Banditen" vor der internationalen und alliierten Öffentlichkeit als

---

158   Michael Bazyler, Holocaust, Genocide, and the Law. A Quest for Justice in a Post-Holocaust World (Oxford: Oxford University Press 2017), 78.

· 159   Trial of the Major War Criminals before the International Military Tribunal, 29 August 1946, Bd. 22 (Nuremberg 1948), hier nach: https://avalon.law.yale.edu/imt/08-29-46.asp (überprüft am 3.12.2021).

160   USHMM, Fonds AJ 110, RG-49.005M, Reel 1, 1–251.

161   Bereits im August 1943 nach der Landung auf Sizilien fragten amerikanische Einheiten nach der Erlaubnis, Verantwortliche für das Gefangenenlager Ustica vor ein Militärgericht zu stellen. Die Anfrage wurde abgewiesen mit der Begründung, dass ein Abhalten von Kriegsverbrecherprozessen zu Racheaktionen an alliierten Gefangenen führen könnte. Williams, A passing fury, Pos. 732.

„Verräter und Henker" zu markieren.[162] Dass mit Nedeljković ein Mitglied der Agitprop-Abteilung nun die Staatliche Kommission leitete, war nicht nur am sprachlichen Stil der Dokumente zu erkennen, in denen die Kriegsverbrecher fortwährend als „Schächter", „Henker" und „Banditen" bezeichnet wurden. Auch die Erwartung an die Ergebnisse der Arbeit war propagandistisch ausgerichtet. Nedeljković glaubte, dass die Ermittlungsarbeit und das Sammeln von Informationen über Kriegsverbrechen die Besatzer und ihre Helfer demoralisierten. Auch glaubte er, dass die jugoslawische Bevölkerung sich stärker zur Beteiligung am Volksbefreiungskampf motivieren ließe, wenn sie durch Informationen über die Kriegsverbrechen einen stärkeren Hass gegenüber „hitlerischen Verbrechern und Verrätern" entwickeln würde.

Die Formulare, die dem Rundschreiben als Anlage beilagen, sollten das Sammeln von Informationen vereinheitlichen sowie mögliche Unklarheiten bereits im Voraus ausräumen. Auf dem Hauptformular sollten der Verbrecher, der Ort des Verbrechens, das Opfer des Verbrechens, das Verbrechen, die Beweise und der Schaden erfasst werden. Die Landeskommissionen waren angehalten, kurze und präzise Informationen über die jeweilige Kategorie einzutragen. Im Ganzen orientierte sich das Hauptformular an den Vorlagen des Komitee I der UNWCC. Hinzugefügt hatte die Staatliche Kommission noch die Kategorie „Schaden". Kleine Verschiebungen bewirkten jedoch, dass auf dem Formular der Staatlichen Kommission der „Kriegsverbrecher" in den Mittelpunkt rückte und nicht die Straftat. Unterschiede gab es auch in der Wortwahl. Während sich der Stil der UNWCC-Formulare am klassischen juristischen Vokabular orientierte und die Kategorien „offender" sowie „offence" anführte, war es im jugoslawischen Fall kein „Beschuldigter", der auf die Liste gesetzt wurde, sondern ein „Verbrecher". Die Unschuldsvermutung galt im Falle von Kriegsverbrechen nicht. Das Vorgehen jugoslawischer Ermittler unterschied sich jedoch nicht gravierend von der Ermittlungsarbeit in anderen besetzten Ländern, die nach dem Krieg oder noch während des Kriegs nach dem besten Weg suchten, Verantwortliche für Kriegsverbrechen zu identifizieren. Polen oder Frankreich etablierte ähnliche Prozedere.[163]

Jugoslawische Landeskommissionen sollten ab Dezember 1944 noch weitere Aufgabe erledigen, nämlich die Sicherung der Wiederaufbaumittel und der Kriegsentschädigung.[164] Von ihnen wurde erwartet, dass sie die Überführung des Eigentums von Kriegsverbrechern und ihren Helfern unter die staatliche Verwaltung vorschlugen. Konkret sollten die Landeskommissionen

162   USHMM, Fonds AJ 110, RG-49.005M, Reel 1, 1–251.

163   Moisel, Frankreich und die deutschen Kriegsverbrechen, 77; Uczkiewicz, Verfolgung, 229.

164   USHMM, Fonds AJ 110, RG-49.005M, Reel 1, 1–260.

dafür sorgen, dass das Vermögen der noch nicht verurteilten Kriegsverbrecher und deren Helfer konfisziert wurde. Diese Anordnung galt allerdings nur für Täter, deren Taten zur Verkündung einer Todesstrafe oder einer längeren Haftstrafe mit Zwangsarbeit hätten führen sollen. Über die betroffenen Personen sollten sich die Landeskommissionen bei Gerichten in ihrer Republik erkundigen. Bei Kriegsverbrechern und „Volksfeinden" aus dieser Kategorie, gegen die kein Prozess anhänglich war, sollten die Landeskommissionen möglichst schnell vor Gerichten Anträge auf Eröffnung von Verfahren stellen. Die Landeskommissionen wurden angewiesen, jeweils „Abteilungen für das Eigentum des Feindes" zu gründen. Um ihre Aufgabe zu erledigen, sollten sie ein Kataster mit dem „Eigentum des Feindes" führen und Namen aller Personen, die nach Einschätzung der Staatlichen Kommission wegen ihrer Verbrechen verurteilt werden, in diese Liste übernehmen. Nedeljković betonte: „Die Abteilung muss Eigeninitiative zeigen sowie partisanenhaft und nicht bürokratisch arbeiten."[165]

Damit verwandelte die Staatliche Kommission Landeskommissionen in Agenturen künftiger Enteignungen. Die Grundlage für die Einziehung von Vermögenswerten der Kriegsverbrecher und „Volksfeinde" bot, wie bereits im ersten Kapitel dargelegt, der Beschluss von AVNOJ über die Überführung von Eigentum des Feindes in das staatliche Eigentum vom 21. November 1944.[166] Von diesem Tag an wurden nach Art. 1 alle Vermögenswerte des Deutschen Reiches und seiner Staatsbürger in Jugoslawien, die Vermögenswerte aller Deutschen, abgesehen von denjenigen, die am Volksbefreiungskampf teilgenommen hatten, sowie Vermögenswerte aller verurteilten Kriegsverbrecher und ihrer Helfer in das Staatseigentum überführt. Zudem übernahm der Staat nach Art. 2 alle Vermögenswerte der geflüchteten oder inhaftierten Personen und das bereits von den Besatzungsmächten konfiszierte Eigentum jugoslawischer Staatsbürger bis zur Klärung der Eigentumsverhältnisse. Insbesondere Art. 2 betraf stark die jugoslawischen Juden und Jüdinnen: Die Rückgabe des Eigentums war an die Repatriierung gebunden. Wo aber niemand überlebt hatte, war keine Rückgabe nötig. Dieser Beschluss war nur der erste in einer Reihe unterschiedlicher Erlasse und Gesetze, die zu einer grundlegenden Änderung der Eigentumsverhältnisse in Jugoslawien führten.[167]

Von Bedeutung war, wie die bosnische Landeskommission diese Entscheidung nach innen begründete. Bei einer gemeinsamen Arbeitstagung

165   USHMM, Fonds AJ 110, RG-49.005M, Reel 1, 1–258.
166   *Službeni list* DFJ, 2/1945 vom 6.2.1945.
167   Naida Michal Brandl, Židovska topografija Zagreba kojeg više nema, *Historijski zbornik* 69 (2016), 99.

erläuterte vermutlich der Vorsitzende Miloš Škorić seinen Mitarbeitern das neue Gesetz über die Konfiszierung sowie die Richtlinien zu seiner Durchführung.[168] Er stellte die Konfiszierung in den Kontext der jugoslawischen Ahndung von Kriegsverbrechen: Als erste Phase benannte er die Prozesse vor Volksversammlungen. Škorić bezeichnete sie, wie Blažević auch, als „Plebiszite", vom „Volk" selbst durchgeführte Verfahren. „Das Volk" urteilte über die Taten des Angeklagten und sprach eine „angemessene Strafe" aus. Škorić betonte, dass bereits in dieser Phase der Ahndung von Kriegsverbrechen die Schuldigen mit der Beschlagnahme ihres Eigentums bestraft wurden, womit er das aktuelle Enteignungsgesetz in die Kontinuität neuer, „vom Volk" legitimierter Entscheidungen stellte. Denn wenn „das Volk" selbst die Verurteilten mit der Beschlagnahme bestrafte, konnte an den aktuellen Konfiszierungen nichts Falsches sein. Als zweite Phase bezeichnete er die Gründung von Militärgerichten und als dritte Phase die Verkündung des Erlasses über Militärgerichte – mit Verweisen darauf, dass die Konfiszierung jeweils als Strafe vorgesehen war. Škorić betonte, dass die deutschen Verbrechen so schwer wogen, dass es nicht reichte, im „engeren Sinne zu bestrafen". Damit meinte er, dass nur einzelne Verantwortliche zur Rechenschaft gezogen würden, sei nicht gerecht. „Die Verwüstungen und Zerstörungen, die von Deutschen am Leben, Hab und Gut unserer Völker begangen wurden, sind so riesig und schrecklich, dass der Bedarf aufkam, das gesamte Eigentum des Deutschen Reiches und seiner Staatsbürger, das sich auf jugoslawischem Territorium befindet, sowie das Eigentum von Personen deutscher Nationalität zu verstaatlichen." Das Böse, so Škorić, könne auf diese Weise zumindest materiell vergolten werden. Er betonte erneut, dass als „Personen deutscher Nationalität" nicht alle galten, die einen deutschen Namen trugen. Assimilierte Deutsche fielen ebenso wenig in diese Kategorie wie diejenigen, die keine Mitglieder vom „Kulturbund" oder anderen deutschen Organisationen waren. Diese Richtlinie öffnete jedoch zahlreiche Möglichkeiten für Missinterpretationen: Wer bestimmte, ob jemand „assimiliert" war oder nicht? Die Mitgliedschaft in deutschen Vereinen war ein Kriterium, die Unterstützung der Volksbefreiungsbewegung ein weiteres. Doch überwiegend waren die Menschen der Willkür der Behörden überlassen. Daher betonte Škorić, dass bei Enteignungen die soziale Komponente stark zu beachten sei. Bei einem verurteilten Handwerker dürfe die Kommission nur so vorgehen, dass ihm seine Lebensgrundlage nicht entzogen werde: Seine Werkzeuge durften nicht eingezogen werden. Die Familien von Verurteilten durften nicht unter seiner Tat leiden und waren mit entsprechenden Mitteln

---

168   Arhiv BiH, Fonds ZKURZ, Tajni spisi, Nr. 436. Alle folgenden Zitate des Referats sind dieser Quelle entnommen.

auszustatten. Škorić hob hervor, dass das Gesetz auch für alle bereits im Krieg gefallenen oder nach Todesstrafe getöteten Kriegsverbrecher und „Volksfeinde" gelte. Das bedeutete, dass ihr Eigentum nachträglich konfisziert wurde.

Ebenfalls im Dezember verschickte die Staatliche Kommission ein Rundschreiben an die Landeskommissionen, in dem sie eine andere Praxis der Dokumentation von Kriegsverbrechern und „Volksfeinden" vertrat.[169] In der Zwischenzeit hatte Tito mit seinen Amnestieerlassen eine Politik der Öffnung der Volksbefreiungsbewegung verkündet. Daraufhin hatten zahlreiche Domobrani, Tschetniks und Angehörige anderer militärischer Einheiten ihre Seiten gewechselt. Nedeljković betonte nun, dass als Kriegsverbrecher und „Volksfeinde" nur Personen galten, die tatsächlich Kriegsverbrechen begangen hatten. Alle anderen Mitglieder der im Amnestieerlass genannten feindlichen militärischen Einheiten waren amnestiert. Das bedeutete aber nicht, dass ihre Namen und ihre Karteien aus dem Register der Landeskommissionen komplett gelöscht wurden. Nedeljković riet zur gleichen Vorgehensweise, die Moša Pijade während des Kriegs befahl: das Führen einer Liste von „verdächtigen Personen", in die alle diese Menschen aufgenommen werden sollten, bis ihre Unschuld bewiesen war.

Durch die verstärkte Zusammenarbeit mit der UNWCC war die Staatliche Kommission dafür sensibilisiert, dass die Akten der Landeskommissionen internationalen Standards genügen mussten. Konkret betonte sie mehrfach, wie auch von Vismann dargelegt, dass das Zustandekommen einer Akte ihren Beweiswert definiert.[170] Alle Berichte über Kriegsverbrechen, alle Listen von Kriegsverbrechern hatten keinen juristischen Wert, wenn sie formale Bedingungen nicht erfüllten. Sie wies die Landeskommissionen wiederholt darauf hin, dass Angaben zu Namen, Zeiten und Orten nicht fehlen durften. Anklagen auf Basis nur einer Zeugenaussage sollten nicht aufgenommen werden, und alle Akten waren vom Vernehmenden, dem Protokollanten und dem Zeugen zu unterzeichnen.[171] Diese ersten Ermittlungen dienten in vor allem dazu, einen ersten schnellen Überblick über das Ausmaß der Verbrechen und über konkrete Tatorte zu verschaffen. Das schnelle Handeln war aus jugoslawischer Perspektive nicht nur wegen Reparationsforderungen nötig, sondern auch, um international den Einsatz der jugoslawischen Bevölkerung an der Bekämpfung des NS-Regimes zu würdigen. Daher war es zunächst auch nicht ausschlaggebend, dass die Akten für London keinen juristischen Wert hatten. Der narrative Wert war umso bedeutender. Auch dass der Fokus auf Verbrechen der

---

169   USHMM, Fonds AJ 110, RG-49.005M, Reel 1, 1–263.
170   Vismann, Akten, 27.
171   USHMM, Fonds AJ 110, RG-49.005M, Reel 1, 1–280.

italienischen Besatzungskräfte lag, überrascht nicht. Von NS-Verbrechen hatten sich die Alliierten bereits ein erstes Bild gemacht. Wenige aber wussten von Kriegsverbrechen und „crimes against humanity" der italienischen Streitkräfte in Südosteuropa.[172] An dieser Stelle galt es, im internen „Bedeutungsranking" der Alliierten Jugoslawien und jugoslawische Ansprüche vor Italien zu stellen.

2.5   Kriegsverbrecher und Listen

In London übermittelte Živković am 25. September 1944 eine Liste mit sechs Fällen und sieben Beschuldigten an die UNWCC.[173] Der erste Fall betraf deutsche Offiziere, die in Serbien während der Besatzung eingesetzt waren. An erster Stelle stand Heinrich Danckelmann, der vom 29. Juli 1941 bis zum 20. Oktober 1941 Militärbefehlshaber Serbiens war.[174] An zweiter Stelle folgte Dr. Wilhelm Fuchs, Führer der Einsatzgruppe Serbien. Sie waren beide aufgrund ihrer Funktionen angeklagt und Živković erfuhr davon nur dank der Informationen der UNWCC. Der zweite Fall war aus jugoslawischer Perspektive schwieriger. Als erster Beschuldigter galt der italienische General Alessandro Pirzio Biroli, von 1941 bis 1943 Gouverneur in Montenegro. Auch in den anderen vier Fällen waren italienische Offiziere beschuldigt: General Maineri (gemeint war Carlo Ceriana-Mayneri), Kommandant der 23. „Ferrara" Division, wegen Kriegsverbrechen in Nikšić, Oberst Coccia (Angelo Coccia) ebenfalls wegen Kriegsverbrechen in Nikšić, Rondonini, Maroti (Marotta Antonio, General und Präsident des Militärgerichts in Cetinje). Keiner von ihnen kam vor Gericht.[175]

In den folgenden Monaten übermittelte die Staatliche Kommission unterschiedliche Listen an die UNWCC. Überwiegend bezogen sich die Anklagen auf die Verbrechen an jugoslawischen Kriegsgefangenen in Norwegen sowie

---

172   Einen guten Überblick bietet: Sanela Schmid, Deutsche und italienische Besatzung im Unabhängigen Staat Kroatien: 1941 bis 1945 (Berlin / Boston: Oldenbourg 2020), 314–353.

173   USHMM, Fonds Government in exile (Fonds 193), Reel 3, 382/44.

174   Als grundlegende Studie zur deutschen Besatzungspolitik gilt bis heute Christopher R. Browning, Wehrmacht Reprisal Policy and the Mass Murder of Jews in Serbia, *Militärgeschichtliche Zeitschrift* 33 (1983) 1, 31–47; Konkret über die Rolle Danckelmanns siehe Alexander Prusin, Serbia under the Swastika: a World War II Occupation (Urbana u.a.: University of Illinois Press 2017), 41; 43; 93.

175   Mehr über den Charakter der italienischen Besatzung in Jugoslawien sowie die Arbeit des Militärgerichts in Cetinje siehe Federico Goddi, The Military Court of Cettigne During the Italian Occupation of Montenegro (1941–1943), in: Emanuele Sica / Richard Carrier (Hg.), Italy and the Second World War: Alternative Perspectives (Leiden / Boston: Brill 2018), 34–50.

auf die Verbrechen der Besatzungstruppen in Serbien. Bis Ende 1944 reichte Živković eine Liste mit 45 Namen von „deutschen Kriegsverbrechern", 38 Namen von „italienischen Kriegsverbrechern", 44 Namen von „ungarischen Kriegsverbrechern", 15 Namen von „bulgarischen Kriegsverbrechern" und drei Namen von Angehörigen anderer Nationen ein.[176]

Aufgrund der Kriegsentwicklungen und der Angst, Jugoslawien könnte nach Kriegsende als jugoslawisch gesehene Territorien an Italien verlieren (in erster Linie Territorien in Dalmatien, Istrien und Slowenien), fokussierte die Staatliche Kommission auf die Kriegsverbrechen der italienischen Militärs. In der ersten Veröffentlichung des *Yugoslav Information Office* in London, das nach dem polnischen Bespiel gegründet wurde, ging es nicht um die NS-Verbrechen, sondern um die „Italian Crimes in Yugoslavia".[177] In einer Überblicksdarstellung, die überwiegend auf italienischen Originaldokumenten basierte, schilderte die Staatliche Kommission „the purpose, scope, and methods of Italian crimes, planned and executed by and for the Italian State against Yugoslavia and the South Slav peoples, both during the recent war and throughout the foregoing generation during which these war crimes were planned and rehearsed."[178] Der Staatlichen Kommission war es wichtig zu betonen, dass die italienischen Kriegsverbrechen lange vor dem Kriegsausbruch geplant gewesen seien, dass die von Südslaven besiedelten und nach 1918 Italien zugeschlagenen Gebiete auch in der Zwischenkriegszeit unter Repressionen gelitten hätten, während der italienische Staat durch Zwangsassimilation versucht hätte, sie ihrer nationalen Identität zu berauben. Die faschistischen Kriegsverbrechen, so die Staatliche Kommission, seien nur eine Kulmination der Gewaltpolitik des italienischen Staats, die bereits vor dem Zweiten Weltkrieg die Südslaven entrechtet habe. Dieser Deutungsrahmen zog sich wie ein roter Faden durch alle Veröffentlichungen, alle Anklageerhebungen (Beschlüsse, Odluke) und alle Berichte der Staatlichen Kommission. Die ersten davon betrafen ebenfalls italienische Beschuldigte.[179] Die Berichte (Saopštenja) der Staatlichen Kommission waren Aktenbündelungen, die gesammeltes Beweismaterial zusammenfassten und konkrete Beschuldigte nannten. Die Sowjetische Außerordentliche Kommission gab auch in dieser

---

176   USHMM, Government in exile (Fonds 103), RG-49.004M, Reel 4, box 114, File 499.

177   UNWCC Archive, UNWCC operational documents, Reel 38, Publications on war crimes –
       Yugoslavia, hier nach http://www.unwcc.org/unwcc-archives/ (überprüft am 19.5.2019).

178   Italian Crimes in Yugoslavia, 1, in: UNWCC Archive, UNWCC operational documents,
       Reel 38, Publications on war crimes – Yugoslavia, hier nach http://www.unwcc.org/
       unwcc-archives/ (überprüft am 19.5.2019).

179   Saopštenja o zločinima italijanskih i nemačkih okupatora 1–6 (1944–1946). Eine Zusammenfassung auf Englisch ist im UNWCC Archiv, Reel 38 vorhanden.

Hinsicht ein Beispiel vor, an dem sich die jugoslawische Staatliche Kommission orientierte.[180] Marina Sorokina hat betont, dass Andrei Wyschinski selbst das Lektorat sowjetischer Berichte der Außerordentlichen Kommission übernahm und diese in erster Linie als ein Instrument der Propaganda einsetzte.[181] Nedeljković folgte dem Vorbild.

Der erste Bericht der Staatlichen Kommission war eine summarische Anklage gegen die militärischen und politischen Befehlshaber der italienischen Besatzungskräfte in Dalmatien, namentlich gegen die Gouverneure Giuseppe Bastianini und Francesco Giunta, die Generäle Allessandro Giuseppe Maria Lomaglio, Nobile Ernesto Maggiora Vergano, Gherardo Magaldi, Alfonso Cigala Fulgosi sowie über neunzig weitere Personen. Die Staatliche Kommission warf ihnen eine „systematische Ausrottung unseres Volks" vor sowie:

> die Vernichtung seiner Lebensgrundlage, um aus dem gesäuberten und verwaisten Dalmatien das zu schaffen, was sie ‚la Dalmazia nostra' bezeichneten. Die Lieblingsmittel bei der Vernichtung des Volkes waren graduelle, aber stetige systematische Massenerschießungen, Geiselnahmen, Masseninternierungen in Lagern, die vom Volk „Massengräber der Lebenden" bezeichnet wurden, Massenverurteilungen zu langjährigen Strafen, ständige grundlose Strafexpeditionen, die das Volk folterten, mordeten und auf vielfältige Weise terrorisierten.[182]

Die italienische Besatzung war, so die Staatliche Kommission, von einer „bestialischen faschistischen Bande" organisiert und umfasste den kompletten Besatzungsapparat. Die italienischen Befehlshaber wurden nicht nur als „Bestien" und „Bande" bezeichnet, sondern auch als „faschistische Henker", „Slawenfresser" und „Blutsauger". Es war ein besonderes Anliegen der jugoslawischen Kommunisten, insbesondere die Verantwortlichen in der militärischen und zivilen Verwaltung von Šibenik sowie die Mitglieder des Außerordentlichen Tribunals vor Gericht zu bringen. Sie hatten im Mai 1942 die Tötung von Rade Končar, des damaligen Vorsitzenden der Kommunistischen Partei Kroatiens, angeordnet. Der Holocaust wurde hingegen mit keinem Wort explizit genannt: vermutlich auch ein Vorgehen, bei dem Nedeljković dem sowjetischen Beispiel folgte. Als Opfer wurden in der Regel die „jugoslawische Bevölkerung", „unser Volk" oder die „nicht-italienische Bevölkerung" bezeichnet.[183] Dass die Staatliche Kommission den Begriff der „Säuberung" Dalmatiens übernahm, ohne ihn zumindest durch die Anführungszeichen als Teil der Tätersprache zu

180   Sorokina, People and Procedure, 29–30.
181   Sorokina, People and Procedure, 30.
182   Saopštenje br. 1, in *Saopštenja o zločinima italijanskih i nemačkih okupatora* 1 (1944), 5.
183   Saopštenje br. 2, *Saopštenja o zločinima italijanskih i nemačkih okupatora* 1 (1944), 24–38.

kennzeichnen, zeigt, wie unkritisch und mit welcher Selbstverständlichkeit diese Diktion reproduziert wurde.[184]

Grundlage für die ersten jugoslawischen Anklageerhebungen bei der UNWCC waren Zeugenaussagen, die noch von der königlichen Kommission aufgenommen wurden. Velimir Šoć, den die Ustascha aus Bosnien vertrieben hatten, war aus dem bosnischen Bergbaudorf Ljubija nach Cetinje in Montenegro geflüchtet.[185] Seine Zeugenaussage setzte sich zusammen aus einer Aufzählung verwüsteter Dörfer und erschossener Personen. Šoć wurde inhaftiert und in das Lager nach Bar und später nach Kavaji in Albanien transportiert. Das Konzentrationslager Antivari in Bar wurde im Sommer 1942 von der italienischen 9. Armee gegründet.[186] Šoć beschuldigte direkt den General Ercole Roncaglia, Geiselerschießungen in unterschiedlichen Lagern befohlen zu haben. Neben Roncaglia nannte er den Lagerkommandanten Major Maggi, den Carabinieri Celini und den Lagerkommandanten in Kavaji, den Hauptmann Guido Grana. Šoć berichtete fast ohne Wertungen. Nur den italienischen Gouverneur für Montenegro bezeichnete er als „Blutsauger". Alle anderen von ihm beschuldigten Personen benannte er allein mit ihrem militärischen oder anderen Rang. Eine Schwierigkeit, die sich insbesondere bei der Ahndung italienischer Kriegsverbrechen ergab, war die richtige Schreibweise italienischer Namen. Im Serbokroatischen wird eine phonetische Schreibweise praktiziert und viele der von Šoć Genannten konnten nicht festgestellt werden. Šoć war aber nicht der einzige Zeuge: Zahlreiche Berichte nach Kairo geflüchteter Montenegriner überschnitten sich, was es Živković erleichterte, die Anträge vor das Komitee I zu bringen.

Ein wichtiger Zeuge für Živković war der Major des Obersten Stabs von Mihailović, Borivoj S. Radulović. Er vernahm ihn am 7. März 1944 in Kairo.[187] Radulović hatte aufgrund seiner Position als Geheimdienstagent im Obersten Stab der Tschetniks[188] internes Wissen über italienische Verbrechen. So erzählte er, dass in Cetinje die Angehörigen der Messina-Division für Geiselerschießungen und Brandstiftungen verantwortlich waren, und nannte ihren

---

184 Über die Genese des Konzepts der „ethnischen Säuberung" siehe Vladimir Petrović, Etničko čišćenje. Geneza koncepta (Beograd: Institut za savremenu istoriju 2019).

185 USHMM, Government in exile (Fonds 103), RG-49.004M, Reel 4, box 114, ohne Nummer.

186 Cario Spartaco Capogreco, Antivari, in: Geoffrey P. Magargee u.a. (Hg.), The United States Holocaust Memorial Museum. Encyclopedia of Camps and Ghettos 1933–1945 (Bloomington: Indiana University Press 2018), 240.

187 USHMM, Government in exile (Fonds 103), RG-49.004M, Reel 4, box 114, ohne Nummer.

188 Milivoj Bešlin, Četnički pokret Draže Mihailovića – Najfrekventniji objekat istorijskog revizionizma u Srbiji, in: Momir Samardžić u.a. (Hg.), Politička upotreba istorije: O istorijskom revizionizmu na postjugoslovenskom prostoru (Novi Sad: Tramaxion 2013), 132.

Kommandanten, den General Carlo Tucci, als Hauptverantwortlichen. Er
betonte auch, dass nach Befehl von Tucci die Denkmäler für König Aleksandar
Karađorđević sowie für die gefallenen Jugendlichen abgebaut wurden. Außerdem beschuldigte er den Carabinieri Siracusa der Folter und des Mordes. Er
selbst, so Radulović, sei nach Aufstand gegen die Besatzungsmächte in Montenegro interniert und in Cetinje geschlagen worden.

Radulovićs Aussage wurde zur Grundlage für die Anzeige gegen Tucci.[189]
Ihm warf die Königliche Kommission vor, als Kommandant der Division Mes-
sina Vergeltungsmaßnahmen gegen die zivile Bevölkerung befohlen zu haben.
Dabei kam es zu Mord und Massakern (Kriegsverbrechen I), bewusster Verwüstung und Zerstörung des Eigentums (XVIII) sowie bewusster Zerstörung
von religiösen, wohltätigen, historischen oder Bildungsgebäuden und Denk-
mälern (XX.). In der Anklage betonte die Königliche Kommission, dass sie
keine näheren Angaben und keine weiteren Beweise als die Aussage Radulovićs
besitze – dies jedoch nach der Befreiung nachgeholt werde. Das geschah dann
auch, als die Staatliche Kommission ihren Beschluss über die Feststellung der
Verbrechen der Besatzer und ihrer Helfer über Tucci formulierte.[190] Tucci wurden weitere Kriegsverbrechen vorgeworfen: die Ermordung von Geiseln, Folter
von Zivilisten, Deportation von Zivilisten, Masseninternierung von Zivilisten
unter unmenschlichen Bedingungen, Folter und Tötung von Kriegsgefangenen,
systematischer Terror. In die Spalte „Einzelheiten über das Verbrechen" schrieb
die Staatliche Kommission:

> General Tucci war als Kommandant der genannten Division ein typischer Ver-
> treter und Exponent der Politik, die das faschistische Italien in Montenegro
> durchgeführt hatte. Er hat sich gleich nach seiner Ankunft nach Cetinje [...]
> dadurch hervorgehoben, dass er Verbrechen an der unschuldigen Bevölkerung
> durchgeführt hatte. Er nutzte seine Position als hoher Funktionär einer ver-
> sklavenden Macht aus und zeigte großen Hass und Verachtung dem versklavten
> Volk gegenüber.[191]

Die Anklageerhebung gegen Tucci steht beispielhaft für die meisten Veröffentlichungen der Staatlichen Kommission. Die Beschreibung der Tatbestände zeichnete sich durch eine Vermischung berichtender, wertender
und emotionalisierender Teile aus. Tucci galt nicht als Beschuldigter, dessen
Verantwortung von einem Gericht noch festzustellen wäre – wie auf dem Formular der Königlichen Kommission zumindest vorgegeben. Im Beschluss der

---

189   USHMM, Government in exile (Fonds 103), RG-49.004M, Reel 4, box 114, 142/44.
190   Zečević / Popović, Dokumenti iz istorije Jugoslavije, Bd. 3, 231.
191   Zečević / Popović, Dokumenti iz istorije Jugoslavije, Bd. 3, 231.

Staatlichen Kommission war er bereits ein Verbrecher, Vertreter einer „versklavenden Besatzungsmacht", der das versklavte „Volk" hasste und verachtete. Der Hinweis auf die „unschuldige Bevölkerung", die das Opfer dieser Politik war, fehlte auch nicht.

> Auf seinen Befehl hin wurden ganze Dörfer verwüstet, die Bevölkerung massenweise interniert und ermordet sowie andere Verbrechen begangen. Seinen untergeordneten [Offizieren und Soldaten, SF] stattete er mit einer *Carte blanche* für die Ausübung von Verbrechen aus, indem er ihnen sagte, dass sie tun und lassen können, was sie wollten.[192]

Dieser Beschluss war nicht nur eine Anklageerhebung. Er war die Synthese einer Anklage und einer Verurteilung. Die Staatliche Kommission nannte verschiedene Gründe, die das verbrecherische Handeln Tuccis einordneten: Sein persönliches Handeln war von Bedeutung, aber auch das System der italienischen Besatzung, das eindeutig als verbrecherisch verstanden wurde. Das Komitee I der UNWCC befand daher, wie bei der Mehrheit anderer jugoslawischer Anzeigeerhebungen, dass die Angaben ausreichten, *prima facie* Fälle zu bilden. Tocci wurde in die UNWCC-Liste und damit auch in die CROCASS-Liste übernommen. Folgen hatte das für ihn keine. Er wurde weder ausgeliefert noch in Italien vor ein Gericht gestellt.[193]

Die Intensität der Arbeit nahm in dieser Phase nicht zu. Die wichtigste Aufgabe war es, Beweise zu sammeln, wie Đilas zu Meša Selimović gesagt hatte. Dass in der Publikationsabteilung ein Schriftsteller arbeitete, der aus Wortreihen kraftvolle Metapher schuf, verdeutlichte, welchen besonderen Wert die Veröffentlichung und die Verbreitung der gesammelten Materialien einnahmen. Selimović selbst empfand das Redigieren von Publikationen über Massenmord als bedrückend und verstörend. In seinen Erinnerungen schrieb er: „Es sah für mich so aus, als würde aus den Eisenkasten, in denen das Material sortiert war, Blut fließen."[194] Mit seiner Redaktion war er nicht zufrieden, denn alles musste schnell gemacht werden, sie schrieben schnell und publizierten schnell. Er war erleichtert, als er die Position verließ. Und trotzdem nannte er eine wichtige Dimension, die in den Diskussionen über das Material der Staatlichen Kommission häufig unerwähnt blieb. Die intensive Ermittlung und das Dokumentieren von Kriegsverbrechen konnten eine traumatisierende, aber auch eine therapeutische Wirkung auf die involvierten Menschen

---

192 Zečević / Popović, Dokumenti iz istorije Jugoslavije, Bd. 3, 232.
193 Goddi, The military court of Cettigne, 43–44.
194 Selimović, Sjećanja, 166.

entfalten.[195] Die jugoslawischen Kommunisten hofften darauf, die Gewalt, das Leiden in etwas Positives verwandeln zu können. Das Versprechen war der zweite jugoslawische Staat, der zum Fluchtpunkt allen Handelns wurde. Die Aufforderungen, die Appelle und die Mahnungen an die Bevölkerung dienten auch dazu, aus der passiven Position des Leidens die Initiative zu übernehmen und zu handeln.

Bis zu ihrer Auflösung veröffentlichte die Staatliche Kommission im ganzen Land 93 kürzere Berichte und ließ sie nachträglich in vier Bänden drucken.[196] Zwei Berichte wurden aufgrund ihres Umfangs als Bücher gedruckt und in unterschiedliche Sprachen übersetzt: „Italienische Verbrechen in Jugoslawien" sowie „Die Verbrechen Österreichs und der Österreicher an Jugoslawien und seinen Völkern".[197] Zudem veröffentlichte die Staatliche Kommission Dokumente zum Prozess gegen Draža Mihailović sowie jugoslawische Beweismittel, die dem Hauptkriegsverbrechertribunal vorgelegt wurden.[198]

Der Stil der Veröffentlichungen veränderte sich mit der Zeit. Die ersten Berichte der Staatlichen Kommission unterschieden sich inhaltlich kaum von den Anklageerhebungen, obwohl sie an unterschiedliche Rezipienten gerichtet waren und eine unterschiedliche Form hatten. Die Berichte sollten die jugoslawische und die internationale Öffentlichkeit über die Verbrechen an der jugoslawischen Bevölkerung informieren, während die Anklageerhebungen juristische Verwaltungsakte waren. Sie sollten bewirken, dass die UNWCC und die Staatsanwaltschaften Verdächtige auf Kriegsverbrecherlisten setzten bzw. anklagten. Im Verlauf der Zeit wurden die Anklageerhebungen sachlicher. Die Staatliche Kommission war daran interessiert, möglichst viele Angeklagte, die sich im Ausland befanden, in Jugoslawien vor Gericht zu bringen. Nedeljković und seine Mitarbeiter merkten, wie wichtig nicht nur die einwandfreie juristische Form ihrer Anträge war, sondern auch das richtige Vokabular. Im Mai 1946 verschickten sie an alle Landeskommissionen eine Übersetzung des Kontrollratsgesetzes Nr. 10 und forderten sie auf, ihre Anzeigen an dessen Diktion

---

195   Einen guten Überblick im jugoslawischen Kontext bietet: Jovan Byford, Remembering Jasenovac: Survivor Testimonies and the Cultural Dimension of Bearing Witness, *Holocaust and Genocide Studies* 28 (2014), 58–63.

196   Izveštaj Nedeljković, in: Zečević / Popović, Dokumenti iz istorije Jugoslavije, Bd. 1, 67.

197   Beide Berichte sind ins Englische übersetzt worden und befinden sich auch im Archiv der UNWCC, siehe: Report on the Crimes of Austria and the Austrians against Yugoslavia and her Peoples. Belgrade: Yugoslav War Crimes Commission 1947; Italian Crimes in Yugoslavia (London: Yugoslav Information Office 1945).

198   The Trial of Dragoljub-Draža Mihailović. Stenographic Record and Documents from the Trial of Dragoljub-Draža Mihailović (Belgrade: Union of the Journalists' Associations 1945); Jugoslav (sic!) War Crimes Commission. Report to the International Military Tribunal Nürnberg, in: USHMM, Fonds AJ 110, RG 49.005M, 0887, Nr. 00000766–00001162.

anzupassen.[199] Über Auslieferungen, so Nedeljković, entschieden Militär-
kommandeure der Alliierten, die mit dem Kontrollratsgesetz vertraut seien.
Selbst wenn Jugoslawien seine Jurisdiktion auf Grundlage jugoslawischer
Gesetze vollziehe, sei es aus praktischen Gründen enorm wichtig, die Wortwahl an die gängige, internationale Terminologie anzupassen. Ähnliche
Schreiben waren nicht selten. Sie zeigten, dass die Staatliche Kommission
einen pragmatischen Zugang zur Problematik der Auslieferungen adaptiert
hatte, mit dem klaren Ziel, möglichst viele vorermittelte Kriegsverbrecher
vor Gericht zu bringen. Sie lotete sachlich ihren Einflussbereich aus und versuchte, durch Anpassungen ihr Ziel zu erreichen. Hinsichtlich der angeklagten
Deutschen war sie auch gelegentlich erfolgreich. Hinsichtlich der angeklagten
Italiener scheiterte sie kläglich. Umsonst forderte Živković die Einmischung
der UNWCC. Umsonst forderte Nedeljković sowohl im Radio als auch in der
Borba die Auslieferung der Kriegsverbrecher:

> The people who suffered most, headed by Yugoslavia, and supported by pub-
> lic opinion in the democratic countries, managed to stir up the United Nations
> Commission in London to action. The Commission undertook to control the
> extradition of these criminals and use all means at its disposal to have them
> delivered to the courts of the nations which were seeking them. [...] The cause
> of justice is progressing, but we must repeat the regrettable complaint, which
> we made a month ago at a London Conference, that none of the numerous war
> criminals whose extradition we have demanded, has been delivered to us. The
> guilt of these criminals has been determined by the United Nations War Crimes
> Commission and they are in Allied hands.[200]

Seine Forderung machte deutlich, dass er nicht mehr an die UNWCC glaubte.
Seiner Meinung nach erfolgte die juristische Ahndung der Kriegsverbrechen
nur noch, weil die Opfer, unterstützt durch die Öffentlichkeit, dazu drängten.
Dieser Seitenhieb war direkt gegen die britischen und die amerikanischen
Militärverantwortlichen gerichtet. Denn obwohl die Hinweise für eine Anklageerhebung von der UNWCC bestätigt wurden und die Beschuldigten sich in
den Händen der Alliierten befanden, wurden sie häufig nicht ausgeliefert.

Die UNWCC übernahm in Nedeljkovićs Argumentation zwar die Rolle
einer überparteilichen Institution, die Ansprüche der Jugoslawen legitimer
machte. Wie Dan Plesch und Leah Owen betonten, war diese legitimierende

---

199   Arhiv BiH, Fonds ZKURZ, Organizacija i rad komisije, Pov., Kutija 1, Nr. 396. Alle weiteren
       Zitate des Schreibens sind dieser Quelle entnommen.
200   Secret Intelligence Files, BBC Monitoring Service and the Joint Intelligence Committee
       (JIC), FO 1093/343, Digest of Broadcasts, Yugoslavia, No 2,194, Surrender of War Crimi-
       nals: Nedeljkovitch's Broadcast, 5.

Funktion genau die Aufgabe des Komitee I.[201] Doch bei Nedeljković wurde sie
zu einem zahnlosen Tiger, denn die Entscheidung über die Auslieferung trafen andere. Jugoslawien erhob bei der UNWCC etwa 5.000 Anklagen, wovon
2.700 als *prima-facie*-Fälle akzeptiert wurden.[202] Die zusätzliche Legitimität
durch die UNWCC bewirkte jedoch wenig. Im Fall italienischer Angeklagten
sogar gar nichts. Umsonst startete Živković unterschiedliche Initiativen zur
Ergreifung italienischer Kriegsverbrecher: Auch die Gründung einer von ihm
vorgeschlagenen *War Crimes Agency* für Italien fand keinen Zuspruch – außer
bei Ečer.[203] Živković beschwerte sich, dass „some of the Governments were not
much interested in Italian war crimes" und betonte, dass „the Allies had been
in control in Italy since 1943 and had not apprehended any war criminals".[204]
Jugoslawische Auslieferungsanträge liefen ins Leere. Ausgeliefert und strafrechtlich verfolgt wurde niemand. Und das hatte wenig mit der mangelnden
juristischen Dokumentation der jugoslawischen Anträge zu tun. Nach Pedaliu
war diese Entwicklung mehreren Tatsachen geschuldet: Zahlreiche italienische Beschuldigte hatten nach 1943 mit den Alliierten zusammengearbeitet,
weswegen die Briten sie von der Strafverfolgung ausgenommen hatten.[205]
Zudem war die Ahndung von Kriegsverbrechen dem britischen strategischen
Ziel untergeordnet, in Italien die „kommunistische Gefahr" abzuwehren.[206]

2.6   Albert Vajs in Nürnberg

Anders lief es bei deutschen Angeklagten. Insgesamt wurden 187 von ihnen
nach Jugoslawien ausgeliefert, einige aufgrund der Ermittlungsergebnisse der
UNWCC, viele aber auch auf Grundlage jugoslawischer Beweismittel, die aus
den Landeskommissionen kamen. Diese standen direkt nach der Befreiung
vor der Herausforderung, die von Tag zu Tag wachsende Anzahl von Anzeigen
zu bewältigen. Häufig ging es dabei um Verbrechen der Besatzer. Die Staatliche Kommission arbeitete hinsichtlich dieser Frage eng mit dem Nürnberger Hauptkriegsverbrechertribunal, wo Albert Vajs die Unterlagen an die

---

201   Plesch / Owen, The United Nations War Crimes Commission, 183.
202   Vajs, Utvrđivanje zločina okupatora, 397.
203   UNWCC, Reel 33 Meeting Minutes M1-M135, Minutes of 60th Meeting held on May 10th
         1945, 5.
204   UNWCC, Reel 33 Meeting Minutes M1-M135, Minutes of 62nd Meeting held on May 23rd
         1945, 5.
205   Pedaliu, Britain and the „Hand-over", 507.
206   Effie G.H. Pedaliu, Britain, Italy and the Origins of the Cold War (Basingstoke u.a.: Pal-
         grave Macmillan 2003), 10.

Hauptankläger weiterleitete.[207] Seine Berichte spiegelten seine steigende
Frustration mit dem Tribunal, mit dem sowjetischen Ankläger-Team, aber
auch mit der Staatlichen Kommission wider.[208] Hoffte Vajs am Anfang der Verhandlungen, dass über die sowjetischen Ankläger die NS-Verbrechen in Jugoslawien stärker thematisiert würden, musste er immer häufiger nach Belgrad
melden, dass die ganze Arbeit zu nichts geführt hatte. Angesichts von vier
Chefanklägern und 24 Angeklagten war die Zeit vor dem Gericht knapp verteilt, wie Francine Hirsch in ihrer minutiösen Studie der Verhandlungen dargelegt hat.[209] Und die Großalliierten nutzten diese Zeit, um ihre Argumente
an die Öffentlichkeit zu bringen. Vajs schien jedenfalls ernüchtert, weil er mit
seinen Anliegen häufiger beim britischen Ankläger-Team Gehör fand als beim
sowjetischen, das für die Präsentation jugoslawischer Anliegen verantwortlich
war.

Der Arbeitsaufwand setzte stark ihm zu. Vajs war die meiste Zeit der einzige kontinuierlich anwesende Mitarbeiter der jugoslawischen Delegation. Gelegentlich halfen ihm Živković, der aus London kam, der Russisch-Übersetzer
Mihailo Olenjin, Otto Grozdić oder der Journalist Milovoj Sudić aus. Insbesondere Sudić, der eigentlich für die gerade gegründete jugoslawische
Nachrichtenagentur Tanjug vom Prozess berichten sollte, erwies sich als eine
große Unterstützung.[210] Er sprach fließend Englisch. Daher übersetzte er jugoslawische Dokumente, war bei Vernehmungen anwesend und überbrachte
Unterlagen und Nachrichten nach Belgrad und zurück. Nur Oskar Davičo, der
für die jugoslawische *Pravda* berichtete, war nicht wirklich in die Arbeit der
Delegation involviert. Alle anderen halfen, wo sie nur konnten. Die fehlenden
personellen und finanziellen Ressourcen ärgerten Vajs, weil ihm die historische Bedeutung des Prozesses klar war und er sich verpflichtet fühlte, die jugoslawische Seite bestmöglich zu präsentieren. Er war nicht davon ausgegangen,
dass er für die gesamte Prozessdauer in Nürnberg bleiben würde. Lange
hoffte er auf Vertretung. Nedeljković hatte aber niemanden. Leider sind seine
Tagebücher verschollen, sodass wir nur im Ansatz erahnen können, welcher
Belastung er sich ausgesetzt hatte, als Holocaust-Überlebender direkt nach
Gefangenschaft, nach Rückkehr, bei der er erfahren hatte, dass seine Familie

---

207 Seine Berichte sind veröffentlicht in: Lopičić, Albert Vajs.
208 USHMM, Fonds AJ 119, RG-49.005M.0887.00000179 bis RG-49.005M.0887.0444. Alle fol-
     genden Zitate von Vajs' Berichten sind dieser Quelle entnommen.
209 Hirsch, Soviet Judgment.
210 Leider haben weder Sudić noch Vajs oder andere Mitglieder des jugoslawischen Teams
     persönliche Dokumente hinterlassen, sodass ihre eigene, nicht offizielle Perspektive auf
     den Prozess nicht rekonstruiert werden kann. Für die wenigen Informationen über Sudić
     ist die Autorin seinem Sohn Deyan Sudjic dankbar.

ausgelöscht worden war, erneut nach Nürnberg zurückzukehren, um dort Jugoslawien zu vertreten. An jedem Verhandlungstag ging er zum Sitzungssaal 600 und verfolgte den Prozess. Er arbeitete Tag und Nacht, übersetzte Unterlagen, tippte Berichte ab, und ließ Kopien nach Jugoslawien schicken.

Dass der sowjetische Chefankläger Rudenko erst im Februar 1946 seinen Anklagepunkt „crimes against humanity" in Osteuropa eröffnete, kam der Staatlichen Kommission entgegen.[211] Bis dahin waren die wichtigsten Dokumente, Fotografien und die Zeugenaussagen mit Unterstützung des sowjetischen Ankläger-Teams vorbereitet, übersetzt und beglaubigt. Vajs ging es darum, dass das Tribunal im Zusammenhang mit der Besatzung Jugoslawiens zu folgenden Entscheidungen kommen würde:

1)   Der Angriff auf Jugoslawien war ein „crime against peace",
2)   der Luftangriff auf Belgrad war ein terroristischer Akt,
3)   die Besatzung resultierte in Zwangsarbeit, wirtschaftlicher Ausplünderung, Deportationen, Raub, Mord, Vernichtung von Juden, rechtswidriger Behandlung von Kriegsgefangenen, Konzentrationslagern.

Versuchte Vajs zum Beginn seiner Tätigkeit in Nürnberg stärker jugoslawische Dokumente und jugoslawische Themen vor das Tribunal zu bringen, verschob sich sein Fokus im Verlauf des Verfahrens auf die Akten der anderen Alliierten. Das hatte in erster Linie pragmatische Gründe. Die Chefankläger verlangten nach „besonders starken und aussagekräftigen Dokumenten, die dann auch zu übersetzen und zu vervielfältigen waren".[212] Selbst wenn Vajs eine Zusage hatte und sehr viel Zeit investierte, war die Verwendung von Unterlagen kein Automatismus Auf der anderen Seite hatten insbesondere das britische und amerikanische Team mit großen Ressourcen ihre Teams vorbereitet und fortwährend mit Beweismitteln versorgt, die für den Hauptkriegsverbrecherprozess nicht verwendet wurden, aber von großer Relevanz für jugoslawische Ermittlungsverfahren waren, konkret für die Prozesse gegen Alexander Loehr oder August Meyszner. Vajs übernahm dankbar alle Unterlagen des *British war crimes executive* sowie des *Office of the US Chief of Counsel for the Prosecution of Axis Criminality* (OCCPAC) und leitete sie nach Belgrad weiter.[213] Auch überprüfte er, welche NS-Funktionäre und Militärs sich in alliierter Gefangenschaft befanden, um in Jugoslawien um die Aufnahme von Anklageverfahren zu

---

211   Zur Eröffnungsrede Rudenkos siehe Lilia Antipow, „Die wahrhaft räuberischen Pläne der hitlerischen Angreifer gegen die Sowjetunion": Zur Eröffnungsrede des sowjetischen Hauptanklägers Roman Rudenko, in: Das Internationale Militärtribunal von Nürnberg 1945/46 (Bonn: BpB 2015), Pos. 5426–6927.
212   USHMM, Fonds AJ 110, RG-49.005M.0887.00000271.
213   USHMM, Fonds AJ 110, RG-49.005M.0887.00000190.

ersuchen. So wies er z.B. konkret auf Friedrich Rainer hin, der u.a. während des Kriegs NSDAP-Gauleiter und Landeshauptmann von Kärnten gewesen war.[214] Auch Hermann Neubacher, von August 1943 bis zum Kriegsende Sonderbeauftragter des Auswärtigen Amtes für des Südosten, befand sich zunächst nicht auf der jugoslawischen Liste und wurde nach Hinweisen von Vajs und Živković angeklagt.[215]

Vajs übermittelte nicht nur Beweismittel und Hinweise zu Beschuldigten. In seinen Berichten fasste er den Prozessverlauf zusammen, mit Kommentaren, die sowohl für die jugoslawische Rechtsprechung als auch für den narrativen Umgang mit Kriegsverbrechen von Bedeutung waren. Er schlug Nedeljković vor, Akten auch von anderen alliierten Militärgerichten einzufordern, an denen Kriegsverbrecherprozesse stattfanden, die auch Jugoslawien betrafen. Sehr wichtig war es ihm, dass die Öffentlichkeit vom Opfer der jugoslawischen Bevölkerung, aber auch von ihrem Kampf für die Befreiung erfuhr. Wie anderen Überlebenden aus Osteuropa waren Vajs der Charakter und die Ziele der NS-Kriegsführung und der Besatzung klar. Er setzte sich dafür ein, dass dies auch der ganzen Welt bewusst würde. Zusammen mit Bohuslav Ečer, der während des Prozesses tschechoslowakischer Delegierter war, und ihrem polnischen Kollegen Stanisław Piotrowski forderte er die Anklage wiederholt auf, vor dem Tribunal den Begriff des Genozids zu verwenden, wenn es um die Vernichtung von Juden, Polen, Roma, aber auch der Intelligenzia und des Klerus in der Tschechoslowakei und Jugoslawien ging.[216] Dieses koordinierte Auftreten mit anderen osteuropäischen Delegierten war kein Zufall. Vajs war aus Belgrad angehalten, sein Vorgehen mit der sowjetischen Anklage und mit anderen osteuropäischen Delegationen abzustimmen. Allerdings war die sowjetische Delegation bei diesem Anliegen noch nicht sicher, welche Haltung sie einnehmen sollte. Insbesondere Ečer, aber auch Vajs und Piotrowski ging es bei der Frage des Genozids nicht nur um ein weiteres rechtliches Mittel, um Verbrechen der Achsenmächte zu ahnden.[217] Es ging ihnen um die Etablierung des Genozids als Strafbestand im internationalen Strafrecht, um

---

214 Zu Rainer, seiner Karriere im NS-Staat und dem Prozess, der 1947 in Ljubljana stattgefunden hat, siehe: Maurice Williams, Gau, Volk, and Reich: Friedrich Rainer and the Paradox of Austrian National Socialism (Klagenfurt: Verlag des Geschichtsvereins für Kärnten 2005).

215 Über Neubacher in Serbien siehe Prusin, Serbia under the Swastika, Pos. 1089–110; auch Eckart Conze u.a., Das Amt und die Vergangenheit: deutsche Diplomaten im Dritten Reich und in der Bundesrepublik (München: Blessing 2010), 257–259.

216 Pismo Alešu Bebleru, in: USHMM, Fonds AJ 110, RG-49.005M.0887.00000400. See also Hirsch, Soviets at Nuremberg, S. 318; siehe dazu auch Lopičić, Albert Vajs, 187.

217 Zu Ečer siehe insbesondere Mouralis, Outsiders du droit international, 116–121.

dadurch möglicherweise ein Wiederholen der Verbrechen zu verhindern. Dass die sowjetische Delegation diesbezüglich zögerte, überraschte nicht. Lemkin hatte als Genozid viele Handlungen definiert, in die das sowjetische Regime involviert war.[218] Und ohne eine konkrete Anweisung aus Moskau handelten weder Nikitschenko noch seine Vertreter.

Vajs war ein guter Netzwerker. Seine Sprachkenntnisse, seine Bildung, aber auch seine Herkunft erleichterten ihm die Kommunikation mit den westlichen Alliierten. Und er war pragmatisch. Vajs erkannte, dass Jugoslawien vom Auftreten anderer Delegationen lernen und profitieren konnte. So schlug er Nedeljković vor, wie die tschechoslowakische Delegation Vertreter anderer Delegationen nach Belgrad einzuladen, damit diese sich jugoslawische Kriegsverbrecherprozesse direkt ansähen. Er erkannte, wie wichtig die narrative Dimension des Tribunals war. Und er gab seine Beobachtungen nach Belgrad weiter. Nachdem die jugoslawischen Behörden Draža Mihailović verhaftet hatten, schrieb er an Nedeljković, dass bei der Organisation dieses Prozesses insbesondere der ausländischen Presse ein offener Zugang gewährt werden sollte, um die Publizität zu nutzen. Später schrieb er ein Empfehlungsschreiben für die französische Journalistin Dominique Auclères.[219] Belgrad vernachlässigte die didaktische Dimension von Kriegsverbrecherprozessen nicht. Sie wird detaillierter im dritten Kapitel analysiert. Wichtig ist, dass Vajs direkt aus Nürnberg seine gewonnenen Erkenntnisse transferierte und diese tatsächlich in Jugoslawien adaptiert wurden. Er erkannte auch, welche Bedeutung die Fotografien und Filme im Laufe des Hauptkriegsverbrecherprozesses bekamen, und reagierte, indem er die Staatliche Kommission aufforderte, einen jugoslawischen Film über die Kriegsverbrechen zusammenzuschneiden, was auch geschah. Dabei ging es ihm nicht in erster Linie um die Beweise, sondern um das Beeinflussen der öffentlichen Meinung und um das Stärken der alliierten Solidarität mit Jugoslawien. Dieses symbolische Kapital hatte einen großen Wert, das erkannte er auch. Den jugoslawischen Film sollten z.B. alle in Europa stationierten amerikanischen Soldaten sehen, damit sie erführen, wie das Land unter der Besatzung gelitten hatte. Deswegen betonte er in seinen Schreiben nach Belgrad, dass ein Korrespondent wie Milivoj Suđić mehr sei als ein Berichterstatter. Er sah ihn, sich und die anderen Mitglieder der Delegation als Botschafter Jugoslawiens. Umso schwerer fiel es ihm, immer wieder von verpassten Chancen sprechen zu müssen. Nürnberg war für die Staatliche

---

218   Zum sowjetischen Umgang mit der Frage des Genozids siehe Anton Weiss-Wendt, The Soviet Union and the Gutting of the UN Genocide Convention (Madison: University of Wisconsin Press 2017).

219   USHMM, Fonds AJ 110, RG-49.005M.0887.00000286.

Kommission von Bedeutung. Nürnberg war für Jugoslawien von Bedeutung. Es gehörte jedoch nicht zu den Prioritäten. So wie Vajs erkannte die politische Führung in Belgrad schnell, dass die Jugoslawen im Vergleich zu den Groß-alliierten nur eine kleine Nebenrolle spielten. Daher legte sie ihren Fokus auf das Machbare: die Akten und den Transfer von Wissen. Vajs aber verstand dieses Vorgehen nicht. Er appellierte, forderte, mahnte und resignierte. „Ich fühle mich fast wie verlassen und ausgestoßen. Ich bin mir sicher, dass Sie mich verstehen werden.",[220] schrieb er Ende Mai 1946 an Nedeljković, nachdem wochenlang keine Nachrichten aus Belgrad kamen, keine Briefe, keine Anweisungen, keine Zeitungen, nichts. Und immer wieder gelang es ihm, diese Phasen zu überwinden und pragmatisch das Mögliche zu akzeptieren. „Manchmal frisst mich das innerlich auf, und dann tut es mir schrecklich leid, dass wir unsere Sache nicht selbst vertreten können. Wie viel interessanter und nützlicher wäre das, nicht nur für uns, sondern für das Ergebnis des Prozesses!",[221] meldete er bereits eine Woche später nach Belgrad. Doch dem war nicht so.

Als Überlebender der Shoah, als Opfer der NS-Besatzung, als Jude und Jugoslawe, als Jurist und jugoslawischer Delegierter verfolgte Vajs in Nürnberg verschiedene Ziele. In erster Linie ging es ihm in seiner offiziellen Aufgabe um die Verurteilung der angeklagten Haupttäter. Es ging ihm aber auch darum, dass Opfer und ihr Leiden gesehen und gewürdigt werden. Den Hauptkriegsverbrecherprozess sowie alle anderen Kriegsverbrecherprozesse betrachtete er nicht nur aus der juristischen Perspektive. Selbstverständlich sollten die Täter, die Verantwortlichen identifiziert, ausgeliefert und vor Gericht gestellt werden, aber nicht nur, um sie zu bestrafen. Die Prozesse sollten auch dazu dienen, alle Dimensionen des vergangenen Unrechts aufzudecken und die Sichtweise der Opfer zu würdigen.

Von Nedeljković kam wenig Verständnis für die besondere Situation Vajs'. Auch schien er weder die Organisation des IMT noch das Prozedere verstanden zu haben. In seinem Schreiben an Vajs von Anfang Juni 1945 forderte er ihn auf, direkt auf Jackson zuzugehen und zu intervenieren, dass Herman Neubacher nach Jugoslawien ausgeliefert werde.[222] Diesen Zugang zu einem der Chefankläger hatte Vajs nicht. Und Jackson ordnete die Auslieferungsanträge weder an, noch überprüfte er sie. Das zeigt aber auch, dass die jugoslawischen Kommunisten auf persönliche Beziehungen setzten und davon ausgingen, dass wichtige Fürsprecher bedeutender waren als Regeln und Richtlinien.

220   USHMM, Fonds AJ 110, RG-49.005M.0887.00000289.
221   USHMM, Fonds AJ 110, RG-49.005M.0887.00000297.
222   USHMM, Fonds AJ 110, RG-49.005M.0887.00000312.

Trotz aller Herausforderungen, knapper Ressourcen und Überarbeitung trug Vajs stark zum Wissenstransfer von Nürnberg nach Jugoslawien bei. Die von ihm übermittelten Dokumente bildeten die Grundlage für zahlreiche Auslieferungsanträge und Prozesse, die dann in Jugoslawien vor jugoslawischen Gerichten stattgefunden haben. Er selbst war zum Teil enttäuscht, weil die jugoslawische Delegation seiner Meinung nach wenig dazu beigetragen hatte, die Geschichte des Zweiten Weltkriegs in Jugoslawien und die Opfer der jugoslawischen Bevölkerung stärker ins Licht der Öffentlichkeit zu rücken. Fraglich ist, ob dies denn mit größeren Ressourcen zu leisten gewesen wäre. Die Großalliierten dominierten das Tribunal. Die „kleineren Staaten" hatten nur beschränkten Zugang und beschränkte Möglichkeiten der Beeinflussung. Wie in London im Zusammenhang mit der UNWCC fokussierte Nedeljković auf den pragmatischen Transfer von Informationen und übernahm dankbar alles, was für die jugoslawische Strafverfolgung von Kriegsverbrechern von Nutzen war.

Im Land gestaltete sich die Beweissicherung kompliziert genug. Vor welchen Herausforderungen die Landeskommissionen standen, wird detaillierter im nächsten Kapitel analysiert. Auch wenn Jugoslawien die alliierte Argumentation vom „common plan" oder „conspiracy" übernahm und zahlreiche Kriegsverbrechen in Jugoslawien von Besatzern begangen wurden, waren die Täter in vielen Fällen auch Einheimische, ehemalige Nachbarn, Bekannte, manchmal sogar Freunde. Wie ging die bosnische Landeskommission bei der Ermittlung von Kriegsverbrechen damit um? Was erfahren wir aus ihren Akten über die konkreten Kriegsverbrechen und was über den Prozess der Aktenentstehung?

2.7   Lokale Ermittlungen und Beweise

Wie bereits betont, kämpfte die bosnisch-herzegowinische Landeskommission von Anfang an mit unterschiedlichen Schwierigkeiten. In seinem Bericht an die Staatliche Kommission hob Kommissionspräsident Škorić mehrere Entwicklungen hervor, die sich negativ auf ihre Tätigkeiten ausgewirkt hatten.[223] Eine neue territoriale Gliederung verkomplizierte die Zuständigkeiten, weil bereits bearbeitete Fälle neu eingeordnet werden mussten. Zugleich zeigten die Volksausschüsse bei Ermittlungen kein großes Engagement. Nach Škorić hing das damit zusammen, dass sie dringendere Aufgaben zu erledigen hatten, über kaum ausgebildetes Personal verfügten und die Ermittlungen von

---

223   ABiH, Fonds ZKURZ, Organizacija i rad komisije, Pov., Kutija 1, 76/45–3. Alle folgenden
         Zitate seines Berichts sind dieser Quelle entnommen.

Kriegsverbrechen als ihnen aufgezwungen wahrnahmen. In Folge übersandten sie schlecht verfasste Protokolle und Berichte nach Sarajevo, die keinerlei Rücksicht auf ihnen mitgeteilte Richtlinien nahmen. Die Akten genügten weder formal noch inhaltlich definierten Standards. Das chronische Fehlen vom Büromaterial verschlechterte die Situation ohnehin.

Als wichtigen Punkt für das langsame Vorankommen der Ermittlungen nannte Škorić die Umsiedlung der bosnisch-herzegowinischen Bevölkerung in die Vojvodina. Zahlreiche Zeugen fehlten damit. Die große Anzahl der innerbosnischen Flüchtlinge bereitete der Landeskommission ebenso Schwierigkeiten. Zehntausende flohen insbesondere aus Ostbosnien und waren noch nicht zurückgekehrt. Diese Menschen stellten keine Anzeigen und wussten häufig auch nicht, was mit ihrem Eigentum passiert war. Viele Massaker, gerade in Ostbosnien, hatte niemand überlebt – so Škorić weiter. Direkte Zeugen waren schwer zu finden. Kaum vorhandene Transportmittel und kaum befestigte Wege erschwerten die Situation zusätzlich. Vor ähnlichen Herausforderungen standen alle nationalen Kommissionen in ganz Europa.[224] Bosnien-Herzegowina war jedoch bereits vor dem Krieg ein stark agrarisch geprägtes Land mit einer hohen Analphabetenrate. Die Besatzung und der Bürgerkrieg hatten das Land verwüstet. Die der Landeskommission bewilligten zwei Automobile hatte sie nie erhalten. Erst Ende des Jahres 1945, als der Schienenverkehr wiederhergestellt war, besuchten ihre Rechtsreferenten Volksausschüsse vor Ort. Eigentlich sollten im letzten Quartal 1945 50 Honorarmitarbeiter in einzelnen Kreisen und Bezirken Ermittlungen aufnehmen. Niemand wurde eingestellt, weil qualifiziertes Personal fehlte. Trotzdem war die Landeskommission zumindest in den größeren Städten Bosnien-Herzegowinas in der Lage, Vertreter zu entsenden, und hatte Berater in den meisten Bezirken. Gleichwohl war sie vom Arbeitsumfang überfordert. Bis März 1946 stapelten sich in Sarajevo 12.000–15.000 unbearbeitete Anzeigen.[225] Wie sahen diese aus? Grob lassen sie sich in mehrere Kategorien einordnen. Die wichtigsten und die häufigsten waren Anzeigen wegen Mord, Raub, Deportation sowie wegen Beteiligung am Besatzungsregime. Als erste Akten gingen in die Stadtkommission von Sarajevo die Vernehmungen im Zusammenhang mit Verbrechen in der „Villa Volkert" („Villa Wilkert") oder „Vila Berković" ein, nach ihrem letzten Vorkriegsbesitzer Nikola Berković.[226] Berković war einer der

---

224 Zu den Schwierigkeiten der polnischen Kommission siehe u.a. Gulińska-Jurgiel, Gemeinsame oder getrennte Wege, 305.

225 ABiH, Fonds ZKURZ, Organizacija i rad komisije, Pov., Kutija 1, 10/46–1.

226 Zur Geschichte des Gebäudes siehe: Miljenko Jergović, Sarajevo, plan grada (Zaprešić: Fraktura 2015), 70–77.

k. u. k. Migranten, die nach der Okkupation 1879 nach Bosnien-Herzegowina übersiedelten. Er wurde Direktor der ersten Zentralbank, gehörte zu den Gründern der Handelskammer und saß im bosnischen Landtag. Er war aber auch Freimaurer. Deswegen hatte das Ustascha-Regime 1941 sein Haus konfisziert und zunächst als Geheimgefängnis genutzt. Berković verstarb in Sarajevo 1943, vermeintlich eines natürlichen Todes.[227]

Mitte Februar 1945 hatte der kroatische Poglavnik Ante Pavelić Maks Luburić nach Sarajevo entsandt, mit dem Auftrag, die städtische Widerstandsbewegung zu zerstören.[228] Ausgestattet mit besonderen Befugnissen richtete Luburić seine Zentrale in der „Villa Volkert" ein, die in Sarajevo fortan als „Haus des Schreckens" galt.[229] Obwohl oder gerade weil die Einheiten der Partisanen Richtung Sarajevo eilten, deportierten, verhafteten, folterten und ermordeten Luburićs Ustascha-Angehörige nach Angaben der bosnischen Landeskommission in den letzten Tagen vor der Befreiung 323 Menschen. Als Demonstration ihrer Macht hängten sie in der Nacht zwischen dem 27. und 28. März 1945 55 Menschen, Partisanenunterstützerinnen, Serben, lokale Polizisten auf.[230] Am nächsten Tag sahen alle Bewohner Sarajevos, auch diejenigen, die das zuvor nicht sehen wollten, zu welchen Verbrechen das Ustascha-Regime fähig war.

Entlang dieser ersten Akten der Landeskommission, die im Rahmen der Ermittlungen zu Verbrechen in der „Villa Volkert" vollzogen wurden, lassen sich exemplarisch die wichtigsten Herausforderungen, aber auch die Ergebnisse der Landeskommission analysieren.[231] Die Stadt wurde am 6. April 1945 befreit. Bereits am 9. April durchsuchten die Bürger von Sarajevo die Villa und den Garten. Als sie auf Leichen stießen, informierten sie den Geheimdienst. Zusammen mit Ärzten, Richtern und Militärvertretern waren zehn Menschen an der Exhumation beteiligt, unter ihnen Dr. Stevan Jakšić, ehemaliger Richter am Berufungsgericht in Sarajevo und späterer Professor an der juristischen Fakultät, die Ärzte Mustafa Hajdarević, Relja Kašiković, Nedeljko „Nedo" Zec und Fridrih Stajnberg. Der Serbe Kašiković überlebte die

227   ABiH, Fonds ZKURZ, Oblasna komisija za ratne zločine, Kutija 15, Broj 25.

228   Robert Donia, Sarajevo, a Biography (London: Hurst 2006), 197; Greble, Sarajevo 1941–1945, 221.

229   Slavko Dadić, Posljednji dani okupatorske tiranije u Sarajevu, in: Albahari, Sarajevo u revoluciji, Bd. 4.

230   Donia, Sarajevo, 197.

231   Ein ausführlicher Bericht befindet sich in den Akten der Landeskommission. Hier wurde das Transkript der Quelle aus der Quellensammlung „Genicid nad Bošnjacima" verwendet, Iskopavanje leševa žrtava ustaških zločina u vrtu vile „Folkert" u Sarajevu. Zapisnik komisije za utvrđivanje zločina, Sarajevo 10. April 1945, in Smail Čekić, Genocid nad Bošnjacima u drugom svjetskom ratu. Dokumenti (Sarajevo: MAG 1998), 453–458.

Ustascha-Herrschaft vermutlich dank seiner Profession. Stajnberg war als Jude in das Konzentrationslager Rab deportiert worden. Nach der italienischen Kapitulation hatte er sich der Volksbefreiungsarmee angeschlossen.[232] Zec hatte als Serbe Jasenovac überlebt. Eine Ärztin war ebenfalls anwesend: Divna Petrović-Čengić. Der Exhumierung wohnten auch viele Familienangehörigen und Bekannte der vermuteten Opfer bei. Die Kommission untersuchte den Garten der Villa und das Gebäude. Im Garten fand sie insgesamt 23 Leichen. Zwei waren weiblich. Die Leichen wiesen Spuren von Folter auf. Die Hände der meisten Toten waren mit Draht am Rücken gefesselt. Die meisten wurden von hinten erschlagen – einigen wiesen Kehlschnitte auf. Die Kommission identifizierte sofort acht Ermordete, unter ihnen Sergije Zazula, einen 22-jährigen Jurastudent, und Olga Radulaški, eine 20-jährige Studentin, deren Mutter Katarina Jakšić-Radulaški eine der ersten serbischen Ärztinnen in Bosnien-Herzegowina war. Spätere Untersuchungen zeigten, dass unter den Ermordeten auch ein Mitglied der Kommunistischen Jugend war: der 17-jährige Halid Nazečić, der einige Wochen zuvor bei einem gescheiterten Attentat auf Luburić verhaftet worden war.[233] Weder in der Villa noch im Garten fanden sie Waffen oder Werkzeug. Im Keller war eine Blutlache sichtbar, sonst entdeckten die Ermittler keine Blutspuren.

Bei der Exhumierung war auch eine Gruppe sowjetischer Offiziere anwesend, angeführt von Leonid Vasiljevič Varlamov, die Filmaufnahmen und Fotos machte. Die Sowjetunion hatte inzwischen regelmäßig die Arbeit ihrer Außerordentlichen Kommission bei der Ermittlung von Massenverbrechen filmen lassen.[234] Diese Filmaufnahmen und Bilder spielten eine große Rolle bei der Beweissicherung, aber auch bei der Öffentlichmachung von NS-Verbrechen. Die britischen und die US-Truppen verfuhren ähnlich. So ist der Film „Nazi Concentration Camps" entstanden, der vor dem IMT als Beweismittel zugelassen wurde.[235]

Varlamov war ein erfahrener Dokumentar- und Propagandafilmer. 1942 hatte er mit Ilya Kopalin die Dokumentation „Разгром немецких войск под Москвой" (Die vernichtende Niederlage der deutschen Armee vor Moskau)

232 Siehe Jaša Romano, Jevreji u logoru na Rabu i njihovo uključivanje u Narodnooslobodilački rat, in: Studije i građa o učešću Jevreja u narodnooslobodilačkom ratu, Bd. 2 (Beograd: Jevrejski istorijski muzej 1973), 58.

233 Hoare, The Bosnian Muslims, 276–277.

234 Jeremy Hicks, First Films of the Holocaust: Soviet Cinema and the Genocide of the Jews, 1938–1946 (Pittsburgh: University of Pittsburgh Press 2012), 64.

235 Zum Film siehe: John Michalczyk, Filming the End of the Holocaust. Allied Documentaries, Nuremberg and the Liberation of the Concentration Camps (London u.a.: Bloomsbury 2014), 76–85.

gedreht, die einen Oskar für den besten Dokumentarfilm gewann. In Jugoslawien drehte er nicht nur Dokumentarfilme wie „Сыны Югославии" (Söhne Jugoslawiens) und „Югославия" (Jugoslawien), sondern auch Nachrichten wie „Фронтовой Спецвыпуск" (Spezialnachrichten von der Front) und „Новости дня" (Tagesnachrichten]).[236] Bereits für „Die Niederlage der deutschen Armee vor Moskau" nutzte Varlamov Bilder von Verbrechen, wie wir heute wissen, nach politischer Vorgabe.[237] Anweisungen bekam er vom politischen Direktorat der Roten Armee. Er sollte das Aufdecken von Massenverbrechen der deutschen Armee emotionalisieren und Momente filmen, bei denen die Gräueltaten erst entdeckt wurden. Für „Die Niederlage der deutschen Armee vor Moskau" fokussierte Varlamov mit seiner Kamera zunächst auf die Gesichter von trauernden, weinenden Frauen und Kindern und schwenkte anschließend auf die gefrorenen Leichen von jungen Frauen, Müttern mit Kleinkindern, vergewaltigten Frauen und Leichenbergen. Ein Erzähler aus dem Off betonte, dass das sowjetische Volk „die blutige Bestialität der faschistischen Barbaren" nie vergessen werde.[238]

Das Zeigen von grausamen Verbrechen in „Die vernichtende Niederlage der deutschen Armee vor Moskau" war notwendig, so schrieb ein Filmkritiker in der *New York Times*, denn „for this is a record of things that the impartial eye of the camera can tell best and words but inadequately describe."[239] Die Bilder, das war auch die Intention der Filme, sollten die Beobachter in Augenzeugen verwandeln.[240] Sie waren jedoch immer mehr als ein suggeriertes Abbild der Wirklichkeit.[241] Das Zeigen von Trauernden in Großaufnahme, die Verknüpfung von Bildern der Gräueltaten mit den Bildern von deutschen Kriegsgefangenen, sollte nicht nur bezeugen und der Welt die Dimension der Verbrechen vor die Augen führen. Das amerikanische *Life*-Magazin veröffentlichte am 21. November 1942 auf fünf Seiten ebenfalls Bilder aus dem Film, direkt neben der Werbung für die TruVal-Hemden. Aufnahmen von getöteten russischen

---

236   Miroslav Savković, Cinematography in Serbia 1941–1945, *Law and Politics* 2 (1998) 1, 205.

237   Hicks, First Films of the Holocaust, 64.

238   „Разгром немецких войск под Москвой" (Die Niederlage der deutschen Armee vor Moskau), Ilya Kopalin und Leonid Varlamov, 1942, Min 45:41.

239   T.S., ,Moscow Strikes Back', Front-Line Camera Men's Story of Russian Attack, Is Seen at the Globe, *New York Times*, 17.8.1942, 17.

240   Ulrike Weckel, Watching the Accused Watch the Nazi Crimes, Observers' Reports on the Atrocity Film Screenings in the Belsen, Nuremberg and Eichmann trials, *London Review of International Law* 6 (2018) 1, 48.

241   Über die Diskussion um den „Doppelcharakter der Fotografie" sowie die Debatte um Georges Didi-Huberman siehe: Karoline Feyertag, Kunst des Sehens und Ethik des Blicks. Zur Debatte um Georges Didi-Hubermans Buch Bilder trotz allem, in: https://eipcp.net/transversal/0408/feyertag/de.html (überprüft am 29.9.2019).

Zivilisten, Kleinkindern und Frauen sollten den Lesern verdeutlichen, dass der Zweite Weltkrieg in der Sowjetunion ein „People's War" war.[242] Den Menschen dort blieb keine andere Wahl als zu kämpfen, suggerierte der Artikel. Sie befanden sich in einer „Win-or-die"-Situation. Die Politische Direktion der Roten Armee sah das ähnlich. Menschen, die wussten, dass sie von Besatzern keine Gnade zu erwarten hatten, waren einfacher zu mobilisieren. Ein Soldat, der die Massenverbrechen gesehen hatte, kämpfte kompromissloser.[243] Die Bilder von Gräueltaten sollten jedoch nicht nur in der Sowjetunion den Terror veranschaulichen, sondern auch in Amerika für den Krieg mobilisieren und der amerikanischen Bevölkerung verdeutlichen, warum die Sowjetunion als kommunistisches Land nun ein Alliierter war. Eine ähnliche Entwicklung war bereits in Großbritannien zu beobachten, das schon seit 1941 zahlreiche sowjetische Kurzfilme zeigte und damit in der Bevölkerung eine kontrollierte pro-sowjetische Propaganda betrieb.[244] Die Deutschen, das betont in „Die vernichtende Niederlage der deutschen Armee vor Moskau" der Erzähler aus dem Off, seien verbrecherische Barbaren. Lawrence Douglas hat bereits ausführlich über die Ästhetik des Schreckens geschrieben und darüber, welche symbolische Bedeutung das Zurschaustellen von NS-Verbrechen vor dem Nürnberger Tribunal hatte.[245] Nach seiner Argumentation ging es nicht nur darum, voyeuristische Impulse der Öffentlichkeit zu befriedigen oder Schockreaktionen und Schuldgefühle auszulösen. Nach Douglas dienten die Bilder von Verbrechen der öffentlichen Darstellung des Tribunals und des Gesetzes als „bulwark against barbarism".[246] Der Erfolg von „Die vernichtende Niederlage der deutschen Armee vor Moskau" in den USA und in Großbritannien hing auch damit zusammen, dass die Dokumentation an dieses Narrativ des gemeinsamen Kampfes gegen den Barbarismus anknüpfte.

Für Jugoslawien war ein zweiter politisch-ideologischer Topos der sowjetischen Dokumentarfilme noch bedeutender. Die märtyrerhafte Darstellung von Opfern blieb nicht kommentarlos und ohne Deutung. Bei der heroischen Aufopferung ging es nicht nur ums Überleben und um das Errichten eines Bollwerks gegen den Barbarismus. Die Aufopferung machte einen Sinn, weil sie ideologisch mit dem künftigen Sieg des Sozialismus verknüpft wurde. Wie von Gilpin für den Amerikanischen Bürgerkrieg analysiert, verleihen

242   Moscow strikes back, *Life* vom 21.9.1942, 139–143.
243   Hicks, First Films of the Holocaust, 67.
244   Jeremy Hicks, Was the Left's Thunder Stolen? Soviet Short Films on British Wartime Screens, *Connexe, Les espaces postcommunistes en question(s)* 3 (2018), 114.
245   Lawrence Douglas, The Shrunken Head of Buchenwald. Icons of Atrocity at Nuremberg, *Representations* 63 (1998), 41–42.
246   Douglas, The Shrunken Head of Buchenwald, 42.

Leidens-Narrative dem Tod eine höhere Bedeutung.[247] In der sowjetisch-jugoslawischen kommunistischen Erzählung litten die Opfer des Faschismus, um eine politische Vision zu verwirklichen.

Die Übernahme sowjetischer Vorgaben seitens jugoslawischer Kommunisten war zweifellos ideologisch motiviert. Auf der Alltagsebene hing sie aber auch damit zusammen, dass die Jugoslawen sowjetische Lehrer hatten wie im Falle der ersten jugoslawischen filmischen Darstellungen des Zweiten Weltkriegs. Im Ergebnis unterschieden sich die öffentliche Darstellung des Verbrechens und der interne Bericht zum Verbrechen stark. Während der Bericht der Kommission einer nüchternen Diktion des Exhumierungsberichts folgte, waren die Medien emotional. Zwei Tage nach der Exhumierung berichtete *Oslobođenje*:

> [D]ie Opfer sehen schrecklich aus. Alle sind grausam gefoltert. Es ist zu sehen, dass ihnen Körperteile abgeschnitten wurden, dass ihre Augen mit Messern und mit heißen Eisen ausgestochen worden sind. Mit Brechstangen stach man ihnen in den Bauch und in den Brustkorb hinein. Manche wurden in Feuerschalen gekocht und in heißen Öfen gebraten. Alle Opfer waren mit Stacheldraht gefesselt. ...[248]

Diese Beschreibung beschwor die Verbrechen der Ustascha als, wie von Douglas beschrieben, *crimes of atavism*.[249] Das waren barbarische, entfesselte Verbrechen pathologischer Krimineller. Wie überschnitt sich diese Darstellung mit den Ergebnissen der bosnischen Landeskommission? Und wie erlebten die Zeugen die Situation? Nachdem die Opfer exhumiert worden waren, lud die Stadtkommission für Sarajevo zunächst Angehörige von sofort identifizierten Toten als Zeugen ein. Bei weiteren Ermittlungen holte sich die Stadtkommission Hilfe vom zuständigen Volksbefreiungsausschuss, den sie damit beauftragte, Namen und Adressen von potenziellen Zeugen herauszufinden. Konkret hieß es in der Einladung:

> Sie werden gebeten, genaue Namen und Adressen von Nachbarn der Villa Volkert in Sarajevo, Skenderija 49, festzustellen, wo der berüchtigte Luburić in den letzten Momenten vor der Befreiung Sarajevos Verbrechen begangen hat. Tod dem Faschismus – Freiheit dem Volk![250]

---

247 Drew Gilpin Faust, This Republic of Suffering: Death and the American Civil War (New York: Knopf 2008), Pos. 2982.
248 *Oslobođenje* vom 12.4.1945, Nr. 30.
249 Douglas, The Shrunken Head, 42.
250 ABiH, Fonds ZKURZ, Oblasna komisija za ratne zločine, Kutija 15, Nr. 5.

Der zuständige Volksbefreiungsausschuss übermittelte die Anfrage an das zuständige Kommando der Volksmiliz, das bereits einen Tag später eine Liste mit 31 Namen von Zeugen, deren genauen Adressen sowie Professionen anfertigte.[251] Für die Einladung nutzte die Stadtkommission die Vordrucke des Unabhängigen Staats Kroatien. Ihre Aussagen ließen erkennen, wie willkürlich Luburić und seine Männer vorgegangen waren: In den Tagen seiner Herrschaft fühlte sich in Sarajevo keiner sicher. Dr. Milan Radulaški berichtete, dass seine Tochter Olga keine „Verbindungen zum Wald", zu den Partisanen, hatte und am 27. März nachmittags nur spazieren wollte.[252] Das Gleiche erzählten auch Hiba Tokalija und Paša Mešić von ihren Ehemännern.[253] Alle Angehörigen versuchten über Beziehungen, Informationen über ihre verschwundenen Familienmitglieder zu erhalten. Alle kontaktierten Akif Handžić, der Ustascha-Mufti war. Viele erwähnten das Mitglied des Ulema Medžlis (Gelehrtenrat) Hadži Alija Aganović, an den sie sich in ihrer Verzweiflung gewandt hatten. Der Vater von Halid Nazečić, Mustafa, erzählte, wie er zum zweiten Mal zu Luburić vorgedrungen war, als er erfahren hatte, dass sein Sohn schwer gefoltert und zum Tode verurteilt worden war:

> An dem Tag bin ich zum Stab gelaufen, um Gnade für meinen Sohn zu bitten, weil Luburić unbegrenzte Macht hatte. Er verurteilte und begnadigte nach Gutdünken. Im Büro fand ich den Ustascha-Oberst Dr. Muhamed Riđanović, welchen ich als meinen Landsmann aus Mostar gut kannte. Ich bat ihn zu vermitteln, damit Luburić mich empfängt. Er weigerte sich zunächst, gab meiner Bitte dann doch nach und kündigte mich an. Luburić wollte mich aber nicht empfangen. Ich blieb mit Riđanović im Gespräch und plötzlich trat Luburić ins Büro und sprach mich barsch an ‚Was wollen Sie?'. Ich sagte ihm, dass ich um Gnade für meinen Sohn bitte, woraufhin er rasend wurde, zu schreien anfing und rief, dass er ihn mitten auf Baščaršija hängen lassen werde, sowie dass ich zufrieden sein könne, dass er mich nicht getötet habe.[254]

Die Zeugenaussage Mustafa Nazečićs war insoweit bemerkenswert, weil sie verdeutlicht, welche Macht Luburić in Sarajevo hatte. Er sah sich selbst als Herr über Leben und Tod. Gleichzeitig war es einzelnen Menschen möglich, über persönliche Beziehungen Zugang zu den Ustascha-Funktionären zu finden und manchmal das Leben von Angehörigen zu erkaufen. Bei seiner ersten Vorsprache bei Luburić traf Nazečić auf eine muslimische Delegation, die gekommen war, um das Leben von Nasiha Mehmedbašić, Ferid Hadžiselimović

---

251   ABiH, Fonds ZKURZ, Oblasna komisija za ratne zločine, Kutija 15, Nr. 4.
252   ABiH, Fonds ZKURZ, Oblasna komisija za ratne zločine, Kutija 15, Nr. 32.
253   ABiH, Fonds ZKURZ, Oblasna komisija za ratne zločine, Kutija 15, Nr. 30–31.
254   ABiH, Fonds ZKURZ, Oblasna komisija za ratne zločine, Kutija 15, Nr. 82.

und anderen zu bitten, die am 14. März 1945 vom Ustascha-Standgericht zum Tode verurteilt waren.[255] Beim zweiten Mal traf er auf Hadži Alija Aganović. Dessen Sohn konnte niemand helfen. Auch Milan Radulaški scheiterte, der als Arzt über Beziehungen verfügte und sowohl bei Feliks Poljanić, dem stellvertretenden Polizeichef von Sarajevo, als auch bei Muhamed Riđanović und Milan Cigoje, die Luburićs Stab vorsaßen, Erkundungen unternahm. Am 6. April, dem Tag der Befreiung Sarajevos, kamen zwei Ustascha ins Haus der Familie Radulaški. Sie brachten einen Zettel von Olga und erzählten, diese sei mit dem Zug nach Visoko unterwegs. Milan Radulaški gab ihnen noch Wechselkleidung und Geld, 50.000 Kuna, für seine Tochter mit, die zu diesem Zeitpunkt bereits tot war. Ebenfalls beschenkte er die Ustascha-Soldaten mit jeweils 50.000 Kuna.[256] Radulaški betonte in seiner Aussage, dass ihm der Vater von Šakir Haliskadić, der ebenfalls in der Villa ermordet wurde, gesagt hatte, dass ein gewisser Ustascha-Leutnant Brabarić der Hauptverantwortliche für den Tod ihrer Kinder sei. Die ausführlichste Zeugenaussage stammte von Metodije Zazula, dem Vater Sergijes.[257] Sein Sohn engagierte sich für die Volksbefreiungsbewegung, und als er am 22. März 1945 verschwunden war, hatte Zazula zunächst gehofft, dass er in den „Wald" gegangen war. Als er über Domobrani erfahren hatte, dass sein Sohn in der Villa Volkert festgehalten wurde, hatte er ebenfalls Beziehungen bemüht und alles unternommen, ihn zu retten, was ihm nicht gelang. Zazula nannte aber Namen: Er kannte einige Ustascha aus dem Stab Luburićs, was für die Stadtkommission eine große Rolle spielte. Und er bekam die Möglichkeit, als stellvertretender Staatsanwalt selbst nach den Mördern seines Sohnes zu fahnden und sie anzuklagen.[258]

Während die Angehörigen der Opfer schon einiges zur Ermittlung von Tätern beitragen konnten, waren die Aussagen des Gärtners, Golemac Šimun, und seiner Tochter Elza sowie des letzten Inhabers der Villa, Milan Sarić, und seiner Tochter Danica wenig aufschlussreich.[259]

Milan Sarić gab zu Protokoll, dass seine Villa Volkert zunächst von der Organisation Todt beschlagnahmt worden war und erst in den letzten Kriegswochen Luburić mit seinen Leuten dort einzog. Seine Tochter Danica berichtete, dass sie nichts von Verbrechen wusste, die dort stattgefunden hatten. Auch habe sie

255 Proglas Nr. 6–1945, in: Albahari, Sarajevo u revoluciji, 184.

256 Die Arbeitslosenhilfe betrug 1944 in Sarajevo wöchentlich 360–700 Kuna. Nedim Šarac, Uslovi i pravci razvoja NOP-a u Sarajevu od novembra 1943 do aprila 1945. godine, in: Albahari, Sarajevo u revoluciji, Bd. 4, 15.

257 ABiH, Fonds ZKURZ, Oblasna komisija za ratne zločine, Kutija 15, Broj 39.

258 USHMM, Fonds AJ 110, RG-49.005M.0900.00000233, Zvonimir Kezić.

259 ABiH, Fonds ZKURZ, Oblasna komisija za ratne zločine, Kutija 15, Broj 25–29. Alle folgenden Zitate der Zeugenaussagen sind dieser Quelle entnommen.

nicht mitbekommen, dass Ustascha Zivilisten in die Villa verschleppten. Allerdings konnte sie bezeugen, dass sie insbesondere abends tranken, sangen und um sich schossen. Ähnliches erzählte auch Elza Golomac, wobei sie meinte, sie habe insbesondere abends Lärm von Motoren gehört, und nahm an, dass Ustascha ihre Opfer in der Dunkelheit in die Villa gebracht hatten. Sie hatte auch zwei Opfer noch lebend gesehen: den jungen Zazula und Olga Radulaška. Sie hatte sogar beobachtet, wie Zazula den Domobran Spasoje Perović zu sich rief und bat, Zazulas Familie darüber zu informieren, wo er sich befand. Golomacs Vater hatte in seiner Aussage die Szene detaillierter beschrieben: Er befand sich im Garten, als Zazula vom Fenster einen jungen Ustascha-Wärter ansprach und Kontakt zu Perović aufnahm. Dass die Gefangenen in der Lage waren, Lebenszeichen von sich zu geben oder gar Nachrichten an ihre Familie zu schicken, deutet darauf hin, dass den Ustascha keine strikte Abschirmung ihrer Opfer gelang. Möglicherweise war die strikte Abschirmung auch nicht erwünscht. Kemal Nanić berichtete in seine Erinnerungen, wie sein Vater ihn mithilfe von Hadži Alija Aganović aus dem Gefängnis rausgekauft hatte, nachdem er eine ihm unbekannte Dukatenmenge an Akif Hanžić bezahlt hatte.[260]

Zazula half das, wie wir wissen, nicht. Alle Familien versuchten über Beziehungen, ihre inhaftierten und verschwundenen Familienangehörigen zu finden und zu retten. Nach Befreiung und Flucht der Ustascha gingen alle direkt in die Villa. Metodije Zazula durchsuchte alles und fand im Keller Blutspuren und blutiges Werkzeug. Er hoffte jedoch, dass sein Sohn mit anderen Gefangenen beim Rückzug der Ustascha abtransportiert wurde. Bald jedoch fingen die Angehörigen an, im Garten der Villa zu graben. Nanić beschrieb die Situation in seinen Erinnerungen. Sein Cousin Šakir Haliskadić befand sich unter Opfern, weil er zusammen mit Olga Radulaški beim Spazieren verhaftet worden war.

> Als die Partisanen nach Sarajevo eingedrungen sind, als Sarajevo befreit wurde, kam die Nachricht, dass ein Massengrab entdeckt wurde, dass einige Leichen ausgegraben wurden, zehn in etwa, über zehn Leichen in der Villa Berković. Ich rief Subhija an und sie sagte ‚Vater bereitet sich vor, hinzugehen und zu suchen.' Anschließend bin ich mit dem Onkel hin und sah sie alle liegend, ausgegraben. Ich sagte, ‚Onkel, ich kann nicht. Falls Šakir da ist, schaue du nach, du bist der Vater, du bist älter, du wirst das aushalten können. Ich kann es nicht.' Er ging hin, schaute nach, kam zurück und sagte: ‚Er ist es. Es ist besser, dass du nicht mitgegangen warst.' – ‚Warum?' Er sagte: ‚Sie haben ihn gefoltert.'[261]

---

260 Kemal Nanić, Mojih prvih devedeset (Sarajevo: Preporod 2015), 64.
261 Nanić, Mojih prvih devedeset, 68.

Nanić erinnerte sich auch an die Beerdigung, von den neuen Machthabern organisiert. Alle Opfer wurden gemeinsam am städtischen Friedhof „Lav" (Löwe) begraben, dem ehemaligen k. u. k. Militärfriedhof, bei einer weltlichen Zeremonie. Den Familien war es jedoch nach dem offiziellen Teil gestattet, ihre Angehörigen nach dem jeweiligen Ritus zu verabschieden.[262]

Abbildung 3
Exhumierung der Opfer vor der
Villa Volkert[263]

Alle Familienangehörigen von Opfern berichteten von schlimmen Folterspuren, die sie auf den toten Körpern gesehen hatten: Verbrennungen, ausgestochene Augen, bis zur Unkenntlichkeit zertrümmerte Schädel. Die Liste der Grausamkeiten war lang. Vieles davon fand sich wieder in der Anklage zu Luburić, die die bosnische Landeskommission anschließend verfasste.[264] Er wurde wegen Massenmord, Mord an Zivilisten und Gefangenen, Folter, Deportation und Internierung unter unmenschlichen Bedingungen, Vergewaltigung, Raub und Verwüstung sowie Zerstörung von Eigentum von Zivilisten angeklagt. Als rechtliche Grundlage nannte die Anklageerhebung Art. 23, 46, 47 sowie Art. 11, das Kontrollratsgesetz Nr. 10 sowie Art. 3 des jugoslawischen Gesetzes über Straftaten gegen das Volk und den Staat, was der Linie entsprach, welche die Staatliche Kommission vorgegeben hatte. Das Ziel war, eine Auslieferung Luburićs durchzusetzen, war er nach dem Krieg nach Italien geflüchtet. In der „Beschreibung des Verbrechers" wurde Luburić als Streuner und einfacher Krimineller dargestellt, der in der Zwischenkriegszeit wegen Veruntreuung verurteilt wurde und deswegen aus Jugoslawien geflüchtet war. Diese Darstellung suggerierte, Luburić hätte sich den Ustascha angeschlossen, weil er kriminell war, und nicht wegen seiner ideologischen

262   Nanić, Mojih prvih devedeset, 68.
263   Historijski Muzej Sarajevo, Fonds NOB, Teror i zločini, Nr. 2250.
264   Odluka o o utvrđivanju zločina okupatora i njihovih pomagača F. broj 1520, in: Zečević /
        Popović, Dokumenti, Bd. 1, 313–318. Alle folgenden Zitate der Anklage gegen Luburić sind
        dieser Quelle entnommen.

Überzeugung. Sie suggerierte, die kriminelle Veranlagung sei das, was Ustascha verband, und nicht ihre ideologischen Grundlagen. Ein großer Teil der ihm vorgeworfenen Tatbestände bezog sich auf Jasenovac. Im Zusammenhang mit den in Sarajevo begangenen Kriegsverbrechen referierte die Anklage: „Nach Sarajevo kam er nach mehrjähriger blutiger Kreuzfahrt über den ganzen sogenannten Ustascha-Staat, wo er Bestialitäten und Gewalttaten vollbracht hatte sowie geschächtet und hängen ließ, und zwar alle, von denen er meinte, dass sie keine Anhänger des blutigen Ustascha-Regimes seien."[265] Luburić sei ein ungezügelter Wüterich, der zusammen mit seinen „Ustascha-Schächtern" eine Hetzjagd auf Menschenleben eröffnet hatte, so die Anklage, ein „Biest in menschlicher Gestalt", auf dessen Seele 800.000 Unschuldige lasteten. Diese emotionale Sprache zog sich durch die Anklageschrift und war der Tatsache geschuldet, dass der aufgeschriebene Sachverhalt auf den mündlichen Akten des Befragens beruhte. Bei der Beschreibung der Verbrechen übernahmen die bosnisch-herzegowinischen Kommissionsmitarbeiter und Mitarbeiterinnen direkt Zeugenaussagen, umschrieben sie, übersetzten sie und erstellten daraus eine Akte. Die Akte „Villa Berković" floss in die „Anklageerhebung Luburić" ein und was sie verband, war die Geschichte bzw. das, was Thomas Scheffer als Geschichte bei seiner Analyse von Materialität im Rechtsdiskurs definierte.[266] Scheffer konzipierte die Geschichte „als etwas, das geworden und in Aspekten auch ‚entworden' ist. Die Geschichte ist damit nicht die Summe aller ihrer (früheren) Zustände oder die Totalität aller Referenzen, die ihr erwiesen wurden. Vieles wird tatsächlich vergessen gemacht, abgestreift und getilgt, während anderes gehegt wird, ausgebaut und in Umlauf gehalten."[267] Wie auch von Scheffer im Falle englischer Landgerichte dargestellt, kam die Geschichte als Materialität im Falle jugoslawischer Kriegsverbrecherverfahren mehrfach zum Einsatz: bei Ermittlungen, beim Verfassen der Vernehmung, bei der Anklageerhebung, bei der Übermittlung der Anklageerhebung zur UNWCC, beim Antrag auf Auslieferung. Ihre Verwendung und Wiederverwendung bedeuteten Anpassungen, Streichungen, Umschreibungen und Modifikationen. Als Materialität im Rechtsdiskurs müssen sie immer im komplexen Zusammenspiel unterschiedlicher Faktoren gedacht werden.[268] Wenn wir jedoch im dritten Kapitel das Prozedere vor dem Gericht analysieren, kann das

265   Odluka o o utvrđivanju zločina okupatora i njihovih pomagača F. broj 1520, in: Zečević /
        Popović, Dokumenti, Bd. 1, 316.
266   Scheffer, Materialitäten im Rechtsdiskurs, 364–372.
267   Scheffer, Materialitäten im Rechtsdiskurs, 371; Siehe auch ders., Materialities of legal proceedings, *International Journal for the Semiotics of Law* 17 (2004), 365–389.
268   Alain Pottage, The materiality of what?, *Journal of Law and Society* 39 (2012) 1, 167–183.

nur vor dem Hintergrund der Aktenentstehung und Geschichtenmodifikation
erfolgen.

Wie wir wissen, hatten die Kommissionsmitarbeiter selten einen juristischen Hintergrund. Ihre Akten zu Zeugenvernehmungen waren daher nicht
in einer juristischen Sprache verfasst – auch wenn sie sich bemühten, Fach-
begriffe zu integrieren. Daher enthielt die Anklageschrift von Luburić viele
umgangssprachliche Redewendungen. Der Anpassungsvorgang kann entlang
der Vernehmungsprotokolle gut rekonstruiert werden. „Verbrühen mit heißem
Wasser", „Ausstechen von Augen" fasste die Anklage zusammen in „schreckliche Folter". Die Tatsache, dass die Opfer willkürlich bei Razzien verhaftet
wurden, umschrieb die Anklageschrift mit „unschuldige Opfer". „Singen, feiern
und schießen nachts" interpretierte die Landeskommission folgendermaßen:
„Die Verbrecher erledigten ihre Untaten, während sie Sackpfeife spielten,
Radio hörten, animalisch schrien und aus Maschinengewehren schossen, um
ihre abscheulichen Verbrechen zu verdecken."[269] Auch wenn in keinem Vernehmungsprotokoll von „animalischen Schreien" die Rede war, knüpfte die
Beschreibung an die Metapher von „bestialischen Verbrechen" und „Biestern
in menschlicher Gestalt" und fand daher den Eingang in die Anklageschrift.
In Zeugenaussagen wurde Luburić als „Schächter" bezeichnet sowie über ihn
gesagt, dass „auf seiner Seele viele Opfer lasten", was die umgangssprachlichen
Redewendungen waren, die Eingang in die Anklageschrift fanden.

Die Sprache der Anklageschrift war eine adaptierte Sprache der Zeugenschaft, angepasst an die erste dominante Erklärung von Kriegsverbrechen in
Jugoslawien. Sie hat sich in allen Erzählungen vom Zweiten Weltkrieg in Jugoslawien durchgesetzt, wie im nächsten Kapitel bei der Analyse der Beweis-
akten zum Lager Jasenovac dargestellt wird. Ihre wichtigsten Bestandteile
waren die Emotionalisierung der Verbrechen, die Bestialisierung der Verbrecher und die Jugoslawisierung der Opfer. Das primäre Ziel war es nicht
nur, rechtsverwertbares Material in die Anklageschrift zu integrieren. Die
Sarajevoer Stadtkommission ermittelte sehr ausführlich, nahm jede Spur auf,
befragte alle bei Zeugenvernehmungen genannten Personen, übernahm alle
vorhandenen Akten der Ustascha-Verwaltung. Es scheint, dass zumindest im
Zusammenhang mit Verbrechen in der „Villa Volkert" die Kommissionsmitarbeiter die Anweisung befolgt hatten, die Zeugenaussagen nicht nur als rechtliches Beweismittel, sondern auch als historisches Material zu betrachten.[270]
Die Zeugenaussagen waren zum Teil sehr ausführlich. Sie gaben Einblick in das

---

269   Odluka o o utvrđivanju zločina okupatora i njihovih pomagača F. broj 1520, in: Zečević /
       Popović, Dokumenti, Bd. 1, 316.
270   ABiH, Fonds ZKUZOP, Oblasna komisija za ratne zločine, Kutija 15, Nr. 1–100.

Leben unter der Besatzung und dem Ustascha-Regime und ließen dessen verbrecherischen Charakter erkennen. Zugleich zeigten sie, wo freies Handeln und
Widerstand möglich waren. Im Mittelpunkt der Vernehmungen stand nicht
nur die Frage nach vermeintlichen Mittätern. Es ging auch um die Erzählung
der Angehörigen und um ihr Leben. Es fällt auf, wie heterogen Sarajevo in den
letzten Wochen des Zweiten Weltkriegs trotz Mord und Deportationen noch
war. Viele Zeugen kamen aus verschiedenen Regionen Bosnien-Herzegowinas
und Kroatiens oder aus ehemaligen k. u. k. Ländern wie Zazula und Radulaški. Häufig waren sie auch unterschiedlicher ethnischer Herkunft – etwas,
was Emily Greble in ihrer Studie über Sarajevo im Zweiten Weltkrieg ebenfalls
beschrieb.[271] Persönliche Beziehungen behielten auch unter der Besatzung
einen stabilen Wert und Menschen aus Sarajevo fanden Wege, ihren Nachbarn, ihren Freunden, ihren Familienangehörigen zu helfen. Das schien die
Ustascha-Führung auch gewusst zu haben. Schließlich brachte Luburić nach
Sarajevo seine eigenen Leute mit, junge Männer aus der Herzegowina, um
sicherzugehen, dass keine Loyalitätskonflikte entstanden. Die meisten flohen
mit ihm nach der Befreiung Sarajevos. Luburić hatte sich nach Kriegsende der
Ustascha-Guerilla, den sogenannten Križari, angeschlossen und war erst 1947
über Ungarn und Frankreich nach Spanien emigriert. Dort ermordete ihn 1969
ein Mitarbeiter des jugoslawischen Geheimdienstes, indem er seinen Schädel
mit einem Hammer zertrümmerte.[272]

Im Falle der Ermittlungen zum Fall „Villa Berković" reagierte die Landeskommission auf gleichzeitig stattfindende Suchaktionen von Angehörigen.
Die meisten Ermittlungsfälle waren auf Anzeigen aus der Bevölkerung zurückzuführen. Nach der Befreiung erreichten die bosnische Landeskommission
täglich Tausende von Anfragen und Meldungen. Schließlich hatte sie vor den
Wahlen im November 1945 das ganze Land mit Plakaten bedeckt, die dazu
aufriefen.

Wenn wir bedenken, dass die Meldung von Kriegsverbrechen mit einer
Anzeige von Kriegsschäden verbunden war, überrascht die große Anzahl der
gemeldeten Fälle nicht. In der Regel eröffnete die Landeskommission ein
Verfahren nach Anzeige, indem sie zunächst den Anzeigenerstatter oder die
Anzeigenerstatterin vernahm. So hatte Julije Han einen Schaden gemeldet,
der an seinem Haus entstanden war, als die deutschen Truppen und Ustascha
bei ihrem Rückzug seine Druckerei gesprengt hatten.[273] Die Anzeige kam per

---

271 Greble, Sarajevo, 230.
272 Auch der Spiegel berichtete darüber, Geld vom Baron, *Spiegel* vom 5.5.1969, hier nach
    https://www.spiegel.de/spiegel/print/d-45741533.html (überprüft am 8.10.2019).
273 ABiH, Fonds ZKUZOP, Gradska komisija Sarajevo, Nr. 2.

Post. Bereits im Juni 1945 war sie mit Briefmarken mit Titos Antlitz frankiert. Die Stadtkommission schickte ihre Mitarbeiter in die gesprengte Druckerei, um den Schaden sowie eventuelle weitere Kriegsverbrechen zu protokollieren. In diesem Fall war die Aufgabe einfach. Sie stellte fest, dass es sich hier um eine Zerstörung von privatem Eigentum handelte. Viel schwieriger gestalteten sich die Ermittlungen, wenn die Anzeigenerstatter Bosnien-Herzegowina verlassen hatten, wenn sie Fälle von Mord oder Deportation anzeigten oder gar, wenn sich Fehler einschlichen, weil Vernehmungsprotokolle falsch abgetippt wurden. So hatte Zorka Babić, gerade 15 Jahre alt, gemeldet, dass ihr Vater, Simo Babić, im August 1941 zusammen mit anderen Bewohnern ihres Dorfes von Ustascha Richtung Bihać abgeführt wurde.[274] Er kam nie zurück. Sie hatte erfahren, dass er bei Bihać in Garavica ermordet und in einem Massengrab verscharrt worden war. Zorka befand sich in Kikinda, in der Vojvodina. Das Protokoll ihrer Aussage wurde in Schreibschrift, in kyrillischen Buchstaben verfasst und nach Sarajevo geschickt. Beim Übertragen dieser Aussage war aus Bihać, einer Stadt im Nordwesten Bosniens, Bileća geworden, eine Stadt in der Ost-Herzegowina. Aus Garavica, einem Ort bei Bihać, wurde Garavica bei Bileća. An beiden Orten wurden serbische Zivilisten Opfer vom Ustascha-Terror. In Garavica töteten Ustascha-Soldaten im Rahmen eines Umsiedlungsplans zwischen Juni und August 1941 Tausende von Menschen – überwiegend Serben.[275] Obwohl Zorka ihre Aussage im November 1946 machte, als der Landeskommission in Sarajevo die Massengräber von Garavica bereits bekannt waren,[276] wurde das Vernehmungsprotokoll weder nach Bihać noch nach Bileća an die Bezirkskommissionen weitergeleitet, sondern ad acta gelegt, da Zorka keine Namen, keine Tatzeit, keinen Tatort genannt hatte.

Diese lückenhafte Zusammenarbeit zwischen den Landeskommissionen schien die Regel und keine Ausnahme gewesen zu sein. In zahlreichen Fällen dauerte es Jahre, bis Anfragen überhaupt beantwortet wurden. Falsch geschriebene Namen und Orte sowie schlecht leserliche, sogar auf alten k. u. k. Akten geschriebenc Protokolle, erschwerten die Ermittlungen. Das führte dazu,

---

274 ABiH, Fonds ZKUZOP, Gradska komisija Sarajevo, Nr. 3.
275 Korb, Im Schatten des Weltkriegs Pos. 4927; Zu den Verbrechen in Garavica siehe auch Sajma Lojić, Bihać i okolina u Drugom svjetskom ratu prema izvještajima Komisije za ispitivanje zločina okupatora i njihovih pomagača. Magisterarbeit an der Universität Sarajevo 2018, hier nach https://ff.unsa.ba/files/zavDipl/18_19/his/Saima-Lojic.pdf (überprüft am 9.10.2019).
276 In den ersten Vernehmungsprotokollen der Landeskommission ging es um Garavica, siehe Max Bergholz, None of us Dared Say Anything: Mass Killing in a Bosnian Community during World War Two and the Postwar Culture of Silence, Doktorarbeit Universität Toronto 2010, 77.

dass zahlreiche Anzeigen ad acta gelegt oder zwischen Landeskommissionen hin- und hergeschoben wurden, die sicherlich noch hätten bearbeitet werden können.[277] Anders sah es in Fällen aus, bei denen direkte Zeugen genannt wurden sowie vermeintliche Täter. So sagte Julius Operhal aus, dass er im März von Ustascha zusammen mit Branko Manjić verhaftet, zwei Monate gefoltert und anschließend nach Jasenovac transportiert worden war.[278] Während Operhal überlebte und Jasenovac verlassen konnte, erfuhr er, dass Branko 1944 in Jasenovac ermordet worden war. Das Verbrechen meldete er auch, damit Brankos Mutter eine Entschädigung oder eine Rente bekam. Hier lag auch der nächste Grund für die hohe Anzahl an Meldungen. Das sozialistische Jugoslawien schuf Rahmenbedingungen für die soziale Versorgung der „Opfer des Faschismus". Fiel jemand in diese Kategorie, erwarb er/sie sich Ansprüche auf Versorgung. So bestimmten z.B. die Richtlinien der Staatskommission für Kriegsschäden, dass beim Freiheitsverlust für jeden Monat eine Invaliditätsquote von 1,2% anzurechnen war.[279] In der Verfassung verpflichtete sich Jugoslawien, „Kriegsinvaliden ein angemessenes Leben und unentgeltliche Berufsbefähigung" zu sichern und stellte z.B. die Kinder gefallener Kämpfer oder Kriegsopfer unter besondere Fürsorge des Staats.[280] Diese Tatsache führte dazu, dass in den Zeugenaussagen der Schwerpunkt häufig auf Kriegsschäden lag und die Kriegsverbrechen wenig ausgeleuchtet wurden. So machte z.B. Dr. Mario Grajf ausführliche Angaben zum Schicksal seiner Mutter Gizela Grajf, seiner Schwester Šarlota Neubauer und deren Sohn Vladimir und erzählte, was mit ihnen nach 1941 geschehen war.[281] Grajfs Vater, Filip, der noch vor Kriegsbeginn verstarb, war Möbelhändler und besaß in Sarajevo einen gut laufenden Laden. Mit der Okkupation und der Proklamation des USK flüchtete Mario Grajf, der als Zahnarzt in Belgrad arbeitete, mit falschen Dokumenten nach Split. Aus Sarajevo erreichten ihn Informationen darüber, dass der Laden seines Vaters unter kommissarische Verwaltung von Ivica Tomić, Mehmed oder Muhamed Kešan und Karlo Hartman gestellt worden war, die seine Mutter, seine Schwester und deren 13-jährigen Sohn bedrohten und den Laden ausplünderten. Im

277 ABiH, Fonds ZKUZOP, Gradska komisija Sarajevo, Kutija 15, Nr. 12.

278 ABiH, Fonds ZKUZOP, Gradska komisija Sarajevo, Kutija 15, Nr. ###.

279 Zoran Janjetović, Devisen statt Entschädigung. Die Wiedergutmachungsverhandlungen zwischen der Bundesrepublik und Jugoslawien, in: Hans Günter Hockerts (Hg.), Grenzen der Wiedergutmachung: die Entschädigung für NS-Verfolgte in West- und Osteuropa 1945–2000 (Göttingen: Wallstein 2006), 633.

280 Ustav Federativne Narodne Republike Jugoslavije vom 31.1.1946, in: http://www.verfassungen.net/yu/verf46-i.htm (überprüft am 9.10.2019).

281 ABiH, Fonds ZKUZOP, Gradska komisija Sarajevo, Kutija 195, Nr. 14. Alle Zitate der Zeugenaussage sind dieser Quelle entnommen.

Herbst 1941 wurden Grajfs Familienangehörige ins Lager Kruščica bei Travnik deportiert. Von dort transportierten Ustascha sie ins Lager Loborgrad, wo Grajfs Mutter im Februar 1942 verstarb. Seine Schwester und ihr Sohn wurden nach Auschwitz deportiert, von wo sie nicht mehr zurückkehrten. Als Folge dieser Anzeige befragte die Stadtkommission die Ehefrau Grajfs, Azaleja Gećić, die bestätigte, dass sie im Juni 1941 die Familie ihres Mannes besuchte.[282] Sie berichtete von ihrer Angst vor kommissarischen Verwaltern und erzählte, dass sie über ihre Freundin versuchte hatte, ihre Schwiegermutter und ihre Schwägerin zu retten, was ihr nicht gelungen war. Bezeichnend war, wie die Stadtkommission ermittelt hatte: Sie befragte einen ehemaligen Arbeiter von Filip Grajf und seinen ehemaligen Geschäftspartner. Der gesamte Fokus der Ermittlungen lag auf der Feststellung der Kriegsschäden, während niemand im Zusammenhang mit ermordeten Familienangehörigen Grajfs befragt wurde. Seine Schwester Frida Filipović, die Schriftstellerin war und den Krieg in Belgrad überlebt hatte, kontaktierten sie nicht, obwohl sie Unterlagen aus Loborgrad besaß.[283]

In diesem Kontext ist es von Bedeutung zu betonen, dass die bosnisch-herzegowinische Landeskommission die Opfer, anders als die Täter, nicht nach kollektiven Maßstäben zusammengefasst hatte, wie es bei den Zeugen des Hauptkriegsverbrechertribunals in Nürnberg der Fall war.[284] Die Gruppenzugehörigkeit spielte nur bei Verbrechen der Shoah eine Rolle. Sehr früh sonderten die bosnisch-herzegowinischen Ermittler diese Dimension des Zweiten Weltkriegs und des jugoslawischen Bürgerkriegs heraus und schenkten ihr eine besondere Aufmerksamkeit – auch wegen des Nürnberger-Prozesses. Es galt Beweise zu sammeln. Das bedeutet nicht, dass die nationale Zugehörigkeit von Opfern verschwiegen wurde.[285] Aus den Akten ging in der Regel hervor, welche ethnische oder religiöse Identität sie hatten. Eine andere Frage ist, was mit den Akten nach 1948 passierte, als die Kommissionen ihre Arbeit beendeten. Am Beispiel der Massaker in Kulen Vakuf 1941 hat Max Bergholz gezeigt, dass das Verschweigen oder Verfolgen von Kriegsverbrechen stark davon abhing, ob die

---

282   ABiH, Fonds ZKUZOP, Gradska komisija Sarajevo, Kutija 195, keine Nummer. Alle Zitate der Zeugenaussage sind dieser Quelle entnommen.

283   USC Shoah Foundation, Interview with Frida Filipović vom 26. Juni 1998, Nr. Interview Code 48917.

284   Guillaume Mouralis, Retrouver les victimes. Naufragés et rescapés au procès de Nuremberg, *Droit et société* 102 (2019) 2, 243–260.

285   Zur gleichen Feststellung kamen Vukliš und Stošić in ihrer Untersuchung der Ahndung von Kriegsverbrechen des Zweiten Weltkriegs in der Region Banja Luka, Vladan Vukliš / Verica Stošić, From the abyss they came, into the abyss they were thrown: Crime and punishment in the WW2 Bosnian Frontier, *Topola* 3 (2017) 3, 33.

Verfahren die hegemoniale kommunistische Version der Wiederstands- und Leidensgemeinschaft herausgefordert hätten.[286]

Unmittelbar nach dem Kriegende war die bosnische Landeskommission mit vielfältigen Erwartungen konfrontiert. Die Überlebenden wollten die Wahrheit über ihre Angehörigen aufdecken. Aus Belgrad kam die Forderung nach einer politischen Narration. Die UNWCC erwartete juristisch verwertbare Akten. Angesichts der limitierten Ressourcen und der unüberschaubaren Anzahl an Verbrechen gaben die Mitarbeiter der Landeskommission ihr Bestes. Die Ergebnisse ihrer Arbeit entsprachen selten allen Erwartungen. Was jedoch gelang, war die Übermittlung der Zeugenschaft in eine sowohl politisch als auch juristisch verwertbare Form. Durch die Verschriftlichung der Zeugenaussagen und ihre Anpassung an die juristischen Vorgaben modifizierte die Landeskommission Geschichte und formierte Narrative, die juristisch und/ oder politisch vervielfältigt wurden. Bereits im Falle von Luburić war das das Narrativ vom kriminellen soziopathischen Täter und seiner Clique, das gehegt, ausgebaut und in Umlauf gehalten wurde.

Wie entwickelte sich das dominante Narrativ zum Zweiten Weltkrieg und zu den Kriegsverbrechen weiter, insbesondere im Zusammenhang mit Massenverbrechen? Das wird im Folgenden am Beispiel des Lagers Jasenovac beleuchtet, das direkt nach seiner Befreiung viel Aufmerksamkeit auf sich zog.

2.8   Akten und Mitteilungen Jasenovac

Als die Soldaten der 21. Serbischen Sturmdivision am 2. Mai 1945 in das von den Ustascha euphemistisch als „Sammellager" bezeichnete Tötungslager[287] eindrangen, lag alles in Schutt und Asche. Bei ihrem Rückzug setzten die Ustascha-Angehörigen das Lager in Brand. Keine Fotografen waren anwesend, um den Moment der Befreiung festzuhalten. Keine Filmer, um Aufnahmen für die Nachwelt zu hinterlassen. Die Partisanen waren bereits Schreckliches gewöhnt. In Syrmien kämpften sie im Januar 1945 erbittert gegen das 34. Armeekorps der Wehrmacht und drangen langsam die Save entlang

---

286 Max Bergholz, Violence as a Generative Force. Identity, Nationalism, and Memory in a Balkan Community (Ithaca / London: Cornell University Press 2016).

287 Zum Lager Jasenovac siehe: Marija Vulesica, Kroatien, in: Wolfgang Benz u.a. (Hg.), Der Ort des Terrors: Geschichte der nationalsozialistischen Konzentrationslager. Bd. 9, Arbeitserziehungslager, Ghettos, Jugendschutzlager, Polizeihaftlager, Sonderlager, Zigeunerlager, Zwangsarbeiterlager (München: Beck 2009), 313–336; zur Diskussion um die Bezeichnung von NS-Vernichtungslagern siehe auch Utz: Die Sprache der Shoah, 25–48.

Richtung Jasenovac vor. Auf das, was sie dort sahen, waren sie nicht vorbereitet. Sie wussten jedoch, dass sie es dokumentieren mussten.[288]

Direkt nach der Befreiung von Jasenovac schickte der Volksbefreiungsausschuss aus dem nahe liegenden Nova Gradiška die Vertreter der kroatischen Landeskommission zur Feststellung von Verbrechen und einen Fotografen ins Lager. Sie nahmen die ersten Zeugenaussagen auf und machten die ersten Fotos von Überlebenden, von Opfern, von Zerstörungen und Massengräbern. Sie machten die Fotos von verkohlten Leichen und Fotos von aufgedunsenen Körpern der ermordeten Gefangenen, die in der Save trieben.[289] Diese Bilder prägten und prägen die Vorstellung von Jasenovac bis heute.[290] Jovan Byford hat bereits gezeigt, dass die polarisierende Rolle von Jasenovac in den sogenannten Erinnerungskriegen, die seit den 1980er Jahren in der serbischen und kroatischen Öffentlichkeit ausgefochten werden, eng mit der Arbeit der Staatlichen Kommission zusammenhängen.[291] Doch welche Bedeutung hatten die Bilder und die Beweise zu Jasenovac in den Kriegsverbrecherprozessen? Was legten die Mitarbeiter der kroatischen Landeskommission zu Jasenovac als Ergebnis ihrer Ermittlungen vor? Unterschied sich ihr Vorgehen von der Arbeit der bosnischen Landeskommission? Welche Akten und Geschichten sind dabei entstanden?

In den ersten drei Monaten nach Befreiung von Jasenovac fanden drei große Ermittlungen im Lager statt.[292] Dr. Bogumil Imenšek und Ivo Pozaić waren als Erste vor Ort. Imenšek kam als Mitglied der Bezirkskommission zur Feststellung von Verbrechen aus Nova Gradiška und sicherte wichtige Originaldokumente der Ustascha. Pozaić machte die ersten Bilder für die Agitprop-Abteilung. Am 18. Mai 1945 entsandte die kroatische Landeskommission aus Zagreb ihre Enquete-Kommission nach Jasenovac. Ihr gehörten ein Mitglied der Landeskommission, drei hohe Richter und Forensiker an. Eine dritte Ermittlung

---

288   Izvod iz bojne relacije 45. Divizije NOVJ za period od 18. Aprila do 2. Maja 1945 o zauzumanju logora Jasenovac, in: Antun Miletić (Hg.), Koncentracioni logor Jasenovac: 1941–1945, dokumenta, Bd. 2 (Beograd: Narodna knjiga 1986), 918.

289   Zahlreiche Bilder sind in der Quellensammlung Jasenovac. Fotomonografija abgedruckt siehe: Nataša Mataušić (Hg.), Jasenovac: fotomonografija (Jasenovac: Spomen-Područje Jasenovac 2008).

290   Siehe darüber die aktuelle Studie von Jovan Byford, Picturing Genocide in the Independent State of Croatia: Atrocity Images and the Contested Memory of the Second World War in the Balkans (London u.a.: Bloomsbury Academic 2020).

291   Jovan Byford, Picturing Jasenovac: Atrocity Photography between Evidence and Propaganda, in: Hildegard Frübis u.a. (Hg.), Fotografien aus den Lagern des NS-Regimes. Beweissicherung und ästhetische Praxis (Wien u.a.: Böhlau 2020), 230–233.

292   Originaldokumente sind in der Quellensammlung von Antun Miletić veröffentlicht worden, siehe Miletić, Koncentracioni logor Jasenovac, Bd. 2, 965–979.

leiteten die Mitarbeiter der Staatlichen Kommission, die mit Forensikern und zwei Fotografen am 18 Juni 1945 das Lager untersuchten. Diese ersten Beweisaufnahmen, Vernehmungen, Dokumente und Filme, die Mitarbeiter und Mitarbeiterinnen der Staatlichen und der Landeskommission zusammengetragen hatten, belegten eindeutig die Verbrechen an der als jüdisch, serbisch und als Roma definierten Bevölkerung des Unabhängigen Staats Kroatien. Sie bildeten die Grundlage für die juristische und die narrative Aufarbeitung der Geschehnisse in Jasenovac. Zusammengefasst wurden sie im Bericht „Verbrechen im Lager Jasenovac", der im Jahr 1946 veröffentlicht wurde, sowie im Dokumentarfilm „Jasenovac", der bereits ab Sommer 1945 gezeigt wurde.[293] Im Folgenden werden der Bericht und die Dokumentation hinsichtlich der Darstellung von Jasenovac, der dort begangenen Kriegsverbrechen, Opfer und Täter analysiert.

Der Bericht war in fünf Kapitel gegliedert, wobei der Schwerpunkt auf den Kapiteln C „Systematische Vernichtung von Inhaftierten" und D „Einzelne Massenverbrechen" lag. Der Titel des ersten und einleitenden Kapitels „Lager Jasenovac, ein Instrument der Ustascha und der Deutschen zur Vernichtung unserer Völker" war zugleich das Ergebnis der Ermittlungen. Nach Ansicht der Landeskommission verfolgten die Ustascha mit dem Lager Jasenovac nur ein Ziel und das war die systematische Vernichtung der jugoslawischen Nationen. Die jugoslawische Staatliche Kommission wandte sehr früh im Zusammenhang mit Verbrechen der Besatzer und ihrer Unterstützer diese Begrifflichkeit an, die im Englischen mit *extermination* gleichzusetzen war. Insbesondere die polnische Exilregierung setzte den Begriff der Extermination seit 1939 verstärkt ein, um die NS-Methoden des Massenmords zu charakterisieren.[294] In der UNWCC waren die polnischen Broschüren und Berichte bekannt und wurden von Živković nach Belgrad weitergeleitet. Zu dieser Zeit fand eine systematische Verwendung des Begriffes „Genozid" noch nicht statt.[295] Synonyme wie „Vernichtung", „Ausrottung", „systematischer Massenmord", „Völkervernichtung" oder „Auslöschung" umschrieben das, was 1948 in der UN Genocide Convention als „acts committed with intent to destroy, in whole or in part, a

---

293 Zločini u logoru (Zagreb: Zemaljska komisija 1946), 74–82. Für die digitale Version des Berichts siehe https://archive.org/stream/Zlocini_u_logoru_Jasenovac/jasenovac_djvu. txt (überprüft am 15.04.2020). Für die englische Übersetzung von Sinisa Djuric siehe: Crimes in the Jasenovac Camp, in: Crimes in the jasenovac camp, zagreb 1946 (state commission of croatia, 2008) by Abdurrahman Yazan – Issuu (überprüft am 2.2.2022). Alle folgenden Zitate des Berichts sind diesen Quellen entnommen.

294 Utz, Sprache der Schoah, 33; Uczkiewicz, Verfolgung.

295 Wolfgang Form / Axel Fischer, Zur Rolle von Völkermord(en) im Nürnberger Hauptkriegsverbrecherprozess. Eine kritische Analyse, *Einsicht Bulletin des Fritz Bauer Instituts* 16 (2016), 22–28.

national, ethnic, racial or religious group, as such"²⁹⁶ definiert wurde. Wenn
also Jasenovac als Instrument zur Vernichtung „unserer Nationen" charakterisiert wurde, knüpfte die kroatische Landeskommission damit offensichtlich
an das Konzept von Raphael Lemkin an. Für ihre Mitarbeiter war die Sach-
lage eindeutig. Jasenovac war weder ein Arbeitslager noch ein Sammellager.
Und auch wenn sie in ihrem Bericht Jasenovac an einer Stelle, und nur an
einer Stelle, als „Konzentrationslager" bezeichneten, war im Text mehrfach
eindeutig formuliert, dass die Bezeichnung als Lager nicht darüber hinweg-
täuschen sollte, dass dieses „Lager" in erster Linie dazu diente, Menschen zu
ermorden. Konkret hieß es:

> By applying the racist theory of the purity of race and nation in Croatia, they [die
> Führung der Ustascha, SF] were prepared to exterminate all Serbs, Jews, Gypsies,
> as well as all Croats who in any way expressed an anti-Fascist disposition.²⁹⁷

Die kroatische Landeskommission sah es als erwiesen an, dass die Ustascha,
weil sie keine Unterstützung des kroatischen „Volks" hatten, auf Terrormaß-
nahmen setzten, um sich an der Macht zu halten. Der Massenmord an Serben, Juden, Roma und Kroaten, so interpretierte es die Landeskommission,
war geplant und finanziert aus dem faschistischen Ausland, seine ideologische
Basis kam aus dem Ausland und er geschah nicht mit Einwilligung des kroatischen „Volks". Ustascha mordeten Serben, Juden, Roma und Kroaten, weil sie
keine Machtbasis hatten, um „das Volk" einzuschüchtern. Daher importierten
sie aus dem „faschistischen Ausland" die ideologischen Grundlagen der Rassen-
verfolgung und wandten sie an. In diesem Zusammenhang zitierte die Landeskommission die Rassengesetze der Ustascha, konkret die Verfolgung von
„untragbaren und schädlichen Personen", nach „Gesetzanordnung CDXXIX-
2101-Z-1941"²⁹⁸, und betonte, dass die Deportation nach Jasenovac bedeutete,
auf die Gnade der „Ustascha-Schlächter" angewiesen gewesen zu sein.

Der Verweis auf die Gesetzanordnung blieb der einzige Hinweis auf die
Gesetzgebung des Unabhängigen Staats Kroatien. Der Bericht ging weder auf

---

296   Art. 2 der Konvention, Für den Text der Konvention siehe: https://www.un.org/en/
      genocideprevention/documents/atrocity-crimes/Doc.1_Convention%20on%20the%20
      Prevention%20and%20Punishment%20of%20the%20Crime%20of%20Genocide.pdf
      (überprüft am 2.3.2021).
297   Crimes in the Jasenovac Camp, 8.
298   Zakonska odredba od 25. studenoga 1941. Broj CDXXIX.-2101-Z. 1941. o upućivanju
      nepoćudnih i pogibeljnih osoba na prisilni boravak u sabirne i radne logore, in: A. Mataić
      (Hg.), Nezavisna država Hrvatska Zakoni, zakonske odredbe i naredbe i. t. d. Proglašene
      od 21. studena do 6. prosinca 1941. Bd. IX. (Zagreb: St. kugli 1942), 147–148.

das „Gesetz zum Schutz von Volk und Staat" vom 17. April 1941 ein noch auf das „Gesetz über die Rassenzugehörigkeit" vom 30. April 1941 oder auf das „Gesetz über den Schutz des arischen Bluts und der Ehre des kroatischen Volks" vom 30. April 1941, die in der Tat NS-Vorbildern glichen und die Verfolgung und die Vernichtung von als Serben, Juden oder Roma definierten Menschen rechtlich vorbereiteten. Das überrascht, schließlich hatten die UNWCC und die Chefankläger beim IMT die Dokumentation und die strafrechtliche Verfolgung von Kriegsverbrechen stark an NS-Akten ausgerichtet.[299] Auch wenn die Landeskommissionen unmittelbar nach dem Krieg erst wenige Originaldokumente der Besatzer gesammelt hatten, wären die Gesetze und die Verordnungen der Ustascha-Regierung verfügbar gewesen. Die jugoslawischen Institutionen entschieden sich jedoch, ihre Ermittlungen auf Zeugenaussagen zu konzentrieren und ihre Ermittlungsergebnisse um diese Zeugenaussagen herum aufzubauen. Solche Verfahren und solche Ermittlungsergebnisse, das glaubte die Landeskommission, waren genauso verlässlich wie die Dokumente der Besatzer. Zudem konnten auf diese Art und Weise sowohl die Empathie mit den Überlebenden gestärkt als auch die geschichtsdidaktischen Ziele der neuen Machthaber erreicht werden.

Zentral dafür war der dritte Teil des Jasenovac-Berichts, in dem unter dem Titel „Systematische Vernichtung von Inhaftierten" detaillierte Zeugenaussagen zusammengefasst waren. Beschrieben wurde der Leidensweg der Inhaftierten, die in der Regel in Gruppentransporten ins Lager gebracht wurden, wo Ustascha sie gleich nach der Ankunft nach religiöser, ethnischer, nationaler und politischer Zugehörigkeit trennten. Die Wärter beschimpften sie. Sie prügelten auf sie ein, raubten sie aus. Häufig ermordeten sie die Neuankömmlinge umgehend. Andere, die zunächst überlebt hatten, waren Hunger, Kälte, Krankheiten und Folter ausgesetzt. Aus den Zeugenaussagen der Überlebenden rekonstruierte der Bericht den Lageralltag. Die inhaftierten Menschen waren Lebensbedingungen ausgesetzt, die darauf abzielten, sie durch Hunger, exzessive Arbeitseinsätze, Kälte und unbehandelte Krankheiten sterben zu lassen. Zudem waren sie ihren Wärtern komplett ausgeliefert. Und die Ustascha nutzten diese Machtposition aus, um ihre sadistischen Triebe auszuleben.

> Nur eine faschistisch-kriminelle Erziehung konnte solche menschlichen Monster erschaffen, die solche Verbrechen durchführen würden; nur solche Verbrechen konnte die kriminelle Mentalität der faschistischen Verbrecher befriedigen, angefangen mit dem ‚Poglavnik' bis zum letzten Schlächter.[300]

---

299   Douglas, The Memory of the Judgment, Pos. 187.
300   Zločini u logoru Jasenovac, 23.

Hannah Arendt hat in ihrem Bericht zum Eichmann-Prozess betont, dass es Menschen einfacher falle, extreme Verbrechen mit krankhafter Monstrosität zu erklären.[301] Auch der Jasenovac-Bericht hatte einen pathologisierenden Blick auf die Täter: Ustascha-Milizionäre wurden als irre Henker, Psychopathen und Triebtäter charakterisiert. Dass eine solche Beschreibung gleichzeitig eine Entlastung war, darauf wies bereits 1944 Bohuslav Ečer vor der UNWCC hin.[302] Auch Alexander Korb hat überzeugend dargelegt, welche Funktionen das Narrativ vom archaischen Ustascha-Gewalttäter erfüllte: „So werden Gewalttäter zu irrationalen, psychisch entgrenzten oder sozial devianten Personen abgestempelt, die Gewalt wird als die Aktivität ‚der Anderen' externalisiert.“[303] Nach dieser Darstellung war für die Verbrechen eine kleine Gruppe Krimineller verantwortlich, die das ganze Land terrorisierte. Die Gewalt trugen die deutschen und die italienischen Besatzer nach Jugoslawien hinein und ließen sie dort von ihren barbarischen „Dienern", den Mitgliedern der Ustascha, ausüben, die aus krankhaften Trieben handelten. Diese Pathologisierung der Gewalt war, das muss erneut betont werden, keine jugoslawische Besonderheit. Konfrontiert mit dem Ausmaß der NS-Verbrechen, erklärten viele diese mit der krankhaften Bosheit führender Nationalsozialisten.[304]

Die Zeugenaussagen der Überlebenden waren Geschichten von extremer Gewalt, Folter und Demütigung, die Jasenovac als einen Ort des Schreckens beschrieben, in dem der Tod die Rettung bedeutete. Der Jasenovac-Bericht interpretierte diese Aussagen und knüpfte mit seiner Darstellung der Täter an das bereits formulierte pathologisierende Narrativ. Die Ustascha folterten, töteten und quälten aus Spaß an der Gewaltanwendung, sie töteten, wenn sie betrunken waren, sie wandten grausame Tötungsmethoden aus sadistischer Freude an ihrer Machtposition an. Das Unterkapitel „Die Ustascha-Hauptverbrecher – die Schlächter" beschreibt einige Haupttäter und ihre Verbrechen detaillierter. Den Anfang machte der bereits erwähnte Vjekoslav „Maks" Luburić, Leiter der Abteilung II des Ustascha-Nachrichtendienstes

---

301   Hannah Arendt: Eichmann in Jerusalem, in: *The New Yorker*, vom 16.2.1963, hier nach http://www.newyorker.com/magazine/1963/02/16/eichmann-in-jerusalem-i (überprüft am 21.12.2018).

302   Bohuslav Ečer, Additional Note, 12.5.1944, UNWCC III/4, hier nach https://www.legaltools.org/doc/6335bd/ (überprüft am 21.12.2018).

303   Korb, Im Schatten des Weltkrieges, Pos. 289.

304   Für eine Zusammenfassung siehe Gerhard Paul, Von Psychopathen, Technokraten des Terrors und ‚ganz gewöhnlichen' Deutschen. Die Täter der Shoah im Spiegel der Forschung, in: ders. (Hg.), Die Täter der Shoah. Fanatische Nationalsozialisten oder ganz normale Deutsche? (Göttingen: Wallstein 2003), 13–90.

(Ustaška nadzorna služba), der für die Konzentrationslager zuständig war.[305]
Hier, wie in der Anklageschrift der bosnischen Landeskommission auch, wird
Luburić als kleinkrimineller Taugenichts aus der Zwischenkriegszeit dargestellt, der wegen Herumtreiberei und Geldveruntreuung vorbestraft war.[306]
Im Jasenovac-Bericht wird suggeriert, dass ihn diese Charaktereigenschaften
auch dazu bewogen hatten, sich Pavelić anzuschließen, als dieser in Ungarn
und Italien seine Ustascha-Camps aufgebaut hatte. In emotionaler Sprache
beschrieb der Bericht Luburić als ein Monster „mit infantilen Gesichtszügen"
und krimineller Energie, von Hass, Gier und niederen brutalen Instinkten
getrieben. In keiner Weise hielt sich der Text an eine nüchterne, juristische
Sprache. Vielmehr driftete er ins Narrative und Sensationalistische ab, als es
darum ging, Luburićs Handeln zu beschreiben:

> Während er [Luburić, SF] sich im Lager umhertrieb, lauerte er [den Inhaftierten,
> SF] auf, um zu sehen, ob jemand von der ‚Lagerdisziplin' abwich und [gleich,
> SF] zu merken, ob ein Inhaftierter wegen seiner Schwäche, des Alters oder einer
> Krankheit schlief und deswegen mit der Arbeit nicht hinterherkam. [...] Sofort
> glitzerten auf seinem dümmlichen Gesicht die kriminellen Augen auf und die
> Pistole oder das Messer traten in Aktion.[307]

Dieser Stil der Berichterstattung fokussierte auf die Person des „Verbrechers",
psychologisierte seine Motive für das verbrecherische Handeln und blendete
die ideologische Ebene vollkommen aus. Luburić erschien als kleinkrimineller,
debiler Verlierer, der im Krieg dank der ausländischen Einmischung zu einer
Machtposition gelangt war und diese ausgenutzt hatte, um seine kranken
Perversionen auszuleben. Auch andere „Haupttäter" wurden nach dem gleichen Muster vorgestellt. Ivica Matković, der erste Stellvertreter Luburićs, galt
als „einfacher Blutsauger" und „hinterhältiger Sadist". Ljubo Miloš, eine Weile
der Kommandant des Lagers, als „brutaler Blutsauger" und „gewalttätiger
Verrückter", der allerdings vom nächsten Kommandanten, dem ehemaligen
franziskanischen Pater Miroslav Filipović-Majstorović, in seiner Bestialität
übertroffen wurde.[308]

---

305 Zdravko Dizdar, Luburić, Vjekoslav, in: ders. u.a. (Hg.). Tko je tko u NDH (Zagreb:
     Minerva 1997), 240–242.
306 Zločini u logoru Jasenovac, 35.
307 Zločini u logoru Jasenovac, 36.
308 Zločini u logoru Jasenovac, 38.

In zahlreichen Studien wurde die Tendenz beschrieben, NS-Täter als ge-
fühlslose Verbrecher darzustellen.[309] Sicherlich war sie, wie von Robert
Gerwarth betont, teilweise der Tatsache geschuldet, dass der Bericht auf
Täterbeschreibungen von Opfern oder inhaftierten Angeklagten basierte.[310] Im jugoslawischen Kontext spielte es eine Rolle, dass sich das Bild vom
triebgesteuerten monströsen Täter gut eignete, um bei der jugoslawischen
Bevölkerung Abneigung und Distanz gegenüber der Ustascha auszulösen.
Eine entschuldigende Ebene hat das Narrativ auch: Ein Triebtäter konnte
wenig gegen seine Triebe ausrichten. Und da die Pläne für die Verbrechen im
„faschistischen Ausland" geschmiedet wurden, suggerierte der Bericht, dass
die einheimischen Täter nichts als Marionetten der Besatzer waren. Nach
dieser Darstellung war für das Leiden der jugoslawischen Bevölkerung in erster Linie die Besatzung verantwortlich. Die einheimischen Verbrecher waren
„nur" die Diener, die „Schlächter" gewesen, die Befehle ausgeführt hätten. Eine
Auseinandersetzung mit der Verantwortung lokaler Gesellschaften für den
Massenmord blieb so aus. Eine Auseinandersetzung mit den ideologischen
Grundlagen und den Strukturen, die zum Massenmord an als Serben, Juden
und Roma definierten Menschen geführt hatten, fehlte ebenfalls. Aus dem
Bericht erfahren wir viel über die Verbrechen im Lager Jasenovac. Wir erfahren
allerdings wenig oder nichts darüber, warum Ustascha so handelten, wie sie
handelten. Wie erfahren wenig darüber, welchen Stellenwert die Serben-,
Juden- und Romaverfolgung innerhalb des Ustascha-Regimes hatte. Vielmehr
ging es im Bericht darum darzulegen, dass das gesamte jugoslawische „Volk",
also auch die Kroaten, unter diesem Regime gelitten hatte, ohne religiöse,
nationale oder ethnische Differenzierung. Das Narrativ vom gemeinsamen
Leiden und dem gemeinsamen Kampf des „jugoslawischen Volks" im Zweiten
Weltkrieg sollte, wie von Emil Kerenji richtig hervorgehoben, dabei so offen formuliert werden, dass die Erzählung nicht in Widerspruch zu den individuellen
Erfahrungen der zahlreichen Menschen geriet, die nationale Verfolgung und
Diskriminierungen durch Rassengesetze erduldet hatten.[311] Daher benannte
der Bericht auch alle konkreten Verbrechen an als Serben, Juden oder Roma
definierten Menschen in allen Einzelheiten. In unterschiedlichen Unterkapitel
hieß es konkret „Massenmord an Juden"[312] oder „Erneutes Malträtieren von

---

309   Zum Täterbegriff in der NS-Forschung siehe das Essay von Peter Longerich, das die
      Diskussionen zusammenfasst, Peter Longerich, Tendenzen und Perspektiven der
      Täterforschung – Essay, *Aus Politik und Zeitgeschichte* 14–15 (2007), 3–7.
310   Robert Gerwarth, Hitler's Hangman: the Lite of Heydrich (New Haven: Yale Universi-
      ty Press 2011), Pos. 206.
311   Kerenji, Jewish citizens of Socialist Yugoslavia, 100.
312   Zločini u logoru Jasenovac, 56.

Juden".[313] Massentötungen von Serben oder Roma waren ebenfalls konkret genannt und beschrieben.

Gleichzeitig sollte eine kollektive Schuldzuweisung an einzelne nationale Gruppen Jugoslawiens, in deren Namen Verbrechen begangen worden waren, vermieden werden. Wenn also Ustascha in Jasenovac und dem Unabhängigen Staat Kroatien einen Genozid an als Serben, Juden oder Roma definierten Menschen verübt hatten, dann deswegen, weil sie Sadisten und Kriminelle waren, weil sie die Politik der Besatzer verwirklichten und nicht, weil dies im Einklang mit der kroatischen Nationalpolitik stand.

Der Sadismus von Einzeltätern spielte bei der Ausübung von Kriegsverbrechen sicher eine Rolle. Die Ideologie war jedoch kein Import aus dem „faschistischen Ausland". Das Ausblenden genuin kroatisch-nationalistischer ideologischer Wurzeln für den Genozid an als Serben, Juden oder Roma definierten Menschen verschwieg die Tatsache, dass die Verfolgungspolitik von einem Teil der Bevölkerung aktiv unterstützt wurde. Auch diese Deutung der Täterschaft war keine jugoslawische Besonderheit. In vielen durch Zusammenarbeit mit den Achsenmächten belasteten Gesellschaften wie in Deutschland selbst wurden die Täter in der Nachkriegszeit kriminalisiert oder pathologisiert. Nach Gerhard Paul erleichterte das die Distanzierung: Durch die institutionelle Isolierung der Verbrechen – im deutschen Fall auf die Geheime Staatspolizei und die SS, im jugoslawischen Fall auf die Ustascha – wurden große Bevölkerungsteile selbstentschuldet und selbstentlastet.[314]

Im Jasenovac-Bericht ging es zwar um die Rekonstruktion der Verbrechen im Lager Jasenovac, was im Einzelnen anhand der Zeugenaussagen von Überlebenden gelang. Dort jedoch, wo der Bericht über die Motivation der Täter spekulierte und sie zu kriminellen Verlierern und Bestien machte, verließ er die Form einer Ermittlungsakte und verlor sich im Sensationellen und Spekulativen. Ebenfalls war die Schlussfolgerung irreführend, „dass Jasenovac und die in Jasenovac verübten Verbrechen, nach deutschem Rezept, ein deutschhitlerischer Befehl waren."[315] Jasenovac entstand nicht nach deutschem Befehl. Es ist aber belegt, dass die Ustascha-Führung sich beim Apparat des Sicherheitsdienstes Unterstützung holte. Im Juni besuchte Eugen Kvaternik das KZ Sachsenhausen und sammelte Informationen, die sich bei Gründung des Lagers Jasenovac als nützlich erwiesen.[316] Die Idee vom ethnisch homogenen kroatischen Nationalstaat und seiner langfristigen Sicherung nur durch Ausschluss „missliebiger" Personen war nicht aus NS-Deutschland importiert

313   Zločini u logoru Jasenovac, 59.
314   Paul, Von Psychopathen, 17.
315   Zločini u logoru Jasenovac, 83.
316   Korb, Im Schatten, Pos. 2774.

worden. Sie entstand mit der Geburt der kroatischen Nationalbewegung und reichte in das 19 Jahrhundert zurück, als Ante Starčević und seine Kroatische Rechtspartei mit anti-serbischen und antisemitischen Parolen Politik machten.[317] Wie Nevenko Bartulin betonte, basierte die Ustascha-Ideologie auf ethno-rassistischem Nationalismus, der die nationale Homogenität von „nomadischen" Anderen wie den Serben-Walachen, Juden und Roma bedroht sah.[318] Dieser kroatische Ethnonationalismus war nicht nur innerhalb der Ustascha-Bewegung verbreitet. Die jugoslawischen Kommunisten sahen jedoch keinen Vorteil darin, in einem von Besatzung und Bürgerkrieg stark gebeutelten Land Diskussionen über innerjugoslawische faschistische Strukturen zu führen. Sie sahen auch keinen Vorteil darin, über die Beteiligung des kroatischen „Volks" an diesen Verbrechen öffentlich zu debattieren. Schließlich begründeten sie ihren Anspruch auf Istrien mit kollektiven Schuldzuweisungen gegenüber der italienischen Bevölkerung. Im Ermittlungsbericht zu Jasenovac richtete die Landeskommission ihren Blick ausschließlich auf die zu einer kriminellen Bande umgedeuteten Täter und auf ihr Handeln. Die Ergebnisse des Berichts zeigten deutlich, wo die Grenzen dieses Zugangs lagen.

Dessen ungeachtet wurde er Grundlage für zahlreiche Anklageerhebungen sowie für zahlreiche Jasenovac-Prozesse. Im Fazit folgte eine Aufzählung von verantwortlichen Tätern. An erster Stelle befand sich der Ustascha-Führer Ante Pavelić. An zweiter Stelle waren pauschal alle seine Stellvertreter und Minister genannt, namentlich jedoch nur der Innenminister des USK Andrija Artuković, Mladen Lorković, Ante Nikšić und Mate Frković.[319] Es folgten die Leiter und die Mitarbeiter der Staatsdirektion für öffentliche Ordnung und Sicherheit (RAVSIGUR) sowie des Ustascha-Aufsichtsdienstes (UNS), Eugen „Dido" Kvaternik, Erich Lisak, Filip Crvenković und Ljudevit Zimpermann. Auf der Liste befanden sich der Befehlshaber der Ustascha-Polizei, Božidar Cerovski, der Leiter von UNS, Joso Rukavina, der Zagreber Polizeichef Ivo Herenčić sowie andere Funktionsträger wie Josip Vragović, Aleksandar Benak oder Ivan „Ico" Kirin. Viele von ihnen hatten während des Kriegs unterschiedliche Aufgaben innerhalb des Ustascha-Regimes übernommen. Der Bericht machte sie konkret für die Organisation von Kriegsverbrechen im Zusammenhang mit

---

317 Korb, Im Schatten, Pos. 2400. Über die kroatische nationalistische Ideologie siehe auch Rory Yeomans, Of „Yugoslav Barbarians" and Croatian Gentlemen Scholars: Nationalist Ideology and Racial Anthropology in Interwar Yugoslavia, in: Marius Turda / Paul J. Weindling (Hg.), Blood and Homeland: Eugenics and Racial Nationalism in Central and Southeast Europe, 1900–1940 (Budapest: CEUP 2007), 83–122.

318 Nevenko Bartulin, The Racial Idea in the Independent State of Croatia: Origins and Theory (Leiden u.a.; Brill 2014), 159.

319 Zločini u logoru Jasenovac, 83.

dem Lagersystem und dem Lager Jasenovac verantwortlich. Ebenfalls auf der Liste befanden sich Kommandeure von Jasenovac wie die bereits erwähnten Luburić, Miloš, Filipović-Majstorović, aber auch Dinko Šakić und Hinko Picilli sowie weitere 130 Namen von Ustascha, Wärtern sowie wenigen Insassen, denen konkrete im Lager begangene Verbrechen vorgeworfen wurden.[320] Im letzten Absatz hieß es: „Die Landeskommission [...] hat sie als die schlimmsten Verbrecher, Volksverräter und Volksfeinde ermittelt und ist der Ansicht, dass sie strengstens bestraft werden müssen, für alle Verbrechen und Untaten, die sie begangen haben."[321]

Im nächsten Kapitel über die Kriegsverbrecherprozesse wird überprüft, wie sich der Bericht über Jasenovac auf die Rechtsprechung auswirkte. Seine Strahlkraft auf die öffentlichen Diskurse war immens. Noch bevor die Landeskommission die Akten und die Bilder zum Lager Jasenovac im Ermittlungsbericht veröffentlicht hatte, arbeitete sie zusammen mit unterschiedlichen Medien an der Verbreitung von Informationen über die Verbrechen. Unmittelbar nach Kriegsende entstand so aus der Kooperation mit der erst gegründeten staatlichen jugoslawischen Filmanstalt der Dokumentarfilm „Jasenovac".[322] Die Regie übernahmen Gustav Gavrin und Kosta Hlavaty. Insbesondere Gavrin machte nach dem Krieg eine beachtliche Karriere als Regisseur.[323] Der Dokumentarfilm war in Schwarz-Weiß gehalten und kopierte mit deutlichen Verweisen den Film Varlamovs „Die vernichtende Niederlage der deutschen Armee vor Moskau": ein Dokumentarfilm, der die Rolle des Augenzeugen übernahm, ähnlich wie „Nazi Concentration Camps".[324] Jeremy Hicks hat betont, dass die märtyrerhafte Darstellung von Opfern und die „klischeehafte" Darstellung von NS-Verbrechen im sowjetischen Dokumentarfilm wiederkehrenden Mustern folgte: die Sowjetisierung von Opfern, Rufen nach Rache, Beerdigungen.[325] Die politischen Ziele veränderten sich im Laufe der Zeit: Die Mobilisierung für den Krieg und die Legitimierung kommunistischer Macht waren stets zentrale Faktoren. Ein wichtiger ideologischer Topos war, wie bereits gesagt, die politisch-ideologische Überhöhung der Aufopferung

---

320   Zločini u logoru Jasenovac, 85.

321   Zločini u logoru Jasenovac, 86.

322   USHMM, Steven Spielberg Film and Video Archive, Prison camp in Yugoslavia; Communist Commemoration: Story RG-60.4053, Film ID: 2722. Siehe dazu Ferhadbegović, „Vor dem Gericht des Volkes", 57–59.

323   Gavrin war als Regisseur, Drehbuchautor oder Produzent an zahlreichen Filmen beteiligt, u.a. auch „Die letzte Brücke" (1954), siehe https://www.imdb.com/name/nm0310670/ (überprüft am 15.3.2021).

324   Nazi Concentration Camps (1945), Regie von George Stevens.

325   Hicks, First Films of the Holocaust, 15.

und ihre verschiedenen mit dem Sieg des Sozialismus verknüpften Sinn-
zuschreibungen. Fanden sich diese Motive bei Gavrin wieder? Oder ging es
bei „Jasenovac" in erster Linie darum, Rachegefühle zu erwecken, wie Byford
suggerierte?[326]

Der Film begann mit einer Aufzählung von Orten, die für sich als Chif-
fre für Massenverbrechen standen: Lepoglava, Lobograd, Pag, Rab, Đakovo,
Gospić, Jadovno und Stara Gradiška waren ebenfalls Konzentrationslager. In
Glina hatten die Ustascha-Einheiten 1941 in der orthodoxen Kirche mehrere
Hundert Serben niedergemetzelt. Ein Erzähler erklärte aus dem Off, welche
Verbrechen wo begangen und wie viele Menschen getötet wurden. Im Hintergrund liefen währenddessen Bilder von Opfern, von toten Frauen und Kindern
in Massengräbern, von aufeinandergestapelten Leichen. Gavrin verwendete
für den Dokumentarfilm auch das in Zagreb gefundene Filmmaterial der Ustascha und setzte es mit den Fotografien und Filmaufnahmen der Landeskommission zusammen. Den gestellten Bildern setzte Gavrin die Aufnahmen von
Leichenbergen und ausgezehrten Überlebenden entgegen. Während sich das
Ustascha-Propagandamaterial mit den Nachkriegsaufnahmen abwechselte,
kommentierte der Erzähler die Bilder der Gräueltaten. Er hob die Einzig-
artigkeit der Verbrechen hervor, die im Lager Jasenovac stattgefunden hatten,
und betonte, dass in der Vergangenheit kein anderer vergleichbarer Ort des
Schreckens existiert hatte. Ustascha-Milizen hätten dort Menschen bestialisch
gequält, tagtäglich an Gefangenen ihre pathologisch-sadistischen Gelüste
befriedigt. Unter deutschem Kommando seien jeden Tag neue Gefangene
dazugekommen. Um sie aufnehmen zu können, hätten Ustascha-Männer
Alte und Gebrechliche unter bereits Inhaftierten getötet. Die Gefangenen
seien ihrer Menschlichkeit beraubt worden. Die Ustascha hätten sie wie Skla-
ven behandelt, die ums Überleben kämpften, die elf Stunden täglich unter
der Ustascha-Knute schufteten, und wenn sie nicht mehr konnten, hätten
Ustascha-Soldaten sie mit dem Hammer und mit dem Beil abgeschlachtet.

Wiederholt zeigte der Dokumentarfilm Überlebende, die vor der Kamera
Zeugnis ablegten. Ihre Stimmen waren nicht zu hören. Der Erzähler fasste
ihre Geschichten aus dem Off zusammen. Ihre ausgezehrten Körper waren für
die Betrachter sichtbar. Auch ihre Namen wurden genannt. Izidor Štajner aus
Zagreb hatte den Ausbruch vom 22. April überlebt und bezeugte, dass täglich
neue Menschen nach Jasenovac gebracht wurden. Dr. Pero Zanella aus Zadar
erzählte, die Ustascha hätten von Ordnung, Arbeit und Disziplin gesprochen
und letztlich sei es ihnen nur um eigenmächtiges Morden gegangen.

326   Byford, Picturing Jasenovac, 238–239.

Lagerinsasse Đorđe Miliša, Journalist aus Šibenik, nannte die Zahl von 500 bis 800 Menschen, die Ustascha-Milizionäre in Jasenovac täglich töteten. Und ein unbekannter Bauer bezeugte das Abschlachten der Inhaftierten vor dem Ausbruch.

In sowjetischen Dokumentarfilmen über Kriegsverbrechen wurden die Opfer als friedliche sowjetische Bevölkerung ohne Betonung ihrer ethnischen Herkunft bezeichnet. „Jasenovac" setzte zunächst einen ähnlichen narrativen Rahmen und sprach von der „Vernichtung unseres Volks". Eine Jugoslawisierung der Opfer fand aber nur indirekt statt, denn der Name eines jeden Überlebenden war mit seiner nationalen oder ethnischen Herkunft verknüpfbar. Ein Jude, ein Serbe, ein Kroate standen stellvertretend für das Leiden „unseres Volks", denn die Juden, Serben und Kroaten waren nach kommunistischem Verständnis „unser Volk". Damit repräsentierten die Überlebenden das kommunistische Narrativ vom gemeinsamen Leiden, was jedoch so formuliert war, dass jede Gruppe daran anknüpfen konnte. In der einleitenden Aufzählung von Leidenden wurden auch serbische Bauern zusammen mit kroatischen Arbeitern und Intellektuellen sowie allen gesellschaftlichen Schichten, Juden und Roma aufgezählt. Sonst wurden die Opfer im Film durchgehend als „unschuldige Opfer", „Menschen", „Frauen und Kinder", als „unser Volk" bezeichnet.

Die von der Dokumentation angegebene Zahl von 840.000 Ermordeten war vermutlich eine erste grobe Schätzung auf Grundlage dieser Aussagen, während die kroatische Landeskommission zur Feststellung von Verbrechen in ihrem Bericht zu Jasenovac von 500.000 bis 600.000 Ermordeten ausging. Diese Zahlen dienen bis heute als Grundlage für eine erbittert ausgetragene Diskussionen über Jasenovac. Im sozialistischen Jugoslawien durften sie nicht infrage gestellt werden.[327] Inzwischen gehen die meisten wissenschaftlichen Studien davon aus, dass in Jasenovac um die 100.000 Menschen ermordet wurden.[328]

Der Dokumentarfilm bot eine erste in der Öffentlichkeit breit zirkulierte Interpretation des Lagers Jasenovac, das mit einem Schlachthaus und Folterlager gleichgesetzt wurde, in dem die bestialischen Ustascha ihre sadistischen Triebe an versklavten, unschuldigen und schutzlosen Insassen befriedigten.

---

327 Siehe darüber auch: Ljiljana Radonić, Krieg um die Erinnerung: Kroatische Vergangenheitspolitik zwischen Revisionismus und europäischen Standards (Frankfurt a.M: Campus 2010), 102–113.

328 Bis März 2013 sind namentlich 83.145 Opfer identifiziert worden, davon 39.570 Männer, 23.474 Frauen und 20.101 Kinder unter 14 Jahren. Über die Hälfte, 47.627, waren Serben, 16.173 Juden, 13.116 Roma, 4.255 Kroaten, 1.128 Muslime und 846 anderer Nationen. www.jusp-jasenovac.hr/Default.aspx?sid=6284 (überprüft am 26.9.2019).

Damit übernahm er die Grundaussagen des Jasenovac-Berichts und belegte sie mit Fotografien aus Aufnahmen des Lagers. Die Bilder von Grausamkeiten und drastische Beschreibungen von Verbrechen sollten die inszenierten Bilder der Ustascha als Lüge enttarnen und die Schrecken von Jasenovac belegen.

Der Dokumentarfilm sollte nicht nur beweisen, dass die Verbrechen im Lager Jasenovac stattgefunden hatten, sowie der Öffentlichkeit die Realität der Ustascha-Herrschaft vor Augen führen. Das Zeigen von Grausamkeiten erfüllte in diesem Kontext unterschiedliche Funktionen: die Begründung der Leidensgemeinschaft, die Legitimation der Machtübernahme und der Gewalt-anwendung sowie die Isolierung der Verbrechen.

Wie von Jovan Byford dargelegt, spielte die Rache auch eine Rolle. Für Gavrin war klar: Ohne Rache würden die Ermordeten keine Ruhe finden. Das „Volk" rufe nach Rache, hieß es mehrfach im Film. „Das Volk verlangt nach Ausrottung der Henker aus unserem Land", forderte die Stimme aus dem Off, während die Kamera auf die Titelblätter von Tageszeitungen fokussierte, die Strafen für die Angeklagten in Kriegsverbrecherprozessen verkündeten. Dabei propagierte der Dokumentarfilm, der in den letzten Minuten Bilder vom Kriegsverbrecherprozess der Ustascha-Regierung zeigte, eine institutionali-sierte und keine willkürliche oder militärische Rache.

Wie Ulrich Gotter am Beispiel der römischen Bürgerkriege gezeigt hat, kann die exzessive Darstellung der Gewalt „die Linie zwischen akzeptierter und nicht akzeptierter Gewalt" definieren.[329] Die mediale Emotionalisierung von Beweismitteln zeigte, welchen Weg die Akten der Staatlichen Kommission sowie der Landeskommissionen in der Nachkriegszeit häufig gegangen sind. Im Falle des Unabhängigen Staats Kroatien betonte die Brutalität der Erzäh-lungen seine politische Illegitimität. Er war nicht nur „sogenannt" unabhängig, weil er vom NS-Regime abhing. Er war auch „sogenannt" ein kroatischer Staat, weil er aufgrund der Verbrechen an der eigenen Bevölkerung keine Legitimität hatte. Die Ruinen von Jasenovac und die Leichen von Opfern bewiesen den Überlebenden diese Konstruktion. Deswegen war die symbolische Bedeutung von Jasenovac für die jugoslawische Nachkriegsgesellschaft nicht zu unter-schätzen. Auf der anderen Seite ging es auch darum, wie die Staatliche Kom-mission beständig betonte, die Erfahrungen der jugoslawischen Bürger an die Erfahrungen anderer europäischer Nationen anzuknüpfen und im Ausland zu zeigen, welche Opfer die Jugoslawen erlitten hatten. Auch im Dokumentar-film hieß es, dass die Leichen von Jasenovac die Verbrechen des Faschismus

329   Ulrich Gotter, Abgeschlagene Hände und herausquellendes Gedärm: Das hässliche Ant-
      litz der römischen Bürgerkriege und seine politischen Kontexte, in: Ferhadbegović / Weif-
      fen, Bürgerkriege erzählen, 61.

beweisen, der „ganz Europa in Schwarz gehüllt habe". Die Briefe aus Belgrad an Radomir Živković und an Albert Vajs belegten, dass die Außenwirkung für die Staatliche Kommission eine wichtige Bedeutung hatte, nicht nur hinsichtlich der Reparationszahlungen. Das immense Leiden des „jugoslawischen Volks", seine heroische Opferbereitschaft angesichts der verbrecherischen und menschenverachtenden Besatzung legitimierten seinen Anspruch, in der Nachkriegszeit selbst über die eigene Staatsform und sein Territorium zu bestimmen. Und das galt insbesondere für Istrien und die mit Italien strittigen Territorien im Hinterland von Triest.

Gavrin beendete den Dokumentarfilm mit einem Fluch: Alle, die ihre Hände mit dem gerechten Blut des Volks besudelt hätten, sollten verflucht werden, zusammen mit allen, die Verbrechern Schutz und Hilfe anboten. Dieser verbale Rückgriff auf vormoderne Ausschlussmechanismen stand zwar im Gegensatz zu den letzten Bildern des Dokumentarfilms. Einerseits signalisierten die Aufnahmen vom Prozess gegen die Ustascha-Regierung, dass die neuen Herrscher der Macht des Gesetzes folgten und nicht auf nicht-institutionelle Rache setzten. Andererseits erlebten zahlreiche Bürgerinnen und Bürger Jugoslawiens Vertreibungen und Flucht von ethnischen Minderheiten. Deutsche, Italiener, Ungarn und auch Jugoslawen, die während des Kriegs Besatzer unterstützt oder nicht unterstützt hatten, flüchteten oder wurden vertrieben. Diese Vertreibungen galt es auch zu legitimieren. Denn die Schuld der „Anderen", die bereits aus dem „Volk" verbannt wurden, ließ sich beweisen, indem sie für ihre Verbrechen zur Rechenschaft gezogen wurden. In diesem Zusammenhang galt für Jugoslawien Ähnliches wie das, was Douglas für Nürnberg herausgefunden hat. Tribunale und andere Formen außerordentlicher Gerichtsbarkeit stehen immer unter besonderem Druck, ihre Rechtmäßigkeit zu beweisen.[330] Und die Rechtmäßigkeit ließ sich durch exzessives Zeigen von Grausamkeiten begründen.

2.9   Zwischenfazit

Nach ihrer Gründung in Jajce entwickelte sich die Staatliche Kommission zur zentralen Institution für die Ermittlung von Kriegsverbrechen der Besatzer und ihrer Helfer. Sie untersuchte und sammelte Beweismaterial, veröffentlichte die Untersuchungsergebnisse und übermittelte die gesammelten Akten sowohl an verwandte ausländische Institutionen (UNWCC) oder nationale

---

330   Douglas, The Shrunken Head, 58.

Kommissionen anderer alliierter Staaten. Gleichzeitig transferierte sie Wissen aus London, von der UNWCC oder aus Nürnberg vom IMT in die jugoslawischen Regionen. Wie die Untersuchung ihrer Tätigkeit gezeigt hat, übernahm die Staatliche Kommission internationale strafrechtliche Vorgaben und passte ihr Wirken an die internationalen Normen und Erwartungen an. Sie integrierte internationale Richtlinien und prozedurale Vorgaben in das jugoslawische System und professionalisierte damit ihre eigene Arbeit, aber auch die Arbeit verschiedener Länderkommissionen. Die vorangegangenen Ausführungen können zum Teil nur auf die zahlreichen Aktivitäten der Kommissionen verweisen und auf das damit verbundene Forschungspotenzial hinweisen. Detaillierte Analysen der konkreten Ermittlungsarbeit jugoslawischer Rechercheteams bei den alliierten Vertretungen, z.B. den US Forces, European Theater (USFET) in Frankfurt oder der British Army of the Rhine (BAOR), stehen noch aus. Auch die Frage der Auslieferungen ist nur in wenigen Aufsätzen angerissen worden.[331] Für diese Arbeit ist es jedoch in erster Linie wi6chtig, auf die internationalen Verflechtungen sowie die juristischen und die narrativen Implikationen ihrer Tätigkeit hinzuweisen.

Es ist wichtig zu betonten, dass die Akten jugoslawischer Kommissionen zur Feststellung von Verbrechen weit mehr als im „stalinistischen Duktus"[332] abgefasste Berichte waren. Vielmehr können sie als erste Generatoren einer „juridischen Wahrheit"[333] über den Zweiten Weltkrieg und Bürgerkrieg und damit die ersten verschriftlichten Bausteine einer Erzählung über die Grundlagen der jugoslawischen Nachkriegsgesellschaft gedeutet werden. Anders als die Ankläger beim IMT hatten sich die jugoslawischen Ermittler entschieden, einen Großteil ihrer Prozesse nicht auf existierenden Dokumenten der Besatzer zu gründen, sondern auf Zeugenaussagen. Diese Entscheidung war im Kontext der Kriegs- und Nachkriegssituation in Jugoslawien nachvollziehbar. Erst später mit der Befriedung sowie der Machtstabilisierung der Kommunistischen Partei und dem Transfer von Unterlagen aus London und Nürnberg bekamen die jugoslawischen Ermittler Zugang zu den Akten der Besatzer. Die „legalen Narrative", die Akten und die Beweise der Staatlichen Kommissionen sowie der Länderkommissionen bildeten damit die Basis für die Anklageerhebungen bei den ersten jugoslawischen Kriegsverbrecherprozessen. Über die „legalen Narrative" bekamen die Opfer nicht nur eine Stimme vor Gerichte, sondern

---

331 Martina Grahek Ravančić, Izručenja i sudbine zarobljenika smještenih u savezničkim logorima u svibnju 1945, *Časopis za suvremenu povijest* 41 (2009) 2, 391–416; Pedaliu, Britain and the „Hand-over".

332 Korb, Im Schatten, 40.

333 Foucault, Die Wahrheit.

auch in der Öffentlichkeit. Allerdings entschieden die Landeskommissionen, was Sachverhalt war und damit in die Akte kam und was nicht.

Damit sind die Akten der jugoslawischen Kommissionen im Sinne von Thomas Scheffer als Materialität im Rechtsdiskurs einzuordnen, die nicht nur vor Gericht Verwendung fanden. Ohne die Vorarbeit der Landeskommissionen waren keine Auslieferungsanträge an die Alliierten möglich. Ohne die Vorarbeit der Landeskommissionen waren keine Schätzungen der Kriegsschäden möglich. Auf der Vorarbeit der Landeskommissionen basierte das öffentliche Bild von der Besatzung. Die Landeskommissionen produzierten das Material für die Narrative vom heroischen Kampf „unseres Volks" und von seiner Leidensgemeinschaft. Die Landeskommissionen formulierten und formten das Narrativ von „bestialischen" und „kriminellen" Tätern, das weitreichende, bis in die Gegenwart nachwirkende Konsequenzen für alle ex-jugoslawischen Gesellschaften hatte. Dass sie dabei verstärkt auf sowjetischen Pfaden wandelten, sich jedoch stets an internationalen Diskussionen orientierten, bestätigt nur, dass sich der jugoslawische Umgang mit den Verbrechen der Besatzung sowie eigenen Verwicklungen mit den faschistischen Strukturen in die gesamteuropäischen Entwicklungen fügte.

Die detaillierte Untersuchung ausgewählter Akten unterschiedlicher Landeskommissionen machte deutlich, unter welchen Schwierigkeiten der Prozess der Ahndung von Kriegsverbrechen litt und in welche Vielzahl an Interaktionen Akten verwickelt waren.

Im folgenden Kapitel wird es daher darum gehen, welche Bedeutung die Vorarbeit und die Ermittlungen der Staatlichen Kommission und der Landeskommissionen vor Gerichten bekam, wie die ersten Gerichtsverfahren den weiteren rechtlichen und narrativen Umgang mit Kriegsverbrechen prägten sowie was aus den Gerichtssälen nach außen drang.

KAPITEL 3

Prozesse

Er ist ein großer Herr, er hat viel Gold,
hat viele Diener und viele Knechte,
er hat viele Hände und unzählige Füße,
und überall auf der Welt werden Schlachten
für ihn geschlagen.
Er ist Basch-Tschelik, Stummel der Finsternis,
Fahne aus Staub, Geheul der Nacht,
Schrei eines Freundes,
Hunger größer als er selbst, großzahnig,
boshaft,
Herdenseuche, weißes Gift, schwarze Pest.
Er herrscht über uns, würgt uns mit Angst,
wir wissen nicht, wann er hereinbricht,
bei Tag oder bei Nacht,
wenn die Hähne krähen oder der Mond
sich zeigt,
um blonde Kinder zu schlachten,
frühlingshafte, milchige Nahrung.[1]

Woher sie das Sofa holten, das sie in die Mitte, zwischen den Gängen positionierten, ist nicht überliefert. Dass Tito, Dr. Ivan Ribar und Ivan Milutinović der Theateraufführung im „Dom kulture" (Kulturheim) nicht auf Holzbänken beiwohnten, wurde aber für die Nachwelt auf einer Fotografie festgehalten.[2] In Bihać 1942 bereiteten die Partisanen mit AVNOJ die Grundlagen des Zweiten Jugoslawiens vor. Vladimir Velebit hielt dort ihre ersten Kriegsverbrecherprozesse ab. Währenddessen sahen sie sich abends und zwischen den Sitzungen und Prozessen Theatervorstellungen an. Tito schien dem Stück konzentriert zu folgen. Und obwohl Branislav Nušićs Komödie „Sumnjivo lice" (Verdächtige Person) aufgeführt wurde, lachte im Moment der Aufnahme

---

1 Davičo, Basch Tschelik. Teile dieses Kapitels basieren auf stark überarbeiteten Versionen von Ferhadbegović, Keine Wahl? und Ferhadbegović, Vor Gericht.

2 Muzej AVNOJ-a, Jajce, hier von der Internetpräsentation des Museums https://www.muzejavnoj.ba/galerije/kazaliste_narodnog-oslobodenja?tx_sffilecollectiongallery_pifilecollectiongallery%5B%40widget_0%5D%5BcurrentPage%5D=15&cHash=410fe59256a971f-31f0ab3b878f586a6 (überprüft am 15.10.2019).

keiner. „Verdächtige Person" stand regelmäßig auf dem Repertoire des Theaters der Volksbefreiung, der wichtigsten Theatergruppe der Partisanenbewegung. Dass sich der revolutionäre Führer der revolutionären Volksbewegung in der Pause zwischen Krieg und Revolution auf dem bürgerlichen Sofa sitzend ein klassisch-bürgerliches Stück Theater anschaute, sagt uns viel über das Verhältnis zwischen revolutionärer Theorie und Praxis, aber auch über die kulturelle Prägung der schauspielernden Revolutionäre. Dass der Tito-Kult bereits 1942 monarchische Züge annahm und nicht erst 1943, wie von Milovan Đilas beobachtet,[3] darauf deutet dieses Bild auch hin. Doch darum geht es hier nicht.

Abbildung 4   Von links: Milutinović, Tito und Ribar in Bihać 1942 beim Betrachten der Theateraufführung „Verdächtige Person", Muzej AVNOJ-a

Noch häufiger als die „Verdächtige Person" führten die Schauspieler Petar Kočićs „Dachs vor Gericht" (Jazavac pred sudom) auf, insbesondere, wenn sie in bosnischen Dörfern auftraten.[4] Petar Kočić war mit der habsburgischen Okkupation Bosnien-Herzegowinas aufgewachsen. 1877 geboren, wurde Franz-Josef sein Kaiser, die fremde Besatzung sein Lebensthema. Kočić hatte

---

3   Đilas, Tito, 106.
4   Vejkoslav Afrić, Sećanje na Kazalište narodnog oslobođenja, in: Živojin Spasić, (Hg.), Tako je rođena nova Jugoslavija: Zbornik sjećanja učesnika drugog zasjedanja AVNOJ-a (Jajce: Muzej AVNOJ-a, 1969), 16. Über die Aktivitäten des Theaters der Volksbefreiung (Kazalište narodnog oslobođenja) siehe Miloš Miletić / Mirjana Radovanović (Hg.), Lekcije o odbrani. Prilozi analizi kulturne djelatnosti NOP-a (Belgrad: KURS 2016).

nur wenige Erzählungen und Dramen veröffentlicht, bevor er 1916 in einer Belgrader Nervenheilanstalt verstarb. Und doch hinterließ er mit seiner Satire „Dachs vor Gericht" tiefe Spuren in der jugoslawischen Kulturlandschaft. Die Satire war seit ihrer Veröffentlichung 1904 Teil offizieller Lektüreprogramme, wurde in Theatern von Ljubljana bis nach Skopje inszeniert und mehrfach verfilmt.[5] David Štrbac, der Held des Dramas, galt als Idealtyp des unterdrückten, aber schlauen bosnischen Bauers, der die imperiale k. u. k. Herrschaft herausforderte und ins Lächerliche zog, als er einen Dachs vor Gericht brachte, weil dieser ihm angeblich sein Feld verwüstet hatte.[6] Das Stück war nicht nur eine sarkastische Abrechnung mit dem Rechtssystem der k. u. k. Landesregierung. Es war eine Anklage gegen das Rechtssystem an sich, das Kočić als ungerecht, aufgezwungen und volksfremd sah. Nach Kočić besaß der serbische (südslawische) Bauer ein angeborenes Rechtsgefühl, das er über das moderne Rechtssystem stellte. Eine Argumentation, der jugoslawische Revolutionäre folgen konnten, wie wir aus Blaževićs und Hrnčevićs Erklärungen der Partisanenjustiz wissen. Diskussionen über die Verbindung zwischen Recht und Emotionen waren auch keine jugoslawische Besonderheit. Sandra Schnädelbach hat in ihrer Studie über die juristischen Debatten im deutschen Kaiserreich und der Weimarer Republik nachgewiesen, dass das Thema eine weite Verbreitung fand.[7] Im Kern dieser Debatten stand sowohl in Deutschland als auch in jugoslawischen Ländern nicht nur die Frage, ob Emotionen im Alltagsgeschäft von Juristinnen und Juristen zulässig seien, sondern die Frage nach den Grundlagen des Rechts. „Das Rechtsgefühl" blieb dabei ein diffuser und dehnbarer Begriff, der sich für Aneignungen und Legitimierungsprozesse aus verschiedenen politischen und ideologischen Richtungen eignete.

Kočićs Denken war eindeutig von einer antikolonialen, aber auch von einer antimodernen Logik geprägt und von einer Sehnsucht nach vormodernen Verhältnissen durchdrungen. Indem er das k. u. k. Recht als „volksfremd" disqualifizierte, kritisierte er nicht nur das fremde Imperium und seine Herrschaft in Bosnien-Herzegowina. Er kritisierte eine moderne Justiz, die sich seiner Meinung nach von Bedürfnissen des „Volks" entfernt hatte und zum Selbstzweck wurde. Die Kommunisten bezogen sich auf ihn, jedoch mit einem ganz anderen

---

5 Über die Bedeutung Kočićs für den serbischen Nation-building-Prozess siehe Vahidin Preljević, „Zauberhafte Mischung" und „reine Volksseele". Literatur, Kultur und Widersprüche der imperialen Konstellation im habsburgischen Bosnien-Herzegowina um 1900, in: Clemens Ruthner / Tamara Scheer (Hg.), Bosnien-Herzegowina und Österreich-Ungarn, 1878–1918, 384–386.

6 Petar Kočić, Jazavac pred sudom, in: ders, Sabrana djela.

7 Siehe dazu Sandra Schnädelbach, Entscheidende Gefühle. Rechtsgefühl und juristische Emotionalität vom Kaiserreich bis in die Weimarer Republik (Göttingen: Wallstein 2020).

Ziel. Das Ziel war nicht die Wiederherstellung der vormodernen Verhältnisse, sondern der Aufbau einer neuen sozialen Ordnung nach kommunistischen Vorstellungen. Gerichte und das Recht spielten in diesem Zusammenhang eine Rolle, weil sie die Gewalt regulierten und institutionalisierten.

Die Machtübernahme und die Stabilisierung gingen in der jugoslawischen Nach-Bürgerkriegsgesellschaft Hand in Hand. Gerichten kam daher eine besonders wichtige Rolle zu. Es geht hier aber nicht nur um ihre juristischen Aufgaben. Ohne Prozesse, die nach Cornelia Vismann notwendig sind, um Taten in Worte zu konvertieren und zu verschriftlichen, wäre als Folge von Besatzung und Bürgerkrieg nur Schweigen geblieben.[8] Dem Gericht kommt nach ihrer Auffassung eine fast therapeutische Funktion zu: In der Verhandlung werden Traumata durch Versachlichung zur Sprache gebracht und aktenkundig gemacht. Durch ihre Rezeption werden Gerichtsverfahren nicht nur Orte der Rechtsprechung und Wahrheitsfindung, sondern auch Orte der Geschichtsschreibung.[9] Diese Funktion von Gerichten ist in den vergangenen Jahrzehnten häufiger in den Mittelpunkt wissenschaftlicher Auseinandersetzungen gerückt.[10] Dabei analysierten verschiedene Autoren insbesondere die Bedeutung des IMT und des Eichmannprozesses auf die Erinnerung an den Zweiten Weltkrieg in unterschiedlichen Ländern sowie den didaktischen Anspruch dieser Prozesse.[11] Zu Jugoslawien hieß es häufig, wie auch von Tony Judt zusammengefasst, dass viele Menschen wegen NS-Verbrechen angeklagt wurden, deren einziges Verbrechen darin bestand, der falschen Nationalität oder Klasse oder Partei anzugehören.[12] Dabei existiert bis heute keine Studie, die Kriegsverbrecherprozesse in Jugoslawien zusammenfassend analysiert. Generell standen die Kriegsverbrecherprozesse in osteuropäischen, nach 1945 kommunistisch regierten Staaten unter dem Verdacht, es handelte sich dabei in erster Linie um „Schauprozesse".[13] Der obligatorische Satz, dass sie sich häufig auch gegen tatsächliche Kriegsverbrecher richteten, fehlte jedoch auch nicht.

---

8   Vismann, Sprachbrüche im Nürnberger Kriegsverbrecherprozess, 47.

9   Wieviorka, Observations sur des porcès nazis, 29–38.

10   Douglas: The Memory of Judgment; Mark Osiel, Mass Atrocity, Collective Memory and the Law (New Brunswick: Transaction Publ 1997).

11   Einen guten Überblick und den theoretischen Rahmen bietet Lawrence Douglas, The didactic trial: filtering history and memory into the courtroom, *European Review* 14 (2006) 4, 513–522.

12   Judt, Die Geschichte Europas, 68.

13   Alexander Prusin und Gabriel Finder beginnen ihre Studie damit, dass sie belegen wollen, dass die NS-Verbrechen im kommunistischen Polen keine Schauprozesse stalinistischen Typs waren. Vgl. Finder /Prusin, Justice behind the Iron Curtain, 6. Zu diesem Vorwurf siehe auch Ragaru, Viewing, Reading, and Listening to the Trials in Eastern Europe, 298–299.

Gegen wen richteten sich also die ersten jugoslawischen Kriegsverbrecher-prozesse? Wie viele Menschen waren überhaupt wegen Kriegsverbrechen in Jugoslawien angeklagt und verurteilt worden? Und wenn sie „Schauprozesse" gewesen sein sollten, was stellten sie zur Schau?

Eine genaue Anzahl der in Jugoslawien landesweit geführten Kriegsver-brecherprozesse ist aufgrund unterschiedlicher Zuständigkeiten und teils verschwundener Quellen unbekannt. Frage ist, ob sie überhaupt genau zu ermitteln wäre. In Jugoslawien übernahmen, wie im ersten Kapitel dargestellt, aufgrund der Kriegssituation zunächst die Militärgerichte die Jurisdiktion – deren Archive sind häufig unvollständig und zum Teil verloren gegangen. Eine erste Übersicht des Militärhistorischen Archivs aus Belgrad, das Akten jugo-slawischer Militärgerichte aufbewahrt, gibt die Zahl von 75.949 angeklagten Personen wieder.[14] Allerdings sind vor Militärgerichten nicht nur Personen wegen Kriegsverbrechen oder ähnlicher Tatbestände angeklagt worden. Ver-gehen von Angehörigen der Volksbefreiungsarmee wurden dort ebenfalls geahndet. Auch die Archive ziviler Gerichte weisen große Lücken auf, bzw. deren Bestände unterscheiden sich stark von den Akten der Staatlichen Kom-mission, die Listen von vermeintlichen und angeklagten Kriegsverbrechern erstellt hatte. So sind nach vorhandenen Unterlagen des Archivs Bosnien-Herzegowinas in Bosnien-Herzegowina bis 1948 insgesamt 2.048 Menschen wegen begangener Kriegsverbrechen verurteilt worden.[15] Diese Zahl erscheint eindeutig zu klein: Als Vergleich sei gesagt, dass die Militärgerichte Zagreb und Belgrad im Jahr 1945 2.453 respektive 3.000 Urteile verkündeten.[16] Und allein der Fonds des Bezirksgerichts Banja Luka, das sich in Bosnien-Herzegowina befindet, beinhaltet 2.422 Fälle von Anklagen und Urteilen wegen Kriegsver-brechen für die Jahre 1945–1950.[17] Für diese Studie sind die Gesamtzahlen nicht ausschlaggebend. Frage war vielmehr, wie es zum jugoslawischen Recht kam, welche Bedeutung internationale Vorbilder hatten und welchen Beitrag an der Formulierung und Durchsetzung von Recht die Staatliche Kommission hatte. Im folgenden Kapitel geht es daher nicht um einen empirischen Ver-gleich aller jugoslawischen Kriegsverbrecherprozesse. Es geht darum, wie das formulierte Recht, die internationalen Entwicklungen sowie die Akten und die Narrative der Kriegsverbrecherkommissionen die Prozesse prägten.

---

14   Slobodan Kljakić, Digitalizovanje prošlosti, *Politika* vom 31.1.2008, hier nach https://www. politika.rs/scc/clanak/digitalizovanje-proslosti (überprüft am 4.12.2021).

15   Lovrenović, Zemaljska komisija, 57.

16   Grahek, Narod, 50.

17   Für diese Information bedanke ich mich beim stellvertretenden Leiter des Archivs der Republika Srpska in Banja Luka Vladan Vukliš.

Die Welt schaute nach Belgrad und Zagreb während der ersten Prozesse gegen die Regierungsmitglieder des USK und während der Prozesse gegen Draža Mihailović und Alojzije Stepinac.[18] Aber welches mediale Echo riefen die lokalen bosnisch-herzegowinischen Prozesse hervor und nach welchem Prozedere vollzogen sie sich? Wer berichtete aus Amtsgerichten? Folgten die neuen jugoslawischen Machthaber den internationalen Entwicklungen und wie lässt sich die jugoslawische Strafverfolgung in den europäischen Kontext einordnen? Es geht im Weiteren aber nicht bloß darum nachzuzeichnen, ob und wie die Rechtsprechung zur Affirmation sozialistisch-kommunistisch vorformulierter Werte und zur Etablierung kommunistischer Herrschaft beitrug. Jugoslawien kam aus dem Krieg als ein zerstörtes Land, das große menschliche Opfer zu beklagen hatte. Im Folgenden wird daher argumentiert, dass jugoslawische Kriegsverbrecherprozesse verschiedene Funktionen erfüllten: Die Reparationen spielten eine Rolle, die narrative Verarbeitung des Zweiten Weltkriegs sicherlich auch. Aber es ging auch darum zu zeigen, welche Opfer die jugoslawische Bevölkerung gebracht hatte, um die eigene Freiheit zu erringen.

Der erste größere Kriegsverbrecherprozess, der nach Kriegsende stattfand, richtete sich gegen die Führung des USK. Welche Bedeutung hatte dieser Prozess für die späteren jugoslawischen Kriegsverbrecherprozesse? Und welche Rolle spielte die kroatische Landeskommission?

3.1   Budak und andere

> Wir haben es getan, weil wir es konnten, und wenn es so geschah, dann musste es auch so geschehen, und wenn es so geschehen musste, dann kann keiner von uns etwas dafür, dass wir es getan haben.[19]

Als im November 1918 die serbische Armee nach Sarajevo einzog, beeilte sich Dr. Nikola Mandić, die Soldaten im Namen aller Kroaten Bosniens willkommen zu heißen.[20] Er äußerte Freude über das Ankommen der serbischen Armee und Bereitschaft, die Vereinigung des ganzen jugoslawischen Volks mitzugestalten. Mandić war ein ehemaliger Wiener Student, Doktor der Rechtswissenschaft

---

18   Zum Prozess Stepinac siehe Sabina Ferhadbegović, Der Prozess gegen Alojzije Stepinac, Jugoslawien 1946, n: Ignor Groenewold / Arnd Koch (Hg.), Lexikon der Politischen Strafprozesse, https://www.lexikon-der-politischen-strafprozesse.de/glossar/stepinac-alojzije-1946/ (überprüft am 23.6.2021).

19   Zoltán Dany, Der Kadaverräumer (Berlin: Suhrkamp 2018), 73.

20   N.N., Naša vojska u Bosni, *Večernje Novosti* vom 9.11.1918, 1.

und seit Jahren politischer Führer bosnischer Kroaten. Die Liste seiner Ämter war lang. Seine Vermögensliste ebenfalls. Nachdem er jedoch am 28. Juni 1921 als Vertreter der Kroatischen Volkspartei (Hrvatska Pučka Stranka) in der konstituierenden Versammlung gegen die Vidovdan-Verfassung votiert hatte, schränkte er sein politisches Engagement ein. Er hielt gelegentlich Vorträge für die Einführung des allgemeinen Wahlrechts, sang im kroatischen Sänger-verein „Trebević" und betrieb seine Anwaltskanzlei.[21] Im September 1943 war Dr. Nikola Mandić mit 74 Jahren ein verdienter Pensionär und es deutete nichts darauf hin, dass er noch eine politische Aufgabe anstrebte. Dann trug ihm aber Ante Pavelić die Position des Ministerpräsidenten des USK an. Er war aber nicht der einzige k. u. k. Veteran, der sich 1918 erst vor der Dynastie Karađorđević verneigte, um dann 1941 die Serben mit dem repressiven Regime des Ersten Jugoslawiens gleichzusetzen und serbenfeindliche Ressentiments zu schüren. Bei seiner Vernehmung im Mai 1945 sagte Mandić aus, er habe zunächst seine Freunde konsultiert, ob er die Aufgabe übernehmen solle.[22] Diese hätten ihm geraten zuzuschlagen und gemeint, schließlich brauche der USK jemanden wie ihn, der für die Durchsetzung von Recht und Ordnung sor-gen könne. Mandić telefonierte mit dem Innenministerium wegen Jasenovac. Er reiste für Pavelić nach Berlin und ließ sich von Hitler erzählen, Deutschland habe eine Wunderwaffe und werde sie einsetzen, um den Lauf des Kriegs zu verändern. In Sarajevo verhandelte er mit Vertretern bosnischer Muslime, die versuchten, eine bosnische Autonomie innerhalb des USK durchzusetzen.[23] Am 4. Mai 1945 unterzeichnete er ein Memorandum an die Alliierten, in dem er sich Großbritannien andiente, um den USK zu erhalten.[24] Er versuchte zu retten, was nicht zu retten war und nicht gerettet werden sollte. Am Sonntag, den 6. Mai 1945, floh Mandić zusammen mit anderen Mitgliedern der USK-Regierung Richtung Österreich, um sich britischen oder amerikanischen Truppen zu ergeben. Vom Osten her marschierten nämlich Titos Partisanen Richtung Zagreb, wo keiner der USK-Verantwortlichen bleiben wollte. Mit Mandić und seiner Ehefrau fuhren Dr. Džaferbeg Kulenović mit seiner Familie, Minister Dr. Mate Frković mit Familie, Minister Hilmija Bešlagić mit seinem Sohn, der ehemalige Minister Dr. Mile Budak mit seiner Tochter, Minister Dr. Pavao Canki, Minister Ivica Frković mit seiner Familie, Minister Dr. Osmanbeg

---

21 NN. Sarajevski ženski pokret za žensko pravo glasa, *Vreme* vom 3.9.1927, 5.
22 Videointerview Vojdrag Berčić, USHMM, Nr. 44279 vom 19. Juli 1998 (alle folgenden Zitate Mandićs sind diesem Interview entnommen).
23 Greble, Sarajevo 1941–1945, 193.
24 Jerome Jareb / Ivo Omrčanin, Croatian Government's Memorandum to the Allied Head-quarters Mediterranean, May 4, 1945, *Journal of Croatian Studies* 21 (1980), 133.

Kulenović sowie Bildungsminister Dr. Julije Makanec in mehreren Limousinen nach Klagenfurt.[25] Dort angekommen, kontaktierten sie die britischen Militärverantwortlichen, die sie in Hotels und Schlösser in Tamsweg, Turracher Höhe und Prebersee unterbrachten. Pavelić floh ebenfalls und irrte tagelang in österreichischen Wäldern umher, um die Demarkationslinie zwischen sowjetischen und amerikanischen Truppen auf der für ihn richtigen Seite zu überqueren.[26] Als seinen letzten offiziellen Akt ernannte er Vjekoslav Luburić zum Befehlshaber der kroatischen Armee.[27] Auf dem Rückzug, hinter den Verantwortlichen des USK, befanden sich auch Zehntausende von Soldaten und Zivilisten. Was in den kommenden Tagen geschah, gehörte zu den Tabus des sozialistischen Jugoslawiens und ist je nach Perspektive als „The Bleiburg repatriations" von den Briten oder als „Massenmord von Bleiburg" oder „Kreuzweg von Bleiburg" seitens der Exilkroaten beschrieben worden. Die Alliierten entschieden, dass sich alle ex-jugoslawischen Unterstützer der Achsenmächte den Partisanen ergeben sollten.[28] Bis zur bedingungslosen Kapitulation am 14. Mai 1945 und bis zur Rückführung der Flüchtenden nach Jugoslawien fanden zum Teil erbitterte Gefechte statt. Bis heute ist nicht bekannt, wie viele Menschen bei anschließenden Todesmärschen und gezielten Erschießungen starben.[29] Bis heute gehören die Massentötungen von Soldaten des USK und Zivilisten in der Gegend um Bleiburg zu einem der umstrittensten Themen in der ex-jugoslawischen Region.[30] Für diese Arbeit ist von Bedeutung, dass genau das passierte, was die Verantwortlichen des USK vermeiden wollten: Die britischen Verantwortlichen lieferten die Flüchtenden den Partisanen aus, die

---

25   Bogdan Krizman, Pavelić u bjegstvu (Zagreb: Globus 1986), 24.

26   Krizman, Pavelić u bjegstvu, 21.

27   Ante Delić, On the Concealment of Ante Pavelić in Austria in 1945–1946, *Review of Croatian History* 7 (2011), 1, 296.

28   Calic, Geschichte Jugoslawiens, 172.

29   Zahlreiche Forschungsprojekte sind in diesem Zusammenhang entstanden. Für einen Überblick auf der österreichischen Seite siehe Florian Thomas Rulitz, Die Tragödie von Bleiburg und Viktring. Partisanengewalt in Kärnten am Beispiel der antikommunistischen Flüchtlinge im Mai 1945 (Klagenfurt: Hermagoras Verlag 2011). Für die Verbrechen an der italienischen Bevölkerung siehe Pirjevac, Fojbe; für einen Gesamtüberblick siehe Davor Zebec: Die Massentötungen nach Kriegsende 1945 auf dem jugoslawischen Kriegsschauplatz: Ein Vergleich der kroatischen und slowenischen Historiografie, Dissertation an der Universität der Bundeswehr München (München 2017).

30   Eine gute Einführung und einen Überblick über die Sekundärliteratur bietet die Magisterarbeit von Martina Grahek Ravančić, Bleiburg i „križni put" (Zagreb: HIP 2009). Für die Zusammenfassung auf Englisch Martina Grahek Ravančić, Controversies about the Croatian Victims at Bleiburg and in „Death Marches", *Review of Croatian History* 2 (2006) 1, 27–46. Für Auswirkungen auf die Erinnerungskultur siehe Radonić, Krieg um die Erinnerung.

schnell vorankamen und Stellung auf dem Territorium bezogen, das vor dem Krieg zu Italien oder Österreich gehörte, aber von Südslawien besiedelt war. Deutschland hatte kapituliert, aber der Krieg war in diesem Gebiet längst nicht vorbei. Bei Klagenfurt kamen britische, sowjetische und jugoslawische Truppen zusammen und Jugoslawien ging es darum, vor Friedensverhandlungen *tabula rasa* zu schaffen. Vladimir Velebit hatte bereits Ende März betont, dass jugoslawische Truppen sowohl Klagenfurt als auch Villach besetzen würden, da diese Orte „zu Jugoslawien gehören".[31] In den kommenden Wochen versuchten die Jugoslawen über verschiedene diplomatische Kanäle die Erlaubnis zu bekommen, sich an der alliierten Besatzung Österreichs zu beteiligen, was nicht gelang. Schließlich entschlossen sie sich, militärisch Fakten zu schaffen. Die Stimmung zwischen den Alliierten war so angespannt, dass der Supreme Allied Commander, Feldmarschall Harold Alexander, Tito aufforderte, seine Truppen aus der Steiermark und aus Kärnten abzuziehen, und nicht einmal vor militärischen Maßnahmen zurückschreckte.[32] In seinem Brief an den amerikanischen Botschafter ist die Haltung Titos zur Situation in Kärnten und Steiermark sowie hinsichtlich der abziehenden feindlichen Soldaten eindeutig:

> After the agreement 1st November, 1943, at Moscow the situation has been greatly changed. Yugoslavia till now participated with a big army in the great Allied efforts which won victory. Yugoslavia of all European countries has most suffered of the German occupation in which a great deal of German units from Austria took part. Therefore, it would be unjust to deny Yugoslav Army the right to pursue the enemy over the pre-war frontiers and to occupy the territory liberated from the enemy. Units who have crossed the Yugoslav-Austrian frontier have done so by fighting the enemy who has not submitted himself to the conditions of the capitulation.[33]

Nach Tito legitimierte das große jugoslawische Leiden die territorialen Ansprüche. Und den Kampf der Partisanen auf österreichischer Seite erklärte er mit der Tatsache, dass die „Feinde" ebenfalls trotz Kapitulation weiterkämpften. Nach seinem Verständnis und in den Augen seiner Soldaten waren die Fliehenden nichts anderes als „Feinde". Das brutale und rechtswidrige Vorgehen der Partisanen war nach dieser Perspektive ausgleichende Gerechtigkeit.

---

31 Concern of the United States with attempts on the part of Yugoslavia to participate in the occupation of Austria, *Foreign Relations* 1945, Volume V, 1313–1314.

32 Siehe dazu den Briefwechsel zwischen britischen und amerikanischen Diplomaten, *Foreign Relations* 1945, Volume V, 1324.

33 Concern of the United States with attempts on the part of Yugoslavia to participate in the occupation of Austria, *Foreign Relations* Bd. V 1945, 1322.

Trotz Titos Bemühungen stieß er mit seinen Argumenten bei Briten und Amerikanern auf taube Ohren. Etwas hatte er aber erreicht, und zwar dass die britischen Offiziere seiner Armee jugoslawische Staatsangehörige auslieferten, wie unter den Alliierten vorher schon vereinbart war.[34] Dass die Vertreter des USK als solche angesehen wurden, überrascht nicht. Weder die britische noch die amerikanische Regierung hatte den USK anerkannt.[35] Und so konfiszierten die Briten die Limousinen des USK und britische Soldaten transportierten Mandić und seine Kollegen vom Schloss in Turracher Höhe oder Hotels in Tamsweg mit Lastern nach Rosenbach, wo sie die Partisanen übernahmen und nach Zagreb ins Gefängnis brachten.

Vojdrag Berčić befand sich zu dieser Zeit in Split, das bereits Ende Oktober 1944 befreit worden war.[36] Dort arbeitete er am Militärgericht als Ermittlungsrichter des 8. Korps und übernahm Vernehmungen von inhaftierten angeklagten Kriegsverbrechern und „Volksfeinden". Berčić hatte vor dem Krieg Jura studiert. Nach der Befreiung Zagrebs wurde er aufgefordert, die Aufgabe des Ermittlungsrichters beim Militärgericht des Stadtkommandos Zagreb zu übernehmen. Die Militärgerichtsbarkeit formierte sich erst. Abgesehen von Berčić arbeiteten dort zu dieser Zeit nur sein Vorgesetzter und damit Gerichtspräsident Vlado Ranogajac, der Protokollführer Otto Radan, ein jüdischer Überlebender des Lagers Slano und die Sekretärin Nevenka Jakiša. An Arbeit mangelte es nicht. Bald hatte Berčić mit der USK-Regierung seinen ersten großen Fall. Ranogajac informierte ihn, dass ihr Militärgericht die „Ustascha-Regierung" bekommen hatte, und schickte Berčić zum Geheimdienst, um die Ausgelieferten abzuholen und ins Militärgefängnis zu bringen. Dort warteten auf ihn Mile Budak (Religionsminister), Nikola Mandić (Regierungspräsident) und Ademaga Mešić (Stellvertreter Ante Pavelićs), Juraj Rukavina (Oberst der Ustasha), Ivan Vignjević (Präsident des Standgerichts), Dr. Julije Makanec (Bildungsminister), Nikola Steinfel (Militärminister), Dr. Pavle Canki (Justizminister), Lavoslav Milić (General der Domobrani) und Dr. Bruno Nardelli (Gouverneur in Dalmatien).

---

34   Ustascha-Angehörige wurden vom U.S. Office of War Information als „Kollaborateure" kategorisiert, die nach der Moskauer Deklaration von einer jugoslawischen Nachkriegsregierung hätten bestraft werden sollen. Siehe dazu: The Fate of the Wartime Ustasha Treasury, in: United States Congress, H.R. 3662. U.S. Holocaust Assets Commission Act of 1998, Bd. 4 (Washington: U.S. Government Printing Office 1998), 277. Zur Auslieferung siehe auch: Martina Grahek Ravančić, Izručenja zarobljenika s bleiburškog polja i okolice u svibnju 1945, *Journal of Contemporary History* 39 (2008) 3, 531–550.

35   *Foreign Relations*, 1941, Bd. II, 979–984.

36   Videointerview Vojdrag Berčić, USHMM, Nr. 44279 vom 19. Juli 1998. Alle folgenden Zitate Berčićs sind dieser Videoaussage entnommen.

Abbildung 5   Ausgelieferte Mitglieder der USK-Regierung[37]

Berčić beschrieb seine Irritation darüber, wie gepflegt und sauber er die Inhaftierten im Gefängnis der OZN vorfand und wie sie zu seinem Transporter rannten, als würden sie um ihr Leben kämpfen. Viel Zeit blieb ihnen in der Tat nicht. Berčić sollte drei Angeklagte vernehmen und in 24 Stunden alle relevanten Informationen für das Militärgericht vorbereiten. Noch bevor er damit begann, las Berčić die Akten des Geheimdienstes sowie die Vernehmungsakten der kroatischen Landeskommission. Diese hatte Prof. Ferdo Čulinović angefertigt und sie dienten als Grundlage für die Anklageschrift. Die ersten offiziellen Informationen über die Angeklagten kamen daher von der Landeskommission.

Die Anklage vertrat Jakov Blažević. Weder Berčić noch Blažević ging es darum, beim Prozess die Schuld der Angeklagten festzustellen. Als ehemalige Partisanen waren sie von ihr überzeugt. Von Bedeutung ist jedoch, dass der Prozess nicht nach Nikola Mandić genannt wurde, dem Premierminister des USK, sondern nach Mile Budak, der als Chefpropagandist der Ustascha galt und 1941 die Aufgabe des Religions- und Unterrichtsministers übernommen hatte.[38] Diese Entscheidung hatte eine symbolische Bedeutung. Nikola Mandić war und blieb vielen unbekannt, trotz seiner herausragenden Stellung. Mile Budak

37   Verhaftete Mitglieder der Regierung des sogenannten Unabhängigen Staats Kroatien im Hof des Zagreber Gefängnisses in Petrinjska Straße, Muzej revolucije naroda Jugoslavije, hier aus: http://znaci.net/arhiv/fotografija/16544 (überprüft am 20.10.2019).
38   Mehr über Mile Budak siehe Tomislav Jonjić und Stjepan Matković, Novi prilozi za životopis Mile Budaka uoči Drugoga svjetskog rata, ČSP 2 (2008), 425–453; Hory und Broszat, der kroatische Ustascha-Staat, 14; 78.

dagegen gehörte zu den bekannten Ustascha, exponierte sich als Ustascha und befand sich als Doglavnik (Stellvertreter des Führers) im Führungszirkel der Ustascha-Bewegung, obwohl er sich seit Ende 1943 aus der Politik zurückgezogen hatte. Berčić erinnerte sich, dass das Erste, was er während der Vernehmung an Mile Budak gerichtet hatte, die Parole „Serben auf die Weiden!" (Srbe na vrbe) war. Budak verneinte die Urheberschaft an dem Ausspruch, gab aber zu, dass er „Verneige dich, oder geh weg!" (Ili se ukloni, ili se pokloni!) ausgerufen hatte.[39] Die Diskrepanz zwischen dem, was Budak vorgeworfen wurde, und dem, was er zugab, war die Diskrepanz zwischen dem Aufruf zum Massenmord oder zur Vertreibung und Assimilation. Das Ziel blieb das gleiche: ein „ethnisch homogenes" Kroatien ohne seine serbische Bevölkerung bzw. mit Serben, wenn sie ihre nationale Zugehörigkeit aufgaben.

3.1.1 Das Militärgericht der Zweiten Armee

Der Prozess gegen Budak u.a. fand vor dem Militärgericht der Zweiten Armee am 6. Juni 1945 statt. Den Vorsitz übernahm Dr. Josip Hrnčević. Dr. Gabrijel Divjanović und Vladimir Ranogajec, Berčićs Chef, waren beisitzende Militärrichter. Sie repräsentierten drei Ebenen der jugoslawischen Volksbefreiungsarmee: Hrnčević war gleichzeitig Vorsitzender des Militärgerichts des Generalstabs, Divjanović war Vorsitzender des Militärgerichts der Zweiten Armee und Ranogajec saß dem Militärgericht des Stadtkommandos Zagreb vor. Zur gleichen Zeit befanden sich die wichtigsten zwei Personen des neuen Jugoslawiens ebenfalls in Zagreb, Tito und Aleksandar Ranković. Ob Hrnčević sich mit Tito über den anstehenden Prozess unterhalten hat, ist nicht überliefert. Seinen Erinnerungen ist zu entnehmen, dass sie sich in Zagreb getroffen hatten, als Hrnčević eigentlich den Leiter des Geheimdienstes Ranković „wegen der Klärung laufender Geschäfte" sprechen wollte.[40]

Über den Budak-Prozess berichtete Hrnčević wenig, obwohl er eine große Bedeutung hatte, sowohl für das Land als auch für ihn selbst. Hrnčević und Divjanović hatten mit dem Erlass über Militärgerichte die rechtlichen Grundlagen für den Prozess ausgearbeitet. Sie wandten das Recht an, das sie ausformuliert hatten. Unter den Angeklagten befand sich u.a. sein Vorkriegskollege, der Richter Ivan Vignjević, der nach 1941 Vorsitzender des mobilen USK-Standgerichts wurde. Ein Jahr später, 1942, verurteilte Vignjević Hrnčevićs Freunde und Mitglieder der kommunistischen Jugendorganisation

---

39   Nada Kisić-Kolanović, Vrijeme političke represije: „veliki sudski procesi" u Hrvatskoj 1945–1948, *Časopis za suvremenu povijest* 25 (1993) 1, 10.

40   Hrnčević, *Svjedočanstva*, 171.

Branko Grozdić und Jovanka Gabošac zum Tode.[41] Vignjević war nicht der einzige Angeklagte, der bei führenden Kommunisten Groll erregte. Angeklagt war auch Juraj Rukavina, Ustascha-Oberst, der in der Zwischenkriegszeit mit Đilas und Pijade im Gefängnis saß. Trotz seiner Loyalität zur Ustascha-Bewegung zeigte sich Rukavina solidarisch mit manchen Kommunisten und denunzierte 1941 z.B. den führenden kroatischen Kommunisten Andrija Hebrang nicht, als er ihm zufällig in Zagreb begegnete.[42]

Die Anklage warf den Angeklagten Hochverrat und Kriegsverbrechen nach Art. 13 und 14 des Erlasses über die Militärgerichte vor.[43] Das überrascht nicht, denn auch in der UNWCC wurde mehrfach betont, was die Moskauer Deklaration und das Abkommen von Jalta bestätigten, dass für die Verbrechen der „quislings, traitors, fifth columnists, and other collaborators of the enemy"[44] die jeweiligen Staaten selbst verantwortlich seien.

Blažević knüpfte an den Ansatz von Trainin und Jackson über die gemeinsame Verschwörung „conspiracy" an. Er warf den Angeklagten vor, im Rahmen eines gemeinsamen Vorgehens die „volksfeindliche terroristisch-verräterische Organisation" der Ustascha begründet zu haben bzw. ihr später beigetreten zu sein (Mandić, Nardelli, Milić), um „imperialistische Ziele der faschistisch-nazistischen Verbrecher" durch die Gründung des „Vasallenstaats, des sogenannten USK", zu verwirklichen. Der Tatbestand der Verschwörung basierte auf internationalem und jugoslawischem Recht, die narrative Einrahmung fasste unterschiedliche Erzählstränge zusammen, die bereits in verschiedenen Verkündungen und Berichten der Staatlichen Kommission zirkulierten.

Auch die Konzepte der Mittäterschaft „complicity" sowie der Vorgesetztenverantwortlichkeit „command responsibility" fanden Berücksichtigung: Laut Anklage standen die Angeklagten an der Spitze des „sogenannten Staats" USK und hatten über staatliche Organe das kroatische und serbische Volk mit Einsatz von Massengewalt „vernichtet, versklavt und ausgeraubt". Konkret warf ihnen die Anklage das Entfachen eines „Bruderkriegs zwischen Serben und

---

41   Hrnčević, Svjedočanstva, 59.

42   Zvonko Ivanković-Vonta, Hebrang (Zagreb: Scientia Yugoslavica, 1988), 117.

43   Die Anklage ist zusammen mit anderen Unterlagen aus dem Dossier Mile Budaks veröffentlicht in: Ivo Petrinović, Mile Budak – Portret jednog političara (Split: Književni krug 2002), 165–231. Alle folgenden Zitate der Anklage sind dieser Quelle entnommen.

44   Nicht alle Delegierten fanden die Bezeichnung „Quisling" angemessen. Lord Wright plädierte stattdessen, „treasonable cooperation" zu verwenden. UNWCC, Minutes of the thirty-seventh Meeting, 31.10.1944, UNWCC Archives, Reel 33, M37, 4. Zur damaligen Diskussion um den Umgang mit „Quislings und Verrätern" siehe: Anonymous (M. de Baer), The Treatment of War Crimes. III., 251.

Kroaten" vor sowie die Schwächung der inneren Einheit des kroatischen Volks mit dem Ziel, den einheitlichen Widerstand und den bewaffneten Kampf gegen die „ausländischen, imperialistischen deutsch-italienischen Eroberer" zu verhindern. Die Entscheidung der Anklage, die Führung des USK in Abweichung vom Individualprinzip des traditionellen Strafrechts nach dem Common-Design-Prinzip angloamerikanischer Gerichte anzuklagen, war keine jugoslawische Besonderheit. Wie wir wissen, wurde das Konzept der „Verschwörung" zur späteren Grundlage des Londoner Statuts und bei zahlreichen NS-Kriegsverbrecherprozessen angewandt.[45] Hrnčević und Blažević hatten Trainins Vorbild vor Augen sowie seine Ideen über die Mittäterschaft und strafrechtliche Verantwortung. Wie Francine Hirsch aber gezeigt hat, schlossen sich diese Konzepte nicht aus.[46] Sie ergänzten sich sogar. Die Anwendung des Common Design ermöglichte eine Verurteilung von Angeklagten ohne den direkten Nachweis einer individuellen Tatbeteiligung. So scheint es folgerichtig, dass das Rechtskonstrukt von jugoslawischen Gerichten intensiv angewandt wurde.

Obwohl der Tatbestand des Verrats in der Regel mit dem politischen „Verrat" am Staat assoziiert wird, sah Blažević das anders. Den Begriff des „Verrats" knüpfte er in der Anklage eng an den Begriff des Volks. Die Loyalität der Bevölkerung hat während der Besatzung nicht dem neuen jugoslawischen Staat gelten können, befand dieser sich noch im Aufbau. Die Loyalität sollte daher dem „Volk" gelten. Und die Ustascha hatten nach Verständnis von Blažević das „Volk" verraten. Wie Margalit in seiner Abhandlung über den Verrat darlegte, waren und sind die semantische und die legale Einbettung des Verrats mit starken moralischen Vorstellungen verbunden.[47] Für die jugoslawischen Kommunisten war es ebenfalls keine Frage der ideologischen Affinität, ob jemand mit den Besatzern kooperierte, um anschließend als Ustascha oder zusammen mit den Ustascha den USK auszurufen. Für die jugoslawischen Kommunisten war das eine zutiefst moralische und die einzig mögliche Entscheidung, sich

---

45   Über die Anwendung des Common Design bei der Ahndung von NS-Verbrechen siehe Wolfgang Form, Justizpolitische Aspekte west-alliierter Kriegsverbrecherprozesse 1942–1950, in: Ludwig Eiber / Robert Sigl (Hg.), Dachauer Prozesse – NS-Verbrechen vor amerikanischen Militärgerichten in Dachau 1945–1948 (Göttingen: Wallstein 2007), 52. Zur detaillierten Anwendung des Common Design siehe: Martin Gruner, Strafverfolgung von Kriegsverbrechen – US-amerikanische Militärgerichtsprozesse gegen KZ-Kommandanten 1945–1948 und die Bedeutung des Common Design, Inaugural-Dissertation zur Erlangung des Doktorgrades an der Philologisch-Historischen Fakultät der Universität Augsburg, hier nach https://opus.bibliothek.uni-augsburg.de/opus4/frontdoor/deliver/index/docId/88136/file/Gruner_Diss.pdf (überprüft am 3.12.21).

46   Hirsch, Soviet judgment, 36.

47   Margalit, On Betrayal, 26.

gegen ein verbrecherisches Regime aufzulehnen. Wenn die Führung des USK
argumentierte, sie hatte mit der Gründung des USK dem Wunsch des kroatischen „Volks" nach einem eigenen Staat entsprochen, stellten die Kommunisten nicht nur die „Eigenstaatlichkeit" des USK infrage oder den Anspruch
der USK-Regierung, das kroatische „Volk" zu repräsentieren. In einem „moralischen Kreuzzug", wie Jill Lepore die Methode neuer sozialer Bewegungen
zur Machterlangung bezeichnete,[48] prangerten sie die Zusammenarbeit mit
den Besatzern als eine amoralische Entscheidung an. Vor dem Gericht ging
es daher nicht nur darum, die Angeklagten wegen ihrer Taten zu verurteilen,
sondern zu zeigen, wem gegenüber sie loyal waren und für welche Moral sie
sich entschieden hatten. Es ging daher nicht nur um ihre juristische, sondern
auch um ihre moralische Verantwortung. Nach Verständnis jugoslawischer
Kommunisten verdiente der USK keine Loyalität, daher waren alle, die sich
gegen das Regime stellten, im Recht, und jeder, der das Regime am Leben hielt,
ein Verräter. Diese Haltung war nicht nur jugoslawischen Kommunisten eigen.
Vor der UNWCC und in internationalen Diskussionen wurden die „puppet
governments" in Norwegen, Belgien oder Kroatien als „simple, ordinary cases
of treason"[49] eingeordnet.

Als Zweites warf die Anklage den Angeklagten in fünf Unterpunkten konkrete
Kriegsverbrechen vor: „Massenmord, Gründung von Konzentrationslagern und
Gefängnissen, Vertreibung, Raub und Verwüstung, Zwangsdeportation sowie
Zwangsmobilisierung". Auch hier wurden die Angeklagten als Mitglieder einer
„verbrecherischen Organisation" wegen ihrer Aufgaben bei der „Inspiration,
Organisation und Durchführung" von staatlich motivierten Massenverbrechen
gemeinsam angeklagt. Im Einzelnen jedoch warf Blažević jedem Angeklagten
konkrete Straftaten vor. In Mile Budaks Anklage waren sechs Tatbestände
aufgezählt:

> a) Mitgliedschaft in der Ustascha, Organisation von Ustascha-Lagern und Vor-
> bereitung von Ustascha auf den Massenmord, bezahlt von den „Feinden";
> b) während der Emigration Dienst für Italien und Deutschland;
> c) Ministerposten sowie Aufgabe als Entsandter im USK und als solcher intellek-
> tueller Ideengeber für den Massenmord an Serben in Kroatien;
> d) Herausgeber von ‚Hrvatski narod' (Kroatisches Volk) und Angehöriger der
> Fünften Kolonne;
> e) als Außenminister verantwortlich für die Zwangsarbeit;
> f) als Regierungsmitglied Mitunterzeichner zahlreicher verbrecherischer Gesetze.

---

48   Jill Lepore, These Truths: A History of the United States (New York / London: W.W. Norton
     & Company 2018), 332.
49   Anonymous (M. de Baer), The Treatment of War Crimes, 251.

Die Begründung diente dem Chefankläger nicht nur dazu, die Anklage zu erläutern. Sie war in zwei Teile gegliedert und bot im ersten Teil eine Zusammenfassung der bereits propagierten Deutung des Zweiten Weltkriegs. Blažević schlug den Bogen vom „verbrecherischen Plan des deutschen Imperialismus" über das „großserbische volksfeindliche Regime", die „Fünfte Kolonne" und die „Vorkriegsparteien" zum „monströsen Verbrecher Hitler" und dem „Schächter Pavelić".[50] Nach Blažević war Hitler nicht der Hauptverantwortliche für den Krieg. Hitler war nur ein „Vertreter des blutrünstigen deutschen Imperialismus". Er sollte das Ziel der „preußischen Junker und der deutschen Großindustriellen" verwirklichen, das darin bestand, die Welt zu beherrschen und die Menschheit zu versklaven. Nach dieser Interpretation deutete Blažević den Zweiten Weltkrieg zu einem ideologischen Kampf zwischen dem „deutschen Imperialismus" und dem „Antifaschismus" um, wobei er als „Antifaschisten" alle definierte, die in ihren Ländern für die Freiheit und gegen die Gewalt der Besatzer kämpften. Als führende Macht in diesem Kampf bezeichnete er die Sowjetunion. In einer hochpathetischen Sprache hieß es: „Nachdem sie von hitlerischen Horden angegriffen wird, übernimmt die Sowjetunion während des Zweiten Weltkriegs die Hauptlast des Kampfes auf ihre Schultern und erhebt unter der Führung des großen Lehrers und Führers Stalin die Fahne des Freiheitskampfes aller freiheitsliebenden Nationen der Welt gegen den deutschen Imperialismus und gegen seine Helfer." Diese Deutung des Zweiten Weltkriegs orientierte sich an dem sowjetischen Narrativ, das der sowjetische Chefankläger in Nürnberg auch verbreitete, wonach das Hauptziel von Hitler und des NS-Regimes die imperialistische Expansion Deutschlands war.[51] Indem die Kommunisten den Nationalsozialismus in den Kontext imperialistischer Herrschaft rückten, wollten sie die moralische Überlegenheit ihres Staatsmodells hervorheben. Dabei verwendeten sie den Begriff des Imperialismus nicht als eine analytische Kategorie wie z.B. Hannah Arendt in ihrer Analyse des Verhältnisses zwischen Imperialismus und Totalitarismus,[52] sondern als eine ideologische Parole. Bei allem Pathos und Populismus vergaß es Blažević nicht, die historische Bedeutung der Allianz

50   Optužnica, in: HDA, Fonds Služba državne bezbjednosti (SDS), Dosje Mile Budak, Nr. 52, 30–45. Alle Zitate der Anklagebegründung sind dieser Quelle entnommen.

51   Hirsch, Soviet Judgment, 217.

52   Hannah Arendt, The Origins of Totalitarianism (Cleveland u.a.: World Publ. 1966). In den letzten Jahren haben Mark Mazower und Shelly Baranowski Studien vorgelegt, die an Arends Ideen von Osteuropa als kolonialem Expansionsraum anknüpften. Siehe dazu Mark Mazower, Hitler's Empire: Nazi Rule in Occupied Europe (London: Alen Lane 2008); Shelly Baranowski, Nazi Empire: German Colonialism and Imperialism from Bismarck to Hitler (Cambridge: Cambridge University Press 2011).

zwischen der Sowjetunion, den Vereinigten Staaten und England zu betonen, was das jugoslawische Lavieren zwischen den Großalliierten illustriert. Worum es ihm eigentlich ging, war einerseits die Betonung der Rolle Jugoslawiens in dieser Allianz sowie der jugoslawische Beitrag am „großen Sieg". Andererseits ging es um die moralische Überlegenheit und die Legitimität: Nach Blažević war der Zweite Weltkrieg ein großer Kampf zwischen den „dunklen Mächten des deutschen Imperialismus" und den „leuchtenden, von der Sowjetunion angeführten Mächten der Freiheit". Vor diesem Hintergrund erklärte er die Führung der bürgerlichen Parteien im Vorkriegsjugoslawien zur „Reaktion" und zur „Fünften Kolonne". Diese hatten, so Blažević, mit dem Beitritt zum Dreimächtepakt die Voraussetzungen für die „Versklavung Jugoslawiens" geschaffen. Blažević warf den Vorkriegspolitikern vor, „das Volk" gespalten, den einheitlichen Kampf gegen die Besatzer verhindert und damit die Besatzung ermöglicht zu haben. Während also die bürgerlichen Parteien die Voraussetzungen für die Besatzung geschaffen hatten, unterstützten die „einheimischen Verräter Nedić, Pavelić, Rupnik und andere" die Besatzer, indem sie mit allen Mitteln die Formierung eines einheitlichen, bewaffneten Volkswiderstandes bekämpften. Sie versuchten, „das Volk" zu täuschen, es zu „verführen", damit es nicht für die eigene Befreiung kämpfe. Sie wollten, so Blažević, den langjährigen Kampf des kroatischen Volks gegen das großserbische monarchische Jugoslawien ausnutzen, um einen Bruderkrieg zu provozieren. Dafür, diesen „Bruderkrieg" anzufeuern, setzten sie die „terroristische verräterische Organisation der sogenannten Ustascha" ein. Blažević sprach hier nicht von einem „Bürgerkrieg" innerhalb der jugoslawischen Bevölkerung. Er wählte bewusst die drastischere, deutlichere Bezeichnung des „Bruderkriegs", um den Kampf zwischen den Serben und Kroaten zu beschreiben. Damit knüpfte er an die Diktion südslawischer Nationalisten, die früh von der besonderen, gar brüderlichen Beziehung zwischen den südslawischen Nationen gesprochen hatten. Das Narrativ vom „Bruderkrieg" fügte sich aber auch in die revolutionäre, kommunistische Erzählung von „Brüderlichkeit und Einheit" der Jugoslawen. Diese Brüderlichkeit und diese Einheit versuchten die Ustascha, so die Anklageschrift, zu zerstören. Dabei führten sie die Pläne ihrer deutschen Auftraggeber aus, denn sie waren laut Anklage nichts anderes als „Fünfkolonnisten, Kriminelle, Spione, Terroristen", denen es nur darum ging „den Reichtum unseres Landes auszuplündern." Dass sie das nicht geschafft hatten, sei dem heroischen Kampf „der besten Söhne des serbischen und kroatischen Volkes" zu verdanken, so Blažević.

In diesem ersten Teil der Begründung finden wir daher nicht nur eine Erklärung des Zweiten Weltkriegs. Wir finden alle Elemente und alle Begriffe wieder, die bereits in Diskussionen über die Bestrafung von Kriegsverbrechen

zirkulierten. Es waren stark manichäische Bilder, die den Zweiten Weltkrieg als einen Kampf zwischen dem Guten und dem Bösen erzählen. Alle,
die vermeintlich oder tatsächlich auf der Seite des Bösen standen, wurden
narrativ zu Verrätern erklärt und juristisch als Kriegsverbrecher oder „Volksfeinde" verurteilt. Die Frage nach Verantwortung und Verantwortlichkeiten
spielte insoweit eine Rolle, als sie klar zugewiesen war. „Die Deutschen", der
„deutsche Imperialismus", „die Hitleristen" trugen die Hauptschuld. Die Ustascha waren nur deren Gehilfen, die aus Eigennutz gegen die Interessen des
„eigenen Volks" agierten. Diese These wiederholte sich auch im zweiten Teil
der Begründung, als es darum ging, was in den vier Jahren der Existenz des
„sogenannten USK" an Verbrechen geschah. Diese Verbrechen, die Massenver-
nichtung, die Versklavung, die Plünderung, wurden klar benannt und ethnisch
und religiös verknüpft. Doch Blažević betonte explizit: „[I]n den vier Jahren
[...] wurden mit Gewalt alle Völker, die im sogenannten USK gelebt haben,
zerstört, versklavt und ausgeraubt." Der Massenmord an Serben und Juden
geschah nach Blažević, weil Ustascha einen „Bruderkrieg" zwischen Kroaten
und Serben anfachen und Serben und Juden ausrauben wollten. Die Gründung
von „Konzentrationslagern" erklärte er damit, dass Ustascha die Bildung einer
einheitlichen Widerstandsfront des kroatischen Volks verhindern wollten
und deswegen „die besten Söhne des kroatischen und serbischen Volks" in die
Lager schickten. Die begangenen Verbrechen zählte er auf: „In diesen Lagern
wurden auf bestialische Weise Männer, Frauen und Kinder getötet. Ihnen wurden Nägel in den Kopf geschlagen, sie wurden mit dem Rammbock erschlagen,
gehängt, ihnen wurden Gliedmaßen abgetrennt, Knochen gebrochen, sie wurden in Öfen verbrannt, in Flüssen ertränkt, ihre Geschlechtsorgane wurden
abgetrennt, Kinder in die Luft geworfen und auf Bajonetten gepfählt. Diese
und andere [Tötungs-]Arten konnten sich nur Bestien mit Menschenantlitz
ausdenken."

In die Anklageschrift war eine mehrfache Entlastungserzählung eingewebt.
Die Schuld für den Krieg und den „Bruderkrieg" wies Blažević dem „deutschen
Imperialismus" zu. Die ausführenden Ustascha waren zwar für die Verbrechen
verantwortlich – doch da er sie als „Bestien mit Menschenantlitz" und „Kriminelle" charakterisierte, suggerierte er damit, dass hinter den Verbrechen
Eigennutz und Triebe standen. Blažević wandte sich mit seiner Anklageschrift
zwar an das Gericht und an die Angeklagten. Er wusste jedoch, dass in dieser Umbruchzeit die neuen jugoslawischen Machthaber von ihren Alliierten,
aber auch von der Bevölkerung kritisch beäugt werden. Seine Anklage richtete sich daher auch an die Bürger Jugoslawiens und an die Weltöffentlichkeit.
Und in diesem Kontext ging es darum, den Prozess Budak dafür zu nutzen, die
politische und moralische Niederlage des „Ustascha-Staats" zu besiegeln. Für

den politischen Neubeginn war es nötig, sich deutlich von der Besatzung und dem USK zu distanzieren. Gleichzeitig jedoch konnten die neuen Machthaber nicht die Augen davor verschließen, dass „Massen", wie von Blažević formuliert, „verführt" worden waren und nicht nur mit Besatzern kooperiert, sondern sich massiv an Verbrechen beteiligt hatten. Um diese „Massen" zu entlasten, knüpfte Blažević an das Narrativ von den verführten, gutgläubigen Menschen an, die ihrer politischen Führung vertrauten. Mit seiner zutiefst moralischen Anklageschrift setzte Blažević daher nicht nur die Grenzen des Verhandelbaren fest. Er öffnete ebenso die Tür für die Integration. An dieser Stelle zeigt sich auch der Unterschied in seinem Verständnis vom „Volk" und den „Massen". Das „Volk" waren die Antifaschisten. Die „Massen" mussten zuerst zum Antifaschismus hingeführt werden.

3.1.2   *Verteidiger*

Als Verteidiger wurden Dr. Ivo Politeo, Dr. Ivo Elegović und Vuk Krajač ernannt. Von diesen war Ivo Politeo die interessanteste Persönlichkeit. Er wurde 1887 in Split in einer bürgerlichen Familie geboren, als Sohn des Politikers und Publizisten Dinko Politeo.[53] Als Kind der k. u. k. Zeit durchlief er den klassischen Bildungsweg der mitteleuropäischen habsburgischen Eliten, studierte in Graz, Zagreb und Prag und wurde 1911 an der Zagreber Universität promoviert. Politeo spezialisierte sich im Finanzrecht und verfolgte seine Karriere in Zagreb bis zum Ausbruch des Ersten Weltkriegs. Nach Nada Kisić Kolanović übten unterschiedliche persönliche und politische Entwicklungen starken Einfluss auf den jungen Politeo aus: der frühe Tod seines Vaters und die schwere finanzielle Situation, in die er dadurch kam; sein Studium in Prag, wo er sich mit südslawischen sowie sozialistischen Ideen auseinandersetzte; der „Hochverratsprozess von Agram"[54] aus dem Jahr 1908 sowie die zahlreichen weiteren sogenannten Hochverratsprozesse, die sich während der Balkan-Kriege in Österreich-Ungarn gegen die serbische Bevölkerung richteten.[55] Das führte dazu, dass sich bei Politeo im Zusammenhang mit zwei dominierenden politischen Fragen der Zwischenkriegszeit, der sozialen und der nationalen Frage, klare Haltungen herauskristallisierten. Politeo vertrat die Meinung, dass die

---

53   Nada Kisić Kolanović, Ivo Politeo: povijest, intelektualci, odvjetništvo 1887–1956. (Zagreb: Hrvatski institute za povijest 2015), 11–19.

54   Der Agram-Prozess ist auf Serbokroatisch als „veleizdajnički proces" (Hochverratsprozess) bekannt. Er fand im März 1909 statt und richtete sich gegen 53 Serben aus Österreich-Ungarn, die wegen einer angeblichen staatsfeindlichen Verschwörung angeklagt worden waren. Mehr darüber siehe: Christopher Clark, Sleepwalker: How Europe Went to War in 1914 (London: Allen Lane 2012), 88.

55   Kisić Kolanović, Ivo Politeo, 25.

Frage der nationalen Souveränität nicht isoliert von der Frage der Menschenrechte zu betrachten war.[56] Und den Kampf um die Menschenrechte stellte
Politeo an erste Stelle. Ebenfalls vertrat er die Meinung, dass ein demo-
kratischer Rechtsstaat die Interessen der Schwachen schützen müsse, und
setzte sich für einen „Volkssozialismus" nach Vorstellungen des böhmischen
Sozialdemokraten Wenzel Jaksch ein.[57] Damit war u.a. eine Umwandlung
der sozialdemokratischen Partei von einer Klassenpartei in eine Volkspartei
gemeint.[58]

    Während des Ersten Weltkriegs wurde er in das k. u. k. Infanterieregiment
„Graf von Lacy" Nr. 22 mobilisiert und in Sinj und Mostar eingesetzt. Politeo
erlebte aus erster Hand, was der Krieg für die Südslawen bedeutete, die auf
beiden Seiten kämpften. Er selbst war in keine Kampfhandlungen involviert,
aber zahlreiche Mitglieder seiner Einheit. Seine distanzierte Haltung zum
Nationalismus hing damit zusammen, dass er diesen als Mittel zur Kriegs-
mobilisierung sah. Nach Politeo reichten materielle Gründe als Motivation für
den Krieg nicht aus. „Man musste bei allen an das Herz appellieren, an das
Gefühl, an – wenn sie möchten – bestimmte Vorurteile, um sie dann mit diesen
ideologischen Motiven zu diesem schrecklichen Abschlachten zu bewegen."[59]
Nach 1918 beteiligte sich Politeo für den neu gegründeten jugoslawischen Staat
an der Friedenskonferenz in Paris. Darüber ist jedoch wenig bekannt. Im Jugoslawien der Zwischenkriegszeit machte er sich als Verteidiger in politischen
Prozessen, häufig von Kommunisten, einen Namen. Das hing in erster Linie
mit seinem urliberalen Verständnis von Demokratie und Rechtsstaatlichkeit
zusammen, wie Nada Kisić Kolanović betonte.[60] In seiner Abhandlung über
Paul von Hindenburg und Thomas Masaryk, die er 1933 veröffentlichte, hob
Politeo hervor, dass ein politisches System danach bewertet werden solle, wie
es die Freiheitsrechte des Einzelnen schütze.[61] Er argumentierte gegen den
Faschismus und betonte, dass dieser zur Macht um der Macht willen strebe,
„er [der Faschismus, SF] sieht in der Regierung nicht ein Mittel zur Organisation des Staats als Gesellschaft sondern ein Mittel der Unterwerfung und der
Entmenschlichung."[62] Politeo war kein Kommunist. Aber er verteidigte 1921

---

56   Ivo Politeo, Od uredništva I uprave, *Hrvatska njiva* 1 (1917) 1, 15–16.
57   Ivo Politeo, Narodni socijalizam, *Nova Evropa* 7 (1923) 4, 116–125.
58   Zum Konzept des Volkssozialismus und Wenzel Jaksch siehe: Martin Bachstein, Der
      Volkssozialismus in Böhmen: Nationaler Sozialismus gegen Hitler, *Bohemia* 14 (1973),
      340–371.
59   Ivo Politeo, Narodni socijalizam, *Nova Evropa* 7 (1933) 121.
60   Kisić Kolanović, Ivo Politeo, 244–245.
61   Ivo Politeo, Mesto političkog pregleda. Dva predsednika, *Nova Evropa* 3 (1933), 131–133.
62   Politeo, Dva predsednika, 132.

den kommunistischen Attentäter des Innenministers Drašković, Alija Alijagić, und sprach sich gegen das Verbot der KPJ in der *Obznana* aus.[63] 1928 vertrat er Josip Broz Tito beim sogenannten Bomber-Prozess. Bekannt ist die damalige Aussage Titos, dass er das bourgeoise Gericht nicht anerkenne, weil er sich nur seiner Kommunistischen Partei verantwortlich fühle.[64] Knapp 20 Jahre später wiederholte ein anderer, ebenfalls berühmter Mandant Politeos diesen Spruch. Doch dazu später mehr.

Politeo war auch kein Nationalist. In der Zwischenkriegszeit vertrat er jedoch kroatische Nationalisten und eben auch Mile Budak und Milovan Žanić, der im USK zum Minister und Leiter des Gesetzgebenden Komitees wurde.[65] Das USK-Regime ließ Politeo zum Teil gewähren. Sein Handeln während des Kriegs steht dafür, wie weit ein Einzelner die Grenzen des diktatorischen Staats verschieben konnte: Politeo tat sich mit Veröffentlichungen gegen die Organisation des USK und als Pflichtverteidiger hervor, obwohl er diese Tätigkeit zunächst ablehnte, weil er die Standgerichte als rechtswidrig ansah.[66] In dieser Zeit traf er häufig auf Ivan Vignjević, dessen Handeln er scharf kritisierte. Er überlebte den Zweiten Weltkrieg in Zagreb und übernahm in der Nachkriegszeit die Verteidigung in zahlreichen Kriegsverbrecherprozessen. Am 30. Mai 1945 erfuhr er, dass er nicht nur zum Verteidiger von Budak, sondern auch von acht anderen Angeklagten bestimmt worden war.[67] Vor Gericht betonte er, dass er nicht das Handeln Budaks verteidige, sondern ihn als Menschen.[68]

Zum Verteidiger von Ademaga Mešić wurde Dr. Ivo Elegović bestimmt, der ehemalige Führer der Frank-Partei, einer kroatisch-nationalistischen Partei. Elegović war zwar Jurist, aber in erster Linie war er Politiker. Er stammte aus Travnik, wo er 1877 zur Welt kam.[69] Ademaga Mešić und er lernten sich in Wien kennen und arbeiteten beide an der Stärkung der kroatisch-bosnisch-muslimischen Freundschaft. Elegović hatte im Ersten Jugoslawien seine politische Richtung gewechselt und war nach 1918 ein Befürworter der jugoslawischen Einheit. Später wurde er sogar zum jugoslawischen Senator ernannt. Im USK zog er sich zurück und lehnte jedes Engagement ab. Aus den Akten ist nicht ersichtlich, wen Vuk Krajač verteidigte. Krajač war auch

63   Kisić Kolanović, Ivo Politeo, 248.
64   Vladimir Dedijer, Tito: prilozi za biografiju (Beograd: Kultura 1953), 122.
65   Kisić Kolanović, Ivo Politeo, 249.
66   Kisić Kolanović, Ivo Politeo, 266.
67   Tomislav Jonjić / Stjepan Matković, Presuda protiv Mile Budaka I družine pronađena je i objavljena, *Društvena istraživanja* 22 (2013) 2, 370.
68   Videointerview Vojdrag Berčić, USHMM, Nr. 44279 vom 19. Juli 1998.
69   Lovorka Čoralić / Mladen Švab, Elegović, Ivo, in: *Hrvatski biografski leksikon*, hier nach http://enciklopedija.lzmk.hr/clanak.aspx?id=57451 (überprüft am 28.10.2019).

Jurist.[70] Er studierte nach dem Ersten Weltkrieg in Zagreb und Wien Jura und Wirtschaft. Sein Fachgebiet war jedoch Seefahrt.

Die Verteidiger wurden vom Gericht bestimmt und ihre Auswahl deutet darauf hin, dass die neuen Machthaber damit in erster Linie ein Ziel verfolgten: Die renommierten Vorkriegsjuristen sollten dem ganzen Prozess eine größere Legitimität nach innen und nach außen verleihen. Ivo Politeo galt als jemand, der sich nicht einmal vom Ustascha-Regime einschüchtern ließ. Seine Ernennung zum Verteidiger sollte suggerieren, dass sich die Kommunisten an das juristische Prozedere hielten. Doch hatte Politeo überhaupt die Möglichkeit, den Auftrag abzulehnen?

Die Verteidiger hatten einen Tag Zeit, um die Anklage zu lesen. Anschließend trafen sie sich mit ihren Mandanten zum Gespräch. Die Verhandlung war für den 2. Juni vorgesehen, musste aber auf den 6. Juni verschoben werden, weil einer der Richter einen Unfall hatte.[71] Der Prozess fand im Eilverfahren statt. Sowohl Berčić als auch Politeo berichteten davon, dass das komplette Verfahren an einem Tag abgeschlossen wurde.[72] Das ist nach Vismann grundsätzlich ein Merkmal von Tribunalen: Als Sonderform der Rechtsprechung seien sie durch Entformalisierung gekennzeichnet.[73] Vismann betonte auch, dass es bei Schnellverfahren, die von der Logik des Wettkampfes geprägt seien, um das Urteil gehe und nicht um das Verhandeln. Der Ablauf des Budak-Prozesses lässt kaum eine andere Schlussfolgerung zu.

Wie konnten die Verteidiger die Angeklagten in dieser Situation verteidigen? Der Krieg war gerade zu Ende, überall öffneten Forensiker noch Massengräber, von überall strömten die Geschichten von Mord, Massenmord und Folter nach Zagreb. Aus Politeos Notizen, die er in Vorbereitung des Prozesses gemacht hat, geht hervor, dass er gern mehr Zeit gehabt hätte. Der ganze Prozess sei unvollständig, betonte er, auch weil die Haupttäter fehlten.[74] Aus seinen Anmerkungen geht ebenfalls hervor, dass er selbst „unter dem Eindruck des Lesens von Schrecklichem" stand. Suchte er für sich oder für die neue politische Führung eine Entschuldigung, als er schrieb, dass er unabhängig verteidige und gegen den Wunsch der Angeklagten? Und trotz aller Schwierigkeiten, die den Prozess begleiteten, versuchte er tatsächlich, eine Verteidigung

---

70   Višnja Flego, Krajač, Vuk, in: *Hrvatski biografski leksikon*, hier nach enciklopedija.lzmk.hr/
     clanak.aspx?id=62091 (überprüft am 10.12.2019).

71   Jonjić / Matković, Presuda protiv Mile Budaka I družine, 371.

72   Videointerview Vojdrag Berčić, USHMM, Nr. 44279 vom 19. Juli 1998; Jonjić / Matković,
     Presuda protiv Mile Budaka I družine, 371.

73   Vismann, Medien der Rechtsprechung, Pos. 2197; Pos. 2210; Pos. ###

74   HDA, Fonds Politeo, Dosje Budak, 6. Alle folgenden Zitate Politeos sind dieser Quelle
     entnommen.

zu organisieren. In seiner Rede hob Politeo zwei wichtige Anklagepunkte hervor und arbeitete sie heraus: Er hinterfragte, in welcher Beziehung die individuelle Tat des Abschlachtens zu den Taten seiner Klienten stehe, und argumentierte, dass das Prinzip der kollektiven Verantwortung einen Widerspruch zum Grundsatz der individuellen Verantwortung eines Täters bilde. Auch betonte er, dass die politische Verantwortung nicht gleichzusetzen sei mit strafrechtlicher Verantwortung. Ähnlich verteidigte sich auch Franz von Papen vor dem Hauptkriegsverbrechertribunal in Nürnberg.[75] Nach Argumentation Politeos hatten sich seine Mandanten mit ihrem Eintreten in die Ustascha und mit ihrer Übernahme von Funktionen im USK für das „kleinere Übel" entschieden. Dabei handelten sie nicht aus Eigennutz, sondern glaubten, dass durch ihr Handeln „das Übel" für die anderen minimiert werde.[76] Politeo argumentierte nicht, seine Klienten seien unschuldig. Er versuchte jedoch, ihre Schuld zu mindern, indem er betonte, dass die deutschen Besatzer die ausschließlichen Herrscher im USK waren, dass seine Klienten getäuscht wurden, weil das Regime zu seiner Legitimation nach außen nicht kompromittierte Persönlichkeiten als Minister ernannte. Er betonte auch, dass alle Angeklagten das „eigene Ustascha-Regime" verurteilt hatten, und fragte, ob das als Genugtuung reiche. Es reichte nicht.

Die meisten Angeklagten verfolgten eine ähnliche Verteidigungsstrategie. Sie betonten, sie seien eigentlich machtlos gewesen, sie hätten mit Verbrechen nichts zu tun gehabt und sie hätten alles in ihrer Macht Stehende getan, um möglichst vielen Menschen das Leben zu retten. Aus Vernehmungen Budaks wird das besonders deutlich. Am 24. Mai 1945 verhörten ihn die Mitarbeiter des Geheimdienstes.[77] Der Schwerpunkt dieser ersten Vernehmung lag auf allgemeinen Beziehungen Budaks zu bestimmten bekannten Personen, angefangen bei Pavelić, über Stepinac bis zu den Künstlern wie Krleža und Meštrović. Allerdings hat das Protokoll die Form einer Aussage, sodass wir keine konkreten Fragen sehen, sondern nur aus dem Textfluss vermuten können, was Budak gefragt wurde. Budak betonte, dass er bereits seit der Kapitulation Italiens zur Führung des USK und zu den Deutschen ein schlechtes Verhältnis habe. Er erzählte nüchtern von seinen Aufgaben und seinen Beziehungen zu einzelnen Persönlichkeiten aus dem politischen Leben des USK sowie von seiner Flucht nach Österreich mit anderen USK-Verantwortlichen. Fortwährend

---

75   Hirsch, Soviet Judgment, 313.
76   HDA, Fonds Politeo, Dosje Budak, 6.
77   Zapisnik o saslušanju Dr.-a Mile Budaka, sastavljen kod Odjela Zaštite Naroda za Zagreb, dne 24. Maja 1945.g., in: HDA, Fonds Služba državne bezbjednosti (SDS), Dosje Mile Budak, Nr 2, 1.

versuchte er, seine eigene Rolle zu minimieren, und fokussierte auf positive Aussagen. So lobte er das Verhalten der Angehörigen der jugoslawischen Volksarmee, die ihn und andere Funktionäre des USK bei der Auslieferung fair behandelt hatten. Auch hob er hervor, wem er konkret während des Kriegs geholfen hatte, einer Verhaftung zu entgehen bzw. wen er aus dem Gefängnis herausgeholt hatte. Viel detaillierter war dann die zweite Vernehmung, die Ferdo Čulinović führte.[78] Aus der Akte ging erneut nicht hervor, welche Fragen Čulinović Budak gestellt hatte. Auch die zweite Akte war im Stil einer Aussage geschrieben, bei der Budak chronologisch von Ereignissen erzählte, die von seinem Eintritt in die Ustascha-Bewegung an bis zum Kriegsende stattgefunden hatten. Nach Budak war die Entstehung der Ustascha-Bewegung die logische Konsequenz des politischen Lebens im Ersten Jugoslawien. Das Ziel der Ustascha war die Gründung eines Unabhängigen Staats Kroatien, weil im Verbund mit Serbien kein kroatisch-nationales Leben möglich gewesen sei, betonte er bei der Vernehmung. Budak erzählte auch, dass Pavelić davon ausging, dass eine Auflösung Jugoslawiens nicht ohne einen „größeren Krieg" möglich sein würde. Mit der Gründung von Ustascha-Camps im Ausland sei es Pavelić daher darum gegangen, ausgebildete Männer bereitzuhalten, die im Kriegsfall eine Machtübernahme seitens der Ustascha hätten sichern sollen.

An dieser Stelle seiner Aussage wird deutlich, dass Pavelić, wie Tito auch, den Krieg als Chance begriff, alte Machtstrukturen aufzulösen. Während Tito und seine Kommunisten jedoch ein jugoslawisch/kommunistisch-inklusives Narrativ verbreiteten, um ihre Machtübernahme zu legitimieren, wählte Pavelić den Ethno-Nationalismus. Budak berichtete offen, wie er Pavelić und die Ustascha-Bewegung unterstützt und welche konkreten Aufgaben er übernommen hatte. Nach eigener Aussage war er mehr als ein symbolischer Unterstützer: In der Emigration trug ihm Pavelić unterschiedliche, auch politische Aufgaben an. Nach seiner Rückkehr in das Königreich Jugoslawien gründete er das Blatt *Hrvatski narod* (Kroatisches Volk), das er zum Organ der Ustascha-Ideologie ausbaute und einsetzte. Budak verneinte seine kroatisch-nationalistische Orientierung nicht. Er berichtete bereitwillig auch von seiner Arbeit in der USK-Regierung. Allerdings versuchte er durchgehend, seinen eigenen Einfluss, seinen eigenen Handlungsrahmen zu minimieren. Als „Doglavnik" habe er keine Macht gehabt, so Budak. Dieser Titel sei nur eine leere Hülse gewesen. Als Bildungsminister und Minister habe er seine Aufgaben zunächst ernst genommen und keine personellen Veränderungen

---

78 Zapisnik sastavljen dana 26 maja 1945 u kaznenoj stvari protiv Mile Budaka i drugova, okrivljenih radi ratnih zločina označenih u čl. 13 Uredbe o vojnim sudovima od 5 maja 1944 god., in: HDA, Fonds Služba državne bezbjednosti (SDS), Dosje Mile Budak, Akte Nr 3, 1–24.

durchgeführt. Schnell hätten er und die anderen Minister jedoch gemerkt, dass ihre Beschlüsse niemanden interessierten. Nach Budaks Darstellung hätten die deutschen Besatzer die Macht in ihren Händen und das sei von Pavelić so gewollt gewesen. Budak behauptete, dass die deutschen Funktionäre sogar einzelne Gesetze verantwortet hätten, die von den jeweiligen kroatischen Ressortministern nur noch abgezeichnet worden waren. Alexander Korb hat bereits ausführlich dargelegt, dass sowohl die Verfolgung der Juden als auch der Roma und Serben im USK eigenverantwortlich von der Ustascha ausging.[79] Es geht hier nicht darum, Budaks Behauptungen auf ihren Wahrheitsgehalt zu überprüfen. Vielmehr geht es darum, welche Geschichte Budak mit seiner Aussage hier erzählte und welche Bestandteile dieser Geschichte sich im Urteil sowie in der späteren offiziellen jugoslawischen Erzählung vom Zweiten Weltkrieg wiederfanden. Budaks Darstellung ließ die führenden verantwortlichen Politiker des USK wie Marionetten erscheinen, die an Pavelić durch den Ustascha-Eid gebunden waren. Dieser Eid, diese Loyalität, war nach Budak die Schnur, mit der Pavelić sie kontrollierte. Dass auf dem Territorium des USK Verbrechen begangen wurden, verneinte er nicht. Seiner Meinung nach geschah das, weil „es einige Menschen gab, die nicht nur an Absichten der Regierungsmitglieder vorbei, sondern gegen ihre Absichten gewirkt haben. Diese [Menschen, SF] gehörten keinem Ressort und kein Ressortminister stand ihnen vor. Sie haben auf eigene Faust das gemacht, worauf sie Lust hatten, und verantwortet haben sie sich keinem, außer vielleicht dem Poglavnik".[80] Diese Aussage spiegelte Budaks Verteidigungstaktik wider: Es ging ihm darum, jede Verantwortung für Verbrechen von sich zu weisen, sich als einen machtlosen und bedeutungslosen Akteur zu inszenieren und als jemanden, der nach bestem Gewissen gehandelt hatte. In dieser Hinsicht unterschied sich Budak kaum von der großen Mehrheit anderer Angeklagter, nicht nur in Jugoslawien, die nicht bereit waren, zu ihrer Verantwortung zu stehen und über ihre Mitwirkung an Verbrechen zu reflektieren. Dass es Verbrechen gab, verneinte Budak nicht. Verantwortlich dafür waren nach ihm „irgendwelche Leute", eine Clique um Pavelić, „die Deutschen", alle, nur er selbst nicht.

3.1.3   Urteil
Das Militärgericht unter Hrnjčević fand die Angeklagten schuldig und sprach folgendes Urteil: Die Angeklagten Budak, Rukavina, Vignjević, Mandić, Makanec, Steinfel, Canki und Mešić seien „in den Dienst für das feindliche faschistische Italien und das nazistische Deutschland eingetreten und hatten die volksfeindliche terroristisch-verräterische Organisation ‚Ustascha' gegründet,

---

79   Korb, Im Schatten des Weltkrieges, Pos. 169.
80   Zapisnik sastavljen dana 26 maja 1945, HDA, Fonds SDS, Dosje Mile Budak, 17.

beziehungsweise sie traten nachträglich ein oder waren mit ihr eng verbunden, mit dem Ziel, den sogenannten USK zu gründen, um die imperialistischen Ziele der faschistischen Verräter zu verwirklichen."[81] Diese Begründung
orientierte sich am Tatbestand des Hochverrats. Das Urteil suggerierte, die
Angeklagten hätten für „den Feind" – Italien und Deutschland – die Ustascha
gegründet, was die Ustascha zu einem Instrument der Feinde degradierte und
nicht als eine eigenständig handelnde Organisation erscheinen ließ. Auch der
„sogenannte USK" sei entstanden, um die „imperialistischen Ziele" der Feinde
zu erreichen, und nicht, um dem Wunsch des kroatischen Volks nach Eigenstaatlichkeit zu entsprechen. Damit war die Abgrenzung zu den Fragen der Loyalität und Legitimität vollzogen. Jemand, der für den Feind arbeitete, konnte dem
kroatischen „Volk" gegenüber nicht loyal sein und verlor damit die Legitimität.

Die Angeklagten Budak, Rukavina, Vignjević, Mandić, Makanec, Steinfel,
Canki und Mešić wurden schuldig gesprochen, weil sie als:

> Anführer und Helfer der verbrecherischen terroristischen Organisation ‚Usta-
> scha' und des sogenannten ‚Unabhängigen Staates Kroatien zur Durchführung
> von [unten aufgeführten Tatbeständen, SF]' inspiriert, diese organisiert und an
> ihnen teilgenommen haben:
> a) Massenabschlachtungen und Tötungen unseres Volkes in allen Gegenden auf
> dem Gebiet des sogenannten USK und insbesondere in Gospić-Jadovno, Glina,
> Slunj, Bihać, Mitrovica, Sl. Požega, Djakovo, Knin, Drniš, Mostar, Livno und ande-
> ren Orten,
> b) Gründung zahlreicher berüchtigter Konzentrationslager und Gefängnisse in
> Jasenovac, St. Gradiška, Djakovo, Feričanci, Loborgrad, Lepoglava, Kinderlager
> in Jastrebarsko, Koprivnica, Krušćica, Rab, Pag, Vir, Molat, Kraljevica und vielen
> anderen Orten, sowie in Zagreb dem sogenannten Sing-Sing auf Ksaver, Savska
> cesta, Trg N, Zvonimirova 9, in denen auf bestialischste Weise Hunderttausende
> der besten Söhne, Töchter, Mütter und Kinder unseres Volkes gefoltert und
> getötet wurden,
> c) Umsiedlung, Plünderung, Verwüstung und Zerstörung vom Volk und seinem
> Eigentum insbesondere in Lika, Banija, Kordun, Bosnien. Dalmatien, Küsten-
> land, Gorski Kotar usw.,
> d) Organisation von inhumaner und sklavischer Zwangsarbeit unserer Leute in
> riesiger Zahl zum Nutzen des nazistischen Deutschlands,
> e) Zwangsmobilisierung und Treiben unseres Volkes in die faschistische Armee
> beim Kampf gegen die Jugoslawische Armee und unsere großen Alliierten,
> insbesondere gegen die brüderliche Sowjetunion, durch Organisieren von
> besonderen Legions-Formationen wie den ‚Blauen', ‚Vražja', ‚Schwarzen' und der
> Legion für die Ostfront.[82]

---

81 Presuda Vojnog suda II. JA, in: Dizdar, Partizanska i komunistička represija, Bd. 3, 418.
82 Presuda Vojnog suda II. JA, in: Dizdar, Partizanska i komunistička represija, Bd. 3, 419. Alle
    folgenden Zitate des Urteils sind dieser Quelle entnommen.

Abgesehen vom Hochverrat sprach das Gericht die oben genannten Angeklagten auf Grundlage der Kommandoverantwortung und des Common
Design wegen Kriegsverbrechen schuldig. Nach Einschätzung des Gerichts trugen die Angeklagten als führende Politiker und Militärs eines verbrecherischen
Regimes aufgrund der Befehlskette die Verantwortung für die begangenen Verbrechen. Die Sprache des Urteils knüpfte stark an die Sprache der Akten an,
die den Militärrichtern zur Verfügung standen. Die Angeklagten waren nicht
wegen „Massenmord" verurteilt, sondern wegen „Massenabschlachtungen".
Als Opfer waren nicht Zivilisten oder Bewohner bestimmter, bereits genannter
Städte genannt, sondern „unser Volk". Konkrete Verbrechen fehlten. Die
genannten Orte standen als Chiffre für begangene Kriegsverbrechen: Gospić-
Jadovno, wo Ustascha nach Schätzungen zwischen 15.000–50.000 Menschen
ermordeten;[83] Glina, wo Ustascha in der Stadtkirche mehrere Hundert Serben zusammentrieben und ermordeten;[84] Slunj, wo Ustascha über 600 Männer verhafteten und in Hrvatski Blagaj ermordeten;[85] Bihać, wo Ustascha in
Garavice über zehntausend Menschen ermordeten;[86] Mitrovica, wo Geiseln
inhaftiert und erschossen wurden.[87] Das Urteil zählte im allgemeinen Teil
diese Ortsnamen nur auf, ohne eine Erklärung, was dort passiert war. Ebenfalls
in die Aufzählung nahm das Urteil die Lager des USK auf. Bereits zu diesem
Zeitpunkt wurden sie weder schlicht „Lager" wie von den Überlebenden noch
euphemistisch „Sammellager" wie in den Akten des USK bezeichnet, sondern
„Konzentrationslager" genannt.

Detaillierter griff das Urteil im Einzelnen die den Angeklagten direkt vorgeworfenen Tatbestände auf. Mile Budak wurde schuldig gesprochen, weil er
seit 1933 als „eingeschworener Ustascha" und als deren Ideologe zu „Massen-
abschlachtung und Mord an Serben und Kroaten in Kroatien aufrief".[88]
Budak wurde als „der engste Mitarbeiter des Verbrechers Ante Pavelić" charakterisiert, als sein „Doglavnik". Als solcher, so das Urteil, wurde er vom Feind
bezahlt und hatte im Ausland Ustascha-Camps organisiert. In diesen Camps,
so hieß es weiter, erzog er die „Ustascha-Schlächter", die sich unter seiner Führung und unter seiner Aufsicht auf die Durchführung von Verbrechen in der
Heimat vorbereitet hatten. Im ersten Teil des Urteils wurde Budak zusammen

---

83 Tomasevich, Occupation and Collaboration, 726.
84 Tomasevich: Occupation and Collaboration, 398; Korb, Im Schatten des Weltkrieges,
     Pos. 7024.
85 Korb Im Schatten des Weltkrieges, Pos. 7005.
86 Lojić, Bihać i okolina, 58.
87 Korb, Im Schatten des Weltkrieges, Pos. 8305.
88 Presuda Vojnog suda II. JA, in: Dizdar, Partizanska i komunistička represija, Bd. 3, 419.

mit anderen des Hochverrats schuldig gesprochen. Im Teil des Urteils, der sich konkret auf ihn bezog, zählte das Gericht seine Motive für das verbrecherische Handeln auf. Nach Margalit erscheint der Hochverrat Menschen eher nachvollziehbar, wenn die Gründe dafür in Geld oder Sex liegen anstatt in tiefer ideologischer Überzeugung: „It gives the society the assurance that what is at stake is nothing more then signs of general human frailty."[89] Indem das Militärgericht Budak Käuflichkeit und Eigennutz unterstellte, musste es sich auch nicht mit seiner ideologischen Überzeugung auseinandersetzen. Nach dieser Interpretation rief Budak zum Massenmord an Serben auf, weil er dafür von „Feinden" bezahlt wurde. Im Zusammenhang mit seiner Tätigkeit im USK warf ihm das Gericht vor, er habe als Bildungsminister und Gesandter in Deutschland gegen die Serben in Kroatien gehetzt mit Parolen wie „Bringt jeden Serben um", „Hunde, verschwindet auf die andere Seite der Drina". Mit dem Urteil setzte das Militärgericht ein Zeichen gegen einen Verfechter des Serbenhasses wegen seiner abstoßenden Hetze. Ähnlich argumentierte auch das IMT im Verfahren gegen Julius Streicher.[90] Juristisch stand gerade dieser Prozess auf wackeligen Füßen. Telford Taylor beschrieb in seinen Erinnerungen das Dilemma der Ankläger wie folgt: „Beyond question he had been an important force in sowing the seeds of the anti-Jewish atrocities, but was that a crime under international law?"[91] Die Ankläger und die Richter in Nürnberg fanden, dass es das war. Im Falle von Budak urteilte ein nationales Gericht. Die internationale Ebene spielte keine Rolle. Aber war Anstiftung zum Massenmord ein Verbrechen nach Hrnčićs Militärerlass? Art. 14 definierte, dass alle, die sich in den Dienst der Besatzer gestellt hatten, als „Volksfeinde" galten. Konkret genannt wurden Spione, Zulieferer, Kuriere, aber auch Agitatoren. Budaks Handeln konnte daher in die letzte Kategorie fallen.

Anders jedoch als das Nürnberger Tribunal, das Streichers Hetze detailliert wiedergab, beschränkte sich das Militärgericht auf die drei Zitate und eine allgemeine Feststellung, Budak habe als Herausgeber der „Ustascha-Zeitung" *Hrvatski narod* (Kroatisches Volk) Propaganda betrieben. Konkret erklärte ihn das Militärgericht auch für schuldig, weil er als Außenminister an der Organisation der Zwangsarbeit in Deutschland beteiligt war, sowie auch wegen konkreter verbrecherischer Gesetze des USK, z.B. des Gesetzes über die Sippenhaft.

---

89   Margalit, On Betrayal, 159.

90   Urteil gegen Julius Streicher, in: Trial of the Major War Criminals Before the International Military Tribunal, Nuremberg, 14 November 1945–1 October 1946, hier nach: https://avalon.law.yale.edu/imt/judstrei.asp (überprüft am 31.10.2019).

91   Telford Taylor, The Anatomy of the Nuremberg Trials: a Personal Memoir (New York: Knopf 1992), Pos. 7616; Pos. 5744.

Budak hatte in der Tat seine Unterschrift unter zahlreiche diskriminierende Gesetze des USK gesetzt. Das von ihm mitunterzeichnete Gesetz zum „Schutz der nationalen und arischen Kultur des kroatischen Volks" schloss Juden aus dem kulturellen Leben des „kroatischen Volks" aus.[92] Nach seiner Entscheidung wurden alle serbischen konfessionellen Schulen geschlossen.[93] Er verteidigte bei seiner Vernehmung sein Handeln in der Regierung damit, dass dies Befehle von Pavelić waren, die er erfüllen musste.[94] Pavelić verteidigte er im gleichen Atemzug, indem er behauptete, dieser habe nur deutsche Befehle ausgeführt. Budak leugnete aber weder seinen eigenen Antisemitismus noch den Antisemitismus anderer Regierungsmitglieder. Bei seiner Vernehmung wiederholte er zahlreiche antisemitische Vorurteile, z.B. dass „die [Juden, SF] gnadenlos das Volk ausgenutzt und Besitztümer angehäuft hatten, wobei sie große Summen ins Ausland überwiesen haben, sodass das, was übrig geblieben war, nur der kleinste Teil des Eigentums unseres Volks ist, das ihm die Juden mit Spekulationen entrissen haben."[95] Auch im Zusammenhang mit der Verfolgung von Serben verteidigte er zum Teil seine Haltung, dass es keine Serben in einem kroatischen Nationalstaat geben könne. Allerdings betonte er, dass er „das Problem" mit Bevölkerungsaustausch habe lösen wollen und gegen Tötungen und Massenmord gewesen sei. Die Verantwortung für die Verbrechen lag nach Budak bei den „einzelnen Ustascha-Funktionären", die Pavelić direkt unterstellt waren. Damit beschuldigte er Pavelić indirekt, nichts gegen die Verbrechen unternommen zu haben. Für die Gewaltherrschaft der Ustascha direkt verantwortlich waren nach Budak der Kommandeur der kroatischen Streitkräfte Slavko Kvaternik und dessen Sohn Dido Kvaternik, der erste Leiter des Ustascha-Aufsichtsdienstes.[96]

Über den Prozessverlauf wissen wir wenig: Vollständige Akten sind nicht erhalten. Nach Erinnerung Berčićs war die Stimmung im Verhandlungssaal sehr düster. Er verglich sie mit der Szene aus der Dokumentation Lordan Zafranovićs „Zalazak stoljeća" (Der Untergang des Jahrhunderts), in der es um den Kriegsverbrecherprozess von Andrija Artuković ging. Schließlich sagte auch der gleiche Zeuge aus. Ljuban Jednak (in der Anklage als Jednjak bezeichnet), einziger Überlebender des Massakers in Glina, trat das erste Mal

---

92 Zakonska odredba poglavnika od 4. Juna 1941. O zaštiti narodne I arijske kulture hrvatskog naroda, in: Zločini na jugoslovenskim prostorima, Bd.1, 73.

93 Odluka ministra bogoštovlja I nastave od 14. Juna 1941 o ukidanju svih srpsko-konfesionalnih pučkih škola I zabavišta, in: Zločini na jugoslovenskim prostorima, Bd. 1, 104.

94 Izjava Mile Budaka vom 26. Maj 1945, HDA, SDS, Dosje Budak, 11.

95 Izjava Mile Budaka vom 26.5.1945, HDA, SDS, Dosje Budak, 12.

96 Izjava Mile Budaka vom 26.5.1945, HDA, SDS, Dosje Budak, 12.

am 6. Juni 1945 währen des Budak-Prozesses vor Gericht. Er erzählte, wie Ustascha Serben aus der Umgebung von Glina verhaftet und in der Stadtkirche ein-
gepfercht hatten, wo sie ihre Opfer mit Messern durch Halsschnitte töteten.[97]
Nach Berčić hinterließ Jednaks Zeugenschaft einen tiefen Eindruck auf alle
Beteiligten, insbesondere auf Mile Budak. Auch die Aussage von Jakob „Jakica"
Danon, der als Jude Jasenovac überlebt hatte, traf die Angeklagten. Danon, der
vor dem Krieg als Friseur im bosnischen Zavidovići tätig war, wurde bereits
im August 1941 nach Jasenovac deportiert und konnte als einer der wenigen,
der faktisch von der Lagergründung an bis zu seiner Befreiung inhaftiert war,
ausführlich von den unterschiedlichen Phasen im Gewaltsystem von Jasenovac berichten. Was er konkret zu Jasenovac erzählte, ist nicht bekannt. Es
ist aber anzunehmen, dass er seine Aussage wiederholte, die er bereits am
26. Mai 1945 vor der kroatischen Landeskommission gemacht hatte.[98] Dort hatte
er von täglichen Gewalterfahrungen, gezieltem Aushungern und Tötungen von
Inhaftierten berichtet, die der Willkür ihrer Wärter ausgeliefert waren. Als dritten Zeugen lud die Anklage Milan Duzemlić ein – ebenfalls einen Jasenovac-
Überlebenden.[99] Die Anklage achtete auf ethnische Ausgeglichenheit. Die drei
Zeugen waren, ihrer Aussage vor der kroatischen Landeskommission nach, ein
Serbe, ein Jude und ein Kroate. Keiner von ihnen belastete konkret Mile Budak
oder einen anderen Angeklagten. Diese waren ohnehin aufgrund ihrer Position
als führende politische und militärische Verantwortliche angeklagt. Es ging
darum, dass ihnen das Militärgericht billigende Teilnahme an einem grundsätzlichen System von Grausamkeiten, Tötungen und inhumaner Behandlung
von Menschen, von „unserem Volk", vorwarf. War der Nachweis dafür erbracht,
zog diese billigende Teilnahme eine Strafe nach sich. Milan Duzemlić spielte
nicht nur für den Budak-Prozess eine bedeutende Rolle. Er bezeugte, im
Jahr 1943 nach seiner Verhaftung als Sympathisant der Volkbefreiungsbewe-
gung und seiner Einweisung in Jasenovac eine Liste mit allen gestorbenen
Jasenovac-Inhaftierten gesehen zu haben.[100] Duzemlić machte diese Aussage
bereits am 18. Mai 1945 und sprach von 900.000 Opfern. Zitate aus seiner Vernehmung fanden sich wortgleich in der Anklageschrift. So berichtete er davon,
mit eigenen Augen gesehen zu haben, wie Maks Luburić, Ivica Matković, Ljubo

---

97   Svjedočenje: Ljuban Jednak, Selište Glina, in: Đuro Zatezalo (Hg.), „Radio sam svoj seljački
     i kovački posao". svjedočanstva genocida (Zagreb: SKPD Prosvjeta 2005), hier nach http://
     jadovno.com/arhiva/eng-lat_glina/articles/kalendar-genocida-28-jul-1941-svjedocenje-
     ljuban-jednak-seliste-glina-l.html (überprüft am 7.11.2019).
98   Zapisnik od 26, maja 1945, in: Miletić, Jasenovac, Bd. 3, 476–485.
99   Optužnica, in: HDA, Fonds Služba državne bezbjednosti (SDS), Dosje Mile Budak,
     Nr. 52, 35.
100 Zapisnik od 18. Maja 1945, in: Miletić, Jasenovac, Bd. 3, 485f.

Miloš, Jozo Stojčić und Tihomir Kordić der 19-jährigen Marica Lončarević Zigarettenasche in die Vagina eingeführt hätten – genau dieses drastische Beispiel führte Blažević in seiner Anklageschrift auch auf. Zudem berichtete er, dass Ustascha Inhaftierte so folterten, dass sie ihnen Körperteile abgeschnitten und die Wunden mit Salz bestreut hätten. Ein Vergleich ihrer Aussagen vor der kroatischen Landeskommission mit der Anklageschrift belegt eindeutig, welchen großen Einfluss die Akten der Staatlichen Kommission und ihrer regionalen Ableger als Materialitäten des Rechts auf die Rechtsprechung hatten. Die Richter übernahmen die Geschichten aus den Akten, sie verwerteten sie in ihrem Urteil wieder und gaben ihnen juristische Legitimität. Dabei ging es nicht nur um die Beweiskraft, sondern auch um die Deutung der Ereignisse.

Nach dem Urteil des Militärgerichts reichten für die Verurteilung als Beweise die Geständnisse der Angeklagten, ihr Rang und ihre Zuständigkeiten im „terroristischen Ustascha-System".[101] Abgesehen von Milić sah es keiner von den Angeklagten ein, dass sie durch ihre Beteiligung am verbrecherischen System Schuld auf sich geladen hatten. Budak und Canki gaben zwar zu, Fehler gemacht zu haben, fühlten sich jedoch nicht schuldig. Alle Angeklagten folgten in ihrer Argumentation der Verteidigungslinie der NS-Angeklagten in den späteren NS-Prozessen, die sich darauf beriefen, nach Befehl und persönlich in gutem Glauben gehandelt zu haben.[102] Berčić erinnerte sich, dass Ademaga Mešić behauptete, keine Schuld an irgendeinem Verbrechen zu tragen, schließlich habe er nur seine Pflicht als Staatsdiener getan, der es gewöhnt war, dem jeweiligen Staatsoberhaupt zu dienen. Mešić betonte, er habe dem k. u. k. Kaiser Franz Joseph genauso gedient wie dem serbischen König Petar I. und seinem Sohn Aleksandar. Dass die Partisanen die Loyalität zu einem verbrecherischen Regime auch als Verbrechen definierten, war etwas, was Mešić nicht verstand. Das Gericht verurteilte Budak, Rukavina und Vignjević zur Todesstrafe durch Erhängen, Mandić, Makanec, Steinfel und Canki zur Todesstrafe durch Erschießen, Mešić zu lebenslänglicher Haft sowie Milić und Nardelli zu 20 Jahren Haft.[103] Alle verloren dauerhaft ihre Bürgerrechte, und ihr Eigentum wurde für die Volksbefreiungsfront konfisziert. Alle, abgesehen von Vignjević, hofften auf Gnade.[104] Politeo notierte, dass insbesondere Budak und Rukavina ihn drängten, den Dichter Vladimir Nazor, der Vorsitzender des

---

101   Presuda Vojnog suda II. JA, in: Partizanska i komunistička represija, Bd. 3, 421.
102   Weinke, Die Nürnberger Prozesse, 55.
103   Presuda Vojnog suda II. JA, in: Partizanska i komunistička represija, Bd. 3, 421.
104   HDA, HDA, Fonds Politeo, Dosje Budak, Nr. 9.

kroatischen ZAVNOH war, wegen eines Begnadigungsgesuchs aufzusuchen.[105]
Er selbst fand das naiv, ohne besonders darauf einzugehen, warum.

Jasenovac spielte in diesem Zusammenhang eine bedeutende Rolle, weil es
unmittelbar nach dem Krieg die Unmenschlichkeit des Ustascha-Regimes und
dessen massive Kriegsverbrechen offenlegte. Die Verantwortung für Jasenovac bedeutete Verantwortung für Massenmord. Indem sie Budak und andere
Funktionäre des USK wegen Mittäterschaft an Verbrechen in Jasenovac schuldig sprachen, folgten die jugoslawischen Militärrichter dem Muster, das die
UNWCC schon vorgelegt hatte und Trainin und Jackson in London gerade für
das IMT definierten. Da sie die „complicity", die Mittäterschaft, so anwandten,
dass sie die Führung des USK als Mitglieder einer kriminellen Organisation, als
„Terroristen", behandelten, ähnelte dieser Zugang eher dem sowjetischen Konzept, das während der Schauprozesse der 1930er Jahre Anwendung fand.[106] Die
Mittäterschaft wurde aber auch zu einem von sieben Nürnberger Prinzipien
und damit Teil des internationalen Rechts.[107]

Es fällt auf, dass das Urteil mit keinem Wort den Massenmord an als jüdisch
oder als Roma definierter Bevölkerung erwähnte. Explizit wurde den Angeklagten zur Last gelegt, „dass sie über den sogenannten Unabhängigen Staat
Kroatien mit Gewalt das kroatische und serbische Volk ausgerottet, versklavt
und ausgeplündert haben, sowie durch ihre Tätigkeit den Bruderkrieg zwischen den Serben und Kroaten verursacht haben."[108] Hinweise auf die ethnische oder religiöse Zugehörigkeit der Opfer wurden vermieden. Nur Mile
Budak wurde konkret verurteilt, weil er zum Massenmord an Serben aufgerufen hatte. Bei allen anderen Angeklagten stand im Urteil, sie hätten an
Massentötungen unseres „Volks" oder „unschuldiger Patrioten" partizipiert.
Auch an dieser Stelle erinnerte der Budak-Prozess an sowjetische Kriegsver-
brecherprozesse, konkret an den Prozess in Krasnodar, die eine ethnische
Differenzierung der Opfer vermieden und diese in der Regel als „friedfertige
Sowjetbürger" bezeichneten.[109]

Zu Jasenovac reichte der Hinweis, dass dies ein berüchtigtes Konzentrationslager war. „Beweise" brauchten weder die Ankläger noch die Richter. Nach ihrem
Verständnis, nach allem, was sie im Krieg erlebt haben, trugen die Angeklagten

---

105   HDA, HDA, Fonds Politeo, Dosje Budak, Nr. 9.
106   Hirsch, Soviet judgment, 21.
107   Für eine Übersicht der Nürnberger Prinzipien mit Kommentar siehe: Principles of Inter-
        national Law recognized in the Charter of the Nürnberg Tribunal and in the Judgment of
        the Tribunal, with commentaries, in: https://legal.un.org/ilc/texts/instruments/english/
        commentaries/7_1_1950.pdf (überprüft am 22.4.2021).
108   Presuda Vojnog suda II. JA, in: Partizanska i komunistička represija, Bd. 3, 419.
109   Penter, Das Urteil des Volkes, 127.

Verantwortung für Verbrechen, die im USK passiert waren. In der Anklage schrieb Blažević: „Es gibt keinen einzigen Bürger des neuen Jugoslawiens, der nicht wissen würde, dass unter dem Deckmantel der sogenannten ‚Säuberungen' Massenabschlachtungen des Volks sowie Raub und Zerstörung seines Eigentums verübt wurden."[110] Daher fand das Gericht es auch nicht notwendig, ausführlicher zu erläutern, wie und warum es zu seinem Urteil gekommen war. Aufgrund seines Ablaufs entsprach der Budak-Prozess eher Verfahren, die während des Kriegs stattgefunden hatten. Ein großes öffentliches Tribunal, wie es die jugoslawischen Behörden später organisierten, war es nicht. Das Urteil und die Strafe mögen der Anklage und den Richtern von vornherein klar gewesen sein. Bei den Angeklagten weckte das juristische Prozedere Hoffnungen. Nach Politeo glaubte es Budak nicht, dass er zur Todesstrafe verurteilt, geschweige denn gehängt würde.[111] Die Militärrichter zeigten keine Gnade. Lavoslav Milić und Bruno Nardelli wurden zu 20 Jahren Haft und Ademaga Mešić zu einer lebenslangen Strafe verurteilt. Über alle anderen Angeklagten verhängte das Gericht die Todesstrafe.

3.1.4 Medien

Dieses erste große Urteil gegen die Führung des USK war von Bedeutung, weil es mehrere Funktionen erfüllte und mehrere Entwicklungen vorbereitete. Zunächst unterstrich es die Legitimität der Tito-Regierung und der Volksbefreiungsarmee, wurden ihr von den britischen Alliierten Funktionäre des USK als vermeintliche Kriegsverbrecher ausgeliefert. Die neuen Machthaber legten Wert auf ihre Zugehörigkeit zur Alliierten-Familie. Ihr Handeln ordneten sie auch in diesem Zusammenhang ein. Bei seiner Berichterstattung bezog sich *Vjesnik* auf den amerikanischen General Lucius Clay, den Stellvertreter Eisenhowers, der betont hatte, dass die Kriegsverbrecher für ihre Straftaten mit ihren Leben, ihren Freiheiten, ihrem Schweiß und ihrem Blut bezahlen würden.[112] Jugoslawische Ermittler und Militärrichter sahen das auch nicht anders. Dass sie jedoch zumindest versuchten, ein wie auch immer geordnetes juristisches Prozedere zu befolgen, wies darauf hin, dass sie wenigstens nach außen Normen einhielten, von denen sie ausgingen, dass sie sie einhalten sollten. Die neuen Machthaber wollten die ohnehin wegen Triest angespannte

---

110 Optužnica, in: HDA, Fonds Služba državne bezbjednosti (SDS), Dosje Mile Budak, Nr. 52, 40.

111 HDA, Fonds Politeo, Dosje Budak, Nr. 8.

112 Njemački ratni zločini, *Vjesnik* vom 29.5.1945. Clay machte die entsprechende Aussage in der Tat bei seiner Pressekonferenz in Paris, als es um die Behandlung von Deutschland nach Kriegsende ging. Siehe: International: Phase One, *Time* vom 28.5.1945.

Situation mit den Alliierten nicht zusätzlich belasten. Nach außen geordnete Kriegsverbrecherprozesse suggerierten die Anwendung international vereinbarter Regelungen.

Der Prozess war eine erste, jedoch keine große öffentliche Bühne für die neue juristische Elite des Zweiten Jugoslawiens, für Blažević und Hrnčević, die hier in der Praxis die Anwendung ihrer Richtlinien erprobten. Die Verhandlung selbst war nicht öffentlich: Nur einzelne Medienvertreter waren anwesend. Sie wurde aber gefilmt und das wissen wir, weil die Szenen aus dem Prozess in dem bereits erwähnten Dokumentarfilm über Jasenovac veröffentlicht wurden. Blažević lehnte zunächst große öffentliche Prozesse ab. Diese Haltung überrascht nicht, hatten die Alliierten in der UNWCC auch kontrovers darüber diskutiert, ob mit den öffentlichen Prozessen den Nationalsozialisten eine Bühne geboten würde.[113] Doch schnell änderte er seine Meinung. Bereits im Juli 1945 betonte er in seinem Bericht an den jugoslawischen Bundesstaatsanwalt Dr. Joža Vilfan, öffentliche Kriegsverbrecherprozesse seien der richtige Weg, um das „Volk" über die schrecklichen Verbrechen von „Priester Filipović, den blutigen Kommandanten von Jasenovac" und andere „Banditen" aufzuklären.[114] Die kroatischen Medien wie *Vjesnik* berichteten zwar über die Auslieferung, den Prozess und das Urteil. Eine große „Geschichtsstunde" boten sie nicht. Vielmehr begründeten sie diskursiv die Legitimität des Prozesses. Im ersten Artikel über die Auslieferung der „verbrecherischen Pavelić-Regierung" vom 26. Mai 1945 hieß es: „Diese Kriegsverbrecher und Verantwortlichen für beispielloses Leiden und Opfer der Bevölkerung Kroatiens haben sicherlich nicht damit gerechnet, in die Hände der Volksgerechtigkeit zu fallen, sowie dass sie als Inhaftierte vor die Augen des Volks kommen werden, das sie vier Jahre verfolgt und vernichtet haben."[115] Die „Gerechtigkeit" reichte als Argument nicht, vermeintliche Täter vor Gericht zu stellen. Es musste die „Volksgerechtigkeit" sein. Auch im Artikel vom 8. Juni 1945, in dem auf der ersten Seite vom Prozess und vom Urteil berichtet wurde, hieß es im Titel: „Die Volksgerechtigkeit erreicht mit der verdienten Strafe die Hochverräter und Ustascha-Kriegsverbrecher."[116] Die Strafe,

113   Benjamin Ferencz, The Nuremberg Trials, in: Witness History, BBC World Service, hier aus https://www.bbc.co.uk/programmes/p02bq6hv (überprüft am 15.12.2019).

114   Javni tužitelj Hrvatske, Zagreb izvješćuje Javnog tužitelja DF Jugoslavije, Beograd o političkim prilikama u Hrvatskoj te ukazuje na niz poteškoća, nastalih uz ostalo i samovoljom JA, OZN-e, Narodne milicije i raznih organa „narodnih" vlasti, in Dizdar, Partizanska i komunistička represija, Bd. 2, 527.

115   Članovi zločinačke Pavelićeve „vlade" I organizatori krvavog ustaškog režima u rukama naroda, Vjesnik vom 27.5.1945, Nr. 32, 3.

116   Veleizdajnike I ustaške ratne zločince stiže zaslužena kazna narodne pravde, in: *Vjesnik* vom 8.6.1945, Nr. 45, 1.

das suggerierte der Artikel, sei die Verwirklichung „des gerechten Zorns des
Volks" und treffe Verbrecher, die mit ihrem „blutigen Terror und Gewalt" an
der Vernichtung „unseres Volks" gewirkt hatten. Der Text fasste die Anklage
und das Urteil zusammen und übernahm deren Argumentation. Der Artikel
betonte aber auch, warum eine juristische Ahndung von Verbrechen und nicht
nur militärische Abrechnung mit Verbrechern wichtig waren. Das neue Jugoslawien sah sich in einer Reihe mit anderen Alliierten als Sieger des Zweiten
Weltkriegs. Mit den Prozessen wollte sich die neue Führung klar von innerjugoslawischen Unterstützern der Achsenmächte distanzieren. Im Kampf um
die Deutungshoheit über den Zweiten Weltkrieg und in Vorbereitung künftiger
Friedensverhandlungen markierten Titos Leute ihre Position. Und sie ähnelte
der Position des großen Vorbilds, der Sowjetunion, die nach außen ihre Vor-
machtstellung durch ihren militärischen Beitrag zum Sieg sowie durch das
Leiden ihres „Volks" legitimierte.[117] Daher galt es, die „Faschisten", die „Fünfkolonnisten", die „Ustascha-Verbrecher" und „Verräter" zu einer Minderheit,
zu „Ausgeburten", zu erklären, die „das jugoslawische Volk" selbst zur Rechenschaft ziehen würde.

Im Prozessbericht in *Vjesnik* hieß es:

> [U]nsere jugoslawischen Völker, und unter ihnen sowohl das kroatische als
> auch das serbische Volk in Kroatien, haben sich mit Entschiedenheit und in
> Verachtung für die Verräter zum gemeinsamen Kampf an der Seite der großen
> Sowjetunion und der angloamerikanischen Alliierten gegen die faschistischen
> Besatzungsmächte erhoben. Unsere Völker haben im Gefüge des siegreichen
> Blocks der Vereinten Nationen über vier Jahre heroisch gekämpft und gewonnen.
> Und unsere Völker sind heute Richter, die im Einklang mit Beschlüssen der gro-
> ßen antifaschistischen Koalition aus Moskau, Teheran und Jalta alle diejenigen
> ihrem unerbittlichen Urteil unterstellen, die ihre unerhörten Leiden verschuldet
> haben, alle die gegen sie auf der Seite der verbrecherischen deutschen und ita-
> lienischen Besatzer gekämpft hatten.[118]

Tito fürchtete um jugoslawische Territorien, die nach dem Ersten Weltkrieg
Italien und Österreich zugefallen waren. Er war sich weder der Unterstützung
seitens der Sowjetunion noch seitens der Briten oder Amerikaner sicher. In
diesem Kontext tastete er seine Grenzen aus, ergriff seine Chancen und seine
Möglichkeiten, militärisch und politisch. Sein Kurs schwankte in der unmittelbaren Nachkriegszeit zwischen Konsens und Konflikt: Konflikt um Territorien
wie Triest und Kärnten bei gleichzeitiger Kooperation und Zugeständnissen,

---

117   Siehe dazu auch Antipow, „Die wahrhaft räuberischen Pläne", Pos. 5469.
118   Veleizdajnike I ustaške ratne zločince stiže zaslužena kazna narodne pravde, in: *Vjesnik*
       vom 8.6.1945, Nr. 45, 1.

wo sie nötig waren. Vor diesem Hintergrund erfüllte der Prozess von Budak u.a. verschiedene Funktionen. Aus der Perspektive neuer Machthaber diente er der Wiederherstellung von Gerechtigkeit durch eine „gerechte Bestrafung". Damit lösten sie das Versprechen an die jugoslawische Bevölkerung ein, dass Täter wegen ihrer Taten zur Rechenschaft gezogen werden. Gleichzeitig sollte der Prozess nach außen auch zeigen, dass das neue Jugoslawien sich an den Beschlüssen der Alliierten orientierte und eine juristische Aufarbeitung von Verbrechen verfolgte. Für die weitere Strafverfolgung von Kriegsverbrechen legte der Prozess Budak u.a. Grundlagen im Zusammenhang mit mehreren wichtigen Punkten:

a)   Die Anwendung des Common Design stellte jugoslawischen Militärgerichten ein Mittel zur Verfügung, Verbrechen zu ahnden, bei denen individuelle Verantwortung schwer zu ermitteln war;

b)   die Verknüpfung der Verantwortung für die Massenverbrechen mit dem Unabhängigen Staat Kroatien bedeutete, dass die Ausübung systematischer und vorsätzlicher Terrorherrschaft staatlich organisiert war;

c)   die Beweisführung erfolgte auf der Grundlage von Akten der Staatlichen Kommission oder der kroatischen Landeskommission sowie durch Zeugenbefragungen;

d)   das Vorliegen eines Vorgesetztenbefehls akzeptierte das Gericht nicht per se als einen Strafausschließungsgrund.

Ein weiterer wichtiger Prozess war in diesem Zusammenhang der Kriegsverbrecherprozess gegen die Ustascha-Generäle. Die Frage der politischen Verantwortung für die Verbrechen war nach dem Budak-Prozess an einem Tag juristisch geklärt. Für die Generäle ließ sich die jugoslawische Justiz mehr Zeit. Die Anklage wurde nach der Verkündung des Gesetzes über die Straftaten gegen das Volk und den Staat vom August 1945 erhoben. Wie beeinflusste die Einführung des neuen Gesetzes den Prozess?

3.2   Ustascha-Generäle

Zusammen mit USK-Funktionären lieferten die britischen Verantwortlichen im Mai 1945 auch zahlreiche Ustascha-Offiziere an die Jugoslawische Volksarmee aus. Unter ihnen befand sich der Oberst Tomislav Sertić. Sertić kam 1902 zur Welt, in Udbina, einem kleinen Ort, der zur ehemaligen Militärgrenze gehörte.[119] Für zahlreiche junge Männer aus dieser Region ging der Weg zum sozialen Aufstieg über das Militär. Bei Sertić war es nicht anders. Er beendete

---

119   Mario Jareb, Ustaški pukovnik i general Tomislav Sertić, *Časopis za suvremenu povijest* 32 (2000) 2, 274. Siehe auch die Quellen im Kroatischen historischen Museum (im Folgenden

die Militäroberrealschule in Maribor und wechselte nach Gründung des Ersten Jugoslawiens nahtlos nach Belgrad in die Militärakademie.[120] Sertić machte Karriere und stieg bis 1939 zum Major auf. Von außen betrachtet erschien er als ein gelungenes Bespiel der Integration ehemaliger k. u. k. Offiziere in die nun jugoslawische Armee. 1940 nahm sein Leben eine Wendung, die mit dem Zweiten Weltkrieg und seinen ideologischen Überzeugungen zu tun hatte. Sertić sympathisierte mit der kroatisch-nationalen Rechtspartei von Ante Pavelić und stand in Kontakt mit Ustascha-Netzwerken. Was ihn aber konkret bewog, am 27. August 1940 aus der jugoslawischen Armee und aus dem Land zu fliehen, können wir nur vermuten. Mario Jareb schrieb von Anschuldigungen und seiner vermeintlichen Spionagetätigkeit für die Ustascha und Italien, betonte jedoch auch, dass dies nicht aufgeklärt sei.[121] Fakt ist, dass Sertić am 2. September in den Ustascha-Dienst eintrat und im Januar 1941 seinen Eid auf Pavelić ablegte.[122] Mit Kriegsbeginn kehrte er nach Kroatien zurück und begann mit der Organisation der Ustascha-Armee. Offiziell wurde er Anfang Mai 1941 zum Befehlshaber aller militärischen Einheiten der Ustascha (der Ustascha-Miliz) und des Ersten Ustascha-Regiments ernannt.[123] In seiner Zusammenfassung der Ereignisse nach Verkündigung des USK beschrieb er die Schwierigkeiten, mit denen er sich dabei konfrontiert sah.[124] Sertić versuchte, in sein Regiment ehemalige jugoslawische Offiziere zu integrieren, was auf starke Widerstände seitens der Ustascha-Rückkehrer stieß. Sertić berichtete:

> Diese Leute haben angefangen, den Offizieren im Rang eines Hauptmanns, eines Majors oder eines Oberstleutnants Befehle zu erteilen sowie ihnen ihren Dienst in der jugoslawischen Armee vorzuwerfen. [...] Ich habe sie vorgeladen und wegen der Machtusurpation ermahnt, in dem ich sagte, dass die Armee auf dem Prinzip der Hierarchie beruhe: ‚Nirgendwo und in keiner Armee ist es erlaubt, dass der Unteroffizier den Offizier kontrolliere und diesem Befehle erteile. Sie usurpieren die Macht, deswegen wird das Volk bald anfangen sie zu hassen und wird sie verlassen.‘ Daraufhin sind sie unter Führung des Ustascha-Obersts [Stipe] Tomčić [Tomičić] zum Poglavnik gegangen und haben sich über mich beschwert. Schriftliche Beschwerden haben sie in die Präsidentschaft der Regierung hineingetragen, so dass gegen mich ein Verfahren geführt wurde.[125]

HPM), Ostavština Tomislava Sertića, Nr. 10985, wo im Auszug aus dem Geburtsregister allerdings als Geburtsdatum der Tag seiner Taufe eingetragen ist.

120 HPM, Ostavština Tomislava Sertića, Nr. 10985/1.
121 Jareb, Ustaški pukovnik, 276.
122 HPM, Ostavština Tomislava Sertića, Nr. 10985/1.
123 HPM, Ostavština Tomislava Sertića, Nr. 10985/1.
124 Prilog, in: Jareb, Ustaški pukovnik, 303–315, alle folgenden Zitate der Zeugenschaft von Sertić sind dieser Quelle entnommen.
125 Prilog, in: Jareb, Ustaški pukovnik, 304.

Sertić erzählte auch von anderen Situationen, in denen er mit der alten Ustascha-Riege in Konfrontation geraten war, weil er sich nach seiner Darstellung für die Ordnung und die Einhaltung von Regeln eingesetzt hatte. Mit seiner Haltung und mit seiner Vergangenheit als „jugoslawischer Offizier" hatte er wenig Erfolg bei der Ustascha-Führung. Bereits nach zwei Wochen wurde er von seiner Stelle abgesetzt und zum Leiter der Ustascha-Offiziersschule ernannt. Ab November 1941 war Sertić jedoch weiterhin am Aufbau der Ustascha-Miliz beteiligt, dieses Mal unter dem Kommando von Juco Rukavina, der nach Kriegsende zusammen mit Budak angeklagt wurde. Sertić betonte, er habe rein organisatorische Aufgaben übernommen und keine militärischen Einsätze geplant. Auch hob er hervor, dass er sich fortwährend gegen die Verfolgung von Serben ausgesprochen habe und Pavelić regelmäßig aufgefordert hätte, Personen wie Luburić zu entfernen, den er als „blutrünstig" charakterisierte. Nach einem Jahr wurde Sertić erneut abgesetzt und mit der Aufsicht aller Militärschulen vertraut. Er scheiterte immer wieder mit seinen Versuchen, die Ustascha-Miliz zu professionalisieren, auch weil ihm niemand aus dem inneren Zirkel Pavelićs vertraute. An den sogenannten *rasovi* (Anpassung des italienischen Terminus *ras*, der Boss) kam er nicht vorbei. Weder Ante Moškov oder Eugen Kvaternik noch Erih Lisak konnte er von seinen Ideen überzeugen. Diese engere Clique um Pavelić war es, die Budak meinte, als er von „bestimmten Personen" sprach, die im USK die „wahre Macht" ausgeübt hatten. Es überraschte nicht, dass Sertić die Verantwortung auf andere schob. Dieses Verteidigungsmuster nutzten die meisten angeklagten Kriegsverbrecher, auch vor dem IMT. Sertić versuchte, seine Bedeutung und seinen Einsatz in der Ustascha-Miliz zu minimieren, auch wenn er zugab, ab 1943 erneut reaktiviert worden zu sein. Direkte Gefechte seiner Einheiten mit den Partisanen verschwieg er, obwohl er von Pavelić genau für diese Dienste ausgezeichnet worden war.[126]

Nach seiner Auslieferung an die Jugoslawische Volksarmee wurde Sertić zusammen mit anderen Offizieren nach Zagreb transportiert, wo er von Josip Brnčić vernommen wurde.[127] Brnčić, ein Überlebender des Lagers Stara Gradiška, war zu dieser Zeit Major des Geheimdienstes. Später stieg er zum leitenden Staatsanwalt Kroatiens sowie Vorsitzenden des Obersten Gerichts Kroatiens und im Zenit seiner Karriere zum jugoslawischen Justizminister auf.[128]

Der Prozess gegen die Offiziere fand allerdings nicht in Zagreb statt. Die Inhaftierten wurden nach Belgrad transferiert, wo sie vor das Oberste Gericht

---

126   Jareb, Ustaški pukovnik, 281.
127   HPM, Ostavština Tomislava Sertića, Dnevnik Zdenka Sertić, o.N.
128   Hrnčević, Svjedočanstva, 107.

Jugoslawiens kamen. Anders also als bei den Politikern, denen ein kurzer Prozess gemacht wurde, ließ sich die neue Justiz bei den Militärs Zeit. Währenddessen konnten die Beschuldigten Besuche empfangen, Korrespondenzen
führen, Pakete erhalten. Das wissen wir, weil Sertić in seiner entfernten Verwandten Zdenka Sertić eine engagierte Fürsprecherin fand, die alles versuchte, um sein Leben zu retten.[129] Ihre erhaltene Korrespondenz sowie das
Tagebuch von Zdenka Sertić eröffnen Einblicke in die Gedanken, Erwartungen
und Ängste von Sertić. Diese Perspektive fehlt bei zahlreichen anderen Kriegsverbrecherprozessen. Wir erfahren, wie Sertić nach dem Rückzug aus Zagreb
in Österreich inhaftiert wurde und was er dabei empfand. In Zdenkas Tagebuch waren unter dem 20. September und dem 21. September Gespräche mit T.
(Tomislav) zusammengefasst, die wie ein klarer Vorwurf zu deuten sind:

> Ihr beide seid Kommunistinnen. Deine Schwester trägt Schuld an allem. Als ich
> noch auf dem Sprung war [zu fliehen, SF], hat sie mit mir am Telefon gesprochen
> und ich habe ihr geglaubt. Ich hätte fliehen können, aber ich habe mich an ihre
> Worte erinnert.[130]

Tomislav Sertić hatte 1943 die Ärztin Kornelija-Nela Ibler, geb. Sertić, Zdenkas
Schwester, aus dem berüchtigten Ustascha-Gefängnis in der Savska-Straße
gerettet, wo sie sich in Geiselhaft befand.[131] Denn Nelas Ehemann, ebenfalls
Arzt, Stanko Ibler, kämpfte seit 1943 bei den Partisanen. Zdenka und Nela standen ihrem Empfinden nach in Sertićs Schuld. Unmittelbar nach Kriegsbeginn
hatte Zdenka ihn aufgesucht und um Hilfe für ihre Freunde und Verwandte
gebeten, denen aus politischen Gründen eine Verlegung nach Jasenovac
drohte. Von dieser ersten Intervention an half Sertić, wenn er konnte. Die Liste
war lang. Auch Ivan Meštrović befand sich auf ihr, denn Sertić unterstützte
seine Bemühungen, aus Kroatien auszureisen. In seinen Erinnerungen schrieb
Meštrović, Sertić habe behauptet, Ustascha seien weder germanophil noch ita-
lophil, weder Nationalsozialisten noch Faschisten: „Von nichts lassen wir uns
leiten, nur von der Freiheit Kroatiens. Zur Erfüllung dieses Ziels und wegen der
Umstände paktieren wir, mit wem wir paktieren. Um dieses Ziel zu erreichen,

---

129   HPM, Ostavština Tomislava Sertića, Dnevnik Zdenka Sertić, o.N. Siehe dazu auch Mla-
      den Ibler, Zdenka i Tomislav Sertić – dvije hrvatske sudbine, *Obzor* vom 20.11.1995, 58–60
      sowie Beograd ne zna što je „Pietà", *Obzor* vom 27.11.1995, 58–60.
130   HPM, Ostavština Tomislava Sertića, Dnevnik Zdenka Sertić, o.N.
131   Mladen Ibler, Kornelija Sertić, Prva liječnica koja je diplomirala na Medicinskom fakul-
      tetu u Zagrebu, *Liječničke novine* 159 (2007) 5, 87.

würden wir auch mit dem Teufel paktieren."[132] Sertić und seinesgleichen verschlossen die Augen vor Verbrechen. Sie verschlossen die Augen vor Unrecht. Ihr Ziel, ein ethnisch homogener kroatischer Staat, heiligte alle Mittel.

Die Schwestern Sertićs waren gut vernetzt. Sie hofften, dass die einzelnen guten Taten ihres Namensvetters während des Kriegs und die Fürsprachen unterschiedlicher, aus ihrer Perspektive einflussreicher Menschen bei der Ermessung seiner Schuld im neuen Jugoslawien überwiegen würden. Sie täuschten sich. Und Sertić ließ sich von ihnen täuschen. Das warf er Zdenka zumindest vor. Doch glaubte er, die Partisanen würden ihm gegenüber Gnade zeigen? Glaubte er, er werde nahtlos von der jugoslawisch-königlichen Armee über die Ustascha-Miliz in die neue Armee integriert werden? Dachte er wie Ademaga Mešić, für den es keinen Unterschied gab zwischen dem Dienst für den habsburgischen Kaiser, den serbischen König oder den kroatischen Poglavnik? Noch vor Prozessbeginn sagte er zu Zdenka: „Geh zu den Engländern, zu den Amerikanern. Das wird nicht länger als drei Monate dauern. Wichtig ist es nur, zu überleben."[133] Glaubte er tatsächlich, die Prozesse, die Abrechnungen seien Folgen der Übergangszeit und würden abklingen?

Die Anklage gegen Sertić sowie weitere 33 Offiziere wurde am 29. August 1945 nach neu verkündetem Gesetz gegen die Straftaten gegen das Volk und den Staat erhoben.[134] Die Staatsanwaltschaft warf Sertić und anderen Angeklagten Straftaten nach Art. 3, Abs. 2, 4, 5 und 6 vor. Konkret ging es um Staatsverrat, ergo Tatbestände, die sich gegen die Staatlichkeit Jugoslawiens richteten, wie die Zusammenarbeit mit den Besatzern, militärischen Dienst in den Verbänden der Besatzungsmächte sowie Durchführung von Repressalien an der jugoslawischen Bevölkerung.[135] Nicht alle Offiziere wurden wegen Kriegsverbrechen angeklagt, sondern etwa die Hälfte. Sertić befand sich unter ihnen.

Hrnčević saß dem Gericht vor, das über die Anklage entschied. Erneut war er als Richter bei der Anwendung seines eigenen Gesetzes beteiligt und

---

132 Ivan Meštrović, Uspomene na političke ljude I događaje (Zagreb: Matica Hrvatska 1969), 284.

133 HPM, Ostavština Tomislava Sertića, Dnevnik Zdenka Sertić, o.N.

134 Anklage gegen Sertić, HPM, Ostavština Tomislava Sertića, ohne Nummer. Alle folgenden Zitate der Anklage sind dieser Quelle entnommen. Angeklagt wurden folgende Offiziere: Artur Gustović, Đuro Grujić, Mirko Gregović, Slavko Skoliber, Julijo Fric, Ivan Tomašević, Vladimir Metikoš, Ivan Markilj, Zvonimir Stimaković, Franjo Džal, Zlatko Šintić, Hinko Hubl, Vladimir Majer, Miroslav Šlaher, Nikola Mikec, Muhamed Hromić, Bogdan Majetić, Ivan Severović, Dragutin Mesić, Petar Sabljak, Antun Šuh, Zvonimir Pojić, Dragutin Čanić, Zvonimir Jakšić, Mića Mičić, Anton Nardeli, Franjo Dolački, Anđelko Grabić, Ivan Kurelec, Rudolf Sajc, Remualdo Manole, Rudolf Lukanac, Josip Šolc.

135 Zakon o kaznenim delima protiv države i naroda, *Službeni list* vom 1.9.1945, Nr. 66.

saß in einer Zwickmühle. Das neue Jugoslawien, das seine kommunistischen Gestalter gern revolutionär aufgestellt hätten, Jugoslawien, das alle Gesetze der Besatzer und des Vorgängerstaats für nichtig erklärt hatte, richtete über den politischen und militärischen Verrat an diesem Ersten Jugoslawien. Deswegen war es für die neuen Machthaber so wichtig, an die internationalen Entscheidungen anzuknüpfen, an die Deklaration von Moskau und die Konferenzen von Teheran und Jalta. Es war wichtig, auf die UNWCC und das Londoner Statut zu verweisen, denn dort, innerhalb der Alliierten, waren die Rechtsgrundlagen festgelegt worden, die Jugoslawien übernahm und implementierte. Die „Quislings" und „Verräter", das war auch die Haltung innerhalb der UNWCC, waren anders zu bestrafen als Kriegsverbrecher.[136] Darüber, wer zu den „Quislings" und „Verrätern" gehörte, herrschte Einigkeit: „Classical traitors who have betrayed their legal Government, King, and country and taken sides with the enemy; such are Vidkun Quisling himself, the Belgian Degrelle, the Dutch Mussert, and perhaps, *mutatis mutandis*, the members of the puppet Governments of Croatia, China, etc."[137]

Nach Margalit hatte sich der Hochverrat historisch zur ultimativen Sünde entwickelt.[138] Im Falle des Prozesses gegen die Offiziere des USK teilten die jugoslawischen Staatsanwälte und Richter diese Einschätzung. Wen haben die Offiziere des USK nach Einschätzung des Gerichts verraten, wenn der Eid, den sie auf die Dynastie Karađorđević geleistet hatten, nicht galt? Sie hatten laut Anklage, die der Staatsanwalt Josif Malović vertrat, Jugoslawien und seine Alliierten, die Sowjetunion, England und Amerika verraten, „unser Volk" und „seine Volksbefreiungsarmee". Mit Jugoslawien meinte er jedoch nicht das Erste, royale Jugoslawien. Jugoslawien definierte er als politische Gemeinschaft „aller unserer Nationen", eine politische Idee und als „unser Vaterland", das er von der faktischen Realität des Königreichs Jugoslawien trennte, demgegenüber er selbst nicht loyal war. Dieses „Vaterland" hatten laut Anklage die Angeklagten verraten. Sie hatten den Besatzern geholfen, es zu zerstückeln, „unsere Nationen" zu versklaven, schlimmer noch, sie hatten gegen die Volksbefreiungsarmee aktiv gekämpft und Pavelić, „dem Diener des Besatzers", geholfen.

Zum Tatbestand der Kriegsverbrechen differenzierte die Anklage nach individuellen Taten. Konkret warf sie Sertić folgende Vergehen vor: Mitgliedschaft in der „terroristischen Bande der Ustascha", Gründung der Ustascha-Miliz,

---

136 Bereits bei der ersten Sitzung der UNWCC wurde dies hervorgehoben. Siehe Constitution of the UNWCC, oa Meeting at the Foreign Office on October 20th, 1943, hier nach UNWCC Archive, Reel 33, Meeting Minutes M1-M135, 3.

137 Anonymous (M. de Baer), The Treatment of War Crimes, 251.

138 Margalit, On Betrayal, 157.

Ausbildung des Ustascha-Offizierskaders, „des Kaders der professionellen Mörder und Verbrecher, die bis dahin ungesehene Verbrechen an unseren Nationen begangen haben", Organisation des ersten Ustascha-Lika Regiments sowie Organisation des ersten Ustascha-Korps. Direkte Teilnahme an Verbrechen warf die Anklage Sertić nicht vor. Seine Schuld sah die Staatsanwaltschaft nicht nur darin begründet, dass er die Ustascha-Miliz aufbaute. Sie sah sie darin begründet, was Sertić nicht getan hatte. Und er hatte nichts getan, „um das kroatische und serbische Volk in Kroatien vor beispiellosen Verbrechen der Ustascha zu schützen". Das machte ihn nach Ansicht der Staatsanwaltschaft zum Mitverantwortlichen an schrecklichen Kriegsverbrechen, die ihm untergeordnete Einheiten begangen hatten. In der Geschichte des internationalen Rechts erlaubte der Tatbestand der Vorgesetztenverantwortlichkeit eine juristische Ahndung von Taten ziviler und militärischer Verantwortlichen auf zwei Ebenen: als direkte oder als indirekte Befehlsgeber von rechtswidrigen Anweisungen.[139] Der amerikanische Militärprozess gegen den japanischen General Yamashita Tomoyuki, der zeitgleich stattfand, gilt als Präzedenzfall für die indirekte Vorgesetztenverantwortlichkeit von Offizieren.[140] Aber auch jugoslawische Gerichte übernahmen wie im Fall von Sertić die Doktrin, die bereits in der Haager Landkriegsordnung angelegt war, dass der Vorgesetzte nach Art. 1 „für seine Untergebenen verantwortlich ist"[141] sowie dass nach Art. 43 der Besetzende „alle von ihm abhängenden Vorkehrungen zu treffen [hat, SF], um das öffentliche Leben wiederherzustellen und aufrechtzuerhalten."[142] Nach Malović hätte Sertić als Offizier alles in seiner Macht Stehende versuchen müssen, um Verbrechen zu verhindern. Er tat es nicht.

Die Anklage gegen Sertić u.a. unterschied sich in Einzelheiten von der Anklage gegen Budak u.a., auch wenn sich die Anklagen in Tatbeständen grob überschnitten: Hochverrat, Zugehörigkeit zu den Ustascha, Befehlshaberverantwortlichkeit und Kriegsverbrechen. Die rechtliche Grundlage für den

---

139   Danner / Martinez, Guilty Associations: Joint Criminal Enterprise, 38.

140   Trial of General Tomoyuki Yamashita, United States Military Commission, Manila (8th October – 7th December 1945), and the Supreme Court of the United States, Judgement, 4th February 1946 (327 US 1, 66 S.Ct. 340, 90 L.ed. 499 [1946]), in: *Law Reports of Trials of War Criminals, Selected and Prepared by the United Nations War Crimes Commission*, Vol. IV (London: HMSO 1948), 35.

141   Die Haager Landkriegsordnung, hier zitiert nach: https://www.1000dokumente.de/index. html?c=dokument_de&dokument=0201_haa&object=pdf&st=&l=de (überprüft am 21.4.2021).

142   Die Haager Landkriegsordnung, hier zitiert nach: https://www.1000dokumente.de/index. html?c=dokument_de&dokument=0201_haa&object=pdf&st=&l=de (überprüft am 21.4.2021).

Prozess war eine andere, aber auch die Diktion der Anklage. Während Funktionären des USK Verbrechen an „unserem Volk" vorgeworfen wurden, betonte die Anklage gegen Sertić Verbrechen an „unseren Nationen", konkret am „serbischen Volk". Auch betonte Malović stets die Position Jugoslawiens unter den Großalliierten. Das Ziel der Besatzung war gleich formuliert: Die Versklavung unserer Nationen seitens des deutschen Imperialismus. Auch die Schuldzuweisung folgte dem gleichen Muster. Die Angeklagten, so die Anklage, hatten sich in den Dienst der Besatzer gestellt und damit ihr Vaterland verraten.

Anders als der Prozess gegen Budak u.a. war der Prozess gegen die Offiziere des USK öffentlich. Er fand im alten Belgrader Rathaus statt, um Platz für alle Interessierten zu schaffen. Im Publikum saßen Partisanen, Kämpfer, die sich gegen die Einheiten der Angeklagten behauptet hatten. Der Justizminister Frane Frol und der Generalleutnant Sava Orović besuchten die Hauptverhandlung, als wollten sie mit ihrer Anwesenheit dem ganzen Verfahren zusätzliche Legitimität verleihen. Medien berichteten täglich aus dem Gericht. *Vjesnik* fokussierte dabei auf den Tatbestand des Verrats: Die Angeklagten stellte die Zeitung als Mitglieder der Pavelić-Armee dar, die dem „eigenen Volk" ein Messer in den Rücken gerammt hatte.[143] Die Offiziere, das suggerierte der Artikel, seien Angehörige der Fünften Kolonne gewesen, die den Verrat noch vor dem 27. März 1941 geplant habe. Sie seien Vertreter des Terroristen Pavelić gewesen und hätten mit dem „ehrlichen kroatischen Volk" keine Gemeinsamkeiten gehabt. Schlimmer noch, sie hätten Kroatien in ein verbrecherisches Lager verwandelt, so der Artikel. Nach dieser Darstellung hatten die Angeklagten die gesamte Bevölkerung Kroatiens als Geisel genommen. Ganz zentral und ganz in der Diktion anderer Veröffentlichungen zu den „einheimischen Verrätern" war der Versuch, unterschiedliche gegnerische militärische Gruppierungen zu verbinden, ihnen eine Zusammenarbeit nachzuweisen. So behauptete *Vjesnik*, Angehörige der Ustascha hätten sich mit Tschetniks verbündet sowie mit dem „verräterischen Teil" der kroatischen Bauernpartei um Vlatko Maček. Auch diese Strategie überraschte nicht: Ganz im Stil aller populistischen Bewegungen und in Anknüpfung an ihre Kriegsdiktion ging es den neuen Machthabern darum, die „Kriegsverbrecher" als „Volksfeinde" darzustellen und vom „Volk" zu trennen. Die Medien gaben zwar in der Regel das wieder, was beim Prozess zur Sprache kam: die Anklage, die Verhandlungen und Befragungen, die Verteidigungsstrategie der Angeklagten, ihre Aussagen. Die Berichterstattung war stark normativ und wertend. Die Aussage des Generals Đura Grujić, er habe „in der kroatischen Armee seines

---

143   34 generala I viša oficira Pavelićeve vojske odgovaraju radi izdaje domovine I brojnih zločina, *Vjesnik* vom 15.9.1945, Nr. 126.

Volks" gedient, interpretierte *Vjesnik* als Verleumdung des kroatischen Volks.[144]
Und als der angeklagte General Mirko Gregorić behauptete, er sei kein Kriegsverbrecher, sondern ehrenhafter Offizier zuerst Österreich-Ungarns, dann
der jugoslawischen und anschließend der Armee von Pavelić, gab *Vjesnik* den
Wortwechsel mit dem Staatsanwalt wie folgt wieder:

> - Sie waren Befehlshaber von verbrecherischen Banden und sind der Ansicht,
> kein Verbrecher zu sein – stellte der Staatsanwalt fest.
> - Nicht nur, dass ich dieser Ansicht bin, ich weiß es sicher – antwortet frech der
> Angeklagte.[145]

Während die Angeklagten sich als Offiziere eines Staats inszenierten, dem sie
dienten, so wie sie seinen Vorgängerstaaten gedient hatten, interpretierte *Vjesnik* diese Haltung als arrogant und realitätsfern. Denn von den Angeklagten
erwarteten die neuen Machthaber Demut und Reue. Das widerspricht nicht
dem Konzept des modernen Rechts – das Erkennen von Schuld vor Gericht wird
generell wohlwollend betrachtet und kann sich strafmildernd auswirken. Die
Beschuldigten zeigten weder Reue, noch bekannten sie sich zu ihrer Schuld.[146]
Vielmehr unterstellten sie den neuen Machthabern eine Siegerjustiz, die von
falschen Voraussetzungen ausging. Sie sahen sich gebunden an ihren Eid und
behaupteten, nur ihre Pflicht erfüllt zu haben. Damit teilten sie das von vielen
vor alliierten Militärgerichten angeklagten Offizieren der Achsenmächte eigene
Verständnis von Krieg, der nicht nach Regeln der Haager Landkriegsordnung
zu führen sei.[147] Dass bereits die Tatsache, dass ein militärischer Befehlsgeber
nicht in der Lage war, seine Truppen zu kontrollieren, seine strafrechtliche
Verantwortlichkeit begründete, sahen die Angeklagten nicht ein. Dass das
Gericht den Befehlsnotstand nicht als Verteidigungsgrund akzeptierte, emp-
fanden sie als Siegerjustiz. Und doch hofften viele auf die Gnade. Über Sertić
berichtete *Vjesnik*, er sei vor dem Krieg emigriert und mit der „terroristischen
Bande" in das „versklavte Kroatien" zurückgekehrt.[148] Er habe die Ustascha-
Armee aufgebaut sowie das erste Lika-Bataillon, den „berüchtigten" ersten
Ustascha-Korps, der unter dem Kommando Francetić Angst und Schrecken

---

144   Bijedno se brane ustaški zločinci pred sudom naroda, *Vjesnik* vom 16.9.1945, Nr. 127.
145   Bijedno se brane ustaški zločinci pred sudom naroda, *Vjesnik* vom 16.9.1945, Nr. 127.
146   Podli izdajnici I zločinci sve se više zapliću u svoja zločinačka djela, *Vjesnik* vom 17.9.1945,
      Nr. 128.
147   Diese Meinung wurde in deutschen Medien dieser Zeit auch vertreten. Die langjährige
      ZEIT-Herausgeberin Marion Gräfin Dönhoff forderte mit diesem Argument weitgehende
      Amnestien für deutsche Offiziere, siehe Frank Werner, „Nürnberg war falsch", *DIE ZEIT*
      vom 11.5.2021, 6.
148   Bijedno se brane ustaški zločinci pred sudom naroda, *Vjesnik* vom 16.9.1945, Nr. 127.

hinterließ. Sertić verteidigte sich ähnlich wie alle anderen Angeklagten: Er habe nur Befehle erfüllt, er habe sehr vielen geholfen, sehr viele gerettet. Der Staatsanwalt akzeptierte seine Verteidigungsversuche nicht und zitierte als Beweis ein Volkslied aus Lika: „Sertić, Sertić verflucht sei die Muttermilch, die du gesaugt hast, denn geschlachtet hast du, Junges und Altes."[149] Er legte aber auch Dokumente vor, die Sertić belasteten, z.B. seinen Befehl, Gefangene zu erschießen, sowie den Befehl, „die kroatisch-orthodoxe Bevölkerung" aus dem Kordun-Gebiet zu vertreiben.[150] Wie konnten die Angeklagten unter diesen Umständen auf Gnade hoffen? Ihre Verteidiger gaben ihr Bestes, insbesondere Oberst Slavko Miletić.[151] Miletić versuchte, ihre Taten in den Kontext der Ereignisse vom April 1941 zu setzen und mildernde Umstände zu erwirken. Seiner Meinung nach herrschte bei vielen königlichen Offizieren kroatischer Nation nach der jugoslawischen Kapitulation eine besondere Psychose. Ihre Kommandiere hatten sie nach Kroatien geschickt, mit dem Argument, das sei besser als die Sklaverei der Kriegsgefangenschaft. Einige wurden aus der Kriegsgefangenschaft als Kroaten sofort entlassen und nach Kroatien deportiert. Nach Miletić seien die Offiziere apolitisch gewesen. Seiner Meinung nach hatten sie keine politische Erziehung, weil sich ihr Leben in Kasernen abspielte. Zudem machte er Maček dafür verantwortlich, dass sie sich dem USK angeschlossen hatten. Schließlich hatte er dazu aufgerufen, die neue Situation zu akzeptieren. Aus seiner Verteidigungslinie wird deutlich, wie er die bereits existierenden Narrative verknüpfte, um die Schwere der Schuld seiner Mandanten zu mindern. Miletić stellte sie als apolitische Menschen dar, die nur ihre militärische Pflicht erfüllten. Auch wenn das Wort nicht fiel, galten sie für ihn als Verführte, weil sie den alten Eliten, konkret Maček, vertrauten.

Bedeutender als das Engagement der Verteidiger war das Engagement der Angehörigen im Hintergrund. Zdenka Sertić lobbyierte unermüdlich. Bereits am 22. Juni 1945 richtete sie zusammen mit ihrer Schwester Nela einen Brief direkt an Tito, den sie folgendermaßen eröffnete:

> Das Wort ‚Ustascha' steht als Synonym für einen Verbrecher, und ein Ustascha-Oberst wäre demnach dessen Steigerung. Wenn wir, die Verwandten des Ustascha-Obersts Tomislav Sertić, uns mit dieser Fürbitte trotzdem an Sie wenden, Genosse Präsident und Marschall, dann tun wir das, nicht weil wir seine Verwandten sind. Wir tun das, weil wir zutiefst davon überzeugt sind, dass seine Taten, die im Widerspruch zum Begriff des Ustaschatums stehen,

---

149   Bijedno se brane ustaški zločinci pred sudom naroda, *Vjesnik* vom 16.9.1945, Nr. 127.

150   Anklage gegen Sertić, HPM, Ostavština Tomislava Sertića, ohne Nummer. Alle folgenden Zitate der Anklage sind dieser Quelle entnommen.

151   Posljednja riječ javnog tužioca I branitelja, *Vjesnik* vom 21.9.1945, Nr. 130.

Ihre Aufmerksamkeit, Rücksicht und Gnade verdienen. Daher bitten wir nicht
darum, dass Sie sich unsere Worte anhören, sondern F a k t e n [sic!].[152]

Zdenka und Nela Sertić passten ihre Diktion ebenfalls an die dominanten Narrative an. Ustascha, das sei ein Verbrecher, gaben sie zu. Allerdings habe Sertić
nicht als solcher gehandelt. Sie baten Tito, auf Fakten zu schauen und nicht pauschal zu urteilen, nur wegen Sertićs Zugehörigkeit zu einer verbrecherischen
Organisation. Die wurde allerdings sowohl mit dem Erlass über die Militärgerichte als auch nach dem Gesetz gegen die Straftaten gegen das Volk und den
Staat als solche strafrechtlich definiert. In ihrem Brief argumentierten Zdenka
und Nela, Sertić sei aus der königlichen Armee vor Kriegsbeginn ausgetreten,
weil ihn ihr „großserbischer Charakter" und die „politische Korruption" gestört
hätten. Allerdings habe er den Fehler gemacht, Ustascha beizutreten, weil er
sie fälschlicherweise als eine kroatische Befreiungsarmee begriff. Sehr schnell
habe er jedoch erkannt, wie er sich getäuscht hatte, und seitdem versuchte
er, seinen Fehler zu korrigieren. Er habe sich dem Abschlachten von Serben
widersetzt, er ahndete Ustascha-Kriegsverbrechen, er rettete Serben und
Kommunisten. „Wir bitten um Gnade nicht nur um der Gnade willen, sondern wegen der Gerechtigkeit",[153] appellierten die Schwestern und betonten,
dass Sertić für das neue Jugoslawien keine Gefahr darstelle. Vielmehr könne
er sich mit seinen Fähigkeiten und seiner Anständigkeit für den neuen Staat
als nützlich erweisen. „Genosse Marschall, wir hoffen auf Ihr Gerechtigkeitsempfinden, das, wie streng auch immer es war, nie ohne politische Weitsicht
vollzogen wurde."[154], schloss der Brief ab. Als Fakten legten die Schwestern
Erklärungen von zahlreichen bekannten und weniger bekannten Kroatinnen und Kroaten, die ihre Angaben aus der Fürbitte bestätigten. Unter ihnen
befanden sich der Bildhauer Antun Augustinčić und der Erzbischof Alojzije
Stepinac.[155] Insbesondere Augustinčić galt als enger Freund Titos. Da er Zagreb
erst im März 1943 verlassen und davor zahlreichen Menschen die Flucht aus
der Stadt zu den Partisanen vermittelt hatte, konnte er bezeugen, dass Sertić
Opfern des Ustascha-Regimes half. Fehlte Tito tatsächlich die politische Weitsicht einzuschätzen, wen er von den Angeklagten in sein System hätte integrieren können? Hätte er durch Begnadigungen die Urteile seiner Richter aus
politischer Weitsicht annullieren sollen? Das wäre im Kontext anderer Kriegsverbrecherprozesse in anderen Ländern sicherlich kein undenkbares Handeln.

---

152 Druže maršale I pretsjedniče!, in: HPM, Ostavština Tomislava Sertića, ohne Nummer.
153 Druže maršale I pretsjedniče!, in: HPM, Ostavština Tomislava Sertića, ohne Nummer.
154 Druže maršale I pretsjedniče!, in: HPM, Ostavština Tomislava Sertića, ohne Nummer.
155 HPM, Ostavština Tomislava Sertića, Nr. T-10987/1.

1945 war es dafür allerdings noch zu früh. Im Oktober 1945, noch vor den ersten Nachkriegswahlen, wäre eine Begnadigung hoher Ustascha-Offiziere von allen Opfern des Regimes als blanker Hohn empfunden worden. Sertić hatte Recht mit seiner Einschätzung, man müsse nur überleben. Wer 1945 überlebte, steigerte seine Überlebenschancen enorm.

Der Staatsanwalt plädierte seinerseits für schuldig in allen Fällen und forderte Todesstrafen.[156] Malović argumentierte, dass die königlichen Offiziere zusammen mit der führenden politischen Riege den Staat und „das Volk" verraten hätten, weil sie sowohl den Staat als auch das Volk an die Besatzer ausgeliefert hatten. Obwohl sie wussten, dass Deutschland einen Angriff auf Jugoslawien vorbereite, hätten sie nichts getan, um Menschen vor Bomben zu retten. Von mildernden Umständen wollte Malović nichts wissen: Er warf den Angeklagten vor, sie hätten ganz genau gewusst, mit wem sie paktiert und wem sie sich in den Dienst gestellt hätten.

Für die Anklage war offensichtlich, dass die ehemaligen kroatischen Offiziere der königlichen Armee, die sich nach April 1941 der Armee des USK anschlossen, wussten, dass sie mit einem verbrecherischen Besatzungsregime zusammenarbeiteten. Den Prozess nutzte Malović aber, um erneut dagegen zu argumentieren, dass die Angeklagten dem kroatischen Volk dienten. Er verneinte nicht die Tatsache, dass die „großserbische Bourgeoisie" das kroatische „Volk" in der Zwischenkriegszeit unterdrückt habe, betonte jedoch, dass der Weg der Befreiung nicht über den Verrat hätte führen müssen. Der Weg der Befreiung hätte nicht gegen das serbische Volk geführt werden dürfen, sondern mit dem serbischen Volk gegen die Besatzer.

Diese Argumentationsweise wiederholten Staatsanwälte und Richter quer durch Jugoslawien. Es waren überwiegend ehemalige Mitglieder des Widerstands, die nach der Befreiung nun über die Taten ihrer Gegner urteilten. Ihre Anklageschriften und ihre Urteile waren das moralische Vermächtnis des Widerstands. Sie waren zugleich eine Mahnung, dass der exklusive Ethnonationalismus in Verbrechen endete und der Frieden in einem ethnisch und religiös vielfältigen Staat wie Jugoslawien nur miteinander und nicht gegeneinander erkämpft werden konnte. Die Urteile entsprachen aber auch weitgehend der internationalen Rechtspraxis.[157] Vor alliierten Militärgerichten von Lüneburg über Dachau bis nach Manila orientierte sich die Ahndung von

---

156   Posljednja riječ javnog tužioca I branitelja, *Vjesnik* vom 21.9.1945, Nr. 130.

157   Vgl. Wolfgang Form, Die Ahndung von Kriegs- und NS-Verbrechen in den westlichen Besatzungszonen Deutschlands nach dem Zweiten Weltkrieg, in: Alyn Beßmann / Reimer Möller (Hg.), Alliierte Prozesse und NS-Verbrechen, *Beiträge zur Geschichte der nationalsozialistischen Verfolgung in Norddeutschland* 19 (2020), 12–27.

Kriegsverbrechen an Vorgaben, die in gemeinsamen alliierten Diskussionen vor der UNWCC vorbereitet worden waren. Wie im ersten Kapitel bereits analysiert, übernahm Jugoslawien mehrere juristische Aspekte, angefangen bei der Definition von Kriegsverbrechen über die Vorgesetztenverantwortung, das Konzept des Common Design oder den juristischen Umgang mit dem Befehlsnotstand von der UNWCC. Auch hinsichtlich des Umgangs mit den sogenannten Quislings und Verrätern folgte Jugoslawien alliierten Vorgaben.[158] In der UNWCC wurde diese Frage überhaupt nicht kontrovers diskutiert.[159]

Die USK-Offiziere saßen nach Kriegsende in Haft, nicht wegen unterlassenen Widerstands. Sie saßen in Haft wegen ihrer Vorgesetztenverantwortlichkeit. Der Staat, dem sie dienten, so Malović, entzog fast drei Millionen Menschen seinen Schutz. Konkret nannte er Serben, Juden, Roma und die kroatischen Patrioten, denn nach seinem Verständnis waren alle, die sich mit dem Regime arrangierten, keine Patrioten. Die Geschichte des USK fasste er zusammen zur Geschichte von Karsthöhlen, Konzentrationslagern, Plünderungen, Vergewaltigungen von Frauen und Abschlachten von Kindern. Für Malović war es nicht nachvollziehbar, dass die Angeklagten von den Verbrechen nichts gewusst haben sollten. Für ihn war es nicht nachvollziehbar, dass sie im Einzelfall halfen, das verbrecherische Regime jedoch am Leben hielten. Und es erschien ihm unmöglich, diese Taten nicht zu ahnden:

> Menschen werden wegen Mordes zu Todesstrafen verurteilt. Aber zu welcher Strafe werden Menschen verurteilt, die für millionenfachen Mord verantwortlich sind? [...] Indem ich Sie bitte, ein gerechtes und strenges Urteil zu sprechen, ermahne ich Sie, dass dieses Urteil, so wie die anderen bisher verkündeten Urteile gegen die Verräter unserer Heimat, eine strenge Mahnung an die Offiziere unserer Völker sein werden, dass sie bei ihrem Volk bleiben sollen und dass sie für die Freiheit ihres Volkes kämpfen sollen.[160]

Mehrfach bezog sich Malović auf die internationale Rechtsprechung und betonte, dass Jugoslawien internationale Prinzipien in sein Strafrecht übernommen habe. Seine Argumentationsweise folgte in ihrem Aufbau dem Grundtenor alliierter Strafverfolger. Das Schlussplädoyer hätte in seinen Grundzügen auch ein französischer Staatsanwalt halten können. Im Detail jedoch flocht Malović die Narrative vom Verrat politischer und militärischer

---

158   Anonymous (M. de Baer), The Treatment of War Crimes. III., 251.

159   Bereits bei der Gründungssitzung der UNWCC betonten die meisten Delegierten, dass die UNWCC nicht für die Taten der „Quislings" zuständig sei. Constitution of the UNWCC. Minutes of a Meeting at the Foreign office on October 20th, 1943. UNWCC Archive, Reel 33, Meeting Minutes, M1, 2.

160   Posljednja riječ javnog tužioca I branitelja, *Vjesnik* vom 21.9.1945, Nr. 130.

Eliten an „unserem Volk", von deren moralischer und rechtlicher Schuld, deren Verantwortung für den Bruderkrieg und für die Opfer von Jasenovac – er nannte die überhöhte Zahl von 840.000 Menschen, die dort inhaftiert waren – mit Entschuldigungsnarrativen und einer entschiedenen Ablehnung der Idee von kroatischer Kollektivschuld. Wie den Anklägern vor dem IMT ging es Malović auch darum, mit einer klaren Verurteilung der Ustascha-Bewegung und der Ustascha-Offiziere den Unterschied zwischen den „Kroaten" und dieser „faschistisch-terroristischen" Organisation zu schärfen.[161] Dabei unterließ er es nicht, auf die Verbindung zwischen Vlatko Mačeks „Bauernwachen", einer paramilitärischen Organisation der Kroatischen Bauernpartei, und der Ustascha-Polizei hinzuweisen.[162] Malović hob die Verantwortung der Gerichte beim Kampf gegen den Faschismus hervor und zog die Parallele zum Jahr 1918, als „Volksverräter" reibungslos in den Staatsdienst übernommen worden waren. Seiner Meinung nach war ein Neuanfang in Jugoslawien nur möglich, wenn Verantwortliche für die Verbrechen und für den Verrat nicht nur militärisch besiegt, sondern auch juristisch bestraft würden. Wie vom sowjetischen Juristen Trainin gefordert, ging es bei den jugoslawischen Kriegsverbrecherprozessen nicht nur darum, die Schuld der Angeklagten festzustellen, sondern darum, den Faschismus moralisch und politisch zu zerschlagen.[163] Sertićs Chancen aufs Überleben schwanden. Vor dem Prozess wies er seine Cousine in seinen Briefen noch auf Begnadigungserlasse und Bekannte in Machtposition hin.[164] Er fühlte sich unschuldig und sah seinen Namen besudelt. Nach seiner Meinung war es am schlimmsten, Soldat zu sein und für etwas verantwortlich gemacht zu werden, wogegen man selbst eingetreten war. Nach seinem Empfinden hatte er während des Kriegs seinen eigenen Kopf riskiert. Nach dem Urteil der Richter war er ein Kriegsverbrecher. Zusammen mit Artur Gustović, Djuro Gruić, Mirko Gregorić, Slavko Skoliber, Julije Fritz, Ivan Tomašević, Vladimir Metikoš, Miroslav Slaher, Nikola Mikec, Bogdan Majetić, Dragutin Čanić, Anton Nardeli, Ivan Markulj, Josip Scholtz, Franjo Džal und Muhamed Kromić wurde Sertić nach Art. 3, Paragraf 2, 4, 5 und 6 des Gesetzes über die Straftaten gegen das Volk und den Staat schuldig gesprochen und zum Tode verurteilt.[165] Er hatte keine Chance auf Gnade.

---

161   Hirsch, Soviets at Nuremberg, 364.

162   Mehr über den Aufbau der Polizeidienste des USK bei Davor Kovačević, Redarstvenoobavještajni sustav Nezavisne Države Hrvatske od 1941. do 1945. godine (Zagreb: Hrvatski institut za povijest 2009).

163   U Lüneburgu se fašisti brane fašistički, *Vjesnik* vom 27.10.1945, 2.

164   Brief an Zdenka Sertić vom 8.8.1945, in: HPM, Ostavština Tomislava Sertića, Nr. T-10999/4.

165   Jareb, Ustaški pukovnik, 301.

Im Verfahren gegen die „Ustascha-Generäle" wie schon im Budak-Verfahren davor wurden die Grundlagen einer Justiz sichtbar, der es nicht um die Feststellung individueller Schuld ging. Während Sertić alles tat, sein Handeln moralisch zu rechtfertigen, ging es den Anklägern um die juristische Eindeutigkeit und die Aburteilung des USK insgesamt. Daher nutzten sie die Prozesse, um für die nachkommenden Verfahren mit Pionierprozessen Rechtssicherheit und Klarheit zu schaffen. Mit Vorgaben aus London und Moskau gingen die Konzepte der „Verschwörung", der „Mittäterschaft", der „Vorgesetztenverantwortlichkeit" sowie der „Verbrechen gegen das Volk" in die jugoslawische Rechtspraxis ein. Nach diesem Muster sollte die Ahndung von Kriegsverbrechen in der Provinz erfolgen. Jugoslawische Gerichte ließen sich die Chance nicht entgehen, in Anklageschriften und in ihren Urteilen der jugoslawischen Bevölkerung und dem internationalen Publikum die Geschichte des Zweiten Weltkriegs und der Besatzung in Jugoslawien zu erzählen. Große Tribunale waren diese ersten Prozesse jedoch nicht. Berčićs Aussage legte nahe, dass der Grund dafür in der fehlenden Infrastruktur lag.[166] Während des Budak-Prozesses hatten nur ausgewählte Medienvertreter und Filmemacher Zugang zum Gerichtssaal. Daher ist es zu vermuten, dass es den neuen Machthabern eher darum ging zu kontrollieren, was aus dem Gerichtssaal nach außen drang.

Und es ging ihnen darum, die Verbrechen des Ustascha-Regimes auf eine bestimmte Art zu deuten, die es der Mehrheit der kroatischen Bevölkerung ermöglichte, sich davon zu distanzieren. Der Budak-Prozess und der Dokumentarfilm „Jasenovac 1945" legten zusammen mit dem Bericht der Kroatischen Landeskommission die Grundlagen der öffentlichen Wahrnehmung vom USK, indem sie diesen narrativ und juristisch mit Jasenovac und mit Verbrechen verknüpften. Der Einfluss der Berichte der kroatischen Landeskommission war dabei nicht zu unterschätzen. Die Tatsache, dass die Überlebenden ihre Aussagen im Kontext von Vorbereitungen zahlreicher Anklageerhebungen gaben, resultierte in einer Sprache, die stark von Erinnerung an die Verbrechen und das Leiden der Inhaftierten beeinflusst war.[167] Ihre Vernehmungen bildeten die Grundlage für die Arbeit der Ankläger. Ihre Sprache des Leidens wurde zur Sprache der Anklage. In dieser Hinsicht setzten sich in den ersten Jahren der Nachkriegszeit in Jugoslawien in der öffentlichen Rede über die Shoah nicht die Begriffe der Tätersprache durch, sondern, im Sinne von Raphael Utz, die einer interpretierenden Zeugenschaft[168] und

---

166   Videointerview Vojdrag Berčić, USC Shoah Foundation Visual History Archive, in United States Holocaust Memorial Museum Collection (USHMM), VHA Interview Code: 44279.
167   Siehe darüber Byford, Remembering Jasenovac.
168   Utz, Die Sprache der Shoah, 47.

die ihrer juristischen, aber auch populistischen Auswertung. Die Zeugen und ihre Zeugenschaft interpretierten die neuen Machthaber, wie von Manuela Consonni betont, als „the depository of truth" und nicht als „the depository of the event".[169] Und war diese Wahrheit einmal juristisch bestätigt, galt sie als Grenze des nicht Verhandelbaren, was insbesondere bei überhöhten Opferzahlen zum Ausdruck kam.

Nach welchem Muster verliefen aber die ersten Nachkriegsprozesse in der Provinz, abseits von großen Zentren wie Zagreb und Belgrad? Die Zirkulare der UNWCC und die Anweisungen aus Belgrad hatten auch die bosnische Provinz erreicht. Die Landeskommission hatte Beweismaterial gesichert.

3.3   „Gerechtes Gericht des Volks": Regionale Prozesse in Sarajevo

Bosnisch-herzegowinische Gerichte verhandelten in der Nachkriegszeit zahlreiche Prozesse wegen Kriegsverbrechen: Aus bereits genannten Gründen ist die genaue Anzahl verurteilter Kriegsverbrecher unbekannt. Für diese Studie wurden die 1.858 Urteile, die sich im Fonds der bosnischen Landeskommission befinden, detaillierter verglichen und ausgewertet.[170] Aufgrund der Tatsache, dass einige Angeklagte in Sammelurteilen bestraft wurden, befinden sich auf der Liste verurteilter Kriegsverbrecher 2.046 Namen. Wie bereits betont, ist diese Zahl zu klein. Um eine genaue Anzahl zu bekommen, müssten die Akten des Militärhistorischen Archivs in Belgrad mit den jeweiligen Akten der Bezirksgerichte sowie den Akten der Landeskommission verglichen werden. Trotz wiederholter Versuche waren etwa die Archive in Mostar, Tuzla und Bihać nicht bereit, der Autorin ihre Unterlagen zur Verfügung zu stellen. Deshalb sind die Ergebnisse der folgenden Analyse nur als Stichproben zu bewerten und können lediglich Tendenzen im juristischen Umgang mit Kriegsverbrechen aufzeigen.

Die ersten Kriegsverbrecherprozesse fanden auch in Bosnien vor Militärgerichten statt. Bis in den August urteilten sie nach dem Erlass über die Militärgerichte, ab dem 1. September 1945 wandten auch sie das Gesetz über die Straftaten gegen das Volk und den Staat an. Im Fonds der Landeskommission befinden sich überwiegend Urteile aus dem Jahr 1947. Das hängt damit zusammen, dass der Fonds nicht vollständig ist, weil zahlreiche Akten

---

169   The Language of Testimony: a Conversation with Manuela Consonni, *Centro Primo Levi online monthly*, hier nach, https://primolevicenter.org/printed-matter/the-language-of-testimony/ (überprüft am 18.12.2020).

170   Lovrenović, Zemaljska komisija, 57.

fehlen. Das USHMM bewahrt im zum Teil digitalisierten Fonds der Staatlichen Kommission ebenfalls Listen mit verurteilten Kriegsverbrechern sowie mit Anklagen und Urteilen aus Bosnien-Herzegowina.

Nach welchem Muster verliefen die Prozesse, deren Akten auffindbar waren? Was erfahren wir aus diesen Prozessen über den Verlauf des Zweiten Weltkriegs in Bosnien-Herzegowina und was über die begangenen Verbrechen? Wer waren die Angeklagten und wegen welcher Tatbestände sind die meisten angeklagt worden? Welche Rolle spielten die Prozesse für die unmittelbare Nachkriegsstabilisierung?

Das Gesetz über Straftaten gegen das Volk und den Staat erleichterte die Ahndung und die Verurteilung insoweit, dass bestimmte militärische Gruppen als verbrecherisch definiert waren (Ustascha, SS, SD, Gestapo) und dass der Dienst in Konzentrations- oder Arbeitslagern als Kriegsverbrechen galt.[171] Konkret bedeutete das, dass Ermittlern bei der Anklageerhebung bereits der Nachweis einer Zugehörigkeit zu einer als verbrecherisch eingestuften Einheit reichte, um ein Ermittlungsverfahren zu eröffnen. Mitglieder von Organisationen, deren verbrecherischer Charakter festgestellt worden war, konnten zu einer Mindeststrafe von sechs Monaten verurteilt werden (Art. 6). Es überraschte daher nicht, dass eine große Anzahl der Angeklagten in Bosnien-Herzegowina Mitglieder der Ustascha oder anderer „verbrecherischer Organisationen" waren wie der 13. Waffen-SS, der Handschar-Division.[172] In den Akten der Staatlichen Kommission liegen aus dem Bezirksgericht Sarajevo und von einzelnen Militärgerichten 850 Anklagen und Urteile wegen Kriegsverbrechen vor.[173] Im Folgenden werden diese Akten aus verschiedenen Perspektiven beleuchtet. Zuerst wird ein grober Überblick über die Arbeit des Bezirksgerichts Sarajevo gegeben, um im zweiten Schritt die Ahndung der Kriegsverbrechen im Zusammenhang mit der Handschar-Division näher zu analysieren.

3.3.1 Bezirksgericht Sarajevo

Wie bereits im zweiten Kapitel betont, wurde die Arbeit der bosnischen Landeskommission von zahlreichen Schwierigkeiten und Mängeln begleitet. Es fehlte an Personal, es fehlte an Material, und die Anzahl der Anzeigen stieg

---

171   UNWCC Archives, Reel 35, Law Reports of Trials of War criminals, Vol. XV, 207.

172   Über die 13. Waffen-Gebirgs-Division der SS „Handschar" (kroatische Nr. 1), die überwiegend aus bosnischen Muslimen bestand siehe Lepre, George, Himmler's Bosnian Division: the Waffen-SS Handschar Division 1943–1945, (Atglen: Schiffer Military History 1997). Eine aktuelle Studie legte auch Xavier Bougarel vor, Xavier Bougarel, La division Handschar: Waffen-SS de Bosnie, 1943–1945(Paris: Passés Composés 2020).

173   USHMM, AJ 110, RG-49.005M.0899.00000000 bis RG-49.005M.0902.00000596.

ins Unermessliche. Bei ihrer Aufklärungsarbeit konzentrierte sie sich daher auf die „Organisatoren" von Kriegsverbrechen, jagte sie und brachte sie vor Gericht. Trotzdem wurde die große Mehrheit derjenigen, die während des Zweiten Weltkriegs Kriegsverbrechen oder „crimes against humanity" begangen hatten, nie rechtlich belangt. Häufig war es schwer möglich, Ermittlungsverfahren im klassischen Sinne durchzuführen. Die Überlebenden wussten häufig nicht, welche konkrete Einheit ihr Dorf verwüstet hatte. Die Täter taten alles, um die Verbrechen zu verschleiern. Ein anderes Bild entsteht aber in Fällen, in denen Täter und Opfer Tür an Tür gelebt hatten. Bei zahlreichen Verfahren vor Bezirksgerichten in Bosnien-Herzegowina ging es um die Bestrafung von Menschen, die während der Besatzung als Mitglieder unterschiedlicher militärischer Einheiten oder als Zivilisten ihre Nachbarn denunziert, ausgeraubt, vergewaltigt, deportiert und ermordet hatten.[174] Von 850 Anklagen, die sich im Fonds der Staatlichen Kommission befinden und die das Bezirksgericht Sarajevo oder das Gericht der nationalen Ehre in der Nachkriegszeit verhandelt hatten, richteten sich die meisten Strafverfahren gegen Täter, denen Mord oder Massenmord vorgeworfen wurde.

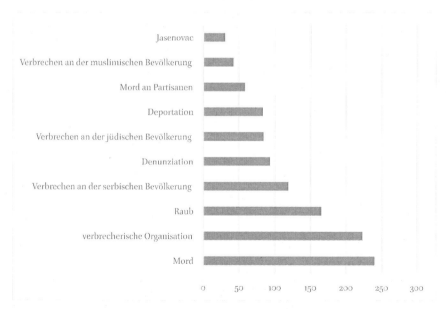

Abbildung 6   Anklagen nach Straftaten, Mehrfachnennungen

---

174   USHMM, AJ110, RG-49.005M.0899.00000001 bis RG-49.005M.0902.00001136.

Da die bosnisch-herzegowinischen Juden überwiegend in Lagern ermordet wurden, bezogen sich die meisten Holocaust-Verfahren in Sarajevo auf die Denunziation und Deportation mit Todesfolge oder auf den Raub von jüdischem Eigentum. Ethnisch motivierte Gewalt richtete sich in Bosnien jedoch auch gegen Serben, Roma und Muslime. Im Falle der serbischen Opfer waren die Täter in der Regel Angehörige von Ustascha-Einheiten. Im Falle der muslimischen Opfer gehörten die Täter in der Regel den Tschetniks an. Was allerdings auffällt, und das ist als ein Ergebnis der Untersuchung hervorzuheben, ist das Fehlen von Verfahren im Zusammenhang mit Verbrechen an Roma. Dabei wurden allein in Jasenovac mindestens 10.000 Roma ermordet.[175] Viele von ihnen wurden aus bosnischen Gebieten deportiert.

Die große Anzahl von Anklagen und Urteilen, die im Zusammenhang mit Verbrechen an der serbischen Bevölkerung standen, hing damit zusammen, dass das Bezirksgericht Sarajevo territorial auch für die Gemeinden Pale, Čajniče, Rogatica und Sokolac zuständig war, wo die Ustascha während des Kriegs neben Hadžići und Alipašin Most die schlimmsten Verbrechen an der serbischen Bevölkerung verübt hatten.[176] Ebenfalls gehörten die ostbosnischen Gemeinden Foča, Goražde und Višegrad dem Bezirksgericht an, in denen 1941 und 1942 die Tschetniks die muslimische Bevölkerung vertrieben und ermordet hatten mit dem Ziel, ethnisch homogene Gebiete zu schaffen.[177] Mord oder Massenmord gehörten daher zu den am häufigsten geahndeten Taten. In 54 Verfahren stand Mord oder Massenmord an der serbischen Bevölkerung im Mittelpunkt der Ermittlungen. In den meisten Fällen stammten die Angeklagten in diesen Verfahren aus den Reihen der Ustascha. Häufig waren sie Angehörige der „Schwarzen Legion" von Jure Francetić.[178] Rekrutiert wurden sie allerdings vor Ort. Es waren keine fremden Soldaten, die in einem besetzten Gebiet die Bevölkerung terrorisierten. Häufig kamen die Täter aus der Nachbarschaft. Noch ausgeprägter war das bei den Tschetniks.

---

175   Ljiljana Radonić, Europäisierung der Erinnerung an das kroatische KZ Jasenovac Wie europäisch sind post-sozialistische Gedenkmuseen?, *Themenportal Europäische Geschichte*, 2012, www.europa.clio-online.de/essay/id/fdae-1563 (überprüft am 3.12.2021).

176   Greble, Sarajevo 1941–1945, 107–118; Danilo Jakovljević, O prvim zločinima nad stanovništvom u okolini Sarajeva, in: Albahari, Sarajevo u revolucije, Bd. 2, 157–166.

177   Mehr über den Massenmord an bosnischen Muslimen bei Marko Attila Hoare, Genocide and Resistance in Hitler's Bosnia: the Partisans and the Chetniks; 1941–1943 (Oxford: Oxford University Press 2006).

178   Jure Francetić (1912–1942) war ein Ustascha-General und der erste Kommandant der „Schwarzen-Legion". Francetić gehörte zu den ersten Ustascha um Ante Pavelić. Im Krieg wurde er zum Regierungsbeauftragten für Bosnien-Herzegowina und damit verantwortlich für die zahlreichen Verbrechen gegen die Menschlichkeit. Korb, Im Schatten des Weltkrieges, Pos. 6849.

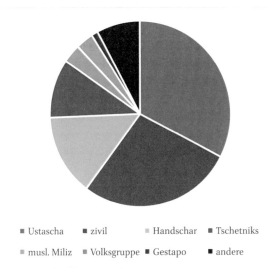

■ Ustascha   ■ zivil   ■ Handschar   ■ Tschetniks

■ musl. Miliz ■ Volksgruppe ■ Gestapo   ■ andere

Abbildung 7   Anklagen nach Tätergruppen

In 40 Verfahren verhandelte das Gericht die Morde an Muslimen, die Tschetniks in ostbosnischen Dörfern verübt hatten. Die meisten Angeklagten lebten
vor Kriegsbeginn Tür an Tür mit ihren Opfern. Das Gericht und die Anklage
ordneten die Taten eindeutig als ethnisch motiviert ein und verurteilten scharf
die bereits damals als „Säuberung" bezeichneten Aktionen. An dieser Stelle
übernahmen die Gerichte die Tätersprache, auch wenn sie in der Regel von
einer „sogenannten Säuberung" sprachen. Wie im Falle der Verbrechen an der
jüdischen und serbischen Bevölkerung finden sich auch in Gerichtsakten im
Falle der Ahndung von Verbrechen an der muslimischen Bevölkerung klar
definierte Standpunkte: dass die Täter ein Ziel verfolgten, und zwar die Auslöschung von Juden, Serben oder Muslimen. Der Begriff des Genozids fiel in
den Urteilen nicht. Wie jedoch Wolfgang Form und Axel Fischer in ihrer Analyse des Nürnberger Hauptkriegsverbrecherprozesses betonten, laborierten
die involvierten jugoslawischen Ankläger und Richter auch mit Termini, die
dem Tatbestand des Genozids entsprachen, wie „Auslöschung", „Ausrottung"
oder „systematischer Massenmord".[179] Dass sie den Begriff an sich nicht verwendeten, hing damit zusammen, dass er zu diesem Zeitpunkt noch keine
große Verbreitung fand.

So klagte die Staatsanwaltschaft von Sarajevo im Mai 1947 Vido Ivanović aus
Foča zusammen mit acht weiteren Männern an, nicht nur weil sie Mitglieder

---

179   Form / Fischer, Zur Rolle von Völkermord(en), 23.

der Tschetniks waren, sondern wegen Verbrechen an der muslimischen
Bevölkerung.[180] Sie wurden alle wegen Massenmord an muslimischen Zivilisten in verschiedenen Dörfern in der Gegend um Foča, wegen Vergewaltigung,
Raub und Plünderung angeklagt und zwar nach dem Gesetz zum Schutz
von Volk und Staat Art. 3, Abs. 3 und 4, weil sie „während des Krieges in die
bewaffneten militärischen Verbände jugoslawischer Staatsbürger eingetreten
waren, die den Feind unterstützt und mit diesem gegen das eigene Vaterland gekämpft haben. [...] Als solche waren sie unmittelbarer Vollstrecker
der Ermordung, Inhaftierung, Deportation, Folter, Beraubung jugoslawischer
Staatsbürger." In diesem Fall lud die Staatsanwaltschaft zwölf Zeugen und Zeuginnen vor, um bei der Verhandlung die Schuld der Angeklagten zu beweisen.

Die Anklage Ivanović war nach einem ähnlichen Muster aufgebaut wie viele
andere ähnliche Anklagen auch. Im ersten Teil zählte die Staatsanwaltschaft
die begangenen Straftaten auf und verknüpfte sie mit den entsprechend definierten strafbaren Tatbeständen aus dem Strafgesetzbuch. In der Regel stand
in diesem Teil nichts über die ethnische Dimension der Tat, war die Opfergruppe bereits nach sowjetischem Vorbild als „unschuldige jugoslawische
Staatsbürger" definiert. In der Begründung jedoch wurden die Taten ausführlicher beschrieben und die Anklage erläutert. Die neuen Machthaber
verschwiegen die Opfer nationalistisch, rassistisch und religiös motivierter Verbrechen nicht. Sie brachten Täter auch vor Gericht. Am Beispiel des Bezirksgerichts Sarajevo wird sichtbar, dass die Gerichte es zumindest versuchten, in
ihrer Diktion eine nationalistische Ausgrenzungspolitik zu vermeiden. Sowohl
Täter als auch Opfer galten hier nüchtern als jugoslawische Staatsbürger. Und
trotzdem benannten sie in ihren Urteilsbegründungen die nationale oder die
ethnische Zugehörigkeit von Opfern und Tätern. Involvierte wussten ohnehin
Bescheid, weil sie Namen und Orte ethnisch deuten konnten und so zwischen
den Zeilen lasen. In einigen Verfahren wurde die ethnische Dimension nicht
explizit genannt: In der Regel jedoch benannten die Staatsanwaltschaft und
das Bezirksgericht die Straftaten klar und deutlich. So klagte die Staatsanwaltschaft von Sarajevo Veljko Gavran an, weil er als Mitglied der Tschetniks im
Dorf Zavodište, das ebenfalls zur Gemeinde Foča in Ostbosnien gehörte, 16
muslimische Frauen und Kinder erschlagen und anschließend verbrannt hatte.[181] Nur eine Frau, Behija Odžak, konnte überleben. In der Anklageschrift

---

180 USHMM, AJ 110, RG-49.005M.0902.00000228- RG-49.005M.0902.00000234; Vido
     Ivanović. Alle weiteren Zitate des Verfahrens sind dieser Quelle entnommen. Neben Vido
     Ivanović wurden Jovo Mašić, Milovan Plemić, Neđo Pljevaljčić, Anđelko Anđelić. Vukadin
     Crnogorac, Čedo Begović, Nikola Mihajlović und Miloš Ivanović angeklagt.
181 USHMM, AJ 110, RG-49.005M.0899.00000656, Veljko Gavran.

vom 17. Mai 1946, die der Staatsanwalt Anđelko Tvrtković[182] formuliert hatte, hieß es konkret: „Der Angeklagte gehört zur dieser Gruppe von Menschen, die nach der Kapitulation Jugoslawiens zu den Waffen gegriffen haben, aber nicht, um gegen die Besatzer zu kämpfen, sondern gegen unsere Nationen, indem sie die muslimische Bevölkerung in ihrer Region ausrotteten."[183] Einerseits knüpft diese Aussage an das Narrativ von Partisanen an, die als einzige Widerstandsbewegung gegen die Besatzer gekämpft hatten. Andererseits jedoch beinhaltete sie eine klare Einordnung der Verbrechen von Tschetniks als Massenmord an Muslimen mit dem Ziel ihrer Ausrottung.

In Fällen, bei denen es darum ging, Beweise darzulegen, griffen die Gerichte auch auf die Sprache der Täter zurück und machten deutlich, dass die Gewaltanwendung oder das Verbrechen ethnisch oder religiös oder ideologisch begründet war. Im Falle von Ivica Drljepan, der unmittelbar nach Kriegsbeginn Ustascha wurde, 1943 dann als Fahrer zur Handschar wechselte, um anschließend im Lager Jasenovac als Automechaniker zu arbeiten, betonte der Staatsanwalt, Drljepan habe die Opfer als Serben beschimpft und ihnen unterstellt, die *čifut* (Turzismus für Juden) und die Kommunisten in den Wald (zu den Partisanen) zu schmuggeln und damit zu retten.[184] In der Anklageschrift hieß es dann aber wieder ohne Ethnisierung, dass der Angeklagte „Funktionär der Ustascha und des terroristischen Apparats wurde und als solcher Denunziationen sowie Verhaftungen durchgeführt hatte, die in der Deportation jugoslawischer Patrioten in die Lager resultierten."[185] Auf der anderen Seite benannten Gerichte insbesondere ethnisch oder rassistisch motivierte Verbrechen des Ustascha-Regimes an Serben und Juden beim Wort. So wurde Teufik Dervišević angeklagt, weil er sich als sogenannter Verwalter des Geschäfts „König der Strümpfe" des Eigentums von Ezra L. Kajon bemächtigt hatte.[186] Damit profitierte er von der antijüdischen Enteignungspolitik, was nach jugoslawischen Gesetzen als Kriegsverbrechen galt.

66 Kriegsverbrecherprozesse fanden statt, weil die Angeklagten sich das Eigentum ihrer jüdischen oder serbischen Nachbarn einverleibt hatten. In 55

182 Anđelko Tvrtković stand einige Jahre später selbst als vermeintlicher Kominformist vor Gericht auf Grundlage des gleichen Gesetzes und wurde zu zwei Jahren Haft verurteilt. Siehe die Online-Ausstellung „Im Namen des Volkes" http://goliotok.uimenaroda.net/sr/lice/14457/ (überprüft am 27.4.2020). Tvrtković war 1915 im zentralbosnischen Kreševo zur Weltgekommen und studierte vor dem Krieg Jura. Während des Krieges kämpfte er im Mostar-Bataillon. Enver Ćemalović, Mostarski bataljon Bd. 2 (Mostar 1986), 377.

183 USHMM, AJ 110, RG-49.005M.0899.00000657, Veljko Gavran.

184 USHMM, AJ 110, RG-49.005M.0899.00000525, Ivica Drljepan.

185 USHMM, AJ 110, RG-49.005M.0899.00000525, Ivica Drljepan.

186 USHMM, AJ 110, RG-49.005M.0899.00000480, Teufik Dervišević.

Fällen waren Opfer Juden und in elf Fällen Serben. Die Argumentation der Staatsanwaltschaft folgte jedes Mal dem gleichen Muster – wie im Falle von Derviševic auch. Sie warf ihm vor, er hätte wissen müssen, dass das ganze System der Enteignung nichts anderes als organisierter Raub war, an dem er sich beteiligt hatte. Es überrascht daher nicht, dass die meisten Angeklagten Zivilisten waren, die ihre Nachbarn denunziert und dann ihre Wohnungen oder Geschäfte geplündert hatten. In diesem Zusammenhang schufen die Gerichte Fakten: So stand in zahlreichen Anklagen oder Urteilen explizit, dass die Angeklagten ihre Opfer misshandelt, ausgeraubt und getötet hatten, weil der Ustascha-Staat die Ausgrenzung, den Mord und den Raub an Serben und Juden zur Staatsräson erhoben hatte. Verteidigungsversuche von Angeklagten, die behaupteten, dass sie sich an damals geltende Gesetze gehalten hatten, lehnten die Gerichte ab. Ihre Begründung war, dass jedem der „verbrecherische Charakter des Ustascha-Regimes" habe klar sein müssen.[187] In dieser Hinsicht folgten jugoslawische Gerichte internationalen Argumentationen, die den verbrecherischen Charakter des NS-Regimes ächteten und betonten, dass das Regime die Rahmenbedingungen für die Verbrechen schuf, der Einzelne jedoch Verantwortung für sein Handeln trug.[188] Auch in der Anklage gegen den Arzt Ivo Fabijanac war die „Auslöschung der Serben" als das wichtigste Ziel des USK eindeutig bezeichnet worden.[189] Wie jedoch im Falle der Ermordung von bosnischen Muslimen seitens der Tschetniks finden sich unter den Akten auch im Falle der Ermordung oder Deportation von Serben und Juden Anklagen ohne eine klare Benennung der ethnischen Dimension der Kriegsverbrechen.[190] Ab Juli 1946 war dann in den Akten der Staatsanwaltschaften und der Gerichte immer häufiger der Begriff „Opfer des Faschismus" gebraucht worden, um Geschädigte zu beschreiben.[191]

Auch das Lager Jasenovac spielte in zahlreichen bosnisch-herzegowinischen Prozessen eine Rolle. Das überrascht nicht, denn Jasenovac grenzt an Bosnien und zahlreiche Roma, serbische und jüdische Bewohnerinnen und Bewohner Bosniens, zahlreiche Kommunistinnen und Kommunisten wurden im Lager

---

187   Siehe dazu z.B. USHMM, AJ 110, RG-49.005M.0899.00000473, Alija Derviševic; USHMM, AJ 110, RG-49.005M.0899.00000460, Vilko Decoti; RG-49.005M.0899.00000602, Nafiz Fadilpašic.

188   Einen guten Überblick bietet Gerd R. Ueberschär (Hg.), Der Nationalsozialismus vor Gericht. Die alliierten Prozesse gegen Kriegsverbrecher und Soldaten 1943–1952 (Frankfurt a.M.: Fischer 1999).

189   USHMM, AJ 110, RG-49.005M.0899.00000598, Ivo Fabjanac.

190   USHMM, AJ 110, RG-49.005M.0899.00000752, Džemal Hadžiosmanovic.

191   USHMM, AJ 110, RG-49.005M.0899.00000815, Akif Hecam.

ermordet.[192] Jemand hatte sie von ihrem Zuhause in Sarajevo, Višegrad oder Banja Luka abgeholt, in ihren Verstecken aufgespürt, in Zügen oder Transportern nach Jasenovac gebracht, in Jasenovac bewacht, geschlagen, hungern lassen, ermordet. Die Verantwortlichen, häufig Ustascha-Angehörige, mussten sich für ihre Beteiligung an Verbrechen vor Gerichten verantworten.[193] In den Unterlagen der Staatlichen Kommission sind aus dem Bezirksgericht Sarajevo 30 Anklagen und Urteile in Zusammenhang mit Deportationen, Verhaftungen und Mord von Juden, Serben, Roma und Kommunisten vorhanden, in denen Jasenovac konkrete Erwähnung fand. Die Anklagen folgten dem Muster anderer Kriegsverbrecherprozesse: Die Ustascha-Angehörigen wurden fast durchgehend als Ustascha-Schlächter oder Ustascha-Verbrecher bezeichnet. In der Regel jedoch wurden Angeklagte vor Gericht mit Zeuginnen und Zeugen, mit Überlebenden von Jasenovac konfrontiert. So bezeugte Mustafa Šestan beim Prozess gegen Ivica Drljepan, den Angeklagten in Jasenovac beim Verüben von Verbrechen gesehen zu haben.[194] Bei zahlreichen Anklagen wurde aber der Name des Lagers nicht erwähnt, in das die Opfer deportiert worden waren. In zahlreichen Fällen endete die Deportation im nächsten Wald, wo die Täter ihre Opfer töteten.

Was passierte nach dem Krieg mit Luburićs Helfern? Einige von ihnen wurden verhaftet und nach Sarajevo ausgeliefert.[195] Unter ihnen befand sich auch der oben genannte Dr. Ivo Fabijanac, der gleich zu Kriegsbeginn in die Ustascha eintrat und zum Leiter des Krankenhauses in Stolac wurde.[196] Die Staatsanwaltschaft warf ihm vor, dass er dort einer der Hauptverantwortlichen für den Massenmord an Serben war, dass er zahlreiche serbische Patientinnen und Patienten an die Ustascha ausgeliefert hatte, die sie daraufhin ermordeten, sowie dass er in Sarajevo als Mitglied des Luburić-Stabs im Staatlichen Krankenhaus eine Razzia durchgeführt hatte, bei der der Partisan Anani Manojlović, der Arzt Jakov Zarubica sowie die Söhne der bekannten Ärztin

---

192 Wie bereits erwähnt, ist die Anzahl der Ermordeten im Arbeits- und Vernichtungslager Jasenovac bis heute nicht ermittelt worden. Die stark überhöhte Schätzung der kroatischen Landeskommission durfte bis in die 1980er Jahre nicht hinterfragt werden. Heute gehen die Wissenschaftler davon aus, dass in Jasenovac 100.000 Menschen ermordet wurden. Ivo Goldstein fasst in seinem aktuellen Werk die Geschichte Jasenovac zusammen, siehe: Ivo Goldstein, Jasenovac (Zaprešić: Fraktura 2018).

193 USHMM, AJ 110, RG-49.005M.0899.00000525, Ivica Drljepan; USHMM, AJ 110, RG-49.005M.0899.00000594, Emin Ejupović.

194 USHMM, AJ 110, RG-49.005M.0899.00000526, Ivica Drljepan.

195 USHMM, AJ 110, RG-49.005M.0901.00000540, Krunoslav Šegulja; USHMM, AJ 110, RG-49.005M.0901.00000126 Krešimir Rajhercer.

196 Drago Karlo Miletić, Stradanja u Mostaru, in: Rajko Šarenac (Hg.), Hercegovina u NOB: pišu učesnici (Beograd: Vojnoizdavački u novinski centar 1986), 121.

Staka Bokonjić, Nenad und Rajko Bokonjić, verhaftet wurden. Manojlović und
Zarubica wurden beim Ustascha-Rückzug getötet.[197] Die Brüder Bokonjić über-
lebten, obwohl oder vielleicht weil ihre Mutter die Schwester des bekannten
Attentäters Vaso Čubrilović war.

Zahlreiche Zeugen bestätigten die Anklagepunkte der Staatsanwaltschaft,
unter ihnen auch der berühmte bosnische Schriftsteller Isak Samokovlija, der
als jüdischer Arzt den Krieg im Staatlichen Krankenhaus überleben konnte,
aber auch der Vater der verhafteten Bokonjić-Brüder.[198] Die Ärzte des Staatlichen Krankenhauses waren den ganzen Krieg hindurch Zeugen zahlreicher
Verbrechen. Ihre Kolleginnen und Kollegen wurden auf Grundlage der Rassengesetze entlassen, ermordet, ihre Patienten verhaftet und ebenfalls ermordet.
Viele von ihnen unterstützten den Widerstand, versteckten Verfolgte in ihrem
Krankenhaus bis zu den letzten Kriegstagen, als Luburić in die Stadt kam.
Nenad Bokonjić etwa simulierte einen Geisteskranken und hielt sich seit
1944 in der Neuropsychiatrie auf.[199] Solange noch Krieg herrschte, brauchte
das Regime medizinisches Personal. Auch serbische oder jüdische Ärztinnen
und Ärzte überlebten.[200] Doch als der Untergang nahte und Luburić die „Fes-
tung Sarajevo"[201] mit Terror zu halten versuchte, verhafteten und ermordeten
Ustascha Hunderte oder gar Tausende, wie bereits aus den Akten der Landeskommission im zweiten Kapitel rekonstruiert wurde.

Fabijanac lehnte alle Vorwürfe ab. Er behauptete sogar, kein Mitglied der
Ustascha gewesen zu sein. Das half ihm nicht, denn für die Staatsanwaltschaft
genügte als Nachweis seiner Schuld die Tatsache, dass er Mitglied des Luburić-
Stabs war. In der Anklage hieß es: „Es ist allgemein bekannt, dass aus dem
Luburić-Stab eine große Zahl an schwersten Verbrechen angetrieben und organi-
siert war, die in den letzten Okkupationstagen in Sarajevo stattgefunden haben.
Der Angeklagte trägt als Mitglied des Stabs und Luburićs Mitarbeiter volle Ver-
antwortung für alle Verbrechen die seitens dieses Stabs verübt wurden."[202]

---

197   Bojan Stojnić, Zapisi iz arhiva: Banjalučki ljekari u Kraljevini Jugoslaviji (1929–1941) (Banja
      Luka 2017), hier nach https://www.glassrpske.com/lat/plus/istorija/zapisi-iz-arhiva-
      banjalucki-ljekari-u-kraljevini-jugoslaviji-19291941-bijeli-mantil-stigao-iz-rusije/240246
      (überprüft am 23.4.2020).
198   USHMM, AJ 110, RG-49.005M.0899.00000600, Ivo Fabianac.
199   Ferdo Šuh, O organizaciji I nekim akcijama omladine, in: Albahari, Sarajevo u revoluciji,
      Bd. 4, 203; siehe auch die Meldung seiner Beförderung in: Razne viesti, in Liečnički vjestnik
      65 (1943) 10, 310.
200   Hiba Ramadanović, Učešće ljekara, apotekara i drugih zdravstvenih radnika u NOP-u, in:
      Albahari, Sarajevo u revoluciji, Bd. 4, 153–174.
201   Greble, Sarajevo 1941–1945, 220.
202   USHMM, AJ 110, RG-49.005M.0899.00000600, Ivo Fabianac.

Nach dem Rückzug aus Sarajevo kam Fabijanac nach Jasenovac, wo er in den letzten Kriegswochen das Krankenhaus leitete.[203] In seiner Aussage vor der kroatischen Landeskommission bezeugte Jakob Danon, dass Fabijanac ihm sowie weiterem jüdischen medizinischen Personal das Leben gerettet hatte. Diese Tatsache fand im Prozess gegen Fabijanac keine Erwähnung. Er wurde zum Tode verurteilt.[204]

In den Akten der Staatlichen Kommission finden sich 73 angeklagte Frauen, was knapp 10% aller Angeklagten ausmachte. Wie in den meisten besetzten Ländern gehörten Frauen in Jugoslawien zu Opfern von Verbrechen und sagten überwiegend als Zeuginnen vor Gericht aus. Die relativ hohe Anzahl von Täterinnen hängt damit zusammen, dass in Sarajevo viele Zivilisten wegen Kriegsverbrechen angeklagt wurden: 237 von 850. Die meisten angeklagten Frauen waren Zivilistinnen, denen Denunziationen oder Raub von serbischem oder jüdischem Eigentum zu Last gelegt wurde. Über Frauen im jugoslawischen Widerstand existieren zumindest einige wichtige Veröffentlichungen, z.B. die Arbeiten von Jelena Batinić und Barbara Wiesinger.[205] Über die Rolle von Täterinnen im besetzten Jugoslawien existieren bislang nur die Veröffentlichungen von Martina Bitunjac.[206] Insgesamt war das Thema weiblicher Partizipation am Nationalsozialismus lange vernachlässigt worden, sodass bis heute, 30 Jahre nach dem sogenannten Historikerinnenstreit zwischen Gisela Bock und Claudia Koonz, weiterhin wenige Studien auf Frauen als Täterinnen im Dritten Reich, in besetzten Gebieten oder Verbündete der Achsenmächte fokussieren.[207] Dieser Überblick kann daher nur eine Tendenz

---

203   Jakob Danon, zapisnik od 25. Maja, in: Miletić (Hg.), Jasenovac, Bd. 3, 525–540.

204   Drago Karlo Miletić, Stradanja u Mostaru, in: Šarenac, Hercegovina u NOB, 121.

205   Jelena Batinić, Women and Yugoslav Partisans: a History of World War II Resistance (Cambridge: Cambridge University Press 2015); Wiesinger, Partisaninnen.

206   Martina Bitunjac, Verwicklung. Beteiligung. Unrecht. Frauen und die Ustaša-Bewegung (Berlin: Duncker & Humblot 2018).

207   Seit der von Gisela Bock und Claudia Koonz angestoßenen Debatte sind zwar einige Arbeiten zu diesem Themenkomplex entstanden – u.a. von Claudia Koonz, Mütter im Vaterland (Freiburg im Breisgau: Kore 1991); Angelika Ebbinghaus (Hg.), Opfer und Täterinnen. Frauenbiographien des Nationalsozialismus (Frankfurt a.M.: Fischer 1996); Simone Erpel (Hg.), Im Gefolge der SS: Aufseherinnen des Frauen-KZ Ravensbrück (Berlin: Metropol 2007). Sie fokussierten häufig auf Frauen, die sich als KZ-Aufseherinnen oder als Krankenschwester an Verbrechen beteiligt hatten. Für einen Überblick siehe: Franka Maubach, Konsensuales, kontroverses oder plurales Wissen? Zum Spannungsverhältnis von Frauenbewegung und NS-Frauenforschung in den 1980er und frühen 1990er Jahren, *ÖZG* 21 (2010) 1, 175–200. Mit ihrer Studie über Wehrmachthelferinnen untersuchte Franka Maubach die Erfahrungen der Helferinnen der Wehrmacht, thematisierte jedoch nicht den juristischen Umgang mit der weiblichen Täterschaft. Siehe Franka Maubach, Die Stellung halten. Kriegserfahrungen und Lebensgeschichten von

aufzeigen und zur weiteren, detaillierten Forschung anregen. In erster Linie geht es darum, ob die Ermittlungsbehörden mit Frauen als Täterinnen anders umgegangen sind und welche Erklärmuster die offiziellen Akten für weibliche Täterschaft aufzeichneten.

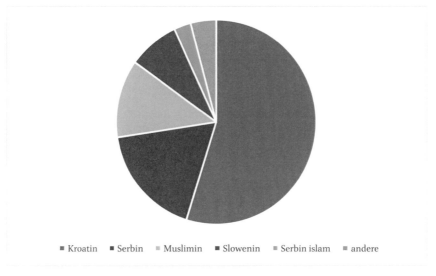

    ■ Kroatin   ■ Serbin   ■ Muslimin   ■ Slowenin   ■ Serbin islam   ■ andere

Abbildung 8   Angeklagte Frauen nach Nationalität

Über die angeklagten Frauen ist wenig bekannt. Die Anklageschriften und Urteile geben wenig preis über ihre Herkunft, ihre Motive und ihr weiteres Schicksal. Die meisten von ihnen waren Kroatinnen, was nicht dem Bevölkerungsanteil von Kroaten in der Region entsprach. Bei der Volkszählung aus dem Jahr 1931 lebten in den Gemeinden des Bezirksgerichts Sarajevo etwa 401.674 Menschen.[208] Fast die Hälfte waren Muslime, ein Drittel waren

---

Wehrmachthelferinnen (Göttingen: Vandenhoeck & Ruprecht 2009). Wendy Lower ihrerseits basierte ihre Studie auf Gerichtsakten, die bei Kriegsverbrecherprozessen entstanden waren. Siehe: Wendy Lower, Hitler's Furies. Bis heute jedoch existieren nur vereinzelte Studien zu Täterinnen im östlichen Europa, z.B. Maren Röger / Ruth Leiserowitz, (Hg.), Women and Men at War. A Gender Perspective on World War II and its Aftermath in Central and Eastern Europe (Osnabrück: Clio 2012).

208   Nach der administrativen Neuteilung des Königreichs Jugoslawien waren die betreffenden Gemeinden auf zwei Banschaften verteilt: die Drina- und die Zeta-Banschaft. Die berechnete Zahl wurde von der Autorin geschätzt, indem die Bevölkerungsanzahl der entsprechenden Gemeinden zusammengezählt wurde. Siehe Stanovništvo po veroispovesti i maternjem jeziku po popisu od 31. Marta 1931, hier übernommen nach https://pod2.stat.gov.rs/ObjavljenePublikacije/G1931/pdf/G19314001.pdf (überprüft am 2.6.2021).

Orthodoxe, knapp ein Fünftel Katholiken. Angesichts der Tatsache, dass die ethnische Trennung in Bosnien entlang der religiösen Linien verlief, überschnitt sich die Anzahl der Kroaten mit der Anzahl von Katholiken. Und obwohl diese knapp 20% aller Menschen auf dem Territorium des Bezirksgerichts stellten, richteten sich die Anklagen in über 50% der Fälle gegen Kroatinnen. Das überrascht nicht, wenn es um die Zugehörigkeit zu einer als verbrecherisch definierten Organisation ging. 20 Frauen wurden deswegen angeklagt. Acht gehörten der Ustascha an, drei unterstützten die Tschetniks, fünf waren Mitglieder des Kulturbundes und vier der Gestapo. Dass im Falle dieses Strafbestandes die Kroatinnen eine Mehrheit stellten, liegt auf der Hand. Aber auch bei angeklagten Zivilistinnen, denen entweder Raub von jüdischem oder serbischem Eigentum oder Denunziation vorgeworfen wurden, befanden sich unter den Angeklagten 25 Kroatinnen, was die Hälfte ausmachte. Lässt sich diese überproportionale Anzahl von kroatischen Täterinnen aus den Akten erklären?

Wie begründeten die Staatsanwaltschaft und das Gericht ihre Anklagen und Urteile? Im Zusammenhang mit deutschen Nationalsozialistinnen, die in alliierten Prozessen vors Gericht kamen, kritisierten Wissenschaftlerinnen den Sensationalismus, der mit ihrer Darstellung als schöne Bestien und Sadistinnen einherging.[209] Den bereits analysierten Urteilen der männlichen USK-Verantwortlichen sowie der Ustascha war ein ähnlich begründeter Sensationalismus ebenfalls zu entnehmen. Die zeitgenössischen journalistischen Veröffentlichungen zu den jugoslawischen Täterinnen z.B. in Frauenlagern folgten dem gleichen Muster. *Vjesnik* berichtete im Mai 1945 über Maja Buždon-Slomić, die Oberaufseherin des Frauenlagers Stara Gradiška Folgendes: „Die Gefangenen, und insbesondere die gefangenen Frauen, die das unermessliche Glück hatten, sich von den Ustascha-Klauen zu befreien [...] berichten von monströsen Verbrechen, die dieses Biest mit menschlichem Antlitz im Lager Stara Gradiška begangen hat."[210]

Durchgehend wurden Buždon-Slomić und andere Wärterinnen als Ustascha-Biester bezeichnet, als Schlächterinnen oder Drachen. Anders als deutsche NS-Wärterinnen, die von zeitgenössischen Medien in Europa als „blonde Biester" sexualisiert und dämonisiert wurden, orientierte sich die Darstellung der Ustascha-Wärterinnen in Jugoslawien an der Darstellung von Männern. Griffen die Sarajevoer Richter diese bereits zirkulierten Erklärmuster auch bei angeklagten Frauen auf? Welche Narrative aus den Berichten der

---

209 Lower, Hitler's Furies, Pos. 266.
210 Ustaška „dužnostnica" upravnica zatočeničkog logora u Staroj Gradiški Maja Buždon-Slomić govori o svojim zločinima, *Vjesnik* vom 29.5.1945, Nr. 33, 3.

Landeskommission finden wir in ihren Akten wieder? Und was lässt sich aus den Akten der Staatlichen Kommission über die Motive der Frauen erkennen?

In Sarajevo wurde keine Frau wegen Mord oder wegen Beihilfe zu Mord angeklagt. An erster Stelle finden sich Urteile wegen Raub von jüdischem Eigentum: in 24 von 73 wurde die Anklage auf dieser Grundlage erhoben. An zweiter Stelle, mit 22 Fällen, finden sich Anklagen wegen Denunziation. Die meisten wegen Raub von jüdischem Eigentum angeklagten Kroatinnen waren Frauen, die sich das Hab und Gut ihrer Nachbarn angeeignet hatten. Manche denunzierten diese zuerst und stahlen dann ihre Teppiche, Kommoden und Besteck. Andere übernahmen als Verwalterinnen jüdische oder serbische Unternehmen und plünderten sie aus. Alle taten es, weil sie es tun konnten. Weil der USK, wie das nationalsozialistische Deutschland, die „Unerwünschten" deportierte und ermordete und ihr Eigentum den „Privilegierten" zur Verfügung stellte. Das erklärt zum Teil auch die hohe Anzahl an angeklagten und verurteilten Kroatinnen. Was waren das für Frauen, die ihre Nachbarn verrieten und an die Ustascha auslieferten, um anschließend ihr Silberbesteck und ihre Teppiche zu stehlen? Einige bezeichneten sich selbst als Flüchtlinge und sie waren tatsächlich im Zuge des Bevölkerungsaustausches zwischen der Regierung Nedić und dem USK oder aus Slowenien nach Sarajevo gekommen.[211] Vor Gericht verteidigten sie sich, dass ihnen die Wohnungen und das jüdische oder serbische Eigentum vom Roten Kreuz zur Verfügung gestellt worden war. Die Geschichte des Roten Kreuzes im USK gehört auch zu den Themen, die wenig erforscht sind.[212] In ihrer Arbeit über Sarajevo 1941–1945 hob Emily Greble das Engagement der Sarajevoer Organisation gegen den Holocaust und gegen die Verbrechen der Besatzung und des USK hervor.[213] Darüber, wie das Rote Kreuz mit dem Regime zusammenarbeitete, wie abhängig die Organisation vom USK war und ob sie sich systematisch an Verbrechen beteiligt hatte, existieren keine Studien. Die Zeugenaussagen suggerieren zumindest eine Beteiligung an Enteignung und Distribution von serbischem und jüdischem Eigentum. Eigentlich war die staatliche Agentur *Ponova* (Die Erneuerung) zur

---

211   Korb, Im Schatten des Weltkrieges, Pos. 5606.
212   Aktuell existiert eine Arbeit über das internationale Komitee des Roten Kreuzes im USK von Mario Kevo. Siehe Mario Kevo, Djelatnost Međunarodnog odbora Crvenog križa u Nezavisnoj Državi Hrvatskoj (1941–1945). Dissertation an der Universität Zagreb. Zagreb 2010. Im Rahmen ihrer Studie über Diana Budisavljević und ihre Rettung von 10.000 serbischen Kindern aus Ustascha-Lagern hat Nataša Mataušić die Arbeit des Kroatischen Roten Kreuzes analysiert, allerdings im Kontext der Rettungsaktionen von Budisavljević. Siehe Nataša Mataušić, Diana Budisavljević, Prešućena heroina Drugog svjetskog rata (Zagreb: Profil knjiga 2020).
213   Greble, Sarajevo 1941–1945, so z.B. auf 113–114; 182; 189.

Eignerin des Eigentums aller Deportierter ernannt.[214] Wie Alexander Korb betonte, bildete *Ponova* ein enges Netz von lokalen Außenstellen, die sich an Vertreibung, Deportation, Enteignung und Verteilung von geraubtem Eigentum beteiligten.[215] In vielen Prozessen bestätigten die Staatsanwaltschaft und die Richter, dass die Beschuldigten – insbesondere wenn es um ausgesiedelte Sloweninnen oder Kroatinnen handelte – die Wohnungen und das Eigentum von Serben oder Juden von der *Ponova* zugewiesen bekamen.[216] Nach Kriegsende, so argumentierten die jugoslawischen Behörden, hätten sie es jedoch zurückgeben müssen. Die Teilnahme am *Ponova*-Programm war der Grund für eine große Anzahl von Angeklagten, die nicht aus Sarajevo kamen, sondern während des Kriegs zugezogen waren.[217] Dieser Befund scheint die These von Emily Greble zu bestätigen, dass die einheimische Bevölkerung in Sarajevo die Verfolgungsmaßnahmen und den Raub an den „Unerwünschten" ablehnte, weil sich die lokale Identität der Sarajevoer und die guten nachbarschaftlichen Beziehungen als stabil erwiesen, trotz Besatzung und trotz Ustascha-Ideologie.[218] Das bedeutet nicht, dass in Sarajevo Täterinnen und Täter ausschließlich von außen kamen. Dort denunzierten Nachbarn ihre jüdischen und serbischen Mitbürger auch. Viele schlossen sich auch der Ustascha-Bewegung an. Die zugezogenen Umsiedler wurden jedoch durch die Umsiedlung Teil eines Systems, das auf Raub und Mord basierte. Deswegen waren sie auch so einfach zu ermitteln. Möglich waren Prozesse auch, weil die Überlebenden ihr Recht einforderten. Die große Anzahl von Anzeigen deutet darauf hin, dass die Bevölkerung von Sarajevo klare Vorstellungen davon hatte, was Unrecht war, welche Folgen das Unrecht hatte und an welche Institutionen sie sich wenden sollten, um dieses Unrecht zu vergelten.

Während bei zivilen Angeklagten das Geschlecht in Urteilen und Anklagen selten thematisiert wurde, sah das bei Anklagen wegen Zugehörigkeit zu einer als verbrecherisch definierten Organisation anders aus. Anklagen und Urteile des Bezirksgericht Sarajevo entwarfen das Bild von „freizügigen Frauen",[219] die im „engsten und intimsten Verhältnis"[220] mit Besatzern und Ustascha standen.

---

214 Korb, Im Schatten des Weltkriegs, Pos. 4575.

215 Korb, Im Schatten des Weltkriegs, Pos. 4712.

216 Dragica Korošec, Julija Čizmek, Marija Kalanović, USHMM, Fonds 110 AJ, 49.005M.0902.000000266.

217 So z.B. Aleksandra Pupić, Vjekoslava Stainko, Marija Sukno, Dragica Korošec, Julija Čizmek.

218 Greble, Sarajevo, 1941–1945, 117–118.

219 Ankica Vujkov, USHMM, Fonds 110 AJ, 49.005M.0901.00000916; Irina Zovko, USHMM, Fonds 110 AJ, 49.005M.0901.00000995.

220 Anica Raca, USHMM, Fonds 110 AJ49.005M.0901.00000101.

Der Staatsanwaltschaft zufolge spielten in erster Linie sozialer Aufstieg,[221] Geld[222] oder „intime Beziehungen" eine Rolle. Diese Darstellung suggerierte, dass in der „Freizügigkeit" die Ursache für das verbrecherische Handeln lag. Die Promiskuität wurde damit als abweichendes Verhalten markiert, das in Kriegsverbrechen oder Verbrechen gegen die Menschlichkeit mündete. Und selbst wenn in Urteilen folgende Begründungen aufgeführt wurden, bei denen die Richter das Geschlecht scheinbar nicht in den Vordergrund stellten, sondern betonten, dass die Angeklagte „wie ein ideologischer Ustascha handelt und ein Mensch, dem jedes Menschlichkeitsgefühl abhanden gekommen war",[223] waren das überwiegend Urteile gegen Täterinnen, bei denen Richter aufgrund ihres Geschlechts erwarteten, dass sie Mitgefühl hätten zeigen sollen. In diesen Fällen vervielfältigte das Gericht auch das Stereotyp von Täterinnen als Verführerinnen, das nach Kriegsende in zahlreichen NS-Prozessen entstand.[224]

Eine Besonderheit des Sarajevoer Kreisgerichts war ein relativ hoher Anteil an Frauen und Überlebenden der Shoah, die entweder als Staatsanwälte, Beisitzerinnen oder Richterinnen tätig waren. Razija Sadiković, Jafa Rihtman, Lela Ivanović, Emil Najšul, Avram Baruh, Dragan Rosenrauch und Jakov Papo waren nur einige von ihnen. Die bekannteste Frau war sicherlich Olga Marasović. Marasović war 1914 im kroatischen Drniš zur Welt gekommen.[225] Sie hatte ihre Kindheit und Jugend aber im bosnischen Bijeljina verbracht. Marasović engagierte sich zusammen mit ihrem Bruder Ante früh in der kommunistischen Jugend und übernahm auch während ihres Jurastudiums in Belgrad verschiedene Aufgaben für die Partei. Das Leben im Untergrund lernte sie noch vor dem Krieg kennen, sodass sie zusammen mit ihren Parteifreunden in den ersten Kriegsjahren in Sarajevo ein konspiratives kommunistisches Netzwerk aufbaute.[226] Ab Oktober 1941 leitete sie das Stadtkomitee der Kommunistischen Partei für Sarajevo. Nach ihrer Verhaftung gelang ihr im Juni 1942 die Flucht nach Mostar, wo sie erneut untertauchte, häufig bei muslimischen Familien.[227] Marasović riskierte täglich ihr Leben. Sie riskierte auch das Leben

---

221   Ankica Vujkov, USHMM, Fonds 110 AJ, 49.005M.0901.00000916.

222   Zilka Ahmagić, USHMM, Fonds 110 AJ, 49.005M.0899.000000029.

223   Tereza Žubrinić, USHMM, Fonds 110 AJ, 49.005M.0901.000001022.

224   Wendy Lower, Male and Female Holocaust Perpetrators and the East German Approach to Justice, 1949–1963, *Holocaust and Genocide Studies* 24 (2010) 1, 70.

225   Tanja Lazić, Olga Marasović, in: dies. (Hg.), Žene u istoriji Semberije (Bijeljina: Fondacija Lara 2012), 137.

226   Olga Marasović, Narodnooslobodilački pokret u gradu u prvoj godini ustanka, in: Albahari, Sarajevo u revoluciji, Bd. 2, 467–514.

227   Olga Nakić, O mom radu na partijskim vezama sarajevske organizacije, in: Albahari, Sarajevo u Revoluciji, Bd. 2, 429.

von Menschen, die sie versteckten. Über 30 Mitarbeiterinnen und Mitarbeiter
des Sarajevoer Klinikums, unter ihnen Dr. Nedo Zec, wurden nach ihrer Flucht
aus dem Krankenhaus verhaftet und in Lagern und Gefängnissen gefoltert. Die
meisten von ihnen wurden ermordet.[228] Nur wenige überlebten. Sie sah ihre
Freundinnen und Freunde sterben. Sie sah ihre Nachbarinnen und Nachbarn,
wie sie deportiert, ausgeraubt wurden. Ihr eigener Bruder verlor im Krieg 1943
sein Leben. In ihren Erinnerungen an diese Zeit schieb sie:

> Das private und das staatliche Eigentum wurden rücksichtslos geplündert. Die
> Besatzungsmacht und die Ustascha kündigten den Bürgern ein Regime des
> rigorosen Polizeiterrors an. In öffentlichen Auftritten der Ustascha und in den
> Medien begann eine fanatische Hetze gegen Juden, Serben und Roma. Die
> Juden wurden unmittelbar zu Bürgern zweiter Klasse, mit besonderen Zeichen
> gebrandmarkt, aus dem Staatsdienst entlassen und zur Zwangsarbeit und in die
> Lager geschickt. Deren Geschäfte wurden konfisziert und bekamen Ustascha-
> Treuhänder. Blad wurden die serbischen Geschäfte nach gleichem Muster
> behandelt. Die Treuhänder plünderten rücksichtslos das ihnen zur Verwaltung
> anvertraute Eigentum. Die Ustascha-Propaganda verkündete schreiend, dass der
> Unabhängige Staat Kroatien, der ganz Bosnien-Herzegowina umschloss, aus-
> schließlich ein Staat der Kroaten sei und dass in ihm kein Platz sei für Juden,
> Serben und Roma. Öffentlich wurden Zwangstaufen, Denationalisierung, Pog-
> rome und Genozid proklamiert. Das waren die politischen Hauptmerkmale des
> neuen ‚Staates‘.[229]

Marasović fasste in ihren Erinnerungen an die Zeit der Besatzung in klaren
Worten zusammen, was sie in diesem Jahr in Sarajevo erlebt und erfahren
hatte. Sie zählte Verbrechen auf: Raub, Hetze, Diskriminierung, Deportationen,
Zwangstaufen, Denationalisierung, Genozid. Sie benannte auch deutlich, wer
darunter litt: Juden, Serben und Roma. Der Hinweis auf die Verdienste der
Kommunistischen Partei fehlte aber auch nicht. Im Kontext der Kriegsverbrecherprozesse wird aus ihren Erinnerungen wie bei Blažević und anderen
Widerstandskämpfern und Widerstandskämpferinnen deutlich, wie sie die
Taten der Angeklagten bewerteten. Marasović betonte, dass es für sie und
ihre Mitstreiter angesichts des erlebten und erfahrenen Unrechts, angesichts
der erlebten und erfahrenen Verbrechen keine Alternative zum Widerstand
gab. In ihren Worten war der Zweite Weltkrieg eine Zeit des Umbruchs, in
der „Mut und Opferbereitschaft als normale menschliche Eigenschaften galten und das Fehlen dieser Tugenden als Feigheit und Verrat.“[230] Wie urteilte

---

228 Hiba Ramadanović, Učešće ljekara, apotekara I drugih zdravstvenih radnika u NOP-u, in:
     Albahari, Sarajevo u revoluciji, Bd. 4, 171.
229 Marasović, Narodnooslobodilački pokret u gradu, Sarajevo u revoluciji, Bd. 2, 468.
230 Marasović, Narodnooslobodilački pokret u gradu, Sarajevo u revoluciji, Bd. 2, 469.

Marasović über Angeklagte, die sie und ihre Genossinnen und Genossen, ihre Mitstreiterinnen und Mitstreiter, ihre Freundinnen und Freunde nur wenige Wochen und Monate zuvor verfolgt, gefoltert, denunziert hatten? In Prozessen, die im Zusammenhang mit ihrer Flucht aus Sarajevo standen, übernahmen ihre Kollegen Rajko Peleš oder Milivoj Grdjić den Vorsitz.[231] Es scheint, als habe das Gericht die direkte Involvierung seiner Richterin vermeiden wollen, anders als es bei Militärgerichten der Fall war. Bei diesen Prozessen nämlich sollten Angeklagte vor das Militärgericht der Einheit gebracht werden, gegen die sie gekämpft hatten. Interessant ist, dass der Angeklagte Mijo Milišić, der als Gendarm und Wächter von Olga Marasović ihre Flucht aus dem Krankenhaus ermöglicht hatte, für seine Taten eine relativ milde Strafe bekam.[232] Milišić wurde nach der Flucht Marasovićs ins Lager Jasenovac geschickt, wo er die Aufgabe eines Kapos übernahm. Die Anklage warf ihm Mord, Beihilfe zu Mord und Folter vor.

Die gesichteten Akten deuten darauf hin, dass Marasović versuchte, mit Maß zu urteilen. Sie wandte in vielen Fällen den Erlass über Militärgerichte an, wenn dieser eine geringere Strafe vorsah.[233] Mit Marasović traten als Beisitzerinnen auch andere Frauen auf, die allerdings häufig keine Juristinnen waren: Rabija Ljubunčić z.B. war Technikerin.[234] Viel häufiger waren Frauen Schriftführerinnen, so z.B. Razija Sadiković oder Mila Ćuković.

Über die Verteidiger ist wenig bekannt. In den meisten Fällen waren das Mahmut Filipović, Ivan Pavičić, Nikola Andijašević, Zvonimir Sunarić, Dimitrije Milošević, Radoslav Stanić, Silvio Baruh oder Pavo Premužić, alles bekannte Vorkriegsanwälte.[235] Die meisten von ihnen hatten den Krieg in Sarajevo ohne Zusammenarbeit mit der Besatzung oder mit dem Ustascha-Regime überlebt. Silvio Baruh flüchtete am Anfang des Kriegs nach Dubrovnik, wo er jedoch

---

231   USHMM, AJ 110, RG-49.005M.0900.00000347, Stipo Kraljević; USHMM, AJ 110, 49.005M.0901.00000706, Vjekoslav Tadić; USHMM, AJ110, RG-49.005M.0901.00000830, Dragutin Turkalj; USHMM, AJ 110, RG-49.005M.0900.00000515, Ivan Lozančić. USHMM, AJ 110, RG-49.005M.0900.00000704, Mijo Milišić.

232   USHMM, AJ 110, RG-49.005M.0900.00000701, Mijo Milišić.

233   USHMM, AJ 110, RG-49.005M.0899.00000973, Kasim Jahić; USHMM, AJ 110, RG-49.005M.0900.00000151, Muhamed Kantardžić.

234   Ćemalović, Mostarski bataljon, 369.

235   Vgl. die Liste der Sarajevoer Vorkriegsanwälte bei Miljenko Jergović, Priča o advokatima, in: Ajfelov list vom 16.5.2014, hier nach https://www.jergovic.com/ajfelov-most/prica-o-advokatima/ (überprüft am 11.5.2020). In einem kurzen Essay gibt Jergović auch die Biografie Andrijaševićs wieder, der 1882 im dalmatinischen Gradac geboren wurde und auch ein Wiener Student war. Siehe Miljenko Jergović, Mušema je, lako se briše, in: Ajfelov most vom 7.11.2014, hier nach https://www.jergovic.com/ajfelov-most/musema-je-lako-se-brise/ (überprüft am 11.5.2020).

von italienischen Besatzungskräften interniert und ins Lager nach Kupari und anschließend nach Rab überführt wurde.[236] Nach der Befreiung 1943 engagierte er sich im Volksbefreiungskampf. Wie verteidigte er seine Mandanten? Aus den wenigen Dokumenten der Staatlichen Kommission ist das schwer einzuschätzen. Die Anklagen und die Urteile geben nur wenige Informationen über den Einsatz der Verteidiger preis. Und keiner der genannten Anwälte rettete sein Archiv für die Nachwelt. Wie jedoch beim Prozess Budak u.a. scheint das Gericht als Verteidiger bewusst auf die bürgerlichen Anwälte der Zwischenkriegszeit zurückgegriffen zu haben, um den Prozessen eine zusätzliche Legitimität zu verleihen.

Da sehr viele Prozesse auf Grundlage von Zeugenaussagen geführt wurden, versuchten die Verteidiger, Beweise zu finden, die ihre Mandanten entlasteten. Die vorhandenen Akten deuten darauf hin, dass die Richterinnen und Richter bei unsicherer Beweislage im Sinne der Angeklagten entschieden.[237]

Wie bereits betont, basierte ein großer Teil von Anklagen auf dem Tatbestand der Zugehörigkeit zu einer als verbrecherisch definierten Organisation. Im Falle des Bezirksgericht Sarajevo waren das 223 Anklagen. Über die Hälfte der Verfahren bezogen sich auf die Angehörigen der 13. Waffen-Gebirgs-Division der SS „Handschar". Wer waren die Angeklagten? Was erfahren wir aus den Prozessen über die Handschar-Division, über das Wirken der Divisionsmitglieder im Krieg und was über deren Verbrechen? Wie argumentierte die Staatsanwaltschaft und welche Bedeutung hatten die Akten der bosnischen Landeskommission? Unterschieden sich Prozesse vor Militärgerichten von Prozessen, die vor dem Sarajevoer Bezirksgericht stattgefunden hatten oder von den großen Prozessen, die im ersten Teil des Kapitels vorgestellt wurden?

3.3.2 Die „Verführten"

Die meisten Prozesse zur Handschar-Division entstanden im Laufe des Ermittlungsverfahrens gegen den ehemaligen SS-Standartenführer Franz Matheis (1889–1947), der das erste halbe Jahr, vom 28. Mai 1943 bis zum 1. Dezember 1943, Kommandeur des 28. Waffen-Gebirgs-Jäger-Regiments der Handschar-Division war.[238] Die Vernehmungen fanden zwischen 1946 und

---

236 Jaša Romano, Jevreji Jugoslavije 1941–1945: žrtve genocida i učesnici NOR (Beograd: Savez Jevrejskih Opština Jugoslavije 1980), 330.

237 Siehe z.B. den Prozess gegen Josip Kail, USHMM, 49.005M.0900.0000130.

238 Matheis wurde am 1. Dezember 1943 durch Hellmuth Raithel, lange bevor die Division aus Deutschland nach Jugoslawien zurückgekehrt war, ersetzt. Lepre, Himmler's Bosnian Division, 117 f. Matheis war am 8. Mai 1943 als Angehöriger der volksdeutschen Minderheit in die Waffen-SS eingetreten. Das am 9. November 1946 gegen den vormaligen Offizier sowohl der österreichisch-ungarischen als auch der jugoslawischen Armee

1947 statt, zu einer Zeit, als die bosnische Landeskommission ihre anfänglichen
Schwierigkeiten überwunden hatte und institutionell und personell gefestigt
war.[239] Einzelne Aussagen nahm die zuständige Militärstaatsanwaltschaft der
29. Sturmdivision, konkret Leutnant Dr. Milan Huzjak, allein auf.[240] Auch in
diesem Fall setzte sich das Vorgehen durch, dass die Ermittlungen und die
Gerichtsbarkeit die militärische Einheit übernahm, die gegen die Beschuldigten
gekämpft hatte. Gleichzeitig bereitete die Staatsanwaltschaft von Sarajevo
Anklagen gegen weiteres deutsches Führungspersonal der Handschar, das aus
britischen Internierungslagern ausgeliefert wurde.[241] Nach zahlreichen Rügen
seitens der Staatlichen Kommission passte die bosnische Landeskommission
ihre Vernehmungsrichtlinien den staatlichen Vorgaben an, um deren rechtlichen Wert zu erhöhen.[242] Aus jedem Vernehmungsformular waren deutlich
die Bezeichnung des Verfahrens, die Namen der Vernehmenden und der Ver-
nommenen zu entnehmen, zusammen mit dem Datum und dem Ort. Auch
fehlte die Belehrung nicht mehr. Nach einem ähnlichen Muster waren auch
die Formulare der jugoslawischen Ermittler strukturiert, die ehemalige Mitglieder der Handschar in amerikanischen oder britischen Internierungslagern
befragten. Was erfahren wir aus diesen Akten?

Die ersten Aussagen zur Handschar-Division machten deren ehemalige
bosnisch-muslimische Soldaten, die zu den Partisanen übergelaufen waren.[243]
In der Regel nahmen Verbindungsoffiziere des Geheimdiensts ihre Aussagen auf oder, wie im Fall des Ermittlungsverfahrens gegen Franz Matheis,

     ausgesprochene Todesurteil wurde am 17. September 1947 in Sarajevo vollstreckt. Siehe
     USHMM, AJ 110, RG-49.005M.0901.00001033. Sein Nachfolger, SS-Obersturmbannführer
     Hellmuth Raithel (1907–1990), war im Rang eines SS-Standartenführers als Divisions-
     kommandeur der am 10. Juni 1944 formierten 23. Waffen-Gebirgs-Division der SS „Kama"
     (kroatische Nr. 2) vorgesehen. Deren Aufstellung wurde im September 1944 abgebrochen,
     da der Verband keine Sollstärke erreichte. Nach US-Kriegsgefangenschaft wanderte Rait-
     hel nach Südafrika aus und kehrte erst nach seiner Pensionierung nach Deutschland
     zurück, wo er in München in Geschichte promovierte.
239   ABiH, Fonds ZKUZOP, Organizacija i rad komisije, Kutija 1, Svim područnim i sreskim
     komisijama, Bl. 20/21.
240   ABiH, Fonds ZKUZOP, Zapisnici o saslušanju ratnih zločinaca, Kutija 1 A-L und Kutija 2
     M-Ž.
241   Lepre, Himmler's Bosnian Division, 311.
242   ABiH, Fonds ZKUZOP, Organizacija i rad komisije, Kutija 1, Svima zemaljskim i oblasnim
     i komisijama, Bl. 22.
243   ABiH, Fonds ZKUZOP, Zapisnici o saslušanju ratnih zločinaca, Kutija 1 A–L und 2 M–Ž.
     Beispielhaft dafür sind die Vernehmungen von Omer Saltović, Ibrahim Muminović, Sma-
     jil Šehović, Jusuf Ćatović, Avdo Jašarević, Jusuf Mehić. Die folgende Zusammenfassung
     der Vernehmungen ist diesen Akten entnommen.

der Militärstaatsanwalt. Kein Zeuge war Kriegsgefangener. Kein Zeuge war in einem anderen Verfahren angeklagt. Keiner war vorbestraft. Ihre Aussagen reproduzierten ein bestimmtes Erzählmuster: Sie seien gegen ihren Willen mobilisiert worden, sie hätten auf der deutschen Seite nicht gekämpft, sondern seien für die Versorgung zuständig oder als Funker tätig gewesen. Sie hätten die Kriegsverbrechen beobachtet oder von ihren Kameraden von Kriegsverbrechen erfahren. Sie hätten die erste Gelegenheit genutzt, um zu desertieren, als sie wieder auf bosnischem Territorium waren oder die Save überquert hatten. Die Verbrechen hätten die deutschen Offiziere angeordnet: die Erschießungen der gefangenen Partisanen (in Bijeljina) oder die Vergeltungsmaßnahmen, bei denen Dörfer verwüstet und Zivilisten ermorden wurden (Kukujevci bei Sremska Rača). Als Vollstrecker nannten die Zeugen häufig das albanische Bataillon (in Zabrđe und in Šekovići).

Ihre Aussagen können daher als multiple Entlastungserzählungen zusammengefasst werden: Sie selbst hatten keine Wahl bei ihrer Mobilisierung; die Gewaltanwendung ordneten die deutschen Besatzer an; „die Albaner" führten die Taten aus. Die Zeugen gaben ihre passive Rolle erst auf, als sie die Handschar-Division verließen und zu den Partisanen überliefen. Besonders ausführlich war die Vernehmung von Smajil Šehović, der seine Zeugenaussage im Rahmen des Verfahrens gegen Matheis gemacht hatte. Šehović gab eine unmittelbare Zeugenschaft darüber ab, dass die Angehörigen des „Albaner-Bataillons" Bewohner des Dorfes Zabrđe ermordet hätten. Er habe die Opfer unmittelbar nach der Tat gesehen, weil er mit seinem Spähtrupp das Dorf besichtigt habe.[244]

Die Aussage von Alaga Čoralić, eines Kämpfers der 8. Division der Partisanen, war nach dem gleichen Muster aufgebaut.[245] Er wurde am 21. Dezember 1946 im Rahmen des Ermittlungsverfahrens gegen Matheis vernommen und gab an, dass er in der zweiten Augusthälfte 1943 aus den Domobrani in die Handschar zwangsmobilisiert sei. Čoralić bezeugte, dass seine Einheit, das 1/28. Regiment, Dörfer bei Brčko geplündert, Häuser in Brand gesteckt und viele Zivilisten ermordet habe, alles auf Anordnung deutscher Befehlshaber. Čoralić zufolge hätten er und seine Kameraden nicht nur keine Wahl gehabt, als es darum ging, ob sie der Handschar beitreten wollten. Sie hätten auch keine Wahl gehabt, als es darum ging, Verbrechen zu begehen:

---

244   ABiH, Fonds ZKUZOP, Zapisnici o saslušanju ratnih zločinaca, Kutija 2, Smajil Šehović.
245   ABiH, Fonds ZKUZOP, Zapisnici o saslušanju ratnih zločinaca, Kutija 1 A-L, Čoralić Alaga.

> Deutsche Kommandanten sagten uns und befahlen uns, sogar inhaftierte Parti-
> sanen und deren Sympathisanten bei Angriffen auf Partisanendörfer zu töten.
> Das taten sowohl mein Bataillon als auch andere Einheiten in diesen Aktionen,
> und wenn einzelne Soldaten, unsere Staatsbürger, die in diesen Einheiten der
> Handschar-Division waren, diese [Befehle, SF] nicht ausgeführt haben, hat-
> ten die deutschen Kommandanten strenge Maßnahmen ergriffen und viele
> erschossen. So habe ich es persönlich gesehen, dass zwei Soldaten aus meinem
> Bataillon, deren Namen ich nicht kenne, erhängt wurden, weil sie versucht
> haben zu fliehen bzw. an einem Kampf nicht teilnehmen wollten.[246]

Aussagen wie diese blieben jedoch rar. Viel häufiger berichteten die Zeugen
aus zweiter Hand von Verbrechen. Selten hatten sie konkrete Taten beobachtet,
konkrete Befehle gehört oder gar selbst ausgeübt. Es überrascht nicht, dass die
Vernehmungen der Kriegsgefangenen in alliierten Gefangenenlagern anders
strukturiert waren.[247] Insbesondere die Aussagen der Divisionsimame waren
ausführlicher und vielschichtiger. Wir erfahren mehr über die Hintergründe
ihrer Mobilisierung und mehr über ihre individuelle Situation im Krieg. Keiner
der Imame hatte sich freiwillig gemeldet. Auch bei späteren Prozessen gegen
die Imame der Handschar verneinten die meisten Angeklagten eine freiwillige
Rekrutierung.[248] Sie hatten aber auch nicht gegen ihre Mobilisierung protes-
tiert. Jeder von ihnen war in Jugoslawien vor der Mobilisierung Opfer oder
Zeuge von Verbrechen gewesen. Häufig waren die serbischen Tschetniks die
Täter. Mehmed Skenderagić, der aus einem ostbosnischen Dorf bei Čajniče
stammte und 1943 gerade 18 Jahre alt geworden war, beschrieb die Umstände
seines Eintretens in die Division mit folgenden Worten:

> 1942 war ich Schüler der fünften Klasse der Madrasa in Sarajevo. Zum Abschluss
> fehlten mir noch drei Jahre. Ich bin nicht fertig geworden, weil ich [in diesem
> Jahr] nach Hause gegangen bin, um dort Bayram [das Zuckerfest oder das Opfer-
> fest] zu feiern. Tschetniks haben das Dorf besetzt und töteten meinen Vater und
> meine Mutter. Ich konnte nach Priboj flüchten, wo ich als Hilfsarbeiter einem
> Bauern zugeteilt wurde. [...] Zwei Monate blieb ich dort und kehrte mit ande-
> ren Flüchtlingen nach Višegrad zurück, als die Eisenbahnlinie wieder in Betrieb
> genommen wurde.[249]

---

246 ABiH, Fonds ZKUZOP, Zapisnici o saslušanju ratnih zločinaca, Kutija 1 A-L, Čoralić Alaga.
247 ABiH, Fonds ZKUZOP, Zapisnici o saslušanju ratnih zločinaca, Kutija 1 A-L und 2 M-Ž.
     Beispielhaft dafür sind die ausführlichen Vernehmungen von Mehmed Skenderagić, Meh-
     med Tunović, Mujo Sarajlić und Ramo Salković oder die kurzen Zusammenfassungen
     der Vernehmungen jugoslawischer Mitglieder der SS-Einheiten von Redjo Selimović,
     Meho Bezdrob, Krešimir Jahić, Hamdija Blekić, Ramo Durgut, Hasan Voloder, Ibro Mušić,
     Himzo Budimlić, Edhem Redžepagić, Sejdo Drijo, Hasan Zolota.
248 USHMM, AJ110, RG-49.005M.0899.00000915, Šahmo Husomanović.
249 ABiH, Fonds ZKUZOP, Zapisnici o saslušanju ratnih zločinaca, Kutija 2, L–Ž, Saslušanje
     Mehmed Skenderagić, Untersturmführer, Nr. 60746.

Nachdem die Partisanen die Gegend befreit hatten, ging Skenderagić wieder in sein Dorf, doch bald setzten sich die Tschetniks wieder durch, und er floh nach Zentralbosnien, zuerst nach Sarajevo in die Flüchtlingslager in Alipašin most und anschließend nach Gračanica. Dort wurde er am 19. Februar 1944 bei einer Militärrazzia gefasst:

> Am nächsten Tag bin ich mit einer Gruppe nach Sarajevo geschickt worden. Nach unserer Ankunft in Sarajevo wurden wir zur SS-Polizei geschickt. Von dort leiteten sie uns an die Sammelstelle weiter, wo wir drei Tage verbracht haben und anschließend nach Zagreb geschickt wurden. Hier kamen wir in ein Soldatenlager. Die Katholiken haben sie rausgenommen, und wir Muslime, etwa dreißig Mann, bekamen deutsche Uniformen und wurden mit unseren deutschen Begleitern nach Deutschland geschickt. Keiner fragte uns, ob wir gehen möchten oder nicht, und von unserer Seite hat sich keiner offen beschwert.[250]

Skenderagićs Vernehmungsprotokoll ist nur ein Beispiel dafür, wie das individuelle Erleben des Zweiten Weltkriegs und des jugoslawischen Bürgerkriegs vom offiziellen Narrativ über den Volksbefreiungskampf abwich. War Skenderagić als Imam ein „Verführer" oder war er selbst der „Verführte"? War er ein Täter, ein Mittäter oder ein Mitläufer? Aus seiner Perspektive fügte er sich den Umständen und versuchte zu überleben. Gerade diese Bereitschaft, für das Überleben mit dem Feind zu kooperieren, spielt nach Stathis Kalyvas in Situationen des „irregular war" eine entscheidende Rolle.[251] Skenderagić traf nach eigener Aussage diese Entscheidung nicht freiwillig, aber er wehrte sich auch nicht offen dagegen. Es ist die einzige Stelle in seinem Vernehmungsprotokoll, an der er überhaupt die Möglichkeit benennt, die scheinbare Zwangsläufigkeit seines Schicksals zu durchbrechen und aktiv eine Entscheidung zu treffen.

Über die Verbrechen der Handschar-Division erfahren wir nichts. 22 Vernehmungen fassten die Ermittler der Staatlichen Kommission zur Feststellung von Kriegsverbrechen in Munsterlager und in Fallingbostel zusammen.[252] Fünf Internierte gaben einen freiwilligen Eintritt in die Division zu und erklärten ihre Entscheidung als Versuch, der aussichtslosen Situation als Ustascha-Wärter in Jasenovac oder der als Zwangsarbeiter in Deutschland zu entgehen. Alle anderen behaupteten, gegen ihren Willen bei Razzien zwangsmobilisiert worden zu sein. Ihre Zeugenaussagen ähneln in bemerkenswerter Weise der von Skenderagić, weil sie sich selbst jegliche Entscheidungsmacht absprachen. Es waren die Umstände, die ihnen keine Wahl gelassen hätten, und sie fügten

---

250 ABiH, Fonds ZKUZOP, Zapisnici o saslušanju ratnih zločinaca, Kutija 2, L–Ž, Saslušanje Mehmed Skenderagić, Untersturmführer, Nr. 60746.

251 Kalyvas, The Logic of Violence, 111–145.

252 ABiH, Fonds ZKUZOP, Zapisnici o saslušanju ratnih zločinaca, Kutija 1, Podaci, Nr. 61557. Alle folgenden Zitate der Vernehmungsprotokolle sind dieser Akte entnommen.

sich. In den Protokollen erscheinen sie als mehrfache Opfer: Opfer des Kriegs und Opfer der SS, die sie gegen ihren Willen eingezogen habe.

Hat sich diese Erklärung ihres Einsatzes für die Handschar-Division als dominantes Erzählmuster durchgesetzt? Zu welchem Urteil über die Handschar kam die bosnische Landeskommission? Sie verdichtete die Ergebnisse ihrer Ermittlungen im Bericht „13. SS bosnisch-herzegowinische Division, genannt ‚Handschar‘".[253] Als Autorin wurde Vjera Rukavina aufgeführt. Eine Vera Rukavina arbeitete tatsächlich in der bosnisch-herzegowinischen Landeskommission und war auch bei zahlreichen Vernehmungen deutscher Offiziere nach deren Auslieferung anwesend.[254] Auf 90 Seiten fasste Rukavina unterschiedliche Informationen über die Division zusammen: Der Aufbau, die nationale Zusammensetzung, die Gründung, die Anwerbung und die militärische Ausbildung der Soldaten sowie das Führungspersonal waren auf den ersten vier Seiten beschrieben. Viele Informationen stimmten, auch wenn häufig ein Verweis auf die Quellen fehlte. Zahlreiche deutsche Namen waren allerdings falsch geschrieben, wie der von Artur Phleps (Pfulebs Artur), der mit der Aufstellung des V. SS-Gebirgskorps betraut war und den Himmler als „besonders qualifiziert" für die Verwirklichung seiner Idee einer „bosnischen Division" bezeichnete.[255] Neben Phleps listete der Bericht zahlreiche Namen des deutschen Führungspersonals: An erster Stelle stand der Divisionskommandeur, SS-Brigadeführer und Generalmajor der SS Karl-Gustav Sauberzweig (geschrieben Sauberzwig) sowie weiterer Offiziere wie Braun (vermutlich Erich Braun), Hanle vermutlich Gerhard Haenle) und Raher (vermutlich Carl Rachor). Bereits diese kurze Auflistung der Namen zeigt, welche Schwierigkeiten die serbokroatische Transkription deutscher Namen in sich barg. Häufig genug wurden sie phonetisch transkribiert und sahen dann ganz anders aus. Oft jedoch konnten die Namen in Verbindung zueinander gebracht werden – deswegen war es für die jugoslawische Staatliche Kommission auch so wichtig, von den Alliierten die genaue Aufstellung deutscher Truppen und deren Einsatzorte zu erhalten.

Der Rahmen, in dem der Bericht den innerjugoslawischen Konflikt zur Sprache thematisierte, war beschränkt. Allerdings ließ er Interpretationsmuster der jugoslawisch-kommunistischen Deutung des Bürgerkriegs eindeutig

---

253 ABiH, Fonds ZKUZOP, Elaborat, Spiskovi zločinaca, kut. 6, 13. S.S. bosansko-hercegovačka divizija zvana „Handžar". Alle folgenden Zitate des Berichts sind dieser Quelle entnommen.

254 ABiH, Fonds ZKUZOP, Zapisnici o saslušanju ratnih zločinaca, Kutija 1 und Kutija 2.

255 Lepre, Himmler's Bosnian Division, 19.

hervortreten. Wenn erklärt wurde, wie es dazu kam, dass die bosnischen Muslime mit den Besatzern zusammengearbeitet hätten, knüpfte der Bericht an
das bereits dargelegte Motiv der Verführung an. Diese war nach Rukavina
materiell konnotiert: Die Soldaten verfielen der breit angelegten deutschen
Propaganda und ihrem Versprechen, die Freiwilligen und ihre Familien materiell abzusichern. Oder sie ließen sich in der Hoffnung auf gutes Essen und
andere Privilegien in die Division locken. Die Verführten, so suggerierte der
Bericht, waren die ungebildeten und unaufgeklärten Massen, die Opportu-
nisten, die Gutgläubigen oder einfach die Schwachen. Ähnlichkeiten mit dem
deutschen Begriff der „Mitläufer" liegen auf der Hand.[256] Und ebenso wie in
Deutschland ermöglichte die Einordnung in die Kategorie den Verführten eine
moralische und politische Entlastung.

Wer verführte aber „die Verführten"? Auf diese Frage hatte der Bericht eine
klare Antwort. Bereits auf der zweiten Seite heißt es: „Eine besonders große
Rolle bei der Anwerbung von Soldaten hatten muslimische Muftis, die den
größten Einfluss auf die unaufgeklärten muslimischen Massen ausübten."[257]
Dieses Argument sollte die Zeugenaussage von Mića Ignjatović aus Brčko
belegen, wonach zwei Imame, Mustafa und Halim Malkoč, nach dem Gebet
vor der Mosche „propagandistische Reden" gehalten und die Gläubigen aufgefordert hätten, der 13. Waffen-SS-Division beizutreten. In der Folge hätten
sich 500 Freiwillige gemeldet. Diese Angaben wurden nicht kritisch überprüft.
Angesichts der insgesamt ca. 8.000 Freiwilligen[258] und einer eher schleppen-
den Anwerbung ist es schwer vorstellbar, dass sich an einem Tag nach einer
einzigen Predigt so viele freiwillig meldeten. Die Zeugenaussage fügte sich
aber in die Argumentationskette der bosnischen Kommission und wurde
als willkommener Beweis in den Bericht aufgenommen. Die Frage nach Verantwortung für die Verbrechen war damit auch beantwortet. Diese lag bei der
deutschen Führung und den Imamen, denn diese waren die „Organisatoren".
Alle anderen gehörten zu den „Verführten". Dieses Motiv wiederholte sich im
Bericht in unterschiedlichen Variationen: Es wurde betont, die Imame hätten die Soldaten im islamischen Sinne umerzogen und fanatisiert. Der Imam
Malkoč sei derjenige, der für das Scheitern der Meuterei in Villefranche-
de-Rouergue verantwortlich war, als sich die Soldaten gegen ihre deutsche

---

256 Lutz Niethammer, Die Mitläuferfabrik: die Entnazifizierung am Beispiel Bayerns (Berlin
     u.a.: Dietz 1982), 447–462.
257 ABiH, Fonds ZKUZOP, Elaborat, Spiskovi zločinaca, kut. 6, 13. S.S. bosansko-hercegovačka
     divizija zvana „Handžar", 2.
258 Lepre, Himmler's Bosnian Division, 35.

Führung erhoben.[259] Die SS-Verbrecher hätten die Soldaten militärisch ausgebildet, was die späteren Verbrechen der Divisionsangehörigen auf dem
jugoslawischen Territorium erkläre. So entstand das Bild eines nachvollzieh-
baren menschlichen Verhaltens, das Verantwortung bei den „einfachen und
unpolitischen" Menschen ausschloss bzw. diese als formbare Masse in den
Händen ihrer „Verführer" erscheinen ließ. Um hervorzuheben, in welchem
„verbrecherischen" Sinne die Division nach der Ausbildung nach Jugoslawien
geschickt wurde, argumentierte der Bericht, die „Organisatoren" hätten die
Soldaten mit Bajonetten und Krummdolchen bewaffnet. Gerade der Krumm-
dolch, der sogenannte Handschar, eigne sich besonders zum Abschlachten, so
der Bericht. Das beweise eindeutig, das Ziel und den Zweck der Handschar:
„Mit Hass vergiftet und aufgehetzt schlachteten diese Soldaten nach Ankunft
in Jugoslawien, nach Worten des Kriegsverbrechers Franjo [Franz S.F.] Matheis
[...] jeden, der keinen Fez trug."[260] Auch hier zeigte eine verkürzte Wiedergabe
des Zitats von Matheis aus seiner Vernehmung, wie der Bericht ein Narrativ
konstruierte und reproduzierte, das sich in die Argumentationskette einfügte.
Matheis beschrieb mit diesen Worten konkret die Verbrechen der albanischstämmigen Divisionsangehörigen, von denen er selbst aus zweiter Hand
erfuhr. Er sagte: „Von Menschen, die an diesen Aktionen teilgenommen haben,
habe ich erfahren, dass die Skipetaren des ersten Bataillons des 28. Regiments
in einigen Dörfern um Bijeljina herum, alle ermordet haben, die keinen Fez
trugen. Außerdem töteten sie Schweine, zerstörten und trugen aus den Häusern die Möbel, warfen das Korn weg, zerschlugen die Bienenstöcke und raubten das Vieh."[261]
  Ein konkretes Kriegsverbrechen eines bestimmten Regiments an einem
konkreten Ort zu einer konkreten Zeit, das Matheis selbst nicht gesehen hatte,
wurde zum Beweis für das generelle „verbrecherische" Handeln der Handschar.
Die Verbrechen wurden dem albanischstämmigen Regiment zugeordnet, was
wiederum die bereits zitierte Entlastungserzählung ergänzte und den jugoslawischen Rassismus offenbarte. Aber anders als der Bericht argumentierte
Matheis bei seiner Vernehmung, dass es der Hass der albanisch-muslimischen
Einheimischen auf ihre christlich-serbischen Nachbarn sei, der zu den Verbrechen führte, also keine „importierte" Gewalt von außen. Dieser Teil der

---

259 Mehr über die Meuterei Grmek / Lambrichs, Les Révoltés de Villefranche, bzw. Bougarel,
     La division Handschar, 129–136.
260 ABiH, Fonds ZKUZOP, Elaborat, Spiskovi zločinaca, kut. 6, 13. S.S. bosansko-hercegovačka
     divizija zvana „Handžar", 4.
261 ABiH, Fonds ZKUZOP, Zapisnici o saslušanju ratnih zločinaca, Kutija 2, M–Ž, Franjo Mat-
     heis, Nr. 60573.

Aussage wurde daher nur verkürzt in den Bericht übernommen, und zwar in den Teilen, die das Argument der Kommission stützten.

Die Beschreibung der Verbrechen nahm einen großen Teil des Berichts ein. Zusammenfassend hieß es: „Die Anwesenheit der 13. SS-Division in obengenannten Regionen und in Syrmien ist mit beispiellosen Verbrechen verbunden, mit brutalster Auslöschung kompletter Siedlungen und deren Verwandlung in Schutt und Asche."[262] Drastische Darstellungen von brutalen Morden und abstoßenden Details folgten. Ganze Dörfer hatten die *handžarci* ausgelöscht, „die schönsten jungen Frauen [...] bis zur Bewusstlosigkeit vergewaltigt und anschließend abgeschlachtet".[263] Der Bericht bediente nicht nur albanische Ressentiments, sondern auch klassische Gender-Stereotype, die bis heute in Diskursen über „die Fremden" kursieren und Angst vor „den Fremden" bedienen.[264] Der Partisan Dragiša Maksimović bezeugte, zahlreiche Massengräber von Zivilisten nach Kämpfen in Bosanska Rača gesehen zu haben. Und auch in diesem Fall sollten die Täter die albanischstämmigen Angehörige des 28. Regiments gewesen sein. Der Bericht nannte eine Zahl von ermordeten 352 Personen in Sremska Rača, deren Namen nicht festgestellt wurden, 70 ermordete in Jamena und 223 in Bosut.[265]

Der Bericht zeichnet ein Bild des Schreckens, des hemmungslosen Wütens einer militärisch bestens ausgerüsteten Einheit, die auf ihrem Einsatzweg keine Rücksicht nahm und keine Gefangenen machte. Lepre zitierte in seinem Buch einen Divisionsbefehl ihres Kommandeurs, Karl-Gustav Sauberzweig. Sauberzweig befahl seinen Männern, in Bosut Rücksicht nur auf die deutsche Bevölkerung zu nehmen, da dort ohnehin keine Muslime lebten.[266] Dem Bericht nach folgten sie ihm. Die Opfer waren in Bosut nach Zeugenaussagen meist wehrlose Kinder, Frauen und Alte. Der Bericht suggerierte, dass die Soldaten mit Vergnügen mordeten, nachdem sie ihre Opfer stundenlang auf jede erdenkliche Art und Weise gefoltert hatten. Detailliert wurde darauf

---

262 ABiH, Fonds ZKUZOP, Elaborat, Spiskovi zločinaca, kut. 6, 13. S.S. bosansko-hercegovačka divizija zvana „Handžar", 8.

263 ABiH, Fonds ZKUZOP, Elaborat, Spiskovi zločinaca, kut. 6, 13. S.S. bosansko-hercegovačka divizija zvana „Handžar", 8.

264 Zur narrativen Konstruktion von Albanern in serbischer Kultur siehe Aleksandar Pavlović, Imaginarni Albanac. Simbolika Kosova i figura Albanca u srpskoj kulturi (Beograd: Institut za filozofiju i društvenu teoriju 2019).

265 Die gleichen Zahlen nannten auch Vladimir Dedijer und Antun Miletić in ihrer Quellensammlung „Genocid nad muslimanima", siehe Vladimir Dedijer / Antun Miletić (Hg.), Genocid nad Muslimanima. Zbornik dokumenata i svjedočenja (Sarajevo: Svjetlost 1990), 462.

266 Lepre, Himmler's Bosnian Division, 150.

eingegangen, wie die *handžarci* Frauen vor den Augen ihrer Männer ver-
stümmelten, ihnen Brüste und Geschlechtsorgane abschnitten, ihre Kinder
töteten. Wiederholt hieß es, dass die albanische Einheit bei der Durchführung
dieser Bestialität führend sei. Die ausführliche Darstellung der extremen
Brutalität von Divisionsangehörigen, der Erniedrigung von Opfern und der
exzessiven Gewaltanwendung schärfte die Grenze zwischen akzeptierter und
nicht akzeptierter Gewalt. Wie im Rausch mordeten und quälten *handžarci*
und hinterließen tote Gefangene, ausgelöschte Familien, verbrannte Erde.
Diesen Rausch führten die Berichterstatter auf den Hass zurück, mit dem die
„verbrecherischen SS-Offiziere" die Soldaten vergifteten und anstachelten,
woraufhin sie nach ihrer Ankunft in Jugoslawien jeden abschlachteten.

Wie im Falle von Jasenovac übernahm die bosnische Landeskommission
den Erklärungsansatz, dass die Gewalt von außen in die jugoslawische Gesellschaft hineingetragen wurde und dass sich nur einige wenige Täter an ihrer
Eskalation und Verbreitung beteiligten. Dieser Erklärungsansatz folgte auch
der Argumentation von Trainin, der betonte, dass es die „Hitlerische Clique" war, die Massen von Menschen instrumentalisierte, um Verbrechen zu
begehen.[267] Wenn aber „die Verführten" für die beschriebenen Verbrechen
keine Hauptverantwortung trugen, wer tat es dann? Der Bericht der Landeskommission benannte die Verantwortlichen eindeutig: Die Deutschen und die
Imame waren die Hauptschuldigen, die „blutrünstigen Skipetaren" aus Albanien führten deren Befehle aus. Wann genau diese Verbrechen passierten, wer
die konkreten Verantwortlichen waren, ob nach dem Krieg eine Untersuchung
stattfand und Massengräber gefunden wurden: Das alles erfahren wir nicht aus
dem Bericht. Als weitere Verbrechen der Handschar wurden Geiseltötungen in
Brčko, Tötungen und Deportationen in Bijeljina sowie Misshandlungen und
Tötungen von Inhaftierten in Brčko und Bijeljina genannt. Im Einzelnen zählte
der Bericht Opfer und schilderte den Tathergang, vermischte allerdings häufig
Zuständigkeiten und Verantwortlichkeiten der Handschar mit denjenigen der
Gestapo. Eine ethnische Differenzierung von Opfern war äußerst selten und in
der Regel nur bei Juden der Fall. Alle anderen Opfer wurden als „unschuldige
Menschen", „freiheitsliebende Bürger" oder „Sympathisanten des Volks-
befreiungskampfes" bezeichnet, was wiederum der Diktion der sowjetischen
Extraordentlichen Kommission entsprach. Im jugoslawischen Falle galten die
Taten als Verbrechen am Volk, als „crimes against people" und nicht als „crimes
against humanity".

---

267   Aron Trainin, Hitlerite Responsibility Under Criminal Law (London: Hutchinson
      1945), 79.

1946 lieferten die Alliierten zahlreiche Kriegsgefangene nach Jugoslawien aus. Viele inhaftierte jugoslawische Staatsangehörige erklärten sich freiwillig zur Rückkehr bereit, weil sie auf Amnestien hofften. Sie hatten sich geirrt.

Wie urteilten die Gerichte über die Angehörigen der Handschar? Jugoslawische Gerichte akzeptierten das Narrativ von der Zwangsmobilisierung teilweise. Doch insbesondere Militärgerichte der Brigaden, die direkt gegen die Handschar-Division gekämpft hatten, urteilten hart.[268] Aber auch die zivilen Staatsanwälte wussten, dass Männer, die auf Majevica, in Čelić oder in Sremska Rača gekämpft hatten oder Mitglieder des 27. und 28. Regiments waren, in jedem Fall etwas zu berichten hatten. Es war sicherlich hilfreich, dass Veso Jovanović zum Sarajevoer Staatsanwalt ernannt wurde, der in der unmittelbaren Nachkriegszeit Militärrichter der 38. Sturmdivision war. Jovanović war Kommunist und bosnisch-herzegowinischer Patriot. Noch 1944 schrieb er in der Partisanenzeitschrift *Front slobode* einen leidenschaftlichen Text, ein Versprechen an Bosnien, in dem es hieß:

> Die besten unter uns werden dich umzingeln, um dich zu verteidigen und dich zu retten. Wir zerstören heute jeden künftigen Verrat. Verzeihe uns, unsere Mutter, weil sie deine alten, vereiterten Wunden aufgerissen und dich wieder verletzt hatten. Diejenigen, die uns von dir entreißen wollten, haben uns gelernt, wie wir uns hassen sollen. Viele Verführte unter uns hassten sich schrecklich, grenzenlos und blutig. [...] Fast hätten wir uns ausgerottet. [...] Während dieses Krieges verstanden wir, dass wir Brüder sind und wir uns gemeinsam zu retten haben.[269]

Die Personalsituation war bei der Staatsanwaltschaft jedoch nicht viel besser als bei der Landeskommission. Viele Mitarbeiterinnen und Mitarbeiter flohen beim Rückzug der deutschen Besatzer. Alle, die während des Kriegs eingestellt wurden, mussten einen Antrag auf Neuanstellung stellen und wurden überprüft.[270] Jakob Papo, der den Zweiten Weltkrieg als Kriegsgefangener überlebt hatte, erinnerte sich trotzdem an eine sehr positive Atmosphäre.

> Before long I met Veso Jovanović on the street. He asked me nothing, but escorted me to the Public Prosecutor's Office, where he worked. He arranged for me to take a job there. Everything went quickly. The workers accepted me as one of their own, sincerely, comradely. Most knew me from before the war. I was then accepted into the membership of the Communist Party of Yugoslavia and was

---

268   Siehe dazu auch Ferhadbegović, „Enemies of the People", 314.

269   Veso Jovanović, Bosni, *Front Slobode* vom 20.5.1944, 10.

270   Fedžad Forto, „Sarajevo 1945. Uspostava nove vlasti i stvaranje novog identiteta", in: Husnija Kamberović (Hg.), Identitet Bosne i Hercegovine kroz historiju, Bd. 2. (Sarajevo: Institut za istoriju 2011), 108.

selected to be a worker's representative. At the time I had not even graduated
from middle school, while my comrades were university graduates from Law
Faculty. [...] I remember the great enthusiasm in the work place and in work
activities. No one watched the clock or was concerned about taking breaks or
resting. No one called it temporary work. We accepted it as completely normal to
work as long as job required it.[271]

Und sie arbeiteten unermüdlich. Jede helfende und, wie im Falle vom lager-
überlebenden Juden Jakob Papo, vertrauenswürdige Hand war willkommen.
Denn Verdächtige gab es mehr als genug. Ihnen gegenüber standen perso-
nell dünn aufgestellte Staatsanwaltschaften und Gerichte, die jede Hilfe sei-
tens der Landeskommission dankend annahmen. Häufig wechselten die
Mitarbeiterinnen und Mitarbeiter: Anđelko Tvrtković war unmittelbar nach
Kriegsende zunächst als Richter am Gericht der nationalen Ehre Bosnien-
Herzegowinas tätig, dem Božo Cikota vorsaß.[272] Cikota wechselte später an
das Oberste Gericht Bosnien-Herzegowinas. Entsprechend waren auch viele
Anklagen und Urteile ähnlich gestaltet. Unübersehbar folgten sie bestimmten
Mustern. Die Strafvollstreckungsbehörden übernahmen dabei häufig die Vor-
arbeit der Landeskommission und integrierten sie in ihre Akten.

Wie bereits erwähnt, reichte für die Anklageerhebung nach Art. 3, Abs. 4 des
Gesetzes über die Straftaten gegen das Volk und den Staat die nachgewiesene
Zugehörigkeit zu den bewaffneten militärischen oder polizeilichen Formationen, die den Feind im gemeinsamen Kampf gegen das eigene Vaterland
unterstützt haben.[273] Um weitere Strafbestände zu erfüllen, konkret den Tatbestand des Kriegsverbrechens nach Art. 3, Abs. 3, war die Zugehörigkeit zu
bestimmten Untereinheiten der Handschar maßgeblich entscheidend, denn
selten konnte den einzelnen Beschuldigten ihre Beteiligung an einem konkreten Kriegsverbrechen nachgewiesen werden. Aber die Landeskommission
sah es als erwiesen an, dass das „albanische" Bataillon 1/28 Verbrechen in
Sremska Rača begangen hatte. Die Staatsanwaltschaften akzeptierten diese
Ermittlungen und gingen von der Prämisse aus, keine individuelle Schuld der
einzelnen Angehörigen des 1/28-Bataillons nachweisen zu müssen. Für die
Verurteilung reichte schon der Nachweis, dass sie sich zur Tatzeit am Tatort
befanden sowie der entsprechenden Einheit angehörten.

---

271   Jakob Papo, Ponovo u svom gradu, in: Miodrag Čanković (Hg.), Sarajevo u Socijalističkoj
      Jugoslaviji. Od oslobođenja do samoupravljanja (Sarajevo: Istorijski arhiv 1988), 45–48,
      Die englische Übersetzung nach Paul Benjamin Gordiejew, Voices of Yugoslav Jewry
      (Albany: State Univ. of New York Press 1999), 108f.
272   USHMM, AJ 110, RG-49.005M.0900.00000316, Roza Kovač.
273   Zakon o krivičnim delima protiv države i naroda, Službeni list 66 (1945), 1.

In der Anklage gegen Osman Ahmić, der Soldat des zweiten Bataillons des 27. Regiments war, hieß es, „aus dieser Aussage [des Angeklagten, SF] ist deutlich, dass er nicht nur an den Kampfhandlungen teilgenommen hat, sondern auch, dass er sich selbst an Untaten beteiligt hat, die seine Einheit in Srp. Trnava und um Srem. Rača begangen hat, was ohnehin notorisch bekannt ist. Demnach ist die Schuld des Angeklagten bewiesen sowie durch sein Geständnis als auch durch die Offenkundigkeit der Ereignisse."[274] Die Anklage wurde am 12. November 1946 von der Staatsanwaltschaft Sarajevo erhoben. Ahmić befand sich zu dieser Zeit bereits seit einem Monat in Untersuchungshaft. Die Staatsanwaltschaft nahm an, dass die Verbrechen der Handschar zu dieser Zeit bereits „notorisch" bekannt seien und keiner größeren Erklärung bedürften. Sie hörte auch keine Zeugen an. Das Urteil ist leider nicht erhalten – da sich Ahmić auf der Liste der Kriegsverbrecher befindet, ist anzunehmen, dass er, wie von der Staatsanwaltschaft gefordert, verurteilt wurde. Nach diesem Muster erfolgten zahlreiche Anklageerhebungen. In der Regel verteidigten sich die Angeklagten damit, dass sie selbst keine Verbrechen begangen hätten, sondern andere Soldaten ihrer Einheit.[275] Die Staatsanwaltschaft ihrerseits lehnte kategorisch diese Verteidigung ab und argumentierte wie folgt: „Der Angeklagte hätte in keinem Fall eine Ausnahme von seiner Einheit bilden können und somit nur der Betrachter von Verbrechen sein können, die seine Einheit begangen hat. Er musste in jedem Fall ebenfalls der direkte Vollstrecker der Verwüstungen, des Raubs, der Verhaftungen und Tötungen der unschuldigen Bevölkerung sein, in Orten, durch welche seine Einheit durchmarschiert ist."[276] Vor Gericht galt also keine Unschulds-, sondern eine Schuldvermutung, ein Grundsatz, der auch bei französischen Kriegsverbrecherprozessen Anwendung fand.[277] Wie bereits im Prozess Budak u.a. sowie im Prozess gegen die Ustascha-Generäle musste der Nachweis einer konkreten Tat nicht erbracht werden. Hauptsächlich der Common Design brachte den Nachweis einer Schuld an Kriegsverbrechen. An dieser Stelle wird deutlich, wie sehr die jugoslawischen Juristen internationalen Diskussionen und Entscheidungen folgten. Auch Jugoslawien übernahm das Ahndungssystem aus London und Nürnberg, das einen vereinfachten Zugriff auf potenzielle Angeklagte der diversen Hierarchien des Besatzungssystems und des Ustascha-Staats ermöglichte.[278] Die Staatsanwaltschaft begründete

---

274 USHMM, Fonds AJ 110, RG-49.005M.0899.00000035.

275 Siehe dazu die Anklagen und die Urteile im Falle Alija Avdić, USHMM, AJ 110, RG-49.005M.0899.00000064; Muharem Bajagilović, RG-49.005M.0899.00000082; Omer Bebanić, RG-49.005M.0899.00000132.

276 USHMM, AJ 110, RG-49.005M.0899.00000132, Omer Bebanić.

277 Mégret, The Bordeaux-Trial, 148–149.

278 Form / Fischer, Zur Rolle von Völkermord(en), 29.

ihre Anklage mit den Beweisen, die seitens der Landeskommission gesammelt und vorgetragen wurden.[279] Die Angeklagten galten als Soldaten der Handschar-Division als Teil einer „Auslöschungsmaschinerie", als Teil einer „zügellosen Horde" vor deren „bestialischem Zorn" nicht mal Säuglinge sicher waren.[280] Eine ähnliche Argumentation adaptierten auch deutsche Gerichte in NS-Verfahren nach dem Demjanjuk-Prozess, allerdings erst 2011 und nur in bestimmten Fällen.[281] Britische, amerikanische, französische und sowjetische Militärgerichte hatten die funktionelle Mittäterschaft von Anfang an geahndet.[282]

Für die Angeklagten war es fast unmöglich, ihre Unschuld zu beweisen. Keiner gab eine direkte Beteiligung an Massakern zu und keinem wurde geglaubt. Die Richterinnen und Richter konnten es nicht nachvollziehen, dass die angeklagten Männer Verbrechen „nur" beobachtet hatten. Sie glaubten den Angeklagten nicht, dass sie bei Verwüstungen, Mord, Raub danebenstanden und selbst nicht an Verbrechen teilgenommen hatten. In der Anklage gegen Omer Jukan heißt es:

> Demnach gibt der Angeklagte zu, sowohl an Kämpfen als auch an schrecklichen Massakern und Verbrechen, die seine Einheit verübt hat, teilgenommen zu haben. Aber er streitet ab, selbst jemanden getötet, deportiert oder ausgeraubt zu haben. Allerdings ist seine Verteidigung unhaltbar. Eine feindliche Gesinnung dem Volksbefreiungskampf gegenüber bewog den Angeklagten offenbar dazu, alle diesen Untaten auszuführen, die auch seine Kameraden in unterschiedlichen [militärischen] Einheiten ausgeführt haben.[283]

Den Gerichten erschien es unglaubwürdig, dass Angeklagte sich anders als Angehörige ihres Regiments verhalten haben sollten. Dabei verzichteten sie weitgehend auf Begründungen: Stets betonten sie, dass Mord, Folter, Raub und Geiseltötungen zur „Spezialität" von SS-Einheiten gehörten oder dass es offenkundig sei, welche Gewalt die SS-Handschar-Angehörigen in Čelić und Šekovići angewandt hätten. In diesem Falle sei es nicht nötig, „allgemein bekannte Tatsachen zu beweisen", hieß es in einer Begründung.[284] Wer Mitglied dieser SS-

---

279   USHMM, AJ 110, RG-49.005M.0899.00000142, Šerif Begić.

280   ABiH, Fonds ZKUZOP, Elaborat, Spiskovi zločinaca, kut. 6, 13. S.S. bosansko-hercegovačka divizija zvana „Handžar", 76.

281   Siehe dazu Lawrence Douglas, The Right Wrong Man. John Demjanjuk and the Last Great Nazi War Crimes Trial (Princeton: Princeton University Press 2016), 155.

282   Für einen Überblick siehe Form, Die Ahndung von Kriegs- und NS-Verbrechen, 12–27.

283   USHMM, AJ 110, RG-49.005M.0900.00000069.

284   USHMM, AJ 110, RG-49.005M.0900.00000152; USHMM, AJ 100, RG-49.005M.0900. 00000552.

Einheiten war, stand nicht nur automatisch unter Verdacht, sondern hatte sich nach Urteil der Gerichte schuldig gemacht.

Besondere Schwere der Schuld sahen die Staatsanwaltschaft und die Richter bei Angeklagten, die vor ihrem Eintritt in die Handschar-Division Mitglieder der Ustascha waren. Von 122 Angeklagten traf das auf mehr als die Hälfte zu: 65 kämpften vor ihrer Rekrutierung in die Handschar in unterschiedlichen Ustascha-Einheiten.

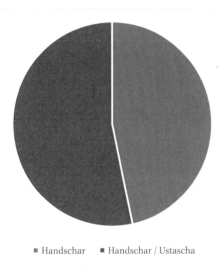

■ Handschar   ■ Handschar / Ustascha

Abbildung 9   Handschar nach Rekrutierung

Bei ihnen nahmen die Staatsanwaltschaft und die Richter an, dass sie Freiwillige waren. Zudem wertete die Staatsanwaltschaft diese Tatsache als Beweis für eine besondere Schwere ihrer Schuld. In einer Anklage hieß es: „... [E]s ist offenkundig, dass an der Begehung von Verbrechen, welche die SS-Handschar-Division verübt hatte, alle Angehörigen dieser berüchtigten deutschen militärischen Formation teilgenommen haben, da sich in deren Reihen die größten Verbrecher und Ausgeburten unseres Volks versammelt hatten, die in den meisten Fällen bereits als Ustascha genug Erfahrung im Begehen von Verbrechen hatten."[285]

Die Tatsache, dass sich unter den Angeklagten viele befanden, die von den Ustascha zur Handschar wechselten, sowie dass viele unter ihnen mit ihren Einheiten in Gebieten eingesetzt waren, wo zahlreiche Massenverbrechen an

285   USHMM, AJ 110, RG-49.005M.0901.00000207, Omer Rikalo.

Serben begangen wurden, werteten sowohl die Staatsanwaltschaft als auch die Richter ebenfalls als einen Beweis für die Schwere ihrer Schuld. Interessant ist, dass bei den ehemaligen Ustascha-Angehörigen die Anzahl derer, die sich national als Kroaten definierten, viel höher war als bei den Angehörigen der Handschar, die direkt in die SS-Division rekrutiert wurden.[286]

Die mehrfach verkündete Amnestie galt für die Handschar nicht, da die Angeklagten Angehörige deutscher militärischen Einheiten waren. Daher erhielten ehemalige, häufig auch zwangsmobilisierte Handschar-Soldaten in der Regel zwei Jahre Haft, wenn sie keine Mitglieder der als „eindeutig verbrecherisch" definierten Bataillone 1/27 und 1/28 waren. Angehörige dieser Einheiten, die an Kämpfen in Sremska Rača, Zabrđe und Šekovići beteiligt waren, mussten mit weiteren zwei Jahren für die Beihilfe zum Mord und für Plünderungen rechnen.[287] Strengere Strafen bekamen Freiwillige und Imame: mindestens vier Jahre Haft. In der Regel luden die Staatsanwälte bei Handschar-Verhandlungen keine Zeuginnen und Zeugen vor, anders als in anderen Kriegsverbrecherprozessen, außer ihnen konnte ein konkreter Mord oder ein anderer konkreter Tatbestand aus dem Art. 3 über die Kriegsverbrechen vorgeworfen werden.[288] Allerdings hatten Richterinnen und Richter breite Auslegungsmöglichkeiten der betreffenden Artikel. In einigen Fällen sprachen Richterinnen und Richter Angeklagte frei, weil nicht nachweisbar war, dass sie sich freiwillig gemeldet hatten. Nach ihrer Auslegung des Gesetzes gegen das Volk und den Staat bildete das Element der Freiwilligkeit die Grundlage für eine Schuldfähigkeit der Angeklagten.[289]

In zahlreichen Prozessen vor Bezirks- und Gemeindegerichten rechneten die Richter zwar mit der Handschar-Division ab.[290] Aber in ihren Urteilsverkündungen wurden die einheimischen Soldaten der Handschar-Division selten als „blutrünstige Verbrecher" charakterisiert, sondern als fehlgeleitete, „verführte" Helfer der Besatzer, die, wenn sie ihre Fehler zugaben und Buße taten, mit Milde rechnen durften. Vielleicht erkannten die Richter, dass viele Rekrutierte Flüchtlinge aus Ostbosnien waren, die selbst Gewalt erfahren hatten. Von 122 Angeklagten kamen 55 aus Ostbosnien aus Bezirken, die stark unter ethnisch motivierter Gewalt an Muslimen litten wie Foča, Višegrad und

---

286 21 von 55 Muslimen, die vor der Handschar Ustascha waren, definierten sich als Kroaten, während das Gleiche für 16 von 67 Handschar-Angehörigen galt, die direkt zur Handschar gingen.

287 ABiH, Fonds ZKUZOP, Okružni sud Sarajevo, Presude, Kutija 8, Urteile Ahmet Mujezinović, Muharem Vukdalić, Hamza Rašid.

288 USHMM, AJ 110, RG-49.005M.0900.00000897, Salko Odobašić.

289 USHMM, AJ 110, RG-49.005M.0900.00000942, Jura Pavlić-Lovrenović.

290 Siehe dazu USHMM, AJ 110, RG-49.005M.089 bis RG-49.005M.902.

Rogatica. Abgesehen von den ehemaligen Ustascha ließen die Richter auch keine Milde zu, falls die Angeklagten mit ihren Einheiten in Šekovići gekämpft hatten. Sehr schnell übernahm die Verteidigung das Vokabular der Staatsanwaltschaft und der Gerichte und die Angeklagten behaupteten, sie seien von der feindlichen Propaganda „verführt" worden.[291] Bei älteren Angeklagten ließ die Staatsanwaltschaft diese Argumentation nicht gelten.[292]

3.3.3   Die „Verführer"

Die Verfahren gegen die bosnischen Soldaten der Handschar-Division unterschieden sich stark von Prozessen gegen die deutsche Divisionsführung. Während die Anklagen gegen jugoslawische Staatsbürger vor zivilen Gerichten verhandelt wurden, fand der Prozess gegen Franjo Matheis und vier weitere deutsche Offiziere vor dem Divisionsmilitärgericht in Sarajevo statt.[293] Matheis besaß als Oberst den höchsten Rang. Willi Hempel wurde als Sturmbannführer, Hugo Jessen als Obersturmführer, Heinrich Jungnickel und Fritz Mietzner als Feldwebel bezeichnet. An zwei Tagen, dem 5. und 7. Juli 1946, verhandelten die Militärrichter unter Vorsitz von Šefkija Hadžiomerović die Anklage des Militärstaatsanwalts Dr. Milan Huzjak, die nach dem Common-Design-Prinzip aufgebaut war. Die Angeklagten wurden nach Art. 3, § 3 als verantwortliche Offiziere und Unteroffiziere der Handschar-Division wegen Verbrechen gegen die Menschlichkeit wie „Massenausrottung der zivilen Bevölkerung, der Frauen, Kinder und Alten, Mord an inhaftierten Partisanen und Verwundeten, Verwüstung ganzer Dörfer, Raub am Eigentum des Volks, Zwangsmobilisation der einheimischen Bevölkerung und ähnlich"[294] verurteilt, und zwar Matheis zur Todesstrafe, Jessen zu 17, Hempel und Jungnickel zu 15 und Mietzner zu fünf Jahren Haft. Konkret verurteilte das Militärgericht Matheis wegen folgender Tatbestände: freiwilliger Eintritt in die Handschar-Division als jugoslawischer Staatsbürger, Zwangsmobilisierung von einheimischen Zivilisten in die Handschar-Division, Repressionen gegen die Zivilbevölkerung und die Partisanen, Propaganda für den Eintritt in die Handschar-Division. Willi Hempel wurde konkret vorgeworfen, er habe die Plünderungen im Dorf Jemena (Syrmien) im März 1944 organisiert, das komplett verwüstet wurde. Die Handschar-Division habe den Weizen beschlagnahmt und die Dorfbewohner größtenteils

---

291   USHMM, AJ 110, RG-49.005M.0900.00000886, Latif Omerašević.
292   USHMM, AJ 110, RG-49.005M.0900.00000886, Latif Omerašević.
293   USHMM; AJ 110, RG-49.005M.0901.00001033 bis USHMM; AJ110, RG-49.005M.0901.00001040. Alle weiteren Zitate des Urteils sind diesen Quellen entnommen.
294   USHMM; AJ110, RG-49.005M.0901.00001033.

ermordet, so die Urteilsbegründung. Gesonderte Erklärungen zum Urteil von Jungnickl, Jessen, Miezner verfasste das Militärgericht nicht.

Die Urteilsbegründung gab unterschiedliche, bereits in anderen Gerichtsurteilen bzw. in Berichten der Landeskommission formulierte Informationen über den historischen Hintergrund für die Entstehung der Handschar-Division wieder. Während Urteile gegen bosnisch-herzegowinische Soldaten relativ kurz gefasst waren, bot die Urteilsbegründung von Matheis u.a. eine ausführliche Erklärung für die Gründung und das Wirken der Handschar-Division. Danach verfolgte sie zwei Hauptziele – die Zerschlagung der Partisanenarmee in Bosnien-Herzegowina sowie die Vorbereitung einer Abspaltung Bosnien-Herzegowinas vom Unabhängigen Staat Kroatien. Die Urteilsbegründung bewertete eine angestrebte Autonomie Bosniens aus außenpolitischer Perspektive als reines Propagandamittel zur Beeinflussung von Muslimen aus dem Mittleren Osten. In diesen Zusammenhang war auch das Engagement des Großmuftis von Jerusalem El-Husseini eingeordnet. Viele Studien über das Verhältnis vom Nationalsozialismus zum Islam sehen das ähnlich und bewerten die Gründung der Handschar-Division aus dieser Perspektive.[295]

Die Urteilsbegründung folgte dem Muster anderer Urteile, die interne jugoslawische respektive bosnischen Entwicklungen ausblendeten und jugoslawische Regionen als Manipulationsmasse der Besatzer darstellten. In seinem aktuellen Buch betonte Xavier Bougarel, dass El-Husseini sicher eine große Rolle gespielt habe, die Entscheidung über die Gründung einer von bosnisch-herzegowinischen Freiwilligen bemannten SS-Division jedoch in den breiteren Kontext der Bewaffnung von muslimischen Milizen zu stellen sei.[296] Darüber findet sich in der Urteilsbegründung nichts. Erkennbar ist jedoch die Struktur des „Verführten-Narrativs": Die Verantwortung für die Verbrechen der Division lag begründet in der verbrecherisch-militärischen Ausbildung durch die SS-Offiziere sowie in der „religiös-chauvinistischen" Umerziehung der Kader durch die jungen Imame. Die jungen Imame hätten die Einheiten, denen sie zugeordnet waren, zusätzlich fanatisiert. Die Urteilsbegründung zitierte an einigen Stellen den Bericht über die Handschar-Division, ohne explizit darauf Bezug zu nehmen. Konkret hieß es: „Vergiftet mit Hass und religiös fanatisiert, mit Messern zum Abschlachten versorgt, zeigt sich in diesen Soldaten am besten, in welchem Geiste sie erzogen und mit welchen Aufgaben und Absichten sie nach Jugoslawien geschickt worden

---

295   Peter Longerich, Heinrich Himmler. Biographie (München: Siedler 2008), 695–697. Für einen Überblick über Studien zu Husseini siehe David Motadel, Islam and Nazi Germany's War (Cambridge; Harvard University Press 2017), 5.

296   Bougarel, La Division Handschar, 57.

sind."[297] Das vom Bericht der Landeskommission entworfene Bild der fanatischen, religiös angestachelten Krieger wird im Urteil juristisch validiert – die Handschar-Division als eine verbrecherische militärische Einheit gegeißelt, die gegen „friedliche Zivilbevölkerung" beispiellose Verbrechen und Bestialitäten begangen habe. Massenmord, Vergewaltigungen und Raub, so das Urteil, standen an der Tagesordnung. Dabei bezog sich das Gericht konkret auf den Bericht der Kommission und betonte, dass dieser zwar ausführlich sei, aber für viele Verbrechen keine Zeugen hätten gefunden werden können, weil ganze Siedlungen und ganze Familien ausgerottet worden waren. Auch in diesem Urteil dominierten als Erklärung für die Verbrechen die Narrative von „importierter Gewalt"[298] sowie „bestialischer Gewalt"[299]. Die Soldaten, im fanatisch-germanischen SS-Geist erzogen, so das Urteil, ereiferten sich im Erfinden ganz bestialischer Verbrechen, töteten häufig mit bloßen Händen und mit Messern. Gefangene seien bestialisch gefoltert und ermordet worden. „Bestien" verhielten sich bestialisch, suggerierte dieses Urteil und erklärte die Verbrechen mit der Unmenschlichkeit der nationalsozialistischen Ideologie, die Menschen in Monster verwandelte. Diese Vorstellung war eng mit der Vorstellung von Nationalsozialisten als Vampire verknüpft und gehörte ebenfalls zur Entschuldungsstrategie von Mittätern. Sie suggerierte erneut, unmenschliche Wesen hätten „normale Menschen" manipuliert, sie in blutrünstige Vampire verwandelt, sie gegen ihren Willen zu Tätern gemacht.

Als eine weitere Erklärung, warum die Menschen in der Lage gewesen seien, die genannten Verbrechen zu begehen, nannte das Urteil wie im Falle vom Jasenovac-Prozess den Alkohol. Alle Angeklagten beriefen sich darauf, nur Befehle befolgt und damit ihrer soldatischen Plicht gefolgt zu haben. Damit unterschied sich ihre Verteidigungsstrategie nicht von der Verteidigung anderer NS-Angeklagten in anderen Prozessen.[300] Sowohl beim Hauptkriegsverbrecherprozess als auch bei den nachfolgenden Nürnberger Prozessen, bei Prozessen vor anderen alliierten Militärtribunalen oder Gerichten argumentierten die Angeklagten fast einstimmig, sie hätten nur ihre soldatische Pflicht erfüllt. Sie betonten übereinstimmend, an keinen Verbrechen teilgenommen zu haben. Sie behaupteten, keine Verbrechen gesehen zu haben. Sie behaupteten, sie hätten sich an alle Regeln der Haager Landkriegsverordnung gehalten. Die Richter glaubten ihnen nicht. Als Beweis zitierten sie den Bericht der Landeskommission und machten deren Ergebnisse zur Grundlage

---

297 USHMM, AJ110, RG-49.005M.0901.00001035.
298 Korb, Im Schatten des Weltkriegs.
299 Wie im zweiten Kapitel bereits am Beispiel von Jasenovac erläutert.
300 Hirsch, Soviet Judgment, 126.

ihrer Entscheidung. Sie betonten, die rechtswidrige Behandlung von Kriegs-gefangenen und von Zivilisten verstieße eindeutig gegen die internationalen Regeln zur Kriegsführung und sei ein Beweis der radikalen deutschen Politik der „Ausrottung unseres Volks."[301] Die Richter bewerteten die deutsche Kriegs-führung als illegal und argumentierten, die Handschar-Division sei als an der deutschen militärischen Besatzung beteiligte militärische Einheit ebenfalls Teil dieser illegalen Kriegsführung gewesen, was nach Meinung des Gerichts die Akten der Landeskommission eindeutig bewiesen. Als Offiziere und leiten-des Personal trugen die Angeklagten daher die Verantwortung für die illegale Art der Kriegsführung.

3.3.4   *Das Oberste Gericht*

Akten belegen eindeutig, dass jugoslawische Gerichte ein klares Bild von den Kriegsverbrechen hatten, die während des Zweiten Weltkriegs und während des jugoslawischen Bürgerkriegs passiert waren. Die Staatsanwälte und Rich-ter fanden häufig auch klare Worte, um diese Verbrechen einzuordnen. Wie bereits erwähnt, sprachen sie in Anklageschriften und in Urteilen bei Kriegsver-brechen, die sich gegen jüdische und serbische Jugoslawen richteten, eindeutig von institutionell motivierter rassistischer Gewalt gegen die „unerwünschten", „untragbaren und schädlichen Personen", wie sie vom Ustascha-Regime bezeichnet worden waren.[302] Sie sprachen von Tätern, die „ungeschützte" Mitbürger bedrohten, ausraubten, mordeten, weil das Regime sie für vogel-frei erklärt hatte.[303] Die Angeklagten raubten, mordeten, vergewaltigten, weil sie wussten, dass sie es konnten, betonte die Staatsanwaltschaft von Sarajevo häufig genug in ihren Anklageschriften. Sie raubten, mordeten, vergewaltigten, weil sie davon ausgegangen waren, dass dieses verbrecherische Handeln im Ustascha-Regime für sie keine Konsequenzen nach sich ziehen würde. Dass der jugoslawische Staat ihnen einen Prozess machte, sie vors Gericht brachte, das war nicht nur ein Zeichen später Gerechtigkeit. Das war auch ein Akt der Genugtuung für die Opfer und die Überlebenden, aber von den neuen

---

301   USHMM, AJ110, RG-49.005M.0899.00001039.

302   Filip Šiljan hat in seiner Arbeit detailliert nachgezeichnet, wie der Prozess der Aus-siedlung von Serben im USK organisiert war. Filip Šiljan, Organizirana prisilna iseljavanja Srba iz NDH (Zagreb: Srpsko narodno vijeće 2014); Rory Yeomans spricht von „undesired Elements" in seinem Artikel über ethnonationale Konzepte des Ustascha-Regimes und dessen Verbrechen an Serben, Juden und Roma in: Rory Yeomans, Eradicting „Undesi-red Elements". National Regeneration and the Ustasha Regime's Program to Purify the Nation, 1941–1945, in: Anton Weiss-Wendt / Rory Yeomans (Hg.), Racial Science in Hitler's New Europe, 1938–1945 (Lincoln: University of Nebraska Press 2013), 200–236.

303   USHMM, AJ 110, RG-49.005M.0899.00000646, Hilmo Frljak.

Machthabern auch als ein deutliches Zeichen der Zivilisiertheit und Menschlichkeit des neuen jugoslawischen Staats interpretiert worden. Eine ähnliche Argumentation setzte sich auch in anderen alliierten Staaten durch. Der amerikanische Chefankläger Robert Jackson zitierte die Martens'sche Klausel in seinem Brief an den Präsidenten Truman, den er über den Fortschritt seiner Bemühungen zur Organisation eines internationalen Tribunals zur Bestrafung von NS-Verbrechen informierte. Er betonte, die definierten rechtlichen Normen seien „the principles of the law of nations, as they result from the usages established among civilized peoples, from the laws of humanity, and the dictates of the public conscience".[304] Die juristische Bestrafung von Kriegsverbrechern war nach dem Selbstverständnis jugoslawischer Kommunisten ein wichtiger Beweis dafür, dass das Land zu den „zivilisierten" Staaten gehört.

Das Gesetz gegen Volk und Staat gab den Verurteilten das Recht, ihrem Urteil bei einer höheren Instanz zu widersprechen. Im Falle Bosnien-Herzegowinas gingen die Beschwerden an das Oberste Gericht. Ab Winter 1945 war deren Vorsitzender Božo Cikota, ein Jurist und Vorkriegskommunist aus Prijedor. Seit Juli 1944 war Cikota Vorsitzender der Bezirkskommission zur Feststellung von Kriegsverbrechen im westlichen Bosnien.[305] Einen persönlichen Grund, sich für die Bestrafung von Kriegsverbrechern einzusetzen, hatte er auch: Cikotas Ehefrau Mira, ebenfalls studierte Juristin und wie er auch eine Wien-Schülerin, wurde 1942 von den Ustascha verhaftet, gefoltert und in Prijedor öffentlich gehängt.[306] Svetozar Vlah war ein weiterer Jurist aus Krajina und sogar ehemaliger k. u. k. Richter, der ab 1945 ebenfalls am Obersten Gericht arbeitete.[307] Das galt auch für Avdija Glavović, der im Königreich Jugoslawien als Staatsanwalt tätig war.[308] Ein bekannter Name tauchte gleich zur Beginn der Tätigkeit des Obersten Gerichts Bosnien-Herzegowinas auf: Dr. Vladimir Jokanović, der zusammen mit Nedeljković die Staatliche Kommission aufbaute, übernahm in Sarajevo ab Herbst einen Richtersitz.[309] Ebenfalls als Richter am Obersten Gericht war auch der erste Vorsitzende der Jüdischen Gemeinde in Sarajevo

---

304 Zitiert nach: Letter from Robert Jackson to Harry S. Truman, June 6, 1945, https://www.trumanlibrary.gov/library/research-files/letter-robert-jackson-harry-s-truman?documentid=2&pagenumber=6 (überprüft am 2.2.2022).

305 Redžić, ZAVNOBiH, Dokumenti 1943–1944, 305.

306 Dragoje Lukić, Rat i djeca Kozare (Beograd: Narodna knjiga 1984), 102–107.

307 Bosnien und Hercegovina: 3. Bezirksgerichte, in: *Hof- und Staats-Handbuch der Österreichisch-Ungarischen Monarchie* für das Jahr 1918, 1363.

308 Smail-aga Ćemalović, Die Moslems im Königreich Jugoslawien, *Moslimische Revue* 11 (1935) 1–2, 8.

309 USHMM, AJ119, 49.005M.0901.00000844; Kamarić, Dr. Vlado Jokanović, 6.

und ein Jugendfreund Ivo Andrić, Dr. Avram Baruh.[310] Baruh überlebte den
Zweiten Weltkrieg nur, weil sein Freund und Kollege Svetozar Vlah ihn in seiner Wohnung für die gesamte Zeit der Besatzung versteckte. Als Sekretär des
Obersten Gerichts arbeitete Dr. Rade Knežić, ein Kommunist, der sich früh
am Widerstand beteiligte.[311] Zusammen mit Dr. Ante Ramljak verhandelten
sie zahlreiche Einsprüche verurteilter Kriegsverbrecher – am häufigsten bei
Todesstrafen, aber auch bei anderen Urteilen.

So minderten sie die Strafe von Jure Grbavac, der als Ustascha wegen Kriegsverbrechen angeklagt und verurteilt wurde, weil sie einen Tatbestand anders
bewerteten.[312] Der Angeklagte hatte einen Auszubildenden geprügelt und ihm
dabei die Zähne ausgeschlagen. Während die erste Instanz dieses Vergehen als
Kriegsverbrechen einordnete, argumentierte das Oberste Gericht anders und
stufte den Vorfall als eine einfache Körperverletzung ein.

Häufig wandte das Oberste Gericht ebenfalls den Erlass über die Militärgerichte an, weil er geringere Strafen vorsah, und wandelte Urteile entsprechend um.[313] In der Regel bestätigte das Oberste Gericht die Urteile
untergeordneter Gerichte und akzeptierte Widersprüche nur hinsichtlich
der Strafbemessung. So wurde die Todesstrafe, zu der das Kreisgericht Elvira
Knežević wegen Spionage sowie ihrer Zugehörigkeit zur Ustascha-Polizei verurteilt hatte, in eine 20-jährige Haftstrafe umgewandelt. Das Oberste Gericht
argumentierte, dass die untergeordnete Instanz nicht begründet hatte, worin
die besondere Schwere der Schuld von Knežević bestand. Da für das Oberste
Gericht aus Zeugenaussagen und Beweisen die Schuld der Angeklagten eindeutig festgestellt wurde, berücksichtigten die Richter ihr Schuldeingeständ-
nis. In einigen Fällen jedoch kassierte das Oberste Gericht die Urteile des
Kreisgerichts, insbesondere wenn Urteile auf Grundlage der Indizien gefällt
wurden. Beim Prozess gegen Ante Malenica sah es das Kreisgericht Sarajevo
als erwiesen an, dass der Angeklagte als Angehöriger einer Ustascha-Einheit
beim Angriff auf ein serbisches Dorf zwei Kinder aus einem brennenden Haus

310   USHMM, AJ110, RG-49.005M.0901.00000906, Stjepan Vrdoljak Čakić; Samuel Kamhi,
      Svijetli likovi, in: *Jevrejski almanah* 1959/1960, 165–167, hier nach http://www.jevrejska-
      digitalnabiblioteka.rs/bitstream/handle/123456789/438/jal0415kamhisvijetli%20.pdf?se-
      quence=1&isAllowed=y (überprüft am 9.6.2020).
311   Nedim Šarac, Uslovi i pravci razvoja narodnooslobodilačkog pokreta u Sarajevu od
      novembra 1943. do aprila 1945. godine, in: Albahari, Sarajevo u revoluciji, Bd. 4, 34. Nach
      Kriegsende leitete er die Abteilung für Inneres im Volksrat der Gemeinde Sarajevo, Forto,
      Sarajevo 1945, 106.
312   USHMM, AJ 110, RG-49.005M.0899.00000682, Jure Grbavac.
313   USHMM, AJ 110, RG-49.005M.0900.00000197, Stjepan Katalinić; USHMM, AJ 110, RG-
      49.005M.0900.00000587, Avgust Martinčević.

geholt und mit dem Bajonett getötet hatte.[314] Die Beweise kamen jedoch aus zweiter Hand und der Angeklagte selbst verneinte die ihm vorgeworfene Tat. Er gab aber an, am Angriff gegen das genannte Dorf teilgenommen und die Kinder aus dem Haus gerettet zu haben. Anschließend seien sie jedoch von anderen Mitgliedern seiner Einheit getötet worden. Das Kreisgericht argumentierte, dass es irrelevant sei, ob der Angeklagte selbst die Kinder getötet hatte oder nicht, und verurteilte Malenica zur Todesstrafe. Das Oberste Gericht kassierte diese Auslegung des Gesetzes über die Strafen gegen das Volk und den Staat und betonte, dass die Evidenz zweiter Hand („evidence second hand") in diesem Fall unzulässig sei. Der Angeklagte könne nur wegen seiner Mitgliedschaft in einer Einheit verurteilt werden, die Massaker und Raub verübt hatte. Da ihm selbst der Mord nicht zweifelsfrei nachgewiesen werden konnte, akzeptierte das Oberste Gericht seinen Widerspruch und verurteilte ihn wegen nachgewiesener Kriegsverbrechen zu 18 Jahren Haft.

In einigen Fällen legte auch die Staatsanwaltschaft Widerspruch gegen die Entscheidungen der Gerichte ein. In der Regel ging es dabei um geringe Strafen. Das Oberste Gericht lehnte die Widersprüche jedoch meistens ab – selbst im Jahr 1945, in dem die strengeren Urteile häufiger waren.[315]

3.3.5 *Regionale Kriegsverbrecherprozesse in den Medien*

Die Berichterstattung über die „kleinen" Kriegsverbrecherprozesse hielt sich in Grenzen. Die ersten Artikel über die Bestrafung von Kriegsverbrechern wurden während des Kriegs in der neu gegründeten Zeitschrift der bosnisch-herzegowinischen Partisanen *Oslobođenje* (die Befreiung) veröffentlicht.[316] Die Redaktion setzte sich zusammen aus professionellen Journalisten wie Vilko Vinterhalter, Schriftstellern wie Branko Ćopić und Hamza Humo und häufig Partnerinnen hochrangiger Kommunisten und Partisanen wie Mauricette Begić, Zora Pucar oder Ema Rodić.[317] Häufige Gastautoren waren hochrangige Mitglieder der Kommunistischen Partei wie Rodoljub Čolaković oder Uglješa Danilović. In der Regel erläuterten die Autoren während des Kriegs in ihren Texten die generelle Haltung der Volksbefreiungsarmee zum Umgang mit Kriegsverbrechen, die während des Kriegs allerdings in nur sechs von 868 Artikeln überhaupt thematisiert wurden.[318] Es ist leider nicht klar, wer den

---

314 USHMM, AJ 110, RG-49.005M.0900.00000554, Ante Malenica. Alle weiteren Zitate des Urteils sind dieser Quelle entnommen.
315 USHMM, AJ 110, RG-49.005M.0900.00000448, Petar Kvasina.
316 Hoare, The Bosnian Muslims, 136.
317 Budimir Miličić, List „Oslobođenje" kao istorijski izvor, *Prilozi* 23 (1968) 4, 348.
318 Miličić, List „Oslobođenje", 349–350.

ersten Beitrag zum Umgang mit Kriegsverbrechern schrieb: einer der führenden bosnisch-herzegowinischen Kommunisten Hasan Brkić oder Bogomir
Brajković, der die Rechtsabteilung bei ZAVNOBiH leitete. Leider sind viele Artikel in den ersten Ausgaben von *Oslobodenje* mit Abkürzungen versehen, sodass
wir nicht sicher sein können, wer die Autorin oder der Autor war. Brajkovićs
Kürzel war in der Regel „B.B." und zusammen mit Ešref Badnjević „E.B." veröffentlichte er einige Artikel über den Justizaufbau. Da sich der erste Artikel
stark am internen Dokument ZAVNOBiHs zu den Richtlinien an die Landeskommission zur Feststellung von Verbrechen orientierte, ist wahrscheinlicher,
dass Brkić in diesen zwei Texten die Politik der Kommunistischen Partei zum
Umgang mit Kriegsverbrechen erläutert hatte.[319] Unter dem bezeichnenden
Titel „Die Verbrecher werden sich nicht vor Verantwortung drücken [Zločinci
neće umaći odgovornosti]" fasste er die Grundlagen dieser Politik zusammen:
Die Schuldigen werden juristisch bestraft und die Partisanen beachten bei
der Bestrafung internationale Regeln und richten ihr Handeln nach Vereinbarungen der Alliierten.[320] Die Beschlüsse der Moskauer-Konferenz dienten
Brkić als Bezugspunkt, um auf die Legitimität der Partisanengesetze zu verweisen. Dabei knüpfte er an das bereits unter den Alliierten zirkulierte Narrativ an, dass die Bestrafung der Verbrecher eine Frage der Gerechtigkeit und
der Humanität sei sowie der einzige Weg, einen zukünftigen Weltfrieden zu
garantieren.[321] Indem sie ihren Umgang mit Kriegsverbrechern in den internationalen Kontext stellten, betonten die jugoslawischen Kommunisten, dass
sie sich als Teil einer internationalen Gemeinschaft sahen. Sie betonten ihren
Anspruch darauf, die Nachkriegszeit als Akteure auf der internationalen Bühne
zu gestalten. Gleichzeitig signalisierten sie der jugoslawischen Bevölkerung,
dass sie die Durchsetzung von Recht und Ordnung nach internationalen Normen garantierten.

Brkić begründete den juristischen Umgang mit Kriegsverbrechern nicht nur
mit internationalen Entwicklungen. Er blieb der revolutionären Diktion treu,
die bereits Veröffentlichungen der Staatlichen Kommission kennzeichnete:
Kriegsverbrecher bezeichnete er als „Abschaum", der nach dem letzten Krieg
unbestraft geblieben sei und jetzt ausgerottet gehöre, sowie als „Schlächter".[322]

---

319   Projekt upitstava Zemaljske komisije ZAVNOBiH-a, za utvrđivanje zločina okupatora I
      njegovih pomagača, o radu organa komisije, organizaciji službe pri NOO I načinu priku-
      pljanja podataka I dokaznog materijala, in: Redžić, ZAVNOBiH, Dokumenti 1943–1944,
      300.

320   B(rkić, Hasan), Zločinci neće umaći odgovornosti, *Oslobodenje* vom 11.8.1944, Nr. 10, 4. Alle
      folgenden Zitate Brkićs sind diesem Artikel entnommen.

321   Hirsh, Soviets at Nuremberg, etc.

322   Brkić, Zločinci, 4.

Sein Argument war, dass die Besatzer und ihre Helfer, die „Verräter", nicht nur
Kriegsverbrechen begangen hätten. Seiner Meinung nach hatten sie sich an
„unserem Volk versündigt". Deswegen laste auf den Überlebenden eine große
moralische Bürde, denn der Respekt vor Opfern verlange, dass alle Schuldigen
bestraft würden. Diese mit religiösen Metaphern stark aufgeladene Sprache
und häufige Verwendung von Begriffen wie „Sünde" und „Sühne" standen aus
heutiger Perspektive im Widerspruch zur Aufforderung nach einer rechtlichen
und damit sachlichen Aufarbeitung von Verbrechen. In einem fast durchgehend bäuerlichen, vom Volksglauben geprägten Land kann die kommunistische Kommunikation als Methode gedeutet werden, die eigene Agenda
sprachlich an die dominanten moralischen Vorstellungen anzupassen, die sich
an lokalen religiösen Normen orientierten. Es blieb auch nicht nur bei Worten:
So sahen die Väter der späteren bosnisch-herzegowinischen Volksgerichte (nur
Männer waren in der Justizabteilung ZAVNOBiHs tätig) zwei Eidesformeln
vor: mit religiöser Beteuerung und ohne.[323]

In einem weiteren Artikel, der kurz vor der Befreiung Belgrads veröffentlicht
wurde, war Brkić expliziter.[324] Die Kriegsverbrecher würden gnadenlos und
grausam bestraft, betonte er, schließlich seien die Herzen der Partisanen mit
Hass und Verachtung erfüllt, da sie gegen einen Feind gekämpft hätten, der sie
auszurotten vermochte. Er zeigte sich gar verärgert, dass aus bestimmten Kreisen der Alliierten Kriegsverbrecher in Schutz genommen wurden. Namentlich
nannte er Lord Perth, der besser bekannt ist als Sir Eric Drummond, der in
der Zwischenkriegszeit Generalsekretär des Völkerbundes war.[325] Drummond
hatte der sowjetischen *Pravda* ein Interview über den liberalen Vorschlag zum
Umgang mit Deutschland nach dem Zweiten Weltkrieg gegeben. Pravdas Kommentar fiel vernichtend aus: „If those who perished in German furnaces could
have known how indulgently the Liberal lord looks upon the ‚German spirit' of
the young German beasts they would have cursed this advocate of executio-
ners and torturers."[326] *Oslobođenje* trat nach. Lord Perth wage es, die Schuldigen in Schutz zu nehmen, die für die schlimmsten Verbrechen verantwortlich
seien. Jugoslawien appelliere nicht nur an seine slawischen Bruderstaaten,
sondern auch an das moralische Gewissen der fortschrittlichen Menschheit,

323   Bogomir Brajković, Djelatnost ZAVNOBiH-a u oblasti pravosuđa, *Prilozi* 4 (1968), 355.

324   B(rkić, Hasan), Pravda mora biti u cjelosti zadovoljena, *Oslobođenje* vom 17.10.1944, Nr. 14,
        6. Alle folgenden Zitate Brkićs sind diesem Artikel entnommen.

325   Über Drummond siehe David Macfadyen u.a., (Hg.), Eric Drummond and his lega-
        cies. The League of Nations and the beginnings of global governance (Cham: Palgrave
        Macmillan 2019).

326   Germany's future. „Pravda" View of liberal Proposals, *The Mancherster Guardian* vom
        14.8.1944, 5.

das Handeln von Perth mit Verachten zu strafen. Hier zeigten sich auch an der Peripherie die Risse im ohnehin angespannten Band der Alliierten. Die Frage nach Bestrafung von Kriegsverbrechern war, wie Francine Hirsch mehrfach betonte, viel mehr als eine moralische oder nur juristische Frage.[327] Es ging dabei um die Neuordnung der Welt nach dem Krieg, es ging um die Reparationen, es ging um die Durchsetzung nationaler Interessen. In diesem Artikel bezog sich Brkić nicht auf die Moskauer Deklaration. Er verwies auf das „jugoslawische Volk" und seine Opfer, als er forderte, dass die Verbrecher bestraft und die Schäden beglichen werden müssten. Dabei berief er sich auf das Prinzip der Reziprozität und offenbarte erneut ein Verständnis von retributiver Gerechtigkeit, das sich stark an alttestamentlichen Vorbildern orientierte. Wer sich jugoslawischem „Volk" gegenüber unbarmherzig gezeigt hatte, solle keine Barmherzigkeit erwarten. Abgeschlossen wurde der Text mit einer Warnung: Alle, die sich direkt oder indirekt an Verbrechen beteiligt haben, werden vor das Volksgericht kommen und das gleiche Schicksal erleiden wie die Verbrecher aus Banja Luka. Wer war damit gemeint? Und was ist mit ihnen passiert?

Am 4. November 1944 berichtete *Oslobođenje* das erste Mal über einen Kriegsverbrecherprozess, der in Sanski Most stattgefunden hatte.[328] Diese kleine bosnische Stadt wurde bereits im Oktober 1943 befreit und dort fand vom 30. Juni bis zum 2. Juli 1944 die zweite Sitzung des ZAVNOBiHs statt. Bereits nach Titos Amnestieverkündung vom 15. September 1944 sowie seinem Angebot an die gegnerischen militärischen Einheiten, ihre Waffen abzulegen bzw. zu den Partisanen zu wechseln, hatten die Einheiten der Volksbefreiungsarmee unter Inhaftierten nach vermeintlichen Kriegsverbrechern gefahndet.[329] Bei den Kämpfen um Banja Luka nahmen die Partisanen des 5. Korps unter Slavko Rodić zahlreiche Soldaten und Offiziere der Wehrmacht sowie Ustascha fest, unter ihnen den Generalmajor Karl von Dewitz-Krebs.[330] Für von Dewitz

---

327 Hirsch, Soviets at Nuremberg,

328 Suđenje banjalučkim ustaškim zlikovcima u Sanskom Mostu, *Oslobođenje* vom 4.11.1944, Nr. 16, 9.

329 Drago Karasijević, Peti udarni korpus NOVJ (Beograd: Vojnoizdavački zavod 1985), 274.

330 Saopštenje 5. Korpusa NOVJ od 10. Oktobra 1944, in: Trgo, Zbornik dokumenata i podataka NOR, Bd. 4., 195. Da von Dewitz-Krebs jedoch beim Rückzug einen unterstellten Offizier aufgefordert hatte, seine Stellung zu räumen, wurde er vor das Kriegsgericht gestellt und zum Tode verurteilt, nachdem Generalfeldmarschall Wilhelm Keitel ein Gnadengesuch abgelehnt hatte. Von Dewitz-Krebs wurde am 19. April 1945 kurz vor der Befreiung in Torgau erschossen. Haase, Norbert, Aus der Praxis der Reichskriegsgerichts. Neue Dokumente zur Militärgerichtsbarkeit im Zweiten Weltkrieg, *Vierteljahreshefte für Zeitgeschichte* 39 (191) 3, 409.

bekamen die Partisanen im Gefangenentausch den slowenischen Dichter
Oton Župančić.[331] Den Angehörigen der Ustascha wurde vor dem Militär-
gericht des 5. Korps der Prozess gemacht. Angeklagt waren Đuro Marić, Ilija
Baković und Ahmet Beglerbegović als Richter am Standgericht der Ustascha;
Josip Ivanagić, Leiter der Agenten in Banja Luka und verantwortlich für zahl-
reiche Verhaftungen der Kommunisten in Zagreb; Hilmija Atlagić aus Kulen-
Vakuf, der als „Schlächter" bezeichnet wurde; Ustascha Zlatko Ćondić; Antun
Rebac, Leiter des Ustascha-Aufsichtsdienstes in Banja Luka; Drago Anić und
Drago Grgić, Polizeiagenten; Journalisten Alimuhamed Hadžiefendić, Azau-
din Aganović und Muharem Ganibegović sowie Polizist Josip Josipović. Die
Anklage warf ihnen Massenverbrechen am „unschuldigen serbischen Volk", die
Inhaftierung von serbischen, kroatischen und muslimischen Patrioten und ihr
Festhalten in Lagern, Raub, Anstiftung zu Verbrechen sowie Ausübung ande-
rer Verbrechen vor. Konkret genannte Tatbestände waren der Massenmord in
Kulen Vakuf, Kerestinac und Drakulići bei Banja Luka. Diese Verbrechen waren
passiert: In und um Kulen-Vakuf mordeten Ustascha-Truppen im Sommer 1941
Hunderte serbischer Zivilisten.[332] Im Lager Kerestinc ermordeten Ustascha
an die hundert linke und kommunistische Intellektuelle, unter ihnen Ognjen
Prica und Otokar Keršovani.[333] Und bei Drakulići hatte der Priester Miroslav
Filipović-Majstorović die Ustascha zu den serbischen Dörfern geführt, wo sie
über 2.000 Serben, überwiegend Frauen und Kinder, ermordeten. Marić und
Beglerbegović waren tatsächlich Richter am Ustascha-Standgericht.

Was erfahren wir aus *Oslobođenje* über den Prozess, auf den Brkić als Dro-
hung verwies? Was erfahren wir über die Angeklagten und das Prozedere? Die
Verhandlung war öffentlich und das Publikum kam sogar aus umliegenden
Dörfern, um dem Prozess beizuwohnen. Wer die Militärrichter waren, ob die
Angeklagten Verteidiger hatten, welche konkreten Tatbestände dem jeweiligen
Angeklagten zur Last gelegt wurden – das alles erfahren wir nicht. Das Militär-
gericht des 5. Korps wurde erst am 10. November 1944 offiziell gegründet.[334]
Zum vorsitzenden Richter ernannte der Oberste Stab den Major Mirko Pekić
und zu seinem Stellvertreter Muharem Osmić. Ob sie den Prozess geleitet
haben, ist unbekannt. Weder die Anklageschrift noch das Urteil waren in den
Archivakten zu finden, nur Fragmente der Aussagen von Anić und Ćondić als

---

331 Odobrenje Vrhovnog komandanta POV i POJ od 6. Oktobra 1944 Vrhovnom štabu za
     zamenu uhapšenog slovenačkog pesnika Otona Župančića za zarobljenog nemačkog
     generala, in: Trgo, Zbornik dokumenata i podataka o NOR, Bd. XIV/2, 220.

332 Bergholz, Max, Violence, 100.

333 Goldstein, Ivo, Zagreb 1941–1945 (Zagreb: Novi Liber 2011), 115–116.

334 Karasijević, Peti korpus, 312.

Beweise für die Anklage im späteren Prozess gegen den Ustascha-Großgespan
Viktor Gutić.[335] Aus der Berichterstattung erfahren wir, dass die ersten acht An-
geklagten zum Tode und die drei anderen Angeklagten zur schweren Zwangs-
arbeit von einem bis fünf Jahren verurteilt wurden. Ausführlicher berichtete
das regionale Blatt der Volksbefreiungsfront *Glas*. Wer den Leitartikel „Vors
Gericht mit Ustascha-Verbrechern" geschrieben hat, wissen wir nicht.[336] Von
Bedeutung ist, dass hier auch, wieder in hochemotionalen Worten, konkret von
Verbrechen an Serben mit dem Ziel ihrer Ausrottung gesprochen wurde. Der
Text rief zur Vergeltung auf und betonte gleichzeitig, dass die Gerechtigkeit
vor dem Gericht des Volks verwirklicht werde. Denn im Moment der Konfrontation von Tätern mit ihren Opfern und ihren Angehörigen, das suggerierte
der Autor, liege die Gerechtigkeit. Nach diesem Verständnis sollte „das Volk"
bzw. jemand, der Interessen des „Volks" wahrnimmt, über die Angeklagten
richten. Viele jugoslawische Kommunisten, wie ihre sowjetischen Vorbilder
auch,[337] dachten nicht daran, dass eine neutrale Instanz über den Fall entscheiden sollte. Ganz im Gegenteil, ihrer Meinung nach waren die Involvierten
besonders legitimiert, Gerechtigkeit und Strafe nicht nur einzufordern, sondern zu bestimmen. Wie das in Sanski Most aussah, berichtete *Glas* auf zwei
Seiten unter dem Titel „Großer öffentlicher Prozess in Sanski Most. Verräter
und Kriegsverbrecher vor Gericht".[338]

Der Prozess dauerte drei Tage und fand in einer großen Halle statt. Vermutlich war damit das Sokol-Haus gemeint, in dem einige Monate zuvor
ZAVNOBiH getagt hatte. Das Interesse des Publikums war so groß, dass viele
das Geschehen von der Treppe aus verfolgten. Der Autor betonte, dass insbesondere Geflüchtete aus Banja Luka dem Prozess beigewohnt hätten, weil
sie als Opfer ihre Täter vor Gericht sehen wollten. Das Eintreten der Richter
habe das Publikum mit Jubelausrufen begrüßt: „Es lebe das Volksgericht!". Ab
dieser Stelle übernahm der Autor diese Bezeichnung für das Gericht, auch
wenn er es direkt am Anfang seines Berichts richtig als das Militärgericht des
5. Korps bezeichnete. Hier wird auch die Verbindung zum Konzept des Tribunals deutlich: Es ging nicht nur um die Öffentlichkeit des Prozesses und um
eine möglichst große Breitenwirkung. Es ging um die besondere Verbindung
mit der Öffentlichkeit, darum, dass „das Volk" das Militärgericht als seins, als

---

335   Optužnica protiv Gutića dr Viktora i dr, in: Verica M. Stošić / Vladan Vukliš (Hg.), Ustaški
        stožer za Bosansku Krajinu. Studija Milana Vukmanovića i izbor iz građe (Banja Luka
        Arhiv Republike Srpske 2017), 287–288.
336   N.N., Na sud sa ustaškim zlikovcima, *Glas* vom 13.10.1944, Nr. 21, 1.
337   Hirsch, Soviets at Nuremberg, 78.
338   N.N. Veliko javno suđenje u Sanskom Mostu, *Glas* vom 28.10.1944, Nr. 22, 3–4. Alle folgen-
        den Zitate des Prozesses sind dieser Quelle entnommen.

ein Gericht des Volks wahrnahm. In Einzelheiten beschrieb der Autor die Verbrechen der Angeklagten und ihre Opfer, immer vor dem Hintergrund der Tatsache, dass ihre Taten Verbrechen gegen das Volk waren. Das Volk wurde je nach Kontext als „unser Volk", „das unschuldige Volk" oder „serbisches Volk" oder „serbisches und kroatisches Volk" bezeichnet.

Die Angeklagten gaben zum Teil die ihnen vorgeworfenen Tatbestände zu. Sie verneinten jedoch die Verantwortung für die Kriegsverbrechen und betonten, sie hätten „nur" ihre Aufgaben erledigt bzw. sie hätten den „kroatischen Staat" verteidigt. An dieser Stelle sprach ihnen der Autor nicht nur die Zugehörigkeit zur kroatischen Nation ab. Er betonte: „Diese Organisatoren der Massenmorde und Zerstörung, Schächter und Pyromanen, ‚politische' Wächter der Ustaschabewegung, haben mit Menschen nichts mehr gemeinsam." Kriegsverbrecher schloss er damit nicht nur aus der nationalen Gemeinschaft aus. Er schloss sie aus der Gemeinschaft der Menschen aus. Dieser Artikel war einer der ersten ausführlichen Berichte über die Kriegsverbrecherprozesse und er war eine weitere Variante des Bestien-Narrativs. Es ging hier auch erneut einerseits darum, die Kriegsverbrechen als Auswüchse kranker oder käuflicher oder „unmenschlicher" Individuen darzustellen, um andererseits der Idee einer kollektiven Verantwortung des „kroatischen Volks" zu widersprechen. Die Angeklagten versuchten, ihre Verbrechen mit dem höheren Ziel der Gründung eines unabhängigen Staats Kroatien zu rechtfertigen. Die Partisanen lehnten diese Verteidigungsmethode ab, indem sie die Kriegsverbrecher aus dem „kroatischen Volk" ausschlossen, ihnen gar jede Gemeinsamkeit mit dem „kroatischen Volk" absprachen und sie als deviante Soziopathen, käufliche Kleingauner, unmoralische Unmenschen darstellten. Die Verkündung des Strafmaßes rief nach dem Bericht Begeisterung aus. „Das Gericht des Volks" erhielt die Bestätigung des Volks.

Diese Art der Berichterstattung zog sich wie ein roter Faden durch die wenigen Artikel über die Kriegsverbrecherprozesse. Bedingt durch die Kriegssituation fielen sie in der Übergangszeit sowie in der unmittelbaren Nachkriegszeit sehr dürftig aus: *Oslobodenje* informierte in der Regel über die Angeklagten und das Strafmaß.[339] Mehr als Namen erfuhren die Leser selten. Was den Angeklagten konkret vorgeworfen wurde oder wie der Prozess verlaufen war, darüber stand in den Artikeln wenig.

Ein zweiter größerer Gerichtsbericht folgte im Dezember 1944. *Oslobodenje* berichtete über den Prozess in Travnik, der ebenfalls vor dem Militärgericht

---

339 Suđenje ustaškim zločincima u Travniku, *Oslobodenje* vom 2.12.1944, Nr. 18, 8; Sudjenje ustaškim zločincima u Bugojnu, *Oslobodenje* vom 7.3.1945, Nr. 24, 6; Presuda vojnog suda XXIX divizije, *Oslobodenje* vom 7.3.1945, Nr. 24, 6.

des 5. Korps stattfand.[340] Waren in Sanski Most noch überwiegend Angehörige des Ustascha-Regimes aus Banja Luka angeklagt, war die Situation in Travnik eine andere. Vor Gericht standen Menschen, die in Travnik tätig waren: Juraj Rajf und Bono Bagarić, der Vorsitzende und der Staatsanwalt des Ustascha-Standgerichts; Juraj Komadina der Polizeiagent; die Ustascha Ivan Relja und Husejin Hopić; Anton Šooš und Dragan Mikuš, Stjepan Krizin-Flodin und Josip Klobučarić.

Die Anklage leitete Dr. Sava Strugar, der vor dem Krieg eine Anwaltskanzlei in Belgrad besaß und zahlreiche Kommunisten verteidigte.[341] Bei diesem Prozess wissen wir, dass der ernannte Vorsitzende des Militärgerichts Mirko Pekić tatsächlich die Leitung übernahm.[342]

Oslobođenje war eindeutig in seiner Einordnung des Prozesses:

> Diese Gerichtsverhandlung gehört ohne Zweifel zu einem von sehr bedeutenden Prozessen gegen Volksfeinde in Bosnien-Herzegowina. Angesichts des Gerichts, hinter den Bajonetten der Partisanen-Wächter, vor den Augen des Volkes im überfüllten Saal, fanden auf der Anklagebank neun Verbrecher zusammen, so wie sie zusammen, jeder für sich in seiner Rolle, an einem und demselben Verbrechen teilgenommen haben.

Nach *Oslobođenje* waren die Angeklagten „Volksfeinde" – so lautete auch der Vorwurf der Anklage nach Erlass über Militärgerichte wegen entsprechender Tatbestände. Noch bedeutender war, dass *Oslobođenje* den Angeklagten eine Beteiligung an einem gemeinsamen begangenen Verbrechen unterstellte. Einem Verbrechen, das einen Richter wie Juraj Rajf mit einem Schlosser wie Ivan Relja verband. Das Verbrechen an „unserem Volk". Die jugoslawischen Ankläger folgten der gleichen Logik, nach der Aron Trainin argumentierte und die später auch das Hauptkriegsverbrechertribunal übernahm. Nur der Tatbestand der Teilnahme an der gemeinsamen Verschwörung ermöglichte eine gemeinsame Anklage und eine gemeinsame Verurteilung von allen an Kriegsverbrechen beteiligten.[343] Wenn die Anklage nachweisen konnte, dass die Angeklagten Teil des Ustascha-Systems waren, erleichterte dies die konkrete

---

340 Veliko javno suđenje u oslobođenom Travniku. Narod jednodušno pozdravlja presudu devetorici narodnih neprijatelja, *Oslobođenje* vom 16.12.1944, Nr. 19, 8; Veliko javno suđenje u oslobođenom Travniku. Odbrana ostalih optuženih i presuda, *Oslobođenje* vom 31.12.1944, Nr. 20, 6. Alle weiteren Zitate aus dem Prozess sind dieser Quelle entnommen.

341 So z.B. den bekannten jugoslawischen Kommunisten Adolf Muk Levi. Muk wurde 1973 zu zehn Jahren Haft verurteilt, später jedoch als „Verräter" aus der KPJ ausgeschlossen. Siehe *Politika* vom 3.11.1997, 7. Und *Proleter* 13 (1937), 3.

342 Karasijević, Peti korpus, 312.

343 Hirsch, Soviets at Nuremberg, 46.

Beweispflicht im Einzelfall. Wenn das Ustascha-Regime die Verantwortung für Jasenovac trug, dann partizipierte jeder, der sich an Deportationen beteiligte an diesem System.

In Travnik verurteilte das Militärgericht Ivan Relja und Husejin Hopić zur Höchststrafe, Todesstrafe durch Erschießen. Ihnen wurden Deportationen und direkte Beteiligung an der Ermordung des „unschuldigen Volks" vorgeworfen. Alle anderen Angeklagten, selbst Rajf und Bagarić, sind zu weitaus geringeren Strafen verurteilt worden. Interessant war jedoch die Darstellung in? der Öffentlichkeit: Der Prozess fand noch vor Kriegsende statt. Um Travnik herum kämpften die Partisanen noch gegen die Ustascha-Verbände und gegen das deutsche Militär. Aus der Nähe hörten die Anwesenden die Kanonen, aber auch Schüsse. Und trotzdem beschrieb der Autor die Stimmung als „ruhig und ehrwürdig", eines Gerichtsprozesses angemessen. Teile des Publikums, die einen Angeklagten verbal unterstützen, den Pater und Lehrer am Franziskaner-Gymnasium Stjepan Krizin Flodin, wies der Vorsitzende Pekić jedoch aus dem Saal. Flodin war angeklagt, weil er während des Kriegs das Blatt „Mitteilungen des Lebendigen Rosenkranzvereins" herausgegeben hatte, für das er nach Anklage in verschiedenen Artikeln gegen Partisanen und für die Besatzer Propaganda betrieben hatte.[344] Mitglieder des Lebendigen Rosenkranzes sollten in der Tat in ihre Gebete Ustascha und Domobrani sowie deutsche Soldaten einschließen sowie dafür bitten, dass die Besatzer militärische Gewinne machten. Die Partisanen, auf der anderen Seite, waren als eine Verführung seitens des Teufels dargestellt. Der Grund, weshalb sich Flodin vor dem Militärgericht befand, war, dass die Anklage ihn als „Verführer" identifizierte, der vom „Volk" zu trennen sei. Strugar fasste das zusammen:

> Wir kämpfen nicht nur gegen die Besatzer, sondern für das Säubern unseres Landes von allen diesen Elementen, die sich an heiligen Rechten unserer Völker vergangen haben. [...] Dabei lassen wir uns nicht von einer blinden Rache leiten, sondern bestrafen alle Schuldigen, so wie sie es verdient haben, mit einer Strafe, die es verhindert, dass sie ihr verbrecherisches Wirken fortsetzen.[345]

Im Kern ging es hier genau um den Vorwurf, der auch heute der Partisanenjustiz insbesondere aus revisionistischer Perspektive gemacht wird: dass es bei der Verurteilung von Kriegsverbrechern nicht um die Feststellung ihrer

---

344 *Glasnik žive krunice* vom 1.2.1944, Nr. 1. Digitale Kopien vorhanden unter https://archive.
     org/stream/glasnik_zive_krunice_1944/glasnik_zive_krunice_1944_djvu.txt (überprüft
     am 11.11.2020).

345 Veliko javno suđenje u oslobođenom Travniku. Odbrana ostalih optuženih i presuda,
     Oslobođenje vom 31.12.1944, Nr. 20, 6.

individuellen Schuld ging, sondern um ihre Entfernung aus der Gesellschaft. Im Falle von Flodin deutet einiges darauf hin, dass die neuen Machthaber ihn als jemanden identifizierten, der ihre Machtübernahme sowie Machtstabilisierung erschweren konnte – schließlich hatte er mit dem Lebendigen Rosenkranz sowie als Priester und Gymnasiallehrer eine große Anzahl von Menschen hinter sich, die er beeinflussen konnte. Das Plädoyer Strugars gegen Flodin fasste das Dilemma zusammen, vor dem die Kommunistische Partei stand. Wie konnten sie Flodin bestrafen, „entfernen" und gleichzeitig die Menschen, die seine Gebete nachgesprochen haben, von der Verantwortung freisprechen. Strugar und das Militärgericht folgten dem gleichen Muster, das sich in zahlreichen Urteilen wiederholte.[346] Flodin hatte durch seine Verbrechen das eigene kroatische Volk und die moralischen Grundlagen des Katholizismus verraten. Damit war die narrative Umrahmung der Grundaussage zur Schuld und Verantwortung katholischer Priester an Kriegsverbrechen formuliert: Die Täter handelten nicht im Namen von Kroaten und auch nicht als Katholiken, sondern als schlechte Menschen und als Vertreter einer Institution, die sich nicht eindeutig von Verbrechen distanziert hatte. Damit stand der Vorwurf im Raum, dass die Katholische Kirche als Institution während des Zweiten Weltkriegs moralisch versagt hatte.

Das 5. Korps organisierte einige öffentliche Prozesse auf dem befreiten Territorium. In Šipovo verurteilte sein Militärgericht am 17. Dezember zwei Ustascha, Mahmut und Sakib Ribić, wegen Massenmord an „unschuldiger serbischer Bevölkerung" in Jezero.[347] Um die 600 Personen waren anwesend und verfolgten die Verhandlung. Diese öffentlichen Prozesse fanden häufig draußen statt, um allen Interessierten, auch allen Opfern, die Chance zu geben, am Prozess des Gerichthaltens zu partizipieren. Die Partisanen knüpften mit solchen Prozessen an das Konzept der traditionellen Versammlungen an – das, was Blažević die Grundlage der sozialistischen Gesetzlichkeit nannte. In seinen Erinnerungen beschrieb er die Idee, die hinter dem Konzept des Vertreters öffentlicher Interessen stand, wie folgt:

> Die Vertreter des öffentlichen Interesses traten hervor als ein besonderer Typus gesellschaftlicher Ankläger. Das waren herausragende und angesehene Revolutionäre und sie wurden von Fall zu Fall gewählt. Diese Form des Gerichthaltens entwickelte sich vordergründig in Fällen, denen man an konkreten Beispielen politische Publizität geben wollte. [...] Prozesse mit Beteiligung von Vertretern des öffentlichen Interesses verwandelten sich in Volksversammlungen,

---

346   Izdajnici u svećeničkim mantijama pred narodnim sudom, *Oslobodenje* vom 7.3.1945, Nr. 24, 2.

347   Javno suđenje u Šipovu, *Oslobodenje* vom 31.12.1944, Nr. 20, 10.

bei denen am besten die Tiefe und die Bedeutung unserer Revolution zu spüren war. Bereits da entwickelten sich die Öffentlichkeit, das Politische und die Legalität.[348]

Für Blažević war klar, dass die politische Dimension beim Gerichthalten unbedingt dazugehörte, gleichberechtigt vertreten neben den beiden anderen Säulen: der Öffentlichkeit und den Gesetzen. Die Betonung der besonderen Verbindung zwischen dem „Volk" und den „revolutionären Institutionen" gehörte zum Vokabular der jugoslawischen kommunistischen Eliten. Auch wenn es ihnen in der Regel um die Legitimität der Partisanenbewegung ging, wird dadurch auch klar, wie sie die Kriegsverbrecherprozesse verstanden und welche Rechtsvorstellung ihnen zugrunde lag. Blažević führte im Folgenden noch aus, dass obwohl die Grundprinzipien der Straftat nicht formuliert waren, die Legalität aus dem Empfinden des Volks hergeleitet wurde. Das „Volk", versammelt am jeweiligen Ort des Gerichthaltens (es gab keine festgelegten Gerichtsorte), sollte nach seinem Gefühl einschätzen, ob die Taten der Angeklagten zu bestrafen waren oder nicht, und es entschied in der Versammlung gemeinschaftlich darüber. Blažević pries diese traditionelle, vormoderne Form des Gerichthaltens als Modell für die demokratische und antibürokratische kommunistische Revolution und als Vorbild für die neue Staatsmacht. Ähnlich stellte *Oslobođenje* die ersten Kriegsverbrecherprozesse auch dar: als Ausdruck der Einheit zwischen dem „Volk" und der Partisanenbewegung, als Demonstration des demokratischen Charakters des neuen Staats und seiner strengen Gerechtigkeit.

3.4 Zwischenfazit

Die Partisanen versprachen Rache und sie versprachen Gerechtigkeit. Sie versprachen, dass die Organisatoren und Vollstrecker unfassbarer Verbrechen militärisch besiegt und juristisch zur Verantwortung gezogen würden. In London und Moskau fanden die neuen jugoslawischen Machthaber Vorgaben für die Ausgestaltung des Rechts, mit dem sie Kriegsverbrechen ahndeten. Wie in vielen anderen europäischen Ländern war auch in Jugoslawien in der Übergangszeit vom Krieg zum Frieden ein unstrukturiertes Vorgehen bei der strafrechtlichen Aufarbeitung von Kriegsverbrechen die Regel. Wie die Verbrechen geahndet wurden, hing oft von lokalen Gegebenheiten und davon ab, wer gerade die militärische Verantwortung trug. In der unmittelbaren Nachkriegszeit waren die Strafen deutlich höher als später. Den Militärrichtern fehlte

---

348 Blažević, Slijedio sam crvenu nit, 117.

es oft an Sorgfalt bei der Urteilsfindung, und die Urteile waren nur zum Teil das Ergebnis strafrechtlicher Ahndung. In diesem Punkt erinnert die jugoslawische Strafverfolgung von Kriegsverbrechen wiederum an das sowjetische Vorbild. Dennoch sind Muster erkennbar, die auch damit zusammenhängen, dass die jugoslawischen Gerichte zahlreiche UNWCC-Vorgaben adaptierten. Das allgemeine Muster bestand darin, die Prozesse gegen die Hauptverantwortlichen, die „major war criminals", anders zu gestalten als die Prozesse gegen die Verantwortlichen, die „minor war criminals".[349] Im internationalen Kontext hatte diese Entscheidung auch organisatorische Gründe: Die Hauptverantwortlichen wurden vor das internationale Kriegsverbrechertribunal gestellt. Andere Kriegsverbrecher wurden vor nationalen Gerichten angeklagt. In Jugoslawien ging es zunächst um die Frage der Verantwortung. Die Kriegsverbrecher galten als die Organisatoren, die „Volksfeinde" als die Ausführenden. Aber auch in diesem Punkt orientierte sich die jugoslawische Justiz an den Londoner Vorbildern. Schließlich hatte sich die UNWCC für die Kriegsverbrecher zuständig erklärt und die Ahndung der Verbrechen der „Quislinge" als Aufgabe der nationalen Gerichte definiert. So schuf die jugoslawische Justiz Tatsachen und diskutierte nicht über das Rückwirkungsverbot, die Rechtskonzepte der *conspiracy* und *complicity*. Die Erklärung bestimmter Organisationen als kriminell erleichterte die Strafverfolgung und beschleunigte die Prozesse. Die Verknüpfung der politischen und militärischen Vorgesetztenverantwortung in den Prozessen Budak u.a. und „Ustascha-Generäle" mit den Verbrechen des USK bildete die Grundlage für die spätere Rechtsprechung, aber auch für die narrative Einordnung von Besatzung, Bürgerkrieg und Machtübernahme.

Die Definition des rechtlichen Rahmens für die Ahndung von Kriegsverbrechen war in Jugoslawien, wie wir bereits gesehen haben, stark politisiert. Im europäischen Kontext war das Land in dieser Hinsicht keine Ausnahme.[350] Auch bei der Anwendung von Recht ging es insbesondere bei den Prozessen gegen „major war criminals" nicht nur um die Gerechtigkeit oder um die Feststellung ihrer Schuld. Das hing aber nicht nur mit der kommunistischen Machtübernahme zusammen, sondern auch damit, dass der Aufbau eines Justizsystems in einem von Besatzung und Bürgerkrieg zerstörten Land von zahlreichen Schwierigkeiten begleitet wurde.[351] Gesamtgesellschaftliche Fra-

---

349   William, A passing fury, Pos. 227.
350   Guillaume Mouralis / Annette Weinke, Justice, in: Martin Conway u.a. (Hg.), Europe's Postwar Period. Writing History Backwards (London: Bloomsbury 2019), 66.
351   Vor ähnlichen Schwierigkeiten standen auch andere europäische Länder, wie Finder und Prusin für Polen und Moisel für Frankreich betonten. Siehe Finder / Prusin, Justice behind the Iron Curtain; Moisel, Frankreich und die deutschen Kriegsverbrecher.

gen, aber auch die internationale Position Jugoslawiens beeinflussten den Ahndungsprozess.

Die Anwendung der Partisanenjustiz, die sich rechtlich an Trainin orientierte, deckte sich mit politischen Zielen jugoslawischer Kommunisten. Sie war jedoch nicht nur ein Mittel der Abrechnung mit politischen und militärischen Gegnern. Die Etablierung eines juristischen Prozederes stabilisierte und demonstrierte die Macht der neuen Machthaber. Und ihnen ging bei den Kriegsverbrecherprozessen auch darum, die Schuld der Verantwortlichen juristisch festzustellen und sie zu bestrafen. Es ging auch darum, Worte zu finden für das, was geschehen war. Und es ging um die Opfer. Während des Kriegs und der Besatzung versprachen die Partisanen Recht und Gerechtigkeit. Einen Teil dieses Versprechens lösten sie auf dem Schlachtfeld ein, indem sie die Besatzer besiegten und das Land befreiten. Die Bestrafung der Verantwortlichen für Menschheits- und Kriegsverbrechen vor Gericht sollte vor allem den Überlebenden signalisieren, dass der neue Staat, die neue Gesellschaft nicht akzeptieren würde, dass diese massenhaften, systematischen und verbrecherischen Grenzüberschreitungen ohne Konsequenzen blieben.

Die Justiz war mit der Zahl der Fälle in der unmittelbaren Nachkriegszeit überfordert. Angesichts der schlechten personellen und materiellen Ausstattung ist es nicht verwunderlich, dass die Gerichte trotz der enormen Zahl der ermittelten Kriegsverbrecher nur einen Teil von ihnen aburteilen konnten. Viele entzogen sich der jugoslawischen Justiz durch Flucht. Andere fielen unter die Amnestiegesetze. Die Akten des Bezirksgerichts Sarajevo weisen zumindest darauf hin, dass Verantwortliche für Menschheitsverbrechen vor Gericht gestellt wurden, meist jedoch dann, wenn es überlebende Zeugen gab. Sieht man von den Prozessen gegen Mitglieder einer als verbrecherisch definierten Organisation ab, so zeigt sich, dass die überwiegende Mehrheit der Kriegsverbrecherprozesse vor dem Bezirksgericht Sarajevo stattfand, weil Überlebende aussagten und die Bestrafung der Täter ermöglichten. Die Überlebenden haben die Täter erkannt und angezeigt, sie haben ihre Geschichte vor den Kriegsverbrecherkommissionen erzählt, sie haben sie vor Gericht wiederholt und sie wurden gehört. Dies spricht auch für das Vertrauen der Überlebenden in den neuen Staat und seine Justiz. Um diese These zu bestätigen, wäre eine detaillierte und regional erweiterte Analyse der Fälle notwendig. Insbesondere dann, wenn die ehemaligen Täter im Verlauf des jugoslawischen Bürgerkriegs die Seiten gewechselt und sich den Partisanen angeschlossen hatten, scheinen die Opfer vor einer Anzeige zurückgeschreckt zu sein.[352]

---

352 Bergholz, None of us Dared Say Anything.

Die Geschichtswissenschaft hat lange aus verschiedenen Gründen diesen Aspekt der jugoslawischen Kriegsverbrecherprozesse vernachlässigt. Dabei zeigen Studien aus der Holocaustforschung, welche Bedeutung die Zeugenschaft für die Überlebenden hatte.[353] Die Opfer wurden wahrgenommen und fanden vor Gerichten ihre Stimme. Die erste Analyse der lokalen Anklagen und Urteile offenbarte die Brutalität, den verbrecherischen Charakter der Besatzung, aber auch den lokalen Charakter der Massengewalt. Anders als heute häufig betont und anders als in der Sowjetunion, verschleierte das Bezirksgericht Sarajevo nicht die ethnische Dimension des Mordens von Zivilisten sowie die ethnische Zugehörigkeit von Opfern. Der Holocaust, das Porajmos, die Massenmorde von Serben und Muslimen wurden in Anklagen und in Urteilen deutlich benannt und verurteilt. Dass es häufig Nachbarn waren, die ihre Nachbarn ausraubten, deportierten, ermordeten und vergewaltigten, verschwiegen die Gerichte nicht. Die Übernahme bereits zirkulierender Narrative über den soziopathologischen Charakter von Tätern bzw. die Entlastungserzählungen über „die Verführten" verhinderten jedoch eine Auseinandersetzung mit den lokalen Ursachen der Gewalt. Sie verhinderten auch eine gesellschaftliche Auseinandersetzung über die Verantwortung von Einzelnen für die Verbrechen.

---

353   Shoshana Felman, The Juridical Unconscious. Trials and Traumas in the Twentieth Century (Cambridge: Harvard University Press 2002).

Nachbetrachtungen

In den vorausgegangenen Kapiteln konnte gezeigt werden, welche bedeutende Rolle unterschiedliche jugoslawische Kommissionen zur Feststellung von Verbrechen bei der Ahndung von Kriegsverbrechen hatten. Die von ihnen vorgelegten Akten formten das Recht und beeinflussten die Rechtsprechung. Die von ihr veröffentlichten Mitteilungen bildeten die Grundlage, oder nach Albrecht Koschorke die „Formatierungsvorlage"[1] der ersten offiziellen Erzählung des Zweiten Weltkriegs in Jugoslawien. Mit ihrem fotografischen Beweismaterial jedoch legten sie die Grundlagen der visuellen Erinnerung an den Zweiten Weltkrieg und die Kriegsverbrechen.[2]

Zahlreiche Veröffentlichungen beschäftigen sich mit der Bedeutung der Bilder für das kulturelle Gedächtnis im Sinne von Jan Assmann beschäftigen.[3] Im Zusammenhang mit der Erinnerung an den Zweiten Weltkrieg wird häufig die Rolle des Hauptkriegsverbrecherprozesses in Nürnberg hervorgehoben.[4] Valerie Hartouni argumentierte, dass die Dokumentationen und die Bilder, die vor dem IMT gezeigt wurden, ein „regime of truth" begründet hätten, das bis heute die Erinnerung an den Zweiten Weltkrieg präge.[5] Die Tatsache, dass die gezeigten Bilder und Filme als Beweise in einem Ermittlungsverfahren entstanden waren, beeinflusste ihre Entstehung und ihre Verwendung.[6] Die Ankläger in Nürnberg waren der Meinung, dass „diese Bilder für sich sprachen".[7] Das glaubten die UNWCC-Delegierten auch, als sie sich auf unter-

---

1 Koschorke, Wie Bürgerkriege erzählt werden, 39. Teile dieses Kapitels basieren auf einer stark überarbeiteten Version von Sabina Ferhadbegović, Unter den Galgen. Erinnerung an die deutsche Besatzung in Jugoslawien, Historische Urteilskraft 4 (2022), 52–56.

2 In den vergangenen Jahren sind zahlreiche Studien insbesondere zur visuellen Erinnerung an die Shoah entstanden. Für einen Überblick siehe Valerie Hartouni, Visualizing Atrocity: Arendt, Evil, and the Optics of Thoughtlessness (New York: NYUP 2012) sowie Susan Twist, Evidence of Atrocities or Atrocious Use of Evidence: The Controversial Use of Atrocity Film at Nuremberg, *Liverpool Law Review* 26 (2005), 267–302. Im jugoslawischen Kontext hat sich bis jetzt nur Jovan Byford in seiner Untersuchung mit der visuellen Darstellung von Verbrechen des WWII auseinandergesetzt. Siehe Byford, Picturing Genocide.

3 Für einen Überblick siehe Gerhard Paul, Von der Historischen Bildkunde zur Visual History. Eine Einführung, in: ders. (Hg.), Visual History. Ein Studienbuch (Göttingen: Vandenhoeck & Ruprecht 2006).

4 Über die Bedeutung von Nürnberg siehe auch Christian Delage, La vérité par l'image: De Nuremberg au procès Milosevic (Paris: Denoël 2006).

5 Hartouni, Visualizing Atrocity, 102.

6 Frübis, Einleitung. Beweissicherung und ästhetische Praxis, in: Frübis, Fotografien aus den Lagern, 15–24.

7 Douglas, The Memory of Judgment, Pos. 264.

schiedlichen Ebenen für ihre Verbreitung engagierten. Sie wollten, dass die Öffentlichkeit erfuhr, „what has been going on"[8] in Frankreich, in Polen oder in anderen besetzten Staaten. Die ersten Bilder von Verbrechen, die vor dem IMT zirkulierten, verfolgten neben ihrer Dokumentation einen bestimmten Zweck. Es ging darum, wie bereits im zweiten Kapitel betont, Unterstützung zu mobilisieren und internationale Akteure zum Handeln zu bewegen. Während des Kriegs publizierten Exilregierungen in London Dokumente und Bilder als Beweise für die Brutalität der Besatzung in ihren Ländern.[9] Nach dem Krieg organisierten sie Ausstellungen, um einer breiten Öffentlichkeit zu zeigen, nicht nur um zu erzählen, welches Leid die nationalsozialistische Herrschaft über ihre Länder gebracht hatte.[10]

Radomir Živković und Albert Vajs berichteten aus London und Nürnberg darüber, wie die anderen Alliierten mit den von ihren nationalen Kommissionen gesammelten Beweisen umgingen. Sie berichteten davon, wie die jeweiligen nationalen Vertreter das Leiden ihrer Länder und ihre Opfer präsentierten. Die Kommissionen stellten ihr Beweismaterial aus und legten damit die Grundlagen der Erinnerung an die deutsche Besatzung in Europa. Ihre Ausstellungen zogen von Paris über London, Warschau, Prag oder Wien, und überall sahen die Besucherinnen und Besucher gleiche oder ähnliche Bilder: zerstörte Städte, verwüstete Dörfer, Erhängte, Erschießungskommandos, ausgezehrte leblose Körper in Vernichtungslagern, Hinrichtungspfähle und Galgen. Die französische „Crimes hitlériens" Ausstellung, die später unter der Schirmherrschaft der UNWCC in London als „The Nazi Crime Exhibition"[11] gezeigt wurde,

---

8   UNWCC, Minutes of 65th Meeting hold on June 13th, 1945, in UNWCC Archives, Reel 33, Meeting Minutes, M 65, 10.

9   Das Zeigen von Verbrechen und das Berichten von Verbrechen spielten wie bereits betont eine große Rolle bei den diplomatischen Bemühungen während des Zweiten Weltkriegs. Über den Einsatz der polnischen Exilregierung sowie der sowjetischen Regierung siehe Struk, Photographing the Holocaust, 34–51.

10   Darüber existieren leider bis heute kaum wissenschaftliche Arbeiten. Rachel Perry arbeitet aktuell an einem Forschungsprojekt, das die französische Ausstellung „Crimes hitlériens" analysiert. Agata Pietrasik verglich die Wirkung der Ausstellung in Frankreich und in Polen. Siehe den Vortrag von Pietrasik, gehalten während der Jahreskonferenz des Imre Kertész Kollegs, Agata Pietrasik, War Crimes Exhibitions in France and Poland, in: https://video01.uni-frankfurt.de/Mediasite/Play//b4ae271b08ba46ff952225d52410c4511d (überprüft am 29.06.2021).

11   Die Ausstellung fand statt vom 1. bis zum 30. Dezember 1945 in Princess Galleries in London und wurde von der französischen Regierung unter der Schirmherrschaft der UNWCC organisiert. Das Eröffnungsplakat ist im eMuseum für Gestaltung Zürich zu sehen. Siehe https://www.emuseum.ch/objects/9922/the-nazi-crime--exhibition;jsessionid=38F46FD74 0D9BBD752EB859621747771?ctx=91e6ddac-545c-45a3-834b-31b83fe746c3&idx=137 (überprüft am 23.6.2021). Siehe auch Struk, Photographing the Holocaust, 151.

motivierte vermutlich die jugoslawische Staatliche Kommission, eine eigene Wanderausstellung aus gesammeltem Beweismaterial vorzubereiten.[12]

In der Tat wussten oder wollten viele nicht wissen, welches Leid die Besatzung und der Bürgerkrieg über viele Menschen in Jugoslawien gebracht hatten. Das Nicht-Wissen(-Wollen) war keine jugoslawische Besonderheit. Der französische UNWCC Delegierte Gros betonte vor seinen Kollegen, dass „even in a country formerly occupied by the Germans, not everyone saw evidence of German crimes, although the German soldiers were everywhere, the Gestapo did not torture in the streets".[13]

Es ging jedoch weder der UNWCC noch den Anklägern vor dem IMT oder der jugoslawischen Staatlichen Kommission nur um das Zeigen von Verbrechen und darum, „to bring the truth about war crimes to the knowledge of the whole of humanity", wie der australische Delegierte John Oldham betonte.[14] Es ging auch darum, die Deutung der unmittelbaren Geschehnisse zu beeinflussen. Es ging um symbolisches Kapital, um die Legitimität und um die Begründung von politischen Ansprüchen.[15] Der indische Delegierte Sir Torick Ameer Ali kritisierte daher die Entscheidung der UNWCC, als Schirmherrin einer solchen Ausstellung zu fungieren, als einen *ultra vires* Akt. „[W]hile recommending and investigating were the functions of the Commission, its status might be compromised if it undertook to sponsor such publicity", so seine Meinung.[16] Alis Haltung deutete auf das Dilemma hin, vor dem auch die jugoslawische Staatliche Kommission stand. Als offizielle Ermittlungsbehörden waren die Kommissionen zur Objektivität verpflichtet. Präjudizierten sie nicht die Entscheidungen der Gerichte, wenn sie Ausstellungen über Kriegsverbrechen organisierten? Vor der UNWCC wurde diese Frage zumindest diskutiert. In Jugoslawien sahen das weder die Staatliche Kommission noch die Gerichte als problematisch an, dass die Kommissionen mit ihren Verkündungen und ihren Ausstellungen die Kriegsverbrecherprozesse legitimierten und Urteilen vorgriffen. Das hing vor allem damit zusammen, dass die Staatliche Kommission sich als ein erweiterter Arm der Staatsanwaltschaften verstand und in

---

12 Der jugoslawische Botschafter war zur Eröffnung in Paris eingeladen und Živković war ohnehin in die Entscheidungsfindung der UNWCC involviert. Für diesen Hinweis bin ich Rachel Perry dankbar.

13 UNWCC, Minutes of 65th Meeting hold on June 13th, 1945, in UNWCC Archives, Reel 33, Meeting Minutes, M 65, 10.

14 UNWCC, Minutes of 65th Meeting hold on June 13th, 1945, in UNWCC Archives, Reel 33, Meeting Minutes, M 65, 11.

15 Byford, Picturing genocide, 64.

16 UNWCC, Minutes of 66th Meeting hold on June 20th, 1945, in UNWCC Archives, Reel 33, Meeting Minutes, M 66, 6.

erster Linie belastendes Material sammelte. Das Veröffentlichen von Beweisen und Dokumenten über Kriegsverbrechen verstand sie als eine ihrer genuinen Aufgaben.[17]

Das erste Mal öffentlich gezeigt wurden ihre Bilder in der Wanderausstellung „Verbrechen der Besatzer und ihrer Helfer", die am 15. März 1946 im zentralen Kunstpavillon in Belgrad eröffnet wurde. Leider findet sich in den Akten der Staatlichen Kommission nichts über die Kuratorinnen und Kuratoren, die auf etwa 36 Wandtafeln das Beweismaterial der Staatlichen Kommission zusammengestellt hatten. Aufgebaut waren die Tafeln als Collagen aus Fotografien, Dokumenten und Zeitungsausschnitten. Insgesamt wurden über 800 Bilder und 180 Akten gezeigt. Ihr Erscheinungsbild erinnerte an die bereits erwähnten Wandzeitungen, mit denen Mitra Mitrović während des Zweiten Weltkriegs die Bevölkerung über die Verbrechen der Besatzungsmächte informiert hatte. In der Regel war jede Tafel mit einer „Parole" versehen, wie die Staatliche Kommission die Titel bezeichnete. Die Fotografien waren unter diesem Titel gruppiert und mit Legenden versehen. Die konzeptuelle Ähnlichkeit mit dem *Bilderatlas Mnemosyne* von Aby Warburg war unübersehbar. Während dieser unerwartete Ähnlichkeiten zwischen Bildern aufdeckte, folgten die Tafeln jedoch einer anderen Logik. Die Fotografien sollten nicht für sich sprechen. Sie waren als Illustration der vorangestellten Parole angeordnet. Damit funktionierte die Ausstellung wie ein selektiver Speicher, der die Erinnerung bestimmte, Verbindungen zwischen Motiven und Ereignissen suggerierte oder offenlegte. Diese Methode wurde häufig von linken Künstlerinnen und Künstlern in der Zwischenkriegszeit eingesetzt, wie etwa von John Heartfield in seinen Fotomontagen. Das Betrachten des Leidens anderer, das hat Susan Sontag ausdrücklich betont, weckt Emotionen und fordert zum Handeln auf.[18] Davon ausgehend, dass es dabei weniger um das Dargestellte als um die implizite Botschaft geht,[19] stellt sich die Frage, welche Emotionen die Bilder von Hinrichtungen wecken sollten und welche Geschichte sie erzählt haben.

In vielen besetzten Ländern, insbesondere im östlichen Europa, gehörten Bilder von Verbrechen, die für die sogenannten Sühnemaßnahmen standen – vor allem Massenerschießungen und Erhängungen –, zur Ikonografie des Zweiten Weltkriegs.[20] Die Belgrader Ausstellung rückte Gehängte in den Mittelpunkt

---

17   USHMM; AJ Fond 110, RG-49.005M, Reel 29, 32/216.

18   Siehe Susan Sontag, Regarding the Pain of Others (New York: Picador 2003), 80.

19   Bernd Stiegler, Photographie im Amerikanischen und Spanischen Bürgerkrieg, in: Ferhadbegović / Weiffen, Bürgerkriege erzählen, 115.

20   Dieter Reifarth / Viktoria Schmidt-Linsenhof, Die Kamera der Henker. Fotografische Selbstzeugnisse des Naziterrors in Osteuropa, *Fotogeschichte* 7 (1983), 3, 57–71.

der Erinnerung an die Besatzung. Insbesondere in Jugoslawien, wo die Partisanenverbände die Besatzungstruppen stark herausgefordert hatten, waren Geiselermordungen von Zivilistinnen und Zivilisten oder Ermordungen von Kommunistinnen und Kommunisten, Partisaninnen und Partisanen durch Erhängen eine systematisch angewandte Methode des Terrors. Zu den ersten Opfern gehörten immer die als Jüdinnen und Juden oder Roma definierten Menschen. Selbst die Erschossenen waren aufzuhängen, wie im Befehl zur „Aufrechterhaltung von Ruhe und Sicherheit und zur Verhinderung der Bildung von Banden" angeordnet wurde.[21] Die große Anzahl der gezeigten Galgenbilder war aber auch darauf zurückzuführen, dass der Galgen zu den typischen Motiven der „Trophäenfotografie" gehörte.[22] Bereits während des Ersten Weltkriegs machten zahlreiche deutsche und österreichische Soldaten Bilder von ihren Opfern als Andenken an ihre Zeit im Krieg. Ähnliche Beispiele finden sich auch in der Lynchfotografie im amerikanischen Süden. Laternen und Brückenpfeiler, Bäume und Strommasten funktionierten die Soldaten der Besatzungsmächte zu Tötungsobjekten und zur Kulisse um. Dabei ging es in erster Linie nicht um die Symbolisierung einer Entmachtung, den Ausdruck von Perversionen oder die Produktion von Männlichkeit, sondern um die Entmenschlichung von Opfern. Sie taten es, weil sie es tun konnten. „Baumblüte in Serbien" war nur eines von zahlreichen „Trophäenbildern", die in Taschen von inhaftierten oder gefallenen deutschen Soldaten entdeckt wurden. Bei ihrer Zurschaustellung der „Trophäenbilder" ging es der Staatlichen Kommission aber nicht nur darum, durch die Visualisierung von Verbrechen das Leiden der jugoslawischen Bevölkerung zu zeigen oder auf die moralische Verwerflichkeit der deutschen Besatzer hinzuweisen. Die symbolische Unbestimmtheit des Galgens, der einerseits lange für die rechtmäßige Bestrafung, andererseits für das eklatante Unrecht stand, nutzte sie, um unmittelbar auf die verbrecherische, systemische Logik der Besatzung hinzuweisen. Sie nutzte sie, um die jugoslawische Bevölkerung als kollektive Leidensgemeinschaft nach dem Zweiten Weltkrieg zu präsentieren. Die Besucherinnen und Besucher betrachteten in der Ausstellung nicht das Leiden anderer. Sie betrachteten ihr eigenes Leiden. Umso wichtiger war es, ihm einen höheren Sinn zu geben. Deswegen nutzte die Staatliche Kommission die Ausstellung, um die jugoslawische

---

21   Der Befehl ist im Wortlaut publiziert in: Verbrechen der Wehrmacht. Dimensionen des Vernichtungskrieges 1941–1945. Ausstellungskatalog (Hamburg: Hamburger Institut f. Sozialforschung 2021), 510.

22   Darüber hat Anton Holzer eine bemerkenswerte Studie verfasst: Anton Holzer, Die andere Front. Fotografie und Propaganda im Ersten Weltkrieg (Darmstadt: Primus 2007).

Bevölkerung, „unser Volk", als eine Gemeinschaft von Widerständlerinnen und Widerständlern zu konstruieren.

Ein Bild steht exemplarisch für die Überschreibung der Galgensymbolik. Die Rede ist von der inzwischen ikonografisch gewordenen Fotografie des Kommunisten Stjepan (Stipan) Filipović – ein junger Mann, vor Kriegsbeginn gerade 25 Jahre alt geworden, der Mitglied der Kommunistischen Partei war und in der serbischen Stadt Valjevo den Widerstand gegen die Besatzung organisiert hatte. Weihnachten 1941 wurde er von serbischen Tschetniks festgenommen und an die Gestapo nach Belgrad überstellt. Da er trotz Folter keine Aussage machte, verurteilte ihn das deutsche Militärgericht zum Tode. Bereits auf dem Weg zur Hinrichtungsstätte rief Filipović antifaschistische Parolen. Unter dem Galgen reckte er seine Fäuste in den Himmel und richtete seine letzte Rede an das Publikum: „Worauf wartet ihr? Warum leidet ihr? Greift zu den Waffen und vertreibt die Mistkerle aus dem Land!"[23] Dank einer jungen Fotografin sind alle diese Szenen festgehalten worden. Slobodanka Vasić war gerade 17 Jahre alt, als sie Filipovićs Hinrichtung fotografierte.

Es überrascht nicht, dass genau diese Fotografie eine enorme Verbreitung fand, gab sie der Kommunistischen Partei Jugoslawiens doch die Möglichkeit, ihre zentralen Parolen verdichtet zu kommunizieren. Die erhobenen Fäuste Filipovićs signalisieren keine Aufgabe. Die Fotografie zeigt kein Opfer, das sich seinem Schicksal verängstigt fügt. Der Galgen rückt auf dem Bildausschnitt ebenso in den Hintergrund wie die deutschen und serbischen Soldaten, die der Erhängung beiwohnen. Hier steht jemand, der sich widersetzt.

Die Staatliche Kommission kodierte den Tod auf dem Galgen zum Akt des Widerstands und zum Symbol des antifaschistischen Martyriums. Sie individualisierte die Opfer der Besatzungsgewalt, indem sie ihre Namen nannte, und machte sie so als Menschen sichtbar. Menschen, um die getrauert und an die erinnert wurde.

Die Wanderausstellung besuchten nach Schätzungen allein in Belgrad in den 38 Tagen ihrer Laufzeit über 50.000 Menschen. Danach wurde sie quer durch Jugoslawien von Ljubljana bis nach Niš gezeigt – auch an Orten wie Kragujevac, an denen die Massenverbrechen geschehen waren. Insgesamt hatte sie an die 100.000 Besucherinnen und Besucher.

---

23   Milan Radanović, Stjepan Filipović: heroj radničke i antifašističke borbe: 70 godina od smrti. Online unter: http://www.starosajmiste.info/blog/stjepan-filipovic-heroj-radnicke-i-antifasisticke-borbe-70-godina-od-smrti/ (überprüft am 2.2.2022).

Abbildung 10   Hinrichtung von Stjepan Filipović, 22. Mai 1942[24]

24   AJ, Fonds 110, AJ-RZ-II-1171.

In jedem Ort waren für sie Ausstellungsbücher ausgelegt, die erhalten worden sind.[25] Deshalb ist es zumindest ansatzweise möglich, ihre Eindrücke zu
rekonstruieren. In vielen Beiträgen vermischten sich das Entsetzen und die
Wut mit Forderungen nach Vergeltung und Gerechtigkeit. Evgeny Dobrenko
argumentierte, dass die sowjetische Kultur der Kriegszeit darauf abzielte,
durch Bilder von Zerstörung und Tod Gefühle wie Hass und Vergeltung zu
wecken.[26] In den vorangehenden Kapiteln konnte gezeigt werden, dass die
jugoslawischen Kommunisten mit ihrer Ahndungspolitik verschiedene Ziele
verfolgten: Mobilisierung in die Volksbefreiungsarmee, Legitimation nach
innen und nach außen, Gerechtigkeit, Integration nach Krieg und Bürgerkrieg,
aber auch das Entfachen von Gefühlen wie Rache und Vergeltung. Die Gewalttätigkeit der Besatzungsregimes, die Gewalttätigkeit der Ustascha-Soldaten,
der Tschetniks oder anderer gegnerischer militärischer Einheiten rechtfertigte
in ihren Augen den eigenen Gewalteinsatz. Wie in anderen osteuropäischen
Ländern war die Vertreibung von ethnischen Deutschen eine direkte Folge
des Kriegs. Benjamin Frommer hat für den tschechischen Teil der Tschechoslowakei nachgewiesen, dass die „wilde Retribution" keine Folge spontaner
Gewaltausbrüche war, sondern ein gezieltes Instrument zur Vorbereitung der
Vertreibung deutscher Bevölkerung.[27] Vorbilder dafür waren in der Sowjetunion zu finden und in den massiven Vertreibungen ethnischer Minderheiten
bei der Wiedereingliederung befreiter Gebiete in die Sowjetunion.[28] Die Staatliche Kommission verbreitete ähnlich konstruierte Narrative und Bilder, die
von den meisten Besuchern übernommen wurden.

In zahlreichen Beiträgen äußerten sie Trauer und Entsetzen wegen dar-
gestellter Verbrechen. In keinem Kommentar wurde die Echtheit der Bilder
infrage gestellt. Vielmehr bestätigten Besucher in ihren Kommentaren, dass
die Fotografien genau das zeigten, was sie erlebt, was sie erlitten, was sie
gesehen hatten.[29] Sie ergänzten die Angaben mit den Namen von Opfern.[30]

---

25 Die Ausstellungsbücher sind nicht digitalisiert. Sie befinden sich im Fonds der Staat-
    lichen Kommission im USHMM, Fonds AJ 110, USHMM, RG-49.005M, Reel 29, Nr. 32–231
    bis 32–586.

26 Evgeny Dobrenko, Die Kunst des Hasses. Der „edle Zorn" und Gewalt in der sowjetischen
    Kultur der Kriegszeit, in: Susi Frank (Hg.), Bildformeln. Visuelle Erinnerungskulturen in
    Osteuropa (Bielefeld: transcript 2018), 111.

27 Frommer, National cleansing, 61.

28 Chlewnjuk, Stalin, 367.

29 USHMM, Fonds AJ 110, RG-49.005M, Reel 29, Nr. 32–269; USHMM, RG-49.005M, Reel 29,
    Nr. 32–381.

30 So z.B. schrieb ein Besucher beim Bild von Ustascha-Soldaten, neben denen zwei
    ermordete Bauern zu sehen waren, die Namen der Opfer: „Risto Bašić und Pero Grubor"
    USHMM, Fonds AJ 110, RG-49.005M, Reel 29, Nr. 32–305.

Sie erkannten Täter, schrieben ihre Namen auf sowie ihre eigenen Kontakt-
daten.[31] Lager-Überlebende wie u.a. Jakica Atijas bestätigten die Echtheit vom
gezeigten Material und bezeugten Mord und Folter.[32] Diese Bestätigungen
der Echtheit trugen dazu bei, dass die Ausstellung, die Fotografien und die
Dokumente als eine präzise und objektive Wiedergabe der unmittelbaren Vergangenheit wahrgenommen wurden.

In vielen Beiträgen war der Wunsch zu lesen, dass die Ausstellung eine große
Verbreitung finde.[33] Zwei Gründe wurden dafür am häufigsten angeführt: als
Mahnung, dass so etwas Schreckliches nie wieder passiere, und damit die
Wahrheit ans Licht komme.[34] Die Ausstellung begriffen diese Besucher nicht
in erster Linie als eine jugoslawische Entnazifizierungsmaßnahme. Sie hofften
trotzdem, dass sie eine ähnliche Wirkung auf die „Verführten" haben würde wie
die Zwangsbesuche von Vernichtungslagern auf die Mitglieder der NSDAP.[35]
Aus solchen Beiträgen sprach der Glaube daran, dass die Konfrontation mit
Verbrechen wie ein Impfstoff gegen den Faschismus wirken könnte. Daraus
sprach aber auch der Glaube daran, dass die Empathie mit Opfern ein uni-
versales, menschliches Gefühl sei, und dass das Betrachten vom Leiden anderer bei allen Betrachtern die gleichen Gefühle auslösen würde. Das Teilen der
extremen Gewalterfahrung, so die Hoffnung, sollte helfen, die fragmentierte
und vom Bürgerkrieg gespaltene jugoslawische Gesellschaft zu integrieren.
Die Trennlinie der Exklusion verlief zwischen Menschen, die überhaupt in der
Lage waren, Mitgefühl zu entwickeln, und den anderen. Die große Anzahl solcher Beiträge deutet darauf hin, dass für viele Besucherinnen und Besucher ein
Zusammenleben mit Menschen möglich war, die sich während des Kriegs und
Bürgerkriegs auf die Seite der Besatzer gestellt hatten, unter der Bedingung,
dass diese sich von der unmenschlichen Ideologie der Besatzer lossagten. Die
Kommunistische Partei Jugoslawiens verfolgte eine ähnliche Strategie. Das
Verführten-Narrativ sollte genau diese Integration erleichtern, vorausgesetzt
die „Verführten" distanzierten von ihren „Verführern". Für die „Entarteten"
jedoch hatten sie weder Verständnis noch Gnade.

Wie von Emil Kerenji betont, war es politisch enorm wichtig gewesen,
nach dem Krieg und Bürgerkrieg die jugoslawische Bevölkerung davon zu
überzeugen, dass der Kampf gegen die Besatzer eine kollektive heroische

---

31   USHMM, Fonds AJ 110, RG-49.005M, Reel 29, Nr. 32–334.
32   USHMM, Fonds AJ 110, RG-49.005M, Reel 29, Nr. 32–333.
33   So z.B. USHMM, Fonds AJ 110, RG-49.005M, Reel 29, Nr. 32–301; Nr. 32–261; Nr. 32–257.
34   USHMM, Fonds AJ 110, RG-49.005M, Reel 29, Nr. 32–261; USHMM, RG-49.005M, Reel 29,
     Nr. 32–257; USHMM, Fonds AJ 110, RG-49.005M, Reel 29, Nr. 32–275.
35   USHMM, Fonds AJ 110, RG-49.005M, Reel 29, Nr. 32–333.

Anstrengung aller jugoslawischen Nationen war, sowie dass der Sieg nur dank des kollektiven Leidens aller jugoslawischen Nationen gelang.[36] Drew Gilpin Faust hat in ihrem Buch über den Amerikanischen Bürgerkrieg ausgearbeitet, welche grundlegende Bedeutung das Narrativ vom kollektiven Leiden aller Amerikaner für die Integration der amerikanischen Gesellschaft hatte.[37] Die Erzählungen und Bilder von extremen Gewalterfahrungen der jugoslawischen Bevölkerung hatten eine ähnliche Wirkung auf die Bevölkerung des Zweiten Jugoslawiens. Sie beeinflussten ebenfalls den Aufbau seiner staatlichen, rechtlichen, wirtschaftlichen und sozialen Grundlagen. Das Narrativ vom geteilten Leiden und das Narrativ vom geteilten Heroismus verliehen dem Tod für den gemeinsamen Staat einen Sinn. In der Nachkriegszeit gewährte der Zugang zum Kreis der Leidenden sowie der Zugang zum Kreis der Helden konkrete Privilegien. Wer die Leidenden und wer die Helden waren, sahen die Besucher auf der Wanderausstellung der Staatlichen Kommission. Aus Tausenden von Fotografien und Motiven setzte sich das Bild der leidenden Bevölkerung als Symbol des systematisch verbrecherischen Charakters der Besatzung fest. Keine Opfergruppe war dadurch aus der Erinnerung ausgeschlossen. Hingerichtet wurden alle Nichtfaschistinnen und -faschisten, unabhängig von ihrer ethnischen, nationalen oder religiösen Herkunft.

Die Ausstellung der Staatlichen Kommission verlieh dem Leiden der Opfer einen höheren Sinn. Sie klagte aber auch an und forderte Vergeltung. Unter der Parole „Die Gerechtigkeit erreicht die Schlächter des jugoslawischen Volks, die sich jetzt in den Händen unserer Volksgewalt befinden" waren Bilder von deutschen, kroatischen und serbischen Offizieren und Politikern gruppiert.[38] Alle diese Männer waren bereits inhaftiert und warteten auf ihren Prozess. Alle wurden von den Alliierten nach Jugoslawien ausgeliefert. Unter ihnen befanden sich der SS-Brigadeführer und Generalmajor der Waffen-SS August Schmidhuber, der General Alexander Löhr, der Belgrader Kriegsbürgermeister und Polizeichef Dragomir Jovanović oder Blaž Lorković, der als Gesandter des Unabhängigen Staats Kroatien in der Slowakei tätig war.

Auf einer zweiten Tafel, die unter der Parole „Die Verbrecher begingen die Verbrechen gemeinschaftlich, aber sie werden alle eine gerechte Strafe erhalten"[39] stand, wurden die Bilder von Angeklagten vor dem Hauptkriegsverbrechertribunal in Nürnberg gezeigt. Die Verknüpfung der jugoslawischen Prozesse mit dem IMT sollte den ersten eine größere Legitimität verleihen

---

36   Kerenji, Jewish citizens, 100.
37   Faust, This Republic of Suffering, Pos. 137.
38   USHMM, AJ Fonds 110, RG-49.005M, Reel 29, 32–559.
39   USHMM, AJ Fonds 110, RG-49.005M, Reel 29, 32–560.

und hervorheben, dass die jugoslawischen Behörden an internationalen Entwicklungen partizipierten.

Die Ausstellung sollte aufklären, illustrieren und legitimieren. Wie Jakov Blažević in seinem Ärger über die Verflechtungen der Katholischen Kirche mit dem Besatzungsregime betonte, sollten die großen Kriegsverbrecherprozesse auch dazu dienen, dem „Volk" die Verbrechen des Klerus vor Augen zu führen und damit einen „Selbstreinigungs-Prozess" der Kirche anstoßen.[40] Der Anspruch war, dass „das Volk" über die Verbrecher urteilte, und zwar nicht nur in Prozessen vor Gerichten. Jede und jeder sollte die Verbrechen verurteilen. Die große Ausstellung über die Kriegsverbrechen brachte die Gründe für die Anklagen in die jugoslawische Provinz. Sie lieferte die Beweise und sollte den Prozess der Abwendung der jugoslawischen Bevölkerung von den „Verführern" anstoßen. Sie legitimierte aber auch das Vorgehen der neuen Machthaber gegen die vermeintlichen Täter und gegen ethnisch definierte Tätergruppen.

Auch wenn zahlreiche Besucherinnen und Besucher den Tätern nach dem alttestamentlichen Prinzip, Gleiches mit Gleichem zu vergelten, schlicht den Tod wünschten, fanden sich in vielen Kommentaren auch Forderungen nach Prozessen gegen die Kriegsverbrecher. Insbesondere die Frage der Auslieferung schien viele zu bewegen. Die Gerechtigkeit, sodass Echo dieser Beiträge, könne nur erfolgen, wenn die Schuldigen vor jugoslawischen Gerichten für ihre Verbrechen eine gerechte Strafe bekämen.[41] Dass es Kriegsverbrecher gab, die noch in Freiheit lebten, bewegte viele, und sie forderten ihre rasche Verhaftung sowie eine „gerechte Strafe" oder „eine verdiente Strafe".[42] Was war aber eine „gerechte Strafe"? „Blut für Blut – Tod für Tod" forderten die Frauen der Antifaschistischen Front, eine Adaptation sowjetischer Parolen von Krasnodar.[43] Waren die „Galgen für Täter" oder war der „Wiederaufbau unseres Landes"[44] die schlimmere Rache? Und durch wen sollte die „Rache" erfolgen? Die Aufforderung nach Reziprozität überrascht nicht, war sie als Reaktion auf massive Gewaltanwendung häufig anzutreffen.[45] Ein „Partisan" stellte fest, dass es nicht ausreiche, auf den Wänden „Tod dem Einen" oder „Tod dem

---

40 Javni tužitelj Hrvatske, Zagreb izvješćuje Javnog tužitelja DF Jugoslavije, Beograd o političkim prilikama u Hrvatskoj i ukazuje na niz poteškoća, nastalih uz ostalo i samovoljom JA, OZN-e, Narodne milicije i raznih organa „narodnih" vlasti, in: Dizdar, Partizanska i komunistička represija, Bd. 2, 527.

41 USHMM, RG-49.005M, Reel 29, Nr. 32–263; USHMM, RG-49.005M, Reel 29, Nr. 32–306.

42 USHMM, RG-49.005M, Reel 29, Nr. 32–267.

43 USHMM, RG-49.005M, Reel 29, Nr. 32–278; Schulmeister-André, Internationale Strafgerichtsbarkeit unter sowjetischem Einfluss, 142.

44 USHMM, RG-49.005M, Reel 29, Nr. 32–276.

45 Bertram Turner / Günter Schlee, Einleitung, in: Schlee, Vergeltung, 10.

Anderen" zu schreiben, weil das die Millionen von Opfern nicht befriedige.[46]
Ein anderer Besucher wünschte sich, dass „unsere Richter bei der Verurteilung
von Verbrechern, ihre Bestialität stets vor den Augen haben und die Entarteten
möglichst streng bestrafen."[47] Mehrheitlich forderten die Besucherinnen und
Besucher jedoch ein geordnetes juristisches Vorgehen bei der Durchführung
von „Rache" oder von „Vergeltung". Die Richter sollten die Schwere der Schuld
feststellen und die Verbrecher sollten sich für ihre Taten vor Gerichten verantworten. Die Besucherinnen und Besucher erwarteten von diesen Prozessen
„Trost", „Gerechtigkeit" sowie „eine Schmerzminderung" für die zahlreichen
Opfer und für die Überlebenden.[48]

Aus den Eintragungen wird auch die erfolgreiche ideologische Implementation des Begriffes „unser Volk" sichtbar. Zahlreiche Besucher forderten die
Prozesse im Namen des „Volks", weil sie sich als Teil dieses „Volks" fühlten.
Ihren individuellen Wunsch nach Vergeltung rechtfertigten sie kollektiv, als
ein Recht, das ihrem „Volk" zustand.[49]

Albert Vajs fühlte sich auch als Teil dieses Volks. In Nürnberg schrieb er: „Ich
gehöre dem Land und dem Volk an, in dem ich geboren wurde. Ich fühle mich
dem großen und neuen Streben dieses Landes und dieses Volks zugehörig."[50]
Und er fragte sich, ob sein starkes Engagement in Nürnberg mit seiner Pedan-
terie zusammenhänge, mit seinem Wunsch nach Rache oder dem Bedürfnis,
die Verbrecher zu enttarnen und zu ihrer strengen und gerechten Bestrafung
beizutragen. Vajs vermutete, dass alles eine Rolle spiele.

Betrachten wir den jugoslawischen strafrechtlichen und narrativen
Umgang mit Kriegsverbrechen, fällt ebenfalls eine Vielzahl von Motiven und
Entwicklungen auf, von Akteuren und Institutionen, die zur unterschied-
lichen Zeit, in unterschiedlichen Zusammenhängen stärker in den Vorder-
grund traten und eine Rolle spielten. Während des Kriegs beeinflusste das
Kriegsgeschehen die Diskussionen und die Entwicklung von Recht. Sowohl in
London, bei der Exilregierung, als auch innerhalb der Partisanenführung fan-
den sich engagierte Juristen, die sich an internationalen Debatten beteiligten.
Juristen, die internationale Vorgaben rezipierten und in das neue Recht integrierten. War das Partisanenrecht unübersehbar vom sowjetischen Recht und
Trainins Ideen beeinflusst, kann in der späteren Entwicklung die Bedeutung

---

46 USHMM, RG-49.005M, Reel 29, Nr. 32–284.
47 USHMM, RG-49.005M, Reel 29, Nr. 32–303.
48 USHMM, RG-49.005M, Reel 29, Nr. 32–320; 32–318; etc.
49 USHMM, RG-49.005M, Reel 29, Nr. 32–307; USHMM, RG-49.005M, Reel 29, Nr. 32–308;
    USHMM, RG-49.005M, Reel 29, Nr. 32–311, Nr. 32–431; Nr. 32–444.
50 Vajs, Dnevnik, 16. Alle folgenden Zitate Vajs' sind dieser Quelle entnommen.

der UNWCC beim Wissenstransfer von London nach Belgrad und in die jugoslawische Provinz nicht übersehen werden. Jugoslawien war Mitglied dieses „ersten globalen völkerrechtlichen Netzwerks".[51] Über seine Delegierten
beeinflusste seine politische Führung die Entstehung neuer Normen insoweit,
dass sie mit anderen kleineren Staaten Allianzen schmiedeten und für eine
starke Ausweitung des Völkerrechts kämpften. In dieser Hinsicht standen sie
in Tradition der Commission of Responsibilities und des Völkerbundes.

Weder in London noch in Nürnberg traten die jugoslawischen Vertreter
besonders hervor, im Gegensatz zu ihren tschechoslowakischen oder polnischen Kollegen. Ečer und Piotrowski. Aber sie gingen mit und beteiligten
sich an gemeinsamen Initiativen. Im Mittelpunkt ihrer Arbeit stand jedoch
der Wissenstransfer nach Jugoslawien. Das ist nicht verwunderlich. Das Land
war durch Krieg und Bürgerkrieg stark zerstört. Der von den Kommunisten
angestrebte Regimewechsel verkomplizierte die ohnehin schwierige Situation.
Da half es, dem Weg zu folgen, den auch die anderen Alliierten eingeschlagen
hatten. Die internationale Akzeptanz einer Norm verlieh ihr nach innen eine
größere Legitimität. Bei der Ahndung von Kriegsverbrechen ging es in Jugoslawien daher nie nur um Rache oder um Abrechnung mit den potenziellen
politischen Gegnern. Diese Dimension spielte eine Rolle – andere Faktoren
waren ebenfalls von großer Bedeutung.

Der Umgang mit Kriegsverbrechen war in allen Diskussionen eng mit Fragen von Legitimität, Macht und Moral verknüpft. Es ging um die Grenzen
legalen und illegalen Verhaltens im Krieg, um legitime und illegitime Gewaltanwendung, es ging um die Frage, wer zu „unserem Volk" gehörte und wer
überhaupt das Recht und die Legitimität hatte, dieses Volk zu vertreten. Die
Antwort aus dem Widerstand war eindeutig. Jede Beteiligung an der Kriegs-
maschinerie der Besatzer und ihrer Unterstützer wurde als Beteiligung am
Mord, an der Vernichtung „unseres Volks", am Raub seines Eigentums interpretiert. Diese Interpretation war das moralische und juristische Vermächtnis
des Widerstandes und hatte nicht nur großen Einfluss auf den juristischen
Umgang mit Kriegsverbrechern. Sie war das Fundament des Zweiten Jugoslawien. Deshalb war die Ahndung von Kriegsverbrechen in Jugoslawien
immer stark mit Politik verschränkt. Im Kern ging es um die Frage, wer zur
jugoslawischen Gesellschaft, zu „unserem Volk", gehören sollte und wer nicht.

Die juristische Aufarbeitung der Kriegsverbrechen war regional sehr unterschiedlich. Ebenso unterschied sich die Ahndung der Verbrechen der Besatzer
von der juristischen Aufarbeitung der Verbrechen einheimischer Gruppen und

---

51   Form, Die Ahndung in den westlichen Besatzungszonen, 25.

Personen, die mit den Besatzern kooperierten. Auch in dieser Hinsicht weist der jugoslawische Fall Ähnlichkeiten mit anderen europäischen Fällen wie Polen oder den Niederlanden auf.[52] Jugoslawische Ermittler und Mitarbeiter verschiedener Kommissionen taten ihr Bestes, um Täter vor Gericht zu bringen. Im Mittelpunkt ihrer Verfahren standen jedoch nicht die Angeklagten, sondern die Zeugen. In den großen Prozessen, die alle Merkmale von Tribunalen aufwiesen, waren die Zeugen, wie Douglas für den Eichmann-Prozess betonte, Zeugen der Geschichte.[53] In den kleinen, lokalen Prozessen waren sie Augenzeugen. Ohne ihre Zeugenschaft hätte es viele Prozesse nicht gegeben. Weil sie überlebt hatten, flossen ihre Stimmen in die große Erzählung vom Leiden der jugoslawischen Bevölkerung ein. Durch die Ahndung der Kriegsverbrechen, durch die Arbeit der Staatskommission und ihrer regionalen Ableger bekam das Überleben einen neuen Sinn und die Überlebenden eine neue Aufgabe.

Im Juli 1993 schockierte das Oberste Gericht Israels die Nation, als es den Angeklagten John Demjanjuk von der Anklage freisprach, Massenmörder „Iwan der Schreckliche" gewesen zu sein, der während des Zweiten Weltkriegs im Vernichtungslager Treblinka Tausende von Juden ermordet hatte.[54] Insbesondere Shoah-Überlebende, die vor Gericht ausgesagt hatten, fühlten sich von Israel im Stich gelassen. Sie litten darunter, dass die Richter ihnen nicht glaubten. Im Jugoslawien der Nachkriegszeit waren die Richter, die Angeklagten, die Mitglieder der Kriegsverbrecherkommissionen oft Überlebende oder Widerstandskämpfer. Sie urteilten über Menschen, die ihre Familienangehörigen, Freunde, Nachbarn, Kollegen oder Kameraden auf dem Gewissen hatten. In der Regel glaubten sie den Zeugen, auch wenn sie gelegentlich anders entschieden. Waren die jugoslawischen Prozesse also, wie oft unterstellt wird, in doppelter Hinsicht Prozesse einer „Siegerjustiz"? Wurden sie von den Kriegsgewinnern aus der Perspektive der Nachkriegszeit organisiert, ohne die Umstände des Kriegs und die Tatsache zu berücksichtigen, dass nicht alle den Mut zum Widerstand hatten, wie der Verteidiger Ivo Politeo im Stepinac-Prozess argumentierte?[55] Mit Blick auf die Umsetzung zahlreicher Amnestiedekrete deutet

---

52   Prusin, Justice behind the Iron Curtain, 248.

53   Douglas, The Right Wrong Man, 107. Über die Bedeutung der Zeugenschaft für die Erinnerung an den Zweiten Weltkrieg und den Holocaust siehe: Emmanuel Alloa, Umkämpfte Zeugenschaft. Der Fall Serena N. im Brennpunkt von Holocaust-Forschung, Psychoanalyse und Philosophie, *DZ Phil* 97 (2019) 6, 1008–1023.

54   Douglas, The Right Wrong Man, 95.

55   Iz stenografskih bilježaka s glavne rasprave 30.IX.,1.,2.,3.X.1946., in: Milan Stanić (Hg.), Suđenje Lisaku, Stepincu, Šaliću i družini, ustaško-križarskim zločincima i njihovim pomagačima (Zagreb: 1946), 444.

vieles darauf hin, dass die neuen Machthaber vom Postulat des Widerstandes ausgingen. Gleichzeitig sprach aus Sicht der Kommunistischen Partei vieles gegen eine gründliche juristische und historische Aufarbeitung der Verbrechen des jugoslawischen Bürgerkriegs und der Verbrechen einheimischer kollaborierender Einheiten. Für die Integration der jugoslawischen Nach-Bürgerkriegsgesellschaft war es wichtig, den multinationalen Charakter der Widerstandsbewegung zu betonen, alle jugoslawischen Nationen als „Opfer des Faschismus" darzustellen und die Verantwortung für die Verbrechen einer kleinen, klar definierten Gruppe von Personen zuzuweisen. Auch wenn die beiden Dimensionen der Bestrafung, die politische und die juristische, in Jugoslawien eng miteinander verwoben waren, zeigen die lokalen Prozesse, dass sich nicht nur die „Verführer", sondern auch die „Verführten" vor Gericht verantworten mussten.

In diesem Zusammenhang ist die Bedeutung der Staatskommission und ihrer regionalen Unterkommissionen nicht zu unterschätzen. Ihre Mitarbeiter haben die Kriegsverbrechen dokumentiert. Sie haben Opfer und Täter identifiziert. Sie gaben Überlebenden die Möglichkeit, ihre Geschichte zu erzählen. Sie erfassten die Kriegsschäden und erstellten Listen der Toten, der zerstörten Güter, der Täter. Ihre Bilder, ihre Dokumente, ihre Akten bildeten die Grundlage für die juristische Ahndung von Kriegsverbrechen, nicht nur als Grundlage für die Strafverfolgung, sondern auch als Beweismittel vor Gericht. Sie bildeten auch die Grundlage für die narrative Aufarbeitung des Zweiten Weltkriegs in Jugoslawien, die eine moralisch-politische Neuorientierung zum Ziel hatte.

Der besondere Charakter der Besatzung Jugoslawien, die Zerstückelung und die damit verbundene Auflösung des Staats, der Bürgerkrieg und die radikale politische Transformation des Systems führten dazu, dass in unterschiedlichen Regionen Jugoslawiens der Zweite Weltkrieg unterschiedliche Ausprägungen annahm. Für die Kommunistische Partei war es daher nicht nur wichtig, wie Emil Kerenji betonte, die jugoslawische Bevölkerung davon zu überzeugen, dass alle jugoslawischen Nationen ihre Täter und Opfer hatten.[56] Es war wichtig, die jugoslawische Bevölkerung als eine Leidensgemeinschaft zu konstituieren. Gleichzeitig verschob die massive und illegale Gewaltanwendung der Besatzer und ihrer Unterstützer die Grenzen der eigenen moralisch gerechtfertigten Vergeltung. Der narrative Umgang mit dem Gegner folgte zum Teil ähnlichen Mustern: Der narrative Umgang mit dem Gegner folgte zum Teil ähnlichen Mustern: Es ging darum, den Anderen zu einer Gemeinschaft der „Anderen" zu konstituieren, ihn zu entmenschlichen und auszugrenzen. Der

---

56   Kerenji, Jewish citizens of Socialist Yugoslavia, 100.

Primat des Kollektivs kam insbesondere im jugoslawischen Einsatz für die Völkermordkonvention zum Tragen. „Crimes against humanity" implementierte Jugoslawien nicht in sein Strafrecht. „Crimes against people",[57] als Genozid verstanden, standen im Vordergrund. Es war nur folgerichtig, dass Albert Vajs und Milan Bartoš vor dem IMT und der UN-Vollversammlung für diese neue Rechtsnorm eintraten.[58]

Wie in anderen alliierten Staaten ließ in Jugoslawien das Interesse an der Ahndung von Kriegsverbrechen nach 1948 nach. Die Auflösung der UNWCC und der Staatlichen Kommission sowie ihrer Unterkommissionen beschleunigte den Prozess. Albert Vajs hatte diese Entwicklung vorhergesagt und die Arbeit der Staatlichen Kommission bis zu ihrer Abwicklung vorangetrieben.[59] Die Ermittlungen waren, wie wir am Beispiel der bosnisch-herzegowinischen Landeskommission gesehen haben, bis 1948 größtenteils abgeschlossen. Viele Anklageerhebungen blieben jedoch folgenlos, national wie international. Warum der Prozess der Auslieferung trotz internationaler Vereinbarungen stockte, lässt sich vermutlich mit dem Kalten Krieg erklären. Genau wissen wir das nicht. Die Beantwortung dieser Frage bleibt weiterer Forschung vorbehalten. Solange die Akten des Geheimdienstes noch unzugänglich bleiben, kann eine Analyse der Kriegsverbrecherprozesse in Jugoslawien nur in Teilaspekten erfolgen. Die Ergebnisse dieser Arbeit belegen jedoch, dass die jugoslawische Kriegsverbrecherpolitik weitaus komplexer war als angenommen. Es entsteht ein mosaikartiges und vielschichtiges Bild, das in Facetten Gerechtigkeit und Unrecht, Vergeltung und Amnestie, Integration und Ausschluss einschließt.

---

57 Für diesen Hinweis ist die Autorin Raluca Grosescu dankbar.
58 UN Archives, Committee on the Progressive Development of International Law and its Codification, Meetings Nr. 28, 72, 75, 78, 79, 80, 82, 84, 85, 86, A.AC.6.SR-72 bis A.AC.6.SR-86.
59 Vajs, Rad komisije, 392.

Quellen- und Literaturverzeichnis

Ungedruckte Quellen

Arhiv Jugoslavije (Archiv Jugoslawiens, AJ), Belgrad
  Fonds 110 Državna komisija za utvrđivanje zločina okupatora i njihovih pomagača
Arhiv Srbije (Archiv Serbiens, AS), Belgrad
  Fonds Živojin Perić 1925–1944
Hrvatski državni arhiv (Kroatisches Staatsarchiv, HDA), Zagreb
  Fonds Hrnčević, HR-HDA-1036
  Fonds Blažević, HR-HDA-1007
  Fonds Politeo, HR-HDA-416
  Fonds Služba državne bezbjednosti (SDS), HR-HDA-1491
  Fonds Budak, HR-HDA-1011
Arhiv Hrvatskog Povijesnog Muzeja (Archiv des Kroatischen Historischen Museums, APM), Zagreb
  Fonds Narodnooslobodilačka borba
  Fonds Ostavština Tomislava Sertića, Nr. 10985
Arhiv Bosne i Hercegovine (Archiv Bosnien-Herzegowinas, ABiH), Sarajevo
  Fonds Zemaljska komisija za BiH za utvrđivanje zločina okupatora i njihovih pomagača
United States Holocaust Memorial Museum, USHMM
  RG-67.041, United Nations War Crimes Commission records
  RG-49.005, State Commission for the Investigation of Crimes Committed by the Occupiers and their Collaborators
  RG-49.012, Selected Records from the Military Archives of the Ministry of Defense of the Republic of Serbia Related to the Criminal Investigation of War Crimes on the Territory of Yugoslavia during World War II
  RG-49.004, Yugoslav Government in Exile
Hoover Institution Library and Archives, HA
  Milanovic (Vladimir) papers (Nr. 70078)
  Gavrilovic (Milan) papers (Nr. 76072)
United Nations Archive, UNA
  United Nations War Crimes Commission Records (S-1848)
  London International Assembly (S-1848–0039–0001)
  Committee on the Progressive Development of International Law and its Codification
USC Shoah Foundation Visual History Archive, USC

Národní archiv (Nationalarchiv, NA), Prag
  Fonds 615, Úřad československého delegáta v komisi pro stíhání válečných zločinců, 1942–1949.
The National Archives, London
  Secret Intelligence Files, BBC Monitoring Service and the Joint Intelligence Committee (JIC), FO 1093/343.
Historijski muzej (Historisches Museum, HM), Sarajevo
  Fonds NOB, Teror i zločini

Gedruckte Quellen, digitalisierte Quellen

Albahari, Nisim (Hg.), Sarajevo u revoluciji, 4. Bde. (Sarajevo: Istorijski arhiv 1976–1981).
Arendt, Hannah, The Origins of Totalitarianism (Cleveland u.a.: World Publ. 1966).
Arhiv Filmske novosti (Archiv Filmnachrichten), Belgrad, Maršal Tito govori o 27. Martu 1941, FN 3/1945, hier nach https://www.youtube.com/watch?v=1NUKRP2-PAk (überprüft am 21.1.2022).
Blažević, Jakov, Tražio sam crvenu nit (Zagreb: Zagreb 1976).
Churchill, Winston, The Unrelenting Struggle (London: Cassell 1942).
Čanković, Miodrag (Hg.), Sarajevo u Socijalističkoj Jugoslaviji. Od oslobođenja do samoupravljanja (Sarajevo: Istorijski arhiv 1988).
Čekić, Smail, Genocid nad Bošnjacima u drugom svjetskom ratu. Dokumenti (Sarajevo: MAG 1998).
Čolaković, Rodoljub, Zapisi iz oslobodilačkog rata, 3 Bde. (Zagreb: Naprijed 1961).
Dany, Zoltán, Der Kadaverräumer (Berlin: Suhrkamp 2018).
Davičo, Oskar, Basch Tschelik, übersetzt aus dem Serbokroatischen von Miodrag Vukić und Franz Mon, in: *Die Zeit* vom 27.8.1965, hier aus: https://www.zeit.de/1965/35/basch-tschelik/komplettansicht (überprüft am 2.6.2019).
Dedijer, Vladimir / Miletić, Antun (Hg.), Genocid nad Muslimanima: Zbornik dokumenata i svjedočenja (Sarajevo: Svjetlost 1990).
Dimić, Ljubodrag (Hg.), Zapisnici sa sednica Ministarskog saveta Kraljevine Jugoslavije 1941–1945 (Beograd: Službeni list 2004).
Dizdar, Zdravko (Hg.), Partizanska i komunistička represija i zločini u Hrvatskoj: dokumenti, 4 Bde. (Slavonski Brod 2005–2008).
Đilas, Milovan, Der junge Revolutionär. Memoiren 1929–1941 (Wien / München: Molden 1976).
Đilas, Milovan, Der Krieg der Partisanen. Memoiren 1941–1945 (Klagenfurt: Sisyphus 2016).
Đilas, Milovan, Tito: eine kritische Biographie (Wien: Modlen 1980).
Ečer, Bohuslav, Jak jsem je stíhal (Prag: Naše Vojsko 1946).

Foreign Relations of the United States: Diplomatic Papers, 1945, Europe, Volume V.

Geršković, Leon (Hg.), Dokumenti o razvoju narodne vlasti: priručnik za izučavanje istorije narodne vlasti na fakultetima, školama i kursevima (Beograd: Prosveta 1948).

Grol, Milan, Londonski dnevnik: 1941–1945 (Beograd: Filip Višnjić 1990).

History of the UNWCC and the Development of the Laws of War (London: H.M. Stationery Office 1948).

Hrnčević, Josip, Svjedočanstva (Zagreb: Globus 1984).

Humo, Olga, Sve to bilo je naivno i dirljivo, *Nin* vom 15.2.2007, 83.

Jaspers, Karl, Die Schuldfrage. Von der politischen Haftung Deutschlands (München: Piper ⁴1987).

Jergović, Miljenko, Sarajevo, plan grada (Zaprešić: Fraktura 2015).

Kadelburg, Lavoslav (Hg.), Albert Vajs. Spomenica (Beograd: Savez jevrejskih opština 1965).

Law reports of Trials of War criminals (London: United Nations War Crimes Commission 1947–1949).

Lopičić Jančić, Jelena (Hg.), Albert Vajs. (1905–1964): život i delo (Beograd: Altera 2014).

Maclean, Fitzroy, Eastern Approaches (London: Cape 1949).

Mataić, A. (Hg.), Nezavisna država Hrvatska Zakoni, zakonske odredbe i naredbe i. t. d. Proglašene od 21. studena do 6. prosinca 1941. Bd. IX. (Zagreb: St. kugli 1942).

Mataušić, Nataša (Hg.), Jasenovac: fotomonografija (Jasenovac: Spomen-Područje Jasenovac 2008).

Meštrović, Ivan, Uspomene na političke ljude I događaje (Zagreb: Matica Hrvatska 1969).

Miletić, Antun (Hg.), Koncentracioni logor Jasenovac: 1941–1945, dokumenta, 3 Bde. (Beograd: Narodna knjiga 1986–1987).

Mitrović, Mitra, Ratno putovanje (Beograd: Prosveta 1962).

Nanić, Kemal, Mojih prvih devedeset (Sarajevo: Preporod 2015).

Nešović, Slobodan (Hg.), Prvo i drugo zasedanje AVNOJ-a: 26. i 27. novembra 1942,29. i 30. novembra 1943 (Beograd: Prosveta 1983).

Nešović, Slobodan (Hg.), Zakonodavni rad pretsedništva Antifašističkog veća narodnog oslobođenja Jugoslavije i Pretsedništva privremene vlade Narodne skupštne DFJ (Beograd: Prezidium Narodne skupštine 1946).

Nušić, Branislav, Sabrana dela Branislava Nušića (Beograd: Geca Kon 1936).

Ohrugić, Ilija, Napitnica, in: Južno-slovjenske narodne popievke: Chansons nationales des slaves du sud (Zagreb 1881).

Pavlović, Kosta St., Ratni dnevnik 1941–1945 (Beograd: Službeni glasnik 2011).

Pejanović, Đorđe (Hg.), Stanovništvo Bosne i Hercegovine (Beograd: Naučna knjiga 1955).

Petrović, Petar Njegoš, Pisma, hier nach https://www.rastko.rs/rastko-cg/umjetnost/ppnjegos-pisma.html (überprüft am 26.4.2019).

Pijade, Moše, Izabrani govori i članci 1941–1947 (Beograd: Kultura 1948).

Pijevac, Komnen / Jončić, Dušan. Zapisnici sa sednica Ministarskog saveta Kraljevine Jugoslavije 1941–1945 (Beograd: Službeni list 2004).

Punishment for war crimes. Collective Notes Presented to the Governments of Great Britain, the US.S.S.R. and the U.S.A. and relative correspondence (London: His Majesty`s Stationery Office 1942).

Punishment for War Crimes – the Inter-Allied Declaration signed at St. James's Palace London on 13th January and relative documents (London: H.M. Stationery Office for the Inter-Allied Information Committee 1942).

Rad zakonodavnih odbora Predsedništva Antifašističkog veća narodnog oslobođenja Jugoslavije i Privremene narodne skupštine DFJ, 3 apr. – 25 okt. 1945: po stenografskim beleškama i drugim izvorima (Beograd: Jugoslovensko štamparsko preduzeće 1951).

Redžić, Enver (Hg.), Zemaljsko Antifašističko vijeće Narodnog oslobođenja Bosne i Hercegovine (ZAVNOBiH). Dokumenti 1943–1944, (Sarajevo: Veselin Masleša 1968).

Report of Robert H. Jackson, United States Representative to the International Conference on Military Trials (London: Department of State 1945).

Reports of Commission I (formerly Commission II) on the Trial and Punishment of War Criminals (London: London International Assembly 1943).

Romano, Jaša, Jevreji Jugoslavije 1941–1945: žrtve genocida i učesnici NOR (Beograd: Savez Jevrejskih Opština Jugoslavije 1980).

Romano, Jaša, Jevreji u logoru na Rabu i njihovo uključivanje u Narodnooslobodilački rat, in: Studije i građa o učešću Jevreja u narodnooslobodilačkom ratu, Bd. 2 (Beograd: Jevrejski istorijski muzej 1973).

Roosevelt, Franklin D., Statement Denouncing the Nazi Murder of French Hostages, in: The American Presidency Project, https://www.presidency.ucsb.edu/node/210161 (überprüft am 21.3.2021).

Selimović, Meša, Sjećanja: memoarska proza (Sarajevo: Svjetlost 1983).

Selimović, Meša, Tišine (Sarajevo: Svjetlost 1972).

Spasić, Živojin (Hg.), Tako je rođena nova Jugoslavija: Zbornik sjećanja učesnika drugog zasjedanja AVNOJ-a (Jajce: Muzej AVNOJ-a, 1969).

Stalin, J. W., Werke, Bd. 14, Februar 1934 – April 1945 (Dortmund 1976).

Stanić. Milan (Hg.), Suđenje Lisaku, Stepincu, Šaliću i družini, ustaško-križarskim zločincima i njihovim pomagačima (Zagreb: 1946).

Stanovništvo po veroispovesti i maternjem jeziku po popisu od 31. marta 1931. Pregled po opštinama (Beograd: Državna štamparija 1938).

Stefanović, Momčilo (Hg.), Potpis: Tito. „Bili smo Titovi šifranti". Kazivanja Branke i Pavla Savića (Zagreb: Globus 1980).

Stošić, Verica M. / Vukliš, Vladan (Hg.), Ustaški stožer za Bosansku Krajinu. Studija Milana Vukmanovića i izbor iz građe (Banja Luka Arhiv Republike Srpske 2017).

Studije i građa o učešću Jevreja u narodnooslobodilačkom ratu, 3Bde. (Beograd: Jevrejski istorijski muzej 1973).

Šarenac, Rajko (Hg.), Hercegovina u NOB: pišu učesnici (Beograd: Vojnoizdavački u novinski centar 1986).

Štoos, Pavao, Domorodna matica, *Danica Ilirska* 1844–1845–1846 (neue Ausgabe Zagreb: Liber 1971).

Šuvar, Mira (Hg.), Vladimir Velebit. Svjedok historije (Zagreb: Razlog 2001).

Taylor, Telford, The Anatomy of the Nuremberg Trials: a Personal Memoir (New York: Knopf 1992).

The Trial of Dragoljub-Draža Mihailović. Stenographic Record and Documents from the Trial of Dragoljub-Draža Mihailović (Belgrade: Union of the Journalists' Associations 1945).

Trainin, Aron, Hitlerite Responsibility Under Criminal Law (London: Hutchinson 1945).

Treće zasedanje AVNOJ-a i zasedanje PNS. Stenografske beleške (Beograd: Savezna skupština 1945).

Trgo, Fabijan (Hg.), Zbornik dokumenata i podataka o NOR-u jugoslovenskih naroda. 15 Bde. (Beograd: Vojno delo 1949–1986).

Trial of the Major War Criminals before the International Military Tribunal, 42 Bde. (Nuremberg 1948).

Ustavotvorni odbori Savezne skupštine i Skupštine naroda. Stenografske beleške (Beograd: Narodna skupština 1946).

Užička republika. Zbornik sećanja (Užice: Narodni muzej – Muzej ustanka 1981).

Velebit, Vladimir, Moj život (Zagreb: Fraktira 2017).

Verbrechen der Wehrmacht. Dimensionen des Vernichtungskrieges 1941–1945. Ausstellungskatalog (Hamburg: Hamburger Institut f. Sozialforschung 2021).

Vujošević, Radomir (Hg.), Dokumenti centralnih organa KPJ, NOR i revolucija (1941–1945) (Beograd: Centar Komunist 1985–1989).

Zatezalo, Đuro (Hg.), „Radio sam svoj seljački i kovački posao". svjedočanstva genocida (Zagreb: SKPD Prosvjeta 2005).

Zečević, Miodrag / Popović, Jovan (Hg.), Dokumenti iz istorije Jugoslavije. Državna komisija za utvrđivanje zločina okupatora i njegovih pomagača iz Drugog svetskog rata, 4 Bde. (Beograd: Arhiv Jugoslavije 1996–2000).

Zločini na jugoslovenskim prostorima u prvom i drugom svetskom ratu, 2 Bde. (Beograd: Vojnoistorijski institut 1993).

Zeitungen und Zeitschriften

Front slobode, Tuzla

Glas, Bosanska Krajina

Glasnik žive krunice, Travnik

Hrvatska njiva, Zagreb

Hrvatski biografski leksikon, Zagreb

Liječnički vjestnik, Zagreb

Nova Evropa, Zagreb

Oslobođenje, Sarajevo

Politika, Beograd

Proleter, Paris

Saopštenja o zločinima italijanskih i nemačkih okupatora 1–6 (1944–1946).

Službene Novine Kraljevine Jugoslavije. London 1941–1945.

Službeni list DFJ und FNRJ 1945–1948.

Službeni list Savezne Republike Jugoslavije.

The Manchester Guardian, Manchester

The New York Times, New York

Time, New York

Večernje novosti, Sarajevo

Vjesnik, Zagreb

Vreme, Beograd

Sekundärliteratur

30 godina od Uredbe o vojnim sudovima, *Bilten pravne službe* JNA 3 (1974).

Abbenhuis, Maartje / Buttsworth, Sara (Hg.), Monsters in the Mirror: Representations of Nazism in Post-War Popular Culture (Santa Barbara: Praeger, 2010).

Alloa, Emmanuel, Umkämpfte Zeugenschaft. Der Fall Serena N. im Brennpunkt von Holocaust-Forschung, Psychoanalyse und Philosophie, *DZPhil* 67 (2019) 6, 1008–1023.

Anonymous (M. de Baer), The Treatment of War Crimes. III. Punishment of Quislings and Traitors, *Bulletin of International News* 22 (1945) 6, 251–255.

Antipow, Lilia, „Die wahrhaft räuberischen Pläne der hitlerischen Angreifer gegen die Sowjetunion: Zur Eröffnungsrede des sowjetischen Hauptanklägers Roman Rudenko, in: Das Internationale Militärtribunal von Nürnberg 1945/46 (Bonn: BpB 2015), 227–277.

Assmann, Aleida, Erinnerungsräume. Formen und Wandlungen des kulturellen Gedächtnisses (München: Beck 2018).

Auguis, Pierre René, Notice historique sur la vie et les écrits de Chamfort, in: Nicolas Chamfort, Œuvres completes de Chamfort (Paris: Chez Chaumerot Jeune 1824).

Bachmann, Klaus, Vergeltung, Strafe, Amnestie: eine vergleichende Studie zu Kollaboration und ihrer Aufarbeitung in Belgien, Polen und den Niederlanden (Frankfurt a.M.: Lang 2011).

Bachstein, Martin, Der Volkssozialismus in Böhmen: Nationaler Sozialismus gegen Hitler, *Bohemia* 14 (1973), 340–371.

Baranowski, Shelly, Nazi Empire: German Colonialism and Imperialism from Bismarck to Hitler (Cambridge: Cambridge University Press 2011).

Bartulin, Nevenko, The Racial Idea in the Independent State of Croatia: Origins and Theory (Leiden u.a.: Brill 2014).

Bašić, Rade, Doktor Mladen (Beograd: Narodna armija 1969).

Bataković, Dušan, Slobodan Jovanović i Crna ruka, in: Miodrag Jovičić (Hg.), Slobodan Jovanović: ličnost i delo (Belgrad: SANU 1998), 225–231.

Batinić, Jelena, Women and Yugoslav Partisans: a History of World War II Resistance (Cambridge: Cambridge University Press 2015).

Bazyler, Michael, Holocaust, Genocide, and the Law. A Quest for Justice in a Post-Holocaust World (Oxford: Oxford University Press 2017).

Begonja, Zlatko, Okružna komisija za utvrđivanje zločina okupatora i njihovih pomagača Zadar (1944–1946), in: Tado Oršolić (Hg.), Zadar i okolica od Drugog svjetskog rata do Domovinskog rata (Zadar: HAZU 2009), 222–239.

Bergholz, Max, None of us Dared Say Anything: Mass Killing in a Bosnian Community during World War Two and the Postwar Culture of Silence, Dissertation an der Universität Toronto (Toronto: University of Toronto 2010).

Bergholz, Max, Violence as a Generative Force. Identity, Nationalism, and Memory in a Balkan Community (Ithaca / London: Cornell University Press 2016).

Bešlin, Milivoj, Četnički pokret Draže Mihailovića – Najfrekventniji objekat istorijskog revizionizma u Srbiji, in: Momir Samardžić u.a. (Hg.), Politička upotreba istorije: O istorijskom revizionizmu na postjugoslovenskom prostoru (Novi Sad: Tramaxion 2013).

Biehler, Anke, Das Vergewaltigungsverbot im bewaffneten Konflikt: Entwicklung, Definition und Durchsetzung (Berlin: Duncker & Humblot 2017).

Bilsky, Leora / Weinke, Annette (Hg.), Jewish-European Émigré Lawyers: Twentieth Century International Humanitarian Law as Idea and Profession (Göttingen: Wallstein 2021).

Bitunjac, Martina, Verwicklung. Beteiligung. Unrecht. Frauen und die Ustaša-Bewegung (Berlin: Duncker & Humblot 2018).

Blayney, Michael S. Herbert Pell, War Crimes, and the Jews, *American Jewish Historical Quarterly* 65 (1976), 335–352.

Boeckh, Katrin, Zur Religionsverfolgung in Jugoslawien 1944–1953. Stalinistische Anleihen unter Tito, in: Konrad Clewing / Oliver Jens Schmitt (Hg.), Südosteuropa. Von vormoderner Vielfalt und nationalstaatlicher Vereinheitlichung (München: Oldenbourg 2005), 431–461.

Borgwardt, Elizabeth, Re-examining Nuremberg as a New Deal Institution. Politics, Culture and the Limits of Law in Generating Human Rights Norms, *Berkeley Journal of International Law* 23 (2005), 401–462.

Bougarel, Xavier / Grandits, Hannes / Vulesica, Marija (Hg.), Local dimensions of the Second World War in Southeastern Europe (Abingdon / New York: Routledge 2019).

Bougarel, Xavier, La division Handschar: Waffen-SS de Bosnie, 1943–1945 (Paris: Passés Composés 2020).

Bourtman, Ilya: „Blood for Blood, Death for Death": The Soviet Military Tribunal in Krasnodar, 1943, *Holocaust and Genocide Studies* 22 (2008), 246–265.

Brajković, Bogomir, Djelatnost ZAVNOBiH-a u oblasti pravosuđa, *Prilozi* 4 (1968), 351–366.

Brandes, Detlef, Großbritannien und seine osteuropäischen Alliierten 1939–1943. Die Regierungen Polens, der Tschechoslowakei und Jugoslawiens im Londoner Exil vom Kriegsausbruch bis zur Konferenz von Teheran (München: Oldenbourg 1988).

Brandl, Naida Michal, Židovska topografija Zagreba kojeg više nema, *Historijski zbornik* 69 (2016), 91–103.

Brons, Lajos, Othering, an Analysis, *Transcience.* 6 (2015) 1, 69–90.

Browning, Christopher R., Wehrmacht Reprisal Policy and the Mass Murder of Jews in Serbia, *Militärgeschichtliche Zeitschrift* 33 (1983) 1, 31–47.

Brunnbauer, Ulf (Hg.), (Re)Writing History. Historiography in Southeast Europe after Socialism (Münster u.a: Lit 2004).

Bush, Jonathan A., „The Supreme Crime" and its Origins: The Lost Legislative History of the Crime of Aggressive War, *Columbia Law Review* 102 (2002) 8, 2324–2424.

Byford, Jovan, Picturing Genocide in the Independent State of Croatia: Atrocity Images and the Contested Memory of the Second World War in the Balkans (London u.a.: Bloomsbury Academic 2020).

Byford, Jovan, Picturing Jasenovac: Atrocity Photography between Evidence and Propaganda, in: Frübis, Fotografien aus den Lagern, 227–248.

Byford, Jovan, Remembering Jasenovac: Survivor Testimonies and the Cultural Dimension of Bearing Witness, *Holocaust and Genocide Studies* 28 (2014), 58–84.

Calic, Marie-Janine, Geschichte Jugoslawiens im 20. Jahrhundert (München: Beck 2010).

Cazi, Josip, Na političkoj liniji Komunističke partije Jugoslavije. Ujedinjeni radnički sindikalni savez i rad komunista u njemu 1935–1940 (Zagreb: Radničke novine 1978).

Ćemalović, Smail-aga, Die Moslems im Königreich Jugoslawien, *Moslimische Revue* 11 (1935) 1–2, 1–9.

Chlewnjuk, Oleg, Stalin. Eine Biographie (München: Siedler 2015).

Čizmić, Ivan, Fočanski propisi (analiza dokumenata), *Zbornik Radova Pravnog Fakulteta u Splitu* 2 (1964), 167–196.

Clark, Christopher, Sleepwalker: How Europe Went to War in 1914 (London: Allen Lane 2012).

Conze, Eckart u.a., Das Amt und die Vergangenheit: deutsche Diplomaten im Dritten Reich und in der Bundesrepublik (München: Blessing 2010).

Crowe, David (Hg.), Stalin's Soviet Justice: ‚Show' Trials, War Crimes Trials, and Nuremberg (London: Bloomsbury 2019).

Čulinović, Ferdo, Državnopravni razvitak Jugoslavije (Zagreb: Školska knjiga 1963).

Cvetković, Srđan, „Divlja čišenja" u Beogradu 1944, *Hereticus* 1 (2007), 74–105.

Cvetković, Srđan, Između srpa i čekića. Represija u Srbiji 1944–1953 (Beograd: Institut za savremenu istoriju 2005).

Daase, Christopher, Kleine Kriege – große Wirkung. Wie unkonventionelle Kriegsführung die internationale Politik verändert (Baden-Baden: Nomos Verlagsgesellschaft 1999).

Danner, Allison Marston / Martinez, Jenny S., Guilty Associations: Joint Criminal Enterprise, Command Responsibility, and the Development of International Criminal Law, *California Law Review* 93 (2005), 75–169.

Deák, István u.a. (Hg.), The Politics of Retribution in Europe – World War II and Its Aftermath (Princeton / New Jersey: PUP 2000).

Deák, István, Europe on trial. Story of Collaboration, Resistance and Retribution during World War II (Boulder: Westview Press 2015).

Dedijer, Vladimir, Tito: prilozi za biografiju (Beograd: Kultura 1953).

Deicher, Susanne / Maroko, Erik (Hg.), Die Liste. Ordnungen von Dingen und Menschen in Ägypten (Berlin: Kadmos 2015).

Delić, Ante, On the Concealment of Ante Pavelić in Austria in 1945–1946, *Review of Croatian History* 7 (2011) 1, 293–313.

Đilas, Milovan, Tito. Eine kritische Biographie (Wien u.a.: Molden 1980).

Dimić, Ljubodrag, Predgovor, in: Zapisnici sa sednica Ministarskog saveta Kraljevine Jugoslavije 1941–1945 (Beograd: Službeni list 2004), V–XVI.

Dizdar, Zdravko (Hg.), Tko je tko u NDH (Zagreb: Minerva 1997).

Douglas, Lawrence, The Shrunken Head of Buchenwald. Icons of Atrocity at Nuremberg, *Representations* 63 (1998), 39–64.

Douglas, Lawrence, The didactic trial: filtering history and memory into the courtroom, *European Review* 14 (2006) 4, 513–522.

Douglas, Lawrence, The Memory of the Judgment: Making of Law and History in the Trials of the Holocaust (New Haven: CT 2001).

Douglas, Lawrence, The Right Wrong Man. John Demjanjuk and the Last Great Nazi War Crimes Trial (Princeton: Princeton University Press 2016).

Dutoit, Jan / Previšić, Boris, Zwischen Stammesdenken und internationaler Solidarität, in: Zimmermann (Hg.), Brüderlichkeit und Bruderzwist, 73–98.

Ebbinghaus, Angelika (Hg.), Opfer und Täterinnen. Frauenbiographien des Nationalsozialismus (Frankfurt a.M.: Fischer 1996).

Eichenberg, Julia, Legal Legwork: How Exiled Jurists Negotiated Recognition and Legitimacy in Wartime London, 1939–1945, in: Marcus Payk / Kim Christian Priemel (Hg.), Crafting the International Order: Practitioners and Practices of International Law Since c.1800 (Oxford: Oxford University Press 2021), 162–190.

Eichenberg, Julia, London Calling. Adressbücher des britischen Exils im Zweiten Weltkrieg, *Zeithistorische Forschungen/Studies in Contemporary History* 2 (2019), 363–
374, hier nach https://zeithistorische-forschungen.de/2-2019/5734#footnote-022
(überprüft am 12.11.2020).

Eichenberg, Julia, Macht auf der Flucht. Europäische Regierungen in London
(1940–1944), *Zeithistorische Forschungen/Studies in Contemporary History*, Online-
Ausgabe, 15 (2018) 3, 452–473.

Eichenberg, Julia, Crossroads in London on the Road to Nuremberg: The London International Assembly, Exile Governments and War Crimes, *JHIL* (2002) 3, 334–353.

El Zeidy, Mohamed M., The Principle of Complementarity in International Criminal
Law (Leiden / Boston: Martinus Nijhoff Publishers 2008.

Erpel, Simone (Hg.), Im Gefolge der SS: Aufseherinnen des Frauen-KZ Ravensbrück
(Berlin: Metropol 2007).

Esposito, Roberto, Communitas. Ursprung und Wiege der Gemeinschaft (Berlin: 2004).

Evgeny Dobrenko, Die Kunst des Hasses. Der „edle Zorn" und Gewalt in der sowjetischen Kultur der Kriegszeit, in: Susi Frank (Hg.), Bildformeln. Visuelle Erinnerungs-
kulturen in Osteuropa (Bielefeld: transcript 2018), 109–135.

Faust, Drew Gilpin, This Republic of Suffering: Death and the American Civil War
(New York: Knopf 2008).

Felman, Shoshana, The Juridical Unconscious. Trials and Traumas in the Twentieth
Century (Cambridge: Harvard University Press 2002).

Ferhadbegović, Sabina, Vor Gericht. Die Soldaten der Handschar-Division im Nachkriegsjugoslawien, *Südost-Forschungen* 69/70 (2010/11), 228–251.

Ferhadbegović, Sabina / Weiffen. Brigitte (Hg.), Bürgerkriege erzählen. Zum Verlauf
unziviler Konflikte (Konstanz: KUP 2011).

Ferhadbegović, Sabina / Weiffen. Brigitte, Zum Phänomen der Bürgerkriege, in: dies.
(Hg.), Bürgerkriege erzählen. Zum Verlauf unziviler Konflikte (Konstanz: KUP 2011).

Ferhadbegović, Sabina, „Enemies of the People" and „War Criminals" – War Crimes
Tribunals in Yugoslavia after 1945, in: Jochen Böhler / Robert Gerwarth (Hg.), The
Waffen SS: A European History (Oxford / New York: Oxford University Press 2016),
452–471.

Ferhadbegović, Sabina, Das königliche Jugoslawien. Zwischen Gewalt, Auflösung und
Integration, in: Jörg Ganzenmüller / Franz-Josef Schlichting (Hg.), Das lange Ende
des Ersten Weltkrieges. Europa zwischen Gewaltsamer Neuordnung und Nationalstaatsbildung (Weimar: Stiftung Ettersberg 2020), 67–90.

Ferhadbegović, Sabina, Der Prozess gegen Alojzije Stepinac, Jugoslawien 1946, in: Ignor
Groenewold / Arnd Koch (Hg.), Lexikon der Politischen Strafprozesse, https://www.
lexikon-der-politischen-strafprozesse.de/glossar/stepinac-alojzije-1946/ (überprüft
am 23.6.2021).

Ferhadbegović, Sabina, Les actions en justice contre les crimes de la Shoah en Yugoslavie: Évolutions locales et impacts internationeax, in: Audrey Kichelewski / Vanessa Voisin (Hg.), Juger des criminels de guerre à l'est de l'Europe (1943–1991), *Revue d'Histoire de la Shoah* 214 (2021), 97–120.

Ferhadbegović, Sabina, The United Nations War Crimes Commission and the Prosecution of War Criminals in Yugoslavia, JHIL (2022), 373-390.

Ferhadbegović, Sabina, Unter den Galgen. Erinnerung an die deutsche Besatzung in Jugoslawien, Historische Urteilskraft 4 (2022), 52-56.

Ferhadbegović, Sabina / von Lingen, Kerstin / Eichenberg, Julia, The United Nations War Crimes Commission (UNWCC), 1943–1948, and the Codification of International Criminal Law: An Introduction to the Special Issue, JHIL (2022), 305-314.

Feyertag, Karoline, Kunst des Sehens und Ethik des Blicks. Zur Debatte um Georges Didi-Hubermans Buch Bilder trotz allem, in: https://eipcp.net/transversal/0408/feyertag/de.html (überprüft am 29.9.2019).

Finder, Gabriel / Prusin, Alexander, Justice behind the Iron Curtain: Nazis on Trial in Communist Poland (Toronto: University of Toronto Press, 2018).

Fitzpatrick, Georgina u.a. (Hg.), Australia's War Crimes Trials 1945–51 (Leiden: Brill 2016).

Form, Wolfgang / Fischer, Axel, Zur Rolle von Völkermord(en) im Nürnberger Hauptkriegsverbrecherprozess. Eine kritische Analyse, *Einsicht Bulletin des Fritz Bauer Instituts* 16 (2016), 22–28.

Form, Wolfgang, Die Ahndung von Kriegs- und NS-Verbrechen in den westlichen Besatzungszonen Deutschlands nach dem Zweiten Weltkrieg, in: Alyn Beßmann / Reimer Möller (Hg.), Alliierte Prozesse und NS-Verbrechen, *Beiträge zur Geschichte der nationalsozialistischen Verfolgung in Norddeutschland* 19 (2020), 12–27.

Form, Wolfgang, Justizpolitische Aspekte west-alliierter Kriegsverbrecherprozesse 1942–1950, in: Ludwig Eiber / Robert Sigl (Hg.), Dachauer Prozesse – NS-Verbrechen vor amerikanischen Militärgerichten in Dachau 1945–1948 (Göttingen: Wallstein 2007), 41–66.

Forto, Fedžad, „Sarajevo 1945. Uspostava nove vlasti i stvaranje novog identiteta", in: Husnija Kamberović (Hg.), Identitet Bosne i Hercegovine kroz historiju, Bd. 2. (Sarajevo: Institut za istoriju 2011), 105–126.

Foucault, Michael, Die Wahrheit und die juristischen Formen (Frankfurt a.M.: Suhrkamp 2003).

Frei, Norbert (Hg.), Transnationale Vergangenheitspolitik. Der Umgang mit deutschen Kriegsverbrechen in Europa nach dem Zweiten Weltkrieg (Göttingen: Wallstein 2006).

Frübis, Hildegard u.a. (Hg.), Fotografien aus den Lagern des NS-Regimes. Beweissicherung und ästhetische Praxis (Wien u.a.: Böhlau 2020).

Frübis, Hildegard, Einleitung. Beweissicherung und ästhetische Praxis, in: dies. u.a. (Hg.), Fotografien aus den Lagern des NS-Regimes, 7–24.

Gajger, Vladimir, Josip Broz Tito i ratni zločini: Bleiburg, Folksdojčeri (Zagreb HIP 2013).

Geck, Stefan, Das deutsche Kriegsgefangenenwesen 1939–1945 (Mainz: Universitätsbibliothek 2009).

Geiger, Vladimir, Partizanska i komunistička represija i zločini u Lici 1945, *Hereticus* 1–2 (2012), 54–71.

Geiger, Vladimir, Smrtna presuda Vojnog suda Komande grada Zagreba poglavaru Hrvatske pravoslavne crkve u Nezavisnoj Državi Hrvatskoj mitropolitu Germogenu 1945. godine, in: Hans-Georg Fleck / Igor Graovac (Hg.), Dijalog povjesničara-istoričara, Bd. 2 (Zagreb: Friedrich Naumann Stiftung 2000), 569–582.

Gephart, Werner u.a. (Hg.), Tribunale. Literarische Darstellung und juridische Aufarbeitung von Kriegsverbrechen im globalen Kontext (Frankfurt a.M.: Klostermann 2014).

Goda, Norman J.W. (Hg.), Rethinking Holocaust Justice: Essays across Disciplines (New York: Berghahn Books 2018).

Goddi, Federico, The Military Court of Cettigne During the Italian Occupation of Montenegro (1941–1943), in: Emanuele Sica / Richard Carrier (Hg.), Italy and the Second World War: Alternative Perspectives (Leiden / Boston: Brill 2018), 34–50.

Goldstein, Ivo, Jasenovac (Zaprešić: Fraktura 2018).

Goldstein, Ivo, Zagreb 1941–1945 (Zagreb: Novi Liber 2011)

Gordiejew, Paul Benjamin, Voices of Yugoslav Jewry (Albany: State Univ. of New York Press 1999).

Gotter, Ulrich, Abgeschlagene Hände und herausquellendes Gedärm: Das hässliche Antlitz der römischen Bürgerkriege und seine politischen Kontexte, in: Ferhadbegović / Weiffen, Bürgerkriege erzählen, 55–70.

Grahek Ravančić, Martina, Controversies about the Croatian Victims at Bleiburg and in „Death Marches", *Review of Croatian History* 2 (2006) 1, 27–46.

Grahek Ravančić, Martina, Izručenja i sudbine zarobljenika smještenih u savezničkim logorima u svibnju 1945, *Časopis za suvremenu povijest* 41 (2009) 2, 391–416.

Grahek Ravančić, Martina, Izručenja zarobljenika s bleiburškog polja i okolice u svibnju 1945, *Journal of Contemporary History* 39 (2008) 3, 531–550.

Grahek Ravančić, Martina, Izvještaji Zemaljske komisije za utvrđivanje zločina okupatora i njihovih pomagača na području Bjelovara od 1944. do 1947. godine, in: Nada Kisić Kolanović u.a. (Hg.), 1945. – Razdjelnica hrvatske povijesti (Zagreb: Hrvatski institut za povijest 2005), 339–355.

Grahek Ravančić, Martina, Mađari kao neprijatelji: rad Zemaljske komisije za utvrđivanje zločina okupatora i njihovih pomagača Primjer: kotar Bjelovar, *ČSP* 1 (2012), 37–52.

Grahek Ravančić, Martina, Narod će im suditi. Zemaljska komisija za utvrđivanje zločina okupatora i njihovih pomagača za Zagreb 1944–1947 (Zagreb: Hrvatski institute za povijest 2013).

Grahek Ravančić, Martina, Ustrojavanje organa nove vlasti: Državna/Zemaljska komisija za utvrđivanje zločina okupatora i njihovih pomagača – organizacija, ustroj, djelovanje, *Historijski zbornik* 66 (2013) 1, 149–172.

Grehek Ravančić, Martina, Bleiburg i križni put (Zagreb: HIP 2009).

Grimm, Reinhold / Schmidt, Henry J., Bertolt Brecht and „Hangmen also die", *Monatshefte* 61 (1969) 3, 232–240.

Gruner, Martin, Strafverfolgung von Kriegsverbrechen – US-amerikanische Militärgerichtsprozesse gegen KZ-Kommandanten 1945–1948 und die Bedeutung des Common Design, Dissertation an der Universität Augsburg (Augsburg 2020).

Gulińska-Jurgiel, Paulina Gemeinsame oder getrennte Wege? Kontakte zwischen Polen und Westdeutschland zur justiziellen Aufarbeitung von NS-Verbrechen bis zum Beginn der 1970er-Jahre, *Zeithistorische Forschungen* 16 (2019) 2, 300–320.

Gužvica, Stefan, Before Tito. The Communist Party of Yugoslavia during the Great Purge (1936–1940) (Tallinn: TLU Press 2020).

Gužvica, Stefan, Kamilo Horvatin: zaboravljeni kandidat za generalnog sekretara Komunističke partije Jugoslavije, *Historijski zbornik* 72 (2019) 1, 139–164.

Haase, Norbert, Aus der Praxis der Reichskriegsgerichts. Neue Dokumente zur Militärgerichtsbarkeit im Zweiten Weltkrieg, *Vierteljahreshefte für Zeitgeschichte* 39 (191) 3, 379–411.

Hájaková, Anna, What Kind of Narrative is Legal Testimony? Terezín Witness before Czechoslovak, Austrian, and German Courts, in: Norman J.W. Goda (Hg.), Rethinking Holocaust Justice: Essays across Disciplines (New York: Berghahn Books 2018), 71–99.

Halder, Marc, Josip-Broz Tito (1892–1980). Die charismatische Herrschaft des sozialistischen Monarchen in Jugoslawien, in: Martin Sabrow / Susanne Schattenberg (Hg.), Die letzten Generalsekretäre: kommunistische Herrschaft im Spätsozialismus (Berlin: Ch. Links Verlag 2018), 15–36.

Hartouni, Valerie, Visualizing Atrocity: Arendt, Evil, and the Optics of Thoughtlessness (New York: NYUP 2012).

Hicks, Jeremy, First Films of the Holocaust: Soviet Cinema and the Genocide of the Jews, 1938–1946 (Pittsburgh: University of Pittsburgh Press 2012).

Hicks, Jeremy, Was the Left's Thunder Stolen? Soviet Short Films on British Wartime Screens, *Connexe, Les espaces postcommunistes en question(s)* 3 (2018), 113–132.

Hirsch, Francine, Soviet Judgment at Nuremberg: A New History of the International Military Tribunal after World War II (Oxford: Oxford University Press 2020).

Hoare, Marko Attila, Genocide and Resistance in Hitler's Bosnia: the Partisans and the Chetniks, 1941–1943 (Oxford: Oxford University Press 2006).

Hoare, Marko Attila, The Bosnian Muslims in the Second World War: a History (London: Hurst 2013).

Holzer, Anton, Die andere Front. Fotografie und Propaganda im Ersten Weltkrieg (Darmstadt: Primus 2007).

Höpken, Wolfgang, Kriegserinnerung und Kriegsverarbeitung auf dem Balkan. Zum kulturellen Umgang mit Kriegserfahrung in Südosteuropa im 19. und 20. Jahrhundert, *Südosteuropa Mitteilungen* 41 (2001) 4, 371–389.

Höpken, Wolfgang, Von der Mythologisierung zur Stigmatisierung. „Krieg und Revolution" in Jugoslawien 1941–1948 im Spiegel von Geschichtswissenschaft und historischer Publizistik, in: Eva Schmidt-Hartmann (Hg.), Kommunismus und Osteuropa. Konzepte, Perspektiven und Interpretationen im Wandel (München: Oldenbourg 1994), 165–202.

Hory, Ladislaus / Broszat, Martin, Der kroatische Ustascha-Staat 1941–1945 (Stuttgart: Deutsche Verlags-Anstalt 1964).

Hrnčević, Josip, Uredba o vojnim sudovima iz 1944. godine – jedan dokument iz Drvara, *Bilten pravne službe JNA* (1974) 3, 5–13.

Ibler, Mladen, Beograd ne zna što je „Pietà", *Obzor* vom 27.11.1995, 58–60.

Ibler, Mladen, Kornelija Sertić, Prva liječnica koja je diplomirala na Medicinskom fakultetu u Zagrebu, *Liječničke novine* 159 (2007) 5, 87–88.

Ibler, Mladen, Zdenka i Tomislav Sertić – dvije hrvatske sudbine, *Obzor* vom 20.11.1995, 58–60.

Ignjatović, Aleksandar, Images of the Nation Foreseen: Ivan Meštrović's Vidovdan Temple and Primordial Yugoslavism, *Slavic Review* 73 (2014) 4, 828–858.

Ivanković-Vonta, Zvonko, Hebrang (Zagreb: Scientia Yugoslavica, 1988).

Janjetović, Zoran, Devisen statt Entschädigung. Die Wiedergutmachungsverhandlungen zwischen der Bundesrepublik und Jugoslawien, in: Hans Günter Hockerts (Hg.), Grenzen der Wiedergutmachung: die Entschädigung für NS-Verfolgte in West- und Osteuropa 1945–2000 (Göttingen: Wallstein 2006), 633–666.

Janjetović, Zoran, Od Auschwitza do Brijuna: pitanje odštete žrtvama nacizma u jugoslavensko-zapadnonjemačkim odnosima (Zagreb Srednja Europa 2007).

Jánoska, Georg, Vergeltung und Schuld (Graz: Droschl 1987).

Jareb, Jerome / Omrčanin, Ivo, Croatian Government's Memorandum to the Allied Headquarters Mediterranean, May 4, 1945, *Journal of Croatian Studies* 21 (1980), 120–143.

Jareb, Mario, Ustaški pukovnik i general Tomislav Sertić, *Časopis za suvremenu povijest* 32 (2000) 2, 271–315.

Jonjić, Tomislav / Matković, Stjepan, Novi prilozi za životopis Mile Budaka uoči Drugoga svjetskog rata, *ČSP* 2 (2008), 425–453.

Jonjić, Tomislav / Matković, Stjepan, Presuda protiv Mile Budaka i družine pronađena je i objavljena, *Društvena istraživanja* 22 (2013) 2, 369–375.

Judt, Tony, Die Geschichte Europas seit dem Zweiten Weltkrieg (Bonn: bpb 2006).

Jura, Ana, Komunistička represija u Hrvatskoj prema pisanju lista Vjesnik, svibanj – kolovoz 1945. godine. *ČSP* (2012) 1, 53–76.

Jurčević, Josip / Ivanda, Katica, Djelovanje jugoslavenskih komunističkih vojnih sudova u Hrvatskoj potkraj Drugog svjetskog rata i u poraću, *Društvena istraživanja* 15 (2006) 4/5, 1063–1086.

Jurčević, Josip / Ivanda, Katica, Ustrojavanje sustava jugoslovenskih komunističkih vojnih sudova tijekom Drugog svjetskog rata i poraća, *Društvena istraživanja* 15 (2006) 4/5, 891–915.

Kamarić, Mustafa, Dr. Vlado Jokanović [In Memoriam], *Godišnjak pravnog fakulteta u Sarajevu* 16/17 (1968/69), 1–4.

Kamhi, Samuel, Svijetli likovi, in: *Jevrejski almanah* 1959/1960, 165–167.

Kapor, Vladimir, Dr. Milan Bartoš – In Memorian, *Zbornik za društvene nauke* 59 (1974), 147–148.

Karasijević, Drago, Peti udarni korpus NOVJ (Beograd: Vojnoizdavački zavod 1985).

Kerenji, Emil, Jewish Citizens of Socialist Yugoslavia: Politics of Jewish Identity in a Socialist State, 1944–1974 (Dissertation an der Universität von Michigan (Michigan 2008).

Kevo, Mario, Djelatnost Međunarodnog odbora Crvenog križa u Nezavisnoj Državi Hrvatskoj (1941–1945). Dissertation an der Universität Zagreb (Zagreb 2010).

Kichelewski, Audrey / Voisin, Vanessa (Hg.), Juger des criminels de guerre à l`est de l`Europe (1943–1991), *Revue d`Histoire de la Shoah* 214 (2021).

Kirscher, André, Von Judas zum Unwort des Jahres 2016: Verrat als Deutungsmuster und seine Deutungsrahmen im Wandel. Eine Einleitung, in: ders. (Hg.), Verräter. Geschichte eines Deutungsmusters (Köln / Weimar: Böhlau 2019), 7–44.

Kisić Kolanović, Nada, Ivo Politeo: povijest, intelektualci, odvjetništvo 1887–1956. (Zagreb: Hrvatski institute za povijest 2015).

Kisić-Kolanović, Nada, Vrijeme političke represije: „veliki sudski procesi" u Hrvatskoj 1945–1948, *Časopis za suvremenu povijest* 25 (1993) 1, 1–22.

Klopčić, France, Komunistična stranka v Sloveniji po Obznani, *Prispevki zazgodovino delavskega gibanja* 2 (1960) 1, 17–67.

Kochavi, Arieh J., Prelude to Nuremberg: Allied War Crimes Policy and the Question of Punishment (Chapel Hill: University of North Carolina Press, 1988).

Koonz, Claudia, Mütter im Vaterland (Freiburg im Breisgau: Kore 1991).

Korb, Alexander, Im Schatten des Weltkrieges. Massengewalt der Ustaša gegen Serben, Juden und Roma in Kroatien 1941–1945 (Hamburg: Hamburger Ed. 2013).

Kostić, Strahinja K., Branislav Nušić, Der Bühnendichter und sein Publikum, *Maske und Kothurn* 30 (1984) 1–2, 145–152.

Kovačević, Davor, Redarstveno-obavještajni sustav Nezavisne Države Hrvatske od 1941. do 1945. godine (Zagreb: Hrvatski institut za povijest 2009).

Krizman, Bogdan, Pavelić u bjegstvu (Zagreb: Globus 1986).

Kržišnik-Bukić, Vera, Legal Trials in Yugoslavia, particularly in Slovenia, in the Aftermath of the Second World War, *Treatises and documents* 32 (1997), 117–134.

Kwiet, Konrad, „Unerwünschte Gäste? The Australian War Crimes Investigations Unit und die eingewanderten Handlanger des NS-Regimes, *Zeitschrift für Geschichtswissenschaft* 4 (2002), 322–329.

Laub, Dori, Bearing Witness, or the Vicissitudes of Listening, in: Shoshana Felman / Dori Laub (Hg.), Testimony: Crises of Witnessing in Literature, Psychoanalysis and History (London: Routledge, 1992), 57–74.

Lazić, Tanja u.a. (Hg.), Žene u istoriji Semberije (Bijeljina: Fondacija Lara 2012).

Lepore, Jill, These Truths: a History of the United States (New York / London: W.W. Norton & Company 2018).

Lepre, George, Himmler's Bosnian Division: the Waffen-SS Handschar Division 1943–1945 (Atglen: Schiffer Military History 1997).

Lewis, Mark, The Birth of New Justice. The Internationalization of Crime & Punishment, 1919–1950 (Oxford: Oxford University Press 2014).

Lingen, Kerstin von, ‚Crimes against Humanity'. Eine Ideengeschichte der Zivilisierung von Kriegsgewalt *1864–1945* (Paderborn: Schoeningh 2018).

Lingen, Kerstin von, Setting the Path for the UNWCC: The Representation of European Exile Governments on the London International Assembly and the Commission for Penal Reconstruction and Development, 1941–1944, in: *International Criminal Law Forum* 25 (2014) 1, 45–76.

Lingen, Kerstin von., Defining Crimes Against Humanity: The Contribution of the United Nations War Crimes Commission to International Criminal Law, 1944–1947, in: Morten Bergsmo u.a. (Hg.), Historical Origins of International Criminal Law (Brussels: Torkel 2014), 475–506.

Loeffler James / Paz, Moria (Hg.), The Law of Strangers: Jewish Lawyers and International Law in the Twentieth Century (Cambridge: Cambridge University Press 2019).

Lojić, Sajma, Bihać i okolina u Drugom svjetskom ratu prema izvještajima Komisije za ispitivanje zločina okupatora i njihovih pomagača (Sarajevo: Universitet Sarajevo 2018).

Longerich, Peter, Heinrich Himmler. Biographie (München: Siedler 2008).

Longerich, Peter, Tendenzen und Perspektiven der Täterforschung – Essay, *Aus Politik und Zeitgeschichte* 14–15 (2007), 3–7.

Lovrenović-Zeba, Krunoslava, Zemaljska komisija za BiH za utvrđivanje zločina okupatora i njihovih pomagača, *Glasnik arhiva i društva arhivskih radnika* 8/9 (1968–1969), 51–61.

Lower, Wendy, Male and Female Holocaust Perpetrators and the East German Approach to Justice, 1949–1963, *Holocaust and Genocide Studies* 24 (2010) 1, 56–84.

Lukić, Dragoje, Rat i djeca Kozare (Beograd: Narodna knjiga 1984).

Macfadyen, David u.a., (Hg.), Eric Drummond and his legacies. The League of Nations and the beginnings of global governance (Cham: Palgrave Macmillan 2019).

Magargee, Geoffrey P. u.a. (Hg.), The United States Holocaust Memorial Museum. Encyclopedia of Camps and Ghettos 1933–1945 (Bloomington: Indiana University Press 2018).

Marchart, Oliver, Liberaler Antipopulismus, *Aus Politik und Zeitgeschichte* 44/45 (2017), 11–16.

Margalit, Avishai, Ethik der Erinnerung (Frankfurt a.M.: Fischer 2000).

Margalit, Avishai, On betrayal (Cambridge / London: Harvard University Press 2017).

Mataušić, Nataša, Diana Budisavljević, Prešućena heroina Drugog svjetskog rata (Zagreb: Profil knjiga 2020).

Matković, Blanka, Poslijeratni komunistički zličini i grobišta u istočnoj Hercegovini, *Hum* 9 (2012), 197–212.

Maubach, Franka, Die Stellung halten. Kriegserfahrungen und Lebensgeschichten von Wehrmachthelferinnen (Göttingen: Vandenhoeck & Ruprecht 2009).

Maubach, Franka, Konsensuales, kontroverses oder plurales Wissen? Zum Spannungsverhältnis von Frauenbewegung und NS-Frauenforschung in den 1980er und frühen 1990er Jahren, *ÖZG* 21 (2010) 1, 175–200.

Mazower, Mark, Hitler's Empire: Nazi Rule in Occupied Europe (London: Alen Lane 2008).

Mégret, Frédéric, The Bordeaux Trial. Prosecuting the Oradour-sur-Glane massacre, in: Kevin Jon Heller / Gerry Simpson (Hg.), The Hidden Histories of War Crimes Trials (Oxford: Oxford University Press), 137–159.

Michalczyk, John, Filming the End of the Holocaust. Allied Documentaries, Nuremberg and the Liberation of the Concentration Camps (London u.a.: Bloomsbury 2014).

Miletić, Miloš / Radovanović, Mirjana (Hg.), Lekcije o odbrani. Prilozi analizi kulturne djelatnosti NOP-a (Belgrad: KURS 2016).

Miličić, Budimir, List „Oslobođenje" kao istorijski izvor, *Prilozi* 23 (1968) 4, 346–354.

Milošević, Srđan, Twice Before the Court: The Judicial Rehabilitation of General Dragoljub Mihailović, *Cultures of History Forum* (30.10.2017), DOI: 10.25626/0077.

Mitrović, Momčilo, Logoraši umrli na Golom otoku 1948–1958. godine, *Tokovi istorije* 3 (2003), 289–330.

Morris, Narrelle / Knaap, Aden, When Institutional Design Is Flawed: Problems of Cooperation at the United Nations War Crimes Commission, 1943–1948, *European Journal of International Law* 28 (2017) 2, 513–534.

Morris, Narrelle, Australian Representatives to the UNWCC, 1943–1948, *JHIL* 24 (2022), 425–442.

Motadel, David, Islam and Nazi Germany's War (Cambridge; Harvard University Press 2017).

Mouralis, Guillaume / Weinke, Annette, Justice, in: Martin Conway u.a. (Hg.), Europe's Postwar Period. Writing History Backwards (London: Bloomsbury 2019), 55–80.

Mouralis, Guillaume, Le moment Nuremberg (Paris: Presses de Sciences Po, 2019).

Mouralis, Guillaume, *Outsiders* du droit international. Trajectoires professionnelles et innovation juridique à Londres, Washington et Nuremberg, 1943–1945, *Monde(s)* 7 (2015) 1, 113–134.

Mouralis, Guillaume, Retrouver les victimes. Naufragés et rescapés au procès de Nuremberg, *Droit et société* 102 (2019) 2, 243–260.

Müller, Dietmar, Statehood in Central, Eastern and Southeastern Europe: The Interwar Period, in: Włodzimierz Borodziej u.a. (Hg.), The Routledge History Handbook of Central and Eastern Europe in the Twentieth Century, Bd. 2, Statehood (London / New York 2020), 148–193.

Nećak, Dušan, Politische Prozesse – Prozesse gegen Kriegsverbrecher in Slowenien 1945–1947, in: Heimo Halbrainer / Claudia Kuretsidis-Haider (Hg.), Kriegsverbrechen, NS-Gewaltverbrechen und die europäische Strafjustiz von Nürnberg bis Den Haag (Graz: CLIO 2007), 212–217.

Nešović, Slobodan, Stvaranje nove Jugoslavije 1941–1945 (Beograd: Mladost) 1981.

Niethammer, Lutz, Die Mitläuferfabrik: die Entnazifizierung am Beispiel Bayerns (Berlin u.a.: Dietz 1982).

Niethammer, Lutz, Einführung, in: ders. (Hg.), Lebenserfahrung und kollektives Gedächtnis. Die Praxis der „Oral history" (Frankfurt: Suhrkamp 1985).

Niethammer, Lutz, Gedächtnis und Geschichte. Erinnernde Historie und die Macht des kollektiven Gedächtnisses, WerkstattGeschichte 30 (2001), 32–37.

Nikolić, Kosta / Dimitrijević, Bojan, Formiranje OZN-e u Srbiji i Beogradu i likvidacija „narodnih neprijatelja"1944, *Istorija 20. veka* 2 (2010), 9–28.

Omezzoli, Tullio, Giustizia partigiana. Alcune direzioni di ricercar, *Geschichte und Region/ Storia e regione* 24 (2015) 2, 19–30.

Osiel, Mark, Mass Atrocity, Collective Memory and the Law (New Brunswick: Transaction Publ 1997).

Pajović, Radoje u.a., Pavle Durišić, Lovro Hancin, Juraj Špiler (Zagreb: CP 1987).

Paul, Gerhard, Von der Historischen Bildkunde zur Visual History. Eine Einführung, in: ders. (Hg.): Visual History. Ein Studienbuch (Göttingen: Vandenhoeck & Ruprecht 2006).

Paul, Gerhard, Von Psychopathen, Technokraten des Terrors und ‚ganz gewöhnlichen' Deutschen. Die Täter der Shoah im Spiegel der Forschung, in: ders. (Hg.), Die Täter der Shoah. Fanatische Nationalsozialisten oder ganz normale Deutsche? (Göttingen: Wallstein 2003), 13–90.

Pavlović, Aleksandar, Imaginarni Albanac. Simbolika Kosova i figura Albanca u srpskoj kulturi (Beograd: Institut za filozofiju i društvenu teoriju 2019).

Pavlović, Momčilo / Cvetković, Srđan, Istraživanja državne komisije za tajne grobnice ubijenih posle 12. Septembra 1944, *Istorija 20. veka* 3 (2012), 9–17.

Pedaliu, Effie G.H, Britain and the ‚Hand-over' of Italian War Criminals to Yugoslavia, *Journal of Contemporary History* 39 (2004) 4, 503–529.

Pedaliu, Effie G.H., Britain, Italy and the Origins of the Cold War (Basingstoke u.a.: Palgrave Macmillan 2003)

Penn, Michelle Jean, The Extermination of Peaceful Soviet Citizens: Aron Trainin and International Law, Ph.D. University of Colorado Boulder 2017 https://scholar. colorado.edu/concern/graduate_thesis_or_dissertations/df65v791t (überprüft am 22.3.2021).

Penter, Tanja, „Das Urteil des Volkes". Der Kriegsverbrecherprozess von Krasnodar 1943, *Osteuropa* 60 (2010), 117–131.

Penter, Tanja, Local Collaborators on Trial. Soviet War Crimes Trials under Stalin (1943–1953), in: *Cahiers du monde russe* 49 (2008), 341–364.

Petranović, Branko, AVNOJ. Revolucionarna smena vlasti (Beograd: Nolit 1976).

Petranović, Branko, Istorija Jugoslavije. Kraljevina Jugoslavija, Bd. 1 (Beograd: Nolit 1988).

Petrinović, Ivo, Mile Budak – Portret jednog političara (Split: Književni krug 2002).

Petrović, Milo (Hg.), Preispitivanje prošlosti i istorijski revizionizam. (Zlo)upotrebe istorije Španskog građanskog rata i Drugog svetskog rata na prostoru Jugoslavije (Beograd: Španski borci 2014).

Petrović, Vladimir, Etničko čišćenje. Geneza koncepta (Beograd: Institut za savremenu istoriju 2019).

Pirjevec, Jože u.a., Fojbe (Zagreb: Sradnja Europa 2020).

Pirjevec, Jože, Tito and his Comrades (Madison: University of Wisconsin Press 2018).

Plesch, Dan / Owen, Leah, The United Nations War Crimes Commission: A Model for Complementarity today, in: Beth Griech-Polelle / Henry King (Hg.), The Nuremberg War Crimes Trial and its Policy Consequences Today (Baden-Baden: Nomos 2020), 159–191.

Plesch, Dan / Sattler, Shanti, A New Paradigm of Customary International Criminal Law: The UN War Crimes Commission of 1943–1948 and its Associated Courts and Tribunals, *Criminal Law Forum* 25 (2014) 1, 17–43.

Plesch, Dan / Sattler, Shanti, Changing the Paradigm of International Criminal Law: Considering the Work of the United Nations War Crimes Commission of 1943–1948, *The International Community Law Review* 15 (2012), 203–223.

Plesch, Dan, Human Rights After Hitler: The Lost History of Prosecuting Axis War Crimes (Washington DC: Georgetown University Press 2017).

Plesch, Dan, America, Hitler and the UN: How the Allies Won World War II and Forged a Peace (London: Tauris, 2011).

Pohl, Dieter, Sowjetische und polnische Strafverfahren gegen NS-Verbrechen, Quellen für den Historiker?, in: Jürgen Finger u.a. (Hg.), Vom Recht zur Geschichte: Akten aus NS-Prozessen als Quellen der Zeitgeschichte (Göttingen: Vandenhoeck &Ruprecht 2009).

Polunina, Valentyna, The Human Face of Soviet Justice? Aron Trainin and the Origins of the Soviet Doctrine of International Criminal Law, in: David Crowe (Hg.), Stalin's Soviet Justice: ‚Show' Trials, War Crimes Trials, and Nuremberg (London: Bloomsbury 2019), 127–144.

Polunina, Valentyna, The Soviet Union – an „Absent Player" at the UNWCC, JHIL 22 (2022), 354–372.

Pottage, Alain, The materiality of what?, *Journal of Law and Society* 39 (2012) 1, 167–183.

Preljević, Vahidin, „Zauberhafte Mischung" und „reine Volksseele". Literatur, Kultur und Widersprüche der imperialen Konstellation im habsburgischen Bosnien-Herzegowina um 1900, in: Clemens Ruthner / Tamara Scheer (Hg.), Bosnien-Herzegowina und Österreich-Ungarn 1878–1918, 384–386.

Priemel, Kim Christian / Stiller, Alexa (Hg.), Reassessing the Nuremberg Military Tribunals: Transitional Justice, Trial Narratives, and Historiography (New York u.a.: Berghahn Books 2012).

Prpa, Branka, Srpski intelektualci i Jugoslavija (Beograd: Clio 2018).

Prusin, Alexander, „Fascist Criminals to the Gallows!". The Holocaust and Soviet War Crimes Trials, December 1945 – February 1946, *Holocaust and Genocide Studies* 17 (2003), 1–30.

Prusin, Alexander, Serbia under the Swastika: a World War II Occupation (Urbana u.a.: University of Illinois Press 2017).

Radanović, Milan, Kazna i zločin: Snage kolaboracije u Srbiji: odgovornost za ratne zločine (1941–1944) i vojni gubici (1944–1945) (Beograd: Rosa Luxemburg Stiftung 2016).

Radanović, Milan, Oslobođenje: Beograd, 20. oktobar 1944. (Beograd: Rosa Luxemburg Stiftung 2016).

Radanović, Milan, Stjepan Filipović: heroj radničke i antifašističke borbe: 70 godina od smrti. Online unter: http://www.starosajmiste.info/blog/stjepan-filipovic-heroj-radnicke-i-antifasisticke-borbe-70-godina-od-smrti/ (überprüft am 2.2.2022).

Radonić, Ljiljana, Europäisierung der Erinnerung an das kroatische KZ Jasenovac. Wie europäisch sind post-sozialistische Gedenkmuseen?, *Themenportal Europäische Geschichte*, 2012, www.europa.clio-online.de/essay/id/fdae-1563 (überprüft am 3.12.2021).

Radonić, Ljiljana, Krieg um die Erinnerung: Kroatische Vergangenheitspolitik zwischen Revisionismus und europäischen Standards (Frankfurt a. M.: Campus 2010).

Ragaru, Nadège (Hg.), Justice in Image, Sound, and Text. An alternative History of Eastern European Trials, *Cahiers du monde russe* 61 (2020) 3–4.

Ragaru, Nadège, Viewing, Reading, and Listening to the Trials in Eastern Europe. Charting a New Historiography, *Cahiers du monde russe* 61 (2020) 3, 297–316.

Redžić, Enver, Bosnia and Herzegovina in The Second World War (London: Routledge 2012).

Redžić, Enver, Hasan Brkić u svome vremenu, *Prilozi* 4 (1968), 619–632.

Reifarth, Dieter / Schmidt-Linsenhof, Viktoria, Die Kamera der Henker. Fotografische Selbstzeugnisse des Naziterrors in Osteuropa, *Fotogeschichte* 7 (1983) 3, 57–71.

Röger, Maren / Leiserowitz, Ruth (Hg.), Women and Men at War. A Gender Perspective on World War II and its Aftermath in Central and Eastern Europe (Osnabrück: Clio 2012).

Rottleuthner, Hubert, Volksgeist, gesundes Volksempfinden und Demoskopie, *Kritische Vierteljahresschrift für Gesetzgebung und Rechtswissenschaft* 70 (1987) 2, 20–38.

Rulitz, Florian Thomas, Die Tragödie von Bleiburg und Viktring. Partisanengewalt in Kärnten am Beispiel der antikommunistischen Flüchtlinge im Mai 1945 (Klagenfurt: Hermagoras Verlag 2011).

Sands, Philippe, East-West Street. On the Origins of Genocide and Crimes against Humanity (London: Weidenfeld & Nicolson 2016).

Savković, Miroslav, Cinematography in Serbia 1941–1945, *Law and Politics* 2 (1998) 1, 195–218.

Schabas, William / Stahn, Carsten / Powderly, Joseph / Plesch, Dan / Sattler, Shanti, The United Nations War Crimes Commission and the Origins of International Criminal Justice, *Criminal Law Forum* 25(1–2) (2014), 1–7.

Scheffer, Thomas, Materialitäten im Rechtsdiskurs: Von Gerichtssälen, Akten und Fallgeschichten, in: Kent Lerch (Hg.), Recht vermitteln: Strukturen, Formen und Medien der Kommunikation im Recht (Berlin: BBAW 2005), 349–376.

Scheffer, Thomas, Materialities of legal proceedings, *International Journal for the Semiotics of Law* 17 (2004), 365–389.

Schlee, Günther (Hg.), Vergeltung: eine interdisziplinäre Betrachtung der Rechtfertigung und Regulation von Gewalt (Frankfurt a.M.: Campus 2008).

Schlee, Günther, Wie Feindbilder entstehen: eine Theorie religiöser und ethnischer Konflikte (München: Beck 2006).

Schmid, Sanela, Deutsche und italienische Besatzung im Unabhängigen Staat Kroatien: 1941 bis 1945 (Berlin / Boston: Oldenbourg 2020).

Schmitz-Berning, Cornelia, Vokabular des Nationalsozialismus (Berlin / New York[2]: De Gruyter 2010).

Schnädelbach, Sandra, Entscheidende Gefühle. Rechtsgefühl und juristische Emotionalität vom Kaiserreich bis in die Weimarer Republik (Göttingen: Wallstein 2020).

Schulmeister-André, Irina, Internationale Strafgerichtsbarkeit unter sowjetischem Einfluss: der Beitrag der UdSSR zum Nürnberger Hauptkriegsverbrecherprozess (Berlin: Duncker & Humblot 2016).

Segesser, Daniel Marc, Recht statt Rache oder Rache durch Recht. Die Ahndung von Kriegsverbrechen in der internationalen wissenschaftlichen Debatte 1872–1945 (Paderborn: Schöningh 2010).

Sellers, Kirsten, Imperfect Justice at Nuremberg and Tokyo, *The European Journal of International Law* 21 (2011) 4, 1085–1102.

Šiljan, Filip, Organizirana prisilna iseljavanja Srba iz NDH (Zagreb: Srpsko narodno vijeće 2014).

Simpson, Christopher, The Splendid Blond Beast: Money, Law, and Genocide in the Twentieth Century (New York: Grove Press 1993).

Sontag, Susan: Regarding the Pain of Others (New York: Picador 2003).

Sorokina, Marina, People and Procedures. Toward a History of the Investigation of Nazi Crimes in the USSR, *Kritika: Explorations in Russian and Eurasian History* 6 (2005) 4, 1–35.

Steindorff, Ludwig, Rezension zu: Ingrid Böhler / Lisa Rettl (Hg.), Geschichtspolitik in Kroatien (= zeitgeschichte 5/08), Innsbruck 2008, *H-Soz-Kult*, 14.4.2009, <http://www.hsozkult.de/publicationreview/id/rezbuecher-12475> (überprüft am 8.10.2015).

Stiegler, Bernd, Photographie im Amerikanischen und Spanischen Bürgerkrieg, in: Ferhadbegović / Weiffen, Bürgerkriege erzählen, 113–152.

Stojnić, Bojan, Zapisi iz arhiva: Banjalučki ljekari u Kraljevini Jugoslaviji (1929–1941) (Banja Luka 2017).

Sundhaussen, Holm, Jugoslawien und seine Nachfolgestaaten 1943–2011. Eine ungewöhnliche Geschichte des Gewöhnlichen (Köln: Böhlau 2012).

Sundhaussen, Holm, Serbien, in: Wolfgang Benz / Barbara Distel (Hg.), Der Ort des Terrors, Bd. 9 (München: Beck 2009), 337–353.

Susanne Buckley-Zistel, Frieden und Gerechtigkeit nach gewaltsamen Konflikten, *Aus Politik und Zeitgeschichte* 59 (2009) 8, 22–27.

Swain, G.R., Tito and the Twilight of the Comintern, in: Tim Rees / Andrew Thrope (Hg.), International Communism and the Communist International 1919–1943 (Manchester: Manchester University Press 1998), 205–224.

The Language of Testimony: a Conversation with Manuela Consonni, *Centro Primo Levi online monthly*, hier nach, https://primolevicenter.org/printed-matter/the-language-of-testimony/ (überprüft am 18.12.2020).

Tomasevich, Jozo, War and Revolution in Yugoslavia: 1941–1945, 2 Bde. (Stanford: Stanford University Press 1975 / 2001).

Trifković, Gaj, Parleying with the Devil. Prisoner Exchange in Yugoslavia, 1941–1945 (Lexington: Kentucky University Press 2020).

Turner, Bertram / Schlee, Günther, Einleitung, in: Schlee, Vergeltung, 7–49.

Turner, Bertram, Recht auf Vergeltung? Soziale Konfiguration und die prägende Macht der Gewaltoption, in: Schlee (Hg.), Vergeltung, 69–104.

Twist, Susan, Evidence of Atrocities or Atrocious Use of Evidence: The Controversial Use of Atrocity Film at Nuremberg, *Liverpool Law Review* 26 (2005), 267–302.

Uczkiewicz, Dominika, Verfolgung außerhalb des Vaterlandes. Die Politik der polnischen Exilregierung bei Problemen der strafrechtlichen Verfolgung von NS-Kriegsverbrechen 1939–1943, in: Enrico Heitzer u.a. (Hg.), Im Schatten von Nürnberg. Transnationale Ahndung von NS-Verbrechen (Berlin: Metropol 2019), 223–242.

Ueberschär, Gerd R. (Hg.), Der Nationalsozialismus vor Gericht. Die alliierten Prozesse gegen Kriegsverbrecher und Soldaten 1943–1952 (Frankfurt a.M.: Fischer 1999).

Utz, Raphael, Die Sprache der Shoah: Verschleierung, Pragmatismus, Euphemismus, in: Jörg Ganzenmüller / Raphael Utz (Hg.), Orte der Shoah in Polen: Gedenkstätten zwischen Mahnmal und Museum (Köln u.a.: Böhlau 2016), 25–65.

Vajs, Albert, Rad komisije za utvrđivanje zločina okupatora i njihovih pomagača, *Anali pravnog fakulteta u Beogradu* 9 (1961) 1, 387–400.

Valentin, Sonja, Steine in Hitlers Fenster. Thomas Manns Radiosendungen Deutsche Hörer! (1940–1945) (Göttingen: Wallstein Verlag 2015).

Vismann, Cornelia, Akten: Medientechnik und Recht (Frankfurt a.M.: Fischer 2000).

Vismann, Cornelia, Medien der Rechtsprechung (Frankfurt a.M.: Fischer 2011).

Vismann, Cornelia, Sprachbrüche im Nürnberger Kriegsverbrecherprozess, in: Stephan Braese (Hg.), Juristischer und literarischer Diskurs im Umgang mit den NS-Massenverbrechen (Göttingen: Wallstein 2004), 47–67.

Vlaisavljević, Ugo, Lepoglava i univerzitet: ogledi iz političke epistemologije (Sarajevo: Centar za interdisciplinarne postdiplomske studije 2003).

Vodušek Starič, Jerca, Kako su komunisti osvojili vlast. 1944–1946 (Zagreb: Pavičić 2006).

Vogel, Detlef, Operation „Strafgericht". Die rücksichtslose Bombardierung Belgrads durch die deutsche Luftwaffe am 6. April 1941, in: Gerd R. Ueberschär / Wolfram Wette (Hg.), Kriegsverbrechen im 20. Jahrhundert (Darmstadt: Primus 2001), 303–308.

Vukliš, Vladan / Stošić, Verica, From the Abyss They Came, into the Abyss They Were Thrown: Crime and Punishment in the WW2 Bosnian Frontier, *Topola* 3 (2017) 3, 11–46.

Vukliš, Vladan, Završni izvještaj dr. Dušana Nedeljkovića o radu Državne komisije za utvrđivanje zločina okupatora i njihovih pomagača, *Topola – JU CP Donja Gradina* 2 (2016) 2, 164–168.

Vulesica, Marija, Kroatien, in: Wolfgang Benz u.a. (Hg.), Der Ort des Terrors: Geschichte der nationalsozialistischen Konzentrationslager. Bd. 9, Arbeitserziehungslager,

Ghettos, Jugendschutzlager, Polizeihaftlager, Sonderlager, Zigeunerlager, Zwangs-arbeiterlager (München: Beck 2009), 313–336.

Waltz, Kenneth, Theory of International Politics (New York: McGraw-Hill 1979).

Weckel, Ulrike, Watching the Accused Watch the Nazi Crimes, Observers' Reports on the Atrocity Film Screenings in the Belsen, Nuremberg and Eichmann trials, *London Review of International Law* 6 (2018) 1, 45–73.

Weinke, Annette / Marxen, Klaus, Inszenierung des Rechts. Schauprozesse, Medien-prozesse und Prozessfilme in der DDR (Berlin: Berliner Wissenschafts-Verlag 2006).

Weinke, Annette, Die Nürnberger Prozesse (München[2]: Beck 2015).

Weinke, Annette, Gewalt, Geschichte, Gerechtigkeit. Transnationale Debatten über deutsche Staatsverbrechen im 20. Jahrhundert (Göttingen: Wallstein 2016).

Weiss-Wendt, Anton, The Soviet Union and the Gutting of the UN Genocide Con-vention (Madison: University of Wisconsin Press 2017).

Wiesinger, Barbara, Partisaninnen: Widerstand in Jugoslawien 1941–1945 (Wien u.a.: Böhlau 2008).

Wieviorka, Anette, Observations sur des porcès nazis: de Nuremberg à Klaus Bar-bie, in: Werner Gephart u.a. (Hg.), Tribunale. Literarische Darstellung und juridi-sche Aufarbeitung von Kriegsverbrechen im globalen Kontext (Frankfurt a.M.: Klostermann 2014), 29–38.

Wieviorka, Annette, L' Ère du témoin (Paris: Plon 1998).

Wildt, Michael, Volk, Volksgemeinschaft, AfD (Hamburg: Hamburger Edition 2017).

Willer, Ralf, Von der Entstehung eines sozialistischen Strafrechts: Die „Leitenden Grundsätze zum Strafrecht der RSFSR" des Jahres 1919, *Zeitschrift der Savigny-Stiftung für Rechtsgeschichte* 128 (2011) 1, 426–439.

Williams, A.T., A Passing Fury. Searching for Justice at the End of World War II (Lon-don: Vintage 2016).

Williams, Maurice, Gau, Volk, and Reich: Friedrich Rainer and the Paradox of Austrian National Socialism (Klagenfurt: Verlag des Geschichtsvereins für Kärnten 2005).

Yeomans, Rory, Eradicting „Undesired Elements". National Regeneration and the Ustasha Regime's Program to Purify the Nation, 1941–1945, in: Anton Weiss-Wendt / Rory Yeomans (Hg.), Racial Science in Hitler's New Europe, 1938–1945 (Lincoln: Uni-versity of Nebraska Press 2013), 200–236.

Yeomans, Rory, Of „Yugoslav Barbarians" and Croatian Gentlemen Scholars: Nationa-list Ideology and Racial Anthropology in Interwar Yugoslavia, in: Marius Turda / Paul J. Weindling (Hg.), Blood and Homeland: Eugenics and Racial Nationalism in Central and Southeast Europe, 1900–1940 (Budapest: CEUP 2007), 83–122.

Zebec, Davor, Die Massentötungen nach Kriegsende 1945 auf dem jugoslawischen Kriegsschauplatz: Ein Vergleich der kroatischen und slowenischen Historiografie, Dissertation an der Universität der Bundeswehr München (München 2017).

Zeidler, Manfred, Stalinjustiz contra NS-Verbrechen Die Kriegsverbrecher-prozesse gegen deutsche Kriegsgefangene in der UdSSR in den Jahren 1943–1952. Kenntnisstand und Forschungsprobleme (Dresden: Hannah-Arendt-Institut für Totalitarismusforschung 1996).

Žerjavić, Vladimir, Manipulacije žrtvama drugoga svjetskog rata 1941–1945., *Časopis za suvremenu povijest* 24 (1992) 3, 149–163.

Zimmermann, Tanja (Hg.), Brüderlichkeit und Bruderzwist: mediale Inszenierung des Aufbaus und des Niedergangs politischer Gemeinschaften in Ost- und Südost-europa (Göttingen: V&R unipress 2014).

Zimmermann, Tanja, Einleitung, in: dies. (Hg.), Brüderlichkeit und Bruderzwist, 11–46.

Živković, Dušan, Postanak i razvitak narodne vlasti u Jugoslaviji 1941–1942 (Beograd: Institut za savremenu istoriju 1969).